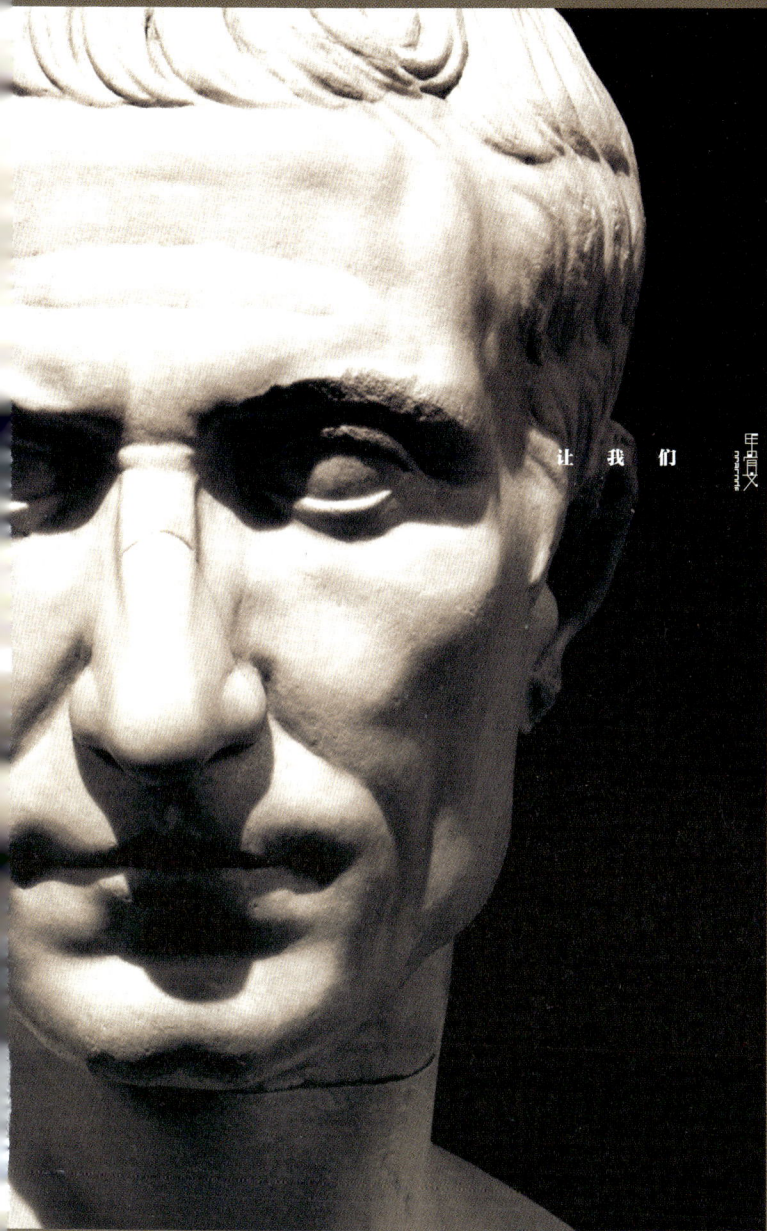

让 我 们 一 起 追 寻

CAESA

CAESAR: THE LIFE OF A COLOSSUS

By ADRIAN GOLDSWORTHY

Copyright: ©Adrian Goldsworthy 2006

First published by Weidenfeld & Nicolson, a division of the Orion Publishing Group, London

This edition arranged with THE ORION PUBLISHING GROUP through Big Apple Agency, Inc., Labuan, Malaysia.

Simplified Chinese edition copyright:

2015   SOCIAL SCIENCES ACADEMIC PRESS
(CHINA), CASS

CAESAR

THE LIFE OF A COLOSSUS

恺撒: 巨人的一生

〔英〕阿德里安·戈兹沃西 **作 品**   陆大鹏 译
（Adrian Goldsworthy）

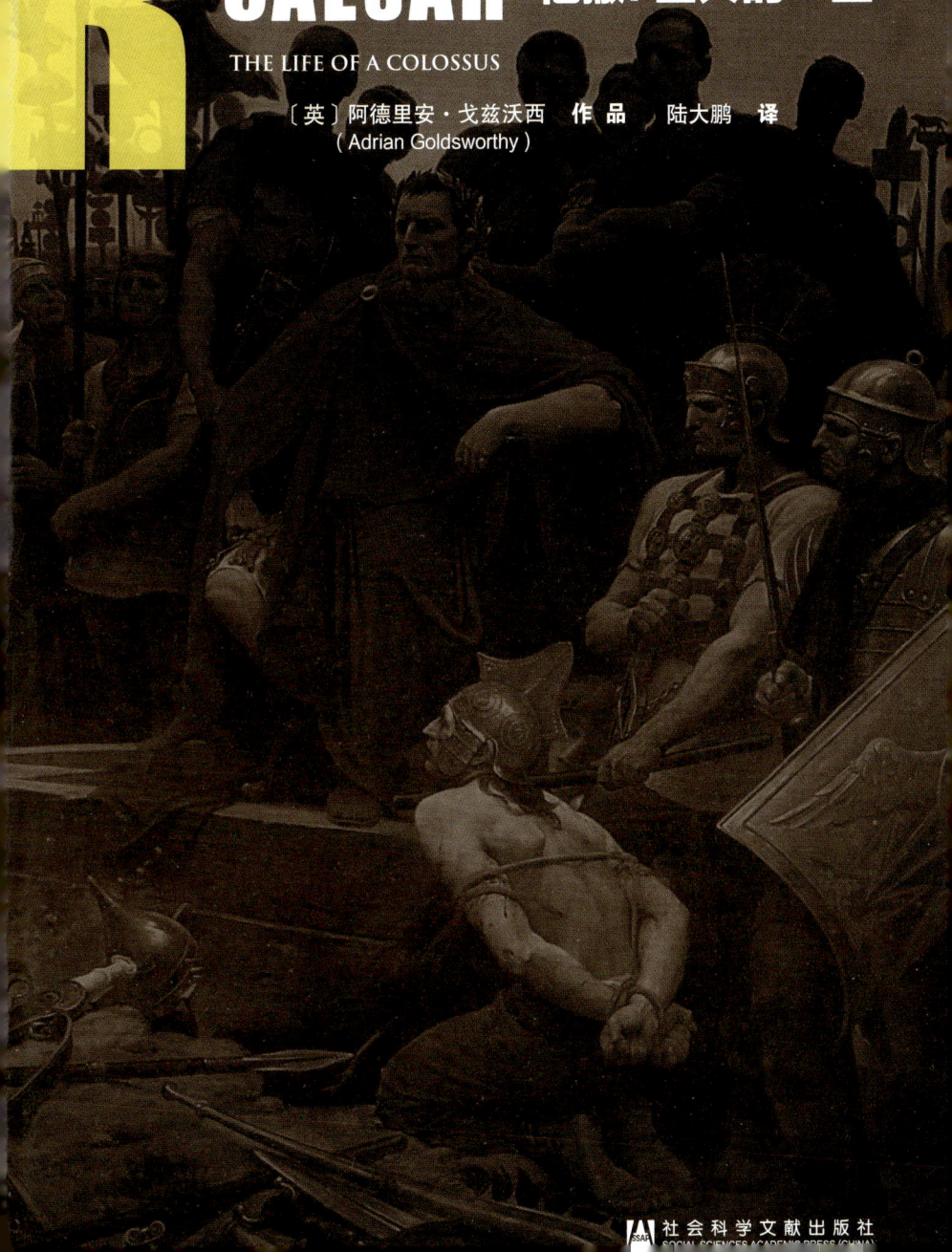

社会科学文献出版社
SOCIAL SCIENCES ACADEMIC PRESS (CHINA)

本书获誉

了不起的成就……是古代人物传记写作的榜样。

——《文学评论》

如我们期望的那样，本书对恺撒军事艺术的分析非常精彩；尤其是对高卢战争的记述，简直登峰造极。

——《观察家报》

戈兹沃西是年轻一代古典学家之一，他将学术研究与精彩叙述融为一体，让古代世界跃然于纸上：在他的杰作《恺撒：巨人的一生》中，他向我们展示了这位伟大罗马人的不同形象：男人、政治家、军人和情人。

——西蒙·塞巴格·蒙蒂菲奥里，《耶路撒冷三千年》作者

戈兹沃西是著名的军事史学家，他在本书中对混乱的罗马共和国晚期历史的梳理是非常权威和明晰的。他帮助我们了解到五彩缤纷的广阔世界和当时的罗马社会，尤其是那位超越时代的、令人着迷的人物本身的巍峨形象。

——《星期日独立报》

这部令人惊艳的传记……非常晓畅，非常全面，非常中肯。

——《每日电讯报》

一部扣人心弦的尤利乌斯·恺撒传记，记述了他那跌宕起伏的精彩一生。

——《金融时报》

丰富的细节生动地展现了那种敢于冒险、自我宣传和顽强的意志力，正是这些因素让恺撒的一生如此非同寻常。

——《BBC 历史杂志》

一个传奇人物，一部详细、全面而内容丰富的传记。

——《每日邮报》

读起来非常愉悦……戈兹沃西文笔优美，非常有权威性。

——《乡村生活》

阿德里安·戈兹沃西……的作品肯定对得起这一宏大主题，证据也集合得非常完美。

——《星期日邮报》

戈兹沃西是一位优秀的军事史学家，他对高卢战争的记述堪称典范。

——《独立报》

我强烈推荐《恺撒：巨人的一生》。选择推荐这本书，是我今年做出的最轻松的决定。恺撒是一个非常复杂的人物，生活在一个令人迷惑的复杂时代，但阿德里安·戈兹沃西以强劲而明晰的笔触完美地处理了这个主题。恺撒本人若泉下有知，一定会欣赏这部著作。

    ——菲利普·西德耐尔，古代史和中世纪史读书俱乐部

  强烈的戏剧感……贯穿着阿德里安·戈兹沃西的《恺撒：巨人的一生》……一幅权威而激动人心的恺撒肖像，也描绘了他所处的整个复杂社会。

              ——《纽约时报》

  非常精彩……戈兹沃西先生以娴熟的技巧和卓越的叙事能力，讲述了这个故事，运用了恺撒本人的著作及其他史料。

             ——《华尔街日报》

中文版序

十多年前，我花了三年时间创作《恺撒：巨人的一生》。即便在今天，我仍然感到恺撒和他的一生非常精彩，而且和当年一样觉得很难评判他。他才华横溢，涉猎极广；他聪明机敏，精力充沛；他是一位文笔晓畅的作家，也是一位能够指挥和激励大军的将领；他能编纂法律，也能承担乏味但必需的日常行政工作。他的魅力的确罕见，既能用自己的言辞和风格赢得群众、军队的支持，也能引诱其他男人的妻子。如果你花了很长时间研究恺撒，很难不感到些许自卑。你未必想做他做过的那些事情，但我们当中的很多人一定希望像他那样拥有那么多了不起的才干。

但恺撒也是那个渡过卢比孔河、打响内战的人，这场内战激荡着整个地中海世界，夺去了成千上万人的生命。他自立为独裁官。他的这个头衔和其他荣誉，是元老院和人民投票决定的。但是因为他的军队占领着罗马城，所以他们别无选择。恺撒的行动在我们所谓的罗马共和国体制（国家领导人是每年选举产生的行政长官，他们接受元老院的指导）灭亡的过程中发挥了关键作用。

我对罗马共和国（尤其是前 1 世纪）研究得越多，就越认识到它是多么腐朽无能。少数富裕的贵族豪门主宰着共和国，几乎所有高级行政长官和元老院的重要成员都出身于豪门。这样的权力垄断本身或许并不会让国家垮台，但这个小小的精英集团统治共和国的手段完全是为了自己的利益；集团内部瓜分官职和荣誉，丝毫不会考虑得到这些官职和荣誉的人是否有才干。罗马人认识到当时存在严重的社会和经济问题，比如他们必须为罗马的无业人群寻找土地。但元老们互相嫉妒，不愿意让自己的竞争对手解决问题从而独揽功劳，于是没有人做任何努力去解决问题。与此同时，统治集团厚颜无耻地压榨各行省。所有人都知道在发生什么事情，但因为那些应当对问题负责的人占据高位，所以很少有人挑战他们。西塞罗私下将在他之前担任奇里乞亚行省总督的人描述为"发疯的野兽"，但在公开场合对此人非常礼貌，并急于得到此人的好感，因为他是最重要的门阀贵族成员。

恺撒虽然借助武力夺取政权，但更为负责地行使了权力。他安排政府收购土地，将这些土地（或者政府已经拥有的土地）分配给公民，帮助他们养家糊口。恺撒对各行省的治理比以前好得多，并且他努力阻止罗马总督们滥用职权。在整个政治生涯中，他始终站在平民一边。大多数人，无论是罗马公民还是外省居民，在恺撒统治下都比以前生活得更好。因此从某种意义上讲，我们必须回答一个宽泛的问题：究竟在多大程度上，可以为了好结果而使用坏手段？布鲁图斯和卡西乌斯杀害了恺撒，原以为人民会响应他们的自由呼声，然而只有极少数人支持他们。即便这极少数人，也几乎全都是富人、贵族和他们的亲密盟友，因为只有他们曾经享受过许多自由。

前49年，恺撒陷入困局，他的对手们只给了他两个选择——退出政坛或者反叛，因此主要是他的对手们让内战变得不可避免。根据罗马人的标准，他并没有做什么了不得的坏事，以至于要遭受这样的命运。恺撒为了个人荣誉和地位而战，因此也是为了自己的利益。他的敌人同样自私自利，因为他们仅仅为了逼迫一个他们不喜欢的人退出政坛，而不惜发动战争。加图憎恶恺撒，后来宁愿以特别残酷、恐怖的方式自杀，也不愿意承认独裁官有权饶恕他。布鲁图斯接受了恺撒的仁慈，后来却又改变了主意。后世元老们对由他们所在阶级主宰的共和国充满了怀旧之情，因此把加图和布鲁图斯这样的人吹捧成英雄，对他们的许多人格缺陷视而不见，也忽视了一个更重要的事实：加图和布鲁图斯在他们的整个政治生涯中并没有取得任何建设性的成就。

我曾周游世界，宣讲本书。我惊讶地发现，很多国家的很多人仍然对恺撒的故事有着强烈的反应。更有意思的是，处于政治两极的人都喜欢他、仰慕他，并认为他的故事佐证了他们自己对现代世界的看法。在美国尤其是这样。美国人对古罗马的兴趣有着悠久的历史，不过很有讽刺意味的是，美国的创立者们更喜欢加图、布鲁图斯和卡西乌斯这样的人，以及这些人（据说）代表的共和国美德。约瑟夫·艾迪生的剧作《加图》比莎士比亚的《尤利乌斯·恺撒》更强烈地激励了18世纪70年代反抗英国统治的美国领导人。在美国独立战争的低谷，乔治·华盛顿让人为饥肠辘辘、憔悴不堪的士兵们上演了《加图》。今天，喜欢恺撒的美国人更多，不管是把他看作反对贵族集团的英雄（尽管他自己也是这个集团的成员），还是仅仅将他视为一个高效的实干家。很多美国人都觉得，如果出现一个新"恺撒"，那么就能解决美国面临的许多问题，尽管大家对美国究竟遇到了什么问题仍然没有达成共识。这是一种奇怪的渴望，因为恺撒这样的人只有在混乱年代才能获得最高权力，而希望出现这种混乱局面的人肯定很少。

恺撒始终是一个复杂而充满矛盾的人。或许，我们应当希冀一个更好的社会，在那里，拥有恺撒那般才华的人不需要动用武力就可以攀登高位，用他们的才干为民造福，并得到鼓舞和奖励（而不是被迫走上反叛的道路），并最终让位于新一代人才。我越来越坚信，恺撒不是一个天生的革命者，如果不是其他人一而再、再而三地阻挠，他会继续在体制内活动。然而如果他留在体制内，还会取得这么伟大的成就吗？我们又一次不得不面对目的与手段的问题。

阿德里安·戈兹沃西

2015 年 6 月

致　谢

　　一些朋友审阅了本书全文或部分章节，首先我对他们表示衷心的感谢。我要感谢我的本科导师 Nicholas Purcell，他非常爽快地答应审阅本书手稿的一个版本。Philip Matyszak 提出了许多有价值的意见，他对这一时期罗马元老院的运作了然于胸，远胜于我。在本书的写作过程中，Ian Hughes 一如既往地对每一章做了极其细致的审读和评论，对我帮助极大。Kevin Powell 审阅了全文，提出了一些宝贵意见。Ian Haynes 审读了第二部，给出了一些建议。对这几位朋友，以及其他所有阅读过本书全文或部分章节的人，我都十分感激。其次，我要感谢我的代理人 Georgina Capel，她通过谈判签订了合同，所以我才有机会好好地阐述这个主题。最后，我还必须感谢 Keith Lowe 和 Orion 出版社的其他工作人员，感谢他们对本书的莫大热情以及他们不懈的努力。

目 录

引　言 ……………………………………………………………… I

第一部　攀登执政官的高峰
（前 100 年～前 59 年）

一　恺撒的世界 ……………………………………………… 003

二　恺撒的童年 ……………………………………………… 031

三　第一位独裁者 …………………………………………… 055

四　年轻的恺撒 ……………………………………………… 073

五　候选人 …………………………………………………… 101

六　密谋 ……………………………………………………… 137

七　丑闻 ……………………………………………………… 165

八　执政官 …………………………………………………… 195

第二部　资深执政官（前 58 年～前 50 年）

九　高卢 ……………………………………………………… 239

十　移民与雇佣兵：最初的军事行动，前 58 年 ………… 266

十一　"高卢各民族中最勇敢者"：比利时人，前 57 年 …… 302

十二　政治与战争：卢卡会议 ……………………………… 327

十三　"越过波涛"：远征不列颠与日耳曼，前 55 年～

　　　前 54 年 ………………………………………………… 347

十四　叛乱、灾祸与复仇 ················· 376

十五　恰逢其时，恰遇其人：维钦托利与前 52 年的大叛乱

　　　 ·············· 404

十六　"高卢全境已被征服" ············· 440

第三部　内战与独裁（前 49 年～前 44 年）

十七　通往卢比孔河之路 ················· 461

十八　闪电战：意大利和西班牙，前 49 年秋冬 ·········· 491

十九　马其顿，前 49 年 11 月～前 48 年 8 月 ············ 523

二十　克利奥帕特拉七世、埃及与东方，前 48 年秋～

　　　前 47 年夏 ·············· 556

二十一　阿非利加，前 47 年 9 月～前 46 年 6 月 ······ 579

二十二　独裁官，前 46 年～前 44 年 ············· 606

二十三　3 月 15 日 ·················· 635

后　记 ···················· 664

大事年表 ···················· 675

术语解释 ···················· 680

参考文献 ···················· 686

缩写词 ···················· 691

注　释 ···················· 693

译名对照表 ···················· 743

地　图

图 1　公元前 1 世纪的罗马帝国 ………………………… 006

图 2　罗马城：中心区域、广场等 ……………………… 017

图 3　高卢及其各部落 …………………………………… 257

图 4　比布拉克特战役 …………………………………… 286

图 5　与阿里奥维斯图斯交战 …………………………… 299

图 6　桑布尔河战役 ……………………………………… 316

图 7　不列颠与高卢的海岸线 …………………………… 359

图 8　阿莱西亚攻防战 …………………………………… 432

图 9　前 49 年，意大利战役 …………………………… 498

图 10　伊莱尔达战役 …………………………………… 519

图 11　狄拉奇乌姆的战线 ……………………………… 537

图 12　法萨卢斯战役（1） …………………………… 550

图 12　法萨卢斯战役（2） …………………………… 551

图 13　亚历山大港 ……………………………………… 560

图 14　塔普苏斯战役 …………………………………… 601

图 15　蒙达战役 ………………………………………… 627

引　言

　　尤利乌斯·恺撒的故事极富戏剧性，令一代又一代人心驰神往，吸引了莎士比亚和萧伯纳的注意力，更不消说数不胜数的小说家和编剧。恺撒是历史上最卓越的军事家之一，并且他挥毫记述了自己的历次战役，文采斐然，鲜有出其右者。与此同时，他还是一位政治家，最终获得了罗马共和国的最高权力，在方方面面都算得上一位君主，尽管他始终没有采用国王的头衔。作为统治者，恺撒并不心狠手辣，对落败的敌人往往宽大为怀。然而，最后正是两个被他宽恕的人领导了反对他的密谋（恺撒的许多支持者也参加了这个密谋），将他刺死。后来，他的养子屋大维（全名为盖乌斯·尤利乌斯·恺撒·屋大维阿努斯）成为罗马的第一位皇帝。公元 68 年，尼禄死去，恺撒的血脉就此断绝，但后来的所有皇帝都仍然采用"恺撒"这个名字，尽管他们与恺撒没有任何血缘或收养的亲属关系。"恺撒"起初仅仅是一个贵族家族的名号，而且是一个默默无闻的家族，后来却演变为象征着最高权力的头衔。这种含义如此之强大有力，以至到 20 世纪初，世界上两个大国的领导人依然采用"恺撒"的称号："kaiser"（德国皇帝）和"tsar"（俄国沙皇）都是"恺撒"这个名字的变体。今天，在西方国家的教育中，古典学已经不再占据核心地位，但尤利乌斯·恺撒仍然是一位家喻户晓、妇孺皆知的古人。很多不懂拉丁语的人也会记得莎士比亚笔下恺撒的临终遗言："你也有份，布鲁图斯？"（et tu Brute）其实，恺撒临死前最后一句话可能不是这个，但这也不重要了。其他罗马人当中，只有尼禄，或许还有马克·安东尼，享有可以与恺撒相提并论的名望。其他民族的古人当中，或许只有亚历山大大帝、希腊哲学家们、汉尼拔，以及克利奥帕特拉七世，在公众记忆中的地位能够和恺撒媲美。克利奥帕特拉七世是恺撒的情人，安东尼是恺撒的主要副将之一，所以他们俩也是恺撒故事的一部分。

恺撒是一位伟人。许多威名赫赫的军事家承认自己通过研究恺撒的战役获益良多，拿破仑便是其中之一。在政治上，恺撒对罗马历史的影响极其深远，在共和国政体（它持续了四个半世纪）的终结过程中起到了关键作用。恺撒头脑聪颖敏锐，受过极好的教育，但他也是个实干家，正是这一点让他名垂青史。他才华横溢，涉猎广泛，既是优秀的演说家和作家，也是立法者和政治家，还是伟大的战士和军事统帅。最重要的是，他是个魅力十足的人，常常能够赢得罗马群众和军团战士的爱戴与支持，并且在风月场上春风得意，令诸多女性神魂颠倒。作为军事家和政治家，恺撒犯过许多错误，但人非圣贤，孰能无过？他非常了不起的本领就是能够从挫折中迅速地恢复过来，至少是向自己承认犯了错误，然后相时而动，放眼长远，设法取胜。

很少有人会质疑恺撒的伟大，但我们很难说他是个有善心的人，也很难说他的所作所为造成的影响与后果全都是正面的。他不是希特勒，不是斯大林，也不是成吉思汗。即便如此，有史料称，在他的军事行动中，有一百多万敌人丧生。古人的思维与今天不同。对于恺撒的对外战争，比如针对高卢诸部落的战争，罗马人很少会感到良心不安。在历时八年的南征北战中，恺撒的军队至少杀戮了数十万高卢人，并奴役了更多的人。有时候，恺撒完全是冷酷无情，眼睛眨都不眨就下达屠杀和处决敌人的命令；有一次还将大批战俘的手全部砍掉，然后将其释放。在更多的时候，他对败北的敌人宽大仁慈，这是出于非常务实的考虑：他希望这些人接受罗马的统治，成为新行省内缴纳赋税的顺民。他的务实到了冷酷的程度，是慈悲为怀还是血腥镇压，完全取决于哪一种决策能够给他带来更多的利益。他是一个积极活跃而精力充沛的帝国主义者，但他并非罗马帝国主义的创始人，只是其诸多执行者之一。他指挥的军事行动并不比罗马的其他战争更为残暴。在当时更具争议的是他在罗马的活动。当他感到自己的政敌决意要终结他的政治生涯时，不惜发动一场内战。恺撒的愤愤不平的确有道义上的支持，但当他于公元前49年率军从高卢进入意大利时，他就变成了一个叛国者。恺撒遇刺之后爆发的内战最终给罗马共和国敲响了丧钟。由于恺撒的所作所为，共和国的绝症已经到了晚期。共和国灭亡了，取而代之的是帝国，其中第一位皇帝便是恺撒的继承人。在独裁期间，恺撒拥有最高权力，总的来讲治国有方，采纳了一些符合理智、有政治家风范而且利国利民的政策。在此之前，主宰共和国的是一小群元老院精英，他们往往滥用职权，剥削、压榨罗马贫民和外省居民，鱼肉百姓，中饱私囊。一段时期以来，人们已经认识到共和国体制确实出了严重的问题，却不愿意动手解决这些问题，因为贵族们害怕某一位元老会因此独揽功劳。恺撒采取了措施，去解决这些问题。共和国体制已经相当败坏，早在恺撒出生之前，政界就充满了暴力流血；在他幼年时，甚至爆发了内战。恺撒凭借军事实力赢得了最高权力，我们也知道在他政治生涯的其他阶段，他也曾运用贿赂和恐吓的手段。恺撒对手们的策略也没有什么不同。为了摧毁恺撒的地位，他们不惜诉诸内战，就像恺撒为了捍卫自己的地位甘愿动武一样；但这只能说明，恺撒比对手们好不到哪儿去，但也不比他们更坏。在得胜之后，他以非常负责任的态度统治国家。与元老院贵族截然不同的是，他的政策旨在让社会上更多的人受益。他没有压迫民众，甚至赦免和提拔了一些之前的敌人。在恺撒的统治下，罗马、意大利和各行省的处境都比之前相当长的一段时间要好得多。但不管他的统治是多么贤明，自由选举都不复存在；不管他的治理是多么公正，君主制最终必然导致像卡里古拉和尼禄那样的暴君登场。在罗马，撰写历史的一般是富裕的精英阶层，而恺撒的崛起则意味着这个阶层权利的丧失。正因如此，许多史料对恺撒持批评态度。

恺撒不是一个道德高尚的人。事实上，在很多方面，他似乎毫无道德观念可言。他的天性似乎和蔼、慷慨，一般不计前嫌，能够把敌人转化为朋友，但有时也能做到彻头彻尾的残酷薄情。他是个根深蒂固的好色之徒，对自己的历任妻子和为数众多的情人并不忠诚。克利奥帕特拉七世是他的情人中最有名的一位，他们之间似乎确实是两情相悦；但即便如此，恺撒仍然很快又和另一位女王卿卿我我，并且继续追求罗马的贵妇名媛。他极其骄傲，甚至是虚荣，尤其是对自己的外貌非常自豪。我们很难避免这样的结论：自少年时起，恺撒就坚信自己远远比其他人优越。这种自我评价大体上是有道的，他的确比绝大多数元老精明能干。或许就像拿破仑一样，恺撒也对自己的个性非常陶醉，因此能够轻松地迷住其他人。和法国皇帝一样，他的个性中也有许多矛盾之处。阿瑟·柯南·道尔爵士曾如此描述拿破仑："他是个了不起的伟人，或许是史上曾有过的最了不起的伟人。最令我瞩目的是，我们没办法对他的性格下个定论。你刚刚打定主意，认定他是个无药可救的恶棍，然后又发现他有一些高贵的闪光点。你刚对他敬仰起来，却发现他做过无比卑劣的丑事。"[1]恺撒身上也有着类似的矛盾之处，但或许没有拿破仑那么极端。

值得注意的是，今天的学者在研讨往昔时，理应保持中立和超然的态度，但很少有古代史专家能对恺撒没有强烈的爱憎。过去，有些历史学家仰慕他，甚至对他顶礼膜拜，将他视为一位远见卓识的梦想家，能够看清共和国面临的棘手问题，并且知道如何去解决这些问题。也有些历史学家对他的评价更为严厉，认为他不过是一个普通的贵族，他的雄心壮志也不过是凡夫俗子的野心，丝毫不顾自己的行为会给法律造成多么恶劣的影响、会立下多么糟糕的先例，爬到了权力巅峰却不知道如何运用自己的权力。这样的批评者一般会强调，恺撒的崛起有着很大的机会主义成分。恺撒当然是个机会主义者，但差不多所有成功的政治家都是这样。他坚信人世间的所有事务均由机遇掌控，并且感到自己特别地幸运。今天，我们可以凭借后见之明，知道屋大维（他更常用的名号是奥古斯都）创建了帝国制度，之后的历代皇帝借助这种制度统治了罗马帝国数百年之久。恺撒主宰罗马的岁月给奥古斯都后来完成的事业打下了多少基础？或者也许恺撒的举动都是错误的，他的养子有意识地从中吸取了前车之鉴，避免重蹈覆辙？关于这些问题，学术界有着很激烈的争论，各执一词，将来也不大可能出现公认的统一意见。真相或许就在这两个极端之间。

本书的旨趣是以自己的方式研讨恺撒的生平，并且始终将他的故事置于公元前 1 世纪的罗马社会大背景之下。本书不会涉及他死后发生的事情，因此不会真正探讨他的政权与奥古斯都执政时演化出的政权之间的区别。本书关注的焦点是恺撒做了哪些事情，并且努力去理解他为什么要这么做、是如何做到的。后见之明自然是无法逃避的，但本书会尽量避免这样的两个极端：内战和共和国的灭亡是不可避免的；共和国好得很，没有任何问题。在过去存在这样一种趋势：许多著作要么将恺撒看作一位政治家，要么把他当作军事家来描写。与现代西方民主国家不同，在罗马，政治家和军事家是一回事。罗马的元老在整个政治生涯中会接受军事和民政的使命，这两方面都是政治生活的组成部分，不能将它们分割开来，因此本书会同样细致地审视这两个方面。本书涉及的内容广泛丰富，但它不可能完整地记述恺撒在世时罗马的政治，也不可能全面地分析高卢战役和内战。聚焦点始终是恺撒，对于他没有亲自参与的事件，本书会尽可能言简意赅地描述。许多有争议的问题，比如罗马某项法律或某次审判的细节，或与军事行动相关的地形和其他问题，我将一笔带过。这些方面不管多么有趣，如果不能帮助我们理解恺撒，都不应当赘述，否则就是跑题了。读者若对这些方面感兴趣，可以查看本书末尾的参考文献。出于类似的理由，本书正文尽可能避免直接提及那些曾经研究过恺撒的著名学者，以及避免讨论他们的具体阐释。这些方面在学术研究上是非常重要的问题，但一般读者只会觉得乏味。相应的著作列在本书末尾的注释中。

尽管恺撒的令名无人不知，而且他生活的年代或许是罗马史上文献记载最翔实的时期，但是我们对恺撒的许多方面仍然一无所知。我们现在手头的证据已经不新鲜了。考古发掘会继续揭示恺撒生活的世界的更多细节。例如，写作本书之时，在法国和埃及进行的考古工作很可能会告诉我们更多关于恺撒时期高卢的情况，以及关于克利奥帕特拉七世的亚历山大港的信息。但是，不大可能出现新的颠覆性的考古证据来极大地改变我们对恺撒生平的理解。我们掌握的主要文献是古典世界传承至今的拉丁文和希腊文史料，有时还辅之以青铜或石碑铭文。恺撒自己的《战记》流传至今，详细记述了他在高卢的征战，以及内战的最初两年。恺撒死后，他的军官们还写了四部书，讲述了内战的后续阶段。另外，我们还能读到西塞罗的信函、演讲和理论著作，从中了解到这一时期的大量细节。西塞罗的通信是在他死后发表的，包括共和国的许多权贵给他写的信，其中就有恺撒写给他的一些短信。我们知道，西塞罗与恺撒的通信全集以及西塞罗与庞培的通信全集都曾出版过，但遗憾的是它们都已经遗失了。恺撒的其他文学作品和发表的演讲稿也没能留存至今。我们必须时刻牢记，古典世界的文学只有微不足道的百分之一流传到今天。西塞罗出版的通信集中刻意删去了一些内容，其中最重要的是他在公元前44年的前三个月给友人阿提库斯的信。阿提库斯参与了这些通信的出版工作，但这是奥古斯都成为罗马统治者之后的事情。被删去的信极有可能包括对阿提库斯不利的内容，比如他参与了谋害恺撒的阴谋，或者他对阴谋知情不报，或者后来对阴谋分子表示过赞赏。为了自保，阿提库斯将这些信删去了。另外一个差不多同时代的史料来源是撒路斯提乌斯，他写了好几部史书，其中包括记述喀提林阴谋的内容。在内战期间，撒路斯提乌斯为恺撒效力，后来恺撒为了奖赏他，恢复了他的元老地位。随后撒路斯提乌斯被派去管辖阿非利加行省①，因为搜刮民脂民膏而被定罪，恺撒又放了他一马。撒路斯提乌斯对恺撒的评价比西塞罗的评价更正面，而且由于他是带着后见之明写作的，因此他对独裁官恺撒的看法似乎也更复杂一些。具有讽刺意味的是，尽管他自己是个贪官污吏——当然他自己一直坚决否认——但其史书的主题却是，罗马的灾祸全都是贵族的道德败坏造成的。这种观念不可避免地会影响他的叙述。西塞罗、撒路斯提乌斯和恺撒都积极参与政治，尤其是恺撒会通过写作来自我颂扬，并为将来的事业争取支持。他和其他人都绝不是客观中立的观察者，也绝不是只对原原本本地叙述事实感兴趣。

大多数的其他史料都来源于更晚近的时期。李维在奥古斯都时期写作，当时的人们对恺撒时期的某些历史事件还记忆犹新，但李维写的涉及恺撒时期的著作已经遗失，只有简略的概述保存至今。维莱伊乌斯·帕特尔库鲁斯创作的时代要晚一些，他简洁地叙述了恺撒时期的历史，其中有一些有价值的材料。但是，我们掌握的关于恺撒的史料大多是公元2世纪初之后编纂的，那已经是他遇害一百五十多年之后了。希腊作家阿庇安创作了一部卷帙浩繁的罗马史，其中有两部涉及公元前133年至前44年的内战和动乱。普鲁塔克也是希腊人，对我们来讲，他最重要的著作是《希腊罗马名人传》，该书将希腊和罗马的显赫人物并置。他把恺撒与亚历山大大帝并列，称他们

---

① 第三次布匿战争（前149年～前146年）中，罗马彻底消灭了迦太基，在其领土上建立阿非利加行省，范围约在今日的突尼斯北部、阿尔及利亚东北部和利比亚西部的地中海沿岸地区。这是罗马帝国西部最富庶的一个行省。今日非洲大陆的名称即是从该省的名称而来。（本书脚注均为译者注）

为史上最伟大的两位军事统帅。普鲁塔克为马略、苏拉、克拉苏、庞培、西塞罗、加图、布鲁图斯和马克·安东尼创作的传记也很有帮助。苏埃托尼乌斯是个罗马人，他为从恺撒开始的十二位皇帝写了传记（如果恺撒也可算作皇帝的话）。卡西乌斯·狄奥出生于希腊，但是一位罗马公民和元老院成员，于3世纪初活跃在政治舞台上。他的著作是关于恺撒时期的最详细的连贯叙述。上述这些作家都能参阅到一些今天已经不存在的史料，其中许多是与恺撒同时代的，还包括恺撒本人的一些业已遗失的著作。但我们必须始终牢记，这些作家都是在恺撒去世多年之后开始写作的，他们未必能理解或准确地表达公元前1世纪人的情感态度。我们掌握的史料证据中存在一些引人注目的空白。苏埃托尼乌斯和普鲁塔克的恺撒传记的开头部分都遗失了，所以我们不知道恺撒的出生年份。每一位作者都有着自己的偏见、利益或视角，而且他们使用的史料也是有偏见的，往往是一些政治上的宣传材料。在使用任何史料时，我们必须小心谨慎。与研究近现代史的学者不同，古代史研究者往往必须尽可能地利用有限的、可能不可靠的史料，并且要将互相矛盾的叙述加以协调与平衡。在本书中，我努力展现了这样的研究过程。

对于恺撒内心世界的有些方面，我们仍然是一无所知的。如果能更多地了解他的私生活，他与家人、妻子、情人和朋友的私人关系，那么一定会非常有趣和有益。在其一生的大部分时间里，特别是在晚年，恺撒没有一位与他地位平等的朋友；他喜爱许多下属和助手，并与他们很是亲密。对于他的宗教信仰，我们知之甚少。仪式和宗教浸透了罗马世界中生活的方方面面。恺撒是罗马最高级的祭司之一，会定期执行或主持祈祷、献祭与其他仪式。他还尽可能地利用了自己家族的传统，声称自己是女神维纳斯的后裔。但这一切对他来讲意味着什么，我们完全不知道。宗教上的顾虑极少地影响了他的决策，而且为了自己的利益，他常常将宗教作为工具，但这并不能说明他是个完全没有信仰的玩世不恭之徒。对他的宗教信仰，我们真的是一无所知。恺撒之所以如此令人心醉神迷，部分原因就是我们很难对他下个定义，另外还因为他在死前的最后几个月里究竟做了何种打算，这至今仍然是个谜。在他五十六年的生命中，他扮演着五花八门的角色：逃亡者、犯人、飞黄腾达的政治家、军队统帅、律师、反叛者、独裁者——甚至或许还扮演过神——同时，他还是个丈夫、父亲、情人和通奸者。很少有一位小说主人公像盖乌斯·尤利乌斯·恺撒这样丰富多彩。

第一部

※

攀登执政官的高峰
(前 100 年 ~ 前 59 年)

一　恺撒的世界

因为，罗马不必再畏惧迦太基，争夺帝国霸业的对手被消灭了。在此之后，美德之路遭到摈弃，罗马人选择了腐化的道路，不是逐渐堕落，而是在这条丑恶的路上迈步疾驰。古老的风纪被抛弃，新的取而代之。国家从警醒变为酣睡，从追求武德变为沉溺于享乐，从积极进取变为慵懒怠惰。

——维莱伊乌斯·帕特尔库鲁斯，1 世纪初[1]

共和国不过是个虚名，没有实质，没有形态。[2]

——尤利乌斯·恺撒

到公元前 2 世纪末，罗马共和国已经成为地中海世界唯一的超级大国。主宰西方多年的商业帝国迦太基（它原先是腓尼基殖民地）于公元前 146 年被罗马军团夷为平地。差不多在同一时期，亚历山大大帝的家乡马其顿也沦为罗马的一个行省。亚历山大的庞大帝国非常短命，在他驾崩之后，他的将领们瓜分了帝国，建立起一系列强大的王国，但这些王国都在罗马的威势下屈服并大大衰落了。地中海及其周边的许多国度，包括整个意大利半岛、高卢南部、西西里岛、撒丁岛、科西嘉岛、马其顿、伊利里库姆①部分地区、小亚细亚、西班牙的大部分和北非一角，均由罗马人直接统治。在其他地方，人们不管多么不情愿，都必须承认罗马的霸权，或者至少对它心存畏惧。与罗马人发生接触的诸王国、部落或国家都无力与之匹敌，也没有团结一致、对抗罗马的意愿。公元前100年，罗马雄霸天下，富得流油，没有任何迹象表明这种状况会发生变化。今天我们知道，在前100年之后，罗马还将继续扩张，变得更强大、更富庶，不用一个世纪的时间就将成为一个延续五个世纪之久的庞大帝国。

罗马从意大利半岛上的一个国家迅速崛起成为地中海的霸主，速度之快令希腊语世界震惊不已，毕竟他们之前很少注意到西方的这群蛮族。罗马与迦太基的对抗历时一个多世纪，其间罗马蒙受了严重损失，但征服诸希腊化王国只花了一半的时间，付出的代价也很轻微。在恺撒出生几十年前，希腊历史学家波利比乌斯写了一部《历史》，专门解释罗马是如何赢得霸主地位的。他本人亲历了罗马征服过程的收尾阶段，并且参加了第三次马其顿战争（前172年～前167年），与罗马人对抗。后来，波利比乌斯作为人质来到罗马，在一位罗马贵族家中生活，并陪伴他参加了灭亡迦太基的战役。尽管波利比乌斯注意到了罗马在军事制度上的优势，但他相信，罗马之所以能取得这样辉煌的成功，更重要的原因是政治体制上的优越。在

---

① 伊利里库姆，或称伊利里亚，是公元前167年～公元10年罗马的一个行省，位于今巴尔干半岛西部、亚得里亚海东岸。大约包括今克罗地亚、塞尔维亚、波黑、黑山和阿尔巴尼亚等地区。公元10年，伊利里亚行省被分割为达尔马提亚和潘诺尼亚行省，但伊利里库姆/伊利里亚作为地区名仍被广泛使用。该地区的人民以孔武有力著称，是罗马帝国军队的主要兵源地之一。多位皇帝，包括君士坦丁大帝，出生于伊利里库姆。

他看来，罗马共和国的政体具有巧妙的平衡，能够阻止任何一个人或者社会的任何一个群体取得绝对的统治权，因此罗马得以避免频繁的革命和内乱，而这些问题令大多数希腊城邦元气大伤。罗马共和国内部稳定，因此能够以远远胜过任何竞争对手的规模和执着对外开疆拓土。罗马曾被汉尼拔打得落花流水，蒙受了毁灭性的打击，但仍然生存了下来，并且最终赢得了战争。在当时，其他任何一个国家恐怕都做不到这一点。[3]

恺撒呱呱坠地时，共和国已经有大约四百年的历史，在稳步崛起中证明了自己的实力。罗马将会攀上更高的巅峰，但共和国体制已经快要寿终正寝了。恺撒将会亲眼看见共和国被内战摧残得七零八落，他本人也将在这些冲突中扮演主要角色。有些罗马人感到，恺撒死后，共和国就灭亡了；很多人认为，恺撒是葬送共和国的罪魁祸首。没有任何人会怀疑，当恺撒的养子奥古斯都自立为罗马的首任皇帝时，共和国已经只存在于人们的记忆中了。罗马共和国尽管之前取得了长期的辉煌胜利，但到公元前 2 世纪末，显然已经奄奄一息；许多迹象表明，它的运转很不正常。

公元前 105 年，一些迁徙的日耳曼部落（称为辛布里人和条顿人）在阿劳西奥（今法国南部的奥朗日）歼灭了一支兵力雄厚的罗马军队。罗马军队在此次战役中的伤亡可以与公元前 216 年的坎尼战役相提并论（当时汉尼拔在仅仅一天之内就屠戮了近五万名罗马及其盟军的士兵）。阿劳西奥战役是这些日耳曼蛮族给罗马带来的一连串惨重失败中最新、最严重的一次。公元前 113 年，罗马军队第一次与这些蛮族产生交流碰撞，向其发起挑衅，于是双方爆发了长期战争。辛布里人和条顿人是正在迁徙以寻找新土地的民族，并非致力于全面战争

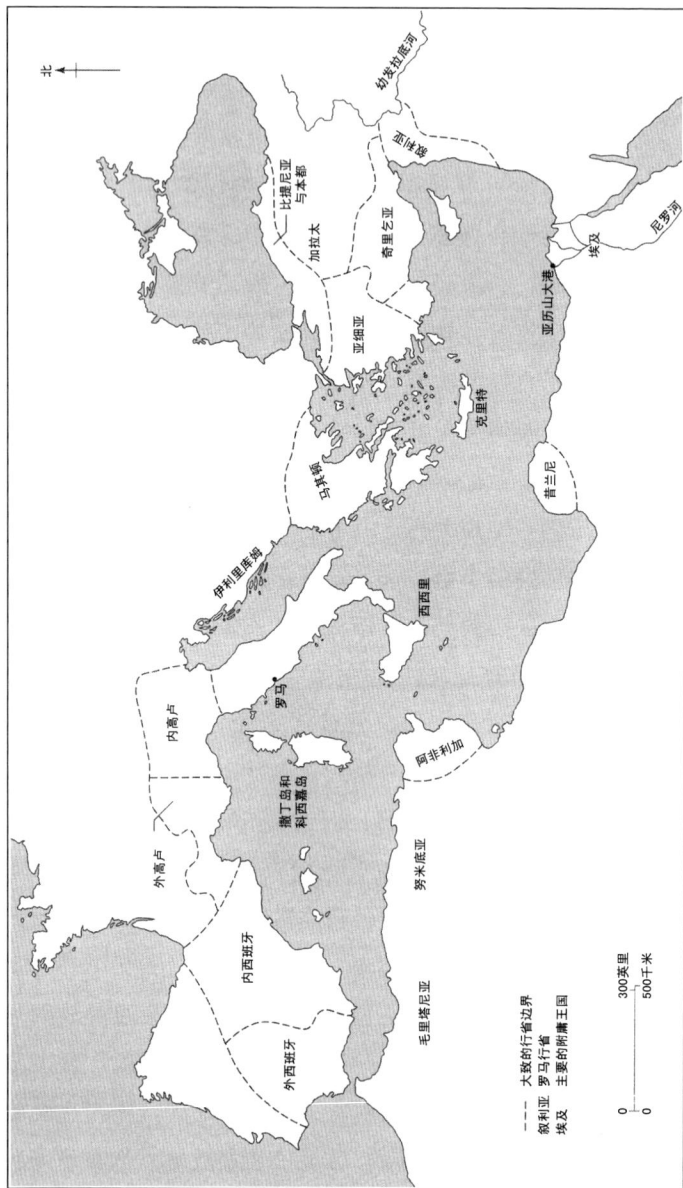

图 1　公元前 1 世纪的罗马帝国

的职业军队。在战斗中，他们战士的外表令人心惊胆寒，而且作战勇敢，但是他们缺乏纪律。在战略层面上，这些部落并没有明确的目标来指导自己的行动。阿劳西奥战役之后，他们游荡到西班牙，在随后的几年之内都没有再侵犯意大利。虽然有了这段暂时的喘息之机，罗马人仍然处于普遍的恐慌当中，尤其是老百姓回想起了公元前390年的惨剧——大批肤色白皙的蛮族战士（是高卢人，而非日耳曼人）洗劫了罗马城。因此，罗马人对所有来自北方的蛮族都心存畏惧。罗马群众对最近几次军事灾难中指挥失当、昏庸无能的贵族将军们非常不满。他们坚持要求，将对抗日耳曼蛮族部落的重任托付给盖乌斯·马略。他前不久在努米底亚①赢得了一场胜利，结束了那里的战事。在努米底亚战争的初期，同样也是由于罗马高层的腐化无能，罗马人蒙受了不少损失。马略娶了恺撒的姑姑，是马略家族中第一个参政的成员，在公元前107年当选为两位执政官之一，这已经是相当了不起的成就。执政官是共和国最高级别的行政长官，任期一年，执掌最重要的军政大权。按照规定，执政官卸任之后要等十年才能再次担任执政官，但马略在公元前104年~前100年曾连续五年当选执政官。这是史无前例的事情，虽然违背了罗马法律的限定，但的确收到了人民所期望的

---

①　努米底亚（前202年~前46年）是古罗马时期的一个柏柏尔人王国，如今这一国家已经消亡。其领土大约相当于现今的阿尔及利亚东北以及突尼斯的一部分（皆位于北非）。当时以出产精锐骑兵闻名。迦太基名将汉尼拔就是凭借努米底亚骑兵赢得了早期多场战争的胜利，后来也因努米底亚骑兵投向罗马而战败。其后，努米底亚先后成为罗马的行省之一和附庸国。努米底亚领土西端与罗马帝国的另一行省毛里塔尼亚（即现今阿尔及利亚的一部分）接壤，东端则与罗马帝国的阿非利加行省（迦太基故地，即现今的突尼斯）接壤，北临地中海，南接撒哈拉沙漠。

效果：马略于公元前 102 年击败了条顿人，次年又打败了辛布里人。[4]

马略连任多届执政官，违背了罗马政治的一项根本原则，但这也可以解释为国家危难之际的非常之举。在过去，共和国为了应对危机，也曾表现出极大的灵活性。更令人担忧的是，最近出现了一种趋势，即政治争端常常演变为暴力冲突。公元前 100 年秋季，当选为次年执政官的元老迈密乌斯在广场①被竞选失败的对手的爪牙活活打死。这起凶案的幕后元凶盖乌斯·塞维利乌斯·格劳基亚和他的同伙卢基乌斯·阿普列尤斯·萨图尔尼努斯在此之前就曾用威胁、恫吓及群体暴力的手段迫使他们的法案通过。群众普遍相信在前一年的选举中，他们还谋杀了另一名竞争对手。迈密乌斯遭受的虐杀过于残暴，很快便引起了激烈的反应。马略此前也曾利用萨图尔尼努斯给自己办事，现在转而反对他，并响应了元老院发出的挽救共和国的呼吁。他率领自己的武装支持者，将萨图尔尼努斯和格劳基亚的党羽围堵在卡比托利欧山②上，并很快就迫使他们举手投降。马略或许曾经许诺饶这些过激分子一条性命，但民愤激昂，不愿意宽大为怀。大多数犯人被关押在元老院议政厅内，遭到暴民的围攻。有些暴民爬上屋顶，拆除砖瓦，然后将这些沉重的砖瓦投入室内，置犯人于死地。为了保卫共和国，常规

① 广场是古罗马的城市中心，呈长方形，周围是罗马最古老和最重要的一些建筑。它既是罗马公共生活的中心——凯旋游行、选举、公共演讲、罪案审判、角斗士竞技的场所——也是商业中心。广场及周边有纪念伟人的雕像和纪念碑。

② 卡比托利欧山（Capitoline Hill）是罗马城七座山丘中最高的一座，在广场附近，是重要的宗教与政治中心。美国国会大厦所在的"国会山"（Capitol Hill）就得名自罗马的卡比托利欧山。

的法度被暂时中止；为了消灭暴力，不得不动用更残酷的暴力。这与波利比乌斯曾歌颂的理想化的完美而平衡的宪法相去甚远，尽管他也承认，罗马的内部稳定未必能永久地延续下去。为了理解恺撒的故事，我们必须先考察罗马共和国的本质，既研究理论方面，也探查在公元前 2 世纪的最后几十年中处于变革中的政治实践。[5]

共和国

据传说，罗马城于公元前 753 年建立。对罗马人来说，这一年就是"元年"，随后的纪年法便"从建城起"（ab urbe condita）开始计算。但是，关于罗马起源的考古证据就不是那么明确了，因为我们很难判断后来成为罗马城的许多小型定居点（它们分布在若干山丘周围）究竟在何时融合为一座城市。罗马最早期的记录很少能够保存至今，而且罗马人在公元前 2 世纪初开始撰写史书时，很多事情连他们自己也搞不清楚。关于罗马城早期的传说或许包含一定的真实元素，但要想证实具体的人物和事件，几乎是不可能的。显然，罗马最初是个君主国，但传说中的七位国王究竟是不是真实的历史人物，我们就无法一探究竟了。公元前 6 世纪末（传说中的年份是公元前 509 年，它或许是准确的），内部动乱导致君主国灭亡，被共和国取代。

罗马共和国的政治体制是在漫长岁月中逐渐发展起来的，从来都不是僵化不变的。罗马更像是现代的英国，而不像美国。它没有成文宪法，但拥有一系列法律、判例和传统。我们今天的"共和国"（Republic）一词源于拉丁文 res publica，它的字面意思是"公共之物"，或许最好的译法是"国家"或

"政体"。这个术语比较模糊，所以不同的人对它的理解也不同。恺撒后来认为"共和国"不过是个空虚的词语。[6]共和国体制的松散使它具有相当的灵活性，在数百年间，这种灵活性就是它的力量源泉。与此同时，共和国的本质保证了任何新的判例或法律（不管好坏）都很容易永久性地改变行事之道。这个体制的核心就是努力阻止任何一个人获取太大的永久性权力。罗马人普遍害怕君主制的复辟，尤其是那些垄断了高级官职的贵族。因此，共和国的权力被赋予一些不同的机构，其中最重要的是行政长官①、元老院和公民大会。

行政长官拥有相当大的权力，其中最高级的官员掌控治权（imperium），即指挥军队和支持司法的权力，但治权在本质上是短期的，任期只有一年。每个级别会有多名行政长官拥有平等的权力，互相制约。每年有两名执政官，次一级的裁判官则有六名。担任某一官职的人卸任后，要隔十年，才能寻求再次担

---

① 罗马共和国的行政长官（magistrates）经选举选出，可分成正规长官（Magistratus ordinarii）与特殊长官（Magistrarus extraordinarii）两类，执掌政治、军事以及在某种情况下的宗教权力。

正规长官按照级别从低到高包括：财务官（Quaestor）、市政官（Aedile）、裁判官（Praetor）、执政官（Consul）、监察官（Censor）等。正规长官每年由选举产生（监察官除外），任期一年。每个级别通常分别选出至少两位正规长官，以防范一人权力过大。

特殊长官包括独裁官（Dictator）、骑兵统帅（Magister Equitum）等。

有元老身份的人可以通过所谓的晋升体系（Cursus honorum，字面意思为"荣耀之路"），在服完兵役后，依次参选和担任官职。不同的职位对候选人均有最低年龄的限制。官员在各职位间晋升需要有一定的时间间隔，法律禁止连续担任同一职位。当然，这些规定并不总是得到遵守。

在规定的最低年龄（拉丁文：in suo anno；英文：in his year）担任某项职务会被视为政治上很大的成就。

严格来讲，平民保民官（Tribune of the Plebs）在技术上并不属于行政长官，将在下文介绍。

任同一官职。要想竞选裁判官，候选人必须年满三十九岁；竞选执政官的最低年龄是四十二岁。军事和民政权力融为一体，行政长官必须按照形势需求执行军事或民事使命。最重要的职责和军权由执政官控制，次级的职责则被托付给裁判官。大多数资深的行政长官在一年的任期内会被派遣出去，治理一个行省。执政官或裁判官掌控军政大权的时间可延长，每次能延长一年，那时他们就被称为资深执政官（proconsul）或资深裁判官（propraetor）。为了拥有足够多的行省总督来统治幅员辽阔的国家，常常必须采取这种延长任期的做法，但这并没有改变权力的根本特征：有时间期限。任期延长至两年（也就是说，担任资深执政官或资深裁判官两年）的情况极其罕见。因此，尽管这些官职拥有极大的权力，但执政官或其他行政长官的人选是每年更换的。

与之相对，元老院的重要性不在于其正式职能，而在于其恒久性。元老院拥有约三百名成员，由一名行政长官（一般是一名执政官，如果有执政官在场的话）召集开会。元老不是选举产生的，而是由两名监察官每五年对罗马公民进行人口和财产普查，选拔新元老。在非常偶然的情况下，元老也会被两名监察官弹劾。两名监察官一般会将自上次普查以来曾当选为行政长官的人士吸纳进元老院，尽管他们并没有这样做的法律义务。行政长官的职位数量比较少，而许多元老（或许有一半）从来没有当选过行政长官。元老的人选必须是骑士阶层成员，这是人口普查中最富裕的地主阶层。骑士阶层之所以如此得名，因为传统上他们要在罗马军队中作为骑兵作战。但是，绝大部分骑士一辈子都不会从政，因此元老一般来自骑士阶层内部一个非正式的精英小圈子。这个小圈子都是富人，并且拥有执掌政权的突出地位，因此维护共和国符合他们的利益。元老院的辩论由曾担任行政长官的人主持，因为按照规程，若有问题，必须先征询前任执政官们的意见，然后询问前任裁判官，最后一直到曾担任最下级官职的人。曾经担任要职、为共和国效力的人拥有极大的影响力和权威，而元老院作为一个团体的集体威望在很大程度上就建立在将这样的人吸纳为元老的基础之上。元老院没有立法权，但经由其辩论而产生的决议会被送到公民大会，并获得极其强烈的推荐。当行政长官们身处罗马的时候，元老院就是他们的顾问委员会；元老院还负责决定每一年哪些行省的职位需要填充，并有权延长行政长官的任期（即任命资深执政官或资深裁判官），授予他们军权和司法权。另外，元老院负责接待外国使节、派遣使节出访，以及派遣专员前往各省督查行政事务，因此元老院在外交政策上扮演着关键角色。

在共和国内，罗马人民五花八门的投票会议拥有相当大的权力，但是基本上没有独立行动的能力。这些会议负责选举所有的行政长官、通过法律、正式批准宣战和缔结条约。所有成年男性公民，只要在场，都可以投票，但他们投票的分量不一样。在拥有选举产生执政官等重要职能的百人会议中，公民依据其最近一次人口普查的结果，按照各自的财产状况，分成若干单位进行集体投票。百人会议的结构源自上古罗马军队的组织，最富有的人负担得起昂贵的装备，因此能够在战斗中扮演更突出、更危险的角色。最高级别的投票单位的人数也最少，因为富人的数量肯定比穷人要少得多。每个投票单位的票在理论上是等值的，但由于富人单位先投票，因此往往还没轮到穷人投票，就已经达到了足以做出决议的多数票。其他的会议是根据部落①划分的，部落也是由人口普查决定的，贫富之间的不平等状况同样很明显，只是性质略有不同。每个部落根据在场成员的多数意见，作为一个集体来投一票。但是，因为乡村部落中只有富人才有可能旅行到罗马去参加投票，而且城市中的部落包括了罗马的许多贫民，因此在选举日城市部落往往比乡村部落拥有更多的投票公民。所以，在大多数情况下，富裕公民对投票结果的影响远远超过为数众多的贫民。这些会议中都没有辩论的环节，只是简单地从候选人名单中挑选，或者投票决定支持还是反对某项提案。会议由一位行政长官召集，他负责主持会议并决定议程。与公元前 5 世纪末的雅典公民大会相比，罗马体制中的民主元素看上去受到了严格的控制，但这并不说明民主不重要。投票结果，尤其是选举的结果，仍然是不可预测的。

只有在人口普查中被登记为骑士阶层（最高的地主阶层）的人才有资格从政②。能否当上行政长官，取决于能否赢得选民的欢心。在罗马不存在任何与现代政党有一丝一毫相似之处的团体——鉴于现代政党令人窒息的影响力，罗马或许比今天的许多国家都更民主——每一位竞选公职的候选人都以个人身份参选。候选人很少有具体的政策，更常见的是对时局发表评论。总的来讲，选民们期望的是一个精明强干的人，在他当选之后能够承担国家所需的职责。曾经的业绩足以证明突出的才干，但如果候选人自己没有业绩，尤其是在刚刚登上政治舞

---

① 每一个罗马公民都属于一个部落。共有 4 个城市部落和 31 个乡村部落。
② 因为骑士阶层的界定是根据财产数量，所以骑士阶层既包含贵族，也包括平民。罗马的贵族和平民只是祖先血统的区分，贵族可能很穷，平民可能很富。

台的时候，他就会夸耀自己祖先的成就。罗马人相信明显的性格特征是可以遗传的，老子英雄儿好汉。如果一个人的父亲和祖父曾经在对外战争中建功立业，那么他也一定有类似的军事才华。显贵家族花费极大的力气去宣扬自己成员的功业，不管是古人还是今人，好让家族的美名在选民中流传。名望和财富使少数家族得以垄断行政长官的职位，尤其是执政官的位置。即便如此，祖上从未有人成为元老的人士也有可能攀到执政官的高位。成为自己家族史上首位执政官的人被称为"新人"，史无前例地连任多届执政官的马略就是一位"新人"。而对大多数"新人"来讲，能够担任一届执政官已经是非常了不起的成就了。政界竞争极其激烈，即便是长期从政的名门望族也需要努力才能维持自己的优势地位。随着级别升高，每一个级别的职位数量越来越少，因此在政界越往上攀登就越困难。每年有六位裁判官，其中只有三分之一的人有希望成为执政官。这种激烈的竞争扼制了长期执政的政治集团的形成，永久性的政党更是不可想象，因为任何人都不能分享行政长官的职位。

从很多方面看，这种体制非常有效，每年为共和国提供一批新的行政长官，这些人都努力在自己一年任期结束前为罗马建立丰功伟绩。正式权力的期限只有一年时间，但如果一位行政长官在任期内取得了成功，那么他的威望（Auctoritas）会极大地增加。和罗马的许多概念一样，Auctoritas 也很难被准确地翻译为英文，因为它包含了权威、声誉、影响力、地位和重要性等多重含义。一位行政长官卸任后，他的威望可以延续很长时间；但如果他后来行事不端或者出了丑闻，他的威望也会减少，或者与其他元老的威望相比黯然失色。一个人的威望决定了元老院开会的时候，主持会议的行政长官会不会频繁地征求他的意见，是不是优先征询他的意见，以及他的意见能有多少分量。只有在得到其他人承认的时候，一个人的权威才会存在；但人们知道自己的地位，有时也会直截了当地运用自己的威望。公元前90年，功勋卓著的前任执政官和监察官，现任首席元老①马尔库斯·埃米利乌斯·斯考卢斯被人指控收受敌国君主的贿赂。指控者是籍籍无名的昆图斯·瓦里乌斯·塞维鲁，他虽然是个罗马人，但出生于西班牙的苏克罗城。斯考卢斯为自己辩护时，仅仅转向法庭和围观群众，问了一个简单的问题："苏克罗的瓦里乌斯·塞维鲁声称，埃米利乌斯·斯考卢斯收了敌国君主的贿赂，背叛了罗马人民。埃米利乌斯·斯考卢斯否认这个指控。诸位相信谁？"最后，瓦里乌斯被冷嘲热讽地赶出了法庭，指控也被撤销了。[7]

即便是当上了执政官之后，竞争依然没有结束。一位执政官日后的地位取决于与其他执政官相比，他在任期内的表现如何。率军在战场上打败共和国的敌人是一项伟大成就，尤其是班师回国时被授予举行凯旋式的荣誉，以此作为对其功绩的肯定。在凯旋式上，胜利者乘坐战车穿过城市中心，凯旋队伍还包括战俘、战利品和其他象征胜利的标志物，以及身穿最精美甲胄的士兵们。得胜将军会穿戴上罗马最重要神祇"至善

---

① 首席元老（princeps senatus）或简称元首（princeps），又译"第一公民"，是罗马元老院的领导人。虽然该职务不属于晋升体系（cursus honorum）的范围，并且不拥有统治大权，但它仍然具有巨大的威望。首席元老原本是罗马共和国时期元老院的荣誉职衔，后来在屋大维所创建的元首制度中，该职衔即是罗马皇帝的正式称呼。

至伟朱庇特"的宝器华服，甚至会把脸涂成红色，以模仿古老的朱庇特赤陶塑像的颜色。他身后会有一名奴隶，将胜利者的桂冠举过将军的头顶，同时小声提醒他，他仍然只是个凡人而已。凯旋式是一项莫大的荣誉，将会永载史册，获得这项荣誉的命运宠儿的宅邸门廊上会悬挂或雕刻月桂花环，以资永久纪念。这样的成就具有极大价值，但人们也会将其与其他元老的胜利做比较，评头论足。如果希望自己的威望胜过前任将领，就必须打赢更大规模的战役、收获更多的战利品、击败更强大的或者更稀罕的敌人。大多数当选执政官的人在四十多岁的时候就已经赢得了这个职位，一年任期结束后还可以在元老院活跃数十年。他们能否在政治生活中继续维持崇高的地位，取决于他们的威望；他们也许会有机会进一步提高自己的威望。罗马政治生活的核心就是竞争。元老们在自己的整个政治生涯中始终在努力赢得荣耀和影响力，并阻止同僚们赢得太多的荣耀和影响力。每年选举新的行政长官的制度，以及对任期的限制，使许多元老能够有机会在崇高的位置上为共和国效力，并防止任何一个人垄断荣耀和影响力。所有贵族都希望得到卓越的地位，但他们最害怕的局面始终是：有一个人会远远胜过其他所有的竞争对手，获得永久性的突出地位，以至于复辟君主制。如果一个人获得了太多成功，那么其他人获得荣誉的机会就减少了。

尽管罗马共和国于公元前 2 世纪末崛起成为地中海世界的霸主，但政治生活所有方面的焦点仍然在罗马城。只有在罗马城，元老院才可以会商，法庭才可以开庭，公民大会才可以召开会议来选举行政长官或通过立法。到公元前 100 年，罗马已经成为已知世界最大的城市，远远胜过最有实力与其竞争的对

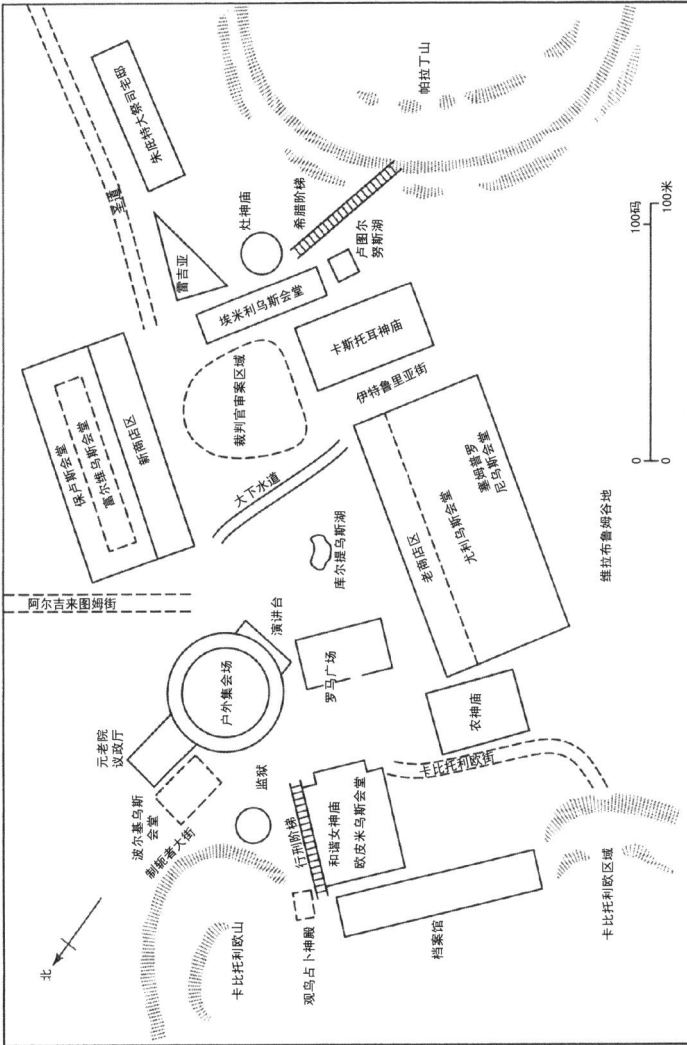

图 2　罗马城：中心区域、广场等

手，比如亚历山大港。到公元前 1 世纪末，罗马城的人口可能已经达到 100 万，即便在公元前 100 年，其居民肯定也有约 10 万人，或许有 50 万人。我们没有证据，所以无法给出更精确的数字，但这些概述至少可以给读者一个概念去了解罗马城的庞大。尽管人口极多，但在这个时代，交通运输尚不发达，主要依靠徒步或骑马，因此罗马城的地理范围并不及较为现代的城市。住房极其拥挤，尤其是贫民区。但在罗马城的中心，也是共和国的中心，屹立着开阔的广场。这里是商业场所，广场的宏伟建筑旁排列着时髦的商店，出售各种奢侈品，都是国家的珍宝；大型商行和粮食供应商的代表也常驻于此。这里也是法律和正义的场所，法庭在这里审理案件，律师们巧舌如簧地陈述各自的案情，陪审团做出裁决，全都在室外众目睽睽之下进行。凯旋大游行的路线——圣道①——横亘广场。最重要的是，共和国的政治生活就是在广场及其周边地区开展的。行政长官，如保民官、市政官②和裁判官，在广场有固定的位置，在那里处理政事。在绝大多数情况下，元老院开会的场所是广场边缘的一座建筑，要么是元老院议政厅，要么是某座大型神庙。元老院议政厅之外是演讲台（Rostra，字面意思是战船船首的冲角），它装饰着迦太基战争期间俘获的敌船船首，由此得名。行政长官和其他大人物常常在演讲台向非正式集会

---

① 圣道（Via Sacra）是古罗马的主街道，从卡比托利欧山山顶，经过罗马广场的一些最重要的宗教遗迹（这里是最宽的一段），到达斗兽场。这条路是传统的凯旋式路线，开始于罗马郊区，经过罗马广场。

② 市政官（Aedile）是罗马共和国的一个官职，负责公共建筑的维护与公共节日的设定。他们有权去强化公共秩序。一半的市政官来自平民阶级，另一半来自贵族。市政官不是晋升体系中必经的级别，仅仅是一个有利的出发点。

的罗马人民发表演讲，努力说服他们投票支持或反对某一项法案，或者在选举中支持某位候选人。在一位合适的行政长官的命令下，罗马群众可以聚集起来，召开平民大会或部落会议，并通过立法。除了选举会议之外，绝大多数的平民大会或部落会议都在广场上举行。从很多方面看，广场都是罗马持续跳动的心脏。[8]

帝国霸业的收益与代价

罗马共和国常常处于战争之中，在很长的时期内几乎每年都在打仗。在古典世界，战争司空见惯，人们往往只需要相信邻国比较脆弱，就是足够的开战理由。古典希腊文化的黄金时代（艺术、文学和哲学都蓬勃发展）恰恰就是希腊各城邦厮杀不休的时期。但从很早开始，罗马的战争就独具特色，不仅因为它屡战屡胜，而且因为罗马特别擅长永久性地巩固自己的胜利，将败北的敌人转化为可靠的盟友。到公元前 3 世纪初，几乎整个意大利半岛都处于罗马的控制之下。在这片领土之上，有些人群被授予了罗马公民的身份。这些人群，再加上在被征服土地上建立的殖民地①，使罗马公民的人数迅速增长，远远超过其他任何一个城邦的人口。意大利半岛的其他一些民族则被授予"拉丁人"的地位，享有虽比罗马公民少但仍然相当可观的特权，而剩余的人们则只是罗马的同盟者（socii）。从很早的时期开始，"罗马公民"和"拉丁人"的地位就不再

---

① 古典时代的殖民地大多是与母邦（metropolis，英语中"大都市"一词即来源于此）领土不相接的海外殖民城邦。殖民城市与母邦之间的联系十分紧密，但与近代的殖民主义不同的是，这种联系并不以母邦直接控制殖民城市的形式存在。母邦与殖民地也不是剥削与被剥削的关系。

与种族或语言族群有任何明确的联系，而主要是法律上的区分。随着时光流逝，没有这些特权的社区也有希望提高自己的地位，逐渐从拉丁人提高到没有投票权的公民，最终成为拥有全部权益的罗马公民。每个社区都通过具体的条约与罗马联系起来，条约明确规定了其权利和义务。显而易见的是，在任何这样的协定中，罗马都是占据优势的一方，这种协定绝不是平等条约。各种形式的同盟者（包括拉丁人）最常见的义务就是在战时为罗马提供士兵和资源。任何一支罗马军队中至少有一半是同盟者士兵。通过这种方式，曾经被打败的敌人可以帮助罗马去赢得现今的战争。除了以这种方式证明自己对罗马的忠诚之外，同盟者群体还被允许分享战争产生的利润，虽然比例不大，但数量很可观。罗马战事频仍——有些学者甚至认为，为了提醒同盟者不要忘记他们的义务，共和国需要不停地打仗——因此就有很多为罗马效力和从战争中获利的机会。[9]

公元前 264 年，罗马人首次派遣军队到意大利境外作战，挑起了与迦太基人的长期冲突。迦太基人是腓尼基血统，因此罗马人称其为布匿人（源自"腓尼基"）。第一次布匿战争（前264 年～前 241 年）为罗马赢得了第一个海外行省西西里，战事结束后不久又征服了撒丁岛。第二次布匿战争（前 218 年～前 201 年）的结果是，罗马在西班牙永久性地站稳了脚跟，并开始干预马其顿事务。共和国之所以能够战胜迦太基，公民和同盟者庞大的人力后备资源以及承受巨额损失的能力是主要因素。这些战争也使罗马人掌握了派遣远征军作战并为其提供后勤补给的技术，第一次布匿战争期间重建的大规模海军使之成为可能。共和国变得惯于同时在多个差别极大的战区作战。在公元前 2 世纪早期，罗马击败了马其顿和塞琉古帝国。塞琉古和埃及的托勒密王朝属于最强大的希腊化君主国之列，都是崛起于亚历山大大帝的帝国废墟之上。公元前 146 年，罗马军队消灭了迦太基和科林斯，这标志着罗马主宰了地中海世界的旧势力。罗马在马其顿和非洲建立了更多的行省，完成了对波河河谷的征服，巩固了自己在伊利里库姆的势力。该世纪末，罗马征服了外高卢（今天法国南部的普罗旺斯），建立了与西班牙诸行省之间的陆地联系，正如伊利里库姆将意大利本土与马其顿连成一线。罗马人很快就修建了公路，以宏伟而极其实用的方式将各个行省连接起来。差不多在同一时期，罗马还征服了富裕的亚细亚行省①。此时，罗马与其海外行省之间的联系还远不及罗马与意大利各民族间联系的程度紧密，也没有向各省的本土居民大规模地授予拉丁人或罗马公民的身份。各省居民常常提供兵员，为罗马军队效力，但这不是他们最重要的义务。各省最重要的义务是定期缴纳贡金或赋税。

海外扩张给许多罗马人带来了极大利益。贵族有了许多机会，在自己担任行政长官期间通过战争赢得荣耀。讨伐西班牙、高卢、伊利里库姆与色雷斯各部族的战役开展得十分频繁。罗马与希腊化世界的国家之间虽然交战比较少，但每次交战规模却更大。战事如此频繁，元老们之间的竞争焦点就是看谁能够赢得更大规模的胜利，或者打赢更危险的战争。首次击败某民族的荣耀也同样受到珍视。除了光荣之外，战争还带来了大量的战利品，并可将战俘变卖为奴，这都会带来巨额财富。这些财富中有一部分被交至共和国国库，部分被赏赐给士

---

① 亚细亚行省在今天土耳其的西部沿海地区。今日"亚洲"的名称即是从该省的名称而来。

兵们，但更大的份额被高官纳入囊中，指挥官们获益最多。在地中海东部赢得胜利的油水尤其丰厚。在公元前 2 世纪，连续多位将领从地中海东部的战争中胜利归来，举行了史无前例的奢华而宏伟的凯旋式。就在这个时期，得胜将军们利用部分战利品来建造雄伟豪华的神庙和其他公共建筑，以永久性地纪念自己的成就，于是罗马城被重建得更加恢宏富丽。争夺名望和影响力的竞争仍然主宰着政治生活，但这种竞争的代价越来越高昂。因为有些人打了胜仗，带回了巨大的财富，所以攀比就越来越厉害。那些未能在利润最丰厚的战役中获得军事指挥权的家族越来越感到捉襟见肘，无力维持从政的巨大开销。元老阶层的贫富差距也越来越大，导致有能力竞选最高行政长官职位和军事统帅地位的人变得越来越少。

在帝国霸业的创建过程中渔利的不仅是元老们，一般来讲，在这种新环境里，富人最游刃有余。共和国没有建立一个庞大的官僚机器来管理各省，因此行省总督们手下只有一小群官吏，于是他们用自己的亲信来填补空缺。所以，大部分日常事务都被托付给地方社区，其中很大一部分则由富裕罗马人控制下的私人企业来执行。这些企业主一般属于骑士阶层，因为法律禁止元老承揽这种生意。（法律做出这样的禁令，是为了防止商业利益影响元老们在元老院中的意见表达。但很多元老依然会秘密投资企业，这些企业由骑士们公开经营。）由骑士们管理的企业会竞标购买在某地区征税的权力、出售战俘或其他战利品的资格，以及承揽大宗合同，为军队提供粮食和装备。他们执行共和国的任务，被称为包税人（就是詹姆斯一世钦定本《圣经》中所谓的"税吏"），但他们的主要动机是营利，而不是为公众服务。一旦一家企业与国库签订合同，同意向国库缴纳一定费用以换取在某地区或某省征税的权力之后，肯定会向民众征收比额定税款更多的金钱，这样才能赢利。企业的各级工作人员一般都会谋取私利，因此最后老百姓缴纳的赋税就会不可避免地高于国库收到的数额。但总的来讲，共和国对这种安排很满意，如果行省居民怨声载道、揭竿而起，大不了用武力镇压。除了包税人之外，其他许多罗马人及其代理人在各省的生意中也是高度活跃。仅仅罗马人的身份——大多数意大利人都会被其他民族视为罗马人——就能给商人带来相当大的好处，因为他们与帝国的力量有着联系。影响力比较大的人——往往是最富裕的人或其代表——常常能够直接从行省总督那里获得帮助。在古代史料中，关于商人活动的记载往往只是一笔带过，但我们绝不能低估商人的数量，或者他们经营活动的规模。这些商人从罗马的帝国主义扩张中获取了极大的利益，尽管他们绝不可能对指导共和国外交政策的决策进程产生影响。[10]

长久以来，罗马男性公民从军的比例非常高。在法国大革命时期实施普遍兵役制之前，在所有规模相当的国家中，只有罗马能够长时期地对如此雄厚的人力进行军事动员。在公元前2世纪中期以前，似乎很少有人拒绝服兵役，绝大多数男子都乐意从军。尽管罗马军团的纪律极其严格残暴，服兵役仍然是件非常吸引人的事情，因为获取战利品和赢得荣耀的机会非常多。而且罗马人的爱国主义精神非常强烈，高度重视服兵役，因为这表现了他们对共和国的忠诚。军队的兵员来自有产阶级，因为每一位士兵都要自备武器装备，非常富裕的人可以当骑兵，大多数人当重步兵，穷人和年纪较小的士兵则担任轻步兵。罗马军团的核心成员是自耕农，因为土地仍然是最普遍的财产形式。兵役一直持续到军团解散，这往往是在一场战争结束的时候。在共和国早期，兵役的时间往往只有几周，顶多是几个月，因为敌人往往近在咫尺，战斗规模小、时间短。最理想的状况是自耕农军人们能够迅速取得胜利，然后回家收割庄稼。随着罗马的扩张，战争离家门口越来越远，持续时间也越来越长。在布匿战争期间，数万名罗马人在远方征战，一连好几年都不能回家。有些海外行省需要长期驻军，因此不幸被分配到西班牙等地的士兵们往往要连续服役五年或十年。更糟糕的是，为了获取更多兵员，征兵的最低财产标准被降低了，许多原本就靠近贫困线的人被征募进了军队。长期兵役使得许多小农破产，他们丧失了土地，意味着将来他们就没有足够的财产，进而没有资格进入罗马军团。从公元前 2 世纪中期开始，政府开始担忧，有资格参军的公民数量在直线下降，已经岌岌可危。

在许多小农遇到困难的同时，其他因素也在改变着意大利农业。征服的利润给很多元老和骑士带来了难以想象的财富。这些人将财产的很大一部分投资在大庄园上，往往会将之前许多农户的土地兼并。这样的大庄园总是由奴隶劳工耕种，因为频繁的战争使奴隶既多又便宜。大庄园的规模、庄园里奴隶的数量、主人别墅的奢华程度，这些都是富人们展示自己神话般财富的新方式。从更务实的角度看，大庄园可以专注于商业化耕作，这能赢得稳定而低风险的利润。从很多方面看，这是一个恶性循环：持续的战争让越来越多的公民远离自己的土地，使他们及其家人陷入赤贫；同时，战争使社会精英阶层更加富有，为其提供财力来修建更多的大庄园。考古学上很难量化这一时期意大利农业模式的变化，至少在有些地区，小农经济似乎能够维持下去。但无论如何，在广大地区，农业模式确实发生了重大变化。我们可以确定罗马人自己也认识到，这是个严重的问题。[11]

政治与流血

公元前133年，当年任职的十位平民保民官①之一——提比略·塞姆普罗尼乌斯·格拉古——启动了一项雄心勃勃的改革计划，旨在解决这个问题。保民官与其他行政长官的不同之处是，他们的职权仅限于罗马城之内。最初，之所以设立保民官，是为了给平民提供一定程度的保护，防止高级行政长官滥用职权；但到这个时期，保民官实质上已经只是政坛攀升的阶梯之一。提比略三十出头，出身名门望族——他的父亲曾担任监察官和两届执政官，可谓前程似锦。在担任保民官期间，他将注意力投向所谓的"公共土地"，即几个世纪以来从意大利敌人那里没收的土地。在法律和理论上，公共土地应该被分割为许多块小地产，分配给许多公民，但实际上大片公共土地被富人的大庄园吞并了。提比略提出了一项法案，确认每位公民能够合法占有的公共土地份额，然后将剩余土地分给贫困公

① 平民保民官（Tribune of the Plebs）是一个仅由平民可以担任的官职，任期一年，每年十人。在罗马共和国历史上，平民保民官是对元老院和行政长官的最重要的约束力量。平民保民官有权召开和主持平民大会、召开元老院会议、提议立法、干预法律事务以保护平民利益。他们最重要的权力是否决元老院、各种公民大会和行政长官（包括执政官）的行动。平民保民官事实上独立于行政长官，任何人都不可以否决平民保民官的行动。只有独裁官不受平民保民官的否决的影响。

平民保民官的人身神圣不可侵犯，任何伤害他们的人都会被剥夺法律保护，人人皆可诛之。不过，平民保民官必须亲自在场，才能行使否决权。他们的神圣不可侵犯性一般也只在罗马城及近郊范围内有效。

民，将这些人提升到有资格服兵役的有产阶级。有些元老支持提比略，但很多元老以及大量有影响力的骑士，不愿意失去自己原先非法占有的公共土地。提比略的这项法案没能在元老院获得通过，于是他违背了传统，将法案直接呈送到公民大会。另外一名保民官行使了自己的否决权，试图阻止公民大会的议程。提比略组织了投票，将这位同僚罢免了。提比略的手段是否合法很难说，因为在理论上人民可以为任何事情立法，但他的举动触及了共和国体制的心脏，他挑战了传统观念——同一级别的所有行政长官是平等的。

有些元老或许同情提比略立法的目标，但现在开始担心，这位保民官的雄心或许是建立个人的主导地位，而不是大公无私的改革，因为提比略一旦成功地改善如此之多的公民的境况，必然能够赢得极大的威望。贵族们越来越害怕，提比略或许并不满足于自己这样的名门贵胄生来就注定享有的辉煌事业，他还有更多的期许。提比略还指定自己、自己的岳父和弟弟盖乌斯为重新分配土地的监督专员，这让贵族们更加恼怒，因为他们三人会从中获得极大的势力。有人开始指控他企图夺取君主式的永久权力。令局势失控的最后一步棋是，提比略声称他需要保证自己的法律不会很快就被撤销，于是参加了公元前132年的保民官竞选。他能否成功当选是很难说的，因为许多从他的改革中受惠的公民已经到远离罗马的农庄定居，未必能赶来投票。但是，主持元老院的执政官拒绝针对提比略采取行动，导致群情激奋。一群怒气冲冲的元老在提比略的表兄西庇阿·纳西卡率领下冲出了元老院会议，对提比略及其许多支持者施以私刑。提比略被人用椅子腿打碎了脑袋。他和许多支持者的尸体被扔进了台伯河。

这是首次以普遍和致命的暴力流血而告终的政治争端，整个罗马呆若木鸡（共和国早期有些故事流传下来，讲到威胁国家的煽动者被施以私刑，但这些早就被罗马人当作古代史，并不当真）。此次暴乱之后，提比略的大部分立法仍然有效，尽管他的一些支持者遭到了攻击。暴乱发生的时候，提比略的弟弟盖乌斯正在西班牙服兵役。他最终返回罗马后，被允许继续从政。此时盖乌斯只有二十岁出头，他为提比略的命运感到愤怒，但直到公元前 123 年，他当选保民官的时候，才开始了自己的一系列改革，而他的改革比其兄长的更为激进，涉及范围也更广。这部分是由于他的时间更充裕。他在公元前 122 年连任保民官，没有遇到任何严重的障碍。他的许多改革旨在让更广泛的人民分享到开疆拓土的战利品。盖乌斯确认了兄长的立法，并继续努力让更多公民成为有产阶级，具体措施是在迦太基原址上建立一个殖民地。他还建立了一个法庭（勒索财产追回法庭）来审理那些在担任行省总督时行为不检的元老，并组建由骑士组成的陪审团，借此赢得了许多骑士的支持。在此之前，只有元老才能审判元老。盖乌斯的其他一些政策，如为更多的拉丁人和意大利人授予公民权，就不是很得民心，他连任第三届保民官的努力也失败了。从一开始，盖乌斯及其反对派就比十年前的提比略更胆大妄为，肆无忌惮地使用恐吓与威胁的手段。一次斗殴导致执政官欧皮米乌斯的一名仆役丧生，于是局势到了一个紧急关头。元老院通过了一道法令——学者们称其为"元老院终极议决"①，即最后通牒法令，这个术语源自恺撒曾使用的说法，但在当时并没有这个名字——呼

---

① 有点像我们今天说的"戒严"和"紧急状态"。

吁执政官以任何必要手段保卫共和国。正常的法律被暂时搁置，斗争双方的党徒都拿起了武器。欧皮米乌斯在自己的武装力量之外，还调来了一群克里特雇佣兵弓箭手，这些雇佣兵之前在罗马城外等候，说明欧皮米乌斯的行动在一定程度上是有预谋的。盖乌斯及其支持者的人数不敌对方，他们占据了阿文廷山上的狄安娜神庙。但执政官拒绝谈判，率军杀入了神庙。盖乌斯在厮杀中丧生。欧皮米乌斯之前曾许诺，谁将盖乌斯的首级送来，就赏赐与首级同等重量的黄金。果然，盖乌斯的首级被送到了他面前。[12]

格拉古兄弟究竟是真心实意的改革家，致力于解决他们眼中共和国遇到的问题，还是狼子野心之徒，唯一目的是哗众取宠，我们不得而知。或许他们的动机两方面兼而有之，我们很难相信一位罗马元老会认识不到，如此影响深远的立法会给他个人带来极大的好处。不管他们的个人动机如何，他们都凸显了社会中存在的问题，尤其是许多贫穷公民的困境，以及那些被排除在权利之外的人（不管是骑士还是意大利的民众）渴望拥有更多权利的诉求。格拉古兄弟事件对罗马政治并没有即刻产生影响——绝大多数保民官仍然继续由选举产生，每次只任职一届，政治暴力仍然很罕见——但对后来的影响是非常深远的。在高度依赖前例的体制中，许多根本原则被粉碎了。格拉古兄弟的事迹表明，如果以新的方式向一些自我意识越来越强的社会群体发出呼吁，就可能赢得极大的影响力，不管这影响力是多么转瞬即逝，多么摇摇欲坠。将来出现一个有足够威望的人来效仿格拉古兄弟，只是个时间问题。更糟糕的是，对于格拉古兄弟事件中凸显出来的那些社会问题，元老院反应迟钝，而且倾向于哪怕什么也不做，也不肯让任何人来解决问题，进而赢得威望。更何况，在前 2 世纪的最后几十年中，行政长官们普遍昏庸无能、贪污腐败。

北非的努米底亚王国是罗马的盟邦，争夺该国王位的斗争引发了一连串丑闻。王位竞争者朱古达向罗马元老们大肆行贿，以换取他们的支持。在锡尔塔城，数千名罗马和意大利商人惨遭屠杀，在罗马引发了莫大民愤。于是共和国不得不派遣一支军队去讨伐朱古达，但作战非常不力，指挥层稀里糊涂，导致这支军队于公元前 110 年惨败，向敌人举手投降。随后，共和国派遣了一位较有才干的执政官去收拾这个烂摊子，但是整个事件严重损害了元老院精英的公信力，广大群众对其领导能力颇感怀疑。盖乌斯·马略利用这种局面，于公元前 107 年竞选执政官，将自己——坚韧不拔且久经沙场的老将，通过个人才干取得成功——与那些依赖祖先的光荣而非个人能力的豪门子弟做了对比。马略轻松赢得选举，并通过一位保民官的帮助——此人在公民大会中通过了一项法律，否决了元老院对各省的分配——获得了在努米底亚的指挥权。元老院又给他使绊子，不准他征募新的军团去非洲作战，而只允许他带志愿兵前往。马略战胜元老院的办法是从最穷的阶层中征募志愿兵，这些人在正常情况下是没有资格服兵役的。这是军事改革的一个重要步骤，罗马军队原先是一支公民军队，兵员来自有产阶级，如今却慢慢转变为一支主要由穷人组成的专业化军队。这个变化不是一夜之间发生的，但影响极其深远，对共和国的灭亡起到了很大的推动作用。[13]

公元前 105 年末，马略最终打赢了努米底亚战争，但此时辛布里人和条顿人已经对意大利构成了严重威胁。在罗马人与这些部落的早期接触中，同样出现了许多丑闻，罗马的行政长官们（其中许多人来自历史悠久的名门望族）显得笨拙无能。罗马人普遍感到，只有马略值得信赖，能够打败这些蛮族。不仅穷人这么想，比较富裕的群众也这么想，因为主宰百人会议投票的就是这些富人。于是，马略史无前例地连任多届执政官，这比盖乌斯·格拉古连任保民官更严重地违背了先例。萨图尔尼努斯和格劳基亚支持马略，希望利用他的成功为自己谋利。公元前103年，萨图尔尼努斯担任保民官，通过了一项法律，将北非的一些土地授予努米底亚战争时期马略的一些老兵。恺撒的父亲就是被指派监督此项法案实施的专员之一，或者更有可能的是，他督导了萨图尔尼努斯于公元前100年通过的另一项类似法案的实施。从最贫穷阶层征兵意味着这些人退役和返回平民生活之后，仍然没有谋生手段。萨图尔尼努斯公元前100年立法的部分目标就是为攻打辛布里人的退伍老兵们提供生计。萨图尔尼努斯在保民官任期内的举措与格拉古兄弟很相似，他采取非常亲民的分配土地（尤其是外省的土地）措施，并恢复了一种不管市场情况、以固定价格向所有公民提供小麦的政策。这种供粮措施是盖乌斯·格拉古引入的，但在他死后就被摒弃了。然而，萨图尔尼努斯和格劳基亚从一开始就没有格拉古兄弟那样的好名声，也更趋向于动用暴力。最后，他们做得太过分，失去了马略的支持。就像欧皮米乌斯在公元前122年镇压格拉古兄弟一样，马略遵照元老院的终极议决，领导了对萨图尔尼努斯和格劳基亚的镇压。恺撒降生的这个共和国对自身的一些问题处理得很不得当。

二　恺撒的童年

他出身最高贵的尤利乌斯氏族，祖先血统可上溯到安喀塞斯和维纳斯——所有研究古代史的人都认可这种说法——他的外貌远远胜过其他所有公民。

——维莱伊乌斯·帕特尔库鲁斯，公元 1 世纪初[1]

这个恺撒身上有许多个马略。

——苏拉[2]

按照现代的历法计算，盖乌斯·尤利乌斯·恺撒出生于公元前 100 年 7 月 13 日。日期是确定无误的，年份则有一些疑问，因为苏埃托尼乌斯和普鲁塔克写的恺撒传记的开头部分都遗失了。有几位学者将他的出生年份定为公元前 102 年或前 101 年，但他们的论据不是很有说服力，普遍的意见仍然是公元前 100年。根据罗马历法，恺撒出生于盖乌斯·马略和卢基乌斯·瓦列里乌斯·弗拉库斯担任执政官的那一年，也就是“建城纪年”第 654 年，日期是罗马历 5 月的“月中日”之前的第三天。在罗马历中，每年是从 3 月开始的。后来在恺撒担任独裁官期间，他出生的这个月被更名为“尤利乌斯”（Julius）以示纪念，也就是现代的 7 月（July）。“月中日”是这个月的第15 天，但是罗马人从某个日期往前或往后推算的时候，会把这一天也算在内，所以恺撒的出生日应该是 13 日。

在罗马，一个人的名字能够在很大程度上揭示他的社会地位。恺撒拥有罗马公民所特有的完整的三个名字。第一个名字是个人名，其功能与现代的名差不多，用来区分一个家族内部具体的成员，在非正式的谈话中使用。大多数家族的一代代男性成员往往使用同一个名字。恺撒的父亲和祖父都叫盖乌斯，尤利乌斯家族许多代的长子可能都叫作盖乌斯。第二个名字是最重要的氏族名，因为它是这个人所属的"氏族"（由许多血缘相近的家族组成的集团）的称呼。第三个名字是家族名，说明这个人属于氏族的哪一个具体分支，但即便是许多贵族家庭也没有第三个名字。恺撒的主要对手格奈乌斯·庞培和他的副将马克·安东尼的家族都没有第三名。有些人会得到一个额外的、半正式的绰号，而且罗马人幽默感极强，所以这种绰号一般用来取笑其主人的外貌。庞培的父亲被称为"斯特拉波"，意思是"斜眼"；恺撒的一个远房亲戚叫作盖乌斯·尤利乌斯·恺撒·斯特拉波。恺撒始终没有得到一个额外的绰号。他是个男孩，所以得到了完整的三个名字，但假如他是个女孩，就只会有一个名字，即氏族名的阴性形式。恺撒的姑姑、姐妹们和女儿都被简单地称为"尤利娅"，尤利乌斯氏族的所有女性成员都叫这个名字。如果一个家庭有不止一个女儿，那么正式的场合里就在名字后加上数字，以示区分。男女名字的差异很能说明罗马世界的特点。只有男性可以参与政治，而在竞争激烈的政界，人们需要准确地知道谁是谁。女性没有政治角色可以扮演，因此不需要这样具体的标识。[3]

尤利乌斯氏族是贵族，而且是罗马最古老的贵族阶层的成员。在共和国早期，贵族曾垄断权力，统治着人数比他们多得多的平民。在共和国最初两个世纪的历史中，尤利乌斯氏族有大约十几位成员曾当选为高级行政长官，但我们对他们知之甚少。与更成功的贵族氏族（如费边氏族、曼利乌斯氏族）相比，尤利乌斯氏族似乎没能有效地记载和宣扬自己祖先的丰功伟绩。好几个贵族世家仍然拥有很大的影响力，而贵族对权力的垄断逐渐消失了，因为平民不断要求获得更多的权力，富裕的平民家族也挤进了统治集团。从公元前342年起，每一年的两名执政官中必须有一人是平民。到公元前2世纪末，元老院精英集团中最有影响的名门世家大部分是平民出身。有一些荣誉仍然只有贵族才能享有，而贵族不可以担任平民保民官，但总的来讲，贵族和平民的差别可以忽略不计。一个家族即使拥有贵族身份，也未必一定能取得政治上的成功。因为不存在建立新的贵族家族的程序，所以许多世纪以来，一些贵族家族由于绝后或者被人遗忘，逐渐消失了。尤利乌斯氏族生存了下来，但在政坛并没有什么突出地位。第二次布匿战争期间，曾有个叫尤利乌斯·恺撒的人当选为裁判官，他是我们知道的第一个拥有"恺撒"这个家族名的人。多年之后有个作家声称，这个人之所以采用了"恺撒"这个家族名，是因为他在战斗中杀死了敌人的一头战象，而"恺撒"在布匿语中就是大象的意思。另一种说法是"恺撒"意为"多毛"，因为这个家族的成员以头发浓密而著称。这个故事可能是捏造的。不过，似乎的确是在这个时期，尤利乌斯氏族分裂成两个不同的家族，但都叫"尤利乌斯·恺撒"，在普查中登记于不同的部落里。公元前157年，卢基乌斯·尤利乌斯·恺撒当选执政官，他是公元前2世纪恺撒家族中唯一一个取得如此成就的人。他不是本书主人公的祖先，而是来自另一个略微更成功一些的恺撒家族。在公元前 1 世纪初，尤利乌斯·恺撒家族的一些成员开始在选举中获得了更大的成功。公元前 91 年，塞克斯图斯·尤利乌斯·恺撒担任执政官；前 90 年，卢基乌斯·尤利乌斯·恺撒也当选执政官，他的弟弟盖乌斯·尤利乌斯·恺撒·斯特拉波在同一年担任市政官。市政官是级别较低的行政长官，职责包括主持公共节日和娱乐活动。卢基乌斯和盖乌斯都来自家族的另一个分支，是本书主人公父亲的远房亲戚。斯特拉波是当时最优秀的演说家之一，享有盛誉。塞克斯图斯·尤利乌斯·恺撒有点神秘，我们不知道他来自家族的哪一个分支。他甚至有可能是本书主人公的叔伯，即他父亲盖乌斯的哥哥或弟弟，但我们没有足够的证据支持这种说法，塞克斯图斯也有可能是盖乌斯的堂兄弟。[4]

尽管尤利乌斯氏族对共和国历史的影响没有其他氏族那么大，但大家公认，他们的历史非常悠久。据说，早在公元前 7 世纪中叶，罗马的第三代国王图卢斯·霍斯提里乌斯攻占并摧毁邻近的城市阿尔巴朗格之后，尤利乌斯氏族就在罗马定居了。但他们与罗马早期历史的联系甚至更久远，因为他们自称得名自埃涅阿斯之子尤卢斯。特洛伊陷落后，埃涅阿斯率领一群特洛伊流亡者到意大利定居。而埃涅阿斯是凡人安喀塞斯与女神维纳斯之子，所以尤利乌斯氏族的祖先是神祇。这时，这些早期神话还没有定型，还没有变成奥古斯都时代的那种形式。在奥古斯都时代，诗人维吉尔和历史学家李维会比较详细地讲述这些故事。即便是李维也承认关于埃涅阿斯及其后嗣的故事，有许多不同的版本。他不确定究竟是尤卢斯还是埃涅阿斯的另一个儿子建立了阿尔巴朗格，并成为其开国君主；罗慕路斯和雷穆斯的母亲雷娅·西尔维亚就出自这个王朝。在公元前 1 世纪初期，应该很少有罗马人知道尤利乌斯氏族和罗慕路斯之间可能有联系。而尤利乌斯氏族自称为维纳斯的后代是妇孺皆知的，应该不是近期才捏造出来的。据苏埃托尼乌斯记载，公元前 69 年，恺撒在自己姑姑的葬礼上发表了这样的演说：

> 我姑姑尤利娅的家族，母系祖先是国王，父系祖先是不朽的神祇。因为她母亲的氏族——马尔基乌斯·雷克斯氏族——是安库斯·马尔基乌斯①的后裔；我们家族属于尤利乌斯氏族，可以上溯到维纳斯。因此，我们的血统既有国王的神圣（他们在凡人中行使极大的权力），也与对神祇的尊崇相联系；即便是国王，也在神祇的统治之下。[5]

恺撒显然认为他的听众听到这样的表达，不会感到意外。有学者指出，雷克斯（Rex，意思是"国王"）这个名字可能源自共和国早期宗教仪式中的一个角色，而并非与君主制有关。我们差不多可以肯定这是正确的，但在公元前 1 世纪，国王和祭司之间的区别也不是那么明确。

对于恺撒的祖父（也叫盖乌斯·尤利乌斯·恺撒），我们几乎一无所知，他可能曾担任裁判官。他的妻子马尔基娅是昆图斯·马尔基乌斯·雷克斯的女儿，后者曾在公元前 144 年担任裁判官。他们至少有两个孩子：恺撒的父亲盖乌斯和恺撒的姑姑尤利娅（后来嫁给了盖乌斯·马略）。上文已经讲到，盖

---

① 古罗马王政时代的第四代国王（约前 642 年~前 617 年在位），执政时与拉丁人发生了战争，扩大了罗马的疆土。

乌斯和马尔基娅可能还有另外一个儿子塞克斯图斯，他于公元前91年登上了执政官的高峰。恺撒的父亲盖乌斯在政坛取得了一些成功，在儿子出生前不久或之后不久担任了财务官①。他的妻子也就是恺撒的母亲奥雷利娅，出身于非常成功的平民望族。奥雷利娅的父亲和祖父分别在公元前119年和前144年担任执政官，她的三个堂兄弟②盖乌斯、马尔库斯和卢基乌斯·奥雷利乌斯·科塔后来都获得了这项荣誉。与奥雷利乌斯家族的联姻，很可能在盖乌斯·恺撒的仕途上给了他不少帮助。对他提携更大的是妹妹与马略的婚姻。前文已经讲到，前103年或前100年在萨图尔尼努斯对北非开启殖民运动以安置马略老兵的时候，盖乌斯就是负责监管此计划的十名专员之一。后来，盖乌斯晋升为裁判官，但具体是在哪一年，众说纷纭，从公元前92年至前85年不一，因此无法确定。在担任行政长官之后，他在亚细亚待了一段时间，担任行省总督，所以我们估计他担任裁判官的年份极有可能是公元前91年前后。盖乌斯在公元前84年英年早逝，所以我们不知道如果他活得更久，他那些显赫的亲戚们能不能帮他当上执政官。如果他的确是在公元前92年担任裁判官，那么他一定满足了竞选执政官的最低年龄要求。如果塞克斯图斯·恺撒的确是他的兄弟，那么塞克斯图斯于公元前91年的成功当选一定鼓舞了盖乌斯。但是，

---

① 财务官（Quaestors）是罗马共和时期的民选官员，负责监督国家的国库与财政事务，以及军队和官吏。该项职务可以回溯至罗马的王政时代。大约前420年之后，由百人会议（Comitia Centuriata）选出每个年度的四位财务官，而在前267年之后，增至十位。一些财务官被指派在罗马城中工作，也有的被指派为将领或行省总督的副手。不过其职责仍为监督军中财务。

② 也是她的同母异父兄弟，因为他们的母亲先后嫁给了兄弟俩。

即便盖乌斯曾经参选执政官，也一定失败了。我们对恺撒家族的了解非常之少，而且证据都含糊不清，所以我们很难确定任何东西。因而只能泛泛地总结说，他父亲的仕途尽管不是非常辉煌，但还算成功。盖乌斯自己及其家人对他的成就是否满意，我们就不得而知了。

盖乌斯和奥雷利娅有三个孩子：恺撒和两个姐姐（都叫尤利娅）。盖乌斯和奥雷利娅很可能还有别的孩子，但都早早夭折了，因为罗马（以至整个古典世界）的婴儿死亡率极高，即便贵族家庭也是如此。格拉古兄弟的母亲科尔内利娅据说生了十二个孩子，其中只有三个——提比略、盖乌斯和他们的姐姐塞姆普罗尼娅长大成人。这种情况或许很特殊，但元老家庭有两三个孩子长大成人，算是正常情况了。当然也有例外。梅特卢斯家族是平民望族，非常富裕且颇具影响，似乎特别丰饶多产，因此他们家族在共和国历史的最后一百年中占据了许多高级行政长官的职位。[6]

幼年时代和教育状况

对于恺撒的幼年，我们也知之甚少。但我们对当时罗马贵族的生活有一定了解，可以从中做一些推断。直到非常晚近的时期，在绝大多数社会里，婴儿都是在自己家中出生的。对元老家庭来说，婴儿诞生是一件非常重要的事情，按照传统，必须有见证人。在孕妇快要分娩的时候，家人会通知亲属和政治盟友，他们通常会赶到家里来。传统上，他们扮演的角色是证明这个孩子的确是贵族家庭的一员，这种传统元素还在一定程度上被保留了下来。产妇由接生婆或许还有一些女性亲属陪伴。孩子的父亲和客人们当然都不会进入产妇分娩的房间。有些情况下会有一名男性医生到场，他是唯一一个和产妇待在同一房间的男性。虽然后来剖腹产（caesarean section）的医学术语用的是"恺撒"（Caesar）这个名字，但没有古代文献能证明恺撒是剖腹产出生的，尽管古典世界已经有了剖腹产术。事实上，恺撒基本上不可能是剖腹产出生的（一部晚近得多的史料称，恺撒的一位祖先是剖腹产出生的），因为这种手术在当时往往会造成产妇死亡，而奥雷利娅后来还活了几十年。事实上，没有任何史料能说明恺撒不是顺产出生的，因为臀位分娩或者其他分娩困难会被视为凶兆，并被记录在案；其中最有名的例子就是尼禄皇帝。婴儿出生后，接生婆会将孩子平放在地上，检查是否有畸形或缺陷，在最基本的层面上评估孩子生存下去的概率。在这之后，孩子的父母才会决定是否接受这个孩子并将其抚养成人。在法律上，这个决定由父亲做出，但要说母亲被排除在决策之外是极不可能的，尤其是像奥雷利娅这样个性强悍的人。[7]

婴儿得到接纳之后，父母会在家中祭坛上点起火来。许多客人在返回自己家中后会举行同样的仪式。罗马人高度重视生日，一生中都会加以庆祝。男孩诞生之后的第九天，全家会举行正式的净化仪式。不知出于何种原因，如果是女孩，同样的仪式则在其出生后的第八天举行。净化的目的是保护婴儿免受出生时可能进入其身躯的恶灵或污染的侵害。净化的前夜，全家守夜，执行一系列仪式；次日施行献祭，观察飞鸟行迹，以预测孩子的未来。男婴会得到一个特别的护身符，通常是黄金制成的。护身符被放在一个小皮囊中，系在男孩的脖子上。作为仪式的一部分，家长为孩子取名，随后将名字正式登记入册。每一个罗马人，尤其是贵族，终其一生，每一个阶段都被仪式和宗教围绕。[8]

一般来讲，在孩子成长的早期岁月中，母亲扮演着最重要的角色。奥雷利娅不大可能亲自哺乳，因为在公元前 2 世纪的时候，老加图的妻子亲自为孩子哺乳，就被看作不寻常的事情。这个故事以及其他一些故事告诉我们，贵族妇女一般不会亲自哺乳。[9]最有可能的情况是，贵族家庭——哪怕是恺撒家这样并不算是很富裕的家庭——会在豢养的大量奴隶中寻找一位乳母。母亲的一项重要工作就是选择乳母和其他奴隶来照顾婴儿，母亲会仔细监督这些奴隶，自己也会做许多工作。还有一个故事赞颂了加图对自己作为父亲的角色的重视：他的妻子李锡尼娅给孩子洗澡的时候，他总是会在场。这个故事暗示了在这种场合中，母亲是一定会在场的。孩子主要是由奴隶照料，但母亲并非不管不问，实际上其权威是相当大的。在公元1 世纪末或 2 世纪初写作的塔西佗曾讨论母亲在抚养儿女过程中的作用，还把奥雷利娅视为典范：

> 在美好的往昔，所有人的儿子，只要是合法婚生的，都不是在雇佣乳娘的房间里长大，而是在母亲怀中和膝下成长。而母亲能够得到的最高颂扬就是：持家有方，全身心贡献给孩子……在这样一位母亲面前，任何人胆敢口出恶言或者胡作非为，都是极大的冒犯。她不仅要严格遵守宗教要求，勤勤恳恳地照料年幼的儿女，还要管理他们的娱乐和游戏。我们得知，格拉古兄弟的母亲科尔内利娅、恺撒的母亲奥雷利娅和奥古斯都的母亲阿提娅就是以这种精神培养自己的儿子的：这几位母亲就是这样养育了她们君王一般尊贵的孩子。[10]

奥雷利娅对儿子的影响力显然非常大，在他成年之后依然如此。奥雷利娅去世时，恺撒四十六岁，此时奥雷利娅已经寡居了三十年，这在贵族阶层不算稀奇，因为丈夫一般比妻子年长许多，尤其是在元老们为了政治原因缔结的第二段、第三段或第四段婚姻中。假如妻子在分娩的危险中存活下来，那么她很有可能活得比丈夫长久。因此一位元老在开始担任要职时，他的母亲一般都还在世，而父亲很可能已经不在了。母亲，尤其是奥雷利娅那样符合理想母亲形象的贤妻良母，非常得到罗马人的推崇。罗马人最喜欢的故事之一是伟大的将领科利奥兰纳斯受到政敌的迫害，叛逃到敌人那边，率领他们攻打罗马。在即将摧毁罗马的时候，他却撤军了，不是因为受到爱国心的感召，而是因为他母亲的呼吁。[11]

贵族子弟的教育是在家中进行的。许多罗马人对此引以为豪，并将其与很多希腊城邦中由国家强制规定的教育做对比。在罗马，中等收入家庭一般会把孩子送到收费的小学，孩子大约七岁入学。贵族则在家中受教育。至少是在最初阶段，男女学童一同接受教育，学习阅读、书写及基本的计算和数学。在恺撒的时代，元老的孩子绝大多数都从小学习拉丁语和希腊语，熟练掌握两种语言。希腊语入门教师一般是一名希腊奴隶，他负责照管孩子。孩子还会学习许多宗教仪式、家族传统和罗马历史。罗马历史的课程当然要强调学童的祖先的功业。历史课宣扬这些祖先和其他伟人的事迹，教导孩子们做一个罗马人意味着什么。孩子们被教导去仰慕罗马人的品质，如尊严、虔敬和美德，这几个术语的含义都比相对应的英文词要强有力得多。尊严是冷静庄重的仪态，公开地显示一个人的重要地位和责任感，因此能够赢得他人的尊重。对任何罗马公民来说，尊严都是非常重要的；贵族对其特别看重，担任行政长官的人更是重视。虔敬不仅仅是对诸神的崇敬，还包括尊重家庭、父母，以及共和国的法律和传统。美德带有强烈的军事意味，不仅包括简单的蛮勇，还有军人和指挥官必需的自信、道德、勇气与技能。[12]

在罗马人看来，罗马之所以伟大，是因为罗马的先人表现出了上述三种品质，且远远胜过任何其他民族。公元前1世纪的罗马墓葬雕塑上人的面容极其严峻，这些雕塑细致地刻画了死者生前的所有特质与不足，因此与古典希腊的理想化塑像不同，而表现出极大的自豪与自信。罗马人自视甚高，教育自己的孩子不仅要相信，而且是刻骨铭心地牢记作为罗马人，他们是多么特殊。即便是最穷的公民，也因为自己罗马人的身份和共和国一分子的归属感而自豪；那些富甲天下、出身高贵的人更是无比骄傲。罗马元老们素来认为自己的地位比任何外国君主都更优越。年轻贵族们从小就被教育去铭记这一点，同时也坚信不疑，他们和他们的家族在罗马的精英阶层中也是出类拔萃的。恺撒的家族虽然没有多少祖先攀升到高位或者为共和国建立伟大功业，但无疑仍然有许多成就可以夸耀，并且可以宣扬自己家系的古老血脉，以及作为神祇后嗣的荣耀。与这种自傲如影随形的，是强烈的责任感和不辜负家族与共和国期望的使命感。孩子们接受了这样的教导，视自己与家族和罗马的过去息息相关。正如西塞罗后来宣称："如果一个人的生命不是通过一种历史的观念与先人联系在一起，那还算是什么生命？"[13]

恺撒自幼受到的谆谆教导就是，他不是凡俗之人。这本身不算稀罕，但作为家庭的独子，要承担传承家业的重任，而且母亲又是个特别强悍和受人爱戴的角色，所以恺撒从一开始就自视极高，尽管或许并非只有他一个人如此自傲。罗马的教育非常务实，目标就是帮助孩子做好准备，去承担成年人的责任。对贵族子弟而言，这意味着从政、为家族赢得新的荣耀，以及有朝一日成为一家之主，承担抚育下一代人的责任。从大约七岁开始，男孩开始与父亲待在一起的时间更长，父亲出门处理事务的时候，儿子也跟在身边。在同一阶段，女孩会跟在母亲身边，观察母亲掌管家务、监督奴隶；至少在比较传统的家庭里，母亲还会为全家织布。男孩们观察着父亲与其他元老会面、打招呼，并被允许坐在元老院议政厅敞开的门外，旁听辩论。他们开始了解到谁在元老院里的影响力最大，为什么会获得如此大的影响力。男孩们从幼年起就亲眼看见如何处理共和国的重大事务，自然而然地会感到自己属于这个世界，到年龄足够大的时候就会参与其中。将罗马社会维系在一起的是一种非正式的关系网，称为恩主－门客机制。恩主享有财富、影响和权力，而不是那么富裕的人（即门客）前来寻求恩主的帮助；恩主可能会帮助门客获得一个官职或赢得一项合同，帮助处理其生意或法律纠纷，或者给门客提供礼物或三餐。作为回报，门客要以很多方式协助自己的恩主。每天早上，大多数门客都会来向恩主请安。一个人的门客越多，他的威望就越高，尤其如果这些门客本身的地位就很高，或者是稀罕的外国人的话。整个社区，包括意大利的大小城镇和整个行省，都可能是一位元老的门客。一位恩主或一位地位较低的元老，也可能是另一个更有权势的人的门客，不过在这种情况下不用"门客"这种说法。元老的很大一部分时间都用来接见自己的门客，为其提供帮助，以保证他们继续效忠自己，同时也确保门客们会提供他所需要的帮助。罗马政治的很大一部分是在非正式场合进行的。[14]

与此同时，更为正式的教育也在继续进行。孩子可能会去二十多所传授语法的学校中的一所；更常见的情况是在自己家中，或与其他孩子一起在亲戚家中接受类似的教育。恺撒是在家中接受教育的，我们知道在他人生的这个阶段，他的教师是一个叫作马克·安东尼·格尼弗的人。格尼弗来自希腊化的东方，在亚历山大港接受教育，曾经是个奴隶，后来被安东尼家族授予自由，可能是因为他对安东尼家的孩子教导有方，家长对其很满意。他是个传授希腊文和拉丁文修辞学的名师，极受尊重。在教育的第二阶段，孩子会更细致地学习希腊和拉丁文学，以及练习修辞。文学是核心课程，贵族的优势在于他们能够买得起手稿抄本。在印刷机发明之前，手抄本是非常昂贵的。许多元老在自己家中设有藏品丰富的图书馆，他们的年轻亲属和朋友可以借阅。恺撒未来的岳父卡尔普尔尼乌斯·皮索拥有数量惊人的藏书，主要涉及伊壁鸠鲁学派的哲学。现代学者在赫库兰尼姆古城附近皮索的别墅遗址中发现了他的部分藏书。贵族们还常常在家中接待到访的学者与哲学家，这进一步增强了年轻贵族们成长环境的文化氛围。对恺撒及其他许多年轻贵族来说，仅仅饱读伟大文学著作还不够，还要亲自从事创作。苏埃托尼乌斯提到，幼年恺撒曾写过一首颂扬赫拉克勒斯的诗和一部悲剧《俄狄浦斯》。这些不成熟作品的文学价值或许不算很高（与其他后来成就大业的贵族的作品相比，不算好也不算差），后来被恺撒的养子奥古斯都皇帝查禁了。[15]

孩子们还要继续死记硬背地学习一些东西，比如《十二铜表法》①，即罗马法律的基础。前 92 年的一道法令关闭了所有用拉丁语教授修辞学的学校，理由是用希腊语教学更好，即使教学的目的是培养用拉丁语演讲的能力。这项措施的部分目的可能是防止演讲术这项对政治生活非常有用的技能变得过于普及，因为这些学校很可能会从元老贵族阶层之外招生。在罗马的政治环境中，在公共场合演讲的本领仍然很关键，因此教育强调实用技能，而不是完全学术性的知识。比恺撒年长六岁的西塞罗回忆说，在前 91 年的时候，他"几乎每一天"都去聆听公民大会与法庭中优秀演说家们的精彩表演。他自称"孜孜不倦，投入了大量的精力，争分夺秒地读、写、练习演讲，但并不满足于纯粹的修辞练习"，而是很快就开始观察当时一位卓越法学家的活动。恺撒似乎受到了亲戚恺撒·斯特拉波演讲风格的极大影响，他可能在现场听过斯特拉波的演讲。[16]

体育训练的目标和文化学习一样，都是实用性的。在希腊化世界，体育方面的卓越被当作训练的目标本身，而并不是直接为了成年人的义务做准备。在体育馆中，体育锻炼是裸体进行的，许多城市的体育馆往往成为同性恋活动的场所。这两方面对罗马人来说都是很陌生的。在他们看来，体育锻炼是为了强身健体，而且有着强烈的军事意味。最常用的锻炼场地是战

---

① 《十二铜表法》是古罗马在约前 450 年制定的法律，因为据说刻在 12 块铜牌（也有说是着色的木牌）上，故而得名。这是古罗马的第一部成文法典。《十二铜表法》的内容分别为：传唤、审判、求偿、家父权、继承及监护、所有权及占有、房屋及土地、私犯、公法、宗教法、前五表之补充、后五表之补充共十二篇。《十二铜表法》颁布之后，就成为共和时期罗马法律的主要渊源。该法典对贵族的权力做了一些限制。

神广场（战神玛尔斯的训练场），在罗马还是座小城市的时候，军队就在这里集结。在战神广场，年轻贵族们学习跑步、在台伯河中游泳，以及使用兵器格斗，主要是剑和标枪。另外，他们还学习骑术。差不多与恺撒同时代的瓦罗自称一开始就不用马鞍，直接骑乘。传授大部分这些技能的教师应当是孩子的父亲或另一位男性亲属。非常重要的一点是，体育锻炼是在众目睽睽之下进行的。年龄相仿的男孩们在将来会成为政坛的竞争者，如今在一起训练。即便在幼年，他们也可能开始树立起自己的名望。恺撒身材瘦削，不是非常强壮，但他的顽强意志力足以弥补这些缺陷。普鲁塔克告诉我们，恺撒是个天生的好骑手。我们还读到，恺撒惯于将两手背在背后骑行，只用膝盖驾驭自己的马。后来，他的武艺也赢得了赞誉。罗马人相信，所有的优秀指挥官都应该既能熟练使用剑、标枪和盾牌，也能指挥整个军团。[17]

沉寂与风暴

前100年，萨图尔尼努斯和格劳基亚遭到血腥镇压，此后罗马的政治在一定程度上恢复正常。尽管马略率领共和国军队镇压了这两名政客，但他毕竟曾经与其往来甚密，因此马略的声望也受到了损害。有传闻称，马略曾受到诱惑，打算加入萨图尔尼努斯一伙。有一个比较夸张的故事说，在最后冲突的前夜，马略在家中同时接待了激进派领导人和元老院的代表团，他将双方代表留在不同房间内，先是与其中一方商谈，然后假装腹泻发作，冲出屋去，和另一方讨价还价。但除了他在此事中值得商榷的行为之外，马略其实没有足够的政治智慧去最大限度地利用自己的财富和军事荣耀。元老们将很大一部分时间用在日常的结党营私上，每天要问候朋友和同盟者，向尽可能多的人提供帮助，使其在对自己感恩戴德的同时并不感到自卑。这些事情都不是马略所擅长的。普鲁塔克告诉我们，很少有人去寻求他的帮助，尽管他在广场附近为自己建造了新宅，并宣称这样访客们来找他就不用走远路。我们不知道，在前90年代，年轻的恺撒与声名显赫的姑父有过多少接触，但恺撒在元老院扩大影响的本领应该不是从马略那里学到的。[18]

格拉古兄弟和萨图尔尼努斯的立法激起了许多反对声音，但最终令这三位激进派保民官惨死的主要原因，却是人们害怕他们会凭借这些措施赢得权力与影响。说到底，罗马的精英们都宁愿让共和国面临的主要问题得不到解决，也不愿意看到有人解决了这些问题，从而获得莫大声望。但争端仍然遗留下来，其中许多涉及最根本的一个问题：谁应当从帝国霸业的扩张中得利？如果一位行政长官提议对土地进行再分配、国家出资为城市贫民提供粮食，或者扩大骑士阶层在公共事务中的角色，那么一定能获得许多人的支持。在前1世纪最后几十年中，几位激进派保民官的成功已经清楚地表明了这一点，但他们的惨死也表明，国内各个利益集团犬牙交错，想要长期维系民心是多么困难。

获得意大利同盟者这个群体的支持对一位元老来说，不能带来多少直接的好处。提比略·格拉古招致了意大利贵族的敌意，因为他们中的许多人霸占了大片公共土地。这些人在罗马并没有直接的权力，但他们能够影响到数量足够多、影响力足够大的元老去反对提比略·格拉古。盖乌斯·格拉古希望通过向意大利人授予罗马公民权来赢得他们的支持，但这样做又疏远了许多原本支持他的罗马人。罗马精英阶层不愿意有富裕的新公民来与他们竞争公职，而罗马的穷人，尤其是城市贫民，则害怕大批意大利人在公共竞技和娱乐活动中分一杯羹，压倒自己并且减少自己在公民大会中投票的价值。意大利同盟者原先就对自己得到的待遇满腹怨言，因为任何一支罗马军队中至少一半的兵员都由意大利同盟者提供。在最近几十年中，这个比例有可能还在上涨，而且他们也蒙受了相应的伤亡，而到此时似乎并没有在扩张中分享到与损失程度相匹配的战利品。盖乌斯·格拉古立法的失败似乎更加深了意大利同盟者的不满。罗马的一些行政长官在与同盟者打交道时的傲慢举止更是令后者愤愤不平。前125年，弗雷格莱殖民地（拥有拉丁公民权，因此享有一定的特权）起兵反抗罗马，遭到残酷镇压。许多意大利人似乎得出了这样的结论：除非允许他们成为罗马公民，否则不接受罗马的统治。有些人来到了罗马，设法获得了公民身份，但在前1世纪初期，连续多位特别严格的监察官尽了很大努力去剔除这些冒牌罗马人。[19]

前91年，保民官马尔库斯·李维乌斯·德鲁苏斯又一次鼓吹向所有同盟者授予公民身份。这是一系列改革的核心部分，而这些改革令人回想起格拉古兄弟当年的改革，这很有讽刺意味，因为德鲁苏斯的父亲曾是盖乌斯·格拉古的主要反对者之一。德鲁苏斯和格拉古兄弟一样，也来自影响力极大的名门望族，所以他在立法时胆子比较大，但也使人们害怕他会过于野心勃勃。德鲁苏斯的改革，尤其是扩大公民群体的计划，遭到了强烈反对。但在公民大会就扩大公民群体的立法进行投票表决之前，德鲁苏斯在自己家的门廊上向访客问候时，被人用皮匠的刀子刺死。凶手的身份始终没有查清楚，但现在很明显，他的法律永远不可能通过了。许多意大利贵族，其中有些是德鲁苏斯的亲密盟友，很快决定自己动手来处理这个局面。结果就是意大利的很大一部分人举兵反抗罗马，即所谓的"同盟者战争"。叛乱者建立了自己的国家，首都设在科尔菲涅乌姆，参照罗马体制制定了自己的宪法，主要的行政长官是每年轮选的两名执政官和十二名裁判官。他们还铸造了自己的钱币，上面的图案是意大利的公牛用角戳死罗马的狼；迅速动员了一支大军，其装备、训练和战术思想与罗马军团如出一辙。到前 91 年底，双方已经爆发了激烈冲突，都有相当大的损失。斗争双方的内部关系极其复杂，在许多时候更像是一场内战，而不是叛乱。意大利的许多社区，包括几乎所有的拉丁城镇，都忠于罗马，而一些被俘的罗马士兵则愿意加入叛军，与自己的公民同胞作战。[20]

恺撒当时年纪太小，没有参加同盟者战争，但一些将在他的故事中扮演主要角色的人，特别是西塞罗和庞培，在这场冲突中首次尝到了战争滋味。恺撒的父亲可能也以某种身份参加了这场战争，但史料中没有相关记载。如果他的确在前 91 年担任亚细亚行省总督，那么他就错过了战争的爆发，可能在战争结束前返回了意大利。在前 90 年担任执政官的卢基乌斯·尤利乌斯·恺撒（恺撒家族另外一个分支的成员）在平叛战争中表现平平。塞克斯图斯·尤利乌斯·恺撒（上文说过，他可能是盖乌斯·恺撒的兄弟）在前 91 年担任执政官，也参加了同盟者战争。他以资深执政官的身份指挥军队时病逝。同盟者战争规模宏大，再加上多位行政长官阵亡，以及其他一些行政长官昏庸无能，所以许多经验丰富的元老都作为资深行政长官指挥作战。马略在战争第一年起了很大作用，打赢了一些小规模战役，最重要的是避免了失败。他现在已经快七十岁了，罗马人认为他年事已高，不适合继续作战，而且有人批评他的指挥过于谨慎。不知是出于这个原因，还是因为他身体状况不佳，在前90年之后的战争中他就退居二线了。另外两名指挥官——卢基乌斯·科尔内利乌斯·苏拉和格奈乌斯·庞培·斯特拉波——被认为是罗马最终取胜的主要功臣。但罗马人打赢同盟者战争不仅靠武力，也依赖外交手段与和解。从一开始，元老院就逐渐做出妥协，将意大利人以和平手段未能成功索取的那些权益赋予他们。保持忠诚的同盟者被授予公民地位，那些迅速投降的叛乱者也获得了公民身份，后来那些被打败的人也得到了公民地位。罗马人如此心甘情愿地向波河以南意大利的几乎所有自由人授予公民权，恰恰说明了这场战争的毫无意义。妥协的方式也说明罗马人仍然不愿意改变罗马现有的政治平衡，因为新公民被集中在几个投票部落中，这样就可以尽量压制他们的影响力。[21]

苏拉在镇压叛军的战争中功勋卓著。到前89年底，他回到罗马，胜利当选了次年的执政官，被他打败的主要竞争对手中就有盖乌斯·尤利乌斯·恺撒·斯特拉波。苏拉的政治生涯在很多方面都预示着恺撒将来的道路。苏拉和恺撒都出身贵族，但他们的家族都早已经衰败，因此他们在政界的奋斗几乎和任何一位"新人"一样艰难。苏拉的政治生涯开始得比正常情况要晚。在努米底亚，他曾在马略麾下担任财务官，在使朱古达遭到背叛并落入罗马人手中发挥了重要作用。苏拉无时无刻不在吹嘘自己的这桩业绩，令他的老上司马略越来越妒火中烧。在针对辛布里人的战争中，苏拉起初在马略麾下服役，但很快就调到了另一位执政官的军中，此后苏拉和马略两人的关系始终不是很融洽。前 88 年，苏拉担任执政官，元老院将讨伐本都国王米特里达梯六世的使命交给了他。本都是东方的希腊化王国之一，在马其顿和塞琉古王朝衰落之后崛起。在罗马人被意大利的同盟者战争缠住手脚的时候，米特里达梯六世攻占了罗马的亚细亚行省，下令屠杀了该地区的罗马人和意大利人。此番得手之后，米特里达梯六世又率军入侵了希腊。对苏拉来说，这是个天赐良机，他可以在诸多富裕的东方名城南征北战，于是他开始筹备一支军队。招兵买马非常容易，因为大家都知道在东方的作战十分轻松，战利品又特别丰厚。[22]

在正常情况下，苏拉只需要率军东征，尽力为自己的家族增光添彩即可。但是，一位叫作苏尔皮基乌斯的保民官在公民大会上通过了一项法案，将东方的指挥权从苏拉手中夺走，交给了马略。这是苏尔皮基乌斯提议的一系列法律之一，他努力效仿格拉古兄弟和萨图尔尼努斯，利用保民官的职位来开展涉及面极广的改革。他的另一项法案的目标是将新公民更平均地分到各个投票部落中去。马略乐于利用苏尔皮基乌斯，就像曾经利用萨图尔尼努斯一样；苏尔皮基乌斯也同样乐于从这位深受群众爱戴的战争英雄身上沾光。但是，如果分道扬镳比联手合作更有利，这两人都会毫不犹豫地反目成仇，尤其是在他们的直接目的已经达到之后。我们必须始终牢记，在罗马，政治斗争是为了个人的成功，而不是为了政党的利益。目前，马略显然已经清楚地决定，他需要再打一场战争，去赢回自己在击败朱古达和北方蛮族之后曾经享有的万丈荣光。苏尔皮基乌斯作为保民官，在公民大会中有很大的影响力，可以为他提供赢得新辉煌的机遇。马略已经六十九岁高龄，自前100年以来不曾当选过行政长官；而苏拉成绩斐然，表明他非常精明强干，因此苏尔皮基乌斯没有理由违反传统的分配指挥权的方法。但是格拉古兄弟已经确立了这样的原则：公民大会可以就任何事务立法。群众同情苏拉，法律上的先例也支持苏拉，但苏尔皮基乌斯夺走其指挥权的做法在法律上是说得通的。苏尔皮基乌斯还利用一群暴徒来支持自己的法案，据说苏拉躲到了马略家中，才躲过了暴徒的追杀。[23]

苏拉受到了不公平的待遇，他作为一位贵族、元老和执政官的尊严受到了极大侵犯。他的愤怒可以理解，但他做出的反应却令世人瞠目结舌。他离开了罗马，来到自己的军队中，告诉士兵们他在东方的指挥权被剥夺了，马略肯定会征募自己的军团去作战。他不愿意让这样的事情发生，于是呼吁军团士兵追随他进军罗马，从已经夺取政权的那群人手里解救共和国。在拥有元老身份的军官中，除了一个人之外，无人响应他的号召，但其他官兵的反应就不是这样了。不管是因为害怕丧失从战争中获取战利品的机会，还是因为自己的统帅受到伤害而义愤填膺，军团跟随着苏拉，开进了罗马。这是第一次有一支罗马军队向罗马城开进。元老院派出两名裁判官去直面苏拉的军队，他们遭到了粗暴的对待，袍服被撕碎，侍从扛着的法西斯束棒①（象征裁判官拥有的治权）也被愤怒的军团士兵捣毁。后来，元老院派代表去请求执政官

---

①　束棒（fasces），音译"法西斯"，在古罗马是权力和威信的标志。束棒是一根斧头，被多根绑在一起的木棍围绕着。在官方场合下，高级官员的卫兵在他的前面持束棒来代表到来的官员的级别和权力。按官员级别的不同，束棒的数量也不等。

苏拉暂停进军，进行和平磋商；虽然得到了友好的接待，但依然被置之不理。苏拉的一支小部队企图进入罗马城，但被匆匆集结起来的忠于马略和苏尔皮基乌斯的军队阻拦。苏拉的对策是派出了一支兵力更强大的军队，强行攻入街巷，还纵火焚烧了一些房屋。马略党人的反抗起初非常激烈，但由于他们的装备很差，所以很快就被打垮了。苏拉宣布反对派的十二名领导人（包括马略和他的儿子，以及苏尔皮基乌斯）不受法律保护，人人皆可诛之，可以拿着人头向苏拉领赏。苏尔皮基乌斯被自己的一名奴隶出卖，惨遭杀害（苏拉赏给这名奴隶自由，然后命人将他从塔尔皮娅悬崖①上扔下去摔死，以惩罚他对主人的不忠诚。如此严厉的姿态非常符合罗马人尊重法律和义务的传统）。其他反对派则逃脱保命、销声匿迹了。马略经历了一系列扣人心弦的冒险——后世的传说无疑对其添油加醋不少——最终抵达阿非利加，受到了在那里定居的努米底亚战争老兵们的欢迎。苏拉采取了一些措施以恢复常态，然后率军东征，讨伐米特里达梯六世，差不多五年之后才重返意大利。[24]

前 87 年的两名执政官很快闹翻，其中一名执政官卢基乌斯·科尔内利乌斯·秦纳因企图撤销苏拉的立法，而被视为共和国公敌，遭到罢免和驱逐。秦纳效仿苏拉，逃到仍然在镇压意大利人叛乱余烬的一支军队那里，说服士兵们支持他。很快，马略也率领一支庞大的志愿军（比乌合之众强不了多少）从阿非利加回国，与秦纳联手。马略麾下最臭名昭著的是巴蒂

---

① 塔尔皮娅悬崖是古罗马城俯瞰广场的一座悬崖，高约 25 米，用来处决谋杀犯、叛徒、伪证者和盗窃的奴隶。得名自曾背叛罗马人的维斯塔贞女塔尔皮娅。

埃卫队。这是一群释奴①，担任马略的私人保镖，常常扮演刽子手的角色。快到年底的时候，马略和秦纳率军进逼罗马。执政官格奈乌斯·屋大维②是个原则性很强但才干平庸的人，无力抵抗他们。庞培·斯特拉波仍然统领着一支军队，他近几年一直在努力，希望能够再次当选执政官。他的态度非常暧昧，只能令局势愈加恶化。苏拉派遣昆图斯·庞培（前88年曾与苏拉一同担任执政官）去接管斯特拉波的军队。昆图斯和斯特拉波是远房亲戚，但我们可以肯定，斯特拉波指使自己的士兵杀害了昆图斯。斯特拉波可能在举棋不定，不确定应该加入冲突的哪一方，也有可能与双方都取得了联系。最终，他加入了屋大维那边，但没有有效地支援他，导致他们的军队被击败。斯特拉波不久之后就死去了，可能是病死的，也可能是被雷电劈死。

马略军队杀进城的时候，屋大维不肯逃离，而是端坐在雅尼库鲁姆山③官衙的椅子上，惨遭杀害。他的首级被送给秦纳。秦纳将屋大维的首级固定在广场的演讲台上。另外一些元老的首级很快也被悬挂在那里。在史料中，马略被斥责为随后一系列处决的元凶，但秦纳很可能也在这场厮杀中起到了主要作用。著名的演说家马克·安东尼（后来恺撒的副将马克·

---

① 在古罗马，被主人授予自由的奴隶可以成为公民，享有全部的政治权利和自由，包括选举权，原主人则成为他的恩主和保护者。释奴受到一些限制，比如不能担任公职，不能担任国家祭司，不能成为元老。但后来释奴也能成为高官。释奴在获得自由后生的孩子生来自由，享有全部公民权。一些释奴获得了很高的地位，甚至成为巨富。

② 与后来的奥古斯都皇帝（屋大维）的父亲盖乌斯·屋大维是远亲。

③ 雅尼库鲁姆山，今天的意大利语名字是贾尼科洛山，是罗马西部的一座山丘。它是现代罗马的第二高山丘（仅次于马里奥山），但并不是古罗马七座山丘之一，因为它位于台伯河之西，在古代城市的城墙以外。

安东尼的祖父）被处决，马尔库斯·李锡尼·克拉苏的父亲和兄长，以及卢基乌斯·恺撒和他的兄弟恺撒·斯特拉波也被杀害。有少数受害者经历了掩人耳目的作秀审判，但大多数人都没有经过任何司法程序，在被抓住的时候就惨遭杀害。苏拉的宅邸被彻底烧毁，这是一个非常有象征意义的信号，因为一位元老的宅邸不仅仅是政治活动的场所，也是其重要地位的明显标志。马略党人到处搜捕苏拉的妻子和其他亲属，但他们躲过了抓捕，最终逃到希腊，与苏拉团聚。苏拉当年占领罗马的举动令人震惊，而马略占领罗马则更加残暴。马略和秦纳当选为前 86 年的执政官，但马略就职几周后就突然死去，享年七十岁。[25]

恺撒的父亲在这些事件中有没有扮演任何角色；如果有，那么是何种角色，我们不得而知。城市几次遭到围攻的时候，年轻的恺撒在不在罗马城，他有没有目睹台伯河上漂浮着的死尸，以及演讲台悬挂着的人头，我们也没办法了解。年轻贵族接受的教育是非常传统的，很多东西是通过观察长辈处理日常事务学习的。但在这些岁月里，政治生活如此混乱、如此血雨腥风，因此贵族子弟对共和国的印象不可避免地与前辈大相径庭。更糟糕的还在后面。

三 第一位独裁者

不仅在罗马，在意大利的每一座城市，都张挂了被放逐人员的名单。没有一个地方不沾染了鲜血的污迹，神庙、友人的宅邸或家庭居所，全都不能幸免。丈夫在自己妻子怀中惨遭屠戮，儿子在母亲的怀抱里丢掉性命。死者中只有极少数是因为得罪了某人，或与某人结下怨恨而被害；更多人是因为自己的财产而丧命，甚至刽子手们也说，这个人是被自己的豪华宅邸杀死的，这个人被自己的花园害死，那个人是因为自己的温泉而丧命。[1]

——普鲁塔克，2世纪初

恺撒父亲的去世非常突然。一天早上，他在穿鞋时突然倒下。那时他的儿子快十六岁了，但可能已经正式行了成人礼，即脱下镶紫边的托加长袍（只有未成年男孩和行政长官穿这种长袍），换上成年人穿的朴素的成年托加。成年礼上，男孩还要解下脖子上戴的护身符，永远不会再戴。他还要第一次接受剃须修面，并将孩童留的较长头发剪短，变成成年公民的发型。孩子在什么年龄接受成人礼，并无定规，如同罗马教育的许多其他方面一样，由各个家庭自行决定。孩子接受成人礼的年龄一般是十四岁至十六岁，但也有十二岁和十八岁的例子。成年礼一般在自由神节^①举行，也就是 3 月 17 日，但法律并没有规定只能在这一天举行成年礼。除了在家中举行仪式之外，贵族子弟还要在父亲及其朋友的陪伴下走过城市中心的大街小巷，以象征他已经作为成年人进入了共和国的集体。经过广场之后，他们还要登上卡比托利欧山，在朱庇特神庙中献祭，向青春女神尤文塔斯^②献上祭品。^[2]

父亲去世后，恺撒不仅是个成年人，还成了一家之主。他没有多少亲近的男性亲属可以指导自己未来的前程，但这个年轻人从一开始就显示出极大的自信。不到一年的时间，他就解除了父母之前为自己包办的婚约。这门婚约的未婚妻是一个叫科苏提娅的女子，她的父亲属于骑士阶层，而非元老。她的家庭非常富裕，无疑会给恺撒带来一大笔嫁妆，这些钱肯定能帮助他踏上从政之路，但除此之外就没有任何其他好处了。恺撒和科苏提娅可能已经结婚了，而不是仅仅处于订婚状态，因为苏埃托尼乌斯的措辞的意思是两人离了婚，而普鲁塔克显然将科苏提娅看作恺撒的妻子之一。两人年纪尚小，因此不大可能已经正式结婚。不管他们之间究竟是什么关系，此时都算是一刀两断了。恺撒自己选择的新娘是秦纳之女科尔内利娅。秦纳也是贵族，在前 87 年～前 84 年连任四届执政官，是罗马最有

---

① 自由神是古罗马神话中主管葡萄种植、葡萄酒、生育和自由的神祇，也是罗马平民的保护神。他的节日与言论自由和成年人的权利有关。他与希腊酒神狄俄倪索斯的罗马化形式有关联。

② 尤文塔斯是罗马神话中的青春女神，是大神朱庇特和天后朱诺所生的女儿，对应希腊神话中宙斯和赫拉的女儿赫柏。尤文塔斯拥有少女般的青春和活力，在奥林匹斯圣山的神宴上侍候诸神，专门给他们斟酒。尤文塔斯的双耳壶中盛有的长生不老酒拥有恢复青春美貌的神力。同时尤文塔斯还是青少年的守护神，所有罗马少年在即将成年之时都要前往神庙中祈求尤文塔斯的庇佑。

权势的人。[3]

秦纳为什么会屈尊俯就地收恺撒为女婿，我们不得而知。显然，两位尤利乌斯·恺撒被处决并没有影响到恺撒，这也说明恺撒家族中两个分支的关系是多么疏远。马略是恺撒的姑父，这无疑给恺撒加了分，但马略在前86年初去世之后，这一层关系就不是那么重要了。的确，在马略生前最后几周内，他和秦纳联合提名恺撒为朱庇特祭司，这是罗马威望最高的祭司职位之一。前一任朱庇特祭司——卢基乌斯·科尔内利乌斯·梅卢拉——于前87年被屋大维任命为代理执政官，以取代被罢免的秦纳。马略和秦纳的军队占领罗马的时候，梅卢拉为了避免被敌人处决，自己抢先一步自杀了。担任朱庇特祭司的人必须是一位贵族，其妻子也必须是贵族，而且两人必须举行一种非常古老而罕见的称为"麦饼婚"的婚礼仪式。前86年的时候，恺撒的年纪还太小，不能就任，所以让他在前84年与贵族少女科尔内利娅结婚的部分原因是准备让他当朱庇特祭司。但是，如果恺撒要担任朱庇特祭司，他可以迎娶的贵族少女绝非只有秦纳的女儿一个；而且秦纳作为一位元老，也不可能仅仅为了让恺撒当祭司，就把女儿嫁给他。事实上，恺撒并不符合祭司的资格，因为一位朱庇特祭司的父母必须都是贵族，也必须采纳"麦饼婚"的仪式来结婚，但实际上恺撒的母亲奥雷利娅是平民。秦纳对年轻的恺撒一定是非常器重。

如果是这样的话，让恺撒担任朱庇特祭司的决定就非常奇怪了。祭司①是罗马最古老的宗教团体之一，一共十五人，每

---

① 在此简单介绍一下古罗马的神职人员。古罗马没有专门的教会阶层和团体，普通公民都可以扮演神职人员的角色，比如一个家庭的一家之主可以在家中作为祭司主持宗教仪式。神职人员的身份往往被授（转下页注）

一位专注于侍奉一位神祇，其中三位祭司的地位和威望要比其他祭司更高，分别是奎里努斯①、玛尔斯和朱庇特的祭司。朱庇特是罗马最重要的神祇，他的祭司自然也是地位最高的。祭司制度的历史非常悠久，祭司们必须遵守千奇百怪的禁忌，因为祭司及其妻子必须永久性地抚慰神灵，因此不可以冒任何玷污神灵的风险。比如，朱庇特祭司的禁忌包括，他不可以发誓，不可以在城市之外度过超过三个晚上，不可以看到死尸、正在作战的军队或者在节日劳作的人。另外，他不可以骑马，家中或他的衣服上不可以有任何结扣，不可以看到没有食物的桌子，因为他绝不能显得生活拮据无着。而且，必须有一名奴隶用青铜刀为他剃须或理发——这足以说明这项禁忌的古老——剪下来的头发以及指甲等物件必须埋在秘密的地方。祭司要戴一种特殊的帽子，叫作"阿佩克斯帽"，似乎是用皮毛制成的，顶端有尖，两个帘盖住耳朵。有了这些禁忌，根本不可能从事元老的正常活动。[4]

朱庇特祭司的威望极高，在公元前 1 世纪，朱庇特祭司们有权出席元老院会议，并担任一些不需要他们离开罗马的行政

（接上页注①）予贵族和豪门世家成员，是一项很大的荣誉，但也带来很大的经济压力，因为神职人员往往要自掏腰包来主持祭祀等宗教活动。

最重要的神职人员团体有四个：1. 大祭司团（College of Pontiffs），包括祭司长（Pontifex Maximus）、其他大祭司（Pontiff）、15 名祭司（Flamen，分别侍奉一位神）、维斯塔贞女（Vestal Virgins）、祭典之王（Rex Sacrorum）。2. 观鸟占卜师（augur）。3. 十五人团（Quindecimviri sacris faciundis），主要负责保管《西卜林书》。4. 司膳（Epulones），负责安排节庆活动和公共宴席等。

① 奎里努斯（Quirinus）是古罗马神话中的神祇之一，在罗马城建立与古罗马早期曾具有重要意义。后地位衰微，仅为祭祀之用。后来被认为与罗马的建城者罗慕路斯等同。

长官职位。行政长官在就职时一般要宣誓，朱庇特祭司如果担任行政长官，就会被免除宣誓的义务。禁止祭司担任军职的限制是很难绕过的。如果不是秦纳在前87年被罢免，梅卢拉是不大可能当上执政官的。梅卢拉后来曾宣称自己并不想参选，是被百人会议以常规方式选举为执政官的。祭司身份所带来的许多禁忌都使他没有办法非常活跃地干预政事。或许恰恰就是出于这个原因，屋大维才希望他来当执政官。秦纳和马略夺取罗马之后，梅卢拉主动放弃了执政官职位，但他很快意识到，单单这样做还不足以保住自己的生命。他来到卡比托利欧山上的朱庇特神庙，摘掉阿佩克斯帽，正式放弃了自己的祭司职务，然后割腕自杀。他死前放声咒骂秦纳及其支持者，但小心地留下遗书，解释自己避免了玷污自己的祭司职务。[5]

恺撒和科尔内利娅以独特的"麦饼婚"仪式喜结连理。麦饼婚这个名字源自双粒小麦（拉丁文为 far），这种小麦被用来制作向谷物神朱庇特献祭用的圣饼。仪式中，有人端着圣饼走在新人前方，新人可能还会将圣饼吃掉。仪式需要有十名见证人在场，并且应当由罗马最高级的两位祭司——祭司长和朱庇特祭司——主持。梅卢拉死后，朱庇特祭司的位置就空缺着，因此恺撒的麦饼婚仪式在这一点上不合规矩。考虑到恺撒即将成为朱庇特祭司，他的妻子将成为祭司夫人，他们的婚礼上还献祭了一只羊。然后，新人蒙着面纱，坐在铺着羊皮的座位上。[6]

恺撒被选为下一任朱庇特祭司，这是极大的荣誉，他将因此成为共和国的一位重要人物，而且在很年轻的时候就成为元老院成员。但这项崇高荣誉的代价是，他未来的政治生涯受到了严重的限制。恺撒顶多能像他父亲那样成为裁判官，但他不能离开罗马去治理一个行省，肯定也不可能获得军事荣耀。考虑到恺撒家族在过去成就平平，人们认为能当上朱庇特祭司，对这个孩子来说已经非常了不起了。当时没人会想到，他最终能取得多么辉煌的成就。但并没有证据表明，当时已经有人感到，这个孩子才智有限或者身体状况不佳（恺撒当时还没有像后来那样受到癫痫的折磨），因而无法以正常方式做出优秀业绩。秦纳将自己的女儿科尔内利娅嫁给恺撒，说明人们并不认为这个孩子缺乏才干。秦纳和马略一致同意要任命恺撒为朱庇特祭司，而秦纳在盟友马略死后坚持了这个任命。我们始终无法知道他们为什么要这样做，也不知道年轻的恺撒对此的态度。不管他们是怎么想的，整个事情似乎并不紧迫，尽管有一个史料说恺撒的确正式就职了，但据其他史料记载，恺撒并没有就职，后一种说法最有可能是正确的。首先，他的年纪还小，这是个障碍。其次更重要的是，秦纳本人无权直接任命恺撒为朱庇特祭司，事实上必须遵循严格的程序，由罗马的另一位高级祭司——祭司长——来任命。此时的祭司长是昆图斯·穆齐乌斯·斯喀埃沃拉，他不是新政权的朋友，此前秦纳曾派人去暗杀他，没有成功。斯喀埃沃拉曾担任执政官，还是一位著名的法学家（祭司长不像普通祭司那样受到各种禁忌的束缚，因此可以在政坛高度活跃），他可以从技术角度（比如奥雷利娅是平民出身）否决恺撒的任命，或者干脆拒绝屈从于秦纳的压力。这毕竟是一件小事，秦纳必须专注于其他更重要的大事，因此恺撒的祭司任命问题悬而未决。[7]

等待苏拉

秦纳及其支持者主宰罗马的几年在史书中没有留下详细的记载。除了史书记载的空白之外，还有许多证据表明，秦纳没有努力去推动任何大规模的改革。尽管他上台之前曾利用新近获得公民权的意大利人和其他心怀不满的团体的力量，但执政之后没有去努力满足他们的要求。罗马的第一次内战，以及后来的冲突，并不涉及互相抵触的意识形态或政策，而是许多个人之间传统竞争的暴力延伸。秦纳并没有改革共和国的革命性的雄心壮志，而是渴望在现行体制中获取个人权力和影响。因此，在通过武力得到自己想要的东西之后，他的首要工作就是维持自己的地位。前 86 年，已经当上执政官的秦纳用计确保自己在前 85 年和前 84 年也当选执政官——或许只有他和另外一名由他内定的人士被允许参加竞选。作为执政官，他拥有治权，因此可以合法地调遣军队来保护自己，对付苏拉或其他竞争者。作为行政长官，他享有豁免权，任何人不得起诉他。当时罗马的法庭中似乎有人在反对他，尽管几位著名的律师选择不再出庭。秦纳和马略杀死了一些元老，迫使另外一些元老流亡国外，但大多数元老仍然留在罗马，并且继续召开会议。许多元老并不是秦纳及其同党的铁杆支持者，但对苏拉同样没有好感。元老院的辩论似乎还比较自由，但是有些议题一定会令秦纳不悦，比如元老院开启了与苏拉的谈判。但元老院无法控制秦纳，也无法阻止他连任执政官，这是因为秦纳控制着一支军队，而元老院没有军队。在秦纳治下的罗马，元老院照常开会，法庭照常运作，选举也依旧举行，至少是表面上显得很正常。共和国的主要机构有一种惊人的弹性，几乎在任何情况下都能以某种形式运转，暴乱和流血冲突只会暂时打断它们。元老们生活的主要部分是提携他人以赢得支持、扩大自己的影响力，并谋求晋身。不管局势如何，他们自然会尝试尽可能继续这样下去。[8]

秦纳的位置与正常运转的共和国是水火不容的，因为他的地位最终是依赖他的军队。他没有急流勇退的意思，而他连续担任执政官，就剥夺了其他人获得高位的机会，导致行政长官人数有限，没有足够的人员去治理各省。但只要苏拉还逍遥法外，并且指挥着自己的军队，秦纳就不能高枕无忧。前86年，马略被授予讨伐米特里达梯六世的指挥权，以本都为辖区，但他还没有出征就去世了。接替他担任执政官的卢基乌斯·瓦列里乌斯·弗拉库斯也继承了征讨米特里达梯六世的使命，并率军东征。很快，形势就更明显了，苏拉不会允许自己被取代，而弗拉库斯可能也曾尝试与他讲和，希望与苏拉联手进攻米特里达梯六世。但是，弗拉库斯很快被自己麾下的财务官盖乌斯·弗拉维乌斯·费穆布里亚谋杀，后者接管了军队，企图独立地打败本都。费穆布里亚犯上作乱和谋害长官的本事不小，军事才干却有限，他在自己的士兵暴动之后自杀。在随后几年中，元老院与苏拉有过一些接触，希望他能与秦纳和解，以避免内战，但双方都对和好不感兴趣。苏拉坚称自己是合法当选的行政长官，作为资深执政官被元老院派去攻打共和国的敌人，他的地位必须得到承认，他的使命必须完成。到前85年，与米特里达梯六世的战争眼看就要结束，秦纳及其同党开始招兵买马、囤积物资，因为他们认为与苏拉必有一战。[9]

卢基乌斯·科尔内利乌斯·苏拉相貌英俊，引人注目，皮肤白皙，灰色眼睛炯炯有神，头发微红。后来，他患上了一种皮肤病，面部出现了许多红斑，毁坏了他的容貌（几个世纪之后一部鲜为人知的军事法律声称，苏拉只有一个睾丸；他的伟大成就告诉世人，这种缺陷无碍于成为一名成功的军人）。苏拉可以做到风度翩翩，能够赢得普通士兵和元老的欢心，但许多贵族对他仍然没有把握。尽管他进入政界较晚，但取得了相当大的成功，屡建战功，展现出了军事才华。他到五十岁的时候才第一次当选执政官，这算是非常晚了，而在之前的十年中，他尝试了两次才获得裁判官的官职。许多元老可能不愿意忘记，苏拉少年时穷困潦倒，他的家族也早已败落。在体制内春风得意的人往往会感到，其他人的失败是理所应当的。这在历史上屡见不鲜。苏拉曾经生活潦倒，喜好结交演员和乐师，这些职业被认为是非常伤风败俗的。一个青年如此浪荡已经很不像话，他当了元老和行政长官之后仍然无所忌惮，就更是不成体统，但苏拉对自己的老朋友始终非常忠诚。他嗜酒如命，酷爱宴饮；人们普遍相信他风流成性，男女通吃。他一生的大部分时间里都公开地与专门扮演女性角色的演员梅特罗比乌斯交好，人们相信他们是一对情人。元老院的内层精英们非常不情愿地接受了苏拉在政坛的成功，尽管有的时候他们显然宁愿选择他，也不愿意支持其他一些人。苏拉对这一点嗤之以鼻，但他在一个问题上是坚定不移的：他坚持要让公众认可自己的成功，并保住自己的成就不被抢走。前88年，他率军进逼罗马，宣称自己才是共和国的合法代表，并且他需要将罗马从一个派系的非法统治下解放出来。此后，他始终自我标榜为罗马的一位资深执政官，否认马略与秦纳宣布他为国家公敌的合法性。苏拉为自己设计了墓志铭：他始终做到善待朋友、伤害敌人。[10]

在苏拉看来，他的治权和指挥权是完全合法的，他的对手们的所作所为是非法的，他们才是共和国的敌人。因此，他有权利也有义务，用一切手段去镇压这些对手。他还必须要保护自己的尊严，因为他的成就斐然，他本人及其家族理应得到尊重。罗马人公开地强调幸运在人类的一切活动中，尤其是在战争中所起的重要作用，并且（就像后世的拿破仑一样）相信运气好是一位将领最重要的优秀品质之一。指挥官们不应当盲目地依赖偶然，而是要做好一切准备去保障胜利。但是，在战争的混乱中，最精细的计划也可能落空，胜负往往取决于偶然。苏拉大肆宣扬自己政治生涯中的好运气。运气好说明有神明保佑，他自我标榜是得到了维纳斯的佑助，有时候则是阿波罗和其他神祇的支持。苏拉声称自己在完成人生的许多大事之前都曾得到神祇托梦，神会敦促他按照计划行事，并许诺他一定会得胜。马略也曾得到过预示他锦绣前程的神谕，最有名的就是他将会担任七届执政官的预言。苏拉和马略都因为野心而到了残酷无情的程度，但他们都坚信自己的成功是上天注定，因此是正义的，这无疑增强了他们原有的自信心。我们现代人往往对这种事情抱以玩世不恭的态度，但我们不应当忘记，得到神佑的说法往往是非常有效的宣传材料。[11]

为了捍卫自己的地位，苏拉已经动用过一次武力。秦纳占领罗马城时的残暴使得苏拉确信，敌人不可能心慈手软。前85年，苏拉签订了《达耳达诺斯和约》，结束了针对米特里达梯六世的战争。按照罗马人的标准，这算不得完全的胜利，因为本都国王仍然保持着独立地位，而且还拥有相当强大的力量，但他被从罗马领土驱逐了出去，他的军队也一败涂地，蒙受了奇耻大辱。苏拉还不能立刻返回意大利，因为他有许多行政工作要处理，以平定东部各省。前84年，秦纳决定在希腊，而不是在意大利与对手交战，但他的计划遭到多次耽搁，因为亚得里亚海天气情况恶劣，一支运兵船队被暴风吹回了意大利。不久之后，秦纳的军队发生了哗变（可能是因为士兵们不愿意与罗马人同胞交战，但关于这一点，各种古代史料互相矛盾），秦纳被自己的士兵杀死。秦纳一派的领导权转到了格奈乌斯·帕皮里乌斯·卡尔波手中，他在这一年和前一年与秦纳一同担任执政官。前82年，他还将第三次担任执政官，当年的另一位执政官是马略的儿子，尽管后者年纪太轻，不符合资格。越来越多的元老们要么断定意大利不再是个安全之地，要么猜到了风向会转到哪一边，于是纷纷逃往东方，加入苏拉阵营。前83年秋天，苏拉终于在意大利南部的布隆迪西乌姆（今天的布林迪西）登陆，更多的元老选择去投奔他。[12]

苏拉在兵力上处于绝对劣势，但他的对手们始终不能充分利用自己的兵力优势，一连多支部队都被苏拉击败，甚至有一支军队被苏拉说服倒戈。与苏拉对阵的领导人大多没有什么军事才干可言。冬季暂时停战之后，来年再战，苏拉于前82年占领了罗马。秦纳派突然发动反击，两军在科利内城门外陷入鏖战。在战斗中，苏拉本人险些丧命，他军队的一翼瓦解，但其他部队最终坚持下来，取得了胜利。秦纳派渐显颓势，却越发睚眦必报。小马略下令处死祭司长斯喀埃沃拉，据说小马略的母亲尤利娅谴责了儿子的这个举动。小马略自己被包围在普雷尼斯特，最后城市投降时，他要么是被杀，要么是自尽。当他的首级被送到苏拉面前时，已经得胜的苏拉评论道，这样一个毛头小伙应该"先学划桨，然后才能驾船"。卡尔波逃到了西西里，继续抵抗，但被苏拉的一名部下击败并处决。[13]

当年马略占领罗马后进行了大规模的屠杀和处决，血雨腥风，人人自危，残暴程度超过了之前苏拉占领罗马时的情况。如今，苏拉重返罗马后也大开杀戒，野蛮程度远远超过之前两次。胜利者在罗马郊外的贝罗纳①神庙向元老院发表演说时，不远处传来成千上万战俘被屠杀的惨叫声，其中大部分是意大利人，他们比罗马人受到了更残忍的待遇。被虐杀的不仅仅是敌人的普通士兵。敌方的大多数重要领导人在被俘之后旋即被处死，或者为了防止受辱而自尽。更多的元老和骑士因为被认为是苏拉的敌人，而在苏拉得胜之后被他的部下杀死。[14]

起初，苏拉党人预先不做任何警告就将反对派处决，但神经紧绷的元老院希望事先知道下一个牺牲品是谁，于是这个程序变得更为正式了。苏拉命令将放逐名单——被放逐的人将丧失法律保护——张贴在广场，其抄本随后被发往意大利的其他地方。被放逐的人置身法外，人人皆可诛之，任何人皆可取了他们的首级去向苏拉领赏，然后苏拉会将政敌的首级挂在演讲台周围示众。通常，受害者的财产会被没收并拍卖，其中大部分都被苏拉的党羽以极其低廉的价格买下。受害者主要来自元老或骑士阶层。放逐名单公布了好几批，虽然我们不知道具体的人数，但一定有数百人之多。其中大多数人曾反对过苏拉，但也有人仅仅因为财富受到苏拉垂涎而被处死。据说有一位不问世事的骑士在放逐名单上看到了自己的名字，于是宣称是自己在阿尔班的地产害死了自己。他很快就被杀害了。[15]苏拉党人常常借此机会报私仇，在许多情况下是先杀了人，然后才将他的名字添加到放逐名单，以将谋杀罪行合法化。苏拉本人似乎没有非常关注这个过程，但他解放了许多被放逐者的奴隶，并将他们组成一个私人卫队，为自己服务。这些释奴常被指控

---

① 贝罗纳是古罗马神话中专司战争的女神。

滥用自己新近获得的权利。放逐于前81年6月1日正式结束，但它造成的恐怖阴云长久地笼罩着罗马，令这个世纪余下时光里的罗马人谈之色变。[16]

苏拉的权力直接来自对军队的控制，正是依靠这支军队，他打败了所有的竞争者。他曾做了很大努力去捍卫自己作为资深执政官的合法性，很快就给了自己一个更正式的位置，从而将自己的大权独揽合法化。在危机极其严重的时候，共和国也曾暂时搁置对个人独裁的恐惧，指定一位独裁官，即单独一位拥有最高治权的行政长官。在此之前，独裁官始终是临时性的职位，期限只有六个月，但苏拉抛弃了这些限制，没有给自己设定一个任期。通过公民大会的投票，他被任命为"立法与改组国家的独裁官"。他的官职以及他镇压反对派的暴力，都是前所未有的。有一次，他轻描淡写地下令将他自己麾下的一位高官处死在广场，因为这个人不听独裁官的命令，坚持要竞选执政官。[17]

逃亡者

苏拉军队第二次占领罗马的时候，恺撒大约十八岁。他在这场内战中没有扮演过任何角色。他的岳父秦纳已经死了，也没有证据表明他与小马略的关系特别亲密。更重要的是，尽管他还没有正式成为祭司，但可能已经开始遵守朱庇特祭司的规则。阻止他参战的禁忌意味着在城市被占领、科利内门外爆发激战的时候，恺撒应当待在城内。他目睹了苏拉对政敌的放逐和血洗。祭司不应当看见死尸，但在当时一定很难遵守这项禁忌。不管他有没有看见死尸，这个青年一定知道，城市中心悬挂着罗马许多名人的首级。有一次，他自己也差一点丧命。

恺撒没有显赫的地位，也没有可观的财富，因此不至于被纳入放逐名单。但是他的妻子是秦纳的女儿科尔内利娅，这样的关系不可能赢得新政权的好感。苏拉命令年轻的恺撒与妻子离婚。他曾向其他一些人发出过同样的命令，有时还为他们安排更有利的婚姻，常常将自己的女性亲属嫁给他们。最有名的例子就是格奈乌斯·庞培，他是庞培·斯特拉波的儿子，也是苏拉麾下最能干的指挥官之一。苏拉命令格奈乌斯·庞培休了结发妻子，而与独裁官的继女结婚。此时苏拉的继女已经是有夫之妇，而且怀有身孕，但还是迅速离婚，并同样迅速地与庞培结婚。我们知道，至少还有一个人遵照苏拉的指示休了自己的妻子。只有恺撒拒绝服从。尽管苏拉对他百般威逼利诱，甚至很可能提议让恺撒与他自己的家庭联姻，但恺撒仍然不为所动。考虑到之前的局势，恺撒的态度是非常勇敢的，何况他还是个无足轻重的青年，可以轻易地被除掉，而且本来就与反对派有关联。他为什么坚决不肯离婚，我们不得而知。他与科尔内利娅的婚姻似乎的确琴瑟和谐，但也可能是因为他天性固执或者非常骄傲。

苏拉加大了威胁的力度。作为对恺撒的惩罚，苏拉没收了科尔内利娅的嫁妆，将其收入共和国的国库。后来，恺撒被剥夺了祭司的身份。他可能本来就保不住这个职位，因为是马略和秦纳给他安排的祭司职位，但史料一般将此事与恺撒拒绝与科尔内利娅离婚联系起来。也有细心的人指出，从技术上讲，恺撒其实不符合祭司的资格。自前 87 年以来，罗马就一直缺少一位朱庇特祭司，现在显然也不着急去任命一个新人选。事实上，这个职位一直空缺到前 12 年。贵族们对这个受限制太多的荣誉没有什么兴趣。普鲁塔克告诉我们，恺撒还曾尝试竞选另一个祭司职位（具体是什么职位不详），但被苏拉暗地里使绊儿，因此失败了。普鲁塔克的这种说法可能指的就是朱庇特祭司的职位，只不过搞混了（但朱庇特祭司不是选举产生的）或是虚构出来的桥段，为了突出年轻的恺撒面对强大的独裁官是多么坚贞不屈。[18] 不管恺撒于公开场合在多大程度上反对苏拉，这都是一条险象环生的路途。很快，逮捕恺撒的命令就发出了。逮捕一般是处决的前奏。我们不知道逮捕恺撒的指示是不是苏拉亲自发出的，也许是苏拉的部下做了主。如果是这样，那么独裁官也会很快就得知此事，但他并没有去制止自己的部下。[19]

恺撒逃离罗马，在东北方的萨宾人领地避难。独裁官的兵马活跃在整个意大利。不久后，他就下令让约 12 万名老兵退役，并安顿他们的生计，这足以说明他的军队规模是多么庞大。恺撒没有办法销声匿迹、无声无息地混入某个小社区。他几乎每天夜间都在转移，而且随时都有可能被人出卖，因为放逐期间悬赏缉拿逃犯的法令可能仍然有效。这位年轻贵族在近几年中可能不得不遵从祭司的严苛规程，现在则必须经历一番磨难。他身边可能有一些奴隶，或许甚至还有朋友陪伴，但逃亡者的生活方式与之前的养尊处优形成了极大反差。雪上加霜的是，他染上了疟疾。在患病期间，一天夜里，他在从一个躲避处逃往另一个安全地点的途中被苏拉的一群士兵拦住了。这些士兵的指挥官是一个叫科尔内利乌斯·法基特斯的人，可能是个百夫长。他们正在扫荡这一地区，搜捕独裁官的敌人。据苏埃托尼乌斯的记载，他们已经搜寻恺撒多日了。恺撒向他们行贿，让他们放自己一马，最终用 1.2 万银迪纳厄斯①的巨款（这差不多相当于一名普通士兵一百年的军饷，当然百夫长的军饷会高许多）买下了自由。[20]

最终是母亲救了恺撒。奥雷利娅说服了维斯塔贞女②，以及她的一些亲戚（其中最重要的是她的堂兄盖乌斯·奥雷利乌斯·科塔③以及马梅尔库斯·埃米利乌斯·李必达）去向独裁官求情，请他开恩饶过她的儿子。科塔和李必达在内战中都是苏拉党人，在随后几年中都赢得了执政官的职位。这些位高权重人士的说情，再加上恺撒其实并没有什么重要地位，使得苏拉赦免了他，不仅饶了他的性命，还允许他开始从政。这对苏拉来讲是一个很大的让步，因为通常被放逐者的儿孙都会被禁止担任公职或者进入元老院。据传说，苏拉最终开恩的时候宣称："就让他们称心如意，把他（恺撒）带走吧。但他们应当知道，他们如此急切地要救的这个人，终有一日会把最优秀人士的派系斩尽杀绝，而我和他们都曾保卫这个派系；因为这个恺撒身上有许多个马略。"这也许只不过是后人的传说，但独裁官完全有可能已经认识到，这个胆敢与他对抗的高度自信的青年是个野心勃勃的人，苏拉也完全有可能看到了恺撒的才干。[21]

前 80 年底或前 79 年初，苏拉卸去了独裁官职务。他扩充了元老院，增加了三百名来自骑士阶层的新元老，并做了

① 迪纳厄斯是古罗马从公元前 211 年，也就是在第二次布匿战争期间开始铸造的小银币，起初币重 4.5 克，后来不断贬值，3 世纪中期废止。

② 维斯塔贞女，或称护火贞女（Vestal Virgin），是古罗马炉灶和家庭女神维斯塔的女祭司。维斯塔贞女共六位，六岁至十岁开始侍奉，必须守贞、侍奉神祇至少三十年。她们的主要任务是守护维斯塔神庙的炉灶，不让圣火浇熄。三十年期满退休后，她们会得到丰厚的退休金，可以结婚。与前维斯塔贞女结婚是一件荣耀的事情，而且能带来不菲的嫁妆。

③ 盖乌斯·奥雷利乌斯·科塔既是奥雷利娅的堂兄，也是同母异父的哥哥，因为他们的母亲先后嫁给了兄弟俩。

很大努力去恢复元老院在共和国中突出的指导地位。苏拉大大削弱了保民官的权力，剥夺了他们向公民大会提出新立法的权力，因为苏尔皮基乌斯曾利用保民官的职权将东方的军事指挥权交给马略。更重要的是，苏拉还禁止保民官在卸任后担任任何其他行政长官职位，有效地保证了只有那些毫无野心的人才会谋求保民官的职位。苏拉通过立法确认了担任官职的传统年龄限制，并明确禁止任何人在同一个岗位上连任多届，同时还对各省总督的活动进行了管制。苏拉始终自认为是通过合法途径获得任命的共和国公仆，现在利用自己的绝对权力，重建了一个非常保守的共和国。更重要的是，元老院里如今挤满了他的党羽。如果这种体制要正常运转，那些党羽就必须扮演好自己的角色，在苏拉的法律致力于恢复的传统界限之内行事。新体制不需要一名独裁官来督导，因此苏拉退居二线了。在一段时期内，他就像其他元老一样，在罗马的大街小巷行走，被他的朋友们簇拥着，但没有保镖的护卫。他能够不带保镖就四处活动，而不受任何骚扰，这足以证明人们对他的尊重和畏惧。但有一个故事说一个年轻人四处尾随苏拉，对他口出恶言。于是苏拉宣称，由于这个年轻人的存在，未来的任何一位独裁官都不会放弃权力了。这个故事可能也是虚构的。多年之后，恺撒曾说："苏拉辞去独裁官职务之后，就变成了政治上的文盲。"[22]

不久之后，苏拉退隐到乡间的庄园。他的妻子在分娩了双胞胎之后死去，于是他续弦再娶。苏拉是观鸟占卜师①之一，

---

① 古罗马人的一个习俗是通过观察鸟类的飞行（是单飞还是成群、飞行方向、发出何种声音、何种鸟类等）来预言占卜。

因此他小心谨慎地遵守这个团体的规则，在妻子临死之前与她离婚，因为根据祭司的禁忌，在节庆时期，他的房子不可以被死亡所污染。甚至在妻子濒死之际，他也不肯去见她最后一面。但是，既是为了严格遵守义务，也是为了显示对妻子的挚爱，他为她举办了盛大奢华的葬礼。后来，他在观看竞技时遇见了一位离了婚的少妇。两人起初只是调情做戏（是少妇先主动挑逗苏拉），但很快就开始按照贵族阶层的正当方式发展下去，心醉神迷的苏拉谨慎地打探了她的家庭背景，然后安排与她结婚。他退隐乡间之后，与新婚妻子和许多少年时便结交的伶人朋友们一起生活，据说举办了许多骄奢淫逸的狂欢聚会。前78年初，他突然去世了。[23]

罗马初尝内战与独裁的滋味。我们必须牢记，这些事情发生的时候，恺撒还只是个十几岁的少年。他目睹了元老权贵们之间的私人竞争演变成野蛮的流血冲突。执政官和其他位高权重的大人物也惨遭处决或被迫自杀，这表明即便是共和国中地位最崇高的人的政治生涯也会被凶残地、骤然地中断。恺撒自己也险些丧命。他也曾坚决地反抗独裁官一手遮天的势力，不肯屈服，并且生存了下来。元老的子弟从小就自视甚高，恺撒也不例外。最近几年的经历让他变得更加自傲。在其他所有人都卑躬屈膝的时候，只有他一个人反抗暴政。也许，约束其他人的那些规则对他不起任何作用。

四　年轻的恺撒

我理想中的优秀演说家应当是这个样子的：他将发表演讲的消息传来之后，当即人满为患，裁判的位置座无虚席，文书们忙忙碌碌、热心殷勤地安排座位或让出座位，听众摩肩接踵，主持的裁判腰杆笔直、聚精会神；演说家起立时，整个人群鸦雀无声，然后是表示赞同、不断鼓掌；演说家希望听众放声大笑，他们就大笑，需要他们哭泣，他们就落泪；一个路过的行人，即便在远距离之外、不明白演说的内容，也会知道这位演说家必胜无疑，一位罗斯基乌斯（当时的一位著名演员）正在台上献艺。

——西塞罗，前 46 年[1]

恺撒的一些肖像以半身雕塑或钱币铭刻的形式保存至今，有些是在他生前制作的，有些是他在世时作品的复制品，但描绘的都是人到中年的恺撒。这些肖像表现的是伟大的将军或独裁官，面貌严厉强硬，面部有不少皱纹，而且至少从那些少数比较写实的肖像看，他的头发已经变得稀疏。这些肖像折射着恺撒的权力、阅历和极强的自信，并且至少暗示了他的人格力量；尽管任何肖像，不管是雕塑、绘画甚至照片，都不能真正地捕捉到这种力量。在现代人看来，古代的肖像常常显得特别拘谨和沉闷。我们有种根深蒂固的误区，以为古典世界只有大理石等石雕，但事实上很多肖像最初都是绘制而成的。即便是上了色彩（为雕塑上色的伟大画师就像伟大的雕塑家一样受到景仰），半身雕像也只能揭示人的个性的一部分。恺撒的肖像的确能表现出他的聪明，却不能揭示出他常常为同时代人赞叹的活泼、机智和魅力。

在观看成年恺撒的肖像时，我们也很难想象他年轻时的模样，尽管文字史料对他的外貌做过一些描述。据苏埃托尼乌斯记载，恺撒"据说身材高大、皮肤白皙、肢体纤细、面庞略微发胖、眼珠漆黑、炯炯有神"。普鲁塔克的描述也印证了苏埃托尼乌斯的一些说法，他称恺撒身材瘦削、皮肤苍白，因此他后来在南征北战中表现出的吃苦耐劳就更显得了不起。当然这些描述都是高度主观的，比如我们很难知道他究竟有多高。苏埃托尼乌斯评论的意思也许仅仅是，恺撒尽管相当纤细，但并不让人觉得瘦弱。前1世纪的罗马人会把什么样的身高视为高大，我们其实也不知道。恺撒外貌的大多数方面并没有什么不同寻常的地方，因为肯定有很多贵族的眼睛是深色的、头发是褐色或黑色的（这是我们的推测，因为史料中没有明确讲到恺撒的发色），以及皮肤是苍白的。年轻的恺撒最引人注目的是他的仪态。上文已经讲到，当其他所有人屈从于苏拉的淫威时，恺撒不畏权势，表现出了极大的勇气。恺撒喜欢表现得卓尔不群，穿衣打扮也与众不同。元老们一般穿短袖短袍，白底且带有一道紫色条纹（这道条纹是在前胸垂下来，还是在腰间呈水平状，我们没有确凿的证据佐证），而恺撒却有自己不拘世俗的打扮。他的短袍是长袖的，袖子一直到手腕处，袖口有流苏。穿这种短袍时一般不系腰带，但恺撒配了腰带，而且刻意将腰带束得非常松。据说苏拉曾警告其他元老要提防这个"腰带松散的男孩"。这种穿衣风格也许是为了提醒大家，他曾经拥有祭司身份，因为祭司的衣服上不可以有任何结；但也许仅仅是他故作姿态而已。不管目的如何，结果都是一样的。恺撒的奇装异服既能让人认出他是元老家族的一员，同时又令他与众不同。[2]

对罗马人尤其是贵族来说，外貌和打扮是非常重要的。浴室为公民们提供舒适和清洁，其中包含了罗马人的一些最高级的工程技术，这绝非偶然。政治生活的特点（即元老们要不断地拜访和接待潜在盟友与门客，而且要行走于大街小巷、参加公共集会）决定了他们的服装和仪表始终处于别人的仔细观察之下。恺撒是个典型的花花公子，尽管衣着有些奇特，但外表仪态是无可挑剔的。在富裕的罗马，贵重和稀罕的材料应有尽有，其他许多年轻贵族都是衣冠楚楚。元老贵族子弟有足够的金钱花在穿衣打扮上，也有大群奴隶伺候。那些囊中羞涩、没办法维持奢华生活的人往往宁愿债台高筑，也要跟上时髦的风尚。但即便在罗马的"时尚人士"当中，恺撒对自己仪表的挑剔讲究也被认为是太过分了。将胡须刮干净、留着清爽的短发是非常合宜的，但有传闻说，恺撒将自己身体其他部位的毛发也剃掉了。在很多方面，或许是他自相矛盾的复杂性格令观察者困惑不解。罗马的大多数纨绔子弟一掷千金地狂欢纵饮，在自己的仪表上大肆挥霍。与他们形成对比的是，恺撒饮食节制，但招待客人的宴席总是山珍海味。因此，他既具有传统的节俭，又像现代人一样自我放纵。[3]

恺撒的家族按照贵族的标准不算特别富裕，而且科尔内利娅的嫁妆被没收对他而言无疑是个沉重打击。一位元老的地位有多高、有多富有，往往体现在其宅邸的位置上。共和国的最高级权贵们住在帕拉丁山坡上圣道一线。圣道就是穿过城市中心的游行队伍的必经之路。马略为了庆祝和宣扬自己战胜蛮族的丰功伟绩，在这个地区买了一栋宅子，离广场很近。有些豪门大宅非常古老，但很少有一个家庭能够在一座房子里连续居住好多代。这部分是由于罗马贵族没有长子继承的概念，往往将财产分给所有的孩子们，常常还要将部分财产馈赠给重要的政治盟友。因此，房屋和其他财产常常被买来卖去，频频易手。演说家西塞罗在政治生涯巅峰时拥有的那栋宅邸原先属于马尔库斯·李维乌斯·德鲁苏斯，后者于前 91 年被谋杀。西塞罗是从另外一位元老马尔库斯·李锡尼·克拉苏手中买下了这座宅子。马尔库斯·李锡尼·克拉苏是苏拉的重要支持者，在苏拉放逐政敌期间收购了不少房产。西塞罗于前 43 年死去之后，这座府邸先后有了两位互相没有关联的主人。这是一座宏伟的建筑，位置极佳，印证着其主人的显赫地位。作为对比，年轻的恺撒的房子较小，位置也在不时髦的苏布拉区。苏布拉区位于埃斯奎里努斯山和维米那勒山之间的峡谷中，离主要广场较远，此地有大片的贫民区，许多穷困潦倒的人就住在狭窄小巷两旁粗陋恶劣的楼房中。这个地区终日熙熙攘攘、喧嚣嘈杂、人满为患，而且臭名昭著，因为一些不光彩的行当——主要是卖淫——就在这里运营。此地的居民可能主要是罗马公民，包括许多释奴，但可能也有很多外国人。有证据表明，后来此地曾有一座犹太会堂，也许在恺撒时代就已经存在了。[4]

　　元老日常工作的很大一部分是在家中进行的，这体现在房子的设计上。必须要一条门廊，用来接见客人，包括那些每天早上前来向恩主请安的门客。门廊上还会陈列主人先祖的半身雕像，以及象征他们或当前主人的荣誉与成就的纪念物。同样重要的是用来进行密谈的房间，以及招待客人的宴会厅。通常的布局是，房子中央设有庭院，以便提供一定的私密性，但雄心勃勃的人不愿意将世人隔离在外。据说，李维乌斯·德鲁苏斯的建筑师曾向他提议，可以把房子设计得非常私密，让外界无法窥见主人的隐私。他的回答是如果可能的话，他更愿意让所有人都能看得见他的一举一动。[5]政界人士虽然拥有财富、地位和影响力，但他们绝不能将自己与外界生活及活动隔绝。因此，尽管恺撒无疑居住在苏布拉的边缘，但极不可能住在该地区最贫穷的部分，他也不可能对自己身边的事情充耳不闻。我们甚至可以推测，与穷人的日常接触教会了他一些重要技能，让他后来能够驾轻就熟地操控人群，并极富感染力地向罗马军团的普通士兵们讲话。

居住在苏布拉或许对他有好处，让这个纨绔子弟能够更好地理解广大群众；但他之所以住在那里，只是因为他家境一般，没有足够的钱居住在更时髦的地区。苏拉年轻时甚至更穷，连自己的房子都没有，只能租住在一座公寓楼上，他的房租比住在他楼上的释奴只贵一点点。恺撒的房子表明他手头不宽裕，而且在共和国中没有什么地位。在一定程度上，他对出人头地的渴望与他的现有条件是矛盾的，而且他往往还毫不犹豫地挥霍金钱，超过自己财力的承受范围。他花钱一般是为了促进自己的事业，但有时似乎仅仅是心血来潮。苏埃托尼乌斯告诉我们，恺撒决定在自己的一处庄园建造一座乡间别墅。在地基已经打好的时候，他却对设计感到不满意。他当即命令将未完成的别墅拆除，然后在原地重新建造。这个事件的发生时间不详，很可能是在他政治生涯的较晚时期，但它足以说明至少在某些事情上，恺撒是个完美主义者。在他一生的大部分时间里，他都喜欢收藏艺术品、宝石和珍珠，这对并不十分富裕的他来说，是一项昂贵的爱好。[6]

冠冕与国王

恺撒逃脱苏拉的爪牙之后，离开了罗马，直到独裁官死后才回国。这些年中，他开始服兵役。根据法律，服兵役是从政的必要前提。他起初在亚细亚行省总督——资深裁判官马尔库斯·米努基乌斯·泰尔姆斯——麾下效力。恺撒的父亲在大约十年前曾治理这个行省，因此当地人对恺撒家族的名字已经很熟悉了。恺撒继承了父亲与当地一些重要人物的友好关系。泰尔姆斯是一位重要的苏拉党人，恺撒成了他的"帐篷伙伴"之一，即与指挥官一同用餐、执行他分配的任务的青年。理想情况下，这些青年对总督而言是有用的部下，可以执行一些初级的幕僚职能，而青年们可以从总督那里学习军事和指挥。"帐篷伙伴"通过观察长官来学习，和小男孩们通过观察显赫的元老们在罗马处理日常事务来学习进步一样。与贵族子弟早年生活的许多方面一样，他在何地服兵役、与谁一起服兵役，不是由国家控制的，而是由个人的家庭自主安排。恺撒与泰尔姆斯之间没有什么直接关系，可能是通过与双方都有政治友谊的第三方而联系起来的。[7]

在正常情况下，亚细亚是一个安定繁荣的行省，是一位罗马总督及其幕僚的理想任职地，在此服役有希望获取丰厚的油水。但就在七年前，本都国王米特里达梯六世占领了这整个地区，并命令当地人屠杀所有居住在此的罗马人。苏拉击败了米特里达梯六世，这位国王暂时与罗马修好，但他的一些盟友还没有屈服。泰尔姆斯的主要任务之一是击败米蒂利尼城①。他围攻这座城市，最终将其攻克。在战斗中，十九岁的恺撒赢得了罗马表彰英勇壮举的最高荣誉——橡叶冠②。根据传统，这项荣誉只授予冒着生命危险挽救另一位公民的勇士。得救的人会用橡树叶（橡树是朱庇特的圣树）编织一顶朴素的冠冕，送给他的救命恩人，以公开认可他的恩情。但到了恺撒时代，橡叶冠一般由指挥军队的行政长官授予。获得这项荣誉的人可以在阅兵时佩戴橡叶冠，也可以在罗马的节庆活动中佩戴。史料没有详细说明恺撒究竟凭借什么功劳获得了橡叶冠。但因为橡叶冠绝不会轻易被授予，因此获得此殊荣的人能够赢得极大的尊重。在第二次布匿战争的危急时刻，罗马元老院的损失极大，需要补充人员，曾获得橡叶冠的人就是被选为新元老的主要群体之一。苏拉可能曾制定类似的政策，让获得橡叶冠的贵族立即获得元老身份；即便这不是史实，这项荣誉也注定会令选民印象深刻，能够推动获得者的政治前程。[8]

　　恺撒第一次在海外服兵役时并不总是如此光荣。在攻打米蒂利尼之前，总督派他去比提尼亚（位于现代土耳其的北部海岸）国王尼科美德四世的宫廷，安排国王调遣一队战船去支援罗马军队。比提尼亚是罗马的一个附庸国，与其结盟，有提供军事援助的义务。尼科美德四世年事已高，无疑曾与恺撒的父亲相识，因此他对恺撒的到来也许特别欢迎。年轻的恺撒

①　米蒂利尼是莱斯博斯岛的首府和港口。

②　严格来讲，橡叶冠并非表彰军人英勇壮举的最高荣誉，比它级别更高的是禾草冠（corona graminea）。禾草冠只会颁授给直接挽救整个军团或全军的将军、指挥官或其他军官。禾草冠是以战场上采取的禾草、花卉、野草和各种谷物等植物编织而成的。不过，普通士兵能够获得的最高荣誉确实是橡叶冠。

似乎在宫廷纵情享乐，有人指控他在那里待的时间太久，远远超过了完成任务所需的时间。恺撒很年轻，之前由于祭司的重担，生活得相对不谙世事，现在第一次品尝到了广阔世界和宫廷生活的乐趣。而且他所处的新环境正是罗马贵族特别崇尚的希腊文化氛围。这些都可以解释他对国王的宫廷为什么流连忘返，但很快就开始流传一种谣言，说他不肯离去的真正原因是这个青年被尼科美德四世勾引了。流传的故事将恺撒描绘为心甘情愿与国王缠绵的情人，说他曾在一次众人酩酊大醉的节日聚会上担任国王的斟酒人，有一些罗马商人也参加了此次聚会。还有一个故事说，王室仆役将他领进了国王的寝室，他身穿精美紫袍，斜卧在黄金榻上，恭候尼科美德四世临幸。谣言如野火般迅速传播。恺撒离开宫廷不久之后又回到了比提尼亚，声称他需要处理关于他的一名释奴的事务。[9]

这桩丑闻将伴随恺撒的一生。罗马贵族仰慕希腊文化的大多数方面，但从来没有公开地接受某些希腊城邦贵族推崇的同性恋。那些拥有男性情人的元老们会对此讳莫如深，遮遮掩掩，即便如此仍然会遭到政敌的公开讥讽。罗马社会的大多数阶层普遍对同性恋很反感，认为这种行为会削弱男性气概。在军队中，至少从前 2 世纪起，同性恋就是死罪。在针对辛布里人的战役中，曾有一名军官企图强暴一名士兵，被后者杀死，马略向这名士兵颁发了橡叶冠。这名士兵的行为得到表彰，被颂扬为美德与勇气的榜样，而那名军官的暴死则被视为对其过度肉欲和滥用职权的恰当惩罚，而且死者是一位执政官的亲戚。元老们不像普通士兵那样受到如此严厉规则的约束，但如果他们表现出对男性感兴趣，至少会遭到批评和嘲讽。老加图在担任监察官期间曾弹劾了一名元老，因为此人仅仅为了讨自己青睐的男孩的欢心，就在宴会上下令处死一名犯人。此人的错误在于滥用权力，但人们认为他的动机使他的罪行更严重。同性恋中扮演被动角色的男孩或青年特别受到鄙视。这样的角色意味着此人极端阴柔，比年纪较大的、更主动的同性恋者更可恶。有人说恺撒就曾扮演这样屈从的角色，这些谣言的杀伤力更大，因为这意味着这位年轻贵族的所作所为比奴隶更低贱。传闻中还说他热情洋溢地扮演着被动角色，更令其罪名昭著。[10]

说到底，这是一段非常精彩的传闻，基于罗马根深蒂固的固有思维。罗马人对东方人满腹狐疑，将亚洲的希腊人视为腐朽堕落之徒，与受到罗马人仰慕的古典时代的希腊人毫无共同之处。罗马人尤其憎恶希腊人的国王们，将他们的宫廷视为充满政治阴谋和荒淫纵欲的藏污纳垢之所。因此，年迈而淫荡的统治者诱奸第一次出国的天真烂漫的年轻贵族的故事特别有吸引力。尤其是恺撒喜好奇装异服，又极度倨傲，而他自己或他的家族并没有足够多的荣耀可以允许他这样虚荣，因此他无疑不讨人喜欢，更容易成为谣言的靶子。如此趾高气扬的青年却卑躬屈膝地满足一位老朽情人的肉欲，这样的故事特别劲爆。后来，随着恺撒在政治生涯中四面树敌，关于尼科美德四世的事件给了政敌们充足的武器来攻击他。恺撒一生中，这个故事都在流传，有时他甚至被称为"比提尼亚王后"。一位政敌称他为"所有女人的丈夫，所有男人的妻子"。像西塞罗这样的人兴高采烈地重复这些传闻，但他们自己是否相信，就很难说了。不管信不信，他们都希望这些传闻是真的，并且乐于以此为武器攻击这个令很多人反感、被某些人憎恶的人。罗马政界的辱骂攻击常常极其污秽，只要有一个关于荒淫放纵或者性变态的绘声绘色的八卦消息，就没有人会去管真相究竟如何。但是，并非只有政敌会为了此事嘲讽恺撒，后来他自己的士兵也喜欢重述这个笑话。有意思的是，这并没有让他们对统帅的尊重减少一丝一毫，他们的嘲讽尽管非常粗鲁，却是亲切和善意的。[11]

关于恺撒和尼科美德四世同性恋关系的故事流传了很久，今天已经无法确定它究竟是真是假。恺撒本人坚决否认，有一次要当众发誓此种指控没有半分真实，但这提议只是让人们加倍地挖苦他。后来，他对这个话题极其敏感，这是极少数能让他当众暴跳如雷的事情之一。当年他刚离开宫廷没多久就迅速返回，给传闻增添了不少可信度。是因为他沉醉于肉欲不能自拔吗？或者他太天真，没有想到匆匆返回会授人以柄？或者他有意识地对流言置之不理，因为传闻完全是子虚乌有？考虑到恺撒一贯不肯让自己受制于那些束缚人的规则，最后一种可能性是很大的。但是，我们无从得知真相。或许，这个十九岁的青年的确感受到了一位更成熟男子的吸引力，并为之倾倒。用现代人的一句时髦的委婉说法就是"尝试不同的性体验"。如果的确如此，那么这是恺撒的唯一一次同性恋经历，因为我们完全确定，在他随后的生活中，完全没有同性恋的影子。考虑到罗马的政治斗争非常激烈，对恺撒同性恋行为的指责差不多只有比提尼亚这么一桩，这倒是值得注意的。其他性质类似的传闻，包括诗人卡图卢斯的一部恶言诽谤的作品，并没有多少人信以为真，但它显然令恺撒本人非常烦恼。恺撒的风流韵事为大量的传言和丑闻提供了丰富材料，令他的名誉受损，但通常他的婚外情人都是女性。他与女性情人缠绵享乐时表现出的放纵也表明，他极不可能还与男人或男孩睡觉，但当时的人没有对这一点做出任何评论。恺撒对女人的胃口几乎是贪得无厌，被他征服的女性为数众多，而且往往来自最顶端的名门望族。因此其他人更会喜滋滋地重复那指控，即这个欲求不满的登徒浪子自己也曾扮演女性角色侍奉过尼科美德四世。这个故事究竟是真是假，并不重要；重要的是，它触动了恺撒的一根敏感神经，令他窘迫难当。总的来讲，我们倾向于认为这个传闻是假的，当然我们没有百分之百的把握。[12]

恺撒将近十六岁时娶了科尔内利娅，这应当不是恺撒的第一次性经验，但很有可能是新娘的第一次。已订婚的女孩常常住在未婚夫家中，直到年龄足够结婚，因此科苏提娅（恺撒抛弃了她，以便与科尔内利娅结婚）可能已经在恺撒家中居住了一两年。但是，未婚夫妻极少在婚前发生关系，何况科苏提娅的年纪比恺撒小好几岁。但我们必须牢记，罗马人完全接受奴隶制，视其为生活中很正常的一部分，而且在任何贵族家中都会有大群奴隶，他们完全是主人的财产。贵族为自己的家庭挑选奴隶时常常看重他们的外貌，因为这些奴隶的日常工作意味着主人及其朋友会经常看到他们。相貌美丽的家用奴隶在拍卖时总会卖出高价。如果一名女奴或男孩被主人看中，他们没有任何法律权利去抵抗，因为说到底他们是财产，而不是人。罗马贵族与奴隶发生性关系，以此取乐，是非常正常的事情，很少有人会大惊小怪。旧式美德的榜样老加图在妻子去世后常常与一名女奴同寝。内战期间，马尔库斯·李锡尼·克拉苏逃到了西班牙，得到他父亲的一名门客的庇护。克拉苏藏匿在一个洞穴中，以躲避马略党人的搜捕，东道主则定期给他送去饮食，但很快就觉得，这位"客人"将近三十岁，正是血气方刚之年，这样的招待还不够。于是他派了两名漂亮的女奴与克拉苏一起生活在洞穴中，以满足这个充满男子气概的青年的生理需求。在该世纪晚些时候写作的一位史学家声称曾见过其中一名女奴，后者虽然年事已高，但对那些日子还有着美好回忆。奴隶在这些事情中没有任何选择，因为主人可以用暴力惩罚他们或者心血来潮将他们出售。无疑有些女奴非常乐意受到主人或少爷的注意，并希望能够过上更舒适的生活。但有这种希冀是非常危险的，因为她们很可能会招致其他奴隶的嫉妒，甚至是女主人的不满。与奴隶同床是稀松平常的事情，因此恺撒很可能将自己的第一次交给了家中的女奴。和其他许多青年一样，他或许也曾拜访过比较高档的妓院。罗马的妓院非常多，因此狎妓在相当程度上也被认为是正常的、可以接受的。恺撒在《高卢战记》中曾写道，日耳曼部落成员认为"在二十岁之前就与女人发生关系是一件特别羞耻的事情"，恺撒对这种观念表示震惊。恺撒的这种态度很能说明问题。[13]

学生与海盗

米蒂利尼被攻克一段时间之后，恺撒调到了奇里乞亚①担任总督普布利乌斯·塞维利乌斯·瓦提亚·伊苏利库斯②的幕僚，后者的主要任务是清剿在该地区肆虐的海盗。但在前78年，苏拉的死讯传到了东部各省，恺撒决定立即返回罗马。罗马又一次面临内战的威胁，因为执政官马尔库斯·埃米利乌斯·李必达与元老院的大部分成员都发生了冲突。李必达很快

---

① 奇里乞亚在今天土耳其的东南部沿海地区。
② "伊苏利库斯"这个称号来自他战胜伊苏利亚（大约在今天土耳其西南部的安塔利亚省）海盗的战功。

开始招兵买马，准备用武力夺取政权，就像苏拉、秦纳和马略之前做过的那样。据苏埃托尼乌斯说，恺撒曾考虑加入李必达一派，而且李必达还向他发出了极有诱惑力的提议。但恺撒很快决定不支持执政官，因为他对李必达的才干和野心都很怀疑。苏埃托尼乌斯的这个说法或许是后人牵强附会，意在指出恺撒始终企图掀起一场革命。然而，恺撒做出这样的决定是完全说得通的。恺撒曾受到苏拉的迫害，虽然逃得性命，并且最终得到赦免，但他对挤满了苏拉党羽的元老院绝无好感。我们还要记住，在他的童年，野心勃勃的元老曾三次率领军队攻打罗马城。这种事情很可能会重演，如果的确重演了，那么最好是加入获胜的一方，所以恺撒的抉择也许仅仅是机会主义的，他考虑的只是加入李必达是否有利。[14]

　　最后，恺撒选择了一条比较常规的仕途，首先在罗马的法庭当了一名律师。苏拉对先前的立法进行编纂，建立了七个法庭，每个法庭由一名裁判官主持，陪审员来自元老阶层。庭审是非常公开的，场地有时是广场的高台，有时是大型会堂①之一，总是处于众目睽睽之下。罗马法律中没有国家对某人提起公诉的概念，指控总是由个人提出，尽管他可能是代表其他人（或整个社区）来起诉的。行政长官在任期间享有豁免权，但他们都很清楚，自己卸任之后就有可能受到起诉。理论上，对自己卸任后可能遭到起诉的畏惧能够防止他们滥用职权。当时

---

①　会堂（Basilica）是古罗马的一种公共建筑形式，其特点是平面呈长方形，外侧有一圈柱廊，主入口在长边，短边有耳室。Basilica 这个词源于希腊语，原意是"王者之厅"。在古罗马的城市，会堂一般是作为法庭或大商场的豪华建筑。基督教沿用了罗马会堂的建筑布局来建造教堂。随着历史的变迁，会堂这个词的意义也发生了变化。今天在天主教中，有特殊地位的教堂被赋予 Basilica 的称号，中文的说法是"宗座圣殿"。

并没有真正的职业律师。尽管存在一个起诉人阶层，但他们都不是贵族，而且并不十分受到尊敬。控诉双方通常由一名或多名非职业律师代理，他们一般都是政界人士。律师自身的地位和权威能够极大地增加他们代理一方的胜算。代理他人出庭是巩固政治友谊或卖人情的重要方式，也是让潜在选民了解自己的途径。

前77年，恺撒起诉了格奈乌斯·科尔内利乌斯·多拉贝拉，指控他在担任马其顿总督期间鱼肉百姓。多拉贝拉于前81年卸去执政官职务之后前去治理马其顿，并凭借军功赢得了一次凯旋式。他是苏拉的支持者，在独裁官治下顺利当选就是明证，但如果将此案理解为恺撒对苏拉党人的复仇，就大错特错了。恺撒并不是在寻求攻击苏拉政权，而仅仅是选择了一个地位很高的人，作为自己起诉的对象。一位前任执政官，而且还是举行过凯旋式的功臣受审，注定会比地位卑微之人吸引更多的眼球，而且也能让年轻的起诉人受到万众关注，哪怕只是短暂的关注。这个案件很可能是马其顿当地的一些曾经受过多拉贝拉压榨的社区提起了申诉。他们不是公民，所以不能亲自起诉多拉贝拉；他们必须前往罗马，说服一个罗马公民代理他们提出诉讼。他们为什么选择恺撒作为他们的起诉人，我们不得而知，但也许是由于恺撒与这些社区领导人有着某种友好关系，可能源自他父亲或先祖的时候。多拉贝拉很可能确实滥用职权、中饱私囊，因为这种贪腐行为在当时的罗马行政长官中司空见惯。为了在罗马赢得选举，政客们需要一掷千金，因此前往各省任职时往往债台高筑，急需金钱来偿付高额债务。行省总督们只有数目不大的津贴，没有薪金，但他们在自己治理的省内是最高长官，可以为行省居民或商人提供便利，也可以对其施加阻挠。总督们受到的受贿诱惑是极大的，常常也会没收或者劫掠自己垂涎的财物。诗人卡图卢斯后来写道，他从一位行省总督幕僚的下级官职卸任回国后，一位朋友问他的第一个问题就是："你捞了多少？"外省居民很难利用法律武器来抵抗总督，因为他们必须长途跋涉到罗马去寻找律师为自己辩护，因此腐败更加猖獗和普遍。前70年，演说家西塞罗曾起诉了一位臭名昭著的西西里总督。据说此人曾发表如下妙论：当官要当三年才行，第一年捞到足够的钱让自己富得流油；第二年捞够雇用最好的辩护律师团的钱；第三年攒足够的钱去贿赂法官和陪审团，以保证自己能逃脱法律制裁。[15]

从多拉贝拉的案件审理中可以看到外省居民在起诉长官时常常遇到的一些障碍。起诉多拉贝拉的人是恺撒，一个二十三岁的青年，没有多少成就，而且来自一个没有什么背景的家族。而为资深执政官多拉贝拉辩护的人则是罗马最优秀的演说家之一昆图斯·霍尔腾西乌斯和享有崇高地位的盖乌斯·奥雷利乌斯·科塔。科塔是恺撒母亲的堂兄，但亲戚在法庭上分别代理敌对双方并不罕见。这被认为是非常正当的事情，能让他们逢迎其他元老，或者让其他元老对家族感恩戴德，而并不会影响互相敌对的律师之间的亲戚关系。科塔是劝说苏拉赦免恺撒的人之一，之后当选为前75年的执政官。西塞罗后来回忆了霍尔腾西乌斯和科塔在此案以及其他案件中的精彩表演：

> 那时候，有两位演说家胜过了其他所有人，我渴望有朝一日能够与他们比肩，那就是科塔和霍尔腾西乌斯。其

中一位仪态沉着放松、温文有礼、才思敏捷、口若悬河……另一位辞藻华丽、激情四射……我也曾观看他们为同一方辩护，比如马尔库斯·卡努雷乌斯的案子，以及为前任执政官格奈乌斯·多拉贝拉代理的案子。尽管科塔是主要律师，但霍尔腾西乌斯起到的作用更大。广场喧哗嘈杂，需要强有力的演说家，他必须具有激情和技艺，嗓门必须洪亮。[16]

因此，恺撒的对手是当时法庭上最令人生畏的金牌律师组合。这并不令人意外，因为辩方律师比起诉方更光荣。为了让司法体系正常运作，必须要有起诉人，但他们的成功往往意味着另一位元老的政治生命终结了。理论上，被认定犯有敲诈勒索罪行的总督会面临死刑，因为罗马的监狱很少，所以倾向于将所有重犯处以死刑。但实际上，被定罪的人会有机会带着自己的所有财产逃离罗马城，在流亡中也能过得舒舒服服。高卢海岸的古老希腊殖民地马西利亚（现代的马赛）此时是罗马的外高卢行省的一部分，是畏罪潜逃者最喜爱的避难地。然而，尽管马西利亚的生活能够提供不少慰藉，但这样的流亡是永久性的，罪人永远不能返回罗马了。因此，起诉是咄咄逼人的行径，为被告辩护更光彩。按照元老贵族的标准，最好是支持一位受到指控的朋友（即便他确实有罪），而不是寻求结束他的政治生命。被告的辩护律师几乎总是年纪较长、经验更丰富的人，他们在法庭上已经身经百战。对这些人来说，展示自己对政治盟友的忠诚更为重要。起诉方一般是雄心勃勃的年轻人，他们希望能够立身扬名，推动自己在政界的晋升。

庭审过程中，恺撒发表了演说，令旁观者刮目相看。后来恺撒将此次演讲的稿子公开发表。这种做法是很常见的，后来西塞罗一直都是这么做的。尽管这份演讲稿没有保存至今，但我们从古代的评论者那里可以知道，它广受赞誉。这份演讲稿可能表明恺撒受到恺撒·斯特拉波修辞风格的很大影响。在恺撒发表的另一份演讲稿中，他甚至照抄了恺撒·斯特拉波一份演讲稿的大部分。演讲稿的言辞只是表演的一部分。西塞罗承认，演讲就是一种表演。比如在本章开头的引文中，西塞罗将天才演说家与著名演员相提并论。演说家的站姿、穿着打扮、仪态举止、如何以正确的方式让自己的托加袍落下、神色表情、嗓音的力度与音调，都是律师工作的关键部分。在法庭上，恺撒赢得了观看庭审的人以及参加庭审的人的景仰。演讲稿的发表更是进一步巩固了他已经赢得的名望。他的嗓音略有些高，但说话方式显然给嗓音以力量。尽管起诉最终失败，多拉贝拉被判无罪，但恺撒作为律师的首次表演大获成功。审判的结果或许不算意外，因为大多数被控贪腐的总督最终都能被免罪。和通常的情况一样，被告律师的经验比起诉人丰富得多，权威也高得多，因此败诉结果几乎是不可避免的。恺撒虽然赢得了很大名望，但那些将此案托付给他的马其顿人或许仍然大失所望，不过他们能够将一位前任总督送上法庭（尽管他逃脱了定罪）的事实至少已经证明了他们的能量。[17]

　　在同一个法庭，恺撒第二次出庭时的表现更好一些，但被告又一次逃脱了惩罚。这是在前76年，被告是盖乌斯·安东尼①，罪名是在对米特里达梯六世作战时搜刮民脂民膏。主持

――――――――――

　　①　后来恺撒的副将、后三头同盟者之一马克·安东尼的叔叔。

法庭的是马尔库斯·李锡尼·卢库鲁斯，他的兄弟卢基乌斯是前 88 年苏拉进军罗马时唯一一位站在苏拉那边的元老。盖乌斯·安东尼的罪行昭然若揭，恺撒对他的起诉非常有力，但安东尼向平民保民官求援，促使一名或多名保民官否决了庭审程序。于是，审判被终止了，没有做出任何裁决。安东尼躲过了制裁，他后来的政治生涯有过不少大起大落：他于前 70 年被监察官逐出元老院，前 68 年又恢复了元老身份，最终于前 63 年当选执政官，当年的另一位执政官是西塞罗。尽管又有一位贪官逍遥法外，但恺撒的名望与日俱增。但是，据苏埃托尼乌斯说，恺撒的活动招致了许多大人物的敌意，尤其是多拉贝拉的盟友们，于是恺撒在前 75 年决定出国，表面上的理由是深造学业。[18]

恺撒先是来到了罗德岛，打算师从当时最杰出的演讲术教师阿波罗尼奥斯·莫罗。几年前，阿波罗尼奥斯曾作为罗德岛人使团的一员拜访罗马，并获准用希腊语向元老院发表演讲，他是第一个获此殊荣的人。到前 1 世纪初期，罗马贵族子弟接受教育的最后阶段往往是前往希腊化的东方，在著名的哲学与修辞学校中进修。与恺撒类似，西塞罗在法庭活跃了几年之后也离开了罗马，寻求深造。前 78 年～前 77 年，他先在雅典和小亚细亚的几座城市学习，然后也去了罗德岛，师从阿波罗尼奥斯。西塞罗对阿波罗尼奥斯的描述是：

> ……他是辩护过重大案件的名律师，也为他人撰写演讲稿，并且擅长分析和纠正错误，应用睿智的教学法，因此闻名遐迩。他尽可能地剔除我文章中冗余和过于华丽的部分。那时我还年轻，过于张扬，不懂得节制，就像一条

河不愿意受到河岸的约束一样。[19]

恺撒从这位名师那里学到了哪些具体的东西,我们不得
而知。

在抵达罗德岛之前,恺撒乘坐的船只在小亚细亚外海的
法玛库萨岛被海盗截住了。在前1世纪初期,整个地中海都
受到海盗的严重骚扰。这部分是由罗马人自己的成功导致的,
因为罗马人灭亡了马其顿王国,重创了塞琉古帝国,还加速
了埃及托勒密王朝的衰败。这些曾经辉煌的希腊化大国在过
去拥有强大的海军,但它们衰落之后,爱琴海就滋生了海盗
活动,最终蔓延到整个地中海。本都国王米特里达梯六世则
鼓励和直接支持海盗活动,把这些杀人越货的海盗视为对抗
罗马的有用盟友。奇里乞亚(位于小亚细亚)曲折的海岸线
上分布着许多海盗据点,塞维利乌斯·伊苏利库斯(恺撒曾
在他麾下效力)等罗马将领清剿海盗的努力也没有取得多少
进展。海盗多如牛毛,有时能够以大编队活动,甚至袭击和
劫掠意大利本土的沿海地区。尽管海盗并没有统一的领袖,
而是由许多头目领导,但不同的海盗群体之间似乎确实有相
当程度的配合。前70年代是海盗势力最猖獗的时期,他们甚
至能够劫掠奥斯提亚①,有一次还绑架了罗马的两名裁判官及
其所有侍从。尽管他们偶尔会杀死被俘的罗马人(据说曾让
一名傲慢的贵族在大海中央"下船",这个桥段有点像后世海
盗传说中屡见不鲜的逼迫人走跳板坠海的故事),但他们的主
要目的是勒索赎金。[20]

---

① 罗马城附近的一座海港城市。

年轻的贵族恺撒是价值极高的战利品，因此俘虏他的海盗们决定索要 20 塔兰同①白银，作为赎金。据说恺撒听到这个数字之后放声大笑，宣称自己的价值比这多得多，并许诺给海盗 50 塔兰同。然后，他让大多数旅伴都前往最近的城市，去募集赎金。恺撒则留在海盗巢穴中，身边只有他的医生和两名奴隶。普鲁塔克记载，恺撒对凶残的海盗毫无惧色，而是：

> ……他对他们极为鄙夷，他每次躺下打算睡觉的时候，就派人命令他们安静下来不要说话。一连三十八天，他若无其事地与海盗们一同进行体育锻炼，似乎他们不是他的看守，而是他的皇家卫队。他还创作了诗歌和五花八门的演讲稿，大声向他们朗读。如果有人不欣赏他的作品，他就当着他们的面骂他们是文盲、野蛮人，常常大笑着威胁要把他们全都钉在十字架上。海盗们对此捧腹大笑，认为他如此出言不逊是由于天性单纯和幼稚的傻气。[21]

恺撒的朋友们轻松地募集了足够的赎金。与罗马结盟的社区很乐意结交恺撒，因为他将来可能成为他们在罗马的有力盟友，于是心甘情愿地凑齐了这些金钱。赎金到位之后，恺撒就被释放了。赎金的大部分是由亚洲西海岸的米利都城提供的，于是恺撒立刻赶往那里。他此时年仅二十五岁，是个普通公民，从未担任过任何民选官职，但仍然说服和诱导米利都人集

---

① 塔兰同是古代中东和希腊－罗马世界使用的重量单位。一般的说法是，希腊人使用的塔兰同的实际质量约相当于今日的 26 千克，1 罗马塔兰同相当于 1.25 希腊塔兰同。

结了一队战船，并配备了水手。他指挥着这支舰队，径直返回
法玛库萨，攻击先前囚禁他的海盗。海盗们洋洋自得，仍然待
在岸边的营地里，他们的船只停在岸上，没有办法抵抗。恺撒
临时征集的舰队将海盗全部俘虏，缴获了他们积攒的战利品，
包括他自己的赎金。50塔兰同的赎金应当是被还给了出资人，
同时恺撒将俘虏押往帕加马，将他们囚禁在那里。然后他去找
亚细亚的罗马总督，安排将海盗处决。虽然恺撒多次承诺要将
海盗全部处死，但资深裁判官马尔库斯·荣库斯对此并没有什
么兴趣。他正忙于将比提尼亚改组成一个罗马行省，因为尼科
美德四世前不久驾崩了，将自己的国家馈赠给了罗马。荣库斯
打算把被俘的海盗们卖为奴隶，从中渔利，并且也热切地希望
将缴获的部分战利品占为己有。恺撒认定荣库斯不会按照他的
要求办事之后，就迅速赶回了帕加马，命令将俘虏全部钉在十
字架上。他没有权力去做这个决策，但没有人会质疑处死一群
海盗的决定。于是，恺撒兑现了自己的诺言。但是，他在与这
些海盗朝夕相处一段时间之后显然对他们产生了一些尊重，并
且希望表现自己的宽大仁慈，于是命令在将海盗钉上十字架之
前先将他们的喉咙割断，免得他们在十字架上缓慢而极度痛苦
地死去。[22]

　　故事就是这样。在很多方面，这个故事概括了恺撒的传
奇：不管形势如何，他始终掌控着局面。这个年轻贵族对俘获
他的海盗冷嘲热讽，鄙视他们索要的赎金，始终镇静自若。这
就是恺撒不畏独裁官苏拉的淫威，与其分庭抗礼的那种莫大的
自信。他还表现出了极大的魅力，能够轻松地赢得一群歹徒、
罗马公民和士兵的欢心。获释之后，恺撒迅速采取行动。尽管
他没有实权，但他的人格力量迫使其他人遵从他的命令，并赢

得了一场辉煌胜利。恺撒曾发誓要俘虏并处决这群海盗，后来果然兑现了誓言，尽管实际掌管该省的总督无所作为。这个故事展示了恺撒的勇敢无畏、坚韧不拔、果敢迅捷和果断无情的军事才干，而让俘虏死个痛快的做法则体现了他的宽大，后来他会将仁慈标榜为自己最了不起的品质之一。这是个非常棒的故事，每一次讲述的时候无疑都会得到新的美化。恺撒的旅伴们离开了他，他在海盗巢穴的时候只有他的医生和奴隶陪伴在他身边，这就有了一个很有意思的问题：最初是谁讲了这个故事？这是恺撒自我宣扬的一个早期例证吗？或许并非如此，但即使是他获释之后故事才开始流传，或者由他的朋友们大力传播，恺撒无疑也没有去驳斥传闻。故事中有多少真实成分，又有多少浪漫的虚构，显然已经无法厘清。

这段冒险结束之后，恺撒终于抵达罗德岛，在阿波罗尼奥斯的指导下学习。他是个优异的学生，修辞风格流畅而简朴（这种简朴非常有欺骗性）。西塞罗和其他人都认为恺撒是当时最优秀的演说家之一，并表示如果恺撒专注于演讲术而不涉猎其他领域，甚至或许可以拔得头筹。但对恺撒来说，演讲术始终只是在政治上取得成功的工具。他非常擅长演讲，在其他方面的表现也极为突出，尤其是军事。他在罗德岛学习期间还获得了一个机会来发挥自己的军事才干。前 74 年，罗马再一次与米特里达梯六世开战，一支本都军队入侵了亚细亚，袭击和劫掠了与罗马结盟的地区。恺撒搁置了学业，乘船前往亚细亚行省，在那里招兵买马，率领这支匆匆征集的队伍击败了入侵者。恺撒的此次行动一如既往地迅猛、自信而有力。原本一些盟友打算投奔到米特里达梯六世阵营，因为罗马人无力保护他们。恺撒的行动阻止了他们的叛变。值得一提的是，在此事件中，恺撒仍然只有普通公民的身份，并没有征募军队作战的权力。如果他只是待在罗德岛没有发起抵抗，也不会有人为了亚细亚遭到蹂躏而责怪他。但在恺撒看来，他有义务采取行动，因为当地没有正式的罗马军官。这也是立身扬名的良机。对元老贵族而言，为共和国效力，并在此过程中为自己赢得荣耀，是完全正当的雄心壮志。[23]

重返罗马

前74年底或前73年初，恺撒获得了一个祭司职位的任命，但这个职位受到的限制比朱庇特祭司小得多。大祭司团（共十五人，以祭司长为首）中有一人去世，于是投票决定由恺撒来填补这个空缺。去世的这个人就是奥雷利娅的亲戚盖乌斯·奥雷利乌斯·科塔，他曾在苏拉面前为恺撒说情，救了他的性命；后来在多拉贝拉案件中，科塔是恺撒的对手。大祭司理应以口头形式传承其宗教知识，因此大祭司团成员的年龄差别很大，实属正常。恺撒之所以能够获得这个职位，很可能是由于他的家庭背景，但也说明这个年轻人已经表现出了很大才华。大祭司之一是塞维利乌斯·伊苏利库斯，恺撒在荣获橡叶冠之后曾在他麾下效力。由于大部分大祭司都是苏拉指派的，而恺撒能够成为大祭司，说明他没有被视为危险的过激分子。这项任命是极大的荣誉，标志着他是一个前途无量的青年，将来很可能在政界平步青云。十五名大祭司，再加上另外两个重要的宗教团体——观鸟占卜师和保管《西卜林书》①的祭司团

---

① 《西卜林书》是一部神谕集，用希腊文写成，据说是罗马末代国王塔奎尼乌斯·苏培布斯从一名西比尔女预言家手中购得的。在罗马共和国和帝国的重大危机时期，人们都会寻求这部神谕集的指导。

（各有十五人）——代表着元老阶层内部的一个精英小集团。正常情况下，大祭司团只接受贵族出身并有先祖担任执政官的人，如果有不符合这些条件的人入选，一定是因为他特别出类拔萃。这些祭司如果活得足够久，大多能当上执政官。[24]

得到自己被任命的消息后，恺撒立刻放弃了学业，返回罗马，准备正式就职。他在仅仅两位朋友和十名奴隶的陪同下搭乘一艘小船出发，不得不又一次穿过海盗肆虐的海域。考虑到他前不久的所作所为，海盗们对他可不会有好感。航行途中，这群罗马人以为看到了一艘海盗船，于是恺撒脱掉了华美的外衣，将一把匕首缚在自己大腿上。他可能打算混入仆役和船员当中，寻找有利时机逃走。后来证明大可不必如此，因为他之后看清那只是长着树木的海岸线，并非船只的轮廓。回到罗马之后，他很快就在法庭上活跃起来，这可能因为曾在处置贪腐勒索的法庭上起诉过马尔库斯·荣库斯。此案中，恺撒极有可能是代理比提尼亚人，因为他与该国的王族仍然保持着联系。后来，他曾在一起法律争端中代理尼科美德四世的女儿妮萨，并在陈词中列数了比提尼亚人国王对自己的恩惠。据说西塞罗当时也在场，打断了恺撒的话："拜托别说那事了，大家都知道他给了你什么，你又给了他什么。"那桩丑闻一直纠缠着恺撒，但似乎并没有在政治上对他造成伤害。荣库斯案件的结果不详，但他极有可能被判无罪，因为许多罪恶昭彰的前任总督都逃脱了法律制裁。和恺撒之前几次出庭一样，对他本人的政治前程更重要的不是审理结果，而是他个人在庭审中的表现。[25]

前 70 年代末，恺撒第一次竞选公职，成功当选 24 名军事保民官之一。他的任期可能是在前 72 年或前 71 年，史料在这个问题上很含糊。军事保民官与平民保民官迥然不同，完全是军职。罗马军队的每个军团有大约6名军事保民官，由于同时存在的军团数量远远超过4个，所以还有许多军事保民官是由上级任命的。但选举产生的军事保民官享有很高的威望，这个职位常被视为贵族子弟测试自己能否赢得选民欢心的第一个机遇。史料没有提及恺撒被派驻外省，所以他应当是在意大利本土服役的，因为当时的奴隶战争正如火如荼地进行着。前73年，一小群角斗士在一名叫作斯巴达克斯的角斗士率领下，从卡普阿城外一所角斗士训练学校逃出，在整个意大利半岛燃起了奴隶大起义的熊熊烈火。斯巴达克斯赢得了一系列惊人的胜利，击溃了一支又一支罗马军队，直到前72年才最终被马尔库斯·李锡尼·克拉苏击败。恺撒很可能在克拉苏麾下效力，如果的确如此，这就是他们二人的最早联系。[26]

克拉苏当选了前73年的裁判官，在两名执政官都被奴隶起义军打败之后，克拉苏受命指挥镇压起义的军事行动。他时年四十岁，但在内战中已经担任过高级指挥官，经验丰富。克拉苏的父亲和兄弟被马略党人谋杀之后，他被迫逃离意大利，起先躲藏在西班牙。就是在这个时期，他藏匿在一座洞穴中，他家族的一位门客给他提供了饮食和两名女奴。后来他加入了苏拉阵营，为他骁勇作战，在前82年罗马城外科利内门的战斗中建立功勋，挽救了当日战局。克拉苏对苏拉有些心怀不满，因为他相信独裁官没有充分肯定他的成就。但在其他方面，克拉苏在苏拉的统治下收获颇丰，占据了大量放逐受害者的财产。他是个狡黠精明而冷酷无情的生意人，很快就成了罗马巨富之一。他镇压奴隶起义军的行动同样高效。由于之前遭受的惨败，部队士气有些低落。为了重整军纪，克拉苏对一些军事单位实施了十一抽杀。每十名士兵中抽签抽出一人，将其活活打死，然后另外九人要接受各种象征性的羞辱：吃大麦而不是小麦，并将自己的帐篷搭在军营护墙之外。克拉苏将奴隶起义军围困在意大利半岛靴型的脚趾处，建造了庞大的防御工事，将他们围住。斯巴达克斯设法逃脱了克拉苏设下的天罗地网，又一次展现了他的卓越才华和人格魅力，正是这些品质使他将一群逃亡奴隶的乌合之众转变为一支精干的军队。罗马军队穷追不舍，最终与起义军决战，将其歼灭。克拉苏下令将6000 名男性俘虏钉在从罗马到卡普阿的阿庇乌斯大道①沿途的十字架上。他可不会像恺撒那样先割断俘虏的喉咙，以示"仁慈"；因为奴隶起义令罗马人心惊胆战，制造这个恐怖景象是为了杀鸡儆猴，震慑所有的奴隶，警告他们不要有犯上作乱的心思。[27]

对于恺撒担任军事保民官期间的事迹，我们知之甚少，也不能确定他究竟有没有参加对奴隶起义的镇压；如果参加了，我们同样无法得知他具体起到了什么作用。多年后，在率军与日耳曼部落作战时，恺撒会回忆当年被击败的奴隶起义军中有许多日耳曼人，以此鼓舞自己的士兵，但在他自己的著述中未曾提及他本人是否参加过镇压奴隶起义。这并不能说明问题，因为恺撒自己的著作中很少包含其本人生平的信息。综合各方面考虑，他很可能参加了镇压奴隶起义的战争，应当像以往一样表现出了军事才干，但或许并没有立下值得大书特书的奇功。我们知道，他在担任军事保民官期间，

---

① 阿庇乌斯大道是古罗马时期一条把罗马及意大利东南部阿普利亚的港口布林迪西连接起来的古道，得名自开始兴建此工程的罗马监察官和演说家"盲人"阿庇乌斯·克劳狄·凯库斯（前 340 年～前 273 年）。

曾表示支持恢复平民保民官权力的动议（是苏拉剥夺了平民保民官的权力）。选民显然普遍对此充满热情，恺撒或许是想赢得民众的好感，因此表达了这样的观点。这种机会主义在谋求政界晋升的人当中是司空见惯的，所以不能说明恺撒对苏拉政权或仍然挤满苏拉党羽的元老院抱有深深的敌意。恺撒的亲戚盖乌斯·奥雷利乌斯·科塔在前 75 年担任执政官期间曾提出一项法案，允许前任平民保民官谋求其他行政长官的职位，以阻止平民保民官的职位像苏拉图谋的那样，成为政治上的死胡同。[28]

　　恺撒与克拉苏这么早便存在联系的可能性是非常有意思的，因为克拉苏非常擅长利用自己的财富获取政治影响力，具体手段是提携那些虽然雄心勃勃但没有足够资金的人。在随后十年中，恺撒肯定从克拉苏的大量借款中获益良多，或许他在早期已经得到了克拉苏的类似援助。但我们不应当夸大此时恺撒的重要性，因为他只是克拉苏出资帮助的许多元老之一，很少有人能猜到他最终能取得多么辉煌的成就。恺撒仪表绚丽浮夸、才华横溢——他服兵役的记录和在法庭的活动足以证明他的才华——而且拥有自我宣扬的天赋，能够吸引选民的眼球，而围绕他的丑闻至少能让他保持很高的知名度。对于一个憧憬政治生涯的人来说，这些品质都是优势，但他的许多同时代人多多少少也拥有这些优势。而且也并不是说有了这些品质，就必然能平步青云。个人才华确实能吸引选民，但这并非唯一的，甚至不是最重要的赢得选民支持的因素。尽管恺撒穿衣打扮很有个性，而且自视甚高，但他目前为止的履历在最重要的方面上只能算是中规中矩。他独立自主地讨伐海盗和抵抗袭扰亚细亚的本都劫掠者的行动十分不合常规，但对有责任心的公民来讲也是很正当的；而且更重要的是，它们都取得了成功。这些行为充分表明了他的美德，这是罗马贵族自我形象的核心品质。到三十岁的时候，恺撒已经显得前程似锦（他被接纳为大祭司就是明证），而且绝没有被视为革命党。虽然才华横溢，但他相对来讲是比较穷的，而且他家族祖先们的成就十分平庸。他在政界究竟能攀登多高，我们拭目以待。

五　候选人

恺撒"……挥金如土，有人认为他花费巨资只买到
了转瞬即逝的名望；而事实上，他以低廉的价格买到了价
值不可估量的宝贝……就这样，人们都对他颇有好感，都
帮他获得新的官职和荣誉，作为对他的慷慨大方的报
偿"。

——普鲁塔克，2 世纪初[1]

前 70 年，恺撒到了而立之年。即便按照罗马贵族的标准，
他也算是接受过极好的教育。他是一位有天赋的演说家，还是
一位英勇无畏、久经考验的军人。他的私人生活也很顺利。他
和科尔内利娅结婚已经大约十五年了。这十五年中有超过三分
之一的时间，即恺撒在海外学习和服兵役的时间，夫妻俩是两
地分居的。但按照罗马贵族的标准，他们的婚姻肯定是很成功
的，也许还是非常幸福的。科尔内利娅生了一个女儿，名字当
然叫作尤利娅。她是恺撒唯一一个合法的孩子，尽管她很重
要，我们却不知道她的出生年份。史学家的估计从前 83 年到
前 76 年不等，但晚一些的年份应该可能性更大。尤利娅于前
59 年结婚，那时她应当是十四五岁或者十八九岁。依据恺撒
身处国外的时期推测，科尔内利娅怀上女儿的时间应当是前
78 年他从东方回国和前 75 年再次离开罗马之间。[2]

恺撒对科尔内利娅非常尊重，最有名的例子就是拒不服从苏拉的命令，不肯与科尔内利娅离婚。在罗马的传统中，妻子理应受到尊重，但不一定会得到充满激情的挚爱，因为这种感情被认为是非理性的，甚至是可耻的。夫妻床笫是制造下一代罗马儿童、延续家族血脉的场所，而肉欲的享受应当是在其他地方。这不是否认有些夫妻——或许甚至是大部分夫妻——多多少少有着很深的感情，并享受着活跃的性生活；而是说根据罗马贵族社会的理想观念，性爱并不是婚姻中特别重要的方面。人们普遍接受贵族阶层的丈夫们可以在妻子之外猎艳逐芳，而不去强求自己的妻子满足自己较为可耻的欲望。对比较年轻的男子（罗马人称之为 adulescens）来说尤其如此。尽管 adulescens 是英语中"青少年"（adolescent）的词根，但在罗马人的理解中，这个词指的是任何没有完全成熟的男人，可以包括将近四十岁的人。这些"青年"的行为举止可以略微放纵一些，而那些已经成年的共和国领导者必须更负责任，以更高的标准要求自己。私下里与女奴或妓女淫乐很少会受到批评。[3]

很多年轻贵族男子在婚后还金屋藏娇。有一个很明确的高级妓女（或称交际花）群体，依赖情人为他们提供宅邸（或者公寓）、仆役和财富。这些交际花常常受过很好的教育，机智风趣、魅力十足，擅长歌舞或演奏乐器，因此除了能为情人提供肉体愉悦之外，还能与之相伴。这种情人关系从来就不是长久的，成功的交际花会从一位情人和金主转到下一位。这让风月场更加刺激有趣，因为情人必须努力赢得情妇的欢心，然后还要对她关怀备至、馈赠礼物，以维持关系。最有名的交际花通常与罗马最重要的大人物过从甚密，因为包养情妇的不仅仅是年轻的元老。情夫和交际花之间的关系非同一般，交际花可以获得相当大的影响力。人们普遍相信，在前74年，执政官卢基乌斯·李锡尼·卢库鲁斯之所以能够获得一个重要的行省总督职位，就是因为他用礼物和溜须拍马收买了普雷基娅———一位重要元老的情妇。这位元老是普布利乌斯·科尔内利乌斯·基泰古斯，他是一个很典型的例子：虽然他没有正式的官职，但凭借自己的威望以及对元老院程序的熟悉和利用，在元老院中获得了极大的影响力（尽管这影响力也是暂时的）。情妇们还能够以其他方式扮演政治角色，如另一位交际花弗洛拉的经历所示。庞培年轻时曾疯狂地爱上弗洛拉。后来，她曾常常吹嘘说与庞培做爱后，她的背上常常会留下指甲抓痕。但庞培发现自己的一个叫作格米尼乌斯的朋友多次尝试引诱弗洛拉，就主动把她让给了格米尼乌斯。庞培对朋友十分慷慨，他再也没有拜访过弗洛拉，而欠了他人情的格米尼乌斯则成了一位有价值的政治支持者。这对庞培来说是一个特别大的牺牲，因为他仍然深深爱着弗洛拉。弗洛拉也仍然爱着庞培，据说她后来病了很长时间。情妇们的地位实质上是极不稳定的，因为即便她们有时能够赢得很大的影响力，但她们毕竟没有法律地位，所以一旦失去了情人的爱慕，也就失势了。[4]

　　贵族男子包养交际花或者与女奴发生关系被认为是可以接受的，因为这种关系绝不会威胁现行的社会秩序，也不会破坏家庭。大多数交际花都出身卑贱，是发达起来的娼妓。她们常常是奴隶或曾经是奴隶，做过某种形式的伶人。前40年代中期，马克·安东尼曾深深爱上了一个叫作西塞莉丝的哑剧演员和舞者；她曾是奴隶，被恩主解放，并赐名沃鲁姆尼娅。安东尼带她到公共场合抛头露面，在宴会上让她坐在贵宾席，几乎把她当作自己真正的妻子，这令西塞罗私下里长吁短叹。沃鲁姆尼娅后来成了刺杀恺撒的凶手布鲁图斯的情妇，还和其他著名元老有过情缘。贵族与情妇所生的孩子都是不合法的私生子，不会拥有父亲的姓氏，法律上也没有规定要求父亲抚养。如果母亲是奴隶，那么孩子也是主人的财产。即使贵族阶层的丈夫可以如此这般地包养情妇，社会道德观念也不允许妻子享有相同的权利，因为她的孩子的血统绝不可以存在疑问。贞洁（指的是对丈夫，且仅对丈夫保持忠诚）是理性的罗马贵妇的主要品德之一。在更古老的时期，妇女一辈子都生活在父亲或丈夫的掌控之下；他们如果愿意，就可以将她们处死。到公元前1世纪，这种传统的、严峻的婚姻（丈夫对妻子的权力如同父亲对女儿一般）形式已经非常罕见。婚姻变得轻松了许多，离婚也更常见了，但妻子仍然被要求对丈夫保持绝对忠诚，哪怕丈夫常常在外寻欢作乐。[5]

恺撒在二三十岁的时候很可能也宠幸过交际花、女奴和其他女性。我们的史料没有明确提到这一点，但既然这种行为是司空见惯的，并不值得大书特书，所以没有记载下来。苏埃托尼乌斯告诉我们，恺撒常常斥巨资购买美丽的奴隶，就连恺撒自己也因如此靡费而感到羞耻，因此在账本中隐去了这些开销。苏埃托尼乌斯没有明说这些美丽的奴隶仅仅是装饰性的，还是要与主人同寝。但苏埃托尼乌斯确实告诉我们，人们"坚信不疑"，恺撒"性欲旺盛，超出常人"，而且他勾引了"许多名媛贵妇"。苏埃托尼乌斯举了五个例子，说出了恺撒情妇的名字，她们都是重要元老的妻子，但还暗示说恺撒在情场的猎物远不止这些。被指名道姓的贵妇之一是特尔图拉，即克拉苏的妻子。在镇压奴隶起义的战争中，恺撒可能曾在克拉苏麾下服役。特尔图拉原是克拉苏一位长兄的妻子，这位长兄在内战中死去，于是克拉苏娶了寡嫂。特尔图拉可能比恺撒年长几岁，与克拉苏的婚姻按照贵族的标准也算是很成功的，生了几个孩子。她与恺撒的私情是何时开始的、维持了多久，我们都不清楚。关于恺撒生平这个方面的记载都是非常模糊的。我们也不知道，克拉苏自己是否知道被恺撒戴了绿帽子。不过恺撒风流成性已经是世人皆知的事情，所以克拉苏有可能是知道的。假如他知道，他也没有对妻子的情夫采取任何行动，而是将恺撒收为自己的政治盟友。[6]

恺撒与有夫之妇的私情数量极多，但通常都不会维持多久，恺撒会不断地追逐新的情人。一个明确无误的例外是他与塞维利娅的关系，这段感情占据了恺撒一生的大部分时间。苏埃托尼乌斯告诉我们，他"爱她胜过爱其他所有人"。塞维利娅的第一个丈夫是马尔库斯·尤尼乌斯·布鲁图斯，他于前78年支持李必达的政变，失败后被处决了。成为寡妇的塞维利娅在前85年生下了一个儿子，名字也叫马尔库斯·尤尼乌斯·布鲁图斯。他就是莎士比亚笔下的"最高贵的罗马人"，是前44年刺杀恺撒的密谋集团领导人之一。更具讽刺意味的是，塞维利娅还是小加图——他在二十多年中始终是恺撒的不共戴天之敌——的同母异父姐姐。恺撒非常喜爱布鲁图斯，即便后者在前49年~前48年的内战中反对他，这疼爱也丝毫未减。因此有长期流传的谣言称，恺撒其实就是布鲁图斯的生身父亲；普鲁塔克甚至暗示说，恺撒自己也对此信以为真。布鲁图斯出生的时候，恺撒只有十五岁，因此这肯定只是个传说，但这些故事的存在也说明恺撒和塞维利娅的关系是很早就建立起来的，可能是在前70年代。塞维利娅再婚之后，两人仍然维持着关系，但这也没有阻止恺撒与其他许多女人寻欢作乐。塞维利娅与恺撒显然是两情相悦、激情四射且维持了许久，尽管经过这么多年这爱意的强度会发生些许变化。这说明他们之间不仅仅是简单的肉欲吸引。塞维利娅极其聪慧，对政治很感兴趣，一直在努力协助丈夫和儿子的政治生涯。她的三个女儿都嫁给了位高权重的元老。恺撒死后，塞维利娅也参加了布鲁图斯召开的议事会，商讨下一步应该如何是好，而且她的意见压倒了包括西塞罗在内的著名元老的意见。演说家西塞罗对一个女人在专属于男性的政治世界越权行事愤愤不平，但在其他一些时候也曾积极地就属于女性范畴的话题征询塞维利娅的意见。西塞罗及其家人在为他的女儿图利娅寻找合适的丈夫时，曾咨询过塞维利娅。图利娅后来因难产去世时，塞维利娅曾写信给悲痛的西塞罗，以示安慰。尽管作为女性不能担任官职，也不能正式掌权，塞维利娅小心翼翼地维持着与许多名门望族的关系和友谊。[7]

美丽、聪颖、满腹诗书、精明、雄心勃勃——这些词既可以用来形容恺撒，也适合描述塞维利娅。然而，塞维利娅的雄心是间接的，不是为她自己，而是为自己家庭的男性成员追求荣耀。恺撒和塞维利娅在许多方面的确很相像，这部分解释了他们关系的亲近和长久。两人关系的长久足以说明恺撒对塞维利娅的爱比对其他情人深得多。除了与恺撒的私情之外，塞维利娅对自己的第二任丈夫迪基姆斯·尤尼乌斯·西拉努斯忠贞不贰。这与她的妹妹——按照常规，她也叫塞维利娅，这很容易混淆——形成了对照，后者因为放荡成性而被丈夫休了。恺撒勾引了许多有夫之妇。如果他对自己诸多情人中的一位或者所有情人都有过炽热的爱，那么这种爱很少能够长期维持；他的爱至少是兼收并蓄、高度博爱的。在此时的罗马社会，通奸和寻花问柳司空见惯，但恺撒猎艳活动的规模之大也算非常突出的了。因此，我们需要理解他为什么如此放荡不羁。最显而易见的回答是，他喜欢与许多美女享受性爱之乐。但这本身还不足以解释恺撒的风流成性，因为他完全可以玩弄女奴或者包养出身较卑贱的情妇，这样的话不会引起多少非议。比较优秀的交际花们除了能够满足男人的生理需求，还能谈笑风生地与他相伴。但是，引诱元老家庭的有夫之妇要冒很大风险，比如会招致臭名，而政敌可以利用恺撒的臭名来攻击他。根据传统习惯（尽管到这时法律已经不允许），丈夫如果将妻子及其情夫抓奸在床，就有权将情夫杀死。如此直接地杀人是不大可能的，但被戴了绿帽子的丈夫很可能成为奸夫的政敌。[8]

或许恰恰是这种被抓住的风险让偷情显得更刺激有趣。恺撒的逐芳猎艳甚至可以理解为政治竞争的延伸，他与其他元老的妻子上床，是为了证明自己不仅在广场上，而且在卧室内也比他们强。或许，恺撒是为了扼杀关于他屈从于尼科美德四世肉欲的传闻，而有意识地、肆无忌惮地玩弄女性。但这些理由都无法解释，恺撒为什么主要在贵族女性那里追寻肉体满足。他能够追求的贵族女性几乎全都已婚，因为元老家庭的女儿在建立和加强政治纽带上能够起到很大的作用。女孩年纪很小时就被嫁出去，而离婚或丧夫的青年或中年女子往往也会很快被安排再婚。只有那些年纪较大、有成年儿女的寡妇才被允许独居。恺撒的母亲奥雷利娅就是这样，塞维利娅在第二任丈夫去世后也单独生活。在绝大多数情况下，罗马极少有单身的贵族女性可以供恺撒追逐。但是，罗马政治生活的特点是元老们要担任一系列职务，其中很多职务需要他们多年待在海外，因此已婚妇女们往往要长期独守空房。

在前 1 世纪的罗马，贵族的妻子们能够享受相当大的自由。许多贵妇在丈夫的财产之外还有大量的私房钱，其中包括她们结婚时带来的嫁妆。嫁妆虽然补充了家庭收入，但始终独立于丈夫的财产之外。上文已经讲到，在这个时代，女孩接受与男孩同样的教育，至少在学术方面如此。因此她们能够熟练掌握拉丁语和希腊语，对文学和文化也有很高的鉴赏能力。但与兄弟们不同，女孩很少有机会出国深造，到伟大的希腊学术中心之一学习。由于很多哲学家和教师会在罗马长期逗留，所以不能出国学习也不算是太大的缺憾，何况还有传授各种文化技艺的学校。撒路斯提乌斯对一位元老夫人的描绘能帮助我们了解当时的女性：

> 其中有塞姆普罗尼娅，她做了许多男人才会做的鲁莽大胆之事，着实惊世骇俗。这个女人出身高贵、非常美丽，就像她的丈夫和孩子们一样得到命运恩宠；她饱读希腊和拉丁文学，擅长演奏里拉琴，舞姿优美（体面的妇女不应有这样高超的舞艺），还拥有许多其他方面的天赋，注定会生活得多姿多彩。但她却视自己的荣誉和贞洁若粪土。很难说她在金钱和贞操中更看轻哪一个。她性欲旺盛，经常追逐男人，而不是被男人追逐……她常常背弃诺言、拖欠债款和参与谋杀。她囊中羞涩，却沉溺于奢侈的生活，因此走上了一条疯狂的道路。即便如此，她仍然是个了不起的女人；她会写诗、打趣，能够端庄地、温柔地或者放荡地与人交谈。总的来讲，她有许多突出的天赋和许多魅力。[9]

塞姆普罗尼娅嫁给了迪基姆斯·尤尼乌斯·布鲁图斯，他是塞维利娅第一任丈夫的堂兄。塞姆普罗尼娅的儿子后来成为恺撒在高卢和内战期间的一名高级军团长，但后来转而反对恺撒，参与了对恺撒的行刺。恺撒无疑认识塞姆普罗尼娅，但他有没有追求她或者被她追求，我们就不得而知了。

撒路斯提乌斯对塞姆普罗尼娅的描述饱含对她不守妇道和狂野放荡的谴责，但她的许多成就本身并不是坏事。普鲁塔克以钦佩的笔调描写了另一位贵妇，她青年守寡，后来再婚：

> 除了美艳可人的地方，这位少妇还有其他许多吸引人的地方，她饱读诗书、琴艺精湛、擅长几何学、定期聆听哲学讲座，从中获益良多。对知识的兴趣往往让年轻女人产生令人不快的好奇心，她却完全没有这种令人讨厌的品质……[10]

如果一个女人头脑精明、有文化、机智敏锐或甚至懂得音乐舞蹈，都不会被认为是坏事，只要她们保持贞洁，也就是对丈夫忠贞不贰。但在恺撒的时代，许多女人并没有贞洁的美德。这一代妇女比她们的母亲和祖母受过更好的教育，但仍然被要求仅仅掌管家务。差不多还是个小姑娘的时候，她们就被安排结婚，然后由于丈夫去世或政治同盟关系的变化，再从一个丈夫手中转移到另一个手中。如果能在婚姻中找到幸福和自我实现，那实在是太幸运了。妇女没有选举权，也不能从政，因此像塞维利娅那样的女人只能将自己对政治的浓厚兴趣转移到协助男性亲属的仕途上。在富庶的罗马，军事征服的战利品和财富都聚集于此，经济独立的贵妇们往往受到诱惑，互相攀比，极尽奢侈之事。有些贵妇则追求刺激，与一个或多个情夫来往。

综合来看，恺撒可能从他的情妇们那里也寻求一定程度的陪伴和机智聪明的交流。有些优秀的交际花或许能满足这种要求，但在这方面，很少有交际花能和罗马豪门大户的千金小姐们相提并论。恺撒的风流韵事给他的不仅仅是性欲的满足，还有其他方面的刺激。前文已述的其他方面的刺激——与有夫之妇偷情的风险，给政界同僚们（他每天与这些人相处、与他们竞争）戴上绿帽子的额外乐趣——无疑也增加了他的愉悦。对坠入他的情网的女人们来说，恺撒魅力十足，很少有人能够抵御他的魅力。他可是恺撒，穿着打扮极有个性；他决定着时尚的基调，令许多青年争相效仿；他极其重视自己的仪表和姿态，永远与众不同。能够得到他的青睐（哪怕只是暂时的），贵妇们也感到受宠若惊；而他风流成性的坏名声也许更让妇人们感到刺激。不管根源是什么，他连续成功引诱多位贵妇，说明他的确是个本领高强的风月老手。不断寻找新的风流韵事，也可以理解是他的充沛精力和雄心的体现，他在生活的各个方面都是这样。也许他始终在寻找一个能和他匹敌的人，让他的兴趣可以维持很长一段时间。塞维利娅与他在许多方面相似，显然比任何其他女人更接近他的理想情人，所以他们的关系才维持了那么久。但是，尽管双方互相爱慕，但各自都保持着一定的超脱和独立。恺撒遇刺身亡之后，尽管塞维利娅很可能哀悼了情人的死，但绝没有停止努力去促成儿子的事业。同样，尽管风流成性、纵情享乐，恺撒从来没有允许儿女情长影响自己对官职和地位的雄心。当然，关于他寻欢作乐的一些故事也有可能是假的。在他得到好色之徒的名声之后，说不定仅仅和一个女人待在一起，就可能会有人嚼舌根，说他们之间有奸情。

风水轮流转：庞培的崛起

　　总的来讲，苏拉死后的岁月对恺撒来说是春风得意的时期，他逐渐进入了政界。尽管他曾招致独裁官的怒火，但他已经被重新接纳，因此没有理由加入仍然反对苏拉及其政权的阵营。他没有参加前78年李必达的反叛，也从来没有想过要去西班牙加入反对派。马略和秦纳的许多支持者仍然在西班牙坚持抵抗。这些反对派的领导人是昆图斯·塞多留，他或许是罗马历史上最伟大的将领之一，他将西班牙各部落争取到了自己这边，成功抵抗元老院的军队近十年之久。塞多留及其追随者都是被苏拉放逐的流亡者和难民，被苏拉的法令禁止返回罗马，也不可能重新进入政界。他们别无选择，只能继续战斗；尽管塞多留曾多次表达了思乡之情，希望能够回家，哪怕只当一名普通公民。虽然恺撒得罪了苏拉，但他家族的人脉关系使他仍然能够从政。因此，他没有必要加入绝望的反政府叛乱。[11]

　　这些年中，苏拉对共和国仍然具有很大的影响。元老院几乎是他一手炮制的，所有未及时向他倒戈的政敌全被清洗出去，元老院挤满了他的党羽。他加强了元老院的地位，恢复了仅有元老可以担任法庭陪审员的制度，并严格限制保民官的权力。其他的立法，比如一项限制行省总督行为的法律，旨在防止任何其他将领效仿苏拉率领军队对抗国家。正式禁止此种行为，显然没有多少实际用处，西班牙持续的战争和李必达的叛乱就说明了这一点。苏拉没有办法撤销自己设立的前例，也不能消除他的行动所造成的后果。由于同盟者战争和内战，意大利依然风雨飘摇。大片地区饱受兵燹之苦，而新近获得公民权的意大利人还没能完全地、公平地融入公民团体。为了向自己的退伍老兵授予田地，苏拉没收了大量土地，剥夺了许多农民的财产。斯巴达克斯的奴隶大军连续几年的劫掠和袭扰使意大利乡村面临的问题越发严峻。[12]

在苏拉退隐之后，经他改革的元老院对重重危机的处理不是很好。在镇压奴隶起义的战争中，一支又一支的军队在合法选举产生的行政长官的指挥下，被奴隶起义军打得屁滚尿流，甚至惨遭全歼。为了赢得最终胜利，罗马人不得不采纳非常措施。两名执政官交出了指挥权，由克拉苏接替，尽管后者仅仅被选为地位较低的裁判官。这不符合常规，但与格奈乌斯·庞培的平步青云相比，就不算什么了。庞培是庞培·斯特拉波的儿子，生于前106年，在父亲麾下参加了同盟者战争。斯特拉波死后，庞培在秦纳的阵营待了一段时间，但受到猜疑，于是退隐到位于皮基努姆①的自家大庄园。前83年，苏拉在意大利登陆，庞培决定加入他的队伍。越来越多对秦纳政权不满的人或者预测到战争结局的人，都投奔了苏拉。与许多难民不同的是，二十三岁的庞培来到苏拉帐下，不是哀求搭救，而是作为有价值的盟友前来的。他自筹军费，从皮基努姆民众中征募了1个军团，后来又增加了2个军团。这种做法不论怎么说都是违法的，因为庞培只是个普通公民，从来没有担任过任何拥有治权的职位，无权征募或者指挥军队。他甚至根本不是元

---

① 今天意大利东部、沿亚得里亚海的一个地区。

老。但借助家族的财富和影响力，以及自己的人格力量，他把事情办成了。庞培的父亲是他那个年代最不得民心的人之一，而庞培却深得士兵们爱戴。尽管他无权指挥他们，但士兵们对此不以为然。在南下投奔苏拉的行军途中，这位年轻的将军和他的私人军队很快就证明自己非常骁勇善战。

苏拉毫无顾虑地将庞培纳入自己的羽翼之下，先后派遣他在意大利、西西里和阿非利加作战。在每一场战役中，这位闯劲十足的年轻将领都轻松取胜。苏拉为他欢呼，称他为"伟大的庞培"（苏拉这么说也许带有讽刺的意味，但苏拉的性格如此复杂，实在让人难以确定他的真正意思），并允许他举行凯旋式。对一个并不拥有合法治权的人来说，凯旋式着实是史无前例的荣耀。在这些年里，庞培春风得意、扬名立威；但同时他残忍的名声也传扬出去，据说他在俘获尊贵的元老后将其处死，从中获得虐待狂的快感。在有些人眼中，他不是什么"伟大的庞培"，而是"年轻的刽子手"。与恺撒形成鲜明对比的是，庞培服从了独裁官的命令，与妻子离婚，改娶了独裁官的继女。这位新娘当时已经是有夫之妇，而且怀着孕，在与庞培结婚后不久就去世了。即便如此，这仍然标志着苏拉对庞培的恩宠。虽然独裁官授予他许多荣耀，但庞培没有被吸纳进元老院，仍然是普通公民（不过能够动用自己的私人军队）。但他对政治兴趣盎然，支持李必达竞选前 78 年的执政官。李必达能够当选，很大程度上要感谢庞培的支持。但当李必达转而反对元老院的时候，庞培迅速与他划清了界限。面对李必达的叛乱，自己手中又没有足够的军队来进行反抗，苏拉党人控制下的元老院不得不依赖庞培及其军队。二十八岁的庞培像在之前历次战役中表现的那样，势如破竹地击溃了李必达及其军队。庞培惯常的残酷又一次显露出来，比如他在此役中处决了塞维利娅的第一任丈夫马尔库斯·布鲁图斯。[13]

此次得胜之后，庞培又怂恿元老院派他去西班牙镇压塞多留，去支援已经在那里指挥作战的、通过常规途经获得任职的总督。前 77 年的两位执政官都不愿意去西班牙作战，这对庞培的帮助很大。这一次，庞培被授予资深执政官的治权，他的地位得到了合法化。一位支持他的元老打趣地说，庞培此行不是作为资深执政官去的，而是"代替两位执政官"而去。庞培过去曾面对的敌人在军事上都昏庸无能，但是在西班牙，塞多留是个更难对付的敌手，庞培第一次遭受了一些挫折。对这样一位屡战屡胜、春风得意的将领来说，尝到败绩的确是极大的耻辱；但年轻的庞培能够从自己的错误中吸取教训，对敌手产生了尊重，但并没有一丝的畏惧。西班牙战争残酷且漫长，但随着一年年过去，庞培和元老院的其他军队逐渐取得进展，对马略派军队占了上风。即便如此，如果不是塞多留在前 72 年被部下谋杀，战争很可能还要持续几年。塞多留死去之后，杀害他的凶手自己指挥马略派军队，此人野心勃勃且极端倨傲，却志大才疏，几个月间就败给了庞培。庞培于次年返回意大利，恰好拦截和歼灭了数千名斯巴达克斯的残兵败将。有了这场小小的胜利，庞培很快就公开夸耀自己：是他而不是克拉苏，最终结束了奴隶起义。

庞培和克拉苏之间的宿怨可以追溯到内战期间，当时他们都是苏拉麾下的将领。克拉苏比庞培年长六七岁，看到这个过分张扬的小弟获得了如此多的荣誉、吸引了这么多的眼球，不禁怀恨在心。庞培竟然要抢走战胜斯巴达克斯的功劳，克拉苏自然是愤愤不平。这个事件揭示了庞培个性中比较卑鄙的一面，他曾多次企图抢夺其他人的荣耀。其实庞培根本没有必要这么做，因为打赢西班牙的战争比镇压斯巴达克斯的威望要高得多；战胜西班牙为他赢得了第二次凯旋式，而克拉苏仅仅得到了小凯旋式①而已。但庞培对元老院和公民们的赞颂心花怒放，不愿意被任何人抢走风头，哪怕只是一瞬间。庞培很讨人喜欢，他的圆脸庞虽然没有古典美，但被认为非常直率和英俊。熟悉他的人会更加小心，因为他在公共场合的发言并不总是与他的行动相符，而且他不是一个值得信赖的朋友。相反，克拉苏受到尊敬，虽然并不非常讨喜，但他言出必行，不会辜负他人，同时也绝不会忘记别人欠他的金钱或者好处。庞培在有些方面相当不成熟，最显著的例子就是在他第一次凯旋式的时候，他打算乘坐一辆大象战车。如果不是凯旋路线上的一座拱门的高度不容许如此庞大的巨兽通过，他还真能做出这么怪诞的事情。他很喜欢"伟大"这个称号，也非常高兴听到阿谀奉承之徒将他与亚历山大大帝相提并论。他有的时候特别刁滑奸诈，这对指挥打仗的将军来说不是坏事，但他不是特别擅长罗马的政治游戏。这主要是由于缺乏经验，因为他的大部分时间都在几乎不间断地打仗。从二十三岁起，他就亲自指挥军队，大部分时间里都远离任何上级，独立作战。庞培习惯于发号施令，而不习惯使用计谋操纵或者说服他人。与其他年轻贵族不一样的是，他很少有机会观察元老院和广场的日常运作，没有时间向年纪较长的元老学习政治活动是如何开展的。但从西班牙回国后，他认为正式踏入政界的时机到了。

---

① 小凯旋式的荣誉在以下情况授予得胜的将军：非国家之间的正式战争；敌人特别卑贱（如海盗或奴隶）；己方不曾遇到危险或危险极小，就轻松得胜。

前 71 年，庞培三十五岁，但从来没有担任过任何民选官职，而且仍然属于骑士阶层，因为他从来没有被吸纳进元老院。他宣布将参加次年执政官的竞选，这直接违背了苏拉对从政的规定。苏拉的政策确认了之前的相关立法：参选执政官的人必须符合的条件是年龄不小于四十二岁，并且已经担任过财务官和裁判官。克拉苏大约在同一时期也宣布准备竞选，他符合年龄的要求。庞培到目前为止的履历完全与苏拉制定的规则相左。克拉苏和庞培各自带着自己的军队驻扎在罗马城外，这是完全合法的，因为他们在等待举行自己的小凯旋式和凯旋式。双方都没有公开地威胁对方，但自从苏拉率军进攻罗马城消灭了自己的政敌以来，人们一直担忧其他人会效仿苏拉。庞培和克拉苏暂时搁置了互相之间的芥蒂，联合竞选执政官，很少有人愿意反对他们。克拉苏显然是凭借镇压奴隶起义的成功获得了这个官职，而庞培被许多民众奉为英雄。让并非元老的人获得这个身份并同时成为执政官，是一件不合规矩的事情；但如果让一个已经连续担任多个高级指挥官职位的人再去当下级行政长官，也很荒唐。元老院免除了对他们的年龄和其他方面的资格要求——他们都需要在不进城的情况下参加竞选，因为他们如果要进城就必须交出治权，而交出治权则意味着解散各自的军队。一旦解散了军队，他们就没办法举行凯旋式。于是，庞培和克拉苏以压倒性的优势当选为执政官。

苏拉在自己制定的从政规则之外，允许庞培保有一个颇不符合常规的地位。在随后的年月中，元老院不愿意或者没有能力向这种违规行为发出挑战。共和国体制中始终存在一定的灵活性，尤其是在军事危机时期。授予庞培的超乎寻常的荣誉和破格晋升是针对他个人的，并不意味着规章制度已经被摈弃、所有人都可以效仿庞培。即便是在当选之前，庞培和克拉苏也已经宣布，他们打算废除苏拉制度中的一些关键要素。他们上任后的第一件事情就是恢复了平民保民官的传统权益和权力。这是广得民心的措施，所以恺撒在担任军事保民官期间支持这项事业。前70年，奥雷利娅的一位亲戚卢基乌斯·奥雷利乌斯·科塔通过了一项措施，解决了争议极大的陪审团构成问题，无疑也得到了庞培和克拉苏的批准。从此刻到共和国覆灭，陪审团成员由三个阶层的成员组成——元老、骑士和仅次于骑士的有产阶级，而且三个阶层在陪审团中人数均等。这项措施也颇得民心，被认为是一个理智的妥协方案。这一年选举产生了两名监察官，在很大程度上解决了另一个长期存在的问题。这两名监察官都是前72年的执政官，都曾被斯巴达克斯打败，但这并没有严重影响他们此后的仕途。尽管人口普查要在一年多之后才能完成，但登记在册、有投票权的男性公民的数量已经激增。上一次未彻底完成的人口普查是在前85年举行的，当时仅有46.3万名公民，而新的数字已经差不多翻倍，达到91万人。作为普查的一部分，监察官还负责审核和修订元老的花名册，增添新元老，并将行为不端或有道德问题而不适合继续指导共和国的人罢免。多达64人受到了这样的惩罚。[14]

尽管庞培和克拉苏联手竞选执政官，而且合作恢复了平民保民官的职权，但他们互相的憎恶和嫉妒很快就浮出水面。较年轻的庞培新官上任便耍了一番富丽堂皇的排场。他在同一天之内做了三件事情：就任执政官、加入元老院和举行凯旋式。然后，新的监察官决定恢复一种老式仪式（无疑受到了庞培的极力鼓动）：让骑士们佩带兵器策马列队行进，以展示自己承担传统义务（在罗马军队中担任骑兵）的决心。盛典进行之时，庞培威风凛凛地驾到，前方由十二名伺候执政官的执法吏①开道，引导他走到监察官面前。监察官按照仪式规矩正式地询问他有没有对共和国尽到义务。庞培声若洪钟地答道，无论罗马需要他去哪里，他都在那里为罗马效劳，并且可以始终独当一面。群众欢呼雀跃，监察官陪伴他走到自己家中。这是一场辉煌的政治大戏，再加上他的凯旋式以及作为庆祝的斗兽和角斗表演，克拉苏根本无法与之匹敌。克拉苏的对策是将自己财产的十分之一奉献给赫拉克勒斯，并自掏腰包举办了一场规模宏大的宴会（餐桌多达一万张，摆满各色饮食），并向所有公民免费发放三个月的粮食。伟大的英雄赫拉克勒斯与胜利和凯旋密切相关，上一个以这种方式庆祝军事胜利的人是苏拉。两位执政官绞尽脑汁地想要独占风头、压倒对手，他们的关系极其冷淡；到任期结束时，在一个叫作盖乌斯·奥雷利乌斯的人的呼吁下（我们对此人的其他事迹一无所知），他们才公开做了一次和解。两人卸任后都退隐了，都不愿意遵照常规在结束高级行政长官的任期之后去外省当总督。[15]

恺撒担任财务官

对于恺撒在前 71 年至前 70 年间的活动，我们知之甚少。

---

① 执法吏（Lictor）是罗马共和国和帝国时期负责侍奉和保卫行政长官的公务人员，其实相当于保镖。执法吏从平民当中挑选，不少是释奴。罗马军队的百夫长在退役后自动获得担任执法吏的资格。执法吏都是强壮有力的大汉，免服兵役，有固定薪金。在长官命令下，他们有权逮捕和处罚公民。不同级别的行政长官拥有的执法吏数量是不同的。例如，独裁官拥有 24 名执法吏，执政官拥有 12 名。

在庞培和克拉苏担任执政官期间，恺撒曾支持过普洛提乌斯（或称普劳提乌斯）提出的一项旨在允许流亡在外的塞多留党人与李必达党人回国的法案。恺撒发表了一次演讲，支持这项法案，这对他个人来说也很有意义；因为法案若是通过，他的内兄卢基乌斯·科尔内利乌斯·秦纳就可以回国了。这份演讲稿只有一句话保存至今："依鄙人愚见，就我们的关系，我始终兢兢业业、勤恳行事。"对自己所在的大家族以及对朋友和门客的义务是非常重要的。有些学者推测，恺撒在这背后还扮演了更重要的角色，也许他曾鼓励庞培和克拉苏联手角逐执政官的职位。甚至有人推断，是恺撒安排了庞培和克拉苏的和解，因为上文提到的盖乌斯·奥雷利乌斯与恺撒母亲的家族有亲戚关系。这当然并非绝不可能，但史料不曾提及恺撒参与此事，所以这只是猜测而已。[16]

我们知道，大约在这一时期，恺撒参加了财务官竞选，这或许是他此时主要关心的事情。前70年，他三十岁，这是符合苏拉规定的参选财务官的最低年龄。一位贵族如果在刚刚达到参选最低年龄的那一年当选，那是一件特别荣耀的事情。因此，恺撒极有可能在前70年秋季当选了20名财务官之一，并于前69年初上任。执政官的选举一般是在7月底进行，但没有固定的日期。每年有大约150天可以召开罗马公民大会，但如果增添额外的节日或进行公共感恩活动（其间不可以开展任何政务），那么可召开公民大会的日子就会减少。较低的职位如财务官，是在执政官选举后不久召开的另一种公民大会上决定的。拉票活动可能在选举一年前就开始了，但在投票前的最后24天内尤其激烈。在这期间，候选人在负责监督选举的行政长官那里正式登记之后，会换上一种特别的白色托加袍

[toga candidus，意思是"纯白的托加袍"，英语中"候选人"（candidate）一词就来源于此]，好让他们在广场活动时特别显眼。候选人在熙熙攘攘的城市中心走来走去，问候其他公民，尤其是那些富裕的、有地位的，在投票中特别有影响力的人士。候选人身后一般会站着一名受过特殊训练的奴隶，称为"指名者"。当有人走近时，指名者会向候选人小声提示来人的姓名，好让候选人以恰当的方式问候他们。几乎所有候选人都依赖这种奴隶，但优秀的政治家会尽可能掩饰自己对这种辅助记忆方式的依赖。候选人出现在公众视线中很重要，但更重要的是，他和谁一起出现在公众视野中。候选人拉票的时候，支持他的其他元老一般会陪伴他，这些支持者的威望有助于笼络选民。候选人的支持者还会在房屋墙壁上涂写支持他的标语，这种方式就不是那么微妙含蓄，显得太露骨了。进入罗马城的主路两侧有许多墓地，上面常有禁止在墓地涂写或张贴竞选标语的警示。[17]

财务官是由部落会议选举产生的，即罗马公民三十五个部落的大会。如果是为了选举行政长官，而不是支持或反对某项立法，部落会议的集会地点一般是战神广场，即位于城市西北部正式边界之外的一个开阔地，主要是园林和操练场。这可能是因为在选举的时候，到场投票的人会很多，狭窄广场的人员承载量不够。候选人可能会有机会向在场选民发表演讲（但我们无法确定这一点），然后主持选举的行政长官会发出命令："公民们，各就各位！"于是各部落的成员就集合到各自的临时围场。投票的时候，部落的每一位成员会依次离开自己部落的围场，走过一条狭窄的、较高的过道（称为"桥梁"），到负责监督每个部落投票的监票人面前。然后，选民将自己手

写的选票放入一个篮子。被称为"守护者"的官员会监督着
选民；这些官员随后还负责计票，并向主持选举的行政长官汇
报结果。每个部落作为一个团体来投票，各部落的选择按照事
先抽签决定的顺序公布。各部落的人数差距相当大，四个城市
部落中即便是最穷的成员也可以轻松参加选举，不会受到多少
阻碍。但现在大多数罗马公民都居住在远离罗马城的地方，所
以其他部落中只有最富裕的成员才有能力或愿意旅行到罗马
去参加选举。这些人的投票是非常重要的，那些目前居住在
罗马城但仍然属于乡村部落的穷人的投票也很重要。尽管各
部落能够到场投票的人数差别很大，但每个部落投票的权重
是相同的。对一位贵族来说，赢得自己部落的支持是非常重
要的——恺撒所在的是法比亚部落——因此他们会努力去笼
络自己部落的同胞。选举不是由总体多数票决定的，而是当
空缺的职位有了足够的候选人去填充，这些候选人各自都赢
得了十八个部落的支持之后，就算结束了。这的确算是多数
制投票。[18]

恺撒的胜算很大。他在法庭上表现出色，在东方还立过战
功。关于尼科美德四世的丑闻，以及其他风流韵事的传言，至
少使他声名远播，当然奇装异服也起到了这个作用。他的家族
不属于元老院的内层贵族圈子，但尤利乌斯·恺撒家族在近些
年也出了一些行政长官。其中一些人来自家族的另外一个分
支，但这仍然意味着恺撒家族的名字始终出现在公众视野之
中。他母亲的亲戚们在政坛春风得意，最近五年出了两名执政
官，还有一人在前70年担任裁判官。每年要选举产生二十名
财务官，这是最容易当选的职位了。意大利人获得公民权之
后，许多富家子弟来到罗马，希望进入政界，但根基牢固的罗

马贵族世家成员不必害怕这些人的竞争。恺撒顺利当选了。这是个很重要的时刻，因为苏拉的政治改革保证了所有财务官都自动获得元老身份。财务官负责一系列财务和行政工作，但大多数财务官都兼任一位行省总督的副手，而行省总督一般是前任执政官或前任裁判官。于是，恺撒被派往外西班牙，即位于伊比利亚半岛最西边的一个省。[19]

前69年，在离开罗马之前，恺撒在家庭生活方面遭到了两次打击：他的姑姑尤利娅和妻子科尔内利娅相继去世。贵族家庭的葬礼都会大操大办，利用这个机会来宣扬整个家族的丰功伟绩，提醒选民们，他们曾有过多么了不起的成就，将来又会如何前程似锦。出殡的队伍中有身穿官袍、面戴祖先面具的演员。队伍先走到广场，在那里会有人在演讲台发表演讲。波利比乌斯告诉我们：

> ……致悼词的人讲完死者的生前事迹后，会叙述他的祖先（他们的形象会由在场的演员来饰演）的成功业绩，从最古老的远祖开始讲。通过这种方式，通过不断重述勇士们的美名，那些曾经缔造丰功伟绩的人能够永垂不朽，而那些为祖国做过贡献的人也能威名传扬，成为留给后人的遗产。[20]

在尤利娅的葬礼上，恺撒站在演讲台，讲到了她显赫的祖先（尤利乌斯氏族是女神维纳斯的后嗣），以及她母亲的家族与上古先王的关系。这些话是在提醒前来送葬的人们，他的血统是多么古老而高贵。比较有争议的是，他在送葬队伍中加入了象征马略胜利的纪念物，或许还让一名演员扮演马略。苏拉曾禁止公开尊崇他的竞争对手，但在场的人当中只有少数几个表示了抗议，而且在遭到其他人的斥责后就闭嘴了。苏拉虽然打赢了内战，但并没有争取到许多民心，甚至在罗马精英阶层中也有很多人不买他的账。罗马公民们对他的所有决策并非照单全收，比如恢复保民官的权力得到了广泛支持就是一个例证。在很多罗马人心目中，马略仍然是一位伟大的英雄，他让在阿非利加受挫的罗马人重新扬眉吐气，又从北方蛮族的威胁下挽救了意大利。西塞罗曾严厉抨击马略在内战中扮演的角色，但在自己的演讲中常常热情洋溢地讴歌马略对朱古达和辛布里人的胜利，因为他知道听众一定会赞同。恺撒宣扬马略功绩的姿态受到了普遍欢迎，他强调自己与这位大英雄的紧密联系，也有助于赢得民众的好感。[21]

贵族世家的老年贵妇去世后得到一场风风光光的公开葬礼，是司空见惯的事情。但恺撒授予科尔内利娅同样的荣耀，就是非常不寻常的事情了。据普鲁塔克说，恺撒是第一个为如此年轻的女人公开举办盛大葬礼的罗马人。这个姿态也非常得民心，很多人把这视为一个心地善良的男人的哀恸表达。虽然在世人眼中，罗马人的特质就是严峻而冷淡，但其实他们常常颇为多愁善感。葬礼就像贵族生活的许多环节一样，也是公开举行的，对政治也会产生影响。在恺撒的青年时代，没有亲近的男性亲属去世，因此在这层意义上说，姑姑和妻子的葬礼也是一个自我宣扬的良机。恺撒抓住了这个机遇，尽其所能地加以利用。这并不是说他的哀恸是虚伪的，因为在罗马，情感和政治常常可以和谐共存。他与科尔内利娅的婚姻很成功，或许也是非常恩爱的。但史料并不能证明，他是在妻子去世后才开始寻芳猎艳；妻子还在世的时候，他极有可能已经有了几段私情。我们不知道他在科尔内利娅的葬礼队伍中有没有展示岳父秦纳的纪念物，就像前不久在尤利娅的葬礼上展示秦纳的盟友马略的纪念物那样。马略更能触动广大群众的情感，因此对恺撒来说，他与马略的关系重要得多。

　　前 69 年春季或初夏，恺撒动身前往外西班牙，可能是和他即将为之效力的总督安梯斯提乌斯·维图斯一起去的。总督们常在已经当选的财务官中挑选自己中意的人选。有可能是维图斯将恺撒挑到了自己的幕僚当中，他们可能之前就有交情。两人交情甚笃，七年后，恺撒在卸去裁判官职务并开始就任外西班牙总督的时候，提携维图斯的儿子做自己的财务官。财务官的一项主要任务是主管行省的账目，但他有可能被派去作为总督的代表，参加五花八门的活动。总督的大部分时间都在周游各个主要城镇、听取请愿申诉、解决问题以及主持司法工作。维图斯派遣恺撒去一些地方处理了司法事务。恺撒很好地完成了所有任务，二十多年后，当地人还会记得恺撒对他们的贡献。担任财务官是一个很好的机会，能够在外省的权贵显要中收纳许多门客。

　　我们知道，恺撒是在西班牙任职期间第一次受到了癫痫病的折磨，但我们不知道这是在前 69 年，还是他于前 61 年～前 60 年担任行省总督的时候。在他担任财务官期间还发生了另外一件事情（尽管普鲁塔克把此事发生的时间往后推了一些），即在他造访加的斯城主持当地法庭期间。据说，恺撒在赫拉克勒斯神庙看到了一座亚历山大大帝的塑像，不禁潸然泪下，因为马其顿国王在同样的年龄已经征服了半个世界，而他却还没有什么成就。更令他心烦意乱的是，他做了一个梦，梦见自己强暴了母亲奥雷利娅。他惴惴不安地去请教一位预言家，后者将他的梦解释为"他注定会统治世界，因为被他强暴的母亲代表着大地母亲，即万物的母亲"。苏埃托尼乌斯说，正是这个梦促使他提前离开了外省，急于返回罗马政坛去奋斗。如果这是真的，那么他很可能得到了维图斯的批准，因为似乎没有人批评或指责恺撒抛弃了自己的岗位。他对行省账目的审查可能已经结束了，所以他的主要使命都已经圆满完成。总的来讲，他的工作做得很好，但一位财务官的活动对罗马选民来说没有多少吸引力。[22]

纪念建筑与角斗士：作为市政官的恺撒

在返回意大利途中，恺撒在波河以北高卢（波河河谷地区）短暂停留。此地是内高卢①行省的一部分，这是唯一一个在意大利半岛的行省。此地的居民既有罗马和意大利殖民者的后代，也有高卢部落。到此时，这些高卢部落中的名门望族在文化上已经高度罗马化了。同盟者战争结束之后，许多社区获得了公民权，但这种恩惠只到波河一线为止，波河以北的社区仍然只有拉丁人的地位。波河以北高卢的当地人对此非常不满，尤其是富裕和有势力的人，因为他们从完整的公民权中获利最大。恺撒鼓动了当地人的这种不满情绪，因为将来他会需要富裕新公民们的选票。有人说他极力煽动波河以北高卢，几乎将其推到揭竿而起的边缘，仅仅是由于附近驻扎着一支罗马军队，才没有公开叛乱。这种说法很不具有真实性，很可能

---

① 内高卢也叫山南高卢，"山"指的是阿尔卑斯山。内高卢是意大利北部由凯尔特人居住的地区，前220年被罗马征服，约前81年～前42年是罗马的一个行省，后来被并入意大利。内高卢以波河为界，分为南北两部分。前49年，内高卢全体居民获得了罗马公民权。

是后人附会，是基于恺撒始终企图掀起革命的论断。恺撒曾拒绝参加李必达和塞多留的叛乱，因此不大可能会自己发动一场叛乱。在他政治生涯的这个阶段，他根本没有必要去冒这个风险。[23]

回到罗马之后，恺撒开始做的几件事情包括再婚。他的新娘是庞培娅，是苏拉的外孙女，也是昆图斯·庞培（于前88年和苏拉同时担任执政官）的孙女。因此，尽管恺撒大肆宣扬自己与马略的亲戚关系，并且支持旨在破坏苏拉政权的立法，我们仍然很难简单地把恺撒算作马略党人，也不能说他是苏拉的反对派。即便是在内战肆虐的时候，罗马的政治也很少有泾渭分明的界线。元老们结婚的时候几乎总是着眼于这门婚事能给自己带来什么有价值的关系。我们对庞培娅的亲戚不是很了解，很难准确地理解恺撒对这门婚姻的想法，新娘能够如何帮助他的仕途，毕竟贵族家庭之间的关系网是极其复杂的。恺撒与科尔内利娅结婚时举行了"麦饼婚"仪式，第二次结婚则不是这样。我们对罗马的传统婚礼仪式相当了解，但不知道恺撒于前67年举办的婚礼是否遵循了所有规则。与罗马的私人和政治生活的绝大多数方面相同，婚礼上也要向神祇献祭，并听取神谕。按照传统，新娘要穿橘黄色拖鞋和家织的裙子，腰带上打着复杂的"赫拉克勒斯"结，让新郎在新婚之夜将其解开。如果庞培娅遵循了传统习俗，她的头发会被梳成六根辫子，并以亮橘黄色面纱遮盖。顺便说一下，如果恺撒真的成了朱庇特祭司，那么科尔内利娅离开家的时候要始终佩戴这种面纱。庞培娅会在被火炬照亮的队伍中，在亲人陪伴下从娘家走到新郎的住处，新郎会在那里等候。新娘抵达的时候，新郎家的门柱会饰有木制环，并涂上油或动物油脂。然后新娘被抱过门槛，这个习俗据说可以追溯到罗马人掳掠萨宾女人的故事。最初罗马人只能把邻近社区的女儿们抢来当老婆，因此最早的罗马新娘们是被迫来到新家的。这种习俗一直流传到现代，尽管人们一般都不会想到它所谓的起源。但罗马人的风俗与现代人不同，抱新娘的是新娘的侍从而不是新郎本人。

新郎等在门前，手执火炬，并备好盛满水的器皿，象征着他愿意为新娘提供生活的必需品。婚礼仪式一般都比较短暂。传统的仪式非常淳朴简单，新娘说出宣言："你是盖乌斯，我是盖娅。"盖乌斯和盖娅分别是一个普通名字的阳性和阴性形式，象征着一对夫妇的喜结连理。宅邸的会客厅内摆放着一张象征性的新床，装饰华美，不过夫妻俩显然不会真的在这张床上度过新婚之夜，而是会到正式的卧室（有些希腊人相信，罗马的新郎会熄灭所有的灯，在他来到新床与新娘共度良宵之前，房间一片漆黑。据说这是对良家女子表示尊重，她不会像妓女一样，仅仅能提供肉体愉悦。或许这只是希腊人好奇地议论罗马人时讲的一个故事）。次日早上，新婚妻子第一次向夫家的家庭守护神祇（拉瑞斯和皮纳特斯）献祭。她和丈夫还会宴请宾客。[24]

庞培娅与伟大的庞培只是远亲，两家之间非常疏远，所以恺撒的第二段婚姻并没有让他与罗马当时最伟大、最受爱戴的名将直接拉上关系。卸去执政官职务之后的两年，庞培似乎安于现状，尽管他在元老院中表现平平。到前67年，他显然在怀念胜利曾经给自己带来的万民赞颂，于是开始寻求获得一个新的指挥岗位。他到目前为止的功业辉煌灿烂，因此他不可能满足于仅仅按照常规治理一个行省，而是需要更宏伟的事业。地中海仍然饱受海盗袭扰，一位名叫奥卢斯·加比尼乌斯的保民官提议设立一个特别指挥部，一劳永逸地彻底解决海盗问题。这并不完全算是史无前例的事情，因为元老院曾派遣前74年的执政官之一马克·安东尼（恺撒麾下大将马克·安东尼的父亲）流动作战，专门清剿海盗。但他没有取得多少成果，在前72年遭到一次惨败，不久之后就死去了。局势持续恶化，威胁到了罗马依赖的粮食进口交通线。加比尼乌斯提议的目的并不新颖，但其细节非常激进，授予新的指挥官统领数量庞大的船只和军队，以及横跨整个地中海和从海边深入内陆50里范围内的治权。他的权力至少相当于所有辖地在此范围之内的行省总督权力的总和，甚至比那还高。加比尼乌斯在其最初的提议中并没有明确提到庞培，但所有人都心知肚明，他显然是唯一的人选。许多重要元老反对这一措施，宣称在自由的共和国里将如此之大的权力托付给单独一个人，是个错误。和以往一样，充满惰性的元老院宁愿让严重的问题继续恶化下去，也不愿意看到有人解决问题、建功立业。[25]

据说，恺撒是唯一一个公开表示支持此法案的元老。保民官加比尼乌斯在广场上企图说服群众支持自己的时候，无疑请了恺撒为他摇旗呐喊。公民以部落会议的形式再次聚集之后，热情洋溢地通过了这项法案。说除了恺撒之外没有一位元老支持这项法案的确是不大可能的，但恺撒可能是特别坚决、表达特别强烈的支持者之一。和以往一样，他特别注重站在得民心的决策那边，而自己的亲身经历也告诉他，海盗的威胁是多么严重。据说，法案通过之后，罗马的粮价立即跌到了一个比较正常的水平，可见市场对庞培信心十足。许多有权势的元老为庞培完成使命提供了重要帮助，为庞培配备的二十四名军团长可谓精英荟萃。这表明，应该不是只有恺撒一个人支持加比尼乌斯的法案。庞培开始将自己的组织天赋投入实践，去解决问题。他的表现完全值得人民的信任。他将地中海划分为若干区域，仅仅几周之内就扫清了意大利以西海域的海盗。而击败困扰地中海东部的海盗的战斗也只用了比这多一点的时间。得胜如此迅速的原因之一就是，庞培很愿意接受海盗及其家眷的投降，把他们安置在肥沃的农田上，往往是在新的社区中，让他们可以自给自足，而不需要用暴力来谋生计。庞培又一次成了共和国万众敬仰的大英雄，但他狭窄的心胸又一次表现了出来。克里特的行省总督击败了该岛上的海盗，庞培却不肯承认他的功劳。这位总督的胜利只是刺激了庞培对更多荣耀的胃口。[26]

　　前66年，一名叫作盖乌斯·马尼利乌斯的保民官利用庞培和克拉苏重新赋予保民官的权力，向公民大会提出了一项法案。自前74年以来，与米特里达梯六世的战争由卢基乌斯·李锡尼·卢库鲁斯指挥，前文说到，他是通过交际花普雷基娅的帮助才得到了这个职位。卢库鲁斯是苏拉的亲信，很可能是前88年苏拉第一次进军罗马时唯一一个陪伴在苏拉身边的元老。卢库鲁斯是一位勇敢且颇有谋略的将军，有着战略和战术才华，却没有足够的领导能力。在历次战役中，卢库鲁斯连续多次击败米特里达梯六世及其盟友——亚美尼亚国王提格兰。但他始终不能像马略、苏拉和庞培那样赢得麾下官兵的爱戴。更危险的是，他非常严密地管制了亚细亚境内罗马商人与包税人的活动。这些群体势力很大，已经习惯了和当地总督官商勾结、剥削民众，因此他们对卢库鲁斯颇为怨恨。卢库鲁斯非常担心疏远当地居民，害怕他们会把米特里达梯六世看作将他们从罗马的压迫下挽救出来的解放者。但很多富商更看重利润，而不是这样的政治考虑。于是从前 69 年起，卢库鲁斯的指挥权就被逐渐削减，他的辖区一个个被夺走，交给其他总督。他的力量越来越薄弱，他之前在战争中占据的大片土地都相继沦陷，最终的胜利越来越遥远了。在这种局面下，派遣庞培去执掌大局，一劳永逸地解决米特里达梯六世，是个很有诱惑力的设想。恺撒又一次支持这项法案，法案也轻松通过了。庞培取代了卢库鲁斯，又一次给人以这样的印象：在战争差不多已经打赢的时候，庞培赶来摘桃子，夺走了其他人的功劳。[27]

恺撒对前 67 年和前 66 年授予庞培超常权力的法案均表示了支持，但他的意见应该对这些问题的投票结果不会产生多少影响。当时有许多前任财务官，还有几位在衣着打扮和行为举止上蔑视常规的年轻元老。我们还要牢记，在这个时期，恺撒的地位还不是很重要。他目前为止的记录表明，他是个前途无量的青年，有可能会得到一个好前程，但有希望高升的人并不只有他一个。发表演讲支持《加比尼乌斯法》和《马尼利乌斯法》也不大可能为恺撒赢得庞培的深深感激，因为恺撒起到的作用很小；虽然这两项法律都颇有争议，一些重要元老在元老院和广场大声疾呼表示反对，吸引了许多眼球。恺撒抓住机会去争取世人的关注，并将自己与这两部法律和庞培的成功联系起来。庞培广受拥戴，那么支持庞培也许会给恺撒带来名望的提升，让他沾上一点好运。更重要的是，他的观点与许多公民的观点相同，包括很多骑士和其他比较富裕的罗马人，这些人的投票在公民大会中是非常重要的。以这种方式支持广受民众欢迎的事业，意味着他成了一名平民派。较早的研究著作中常将平民派描绘为一个几乎是有明确定义的政党或群体，但其实平民派只是政治上的一种倾向，即依赖群众的支持。格拉古兄弟就是平民派，马略有时是，萨图尔尼努斯和苏尔皮基乌斯也是平民派。尽管这些人曾提出相同的问题，但他们并没有一套固定的共同观念。恺撒从政治生涯早期就倾向于平民派，但这并不意味着他与行事类似的其他人就是同党，因为持他这种政治态度的人还有很多。政治在实质上仍然是各自为战的斗争，其他所有人都是自己的竞争对手。这不仅仅是赢得群众支持的问题，而是要比其他人赢得更多的支持。[28]

恺撒笼络选民的另一种手段是花费巨资。他被委派为阿庇乌斯大道的管理者，花了不少自己的私人财产去翻新和改良道路及其附属建筑。他的钱不是白花的，如此投资的回报会很大，因为阿庇乌斯大道仍然是通往罗马的最重要道路之一；旅行到罗马城的选民们会记起，恺撒为他们做过什么。愿意自掏腰包去为其他公民谋福利，这无疑推动了他在前65年当选席位市政官（curule aedile）。市政官职位共有四个，但其中有两个是平民专有，而恺撒是贵族，不符合资格。而平民和贵族均可担任席位市政官，席位市政官可以像裁判官和执政官一样坐在行政长官的高座上。苏拉并没有将市政官定为晋升体系中必需的一步，也就是说，如果要担任更高级别的行政长官，不一定需要当过市政官。但苏拉将担任市政官的最低年龄设定为三十七岁。恺撒成为市政官的时候只有三十五岁，他极有可能获得了元老院的特别许可，才得以提前两年竞选市政官。这种破格照顾似乎相当常见，以至于在前 67 年一名保民官通过了一项法律，禁止元老院做这种破格批准，除非在场的元老达到 200 人的法定人数。恺撒得到这样的照顾，或许是由于他母亲家族的影响、橡叶冠获得者的荣耀以及他的祭司身份。有些学者利用恺撒担任市政官的时间作为证据，认为恺撒的出生年份是前 102 年。这与我们掌握的为数不多的证据不吻合，比如如果恺撒晚了两年才当上财务官，就有些奇怪了。[29]

市政官的职责几乎全部与罗马城的管理有关，负责监管神庙的维护，道路、高架渠和下水道的清扫和养护，监督粮食供应、市场活动，甚至妓院的经营。另外，市政官有时还会承担司法职责，但对雄心勃勃的政治家来说，这个官职的主要吸引力在于它负责公共娱乐和节庆活动。两名席位市政官特别要负责主持 4 月间纪念大神母库柏勒①的七天节日（美珈利西亚节，包括竞技和表演），以及 9 月的十五天"罗马节庆"娱乐活动。尽管国库会给行政长官提供资金来支付这些娱乐活动的开销，但长期以来的惯例是市政官自掏腰包，以补充国库的专项资金。每一位希望声名远扬的市政官都竭尽全力地举办最奢华的娱乐活动，这就设立了一个新的标杆，他的继任者们会努力与之匹敌或者超过他们。恺撒就像一位天生的

---

① 库柏勒原是小亚细亚的地母神。她是我们知道的唯一一个弗里吉亚（今土耳其中西部一地区）神祇。迁居到小亚细亚的希腊殖民者学会了对库柏勒的崇拜，并于前 6 世纪将其传播到希腊本土和希腊在西方的殖民地。在希腊的一些地方，库柏勒与大地之母盖娅、米诺斯的瑞娅女神及谷物女神德墨忒尔融合起来。库柏勒象征着肥沃的土地，为溶洞、山峦、墙壁、堡垒、自然、野生动物（特别是狮子与蜜蜂）之神，是天上众神和地上万物的母亲，能使大地回春、五谷丰登。罗马人后来也接纳了对库柏勒的崇拜，并将其视为特洛伊的女神，因此就是罗马人的祖先。

剧团经理，活力四射地投入到表演的准备工作中去，并决心绝不节约开支。他私人收藏的大部分艺术品都被放到广场及其周围的会堂陈列，并专门为此搭建了临时的柱廊。此时的罗马还没有希腊城市中那样宏伟的剧场，因此需要搭建看台和临时礼堂。另一位席位市政官马尔库斯·卡尔普尔尼乌斯·毕布路斯也承担了部分费用，与恺撒联手组织斗兽表演和戏剧演出。但毕布路斯抱怨说，全部的功劳和风头似乎都被恺撒独占了。据说毕布路斯曾评论道，就像神的双生子卡斯托耳和波鲁克斯的神庙一样，为了顺口而被人们简称为卡斯托耳神庙；大家嘴里说的总是市政官恺撒，而不是市政官恺撒和毕布路斯。[30]

恺撒在担任市政官期间决定举办角斗表演，以纪念自己的父亲（他在大约二十年前辞世）。角斗表演的起源是葬礼上的表演。起初这种表演只是私人的、家庭内部的活动，但到前3世纪末演化成了公开表演的盛景，规模迅速扩大，也越来越恢宏壮观。根据传统，只有在纪念去世的亲人时才可以举行角斗表演，这种习俗一直延续到恺撒的时代。而斗兽表演可以在多种不同的场合举行。但缅怀先人只是个借口而已，角斗表演这种凶残的娱乐在罗马和整个意大利都非常风靡。但恺撒的父亲已经去世二十年了，隔了这么久突然宣布要举办角斗表演，肯定是十分不寻常的事情。但在很多方面，更令人咂舌的是他计划的宏大规模。他从意大利各地搜罗了许多角斗士，令元老院为之惴惴不安。大家对斯巴达克斯起义还记忆犹新，有人甚至害怕，像恺撒这样一个雄心勃勃的人，在罗马城内掌握着这么多武装人员，会不会对政府不利。或许更重要的是，其他元老不愿意允许恺撒如此大操大办，因为这会让观众的期望值增高，以后其他人再想用表演来争取群众的欢心，代价必然会更高昂，也会更困难。于是，政府通过了一项法律，对任何个人举办的表演中的角斗士人数做了限制。史料告诉我们，即便如此，还是有多达 320 对角斗士在恺撒举办的表演中登场，而且他们全都装备了精美的镶银铠甲。在恺撒与毕布路斯联袂举办的斗兽表演中，斗士们也配备了类似的豪华武器。[31]

在担任市政官期间，恺撒花费了数额惊人的私人财产，在他与毕布路斯联合举办的表演项目中，得到了毕布路斯的资金支持。罗马群众纵情欣赏这些免费的表演和比赛，如痴如醉。如果举办表演的人吝啬小气，会让群众反感，将来的仕途可能因此而受到影响；对主办了真正宏伟壮观的表演的人，群众则会打心底里感激。但也不仅仅是花大钱就足够了，因为有的时候成本极高的表演如果操作得不好，也达不到预想的效果。恺撒做任何事情都是非常高端大气的，他主办的表演非常成功。在他看来，虽然花了很多钱，但每一个铜板都物超所值。他花费的私人资金其实也是借来的。普鲁塔克告诉我们，即便在当官之前，恺撒已经欠下了超过 1300 塔兰同的债务，按照罗马货币计算，相当于 3100 万塞斯特尔提乌斯①（为了让读者对这个数字有个概念，我们举个例子：在略晚的时期或许在当时也是这样，骑士阶层成员资格的最低财产要求是 40 万塞斯特尔提乌斯）。这已经是惊人的巨款，后来他在担任阿庇乌斯大道管理者和市政官期间又欠下了更多的债务。恺撒这是在放手

---

① 塞斯特尔提乌斯在罗马共和国时期是一种小银币，在帝国时期是一种较大的铜币。

一搏，寄希望于自己的仕途一片光明，能够得到丰厚的油水来偿还这些债务。他的债主们也在冒同样的风险，但他们应该对恺撒的未来很有信心。这笔巨额债务中最大的一部分应当是欠克拉苏的。他资助的正在冉冉升起的后辈元老不止恺撒一个，但他不大可能对其他人也如此慷慨，允许他们借了又借、越借越多。[32]

　　恺撒担任市政官期间还有最后一项事迹。当年的某个时期，很可能是在某一轮大型表演之前，他下令在广场重新竖立起纪念马略战胜辛布里人和条顿人的纪念碑。由于之前苏拉已经下令将这些纪念碑拆除或捣毁，所以恺撒竖立的可能是复制品。就像尤利娅的葬礼一样，大部分群众对他的这个姿态非常认可。还有足够多的人记得当年的恐怖气氛——北方蛮族随时可能如潮水般地拥入意大利，再一次血洗罗马城。马略在危难之际挽救了罗马，大多数人认为这是值得纪念的。有一个人却不这么想，他是昆图斯·卢塔提乌斯·卡图卢斯①，前78年的执政官。和恺撒一样，他也是祭司。他的父亲曾在前102年与马略共同担任执政官，在前101年担任资深执政官，对马略非常怨恨，因为马略独占了两人联手取得的成功的全部风头。卡图卢斯尽管还不是首席元老（元老名册中的第一人），但差不多算是元老院中最德高望重的一位。恺撒宣扬马略的光荣，就等于压制卡图卢斯的家族。卡图卢斯对此非常不满，而且如果传说属实的话，他也开始觉得恺撒是一个鲁莽放肆的政客，是潜在的危险分子。卡图卢斯在元老院宣布："恺撒，如今你

---

①　注意与前文提及的诗人卡图卢斯（盖乌斯·瓦列里乌斯·卡图卢斯）没有亲缘关系。

不是在暗中破坏共和国的防御，而是发动了正面进攻。"尽管这位年纪较长的资深政治家威望很高，恺撒还是言之凿凿地为自己辩护，令大多数元老相信了他的无辜。他们也许是正确的，因为恺撒的仕途在多个方面虽然有些招摇，但不逾常规。然而，一场革命正在酝酿之中。[33]

六　密谋

　　一旦财富得到尊崇，给人带来荣耀和权力，德行就开始黯淡无光。清贫被视为可耻，纯真被当作恶毒。由于财富，我们的青年沉溺于奢侈、贪婪和骄傲。他们偷盗，他们挥霍。他们对自己的财产不以为意，却垂涎他人的财产。他们蔑视端庄和贞洁，鄙夷符合天道人伦之事，毫无头脑，毫无节制。

　　　　　　　　——元老与史学家撒路斯提乌斯，前40年代[1]

　　前66年底，普布利乌斯·科尔内利乌斯·苏拉和普布利乌斯·奥特洛尼乌斯·派图斯当选为次年的执政官。这位苏拉是之前大独裁官苏拉的侄子，在流放政敌期间积攒了巨额财富。他是庞培的内弟，可能凭借与这位名将的关系得到了一些人的支持，但他取得成功的更主要原因是他在竞选中大规模地运用贿赂和恐吓手段。这在当时是司空见惯的事情。

　　在这个时期，当局先后通过了许多法案来解决选举舞弊的问题。但不断提出此类立法，恰恰说明了这些法案的空洞无力。最近通过的一项法案规定，在选举中有不端行为的候选人不仅会被褫夺官职，还会被逐出元老院、被禁止展示任何公职的象征物，并永远不得再进入政界。此次竞选中落败的那一对——卢基乌斯·奥雷利乌斯·科塔和卢基乌斯·曼利乌斯·

托夸图斯——立刻援引这项法规，对两位胜利者提起诉讼。科塔在前 70 年担任裁判官，提出了改变法庭陪审团构成的法律。到这时，他已经比担任执政官的法定最低年龄长两岁，所以失败会更令他恼羞成怒，何况他的两位兄弟都已经当过执政官。而曼利乌斯出身于非常显赫的贵族门阀，与选举的两位胜利者形成了鲜明对照。奥特洛尼乌斯自保的主要手段是，利用一群支持者对法庭成员进行恫吓，如果不成功的话，就用暴力打断庭审。苏拉可能也曾用过类似的策略（多年后，他受到另一项指控时，西塞罗为他辩护，并将之前的暴力冲突都归罪于奥特洛尼乌斯）。尽管如此，起诉还是成功了，奥特洛尼乌斯和苏拉都被罢免，并被逐出政界。科塔和托夸图斯成了前 65 年的执政官，这要么是因为他们的得票数仅次于苏拉和奥特洛尼乌斯，要么是因为重新举行了选举。

但事情还没有结束。奥特洛尼乌斯和苏拉不愿意永久性地被排除在政坛之外。有传闻说，奥特洛尼乌斯和苏拉蓄谋在科塔和托夸图斯于前 65 年 1 月 1 日就职的日子将他们刺杀。密谋者还要杀死其他一些重要元老，并自立为最高长官。两位新执政官预先得到了警报，元老院为他们安排了武装警卫，于是就职日安然度过。当局封锁了消息，将此事掩盖下去，所以在前 66 年担任裁判官的西塞罗几年后宣称，他当年对此事一无所知。没有确凿的证据可言，于是各种传闻纷纷出现，并广为流传；尤其是随着时间流逝，政客们都会指责自己的对手参与过这种见不得光的丑事，以攻击对方的名誉。后来有人说，奥特洛尼乌斯的主要同党是卢基乌斯·塞尔吉乌斯·喀提林（本章下文会再次讲到此人）。喀提林此前作为资深裁判官治理阿非利加行省，刚刚回到罗马本土。在苏拉和奥特洛尼乌斯被罢免之后，喀提林也想竞选执政官。主持选举的行政长官拒绝了他的请求，据说他就因此与奥特洛尼乌斯联手，筹划武装夺权。此事的另一个角色是格奈乌斯·卡尔普尔尼乌斯·皮索，他当选了前65年的财务官，被认为是一个狂野不羁、不知节制的人。不久之后，元老院决定派遣皮索以资深裁判官的身份担任西班牙总督——这对一个如此年轻和资历尚浅的行政长官来说是极其不寻常的任命——有人将此理解为元老院害怕皮索继续留在罗马会滋生事端，于是将他调走了。这些故事在流传的过程中逐渐演化，尤其是皮索后来在自己的行省被麾下的一些西班牙士兵杀害之后。有人说，这些辅助部队的士兵是因为不堪忍受总督的残暴统治才将他杀死。这很有说服力，但我们必须记住，残酷压迫人民的罗马总督有很多，其中被暗杀的却极少。另一种理论是，这些西班牙士兵曾经在庞培麾下讨伐塞多留，因此对庞培忠心耿耿，在他的授意下（或是自作主张）为庞培除掉了一个潜在的竞争对手。如此荒诞不经的故事也能流传，足以说明这些年里人们的神经是多么紧张。[2]

我们必须先考虑上述背景，才能研究苏埃托尼乌斯的版本：克拉苏和恺撒与奥特洛尼乌斯和苏拉是一伙，他们计划将元老院内的政敌尽数屠杀，恢复奥特洛尼乌斯和苏拉的执政官职位，让克拉苏当独裁官，让恺撒当克拉苏的副手（独裁官的副手拥有一个古色古香的头衔：骑兵统帅）。据说按照计划，恺撒将会发出开始屠杀的讯号——让托加袍从肩膀上落下——但克拉苏由于"良心不安或者心存恐惧"而没有露面，于是恺撒放弃了计划。苏埃托尼乌斯描写此事的资料全都来源于后来敌视恺撒的作家。苏埃托尼乌斯的另一个故事——恺撒与皮索勾结，企图发动武装叛乱，但由于皮索遇害，不得不罢手——也是基于敌视恺撒的史料。除此之外，指责恺撒很早就企图以武力夺取政权的说法还有一些，但这些都很可能是后来炮制出的宣传。在前 65 年才当选市政官的恺撒没有理由希望发生革命。他极不可能参与任何旨在刺杀他的亲戚卢基乌斯·奥雷利乌斯·科塔的密谋。同样，刚刚当选为监察官的克拉苏（他的同僚是卡图卢斯）从武装叛乱中也得不到什么好处。在执政官选举期间和之后发生了一些有政治动机的暴乱，也许真的有过某种密谋，但恺撒或克拉苏参与其中的说法肯定是后人附会。[3]

古代和现代的史学家有种倾向，认为克拉苏与庞培的竞争和对抗主宰着这些年。前 67 年，卡图卢斯曾提出，清剿海盗的行动给了一个人过多的权力。庞培后来又得到了讨伐米特里达梯六世的指挥权，于是他统领的军队比内战爆发时苏拉麾下的部队强大得多，能够获取资源的地区也比苏拉当年广大得多。前 62 年底，庞培终于班师回朝，返回意大利，此时他主动交出了自己的权柄。后来帝国时期的作家们都对此表示惊讶。人们推测，任何有力量将自己确立为罗马唯一主宰的人一定会渴望这种霸权。我们现在当然知道，这种信念是错误的，因为庞培更愿意以常规的途径来追逐荣耀、满足野心。西塞罗在这些年的书信中丝毫没有表示出担心这位伟大的将军会效仿苏拉。不大可能有许多元老预料会发生新的内战，但这并不是说他们完全不相信可能发生内战。在这些年中，活跃在政坛的人们年纪都足够大，都还记得前 80 年代的血雨腥风、针对显贵们的放逐名单，以及那些装饰着演讲台的人头。这一切都发生在罗马的中心，谁敢说这样的事情不会再发生呢？庞培曾经是苏拉的嗜血副将之一，是"年轻的刽子手"。随着他逐渐成熟，似乎性格温和了一些，但他的大部分时间都在海外度过，只有少部分时间在罗马参与政界的日常活动。闯劲十足的军事统帅形象大家有目共睹，他在阿非利加、西班牙、西西里和意大利屡战屡胜，最近又在亚细亚旗开得胜。但有多少人真正熟悉庞培这个人，又如何能确定他会做出什么事情来。庞培面对的局势与苏拉当年面对的迥然不同，他能做的选择很少。但是，如果有人企图在罗马用武力夺权，就像当年心怀不满的执政官秦纳那样，那么谁又敢说庞培不会以此为由率领大军杀回来。这种情况似乎很有可能发生，因为选举和审判遭到扰乱，重要元老之间的竞争也越来越残酷。[4]

　　与庞培形成鲜明对比的是，大家对克拉苏很熟悉，他在罗马待的时间比庞培久得多，而且在政坛非常活跃。他是共和国的巨富之一，很可能仅次于庞培。他常说的一句话是，如果一个人不能组建自己的军队，就算不上富人。虽然他富得流油，而且生活在一个奢靡和放纵的年代，但他自己的生活方式却非常朴素。像卢库鲁斯和演说家霍尔腾西乌斯（西塞罗的主要对手）这样的人用豪门大宅、别墅和花园来炫富，纵情享用山珍海味。他们还致力于建造咸水池塘，在里面饲养海鱼，有的用来当食物，有的是宠物。克拉苏不会在这些心血来潮的事情上浪费金钱，而是花了很大力气去增加自己已经非常惊人的财富。他对五花八门的生意都感兴趣，与外省的包税人和其他公司联系密切。最显眼的生意是房地产，他豢养着数百名技艺娴熟的奴隶，开发房产并为其增值。他名下拥有一支消防队，这在当时的罗马仅此一家。城市的很大一部分都是房屋非常密集的贫民区，街巷非常狭窄，两侧是拥挤的高楼，建筑质量往往非常低劣。地主们将这些房屋出租，尽可能地榨取利益。在这样的城区很容易发生火灾，一旦起火，火势蔓延也非常快，尤其是在酷热的意大利夏季。克拉苏会静候火灾发生，然后以极其低廉的价格收购受大火威胁的房产；交易敲定之后，他会派来自己的消防队，去扑灭大火，通常的做法是拆除房屋以制造隔离带。他新买的房产有些能够得救，而他的奴隶工匠们也可以在被拆除的房屋原址重新建造。就这样，罗马城的很大一部分都被克拉苏收购了。他的房地产生意似乎主要涉及富人区的高档住宅，但像其他许多罗马名流一样，他也可能拥有许多贫民窟公寓楼。他的很大一部分财产是通过果断而无情的手段挣来的。某个时期，可能是前 73 年，他曾与一位叫作李锡尼娅的维斯塔贞女过从甚密。她被正式以不守贞洁的罪名起诉，由于她是维斯塔贞女，如果罪名成立，会被活埋。克拉苏宣称自己想从李锡尼娅那里买一座房屋，她的名字表明她可能是房主人的亲戚，于是起诉被撤销了。大家对克拉苏收购新地产的热情坚信不疑，以至于相信他的确是要买房子，而不是和李锡尼娅有私情。李锡尼娅被无罪开释，但克拉苏据说一直围绕在她身边，直到她最终把房子卖给他。[5]

克拉苏不仅仅是一位坐拥大庄园、银矿和许多房产的地产大亨，他敛财也不仅仅是为了金钱，而是为了满足他的政治野心。上文已述，恺撒可能从克拉苏那里借钱，来做出收买人心的大手笔。克拉苏非常大方地把钱借给很多政界人士。他很少收利息，但约定的还款日一到，他就会无情地收回欠款。他大力积累政治资本，为他人帮忙出力，好让他们对自己感恩戴德。这些年中，全部元老（共约 600 人）中的大多数人，要么欠克拉苏的钱，要么曾经享受过他的无息贷款。这些人极少是最伟大家族的成员，因为后者通常已经足够富裕，无须借

款。很多人像恺撒一样，来自上层圈子的边缘，怀揣雄心壮
志。更多的人则是地位较低的元老，他们从来没有担任过行政
长官，但作为元老院成员，拥有投票权，尽管他们很少有机会
发言。克拉苏慷慨大方地允许其他人利用自己的财富，因而对
这些人的影响极大。他还同样乐意以其他方式帮助他人，使其
欠下人情。克拉苏在法庭特别活跃，即便与西塞罗这样的人
（西塞罗的仕途主要依赖作为辩护律师的技能）相比，也显得
格外活跃。西塞罗说：

> 克拉苏虽然只接受过平庸的修辞训练，天赋也很有
> 限，但通过勤奋和努力，尤其是他的门客们谨慎精明地为
> 他效劳，他在许多年中一直是最优秀的辩护律师之一。他
> 的演讲词清楚晓畅，遣词造句非常用心，没有过多的雕
> 饰，他的思路也很清晰，但他的表达和嗓音很一般，所以
> 他不管说什么，音调都是一样的。[6]

普鲁塔克也强调，克拉苏在每次出庭前，必然会精心准备
演讲词。他的辩护依靠的是刻苦，而不是天生的能言善辩。但
他的辩护仍然非常有效，而且他常愿意接下别人拒绝的案子，
所以很多人都对他感激涕零。与之类似的是，他总是很乐意帮
助竞选的候选人拉票，这也是能让人感恩的事情，将来也许能
得到回报。他特别喜好交际，热衷于结识新朋友，所以有时显
得反复无常，往往先是在法庭或广场为一个人辩护，没过多久
又为此人的对头摇旗呐喊。克拉苏在政治上非常勤奋，然而庞
培在罗马的时候很少涉足广场。庞培的财富和威望超过了其他
任何人，但他很不情愿利用自己的财富和威望，他不喜欢拥挤

的人群，也很少为人辩护。克拉苏则总是抛头露面，为他人代言或支持他们，并且非常小心，即使遇到地位比较低微的人，他也会亲切地直呼其名，向其问好。他始终未能赢得群众的好感，但他的影响力极大，保证了人们对他的尊重。起诉名人是政治活动的一个正常且频频出现的部分，但没有人以这种方式攻击克拉苏。普鲁塔克提到，有一名平民保民官因热衷于攻击名人而臭名远扬。有人问他，为什么从来没有攻击过克拉苏，他的理由是"克拉苏的角上挂着稻草"。意大利有种风俗是在危险的公牛角上挂稻草，以警示人们与其保持距离。这可能是个文字游戏，因为拉丁语中"稻草"与"放债人"的词根相同。[7]

克拉苏显然为自己前 65 年的监察官任期制订了宏伟的计划。他宣布了向内高卢大量居民授予公民权的计划。恺撒已经表示支持该地区的人获得罗马公民权，而克拉苏非常希望赢得如此之多的新选民的感激和支持。其他元老害怕这项政策会给他带来更大的影响力，而他的同僚卡图卢斯坚决拒绝接受这些人为新公民。克拉苏还打算吞并埃及，将其变为一个行省，并向其征收赋税——具体如何操作，我们不得而知，因为这些事情一般不是由监察官来处理的。埃及正处于动荡之中，腐朽的托勒密王朝内部争斗不休，国内叛乱风起云涌。苏埃托尼乌斯告诉我们，恺撒在自己担任市政官期间赢得的民众支持的鼓舞下，也企图说服一些平民保民官投票推举他为埃及总督，去平定当地战乱。在这件事情上，他和克拉苏可能是同盟军。当然，他们也可能是都看到了主宰这个著名的富饶之乡并借以从中渔利的机会。不管怎么说，反对的声音太强烈，所以克拉苏的两个计划都流产了。克拉苏和卡图卢斯的争吵非常激烈，以至于两人在担任监察官仅几个月后都同意辞职。他们没有完成自己的主要职责，即对公民及其财产进行新一轮普查。几十年后，才真正执行了一次新的普查。监察官这个关键职位已经跟不上政治局势的新发展。[8]

加图、喀提林和法庭

前64年，恺撒首次作为行政长官主持庭审。市政官和前任市政官常被请来担任法官，因为案件实在太多，裁判官无力应对。前64年，谋杀案的法庭庭审特别多，部分是由于一位叫作马尔库斯·波尔基乌斯·加图的财务官的活动所致。据说，加图比绝大多数担任财务官（这是官场晋升体系中的最低一级）的青年都对自己的职责更较真。加图被指派去管理国库，但他不满足于遵循常规，也不会将日常管理工作下放给长期任职且专门负责此事的官吏，而是亲力亲为，仔细查看工作的每一个细节。据说他的严格和渊博令专业吏员们瞠目结舌。官吏们拼命反抗，企图借助当年其他财务官的力量来阻挠他。加图的对策是解雇了级别最高的一名国库吏员，并以欺诈罪名起诉了另一名吏员。在他任职的这一年，他还调查了苏拉当独裁官期间留下的一些不正常现象。苏拉曾允许得宠的亲信从共和国的国库"借款"。加图穷追不舍，将这些钱全都追了回来。他专门挑选了一个群体并对他们进行特别调查，即那些因杀死被放逐者而领到1.2万迪纳厄斯（合4.8万塞斯特尔提乌斯）赏金的赏金猎人。加图披露了这些人的姓名，并勒令他们退还这些"刽子手的酬金"。加图的行动广得民心，因为苏拉流放政敌的恐怖还留在人们的记忆中。一些人把握住了时代的潮流，纷纷以谋杀罪起诉这些赏金猎人。这种起诉是否合法，是值得商榷的，因为那些赏金猎人是代表苏拉去惩罚被认定为共和国公敌的人，因此受《放逐政敌法》保护。就像恢复保民官地位与权力的政策得到群众的普遍支持一样，这些审判同样质疑了苏拉独裁官的基础与合法性，表达了人们希望政局恢复到苏拉之前状态（那时的共和国还是"正常"的）的心声。罗马人正在努力挣扎着，去接受近期历史的暴力和动乱。[9]

恺撒无疑会欢迎主持这些审判的任务。他自己在苏拉独裁期间的经历使他对这些参与放逐政敌并从中渔利的人没有什么同情。在政治上，再一次参与受民众欢迎的事业，也不是坏事。尽管法官无法控制法庭的陪审团，但他可以有倾向性地支持其中一方，而恺撒似乎是非常积极地去谴责那些凶手，毕竟国库的官方档案已经将这些人的罪行记录在案。被定罪的人包括卢基乌斯·鲁斯吉乌斯，他是苏拉麾下的一名百夫长，在流放政敌期间积攒了多达 1000 万塞斯特尔提乌斯的巨大财富。另一名凶手是喀提林的姑父卢基乌斯·安尼乌斯·贝利艾努斯，被他杀死的受害者包括昆图斯·卢克雷提乌斯·奥菲拉，也就是那个违抗苏拉的特别命令、坚持要参选执政官的人。喀提林本人也受到审判，并且显然是有罪的，不过西塞罗后来对他的激烈詈骂也许有些言过其实了。西塞罗宣称，喀提林曾挥舞着自己内兄（马略的一位近亲）的首级，招摇过市。但不管怎么说，喀提林被无罪开释。喀提林能够逍遥法外，主持法庭的恺撒是不是与他串通，我们不清楚。但喀提林的地位确实比审判中其他被告的地位要更重要，靠山也更强大。仅凭他的人脉就可能影响陪审团的意见，如果再加上贿赂和其他好处的话，脱罪是很轻松的事情。喀提林或许不需要恺撒的帮助，但恺撒也可能感到对喀提林穷追猛打，对自己也没有什么好处。随后几年中，这两人在政治上有合作关系，这表明当年的审判并没有在他们之间造成敌意；但这究竟能说明多少问题，很难判断。尽管恺撒与马略关系密切，但他在此事中并没有扮演对私人仇怨睚眦必报的复仇者角色。据苏埃托尼乌斯的记载，恺撒坚决拒绝起诉科尔内利乌斯·法基特斯。当年恺撒逃离苏拉的怒火时，就是此人逮捕了恺撒，恺撒花了一大笔钱贿赂他，才得以脱身。科尔内利乌斯·法基特斯拿人钱财，替人消灾，而恺撒强调自己绝不会忘记任何帮助过自己的人，或许是觉得科尔内利乌斯逮捕他是奉命而为，而最终让他逃脱才更重要。[10]

这不是喀提林第一次从庭审中全身而退。他曾因在阿非利加担任总督期间施政不当、贪污腐化而被送上法庭，但他在元老院高级成员中的人脉帮助他躲过了惩处。他可能的确有罪，但卡图卢斯这样的大人物也在法庭上支持他，于是他得以像其他许多总督一样，逃脱法律制裁。在此案中，甚至起诉人也对被告格外照顾。与苏拉和恺撒一样，喀提林也出身于古老的贵族世家，但他的家族在数百年间也逐渐衰败，退缩到了政界边缘，挣扎着与更富裕、更成功的对手们竞争。内战帮助他恢复了自己的财富，因为他最终成为苏拉的忠实党徒。在随后的一些年中，丑闻始终伴随着他，据说他到处寻芳猎艳，甚至勾引了一名维斯塔贞女。随后他娶了奥雷利娅·奥利斯提拉，据我们所知，她与恺撒的母亲奥雷利娅没有亲戚关系。奥雷利娅·奥利斯提拉非常富有，但名声不佳。撒路斯提乌斯尖刻地评价道："她除了美貌之外，没有任何地方值得好人的赞扬。"有惊世骇俗的传闻称，喀提林对她爱得如痴似狂，因为她不愿意与这个差不多已经成年的继承人生活在同一座房子里，喀提林甚至谋杀了自己十几岁的儿子。喀提林是个声名狼藉的浪荡子，他的朋友，无论男女，一般都属于贵族中比较疯狂的分子。但他同时魅力十足，而且能够令追随者们忠心不二、至死不渝。喀提林与恺撒有着惊人的相似之处，我们很容易把喀提林看作恺撒有可能变成的样子。虽然有着许多丑闻，但喀提林的仕途到目前为止都是很传统的，除了内战时期之外，当然在内战期间正常的规则丧失了效力。他无比渴望成功，几乎到了无所不用其极的地步，这一点也让人想起恺撒。他在前 66 年被禁止参选执政官，在次年也没有参选，可能是因为他仍然因为担任行省总督期间的腐败问题而接受审判。但在前 64 年底，他再一次成为执政官候选人。克拉苏和恺撒可能都支持他参选。[11]

　　与喀提林形成鲜明对比的是，马尔库斯·波尔基乌斯·加图似乎在方方面面都与恺撒截然相反。他是老加图的曾孙。老加图是在第二次布匿战争期间凭战功被擢升为元老的"新人"，后来一直做到执政官和监察官。老加图一直将自己与门阀世家中软弱娇气的贵族们做对照，鄙夷他们对希腊语言和文化的追捧；他自己过着简朴的生活，并以严格的责任原则指导自己。老加图还是第一个用拉丁散文撰写罗马历史的人，他在史书中刻意不提具体行政长官的名字，因为他想要赞颂的是罗马人民的事迹，而不是纪念贵族的成就。元老家族自我推销的一个有趣例子就是，马尔库斯·波尔基乌斯·加图刻意通过模仿自己著名的曾祖父的习惯和生活方式，获得了极大的名誉和尊重。加图一方面坚决奉行罗马的传统价值观——这种价值观也许反映了古代史实，也许只是后人附会，但不管怎么说都受到广泛的仰慕，尽管并没有得到普遍的遵守——另一方面又特别严格地遵照斯多葛派哲学。这种思想强调追寻美德，视美德高于一切，但加图非常极端，简直走火入魔。加图名誉高洁，从来没有过任何丑闻，也从来没有被人指责生活奢侈。与恺撒热衷穿着打扮和不寻常的时尚形成对照的是，加图对自己的外表极不关心。他常常光着脚在罗马街头行走，据说作为行政长官处理政务时也只披着托加袍，里面也不穿惯常的短上衣。旅行时，他从不骑马，总是步行，据说能够轻松地赶上骑马的旅伴。又一次与恺撒形成对照的是，普鲁塔克记载称，加图在新婚之夜之前一直保持童贞。而他的妻子却没有这样的自制力，后来因为与人通奸而被加图要求离婚。他的同母异父姐姐塞维利娅也不像他这样恪守贞洁，而是与恺撒有着长期私情。[12]

在行为举止上，恺撒和加图似乎迥然不同，但在某些方面，他们为之努力的目标其实是相同的。雄心勃勃的政治家们需要吸引大家的注意，才能从众多竞争同一职位的人当中脱颖而出。在这方面加图有优势，因为他的家庭背景比恺撒要好。一个人当选为行政长官后，必须压倒担任同一官职的其他人的风头。个人才干很重要，但吸引别人注意到自己的事迹也很重要。担任财务官期间，加图确保所有人都知道自己的行事方式与众不同，在工作中不仅投入了自己的才华，还运用了自己独特且严格的美德。起诉那些在流放政敌期间杀人渔利的赏金猎人是一项非常得民心的事业，吸引了大家的注意，赢得了民众的认可。恺撒和加图以完全相反的方式——恺撒整洁潇洒、引领时尚潮流；而加图表面上不拘小节、邋里邋遢——推销自己，树立了与众不同的形象。恺撒喜好奢侈、竞技和表演，一掷千金；而加图非常节俭，这收到了同样的效果。加图和恺撒都在其政治生涯早期赢得了广泛的认可和名誉，拥有锦绣前程。尽管风格不同，但他们玩的其实是同一种游戏。

旧的罪行，新的阴谋

前 64 年底，竞争激烈的竞选又如火如荼地上演了。恺撒要到下一年才有资格参选裁判官，所以他不是候选人，但他肯定在选举现场支持其他人。这样有利于自己在将来得到别人的支持，而且也能让即将上任的行政长官对自己感恩戴德。执政官的竞选尤其激烈。喀提林终于可以参选执政官了，他的盟友是同样恶名昭彰但远远不及他有天赋的盖乌斯·安东尼①。另外一位值得关注的候选人是著名的演说家马尔库斯·图利乌斯·西塞罗。西塞罗是个"新人"，完全靠个人才干取得成功。他通过在法庭上做辩护律师而声名远扬，尤其是参与著名的案例，例如他在前 80 年曾反对苏拉的一名党羽，在前 70 年起诉了一名特别腐败但富有且人脉极广的总督。和恺撒一样，西塞罗也曾支持将东方军事指挥权交给庞培的《马尼利乌斯法》，并继续与这位深得民心的英雄的追随者们交好。在同盟者战争中，他和庞培曾短暂地一同在庞培·斯特拉波麾下服役。具有讽刺意味的是，喀提林也曾在同一支部队服役。西塞罗将自己展现为骑士阶层的捍卫者，在担任市政官期间还尽心尽力地举办了优质的娱乐活动。但他以这种方式向群众邀宠，使元老院中的重要贵族们——他们喜欢自称为"贵人"——对他颇为反感，而且已经连续几十年没有一位"新人"当选

① 后来恺撒麾下大将马克·安东尼的叔叔，后与西塞罗同年担任执政官。

执政官了。最后结果是大家对喀提林非常猜疑，于是演说家就显得是个更好的选择。西塞罗轻松当选，而安东尼勉强获得第二名。[13]

　　前63年1月1日，西塞罗和安东尼正式上任，随即就有一位叫作普布利乌斯·塞维利乌斯·卢路斯的保民官提出了一项激进的土地法案。该法案要求将土地大规模地分配给贫困公民，从位于坎帕尼亚①的国有土地——这差不多是格拉古兄弟的土地再分配之后仅剩的公共土地——开始。因为这些土地面积不足，所以共和国还需要收购额外土地。该法案保证向国家出售土地的人能够得到一个好价钱，宣布所有的土地出售都将自愿进行，并明确豁免了苏拉老兵们的农场（内战结束后，苏拉将自己的退伍军人安顿在没收来的土地上）。显然，为了筹集所需款项，甚至外省土地也可以被拿来出售。此项目的执行将由一个十人委员会负责监管，这十名委员在五年之内享有资深裁判官级别的权力。这个委员会的人选由一个较小的公民大会（包括十七个部落，而不是三十五个部落）选举产生。这项计划的规模极其宏大，十人委员会的权力也非常大，他们面对的问题也是非常现实的。最近几十年来，意大利农村遭受了惨重损失，有大量贫民的处境非常糟糕。很多丧失了土地的农民流落到罗马，往往需要费很大的力气才能找到工作，以养活自己和家人。城市有机遇和工作机会，但并不是所有进城的人都能取得成功。房租很高，拥挤公寓楼的生活条件极端恶劣肮脏，很多穷人不堪忍受沉重的债务负担。与贵族不同，他们没有希望通过担任公职来发家致富。

────────

　　①　在今天意大利的西南部。

卢路斯土地法案还不能解决所有问题，但能够对问题起到缓解作用。起初，这一年的十名保民官全都支持该方案。克拉苏和恺撒极有可能也是卢路斯的热情支持者，或许还希望能够入选十人委员会。庞培的态度较难判断。一方面，他的军事行动快结束了，大批老兵回国后需要安置，《卢路斯法》或许能够为其提供农田。另一方面，如果克拉苏在此计划中起到了关键作用，那么就意味着这些老兵和其他许多公民会欠下庞培对手的人情。有几位保民官是庞培的铁杆支持者，这意味着庞培不大可能会积极地反对该方案，但是他可能根本没有时间去好好斟酌此事，因为他还在远离罗马的地方。西塞罗从一开始就反对此法案，终其一生都不喜欢类似的立法。许多重要元老也反对卢路斯，因此新任执政官或许感到这是个拉拢他们的好机会，因为这些元老对他的态度到目前为止顶多只能算是不温不火。西塞罗向元老院和聚集在广场的群众发表了一系列演说，猛烈攻击卢路斯的提案。西塞罗将十人委员会妖魔化为"国王"，因为他们的权力超乎寻常；还暗示提案背后有神秘人物支持，其目的不可告人。西塞罗始终没有明说这些幕后黑手究竟是谁，不过大家一般认为他指的是克拉苏，也许还有恺撒。西塞罗说，这些幕后指使的人想建立自己的地位，与庞培争斗。至少有一名保民官已经打破了共识，宣布将否决此法案。西塞罗的唇枪舌剑得胜了，土地法案被放弃了。[14]

在随后几个月内，恺撒起诉了不久前卸下内高卢总督职务的前任执政官盖乌斯·卡尔普尔尼乌斯·皮索。皮索受到的指控包括敲诈勒索和营私舞弊，以及非法处决了一个来自波河河谷的高卢人。恺撒又一次努力捍卫内高卢人民的利益，但这一次仍然没有成功。皮索的辩护律师是西塞罗，后者在自己的能言善辩之外还加上了现任执政官的威望，成功地为皮索开脱了罪名。但恺撒提起了这番诉讼，还精神抖擞地穷追不舍，招致了皮索永久的敌意。当年晚些时候，恺撒出庭为一名努米底亚客户辩护，此人是一名贵族，企图脱离希耶姆普萨尔二世国王独立。法庭上双方的辩论越来越激烈，国王的儿子朱巴也出席了庭审。有一次，恺撒动手抓住了朱巴的胡须。他可能是有意为之，希望利用绝大多数罗马人内心深处对外国人的憎恶和敌视，但更有可能是一时怒火中烧。恺撒的礼节风度和贵族仪态是无可挑剔的——他在做客时，哪怕主人的招待再粗劣，他也会优雅地接受；如果他的同伴发出抱怨，他还会批评他们。但终其一生，他有时也会爆发。无论如何，这个案子的判决结果是国王胜诉。恺撒没有抛弃自己的客户，而是将他藏在自己家中，最后偷偷送出罗马。[15]

前63年，恺撒多次与当年的保民官之一提图斯·拉比埃努斯合作。他们可能是老相识，年龄相近，在前70年代都曾在奇里乞亚和亚细亚作为塞维利乌斯·伊苏利库斯的部下服兵役。拉比埃努斯的家乡似乎是皮基努姆，庞培家族在那个地区拥有强大的地产势力，拉比埃努斯与他们可能有某种联系。作为保民官，他通过了一项法案，授予庞培超乎寻常的荣誉：这位伟大的将军被允许在观看任何竞技和表演时头戴凯旋将军的月桂花环、身穿紫袍；若观看赛车，还可穿戴全副华服宝器。据说恺撒是这些政策的幕后推动者和主要支持者。苏埃托尼乌斯还说，是恺撒推动拉比埃努斯起诉盖乌斯·拉比里乌斯——一位老朽而平庸的元老。罪名是"大逆"，这是一种非常古老的罪名，有点像叛国罪。具体的案情发生在三十七年前，也就是恺撒出生不久之后。拉比里乌斯曾经追随当年的两位执政官，去屠杀萨图尔尼努斯和格劳基亚的支持者。死者中包括拉比埃努斯的叔叔。一部非常晚近且很可能不可靠的史料称，拉比里乌斯在杀人后不久的一次宴会上展示了萨图尔尼努斯的首级。拉比埃努斯可能以杀害萨图尔尼努斯的罪名起诉拉比里乌斯，因为萨图尔尼努斯是保民官，受到法律保护，神圣不可侵犯。但是，当年有一名奴隶因为杀死萨图尔尼努斯而得到赏赐，所以拉比里乌斯应该不是杀害萨图尔尼努斯的凶手。前100 年，元老院发布了终极议决，授权马略和另一位执政官以一切手段保卫共和国。恺撒和拉比埃努斯似乎并不是在挑战元老院发布此种命令的权力，也不是质疑行政长官执行该命令的权力，而是关心命令的具体实施方式。他们相信，马略已经接受了萨图尔尼努斯和格劳基亚等极端分子的投降，但一群暴民爬到元老院会堂的屋顶上，将这些俘虏杀死了。元老院终极议决授权行政长官以武力镇压威胁共和国的公民，但在这些人举手投降、不再有危害能力之后，是不是仍然得不到法律的保护，并不明确。[16]

此次审判的许多细节都晦暗不明。尤其是我们对起诉方的论点不甚清楚，只能从西塞罗为拉比里乌斯辩护的演讲词中窥探究竟。同样，我们对《卢路斯土地法》的大部分情况也不清楚，也只能通过西塞罗详细而极其敌视的演讲词中了解一二。拉比里乌斯案件非常奇怪，首先是案情已经过去了许多年，为什么突然又追究起来？其次，当年的目击证人很少有仍然在世的，尤其是因为内战期间罗马的精英阶层损失惨重。在大逆罪名的指控上，也没有近期的审判程序可供参考。苏拉曾建立一个永久法庭来裁决一种类似的但程度较轻的罪行——叛逆，它实际上是一种侵犯罗马人民尊严的罪行，很像某些现代体育中所谓"损害了这项运动的声望"的罪名。但是，恺撒和拉比埃努斯刻意选择了"大逆"这项尘封已久的罪行，专门处置此种罪行的立法可以上溯到五百多年前，那时罗马还是君主国。根据旧时法律，惩罚大逆的刑罚是将犯人钉死在十字架上——这种刑罚已经不用来处置公民，而且似乎也不允许犯人按照常规，自行流亡外邦。抽签指定了两名法官来审理此案。恺撒是法官之一，他的远房堂兄卢基乌斯·尤利乌斯·恺撒（前一年的执政官）是另一名法官。偏偏抽中了他们两人，显得非常可疑，但我们没有理由认为恺撒串通了监督抽签的裁判官，因此这可能只是巧合。

拉比里乌斯被判有罪，刑罚是死刑。他被允许向代表罗马人民的百人会议上诉。为年迈的拉比里乌斯辩护、反对拉比埃努斯的律师不仅包括西塞罗，还有昆图斯·霍尔腾西乌斯（西塞罗取代了他，成为罗马最伟大的演说家）。西塞罗很可能就是在这次庭审上做了后来公开发表的演讲。在演讲中，西塞罗强调萨图尔尼努斯罪有应得，指出拉比里乌斯不是杀死萨图尔尼努斯的人。不过西塞罗一再宣称，他倒是希望拉比里乌斯拥有杀死萨图尔尼努斯的荣誉。他指责拉比埃努斯之所以重启早已被人遗忘的古代法律，是因为他内心的残酷；按照罗马法庭上的常规，他还对拉比埃努斯的名誉进行攻击，神秘莫测而意味深长地暗示，拉比埃努斯的道德败坏是"世人皆知"的。西塞罗抱怨说，法庭允许他发言的时间短得不合常规。这个抱怨是有道理的。他的努力似乎没能说服聚集在百人会议上的投票者，尽管作为法官的恺撒对拉比里乌斯毫不掩饰的敌意使许多人转而同情被告。很快局势就变得明朗起来，投票结果必然是判定拉比里乌斯有罪。但就在这时，这个非常规的事情突然以奇特的方式戛然而止了，这倒也算合宜。百人会议的结构是早期罗马军队的翻版，总是在战神广场（位于城市的正式边界之外）集会。在早期历史中，罗马还很小，敌人则很近。如果有服兵役义务的公民全都聚集起来投票，那么城市在遭遇突袭时就会很脆弱。因此，为了防止这种威胁，罗马人会在雅尼库鲁姆山的制高点安排哨兵。只要哨兵在自己的位置上守卫，山顶上就会悬挂一面红旗，百人会议就可以安然处理事务。如果旗帜被降下，就说明罗马处于危险之中，公民们必须立刻解散大会，拿起武器。这种风俗一直持续到恺撒的时代，而且还会延续数百年，尽管它的功能早已不存在了。在百人会议决定拉比里乌斯命运的投票结束之前，裁判官昆图斯·凯基里乌斯·梅特卢斯·凯列尔命令将山顶的旗帜降下。于是，大会还没有做出裁决，就解散了。没有人尝试重新进行一次审判。[17]

史料没有解释，梅特卢斯为什么要这么做。他是在保护拉比里乌斯吗？或者他在给拉比埃努斯和恺撒一个台阶下，免得他们当真要将一名年迈而人微言轻的元老定罪、处死？拉比埃努斯和恺撒事后都非常愿意放弃追查此案，显然说明惩处拉比里乌斯并非他们的主要目标。在此案中，他们质疑了元老院终极议决是否高于其他一切法律和公民权利，但没有给出明确的答案，也没能对法律做出任何改变。在实践层面，他们最大的成绩或许在于，将来任何一位行政长官在遵照元老院终极议决行事时一定会格外小心。在个人层面上，此次审判对拉比埃努斯和恺撒来说都是一次成功。这次负责裁决拉比里乌斯的百人会议中，可能大多数成员都是他们的支持者，或者是那些被此案及更大范围的问题触动的人，所以它的构成应该不算很典型。很多公民没有时间、兴趣或者机会来参加大会，事实上要把全部有资格的公民塞进百人会议的场地，也是不可能的事情。即便如此，此次大会比以往的大会都更趋向于富人的利益。大会显然愿意判拉比里乌斯有罪，这的确说明许多公民同情起诉方。恺撒这一次仍然是确保自己在政界抛头露面，并且站在顺应民意的那一边。当年晚些时候，百人会议的另一次会议选举他为前62年的裁判官，这足以证明他是多么受欢迎。此时他刚刚达到参选裁判官资格的最低年龄。

裁判官是一个重要职务，任期结束后，只要当事人愿意，肯定会得到一个行省总督的职位。裁判官的竞争非常激烈，而超过一半的裁判官的仕途都到此为止，没有办法当选更高的职位，即执政官。但是，对恺撒来说，当选裁判官的成功还远远没有前63年底他另一项竞选的成功那么富有戏剧性。大祭司团（共十五人，恺撒是其中之一）的首领——祭司长昆图斯·凯基里乌斯·梅特卢斯·皮乌斯——去世了，于是这个职位就空缺了出来。梅特卢斯是枝繁叶茂的梅特卢斯氏族的又一位代表；这个氏族原本就很有势力，由于支持苏拉，更是如日中天。苏拉把祭司长和其他大祭司的任免权交给了元老院。但在这一年的某个时候，拉比埃努斯通过了一项法案，恢复了旧的做法，即祭司长的职位由公民选举产生。一个精简版的部落大会（只有十七个部落参加，而不是全部三十五个部落，具体是哪十七个部落，抽签决定）被赋予了选举祭司长的任务。我们不知道这项法律是何时通过的，不知道是抢在梅特卢斯去世前通过的，还是在他死后匆匆通过的。

在法案公开发表之后，必须在三个集市日之后，也就是至少要等二十四天，才可以将该法案提交公民大会投票。恺撒发表讲话对此法案表示支持，在它正式成为法律之后，他就宣布自己要参选。[18]

祭司长的威望极高，在很多方面都算得上罗马最重要的祭司。正因如此，共和国的许多名流权贵都会积极地争夺这个职位。卡图卢斯①也参加了竞选，恺撒在奇里乞亚时的老上司普布利乌斯·塞维利乌斯·伊苏利库斯也参加了。他们两人都比恺撒更有名望，做过的官职比他高，获得过的荣誉也比他多。如果仍然由元老院任命祭司长，那么卡图卢斯几乎一定会得到这个任命。但现在既然是选举，结果就难说了，因为选民们还记得恺撒当市政官时花费巨资为群众提供娱乐和福利，以及他常常与民众站在一边。在竞选过程中他似乎也是一掷千金，馈赠礼物、提携帮助他人、争取每个部落的关键人物。他的竞争对手们也在这么做。仅有十七个部落投票，而不是全部三十五个部落，这让贿赂选民容易了一些。随着竞选活动继续，卡图卢斯开始深切地担忧，恺撒这个后起之秀现在变成了一个有力的竞争者。尽管卡图卢斯威望很高，但如果此次选举失败，必然会损害他的声望，尤其是输给比自己年轻那么多的人，就更说不过去了。卡图卢斯知道，恺撒在竞选开始之前已经债台高筑，于是写信给他，提出如果他主动退出祭司长的竞选，就会给他一大笔钱。恺撒对此的理解是卡图卢斯软弱心虚。于是恺撒立刻借了更多的钱，去笼络投

---

① 指前文讲到的那个与恺撒作对的昆图斯·卢塔提乌斯·卡图卢斯，不是著名诗人卡图卢斯。

票的各个部落。这是一场绝望的赌博。他的债主们将赌注压在他将来有一个锦绣前程上，主要是寄希望于他能够得到很高的官职，并借此获得巨额利润。祭司长的职位本身没有多少油水，但恺撒在任何选举中都输不起了。如果他不能赢得选民的支持，那么对他的债主来讲，他就开始像是个不值得承担的风险了。在他的好运彻底耗尽、本人彻底垮台之前，债主们就会登门讨债。

选举日到来的时候——具体是哪一天，没有留下记载，但肯定是前63年末——恺撒知道，这场选举对他来讲不仅仅是能不能得到这个职位的问题。这一天恺撒离家之前，奥雷利娅向他亲吻道别。恺撒告诉她，他要么以祭司长的身份回来，要么就永远不会回来了。这是记载这些年的史料中罕见的一个提及奥雷利娅的例子，再一次表明了她在儿子生活中起到的关键作用。值得注意的是，恺撒的这番话是对他母亲说的，而不是对妻子庞培娅或任何一位情妇。尽管我们不能百分百确定，但貌似奥雷利娅确实住在儿子家中。或许，在某种意义上，她象征着恺撒欠自己家族的债，每一次成功不仅仅对他本人是至关重要的，也是复兴家族地位与荣光的必要步骤。竞选祭司长是一场赌博，失败的代价非常沉重，肯定会严重阻碍他的政治生涯，或许让他彻底退出政界。但在豪赌之前，恺撒已经尽了一切努力，去争取胜利。知难而退（就像卡图卢斯劝他的那样）有悖于恺撒的天性，因为他内心深处是个赌徒，但从来不是疯狂的赌徒。他花了更多钱，背上了更大的风险，但他判断自己成功的概率很高，因此冒险是值得的。失败是完全可能的，但恺撒似乎估计自己的胜算极大。考虑到卡图卢斯在过去对他抱有敌意（尤其是最近恺撒竖立马略的胜利纪念碑之时），而此时卡图卢斯要用金钱买他的出局，暗示着这位劲敌也得出了同样的结论。[19]

最后恺撒胜利了。普鲁塔克说恺撒是险胜，但苏埃托尼乌斯说恺撒取得了压倒性胜利，并且他在卡图卢斯和塞维利乌斯所属的部落中的得票数比这两位对手得到的总票数还要多。对恺撒来说，这是一场了不起的胜利，尤其是因为对手如此强劲。作为祭司长，将来他在国家宗教与仪式的许多方面都会扮演核心角色。他没有权力对其他大祭司发号施令，因为大祭司团的多数表决可以否决祭司长的意见。即便如此，他的威望和声誉也是非常崇高的。另外，与朱庇特祭司不同，祭司长在政治和军事生涯中不会受到任何限制。这个职位还给他带来了一个重要的变化，因为祭司长会得到一座宅邸，即位于圣道边上的祭司长府。恺撒从比较偏僻的苏布拉搬到了毗邻共和国心脏的地方。祭司长府坐落于广场东端，邻近灶神庙和雷吉亚，大祭司团的档案和文件就储存在雷吉亚，并且那里也是大祭司团开会的场所。雷吉亚的意思是"宫殿"，说明它可能与罗马的王政时代有关联。考古发掘也表明，这里在非常古老的时期就有一座建筑，在后来的阶段和重建时大体上都遵循了相同的不寻常设计。关于雷吉亚早期建筑的具体性质及它是否曾是王宫，学术界有着激烈的争论，但我们无须关心这一点。在共和国末期，祭司长府和雷吉亚由于历史悠久和长期与神祇相关联而受到尊崇。[20]

竞选祭司长对恺撒来说至关重要。不过，尽管竞选的结果出人意料，但它的意义却远远比不上执政官竞选。喀提林又一次参加竞选，塞维利娅的丈夫迪基姆斯·尤尼乌斯·西拉努斯也是候选人。这是西拉努斯的第二次尝试。几年前，西塞罗曾说他是个无足轻重的人。作为执政官，西塞罗负责监督选举。在另外一名候选人的鼓励下，西塞罗制定了一项新的且更严厉的打击选举舞弊的法案，对舞弊者的刑罚是十年流放，并确保此法案得到通过。该法案无助于制止已经非常猖獗的贿赂（喀提林也许是始作俑者，很快其他候选人也纷纷效仿）。加图宣布，不管谁最终获胜，他都要起诉当选者，因为在这种环境下，诚实的人是不可能得胜的。但他对自己的姐夫西拉努斯却网开一面。在现代人看来，这也许很虚伪，但罗马贵族对家庭关系非常重视，因而完全可以理解加图的做法。喀提林目前处于非常危险的低潮期，他显然已经心急如焚，将自己描述为穷人的捍卫者；他因为自己的贫困，而非常理解穷人的处境。他公开谴责一个昏庸无能、粗俗不堪、只顾自己利益的小集体把持了共和国。执政官在元老院质询他的时候，他说有两个共和国：一个是广大群众，力量强大，却群龙无首；而另一个共和国就是他的对手们，只有脑袋，没有身躯，因为他们得不到人民的真正支持。他宣布自己要成为广大人民急需的领头人。显然有很多人投奔他，而且他的部下在农村地区特别活跃。但许多曾经在法庭上支持他的大人物却渐渐对他不再友好。克拉苏和恺撒也许仍然支持他的竞选。西塞罗将选举推迟了一次，选举最终于9月底举行，他到场时带着一队骑士阶层的卫兵（这是元老院投票决定为他安排的）。他还确保所有人都能看到他在托加袍下"秘密地"穿着胸甲。最后当选执政官的是西拉努斯和卢基乌斯·李锡尼·穆里纳，后者在米特里达梯战争中曾是卢库鲁斯的高级副手。[21]

喀提林甚至在选举之前就考虑动用武力，但后来决定用更常规的方式取得成功。竞选失败后，他只能面对政治上的破产和流亡海外，因为和恺撒一样，他也是债台高筑，很多债务将于 11 月 13 日到期，那时他必然会破产。但与恺撒不同的是，喀提林的狂赌胜算并不大，他似乎也举棋不定，不知道如何将自己的计划付诸实施。他的追随者之一盖乌斯·曼利乌斯正在伊特鲁里亚①忙着招兵买马，但喀提林留在罗马，继续参加元老院的会议，就好像什么事都没有发生过一样。曼利乌斯曾经是苏拉军中的一名百夫长，在内战中发了大财；但自苏拉当上独裁官以来，他已经将自己的财产挥霍殆尽。他似乎是个很有才干的人，但不属于元老阶层，因此永远只能当个副手。喀提林的支持者中也有一些贵族，但这些人都是名声败坏、缺乏真才实学的纨绔子弟。大多数人都不会把这些庸碌之辈放在眼里，再加上喀提林仍然继续待在罗马，给元老院制造了一种不确定的气氛。有传言说喀提林在图谋不轨、准备起事，但目前还没有发生任何事情能证明这些传言是真实的。西塞罗的消息比较灵通，因为他组织了一个间谍网络，对密谋者进行监视。其中最重要的情报来源是昆图斯·库里乌斯，他为了让自己的情妇富尔维娅刮目相看，曾吹嘘过密谋计划。富尔维娅出身贵族，而且是一位元老的妻子，于是西塞罗得以说服她，让她去劝情夫将同党招供出来。因此，执政官大体掌握了当时的局势，能够自我保护，挫败了对方的暗杀企图。能够挫败密谋者

---

① 伊特鲁里亚地区大致相当于现今意大利中部的托斯卡纳、拉齐奥和翁布里亚。前 9 世纪，伊特鲁里亚文明在这一地区兴起，出现许多城邦。前 650 年前后达到极盛，影响力超过意大利半岛上的各个民族。罗马早期受到伊特鲁里亚文明的极大影响，前 509 年之前有多位伊特鲁里亚国王统治罗马。但伊特鲁里亚最终在罗马共和国时期完全被罗马同化。

固然好，但执政官还不能在元老院站出来公开证明喀提林在密谋造反。到目前为止，密谋者还没有真正做任何应当制裁的事情。喀提林显然是在利用公众的紧张不安，但也许他只是还没有确定应该何时行动、如何行动。[22]

10月18日夜间，克拉苏和其他几位元老收到了匿名信，警示他们赶紧逃跑，因为在28日名流权贵们将遭到屠杀。他们立刻拿着信去找西塞罗，西塞罗让他们在元老院当众宣读这些信。关于曼利乌斯在伊特鲁里亚活动的更多消息传到了罗马城，西塞罗于21日将情况报告给元老院。元老院发布了终极议决。西塞罗宣称，叛军将于27日公开起事。事实的确如此，但叛军威胁的屠杀并未发生。元老院派遣了多支军队，包括一些在罗马城外等候自己的指挥官举行凯旋式的部队，去镇压叛军。11月8日，元老院再次开会，西塞罗当面口若悬河地斥责喀提林，指控他在过去的累累罪行，并宣称自己已经知道喀提林当前的阴谋。尽管喀提林反唇相讥，以贵族对"新人"的极大鄙夷称西塞罗为"归化了的外国人"，但这次会议终于促使他采取行动。他于当夜离开了罗马，声称自己为了让共和国避免内部纷争，自愿流亡。在给卡图卢斯的信中，他抱怨政敌们对他的压迫欺凌，以及他的努力和才干没有得到相应的报偿。以恰当的罗马人的方式，他请求卡图卢斯保护他的妻女。很快人们就发现，喀提林并没有逃往国外，而是与曼利乌斯及其军队会合了。他们两人都被宣布为全民公敌。他还有一些支持者留在罗马城内，他们开始与阿洛布罗基人的一些使节谈判。阿洛布罗基人是高卢的一个民族，他们派使节来罗马是为了申诉自己的绝望处境。密谋者们希望这个部落会起兵造反，开辟第二战场，以分散元老院军队的兵力。但是，阿洛布罗基人去找西塞罗，告发了他们。阿洛布罗基人将一名密谋者诱骗进伏击圈，将他逮捕，另外四名领头人物不久之后也被抓获。① 他们起初自称清白无辜，但因为铁证如山，很快就承认了自己的罪行。现在的问题是，对他们应当如何发落。[23]

---

① 但不久之后，阿洛布罗基人发动了反对罗马的叛乱，被罗马镇压下去，不得不再次归顺罗马。

七　丑闻

正如诸君所见，今天，共和国、公民们、你们所有人的生命、你们的产业、你们的财富、你们的妻儿以及我们光荣国家的心脏——这座最有福、最美丽的城市——得以虎口脱险，躲过了烈火和刀剑之灾。不朽诸神对你们莫大的爱，再加上我本人的辛勤工作和百倍警惕以及我经历的危险，已然挽救了国家，帮助它安然度过这场风波。

——西塞罗，前 63 年 12 月 3 日[1]

在很多人看来，恺撒在这几个月中的态度是非常模棱两可的。他和克拉苏一起支持了喀提林参选。他可能和喀提林很熟识，不过罗马贵族的世界很小，绝大多数元老都互相认识。尽管西塞罗在前 63 年和之后的演讲中把喀提林塑造成不可救药的恶魔，但他对喀提林的看法并非始终如此。就在不久前的前 65 年，他还曾考虑在法庭上为喀提林辩护，"希望这能鼓励他们与我们联手"，[2] 为前 63 年的执政官竞选拉票。恺撒公开支持喀提林的时间更久，而且正如前文所述，他与喀提林有着惊人的相似之处。他们都倾向于支持"民众欢迎的"事业，而且都热衷于将自己和马略联系起来。喀提林与曼利乌斯的军队会合后，公开展示了一面鹰旗，这曾经是马略麾下某军团的军旗。恺撒也有可能加入这个由负债累累的亡命徒计划的阴谋，因为他的生活方式与喀提林多有相似。西塞罗在广场向群众发表讲话的时候，将许多密谋者描述为："头发精心梳理过，油光水滑，有人的头发像姑娘一样光滑，有的留着乱蓬蓬的大胡子，外衣一直披到脚踝和手腕，穿着罩衣而不是托加袍。"[3]这描述几乎就是恺撒形象的一个夸张版本，他可能开启了穿长袖衣服的习气，他的腰带非常松垮，外衣下摆很低。在后来的岁月里，西塞罗对恺撒做的任何事情都满腹狐疑。即便如此，西塞罗仍然说过这样的话："另一方面，每当我看到恺撒的头发梳理得如此精致，看他用一根手指挠头，我绝不能想象，这样一个人竟能犯下颠覆罗马政体的弥天大罪。"[4]与许多密谋者一样，恺撒也是个风流倜傥的纨绔子弟，风流成性、债台高筑，因而臭名远扬。但与他们不同的是，他非常成功。晋升体系中的每一个官职，他都是以法定最低年龄顺利当选，而且刚刚在竞选祭司长的竞选中赢得了辉煌胜利。恺撒没有必要去干革命，但这并不是说假如他认为叛军能够得胜，他也一定不会加入他们。

克拉苏的态度与之类似，因为他曾公开支持喀提林参选。或许和恺撒一样，克拉苏会确保自己站在得胜的那一边，而不管哪一方会得胜。但局势的不确定性让所有被怀疑参与密谋的人在这段日子里都很不好过。甚至在喀提林的部下公开征募军队的时候，他本人仍然留在罗马。他离开之后，大家也知道其他的密谋者留在城内兴风作浪。执政官几乎每天都会宣布破获了新的暗杀与纵火阴谋，所以元老们对许多同僚心生猜忌也不足为怪。恺撒和克拉苏都必须格外谨慎。正因如此，克拉苏刚收到匿名信，就立刻拿着它去找西塞罗。即便这样，在逮捕了一些密谋者之后，有一名密探被带到元老院，声称自己曾被克拉苏派去向喀提林通风报信，告诉喀提林不必为这些逮捕担心，只管继续干下去就是。据撒路斯提乌斯记载：

> 塔奎尼乌斯指认了克拉苏——一位极其富有、影响极大的名流。有些人认为这指控不可信，也有人认为它是真的，但他们相信在这样的危急时刻最好把克拉苏这样一位强有力的大人物争取过来，而不是疏远他。他们中有不少人在私人交易中欠了克拉苏的债，他们全都高声疾呼，说塔奎尼乌斯是在诬陷克拉苏……[5]

元老们投票认定塔奎尼乌斯的指控是假的，并将他关押起来，听候审判。史学家撒路斯提乌斯称，他后来听克拉苏说，这个密探听命于西塞罗，西塞罗希望借此迫使克拉苏公开与喀提林及其叛军决裂，而不是继续骑墙。西塞罗与克拉苏的关系本来就不和睦，这下子更加糟糕了。[6]

西塞罗在这几周内承受了极大的压力。甚至在当时，他就已经知道这是他的巅峰时刻，他这样一位来自阿尔皮努姆①的"新人"将要拯救共和国了。他后来终其一生都酷爱讲述自己的伟大胜利。但这胜利来之不易。从一开始，他就很难说服所有元老，叛乱的威胁是真实存在的，尤其是因为在相当长的时间里，他并没有多少确凿的证据可以向元老们报告。最终，对罗马城内主要密谋者的逮捕和审讯说服了全体元老，威胁是真实存在且非常严重的。现在的问题是镇压叛乱，但西塞罗的难处在于他的执政官任期已经只剩下几个星期了。像任何一位罗

---

① 今称阿尔皮诺，是罗马以南约100公里的一个小镇。

马行政长官一样，他急于在所剩不多的时间里挫败叛乱的主要威胁，既是为了把事情处理好，也是为了独占功劳。对西塞罗来说特别棘手的是，加图兑现了自己的诺言，起诉了当选前62年执政官的穆里纳。穆里纳在选举中显然有舞弊行为，但加图偏偏在这个时机起诉，实在是有些不识时务。在国家危难之际，把几周之后就要开始领导共和国的两名高级行政长官之一罢免，显然是非常危险的事情。于是，西塞罗从百忙之中抽出时间来为穆里纳辩护，强调了国家面临的严重威胁，以及他的客户作为一名经验丰富的军人，能够为受威胁的共和国做出的贡献。他的这份演讲稿后来被公开发表，据说当时西塞罗非常疲惫，所以状态不佳，但穆里纳仍然顺利地被无罪开释。穆里纳大体上对加图的指控置之不理，嘲讽了这位起诉人的动机，将他描绘为幼稚的理想主义者，指责他企图将不合实际的哲学原则运用于现实世界。据说加图听了这些话，冷冷地说："我们的执政官是个多么风趣的家伙。"西塞罗总是喜欢在其他辩护律师（此案中为穆里纳辩护的另外两名律师是霍尔腾西乌斯和克拉苏）都发言完毕之后才做最后讲话。克拉苏和西塞罗在此案和其他一些事情中都处于同一阵营，足以说明罗马政治中义务与关系网络的复杂。他们两人都喜欢为被告辩护，一旦成功，就能赢得客户及其家人和亲密盟友的感激。[7]

　　在这令人心急如焚的几周内，此次庭审对执政官西塞罗来说是额外的负担。在有人指控克拉苏不久之后，就有人劝说西塞罗将恺撒作为密谋者进行镇压。煽动此事的是卡图卢斯——他仍然因为竞选祭司长时输给了恺撒而耿耿于怀——以及当年早些时候恺撒曾起诉（但失败）的盖乌斯·卡尔普尔尼乌斯·皮索。西塞罗不肯逮捕恺撒。也许他根本不相信恺撒参与了叛国阴谋，因为他可能和恺撒非常熟识，极有可能在前70年代他与科塔兄弟[1]交好的时候也和恺撒过从甚密。或者，西塞罗只是在便宜行事，因为他觉得把恺撒这样一个人逼急了，会将他推到革命党的怀抱里。后来，在克拉苏和恺撒均已去世之后，西塞罗在一部著作中称克拉苏和恺撒当年都参与了喀提林的阴谋。但我们不知道西塞罗在当时是否就持有这样的信念，也不知道他的这种论断是否正确。但在前63年的剩余时光里，他决定不管自己个人意见如何，都公开地相信克拉苏和恺撒对共和国是忠诚的。五名主要密谋者在元老院受审之后，各自被交给一名重要元老看押，等待元老院做最终发落。克拉苏和恺撒都在获得看押犯人任务的元老之列，西塞罗非常刻意地以这种方式表达对他们的信任。当然，这也不能阻止皮索和卡图卢斯继续散播谣言，诽谤他们的私敌恺撒。[8]

　　五名犯人的成分很复杂。其中两人——普布利乌斯·科尔内利乌斯·兰图鲁斯·素拉和盖乌斯·科尔内利乌斯·基泰古斯——在前70年被监察官罢免的六十四名元老之列。兰图鲁斯在前71年担任执政官，被褫夺元老身份之后一直在稳步重返政界。前63年，他第二次当选裁判官，但被捕之后就被解职。垮台之后再次通过竞选攀升到高位的人不止他一个。与西塞罗同年的另一位执政官安东尼曾与兰图鲁斯同时被剥夺元老身份。库里乌斯——他的情妇富尔维娅说服他出卖了喀提林密谋集团——也曾被监察官罢免。兰图鲁斯对自己的命运坚信不疑，常常念叨一个预言——科尔内利乌斯氏族将先后有三人统

---

① 指恺撒母亲的三个堂兄弟盖乌斯、马尔库斯和卢基乌斯·奥雷利乌斯·科塔。

治罗马，前两个是苏拉和秦纳，很快就轮到他了。他的妻子叫尤利娅，是前 64 年执政官卢基乌斯·尤利乌斯·恺撒①的妹妹。这个尤利娅在之前的一段婚姻中生的儿子就是马克·安东尼，当时只有十岁左右。喀提林在整个叛乱过程中都不肯征募奴隶，而选择依赖公民。兰图鲁斯不仅为了这事与他争吵，还将这个争端写在一封信里，后来这封信被缴获，在元老院宣读。所有的密谋者都留下了铁证。他们在受审起初都拒不承认——基泰古斯声称，他家中藏着的大量武器只不过是他收藏的古代军事纪念品——但看到用他们的印章封印、以他们的笔迹写成的证明罪责的书信，就垮了。12 月 3 日，他们被带到元老院，其罪行被证明确凿无疑。两天后的 12 月 5 日，元老院又一次开会，商讨如何裁决他们的命运。[9]

辩论

元老院这一次的开会地点是和谐女神庙，而不是元老院议政厅。这是很平常的事情，因为元老院除了在议政厅开会之外，也会去一些神庙。在当时的情况下，选择和谐女神庙显得特别恰当，甚至还有些讽刺，但也许是由于和谐女神庙位于广场西侧，邻近卡比托利欧山的山坡。这个地方比较利于防御，有大群武装人员，其中许多是年轻的骑士，簇拥在执政官身边，摆好阵势，准备为会议提供安保。作为主持会议的行政长官，西塞罗以正式的祈祷开始会议，然后向元老们讲话，询问他们决定如何处置犯人。在过去的元老院终极议决时期，执政官会自行决定将犯人视为共和国的敌人，并直接处死，不必咨

---

① 本文主人公恺撒的远房堂兄。

询元老院的意见。但总的来讲，这样的处决都是在激战过程中进行的，那时可以将"叛贼"视为重大威胁。与之前的元老院终极议决时期不同，此次密谋者均已束手就擒，处于武装控制之下。有传闻称，基泰古斯曾企图与他的奴隶互通消息，安排一群武装人员劫狱。但即便如此，执政官也不能以此为由处死犯人，并将其粉饰为群众激愤之下对犯人的私刑。前不久的拉比里乌斯案件提出了一个问题：在元老院终极议决之下，哪些行动是说得通的？西塞罗可能因此特别谨慎。元老院不是法庭，但如果元老们明白无误地达成了一种共识，去批准一种决策，那么执政官在实际操作的时候就会更有道义支撑。西塞罗宣布自己将遵从元老院做出的任何决定，但他显然相信，犯人理应被处死，共和国需要将其处死。

元老院没有固定的发言顺序，但存在一定的等级制度，即按照惯例，先请执政官们发言，然后是裁判官，最后是级别更低的行政长官。每个群体中个人的发言顺序由主持会议的行政长官决定，他点名决定由谁发言。元老院中资历很浅的成员，尤其是那些从未担任过行政长官的人，很少得到发言的邀请。但是，每一位到场的元老都可以投票，而且罗马投票体制中非常独特的一点是，每一位元老投票的权重是相同的。投票时，元老们会分成两队，各自走到会议厅的一边，以显示自己支持还是反对动议。在辩论中，支持发言者的元老们常常会走过去，坐到发言者身边。资历浅、很少发言但仍然有投票权的元老有时被称为"走路派"。11月8日的会议上，非常引人注目的是在喀提林落座后，元老们迅速离开，并走到离他较远的地方，这让他在政治上和人身上都受到孤立。[10]

12月5日，西塞罗先请塞维利娅的丈夫西拉努斯发表意见，由此开启了辩论。一般会先征询已当选的下届执政官的意见，然后才请前任执政官们发言，因为下届执政官可能会将元老院的决议付诸实施。西拉努斯宣称，犯人应当受到"最终极的惩罚"，这被大家理解为死刑，他的本意显然也是这样。下一个受邀发言的是穆里纳，他表示同意。当天出席会议的全部十四位前任执政官都主张将犯人处决。克拉苏的缺席引起人们的注意，他的态度仍然有些暧昧不清。但恺撒就在现场，他是当选的下届裁判官，受到邀请后便勇敢地独抒己见。目前为止，所有人的意见都是死刑，其他人则喃喃低语或大声地表示赞同——我们无法确定，元老院会议是嘈杂的还是肃穆的——表明这差不多是全体的意见。恺撒在近日受到了一些怀疑，因此大家估计他会特别热切地主张将犯人处死，以证明自己对共和国的忠诚。就在不久前，他还控告拉比里乌斯非法杀死罗马公民，并且在他的政治生涯中，他始终站在广受民众支持的事业那边，抨击元老院或行政长官滥用权力。如果现在要发表与众不同的意见，就会显得很奇怪，但恺撒很可能根本没有考虑这一点。从他挑战苏拉的时候起，他从来就不害怕单枪匹马。仅凭自己的三寸不烂之舌就能说服元老院，令元老院改变主意的人会受到贵族们的颂扬。最著名的例子之一是阿庇乌斯·克劳狄·凯库斯，据说他在前278年说服了元老院，不要与得胜的皮洛士谈判，而是继续打下去。如果是在人云亦云和特立独行之间选择，恺撒永远会选择后者。但在这件事情上，他可能的确受到了自己良心和真诚信念的驱动。赢得名望和按照自己的信念做事，并不是彼此排斥的。[11]

　　恺撒此次演讲的稿子没有保存下来，但撒路斯提乌斯的转述似乎表达了其主要论点，尽管用的是撒路斯提乌斯的写作风格，并且可能缩减了不少。任何书面演讲稿都有这个缺点，即很难设想演讲者面对听众侃侃而谈时所能形成的冲击力。恺撒演讲时优雅有力的手势、立姿和仪态，以及他略高的音调都受到了赞扬。根据撒路斯提乌斯的版本，恺撒的精彩表演是这样开始的：

> 诸位元老，任何人若要决断棘手的问题，就必须摈弃仇恨、友谊、愤怒和怜悯的影响。因为这些情感干预人的时候，人是不可能正确判断真相的。意气用事从来就不可能符合人的最佳利益。如果你运用头脑来处理一项任务，头脑便会得胜；但如果让激情占了上风，它就会吞噬你，而头脑无能为力。[12]

在整个演讲中，他始终保持冷静、礼貌与理智，他温和地嘲讽了在他之前的发言者们，那些人个个都绘声绘色地描述，假如喀提林成功了，会发生怎样的屠杀、强奸和劫掠，说得一个比一个恐怖。恺撒曾经在暴怒中抓住朱巴的胡须，现在没有一丝一毫那种暴怒的痕迹。被告的罪责铁证如山，任何刑罚对他们都不算严酷。但是，回到演讲开始时的主题，元老院的位置太重要，责任太重大，因此它的成员们不可以屈从于自己的情感。元老们知道，他们今天的决策将会成为一个可以援引的先例，因此必须选择对共和国未来最好的决定。恺撒小心地赞扬了西塞罗，并宣称任何人都不会猜疑现任执政官会滥用职权。但大家都不能保证，将来的执政官们都会像西塞罗一样克制。他提醒大家，苏拉的流放政敌是以处决一些大家普遍认为有罪的人开始的。很快屠杀就大大升级，成为令人震惊的血洗，很多受害者因为"他们的宅邸或别墅"而被消灭。[13]

恺撒指出，死刑不符合罗马人的风俗习惯（当然，前不久的大逆审判威胁要对被告处以死刑）。他温和地批评了西拉努斯，赞扬他的爱国主义，但同时指出西拉努斯因为看到犯人的罪大恶极，被冲昏了头脑。正常情况下，罗马公民（至少是富裕公民）如果犯下了严重罪行，一般都被允许流亡；因此死刑事实上只是理论上的刑罚，实践中极少采用。恺撒自问自答：西拉努斯为什么没有提出，在处决犯人之前先对其进行鞭笞？当然因为这是违法的。他赞扬了祖先的智慧，过去一代代元老系统性地废止了针对公民的死刑和其他严酷惩罚。无论如何，死亡是"逃脱痛苦，而不是惩罚……它结束了生命中的不幸，不会留下任何忧愁或喜悦的空间"。[14]恺撒提出了不同的解决方案。释放这些犯人是荒唐的，因为他们会去加入喀提林。罗马也没有真正的监狱可以长久地关押犯人，因为大多数法律规定的惩罚要么是付款，要么是流放。恺撒建议将犯人交给不同的意大利城镇，它们将承担将其终身监禁的使命。任何没有完成任务的城镇都将受到严重的处罚。犯人的家产将被充公，这就有效地阻止了他们的孩子将来从政或寻求报复。恺撒还建议向公众宣布，元老院和人民将永远不可以考虑将密谋者召回，就像恺撒本人曾为了帮助李必达的支持者归国而努力一样。恺撒认为自己的建议比死刑严厉得多，因为密谋者将会一辈子承担自己罪行带来的后果。[15]

在演讲中，恺撒印证了祖先们的例子。这是很常规的策略，因为罗马贵族对祖先非常尊崇，孩子们从很小的时候就开始听祖先的故事，以及他们为共和国做出的伟大贡献。但他提出的建议既极端，又新颖。罗马人此前从来没有将公民终身监禁过，因此需要设计一种新方法。尽管他规定任何人都不准寻求将犯人释放并恢复地位，但这个条款能否真正执行还是个问题。格拉古兄弟和其他保民官不断借助公民大会的权力来对所有事务投票。将来会不会有人主张将犯人释放，是值得怀疑的，但也不能将这个可能性完全排除。元老院面对的是一个新问题，因为在终极议决的历史上，从来不曾出现过这样的情况：冷静地运用自己的权力去对付已经在押的人。恺撒在演讲中提到，元老院做出的决定将会被视为一个先例，而他建议的是用一个全新的解决方案去应对一个全新的问题。恺撒建议的目的是避免格拉古兄弟和萨图尔尼努斯遭镇压之后出现的那种极大争议。密谋者的蓄谋令人震惊，但即便如此，也不应当剥夺他们的全部公民权。他们已经没有力量去伤害共和国，而将他们囚禁就能确保他们将来也不会有机会兴风作浪。[16]

在整个演讲过程中，恺撒始终保持冷静和克制，非常理性地呼吁元老们不要让感情冲动影响了他们对共和国的义务。元老们出身门阀世家，有种与生俱来的使命感，因此一定会信服恺撒的呼吁。在会议开始时大家都还坚定不移地要将犯人处决，恺撒劝导后开始渐渐动摇，最后就完全不确定了。执政官的弟弟昆图斯·图利乌斯·西塞罗也是下届裁判官之一，他在恺撒之后发言，对其表示完全赞同。他很可能按照元老院的传统，坐到了恺撒身边，以表示对他的支持。前62年的另一名裁判官提比略·克劳狄·尼禄——后来提比略皇帝的祖父①——的

---

① 原文有误。主张将喀提林党徒暂时羁押的应当是德鲁苏斯·克劳狄·尼禄（前105年~？），他的确是后来的提比略皇帝的祖父。这里的提比略·克劳狄·尼禄是德鲁苏斯·克劳狄·尼禄的儿子，也就是提比略皇帝的父亲。

观点则略有不同。他认为目前喀提林仍然逍遥法外，而且掌握着一支军队，现在就裁决犯人的命运为时尚早；应当暂时将犯人羁押，并定一个新的日子再进行一次辩论，到时再决定他们的命运。[17]还有很多人犹豫不决。这时，西拉努斯站起来发言，说大家误会了他的意思，他并没有主张将犯人处死，他说的"最终极的惩罚"是指在法律允许的范围之内。他素来不愿意为任何有争议的事情承担责任，优柔寡断是他的典型特征。

西塞罗看到先前的共识逐渐消失，决定采取行动。在这个时候他发表了一篇很长的演讲，其文本后来以"第四次反喀提林演说"为题发表。演讲的原稿肯定至少有一部分是在辩论过程中现场起草的，所以或许没有我们今天看到的版本那样精湛完美。但如果要低估这样一位伟大演说家的修辞才华和技艺，那就大错特错了。即便是事先毫无准备的即席演说，西塞罗对语言、韵律和结构的运用也是出类拔萃的。从一开始，他就确保让所有人都明确无误地牢记：他是执政官，是危机时刻的共和国领导人，并且不管元老院最终的决定如何，他都将为其负责。他恢复了在恺撒克制而理性的干预之前的辩论论调，大谈密谋集团可能做出的屠杀、强奸和洗劫神庙等罪行：

> 在座诸君，请你们自己加以考虑；起来保卫你们的祖国，挽救你们自己、你们的妻儿和你们的财产，捍卫罗马人民的名誉和他们的生存；不要再专注于保护我，请不要再担忧我的安危。首先，我坚信，佑助这座城市的诸神一定会按照我应得的份额报偿我；其次，如果我遇到不测，我一定会沉着冷静、听天由命地死去。[18]

　　然后他转而探讨西拉努斯的提议——西塞罗仍然将西拉努斯的提议理解为支持处死犯人——和恺撒的提议。死刑是符合传统的。西塞罗提到，格拉古兄弟和萨图尔尼努斯的罪行比这轻得多，都被处死了；而恺撒的提议素无前例且极不务实。西塞罗问道，究竟如何选择哪些城镇来羁押犯人？让元老院选择似乎不大公平，但各城镇难道会自愿承担这个任务吗？但他没有质疑恺撒提议的严厉程度——恺撒强调，在很多方面，终身监禁和没收财产是比一死百了更残酷的惩罚。

　　西塞罗刻意对恺撒非常礼貌，因为恺撒的演讲和行动都已经表明了他"对共和国的忠诚"。他称赞恺撒为"心系民众的真正的平民派"，将他与煽动暴徒的奸诈政客做对照。此时他狡黠地讥讽了一下克拉苏，说"某位将自己打扮为平民派的人士"缺席了会议，"或许是为了逃避决定是否杀死罗马公民的投票"。西塞罗没有指名道姓，但他说的毫无疑问就是克拉苏。在最近两天内，克拉苏负责关押其中一名犯人，投票赞同公众向西塞罗感恩，并批准奖励揭发密谋者的人。然后西塞罗试图利用恺撒在场的事实来攻击后者的论点。如果恺撒承认元老院有权审理密谋者，那么就一定会承认这些犯人事实上已经丧失了公民身份，因此失去了法律的保护。西塞罗知道，如果元老院接受了恺撒的提议，那么由于恺撒个人深得民心，聚集在广场的群众一定会比较容易接受元老院的裁决。但西塞罗也宣称，他坚信人民的智慧将引导他们接受处决犯人的必要性。然后，他又重述了犯人的罪大恶极，"他一想到母亲们哭泣、男童和女童逃命、维斯塔贞女们遭到强暴，就浑身发抖"。[19]他向与会者们保证，他已经采取措施来保护会议现场以及整个城市，并明确告诉元老们，他们可以根据自己的信念自由决策。作为执政官，他愿意为他们的决定负责，处决犯人可能造成的耻辱和仇恨都将由他一人承担。为了共和国的福祉，他愿意付出任何个人代价。

执政官的演讲重新鼓舞了一些元老的决心，但大家仍然意见不一、犹豫不决。于是元老们听取了更多意见。加图作为下届保民官之一，也应邀发言。对于加图的发言内容，我们又一次只能大体上依赖撒路斯提乌斯的记载，但普鲁塔克告诉我们，西塞罗部下的书记员旁听了整场辩论，将加图的演讲内容记录下来，后来发表了。根据撒路斯提乌斯的说法，时年三十二岁的加图在讲话开头宣称，元老们似乎忘记了，喀提林依然逍遥法外，密谋者仍然是共和国的潜在威胁。国家命悬一线，如果"为了饶恕少数恶棍的性命，导致所有好人遭到灭顶之灾"[20]，就太愚蠢了。他对恺撒的观点——死亡终止了苦难，因而是仁慈的——嗤之以鼻，追溯了关于为非作歹之徒在死后遭到种种惩罚的传说故事。他对恺撒的建议——将犯人送到不同城镇羁押——同样做了严厉批评。将犯人关押在各城镇，就一定会比关押在罗马更安全吗？如何能阻止喀提林叛军将这些犯人解救出去？加图一生中始终坚决主张苛刻严峻、坚定不移的行事之道，此次亦是如此。在共和国遭到的威胁解除之前，不宜对敌人心慈手软，因为那样太危险：

> 诸位尽可以确信不疑……在裁决普布利乌斯·兰图鲁斯和其他人命运的时候，你们同时也在审判喀提林的军队及所有的密谋者。你们的行动越严厉，他们的勇气就越颓丧；但如果他们发现你们有哪怕是一丝一毫的软弱，他们就会勇气倍增，即刻杀到此地……一群衔级最高的公民图

谋不轨，要纵火焚毁生养他们的城市，他们煽动罗马人民的不共戴天之敌——高卢人——来危害罗马。敌人的魁首率军来攻打我们了。即便到了这关头，你们还在犹豫不决，还要满腹疑虑地问自己，该如何处置在城墙之内擒获的贼人吗？[21]

像恺撒一样，加图也谈到了罗马历史上的例子，努力以传统来支持自己的观点，尽管这些传说故事的真实性都是非常可疑的。意见针锋相对的人都声称罗马历史悠久的风俗习惯支持自己，这是很常见的事情。在罗马，革新几乎总是披着传统的外衣，才能成功。撒路斯提乌斯将此次辩论描绘为恺撒和加图之间的斗争。这为后来的内战埋下了伏笔，加图将会成为恺撒最无法和解的死敌。撒路斯提乌斯的这种观点是很流行的，尤其是随着岁月流逝，人们越来越相信这一点。布鲁图斯后来写了一份记录，贬低了西塞罗在此次辩论中所起的作用，突出了加图的影响。西塞罗为此非常恼怒。撒路斯提乌斯的这个版本有极大的吸引力，并成为一个经典故事：加图凭借一己之力，扭转了整个元老院的意见，指明了责任的道路。加图在此刻肯定清楚地认识到自己所起的作用，就像刚才发言的恺撒那样，加图也一定对辩论施加了相当大的影响。加图发言完毕，刚刚坐下，所有前任执政官和许多其他元老都鼓掌叫好。恺撒不为所动，继续鼓吹自己的观点。恺撒和加图的座位相距不远，加图的回答越来越愤怒，但恺撒没有被他激怒。与西塞罗不同的是，加图毫无顾忌地攻击恺撒在最近几个月中的行为，将他妖魔化；还宣称恺撒不肯支持处决犯人，说明他同情叛党，甚至是密谋的共犯。辩论正在进行的时候，有人（可能是恺撒的一名奴隶）悄悄地递给恺撒一张字条。加图抓住这个机会，宣称恺撒显然在与敌人私通消息。恺撒默默地读了字条，没有做出回应。加图要求他大声宣读字条时，他拒绝了。加图认为恺撒这是心里有鬼，于是言辞愈发激烈，四周的元老们也都呼喊着支持他。最后，恺撒将条子交给了加图。加图目瞪口呆地发现，这是塞维利娅给恺撒的一封激情洋溢的情书。加图绝望地喊道："拿回去，你这酒鬼！"话毕，加图将条子丢还给恺撒。在整个交锋中，恺撒始终保持着贵族的尊严、沉着和自信，丝毫没有动摇。加图的辱骂有些奇怪，因为恺撒是有名的饮酒非常节制的人，加图自己才嗜酒如命。[22]

这场风波从侧面印证了恺撒和塞维利娅的关系，非常有趣。这显然说明他们之间情意绵绵，不在一起的时候也要不断地交流和联系。恺撒正在元老院开会，而且与会者还包括塞维利娅的丈夫与同母异父弟弟，塞维利娅竟然在这时给恺撒送情书，说明她的确是相当大胆。或许她或者她和恺撒两人，都对这种偷偷摸摸的行为感到非常刺激。西拉努斯的态度很难判断，我们也不清楚他究竟知不知道妻子正与恺撒私通。即使他知道，也没有对自己的对手采取行动。对西拉努斯来说，恺撒是一个极有价值的政治盟友，尤其是因为西拉努斯第二次竞选执政官才成功，而且他的才干很平庸。甚至有人推测，西拉努斯鼓励自己的妻子与恺撒结交，以赢得后者的支持。尽管恺撒和塞维利娅之间的爱情很真挚，但他们都不会放过获取个人利益的机会。

最终的投票是由加图发起的，而不是由他的姐夫西拉努斯发起，因为大家觉得加图的措辞更好。投票结果是大多数人支持处死犯人。兰图鲁斯的内兄卢基乌斯·恺撒支持这一决议，基泰古斯的兄弟（也是元老）似乎也支持。恺撒没有改变自己的立场，在他离开和谐女神庙的时候遭到了一群愤怒群众的骚扰。元老院辩论的惯例是将会议厅大门敞开，以使聚集在室外以及广场其他地方的人都可以得知里面的情况。群众非常害怕叛乱的阴谋，尤其是有传闻说密谋者企图在罗马纵火，这对生活在极其拥挤且易燃的公寓楼里的许多人来说是严重的威胁，因此大家普遍非常敌视喀提林集团。西塞罗继续公开支持恺撒，确保他不会受到暴民的伤害。这场风波的最后一幕在附近的图利亚努姆监狱上演。这是短期拘押候审犯人的监狱，空间很小，像洞穴一样。密谋者被押解到那里。兰图鲁斯的裁判官职位已被褫夺，但即便如此，他仍然享受了特殊待遇——执政官亲自押他入狱。五名犯人被带进图利亚努姆监狱，在公众视线之外被杀死。不久之后，西塞罗走了出来，简单地宣布："他们已经死了。"尽管处死犯人是元老院投票决定的，但最终为此负责的只是西塞罗一个人。[23]

后续：恺撒担任裁判官，前 62 年

没过多久，就有人为此事开始攻击西塞罗。前 63 年 12 月 10 日，新一届保民官上任了，其中有一个叫作昆图斯·梅特卢斯·尼波斯的人。此人莽撞轻率、肆无忌惮，以至于他刚刚宣布自己要参选保民官，加图就决定参加这年的保民官竞选。尼波斯很快开始谴责西塞罗惩罚密谋者的方式是"非法的"。执政官会在 12 月的最后一天正式卸任，按照惯例会发表演说，讲述自己的成就。尼波斯和另一名保民官卢基乌斯·贝斯提亚运用保民官的否决权禁止西塞罗做这样的演讲，这是几乎闻所未闻的侮辱。但他不能阻止即将卸任的执政官按照规矩宣誓，

于是西塞罗利用这个机会，宣布是他挽救了共和国。尼波斯是庞培的内弟，曾在东方的庞培麾下担任军团长，但后来返回了罗马。大家一般认为他代表着庞培的利益。战争已经结束了，庞培即将班师回国。但他将以何种方式回国，则是个问题。已经有人建议将共和国最著名也最成功的将军召回，来镇压喀提林的叛军。[24]

1 月 1 日，恺撒正式就任裁判官，立刻开始攻击卡图卢斯。卡比托利欧山上的朱庇特神庙在前 83 年毁于大火，五年后，卡图卢斯担任执政官期间受命修复神庙。但修复工程到现在还没有结束，于是新官上任的恺撒将卡图卢斯传唤到广场的一次公民大会上，要求他为这样的渎职做出解释，指控他侵吞了元老院拨出的工程款。恺撒精心筹划了对这位前任执政官的侮辱：卡图卢斯正要登上演讲台，被恺撒拦住，于是他不得不在较低的一层地面上发言。恺撒建议通过一项法案，将修复神庙的任务交给别人。他建议的新人选很可能是庞培，因为此时恺撒还在通过大张旗鼓地支持这位伟大英雄来争取民心。但是，卡图卢斯的许多支持者赶到会场，迫使恺撒让步。就像恺撒目前为止政治生涯中的许多事件一样，取胜并非他的目的，他更看重的是在公众面前露脸，并让大家都知道，他对某项事业抱有何种态度。[25]

然后，恺撒积极支持尼波斯，后者提出了一项法案，要求将庞培及其军队召回，将恢复意大利秩序的任务交给他们。另一位保民官加图激烈地反对恺撒和尼波斯，在元老院中严厉斥责他们，并发誓赌咒，说只要他还有一口气，就绝不允许庞培率领军队进城。在此项法案的投票日，尼波斯按照惯例召开了罗马公民大会。他在卡斯托耳和波鲁克斯神庙的演讲台就座。这座高台和广场上的演讲台一样，也常被用来当作讲坛，因为广场东端比较宽敞。恺撒命人将他的座位摆在保民官尼波斯旁边，以示支持。人群中有一些壮汉，包括一些角斗士，负责在出现麻烦时保护保民官们。麻烦果然来了：加图和另一位保民官昆图斯·米努基乌斯·泰尔姆斯在支持者的簇拥下赶到，前来对法案行使否决权。加图和米努基乌斯登上演讲台。加图泰然自若地在尼波斯与恺撒之间坐下，他的大胆令尼波斯和恺撒稍微乱了一些方寸。人群中的大多数现在开始为加图欢呼，但其他人仍然忠于尼波斯，现场气氛越来越紧张。尼波斯恢复了平静，命令一名文书员大声宣读法案。加图利用自己的否决权，禁止文书员宣读法案。尼波斯自己拿起法案文件，开始朗读，加图劈手将文件夺过。尼波斯对文件内容已经烂熟于心，于是开始背诵。泰尔姆斯用手捂住他的嘴，阻止他继续背下去。然后，尼波斯向他的武装支持者们发出讯号，于是一场暴乱开始了，起初还只是用棍棒和石块殴打，最后却动用了刀剑。加图和泰尔姆斯都遭到了粗暴的对待，但执政官穆里纳保护了加图的安全（就在不久之前，加图还起诉过穆里纳）。最后，尼波斯的党徒和追随者散去了。当天下午，元老院开会，通过了元老院终极议决。有人提议免去尼波斯的保民官职务，但加图为他说情，于是作罢。尼波斯在广场又一次召集了大会，指控加图和元老院阴谋反对庞培，并宣称他们很快就会为此付出代价。随后，尼波斯逃离了罗马。保民官在任职的一年中是不应当离开城市的，他甚至走得更远：从意大利出海，到罗德岛与庞培会合了。大家看他自己离去，都松了一口气，没有人追究他离开城市是否合法。[26]

恺撒对局势的判断严重失误。所有的史料都将尼波斯描绘成暴力冲突的幕后元凶，说他是个极度危险、冲动狂野、一点就爆的人，而恺撒至少在一开始热情地支持了他。尼波斯支持庞培，因为他的同母异父姐姐穆齐娅①是庞培的妻子，而且他希望能够从庞培的返回中得益。恺撒与庞培没有亲戚关系，与他也没有任何直接联系；不过，在庞培远征海外期间，恺撒与穆齐娅享受了鱼水之欢。他之所以支持庞培，无非在贯彻自己的老策略，即赞颂和力挺罗马的这位伟大英雄，借以沾光，增加自己的声望。恺撒这一次剑走偏锋，元老院宣布剥夺他的裁判官职务，此时他只当了几周的裁判官。起初恺撒打算若无其事地硬撑下去，继续公开穿戴裁判官的服饰，执行公务。这一次，他仍然没有理解群众的普遍情绪，以及最近事件所造成的极大民愤。他听说有一些元老打算用武力对付他，于是解散了侍奉他的六名执法吏。执法吏携带法西斯束棒，即用棍棒和一支斧子捆扎成的束棒，象征着治权持有者及其施行肉体惩罚和死刑的权力。然后他脱掉了镶边托加（元老在官方场合的服装），静悄悄地溜回自己的宅邸祭司长府，宣布打算退出政界。次日，一大群人聚集在他家门外的广场，大声宣布他们愿意帮助他恢复官职。恺撒走出家门，对他们讲话，安抚他们的情绪，劝说他们各自散去。群众声援恺撒的事情可能是恺撒自导自演的，可能是群众自发的，也可能是二者兼而有之。但这是一场庄重而负责任的表演，劝服了元老院，于是元老院决定让恺撒官复原职。尽管在这段时间里，恺撒的政治本能出了好几个错，但他表现出了知错能改的本领。[27]

此时，喀提林已经被一支名义上由西塞罗的前同僚安东尼

① 尼波斯和穆齐娅的母亲先嫁给前文讲到的大祭司昆图斯·穆齐乌斯·斯喀埃沃拉，生了穆齐娅；然后离婚，改嫁尼波斯的父亲。

统领但实际上由他的一名部下指挥的军队击败。加图的论调——强有力的行动会震慑叛军，令其魂飞魄散——被事实证明是毫无根据的，因为大多数叛军都始终忠于喀提林，与他一起死战到底。不管人们对活着的喀提林有什么看法，但普遍都承认（尽管不太情愿地承认），他死得非常光荣，表现出了一位贵族应有的视死如归的勇气。然而，尽管喀提林已经死了，叛军也被打败了，但罗马仍然笼罩在互相猜忌、互相攻击的气氛中。向当局提供重要情报的人会得到奖赏，这能够部分解释为什么出现了大规模的揭发检举行为。昆图斯·库里乌斯曾在情妇的劝说下出卖了密谋者，因此得到了恢复元老地位的奖励。现在，他列出了一个名单，上面都是据说曾参与阴谋的人，恺撒也名列其中。另外一名告密者卢基乌斯·威提乌斯也指控恺撒，声称自己手中有一封恺撒写给喀提林的信。在元老院，为了驳斥库里乌斯的指控，恺撒（此时已经恢复了裁判官职位）寻求了西塞罗的帮助。西塞罗作证，恺撒曾向他提供一些信息，并且自始至终是忠诚可靠的。于是，库里乌斯丧失了因自己告密而得到的赏金。威提乌斯是个人微言轻、名誉不佳的骑士，比较容易对付。恺撒以裁判官的身份命令他来到演讲台前，命人将他狠揍一顿，扔进了监狱。威提乌斯可能很快就被释放了，但此后再也没有人公开指控恺撒曾参与喀提林阴谋。[28]

善良女神节

除了上述的故事，我们对恺撒担任裁判官期间的情况知之甚少。他或许是保持低调（至少按照他的标准算是低调），并执行他的主要任务，即审理案件。这一年年底，他卷入了一场通奸丑闻，但这一次，他是清白无辜的一方。每一年"善良女神节"①的庆祝活动都在一位高级行政长官的家中举行。恺撒的住宅被选为前 62 年的节庆地点，可能是因为他既是高级大祭司，又是裁判官。尽管节庆在行政长官家中举行，但他或其他任何男人都不得在场，因为仪式完全由女性执行，主要是罗马的贵妇及其女仆们。献祭和其他仪式之后，音乐和宴饮要持续整夜。维斯塔贞女主持各项仪式，据普鲁塔克记载，行政长官的妻子要承担很大一部分的组织工作。奥雷利娅在这方面起到的作用可能比庞培娅大，恺撒的姐姐尤利娅也在场。

庞培娅有一个情夫，三十岁的下届财务官普布利乌斯·克洛狄乌斯·普尔喀。这对奸夫淫妇觉得，节庆活动是幽会的良机。克洛狄乌斯假扮为一名女竖琴师。参加节庆活动的专业艺人有很多，其中大多数是奴隶。夜间，克洛狄乌斯被庞培娅的贴身女仆哈布拉（她知晓女主人与克洛狄乌斯的奸情）带进宅邸。然后哈布拉让克洛狄乌斯在那里等候，自己去找女主人。克洛狄乌斯等得不耐烦了，开始四处乱走，撞上了奥雷利娅的一名奴隶，她立刻劝说这位年轻的、非常羞涩的音乐家加入其他人。克洛狄乌斯摆脱不了她的纠缠，最后说"她"不能过去，因为"她"在等"她的"朋友哈布拉。克洛狄乌斯的嗓音明显是男人的，于是他暴露了。奴隶尖叫着逃走，呼喊着说家里有个男人，立刻造成了很大的混乱。克洛狄乌斯在夜色掩护下仓皇逃窜。奥雷利娅非常沉着、高效

---

① 善良女神是古罗马宗教中的一位女神，与妇女的贞洁和丰产、医疗和保护罗马国家与人民有关。

地做出了反应，她和她的儿子的性格都是这样。她立刻中止了仪式，命人将仪式所用的神圣器皿遮盖起来，免得它们被男人看到而受到污染。她派遣奴隶锁住宅邸所有的门，以阻止闯入者逃走。然后，恺撒的母亲带着奴隶，举着火炬，仔细搜查宅邸，最终发现克洛狄乌斯藏在哈布拉的房间内。奥雷利娅仔细看了看这个男人，辨认他的身份——罗马贵族的世界是很小的，大多数人都互相认识——然后将他逐出家门。然后奥雷利娅让女人们各自回家，告诉她们的丈夫，克洛狄乌斯犯下了渎神罪行。[29]

随后几天内，恺撒休了庞培娅。虽然罗马最早的法典——《十二铜表法》（在恺撒的时代，贵族儿童还被要求熟记和背诵《十二铜表法》）——中没有关于离婚的条款，但离婚是一项具有悠久历史的传统。和罗马社会的许多方面一样，离婚也被认为是家庭私事。到共和国晚期，丈夫或妻子均可单方面地宣布与对方断绝夫妻关系。最简单的离婚方式是丈夫会对妻子说"你的财产还归你！"恺撒也许用的是这种传统的宣示离婚的方法，也许是给了庞培娅一封休书，但不管怎么说，这段婚姻很快就结束了。他们并没有公开宣布离婚的原因，这很平常，尽管之前导致他们离婚的事端是非常稀奇的。恺撒与庞培娅从来没有像和科尔内利娅那样亲密，尽管夫妇俩婚后的大部分时间都待在一起，却没有一男半女。恺撒的另外两位妻子有没有过情夫，史料中没有记载，但在第二段婚姻中，恺撒的魅力也不足以确保庞培娅的忠贞。或许这些年里他和塞维利娅及其他情妇待的时间太长了，或许这位比他年轻许多的妻子非常怨恨家庭被婆婆主宰着。当然我们也不能低估克洛狄乌斯的诱惑力，他非常聪明、英俊（他的家族以相貌好而闻名遐迩）、魅力四射，有着风流浪荡子的名声，这让他的诱惑力更大。这些描述当然也可以用在恺撒身上，而且克洛狄乌斯也和恺撒一样喜欢勾引人妻。不管庞培娅红杏出墙的原因是什么，恺撒自己风流成性，却不能容忍她的出轨。在那个时代，像他这样有地位的人，持这种态度是不足为奇的。[30]

婚姻的终结对当事人来说是件大事，而这场风波在整个共和国造成的冲击也不可低估。善良女神节的庆祝活动此前从未遭到过这样的玷污。有些元老，包括西塞罗和恺撒，私下里对神祇或者至少是传统宗教的诸多方面存疑，但在公开场合，没有人会怀疑宗教仪式的重要性，毕竟宗教渗透了政治生活的方方面面。一般认为，罗马的成功得益于诸神保佑，因此任何保障国家富强安康的宗教仪式都必须一丝不苟地执行，不能马虎，也不能有任何纰漏。元老院组建了一个专门委员会来调查此事，并决定如何处置。节庆活动则被安排在另一个夜晚，妥善地举行了。在征询维斯塔贞女和大祭司团的意见后，元老院决定对克洛狄乌斯进行审判。恺撒似乎从一开始就希望将此事遮掩住，但他作为祭司长，虽然是大祭司团的首脑，但职责更像是会议的主持人，没有控制其他大祭司的权力。在随后的审判中，他拒绝提供不利于克洛狄乌斯的证据，声称自己对整个事情一无所知。有人公开地质询他，假如他不认为自己的妻子通奸，那么为什么要把她休掉。他的回答后来非常有名：他之所以将妻子休掉，是因为"恺撒的妻子必须绝对清白，不能引起任何怀疑"。克洛狄乌斯是个前程大好的青年，有很强大的人脉，他的朋友们都在尽其所能地帮助他，确保法庭会赦免他。恺撒可能觉得与这样一个人交恶没什么意义，会带来没有必要的风险；或者他甚至认为，克洛狄乌斯在将来也许是个有价值的盟友。今天我们知道，后来果然发生了这样的事情，但在当时，这未必是显而易见的事情。尽管恺撒常常起诉和攻击卡图卢斯这样的人，但在他的整个政治生涯中，他始终在努力争取朋友，而不是消灭敌人。他之所以有名，是因为他的乐善好施、慷慨大方；而加图的名望是由于他毫不动摇的严峻，加图就是主张严惩克洛狄乌斯的人之一。

元老们的脑袋里永远抱着政治上的考虑，但我们不应当忘记私人层面的因素。古往今来，被人戴绿帽子始终是件让人窘迫的事情。假如恺撒出庭作证，那么克洛狄乌斯的辩护律师极有可能会将恺撒自己的风流韵事拿出来，作为攻击他的武器。或许，他认为自己都经常做这种风流之事，如果要为了同样的事情攻击另外一个男人，未免显得他太虚伪了，尽管他的奸情没有克洛狄乌斯那么奇特和亵渎神灵。但是，虽然他不愿意作证反对克洛狄乌斯，但奥雷利娅和尤利娅都做了证，指认了克洛狄乌斯的罪行。西塞罗也出庭作证，声明他在节庆当天在罗马遇见了克洛狄乌斯，这就推翻了被告的不在场证明——他声称自己在案发当天远在城外。克洛狄乌斯尽管显然有罪，但由于他和他的朋友们联合使用威吓与贿赂手段，最后还是被无罪释放了。在庭审的最后环节，陪审员们要求为他们提供人身保护，这个请求得到了批准。最后投票结果是三十一比二十五，法庭认定克洛狄乌斯无罪。卡图卢斯讥讽道："你们为什么要求警卫保护？你们是害怕被抢劫吗？"这是史料中关于这位年迈元老的最后一桩轶事，不久之后他就去世了。[31]

西班牙

在克洛狄乌斯案件审结很久以前，恺撒就离开了罗马，以资深裁判官的身份治理外西班牙。之前他曾为一位努米底亚客户辩护，在法庭上起诉努米底亚国王希耶姆普萨尔二世。后来败诉，这名客户就藏匿在恺撒家中达几个月之久。此次出行，恺撒让努米底亚客户混在自己的侍从队伍中，溜出了罗马。陪同恺撒的还有他的财务官维图斯，恺撒曾经作为财务官，为维图斯的父亲效力。他的幕僚中还有一个叫作卢基乌斯·科尔内利乌斯·巴尔布斯的人，他的头衔是"工兵长官"，是一种类似于总参谋部军官的职务。巴尔布斯是个西班牙人，出生于富裕家庭，曾有恩于庞培，因此获得了公民权。新官上任的恺撒将罗马城和丑闻抛在脑后时无疑长舒了一口气，但在有一个时刻，他险些未能成行。他的一些债主开始焦躁不安，或许仅仅是因为还款期到了，或许是因为当年早些时候他曾短暂地被罢免，这让债主们对他的长远前程产生了怀疑。有人要采取行动，阻止他离开，但恺撒向克拉苏求助。克拉苏出了 830 塔兰同作为保证金。这已经是一笔巨款，但对恺撒的全部债务来说，只是杯水车薪。这是史料中第一次明确地记载恺撒向克拉苏借款，但他极有可能在此之前就从克拉苏的巨额财富中分了一杯羹。即便如此，他也险些没能出城，最后在元老院正式宣布这一年的各行省总督名单之前才得以成行。元老院的宣布仅仅是走过场，因为各行省已经被分配给相应的总督了，但这有悖于惯例。具有讽刺意味的是，他抵达西班牙后首先要处置的一批问题当中就包括普遍的负债。许多百姓由于负债累累，被迫落草为寇，啸聚山林，导致这一地区的匪情特别严重。恺撒颁布法令，要求债务人在偿清债款之前，应将自己收入的三分之二交给债权人，余下三分之一用于供养自己和家人。[32]

担任行省总督是捞油水的大好机会。恺撒曾多次起诉已经卸任的贪污腐败的行省总督。很快他在元老院的政敌们就宣称，他在西班牙毫无必要地挑起了一场战争，甚至攻击同盟者社区，而这样做仅仅是为了敛财。这种指控是司空见惯的，不少罗马总督都干过这样的事情，但由于证据不足，所以不能判断恺撒是否的确犯有此种罪行。前61年，西班牙的许多地区仍然因为镇压塞多留的战争而伤痕累累。长久以来，掳掠和抢劫一直是伊比利亚半岛的一种生活方式，尤其是在偏远山区，那里的人们仅凭农耕很难生存。恺撒的主要活动地区是卢西塔尼亚①西北部，该地区在当时并不富庶，我们很怀疑在这里征战劫掠能让指挥官发财。他开展军事行动的机会也很充裕，因为所有史料都强调该地区毫无法纪可言。我们可以确定的是，恺撒积极地把握这些机遇，以极其活跃的方式做出反应。他几乎刚刚到任就征募了十个新的大队，将现有的驻军兵力增加了一半。他率军开进塔霍河与杜罗河之间的山区，此地有不少据守山巅的部族。恺撒命令其中一个部族投降并定居到平原上。如他所料，该部族拒绝服从，于是他率军攻占了其住地。然后他转而去对付周边城镇。卢西塔尼亚人试图用牲畜群引诱他进入伏击圈，但恺撒识破了这个计谋，对牲畜置之不理，进攻并击败了对方的主力部队。西班牙山民惯用

---

① 卢西塔尼亚在伊比利亚半岛西北部，包括今天的葡萄牙和西班牙部分地区，在罗马共和国时期是外西班牙行省的一部分，在帝国时期设立卢西塔尼亚行省。

伏击战术，恺撒的部队没有选择崎岖地域中很明显的道路，躲过了又一次伏击。后来恺撒率军返回，在自己选择的地点作战，取得了胜利。他乘胜追击，一直把卢西塔尼亚人驱赶到大西洋海岸，他们躲到一座小岛上避难。恺撒第一次进攻小岛失败了，但后来从加的斯①调来战船，迫使守军投降。然后他率领舰队沿着海岸巡游，至少有一个部族看到了他的雄壮军力——桨帆战船在这一地区是前所未闻的——大为敬畏，当即举手投降。[33]

我们从他撰写的《高卢战记》和《内战记》中知晓的恺撒的许多特点，在西班牙就已经体现出来了。他行动迅捷、筹划缜密，不肯屈从于天然障碍，对起初的挫折不以为意，并且能够无情地利用胜利来扩大战果。同时他也乐意接受敌人的投降，仁慈慷慨地对待被征服者，以便将他们转化为从事生产、缴纳赋税的行省居民。他的胜利本身并没有完成这个过程，却是其中的一个重要阶段。恺撒被誉为"凯旋将军"。有了这个称号，他作为行省总督，在返回罗马时便可以要求举行凯旋式。但他的任期并非全部被用于征伐，他还做了许多工作去重组该省的民政，裁决当地部族之间的纠纷；他还禁止了某些地方宗教崇拜中的人祭活动。他的这项政策在长期看来究竟有多大效果是很难说的，因为该省的其他总督在过去也曾反对人祭。铁器时代的欧洲和其他地区都曾出现过人祭，可以说是相当常见的。罗马人上一次执行人祭就在恺撒出生几年前，当时罗马受到了辛布里人和条顿人的严重威胁。但是，人祭是罗马

---

① 加的斯是今天西班牙西南部的滨海城市，在罗马共和国时期是著名的贸易海港和海军基地。

人在外省积极禁止的少数宗教活动之一。史料中关于恺撒在西班牙担任总督的情况记载得并不详细，但他似乎一如既往地精力充沛、高度活跃。他在这段时期可能积攒了一些金钱，但也顶多只能清偿他的巨额债务中的一部分。他赢得了当地人的赞扬，并有希望在返回罗马时获得凯旋式的荣誉。这个职位给了恺撒想要的东西，但他始终着眼未来。在继任者尚未抵达时，他便离开了行省，返回罗马。这有些不寻常，但并非史无前例。西塞罗在担任执政官十年之后终于去外省当总督时，也会这么做。恺撒临走时可能授意他的财务官留下来掌管行省。[34]

据普鲁塔克记载，恺撒及其随从在当初前往西班牙的途中，曾途经阿尔卑斯山区的一座小村庄。他的朋友们开玩笑地问，在这样污秽的环境中，人们是不是仍然在争权夺利。恺撒非常严肃地宣称，他宁愿在这样一个地方当老大，也不愿意在罗马屈居老二。这个故事也许是捏造的，但正如普鲁塔克所认识到的，它充分说明了恺撒的个性。此时恺撒在政治上春风得意，几乎一定能有个好前程。这也是他长期以来对自己的期望，但仅仅仕途成功还不够，他的目标是顶峰。他渴望做出比其他任何人都伟大的成就。[35]

顶峰有足够的空间，因为随着这十年即将落幕，真正能够与庞培对抗的人只剩下了克拉苏。共和国的一些巨富，尤其是卢库鲁斯，已经淡出政坛，过着奢靡的退隐生活。这些年里，元老院大约有六百名成员，但鲜有真正有才干的人。内战夺取了许多有名望、有才华人士的生命，这种影响仍然是非常明显的。喀提林辩论是一件极其重要的大事，理应有许多重要政治家到场，结果却只有十四名前任执政官参加，这非常引人注目。克拉苏刻意避免到场，而庞培和其他一些执政官级别的大人物都在海外征战。我们粗略地估计，一个人在担任执政官之后至少还能活二十年，那么在世的前任执政官应当有四十人左右，这是实际到场人数的两倍还多。与之前相比，这个时期拥有足够威望且能够引导元老院辩论的优秀元老要少得多。正因如此，恺撒和加图这样的人才能在三十多岁就获得如此之高的地位。

八　执政官

恺撒习惯于劳心劳力、很少休息；他集中力量为朋友办事，常常忘记自己的私事，而且从不会忽略能够给他人的恩惠。他渴望得到极大的权力、一支军队和一场新的战争，好展示他的才华。

——撒路斯提乌斯，前40年代末[1]

但是，六百年之后，历史会对我做出何种评价？我更害怕这个，而不是当今在世之人的无聊闲扯。

——西塞罗，前59年4月[2]

前61年9月28～29日，伟大的庞培庆祝了他的第三次凯旋，以纪念他击败海盗和米特里达梯六世的功绩。凯旋式正好赶上他的四十五岁生日，举办了前所未有的、辉煌壮丽的表演和盛大游行。他的第一次凯旋式是在二十年前。但这一次，不会再有乘坐大象战车的荒唐想法了。庞培年纪更大，也更成熟了，不需要那样的哗众取宠，因为他的辉煌胜利令史上所有伟大将领的成就黯然失色。即便如此，凯旋式永远不是克制或谦虚的时候。像任何一位罗马贵族一样，庞培也仔细地对自己的成功进行量化。游行队伍中有人举着牌子，宣称庞培杀死、俘虏或击败了1218.3万人，缴获或击沉了846艘战舰，并接受了 1538 座城镇或设防据点的投降。运载着战利品的游行花车依次标示了他击败的每一个王国、民族或地点。还有表现战争中他的著名故事的图画。其他的标语则宣称，他麾下的每一位士兵都得到了 1500 迪纳厄斯——相当于 10 年以上的军饷——的赏金，另有多达 2 万塔兰同金银被纳入国库。庞培吹嘘说，由于他的努力，共和国的年收入翻了一倍以上，从 5000 万迪纳厄斯猛增到 1.35 亿迪纳厄斯。游行队伍的末尾是一辆硕大无朋的花车，作为战胜已知世界的战利品。人们说，庞培战胜了三大洲：非洲（他第一次凯旋的部分战功）、欧洲（尤其是西班牙，他为此赢得了第二次凯旋），现在又打败了亚洲，赢得了第三次凯旋。在庞培前方有超过三百名高级俘虏徒步行进，包括国王、王后、公主、酋长和将领，全都穿着各自的民族服装。庞培本人则乘坐着一辆以宝石装饰的战车，身披一件从米特里达梯六世那里缴获的斗篷，据说这件斗篷曾属于亚历山大大帝，亚历山大大帝穿过它。在一个半世纪之后写作的阿庇安认为这不大可能是真的，但庞培非常喜欢别人把他与史上最伟大的征服者相提并论。[3]

庞培的成就之恢宏，毋庸置疑。在镇压海盗的战争中，他运筹帷幄，果敢迅速地采取行动，取得了令人眼花缭乱的成功，但这还仅仅是更伟大胜利的序曲。本都国王米特里达梯六世是罗马最顽强的敌人之一。苏拉曾将米特里达梯六世逐出希腊，收复了亚细亚行省，但苏拉不得不返回意大利，因此未能取得完全胜利。卢库鲁斯在亚细亚执政七年，做了更大努力，在一系列战役中重创米特里达梯六世及其盟友。卢库鲁斯在战争中获得了大量战利品，积攒了巨额财富，但疏远了在亚细亚活动的包税人以及他自己的许多士兵。一位成功的将军在元老院一定会四面树敌，因为元老们本能地不喜欢看到任何人得到太多的荣耀、财富和威望。越来越多的人抱怨说，战争拖延太久，甚至有人指责卢库鲁斯故意拖延战争，以便继续敛财。于是，元老院将他属下的幅员辽阔的行省分割，将其若干部分交给新的总督，断绝了他继续作战所需的兵员和物资。卢库鲁斯势力遭到削弱之后，米特里达梯六世就有机会夺回自己之前丢失的土地。前66年，庞培驾临之后，局势大变。他拥有其前任们只能梦想的极其丰富的资源，到这一年年终时他已经一劳永逸地粉碎了米特里达梯六世的势力。在镇压奴隶起义的战争中，取得决定性胜利的显然是克拉苏，不过庞培后来居上，企图夺走他的功劳。但在米特里达梯战争中，若是说卢库鲁斯在庞培赶来摘桃子之前就已经打赢了战争，就有些不符合事实了，尽管卢库鲁斯对罗马的最终胜利的确贡献很大。

　　使命完成之后，庞培并不打算立刻返回罗马，而是率领自己麾下的军队，继续寻找赢得荣耀的机遇。在随后的两年内，他把握住一切机会，指挥他的军队远征到此前任何一支罗马军队都不曾涉足的地方。他率军征讨伊比利亚人①和阿尔巴尼亚人，绕过黑海，进入今天的俄罗斯南部。他干预了犹太王族的内乱，攻打耶路撒冷三个月之久，最终将其占领。所有这些光辉灿烂的胜利都在他的凯旋式游行中得到了庆祝。庞培在这些战役中将他的军事指挥才华发挥得淋漓尽致，在早期战役中或许也曾偶尔身先士卒地在一线冲杀，以效仿亚历山

---

① 注意此处的伊比利亚指的是"高加索伊比利亚"或称"东伊比利亚"，以别于现今西班牙、安道尔及葡萄牙所在的伊比利亚半岛（罗马人称之为"西伊比利亚"）。东伊比利亚大致在今天的格鲁吉亚东部。

大指挥风格的英雄气概。在耶路撒冷，他和他的指挥官们进入了圣殿的至圣所①，除了高级祭司之外，此地是禁止任何人进入的。庞培没有劫掠圣殿的任何财宝，以示尊敬，但他进入圣殿的举动就是为了宣扬他这位伟大的罗马将军所取得的史无前例的功业。对罗马人来说，恢宏壮举常常与务实的辛劳紧密结合。庞培花了许多时间来组织罗马在该地区的旧行省以及他建立的新行省的行政管理。前 63 年，消息传来，米特里达梯六世死了，于是战事大体上结束了。米特里达梯六世一生中长期服用解毒药，对毒药形成了免疫能力。他企图服毒自杀，但就是死不了，于是让一名卫兵将他杀死。虽然大局已定，但庞培在东方还是停留了一年多时间，以平定这些地区。他相当有组织天分，他设立的许多法规在此后数百年中始终有效。[4]

梅特卢斯·尼波斯在担任保民官期间的疯狂活动让人们愈加担忧，不清楚庞培返回意大利之后会做出什么事情来。尼波斯是庞培的内弟，曾在他麾下担任军团长，所以尼波斯的行径——为了让庞培保留军队指挥权，不惜使用暴力和恫吓手段——令人忧心忡忡。据说克拉苏为了利用群众的这种情绪，带领家人去了国外。尼波斯的所作所为在多大程度上是在庞培的授意之下，很难说得清，但庞培对这样的结果——没有得到任何好处，却招致了许多元老的猜忌——肯定不会满意。前 62 年春，他写信给元老院，并私下里写信给一些重要元老，保证自己只希望能够安宁地退隐。他的另外一名军团长马尔库

①　在犹太教中，至圣所是帐幕和后来耶路撒冷圣殿的最内层，是存放约柜的场所。约柜内存放着十诫。

斯·普皮乌斯·皮索已经在罗马为前61年的执政官竞选拉票。
庞培请求元老院将选举推迟到年底，好让他赶回去支持自己的
朋友皮索。元老院对推迟选举的意见不一，但加图通过操纵元
老院的程序，阻止元老院就此问题投票。有人在辩论中问他对
此事的看法，他滔滔不绝地讲个不停，直到这一天结束，会议
无果而终。没有人尝试再一次提起这个话题。最后皮索还是当
选了执政官，但这是庞培第一次受到元老院的怠慢，这样的冷
落还会有很多。尽管如此，他还是继续努力向元老院表忠心。
前62年12月，庞培终于在布隆迪西乌姆登陆。他当即解散了
自己的军队，并指示士兵们只有在前来参加他的凯旋式的时候
才可以聚集起来。[5]

　　在庆祝凯旋式之前，庞培被法律禁止跨过罗马城的神圣边
界，于是他暂居在罗马城外阿尔班山上的一栋别墅中。到公元
前1世纪中叶，罗马城的很大一部分其实已经处于神圣边界之
外。有好几次为了让庞培也能出席，元老院会议或公共集会的
地点就选择在了神圣边界之外的场所。前70年，庞培成为执
政官的时候，曾请资深元老和著述颇丰的作家马尔库斯·特伦
提乌斯·瓦罗为他写一本小册子，以解释元老院的程序。征战
六年之后，他重返政坛，却对政治游戏仍然不甚了解，还有许
多东西要学。他的第一次演讲效果平平，不能令人满意。特别
不幸的是，他返回罗马城的时候正好赶上克洛狄乌斯渎神罪的
审判，当时争议正处于最高潮，人们为了决定应当采用的程
序，尤其是在陪审员的选择上，发生了激烈的争吵。曾在庞培
军队中担任军团长的皮索是克洛狄乌斯的朋友和支持者，而与
皮索同年担任执政官的人却坚决反对克洛狄乌斯。庞培不是一
个受过良好训练的演说家，也没有演讲的天赋。有人询问他对

此事的意见时，他努力表达自己对元老院的坚定支持和尊重，但他的演讲几乎无人喝彩。西塞罗对庞培也很不爽，因为庞培没有热情地赞扬他镇压喀提林的事迹。于是，西塞罗对这个自己过去常常支持的人做出了极其严厉的批评。前61年1月25日，他写信给自己的朋友阿提库斯，说庞培"表面上大吹大擂地夸耀对我的友谊，但私下里对我非常嫉妒，而且掩饰得不好。他这个人没有真诚的礼貌、直率和政治家的才干，也没有荣誉感、坚定或慷慨的性情"[6]。克拉苏开始在元老院颂扬西塞罗的时候，西塞罗很高兴，可能主要是由于庞培没有这么做。[7]

庞培在私人生活上也不顺利。庞培几乎刚刚回到意大利，就把妻子穆齐娅休掉了。在庞培征战海外期间，她和恺撒发生了私情，但恺撒也不是她唯一的情夫，她的放荡风骚已经是世人皆知的丑闻。在政治上，离婚带来了不好的后果，导致庞培与穆齐娅的同母异父弟弟们——梅特卢斯·尼波斯和昆图斯·凯基里乌斯·梅特卢斯·凯列尔——疏远了，因为梅特卢斯家族对遭受到的怠慢冷落总是睚眦必报。西塞罗曾经遭到尼波斯的攻击，后来花了很大力气才安抚了为自己的兄弟尼波斯出气的梅特卢斯·凯列尔，尽管争端是由尼波斯引发的。凯列尔在前60年的执政官选举中胜算很大，因此他是个特别危险的敌人。无论如何，离了婚之后，庞培有了一个机会去缔结新的政治联盟。他显然希望再一次向元老院精英集团表忠心，证明自己不是革命党。他去找了加图，表示希望迎娶他的外甥女，即塞维利娅的女儿，同时，他还代自己的儿子向塞维利娅的另一个女儿求婚。但令这两个姑娘和她们野心勃勃的母亲大失所望的是，加图拒绝了庞培的求婚。这更增加了加图的声望；更看重道德，而不是政治上的好处。尽管加图失去了与元老院首富和最成功将领联姻的机会，但他有意识地用行动举止构建的道德传奇被发扬光大了。[8]

在这些年里，庞培有两个主要目标。首先是搞到足够的土地来安顿他军队中的退伍老兵。前70年，有一项法案获得通过，旨在为在他麾下参与西班牙作战的老兵提供生计，但没有产生实效，因为元老院没有提供足够的资源来合理地分配土地。他的第二个目标是让他击败米特里达梯六世之后在东方制定的法规获得批准。正常情况下，制定法规的工作应当由一个元老委员会完成，庞培并没有立法权，但他先斩后奏了。尽管他的立法工作完成得非常出色，但仍然受到了相当激烈的指摘。卢库鲁斯为了举行自己的凯旋式已经苦等多年，他在东方的指挥权被夺走并转而交给庞培，他恼怒之下自行退隐。现在，他重返政坛，来跟庞培作对。他尤其批评了庞培对他之前制定的法规的任何改动。庞培希望他在东方制定的所有法规只经过一次提案就获得一次性通过。卢库鲁斯、加图和其他许多主要元老却主张对每一项法规单独讨论，逐个处理。前61年，在皮索担任执政官期间，此事没有取得任何进展，部分原因是皮索正忙于克洛狄乌斯的审判。庞培知道梅特卢斯·凯列尔几乎一定会当选前60年的执政官，于是大规模行贿以确保另一位执政官是他自己的亲信。他相中的人选是其麾下的另一位军团长，一个叫作卢基乌斯·阿弗拉尼乌斯的"新人"。阿弗拉尼乌斯或许曾经是一位能干的军官，但他的舞技比政治才干更有名。他是个糟糕透顶的执政官，另一位"新人"西塞罗认为阿弗拉尼乌斯是个跳梁小丑。当年的一位叫作卢基乌斯·弗拉维乌斯的保民官比较有才干，也乐意听命于庞培。他提出了一项土地法案，旨在为庞培的退伍老兵和相当一部分的城市贫民提供农田。梅特卢斯·凯列尔领导着反对庞培的派系，对庞培大肆攻击辱骂，以至于弗拉维乌斯命人把他带去监狱。梅特卢斯·凯列尔是政治游戏的精明玩家，懂得如何把握机遇、利用局势。他当即在监狱中召集元老院开会。弗拉维乌斯的回应是将他的保民官专用长凳摆在监狱门口，以阻止任何人入内。梅特卢斯毫不畏惧，命令他的仆役在监狱墙壁上打了一个洞，好让元老们进来。庞培意识到弗拉维乌斯输了，于是指示他释放执政官。这件事就像前 62 年加图与尼波斯在卡斯托耳和波鲁克斯神庙的演讲台上的对抗一样，体现出元老们对常规的尊重达到了可笑的程度。但在弗拉维乌斯和梅特卢斯·凯列尔的斗争中，没有走到暴力流血那一步。庞培还试图通过不准梅特卢斯去外省担任总督来威吓他，但也失败了，于是土地法案最终被放弃。[9]

过了两年时间，庞培的两项关键目标都没有达成。批准东方法规和为退伍老兵提供土地都是非常敏感的事情，对共和国有好处。梅特卢斯之所以反对土地法案，主要是因为他憎恶庞培——庞培把梅特卢斯的同母异父姐姐穆齐娅休掉了，还因为如此固执己见是非常有威望的事情。他的祖父之所以扬名，是因为他是唯一一个拒绝宣誓遵守萨图尔尼努斯某项法律的人，并为此付出了流亡的代价。卢库鲁斯反对土地法案，则是为了报复庞培在前 66 年对他的不义。加图和其他人的目的则是尽可能地压制庞培的气焰，防止他凭借巨大的财富和声望主宰元老院。在这些年里，倍感挫折的元老不止庞培一个。克拉苏看到庞培受到挫折，起初还很开心，但后来发现反对庞培的那些元老小集团同样热衷于阻挠他的大事。前 60 年初，元老院和控制包税人大公司的骑士们发生了争吵。这些人从政府购买了在亚细亚及东方其他省份征税的资格，但是因为那些地区经受了多年的战乱摧残，他们征敛不到足够的金钱，因此无法兑现向国库上缴若干数目的承诺。这些包税人原以为能从征税工作中大捞一笔，不料现在却要亏本。颓丧之下，他们希望与政府重新拟定合同，减少上缴国库的金额。克拉苏与主要的包税人联系紧密，或许在这桩生意中也有利益，因此热情地支持包税人。西塞罗认为包税人的要求不可理喻，但愿意支持他们的要求，因为元老院需要安抚富裕的骑士阶层，确保他们站在自己这边。最近刚颁布了一部新的《反贿赂法》，对骑士以及元老阶层的腐败陪审员施以重罚，这让骑士阶层非常不满。加图从来不会约束自己的怒火，他坚决反对包税人，劝说元老院驳回他们的请求。西塞罗绝望地评论道，加图"以最高尚的精神和毋庸置疑的诚实，对国家造成了伤害：他提出的建议更适合柏拉图的理想国，而不是罗慕路斯的罪恶渊薮"。[10]

庞培和克拉苏——共和国中最富裕、在某些方面也最有影响力的两个人——都遭到了主宰元老院的一小群贵族的掣肘和阻挠。尤其是庞培企图成为这个内层精英圈子的成员，却遭到了排斥。不管是必需的、理智的和得民心的改革，还是比较可疑的措施，只要是庞培或克拉苏提出的，都会横遭一小群贵族的封堵。共和国心脏的惰性将从上到下所有阶层的许多公民都疏远了。几十年后，曾在恺撒麾下任职的一位史学家在撰写内战历史时，将会从梅特卢斯·凯列尔和阿弗拉尼乌斯担任执政官这一年写起。后来许多人凭借后知之明，将前60年视为共和国进入患病晚期的时刻。[11]

回家

前60年夏季，恺撒从西班牙回国了。这一年，他四十岁，有资格参加前59年的执政官竞选（他可能享受了一些优待，能够以比正常规定小两岁的年龄担任官职）。显然，为了参加竞选，他已经准备了一段时间。在身处西班牙、不能亲自拉票的时候，他写信给包括西塞罗在内的主要元老。恺撒写信极多，非常多产，但他的书信只有很少一部分保存至今，实为遗憾。据说他能同时向多名文书员口述信件，并且他是第一个身在罗马城时也定期给同在城内的朋友和政治盟友写信的人。他可能是以一纸书信休掉了庞培娅。他可能也是通过书信与另一名候选人达成协议，共同参选。他的竞选搭档是卢基乌斯·卢凯依乌斯，此人相当有钱，但没有什么名望和魅力。他的金钱和恺撒的声望可谓强强联合。前60年6月初，甚至在恺撒抵达罗马之前，他就被视为执政官竞选中胜算极大的候选人，西塞罗说他"如有神助"。恺撒给西塞罗的信显然让这位演说家很高兴，因为西塞罗在给阿提库斯的信中说，他打算"让恺撒更进一步"，因为他认为这对共和国有益。[12]

恺撒就像两年前的庞培一样，已经到达罗马城外，但在举行凯旋式（以庆祝他在西班牙的军事胜利）之前，不能越过罗马城的神圣边界一步。凯旋式的盛大游行和庆祝活动将会增加他在选举中的胜算。罗马选民和社会普遍将军事荣耀视为高于一切的功绩，一位执政官极有可能受命去指挥一场重要的战争，因此能够证明自己的军事才干。西塞罗有时喜欢吹嘘，在法庭上当辩护律师的优异表现差不多与战功受到同样的重视。但他显然知道，大多数选民并不这么想。根据法律，候选人必须亲自参加一场在广场举行的会议。凯旋式的庆祝活动需要很多时间来准备，而凯旋式只能在元老院规定的日子举行。选举日已经确定了，因此恺撒没有办法参选，除非他跨越罗马城的神圣边界，但这样就必须放弃举行凯旋式。于是他请求对他破格，允许他不亲自参加广场会议就能够成为候选人。我们推测，恺撒是通过书信或中间人与元老院沟通此事的，因为没有记载表明元老院在罗马城的神圣边界之外的某座神庙开会，以便与恺撒当面商谈。苏埃托尼乌斯告诉我们，人们普遍反对恺撒的这个请求。其他的史料则特别指出，加图是反对恺撒的核心人物。他又一次运用了自己的老策略，即轮到他发言的时候，就絮絮叨叨地讲个不停，直到辩论时间耗尽，会议不得不在未能投票的情况下结束。由于元老院只能在某些固定日子开会，不能与公民大会在同一天开会，因此元老院下一次开会的日期只能在正式宣布候选人名单之后。加图拖延会议的策略在过去奏效过，这一次也确保了恺撒无法既举行凯旋式又参选下一年执政官。[13]

加图以冗长演说阻挠会议做出决定的策略奏效了，但不是他预想的那样。恺撒意识到发生了什么事情之后，立刻放弃了凯旋式，越过罗马城的神圣边界，进入城市，以便成为候选人。这是一个意义重大的决定。凯旋式是一位罗马贵族能够赢得的最高荣耀之一，获此殊荣的人可以在自家门廊上陈列凯旋纪念品，以永久性地纪念这项荣誉。庞培的整个政治生涯都非常不合常规，享有三次凯旋式的莫大荣耀。这是非常罕见的，因为当时很少有人能够获得一次以上的凯旋式。不仅如此，在公元前 1 世纪，凯旋式一般只会被授予一小群资深裁判官，即便是资深执政官也很少获此荣誉。放弃凯旋式的决定清楚地表明，恺撒着眼未来，坚信自己将来必然会做出更伟大的成就，更多的机遇还在后面。凭借在西班牙的战功而获得凯旋式的荣誉是非常好的事情，他也尽力去确保这项荣誉，但执政官的职位是好得多的奖品。

加图的动机也值得考虑，因为乍看起来，他的行动似乎毫无意义，而我们在事后看来，他的做法也是非常欠考虑的。他顶多能让恺撒推迟一年参选执政官。那样的话，恺撒既会举行他的凯旋式，也会进一步增加他原本就很不错的胜算。或许加图的盘算是在下一年中恺撒的累累债务会最终把他压垮，让他的政治生涯彻底结束。但是恺撒刚刚从行省总督的任上回国，就像所有罗马总督，尤其是那些打了胜仗的总督一样，无疑已经捞了不少油水。他的债务太多，不可能一口气偿清，所以恺撒在竞选中显然需要卢凯依乌斯的资金支持。但总的来讲，他返回罗马时的财务状况肯定比离开时要好得多。卸去总督职务之后，作为一名普通公民，恺撒可能遭到起诉，所以加图也许是希望在贪腐法庭上控告他。但是，许多被指控贪腐的前任总督都逃脱了制裁，而且正如上文所述，恺撒或许真的是无辜的，当然在很多案件中，当事人是否无辜并不一定是最关键的因素。加图企图让恺撒推迟一年竞选，还有一个更私人的原因：加图的女婿马尔库斯·卡尔普尔尼乌斯·毕布路斯这一年也在竞选执政官。毕布路斯就是那个在前 65 年与恺撒同时担任市政官，但风头完全被恺撒盖过的那个人。毕布路斯的才干很一般，与姿态高调、极其精明强干的恺撒相比，就显得黯然失色。但罗马官职晋升体制的特点是每个官职都有最低法定年龄，因此在攀升过程中，一名政治家可能不断地与同一位对手发生竞争或与其担任相同的官职。恺撒和毕布路斯在前 62 年都是裁判官，不过没有记载表明他们两人之间存在矛盾。迫使恺撒推迟一年参选执政官，意味着毕布路斯终于有机会独占风头了，同时也能避免"新人"卢凯依乌斯在其盟友恺撒的光环照耀下，将毕布路斯击退到第三名。对贵族世家成员来说，输掉一场选举是莫大的耻辱和打击。

因此，阻挠恺撒对加图家族来说很有好处。同样不能忽视的是，恺撒与加图的个性水火不容。我们可以不夸张地说，加图对恺撒非常憎恶，相信自己已经看穿了恺撒光鲜的外表。塞维利娅与恺撒的长期私情更是令她同母异父的弟弟越发恼怒。在罗马贵族看来，元老们公报私仇是很正常的事情，只要做的不是太过分就行。从这个角度看，加图不过是在给自己的一名政敌穿小鞋。另外，加图本来就热衷于改变元老院的意见或阻止元老院的决议，因为这样能提升他的名望。他只有三十五岁，目前担任过的级别最高的官职就是保民官，但他已经被确立为主宰元老院的核心人物之一。这是因为他是加图，旧式道德的楷模（他的著名祖先老加图也是这种道德的模范），固执己见、从不屈服，也从来不会害怕表达与民意相左的意见。有人说早在前60年，加图就将恺撒视为共和国之敌。这种说法不大可能是真的。西塞罗的书信清楚地表明，在选举之前，这种观点并不普遍。恺撒受到怀疑的最初迹象出现在元老院为前59年的执政官们分配任期满后的行省总督职位之时。按照盖乌斯·格拉古的一道法律规定，这种分配必须在选举之前进行。也就是说，虽然还不知道下一年的执政官会是谁，但已经安排好他们卸任后将去何地担任总督。这一次，元老院决定派下一届的两位执政官去管理"意大利的林地与乡间小道"。意大利农村在近几十年里确实蒙受了许多创伤，但这样的任务对一位执政官来说还是太有失颜面了，更不要说两位执政官了。有人的解释是，这不过是让执政官们担任预备队，以应付高卢可能爆发的大规模战争。这种解释没有说服力，因为这不是罗马惯常的政策。这种安排是一种侮辱，史料还认为它是刻意针对恺撒的；尽管如果毕布路斯当选，也将蒙受这样的侮辱。[14]

执政官是由百人会议选举产生的，它与部落会议的结构差别很大。恺撒曾在百人会议中成功当选裁判官，但每年裁判官职位有八个，而执政官位置只有两个，因此后者的竞争肯定更激烈。执政官选举通常在 7 月底举行，因此恺撒只有几周时间来亲自拉票。百人会议在战神广场召开会议，其仪式带有非常明显的早期罗马军事制度的色彩，比如上文曾提到，在拉比里乌斯受审时，雅尼库鲁姆山上升起红旗。主持竞选的是当年的执政官之一，他向大会发出指示的形式非常传统，听起来像是军事命令。在选举程序启动之前，会有一场非正式会议。但我们不知道，候选人是否会有机会向选民做最后一次呼吁。执政官会以祈祷开始选举程序，然后是一套固定的程式，命令人们选举两名新的执政官。根据上一次人口普查中记录的财产状况，选民被分为若干百人团。各个百人团的成员都是来自同一部落的人，但选举的部落元素仅此而已。第一等级的 70 个百人团先投票，然后是骑士阶层的 80 个百人团。每个百人团从候选人名单中选择两人，以填充下一届执政官的空缺。一共有193 个百人团，因此常常在第二等级投票的过程中，选举结果就已经确定了。第一等级的人肯定拥有相当程度的财富，但在这个时期，需要多少财产才能进入第一等级，我们不是很清楚。如果把第一等级的人全都看成巨富，那么就错了。其中有些人的财产和骑士们差不多，但也有人家境普通。没有确凿的证据表明，第一等级的成员有着强烈的集体认同感或组成了现代意义上的阶级。先投票的各百人团的决定会对随后投票的人产生影响，因为人们往往都想要选择最有可能获胜的人。第一等级的各百人团抽签决定谁先发言，而第一个发言的百人团的影响力最强。这就是所谓的"优先百人团"，人们普遍相信，获得这个百人团的多数选票的候选人必胜无疑。[15]

像其他选举一样，百人会议的投票也是在战神广场的"羊圈"内进行的。"羊圈"是临时性的木结构围场，面积很大，供一个选举单位使用。我们不知道一般有多少公民会参加选举。人口普查的数据是公民有90多万人，其中至少有几十万人在部分时间里居住在罗马城。但考虑到"羊圈"的大小，即便是居住在罗马城的公民，去参加投票选举的应该也是少数。曾有人根据"羊圈"的大小来推算投票选民的人数，并根据选举程序耗时（整个过程必须在日落前结束）的猜测对这个推断人数进行修正。估计的投票人数多至7万或5.5万，最少的估计是3万。每一位研究者都倾向于指出，这些估算数字都是最大值，实际人数通常要少得多。信任这些猜测的数字是不明智的，但我们可以推断，有投票资格的人当中只有少数人会去投票。很难判断聚集到每一次投票现场的选民大体上是不是同一群人；有的学者认为是这样的，但我们实际上没办法知道。执政官选举肯定是非常重大的事情，有相当数量的公民会特意从意大利各地赶到罗马。当然，长途旅行到罗马城投票的肯定是富人，由于骑士阶层和第一等级的意愿极富影响力，所以这些人也显得更重要。选举结果是非常难以预测的，很少同时出现两位均被认为是必胜无疑的候选人。"优先百人团"

是在选举当天抽签决定的，这给选举增添了一些不确定性。[16]

西塞罗在竞选执政官的时候曾考虑去内高卢，在当地的富裕公民中拉票；而且他一生自始至终都努力与意大利不同地区的人保持联系。如果曾经的人情和友谊还不够，那么金钱也许能买到胜利。在每个部落都有一些影响力超强的人，不管是整个部落作为一个单位投票，还是大家各自在自己的百人团投票，这些人都能左右自己部落同胞的投票。前 61 年，有个广为流传的说法是很多影响力大的人来到庞培家的花园，从他那里接受赏赐，因为他们支持了庞培的亲信阿弗拉尼乌斯。在前 60 年，虽然贿赂不是那么明目张胆，但所有候选人都会使用这种手段。卢凯依乌斯用金钱支持自己和恺撒，而毕布路斯不仅动用自己的财产，还得到了一些重要元老的资助。加图认可毕布路斯的行贿，就像他在前 63 年对自己姐夫①的贿选视而不见，却大肆攻击做出同样事情的穆里纳一样。和任何其他元老一样，加图也希望自己的亲戚成功。苏埃托尼乌斯称，加图和毕布路斯的支持者的另一个动机是，他们害怕恺撒及其政治盟友同时担任执政官，做出对他们不利的事情来。这或许仅仅是后见之明，毕布路斯家族的人脉和地位或许是更重要的因素。[17]

选举日这天，恺撒轻松拔得头筹，毕布路斯是第二名，因此卢凯依乌斯的开销没有得到多少收益。肯定有很多选民选的是恺撒和毕布路斯。恺撒已经攀登到了最高的行政长官职位，现在的问题是在他的十二个月任期内，他将有何举动、如何行事。

---

① 指塞维利娅的丈夫迪基姆斯·尤尼乌斯·西拉努斯。

土地法

前 60 年 12 月，就在恺撒正式就任执政官（上任日期为前 59 年 1 月 1 日）的几周前，西塞罗在自己的乡村别墅接待了一位客人。这位访客叫作卢基乌斯·科尔内利乌斯·巴尔布斯，是个罗马公民，来自西班牙的加的斯。不久前他还是恺撒的幕僚成员，现在开始当他的政治助手。巴尔布斯与西塞罗谈话的主要内容是恺撒打算在自己执政官任上推行土地法。西塞罗是个地主，终其一生都对任何土地再分配非常反感。三年前，卢路斯的土地法案之所以失败，一个很重要的原因就是西塞罗的反对。这一次，西塞罗有两个选择：要么反对这项新法案，暂时离开罗马城一段时间，以免卷入事端；要么支持它。西塞罗在给阿提库斯的信中说，恺撒希望他支持这项法案。巴尔布斯"向我保证，恺撒在所有事务上都将遵照我和庞培的意见，并努力促使克拉苏与庞培和解"。如果西塞罗支持恺撒的立法，他将有希望"与庞培建立亲密的盟友关系；如果我愿意的话，还能与恺撒交好，并与我的敌人们和解，与暴民们和平相处，安度晚年"。恺撒在为自己的任期精心准备，尽可能多地笼络政治盟友。西塞罗尽管作为执政官非常成功，但他毕竟是个"新人"，始终不曾为元老院门阀贵族所接受；而且他在前 63 年处死密谋者的做法颇受非议，常有人指责他逾越了自己的本分。在最近十年中，他的形象始终是庞培的忠实支持者。现在庞培显然与恺撒的土地法案有着密切联系，两人都希望高明的演说家西塞罗能够帮助他们的事业。[18]

西塞罗在斟酌一番之后，决定拒绝参与此事。恺撒对此固然感到失望，但这算不得严重的挫折，因为他已经得到了另外两个更强大人物的支持。巴尔布斯向西塞罗暗示，庞培和他的死敌克拉苏可能会携起手来。在这几个月中，恺撒成功地将庞培和克拉苏拉到了一起，与他们建立起紧密的关系纽带，以至于（用苏埃托尼乌斯的说法）"共和国内的任何事情，若是令他们三人中的任何一人不悦，就必然办不成"[19]。恺撒、庞培和克拉苏的政治联盟被学者们称为"前三头同盟"。"后三头同盟"指的是马克·安东尼、屋大维和李必达①于前 43 年 11 月为了共同反对杀害恺撒的凶手而组成的同盟。"三头同盟"的意思仅仅是三个人的理事会。不过，后三头同盟是由法律正式设立的，三人享有独裁权力；而克拉苏、庞培和恺撒之间的联系则是非正式的。前三头同盟起初是秘密的。在前 60 年 12 月，巴尔布斯说庞培和克拉苏有可能和解，但这并不意味着三头同盟还没有建立，而仅仅能说明此时它还不为公众所知。恺撒与克拉苏过从甚密已经有一段时间了，在恺撒因为债台高筑险些没能离开罗马去外西班牙当总督的时候，克拉苏花了一大笔钱为他担保。恺撒多次大张旗鼓地支持有利于庞培的措施。他无疑曾见过庞培——罗马贵族的世界是很小的，两人在前 70 年～前 67 年的很长一段时期都在罗马——尽管没有书面材料能证明他们之间特别密切的联系。在庞培身处海外期间，恺撒勾引了他的妻子，这肯定不会让庞培对恺撒有好感。恺撒也曾和克拉苏的妻子私通，但这并没有阻止他与克拉苏在政治上的合作。在最近几年中，庞培和克拉苏都备受挫折，发现他们的财富和影响力还不足以让他们得到自己想要的一切。

---

① 这个李必达是前文讲到的前 78 年执政官马尔库斯·埃米利乌斯·李必达（起兵叛乱，后被镇压身死）的儿子，与父亲同名。

庞培需要一位比皮索或阿弗拉尼乌斯更有才干、更坚决果断的执政官来替自己办事。恺撒为了尽快当上执政官，牺牲了一次凯旋式。要想让这牺牲不白费，他在自己一年期满之后必须要有机会进行更伟大的军事冒险，而元老院为他规定的"意大利的林地与乡间小道"肯定不行。要获得在军事上成功的机会，他需要具有强大影响力的支持者。如果他与庞培或克拉苏中的任何一人联手，那么这两人之间的互相憎恨就会导致另外一人反对他。加图、毕布路斯及其同党肯定会对他处处阻拦，他实在不能再树立一个强大的敌人。因此，简单有效的办法就是让庞培和克拉苏联合起来，他们两人的力量加在一起，应当是所向披靡的。而庞培和克拉苏之所以能够捐弃前嫌，是因为有加图和其他贵族处处阻挠和冒犯共和国的这两位最强大的人物。即便如此，恺撒一定还是使出了浑身解数来说服这两个互相敌视的人：如果他们联合起来支持他，他一定能满足他们的愿望。[20]

建立三头同盟的谈判可能是通过书信开始的，但实质性的决定应当是在前60年恺撒返回意大利之后才做出的。而真正达成协议则可能是在执政官选举之后，恺撒的顺利当选增加了他讨价还价的砝码。庞培和克拉苏有没有公开联合起来帮助恺撒拉票，我们不清楚。如果他们都帮助恺撒竞选，这也不会特别引人注目，因为即便两个人互相敌视，但如果他们都与第三个人是朋友，那么都支持后者参加竞选，也是很正常的事情。最早到前59年1月，才有人怀疑克拉苏、庞培和恺撒结成了同盟。后来，这个同盟逐渐为更多人所知，招致了很多人的愤怒，他们照例大呼小叫一番，说共和国要毁在这三人手里了。博学之士瓦罗曾在前70年教授庞培元老院程序，后来还担任过他的军团长，此时却写了一份小册子，公开谴责"三头野兽"。一个半世纪之后，普鲁塔克坚信三位盟友之间的友谊，尤其是恺撒和庞培之间的友谊，是内战和罗马共和国灭亡的根源。通过三头同盟，恺撒获得了极大的权力，甚至能够战胜庞培。普鲁塔克的这个看法是基于后见之明，但肯定不只有他一个人这么想。他的看法带有宿命论的意味，仿佛世事是不可避免的。这是很值得怀疑的。从某个角度讲，普鲁塔克理解，三头同盟实质上不是一个由拥有相同的政治理想和野心的人组建的同盟。庞培、克拉苏和恺撒都在追求个人利益。庞培需要土地来安置他的老兵，并希望他在东方的立法获得批准。克拉苏希望帮助亚细亚的包税人。恺撒在三头同盟中是个小弟。面对执拗、难对付的执政官同僚，他要想取得任何成就，并在期满之后获得一个重要的行省总督职位，就需要强大的靠山。他实际上是另外两人的工具，因为他们需要一位行政长官来提议并通过他们需要的立法。帮了庞培与克拉苏的忙之后，恺撒会得到奖赏。三个人都知道，另外两人会从同盟中获得很大好处；但只要自己的目的达到了，他们也很乐意对方得到好处。这最终是一场以利益为重的婚姻，只要它不再符合任何一名成员的利益，就会立即破裂。如果把三头同盟看成一种更稳固、更长期性的关系，就是对这一年及随后几年中发生的事件的误解。狄奥说这三人曾庄严宣誓，但这极可能只是后人的传说。在罗马人眼中，秘密宣誓始终是件凶险的坏事。据说喀提林就曾与其党羽秘密宣誓。后来，早期基督徒受到的指控之一就是秘密宣誓。[21]

两名执政官的权力平等，但每个月里其中一人的权力获得优先权，随后两人轮流。恺撒是选举中得票最多的第一名，因此在前 59 年 1 月 1 日他和毕布路斯上任的时候，恺撒先获得了优先权。他以祈祷和献祭宣告共和国的新一年开始了。每一位执政官都由十二名肩扛法西斯束棒的执法吏护卫，法西斯束棒象征行政长官的权力。在某个月享有优先权的执政官被称为"掌控法西斯束棒"。通常情况下，执法吏走在行政长官前面，人群太拥挤时，负责为行政长官开道。恺撒在这一年开始时宣布，为了表示对同僚的尊重，在轮到毕布路斯掌控法西斯束棒的时候，他（恺撒）自己的执法吏将会跟随在毕布路斯身后，而他（恺撒）则只会让一名级别较低的官吏（文书）走在他前面。在这一年开始时，恺撒还做出了许多非常理智的姿态，这只是其中之一。他希望让公众知晓自己以及其他所有人的言行。因此，元老院和公共集会的演讲都将由文书员记录在案，然后在广场公开发表。过去这种做法只是偶尔为之，例如在西塞罗当执政官期间。[22]

但恺撒的头等大事是土地法案，该法案可能早至 1 月 1 日或 2 日就在元老院宣读，并做了辩论。时间紧迫，因为一项法案在公布二十四天之后，才可以传唤部落会议对其进行投票。如果恺撒要在 1 月，也就是他享有优先权的这个月，对此事进行投票，那么每一天对他来说都无比珍贵，因为元老院在 3 日或 4 日不可以开会。在上一年结束之前，恺撒已经花了很大力气来为此法案做准备，并确保它一定会通过。上文已述，恺撒派遣巴尔布斯去拉拢西塞罗，希望后者能够积极支持土地法案。恺撒仔细地吸取了卢路斯和弗拉维乌斯土地法案失败的教训。位于坎帕尼亚的公共土地，即所谓的坎帕尼亚公地，为国库提供了不错的收入，因此被正式排除在新法案涉及范围之外。法案条文还明确规定：尊重私人财产；设立一个委员会来监管收购土地并将其分配给庞培的老兵和大批城市贫民的过程。委员会被禁止强买土地，只能从自愿出售土地的人那里收购，并且收购价必须符合上次普查的记录。用于收购土地的资金来自庞培的军事胜利带来的巨额盈余。法案的其他条款还明确承认现有的土地占有状况，以免有人害怕当局对土地占有者的权利合法性展开调查。法案还禁止新的定居者在二十年之内将土地出售，这是为了强调法案的目的是建立稳定、永久性的新社区。委员会将由二十名成员组成，以防止任何一两个人拥有过大的权力，但似乎委员会内部的确出现了五个人的内层小圈子，决定权都在他们手里。委员会成员将由选举产生，并且明确将恺撒排除在外，这样就不会有人说他提议此法案是为了谋求私利。罗马的法律往往冗长和复杂，它给全世界留下的最有生命力的遗产之一就是佶屈聱牙、烦琐晦涩的法律语言。恺撒在向元老院宣读法案的全部文本之前宣布，他将修改或删除任何有人反对的条款。[23]

法案的起草非常细致，也很理智。其中很少甚至完全没有可以挑出刺的内容，而元老们也知道，他们在辩论中说的任何话都会被公之于众。很可能是在 1 月 2 日，恺撒开始征询个别元老的意见。在所有的前任执政官当中，恺撒最先问的是克拉苏，后者应该是表示赞同。恺撒第二个问的应该是庞培，他也表示认可。其他元老有些愠怒，但不愿意被记录在案，说自己是反对此法案的人。前任裁判官们也是这样，大家的意见都是没精打采的勉强支持或模棱两可。直到恺撒开始询问前任保民官们并请加图发表意见的时候，情况才发生了改变。就连加图也不得不承认这是一个很好的法案，但他觉得时机不好，在这一年中进行任何革新都不是好主意。之前的一些发言者会离题万里，借以拖延时间，但加图是操控元老院规程的真正大师。恺撒向他征询意见的时候，他就给出了自己的意见，然后滔滔不绝地讲了好几个钟头。他显然打算故伎重演，不停地讲下去，直到元老院当天的会议时间结束，以此阻挠投票。他在过去多次运用这种策略，总能成功。

这一次，恺撒大发雷霆，命令侍从将加图逮捕并投入监狱。恺撒的这个行动虽然显得极端，但既然已经询问了加图本人的意见，就没有别的办法能阻止他滔滔不绝，因为像他这样振振有词、气场强大的人，是不可能被吼下去的。可见恺撒是多么受挫，但他的做法很快就被证明是个错误。加图懂得如何利用这个场面，将自己打扮为正义凛然、不肯向"暴政"低头的共和国捍卫者。至少在元老院内，加图得到了普遍的同情，尽管辩论继续进行了一段时间。一名叫作马尔库斯·佩特列乌斯的元老（他在前62年击败了喀提林，从军已经有三十年之久）站起身来，离开了会议厅。恺撒询问他，为什么在议程尚未结束时就离开会场。这位两鬓斑白的老将尖刻地回答道，他宁愿和加图一起坐牢，也不愿意和恺撒待在一起。恺撒已经意识到，他对形势的判断有误。恺撒原本希望加图会呼吁一名平民保民官否决恺撒对他的逮捕令。但是，已经被捕的加图在享受这个时刻，不肯给恺撒台阶下。最后，恺撒不得不下令释放加图。这一天就这么过去了，元老院没有就土地法案进行投票。[24]

加图取得了胜利，又一次名望大增。但就像他政治生涯中的许多成功一样，这是一场空虚的胜利，在长远看来只是让事情变得更糟糕。这一次，他的对手不是皮索或阿弗拉尼乌斯那样容易对付的角色。恺撒已经表现出了和解的极大善意，既然对方不领情，他就宣布因为元老院什么都不肯做，所以他会直接呼吁罗马人民。可能是在次日，他在广场召集了一次会议，并且又一次表现得非常理智。他请他的同僚毕布路斯到演讲台，当着群众的面，问他对土地法案有何高见。我们很难判断，参加这些公共集会的究竟是什么人，以及这些与会者是否真的能够代表更广泛群众的意见，或者这些会议是否更像是现代的政党集会。一方面，在罗马城的任何公民（或者非公民）都可以到场观看会议。另一方面，广场空间有限，顶多只能容纳罗马城庞大人口的一小部分。我们很怀疑，有没有 5000 人能够听得见演讲，尽管广场的部分空间能够容纳比这个数字多得多的人。大多数学者都推断，召集会议的行政长官会确保参会者都是他的支持者。的确如此，但我们没有证据能够表明行政长官做到了这一点。对于行政长官能否严格控制会场，我们应当保持谨慎。这一次，群众的情绪显然有利于恺撒。但毕布路斯重复了加图的论调，即不管法案有多少好处，在他的这一年任期内都不宜做任何革新。恺撒不断努力说服同僚，并告诉群众，只要毕布路斯同意，这项法案就能通过。他带领群众呼吁毕布路斯，请他同意；但毕布路斯在这压力之下，只是喊道："今年这法案绝不会通过，哪怕你们全都要它！"发出这愚蠢的言辞之后，毕布路斯怒气冲冲地走了。[25]

罗马的行政长官被选举出来，不是为了代表任何人，他们及元老们也无须对任何选民团体负责。在这方面，罗马的政治与现代民主制理论（实践未必如此）泾渭分明。但不管怎么说，罗马人民的意志在理论上是至高无上的，一名执政官如此公开表达对选民的鄙夷是严重的错误。恺撒迫使他犯下了这个错误，现在开始利用这个胜利来扩大战果。他不再传唤行政长官参加他的会议（这样的会议有几次，我们不得而知），而是请来了德高望重的资深元老。这完全是常规的手段。恺撒先请来了克拉苏和庞培。两人都热情洋溢地支持法案，这是他们第一次公开地明确表示自己与恺撒的关联。庞培谈到，将士们在他的指挥下为罗马立下汗马功劳，理应对他们封赏土地。他还提醒群众，他的军队赢得的战利品为共和国带来了足够的资金，因此给老兵分配土地是完全办得到的。恺撒又开始诱导群众，让他们哀求庞培，一定要让这项法案通过。素来喜欢听奉承的庞培看到群众如此哀求他，不禁心花怒放。恺撒问他，假如有人"拿起剑"来阻挠法案，该怎么办。庞培答道，他"会拿起盾牌，严阵以待"（根据另一个版本，他的说法是"拿起剑和盾牌"）。这威胁虽有些笨拙，但让群众欢欣鼓舞，也令很多元老惴惴不安。加图和毕布路斯在元老院曾阻挠恺撒，但把事情闹大并没有吓倒恺撒，也没有震慑住恺撒的靠山们。说到底，恺撒至少和加图等人一样的固执和坚定。就像前133年的提比略·格拉古一样，恺撒的立法未能获得元老院的批准，于是他直接向选民发出呼吁。群众确定在1月的最后一天召开部落会议，就土地法案进行投票。恺撒把公共集会引导和调教得很好，一切迹象都表明法案将顺利通过。尽管加图和毕布路斯以共和国的真正卫士自诩，但他们实际上代表的很可能只是一小群公民的利益。事实上，在元老院中，支持他们观点的也只是少数派（尽管是一个有相当规模的少数派）。不过，这个少数派包括了许多地位最高、影响力最强的贵族。[26]

尤利乌斯和恺撒担任执政官

在部落会议就土地法案投票当天的早些时候，恺撒、庞培和克拉苏的支持者们开始占据广场周边的关键位置。其中可能有庞培军队的一些老兵，因为法案的通过对他们大有好处。有些人携带着武器，至少是将武器半遮半掩起来。他们能否控制广场的所有入口，是值得怀疑的。随着太阳升起，更多公民加入了聚集在卡斯托耳和波鲁克斯神庙前的人群。选择这个地点作为人民集会的场所，说明恺撒等人期待会有很多人参加，因为广场的这一端比演讲台周围宽敞得多。我们必须记住，恺撒提议的土地分配方案的确得到了广泛支持，并且更重要的是，积极反对它的人是非常少的，很多人只是漠不关心。也许有很多人对恺撒的动机吃不准，但看到既然庞培也公开支持法案，于是就被说服了。在场的人看到广场周围一群群膀大腰圆的壮汉，是感到害怕还是觉得自己得到了保护，就更难说了。恺撒在神庙的演讲台发表了演讲，又一次解释了自己新法案的必要性。就在这时，他的同僚执政官赶到了。与毕布路斯一同前来的有他的侍从和执法吏，还有加图、三名保民官以及他们的支持者。毕布路斯走向恺撒那里时，人群分开，为他让出一条路来。狄奥说，这部分是出于对最高行政长官的尊敬，但也是由于群众以为毕布路斯已经回心转意，不再反对法案。毕布路斯走到神庙平台上恺撒的身边时——或许是想起了他自己曾说过的关于他和恺撒同时担任市政官的苦涩笑话——明确表示，他的态度没有丝毫改变。有保民官到场，说明毕布路斯和加图打算利用保民官的权力来否决整个会议进程，阻止会议召开。他也许还考虑要宣布，他看到了不吉利的预兆；宣布凶兆的话，会议也会被迫终止。但是，此时局势的进展已经不允许他这么做，因为宣布凶兆必须是在公民按照部落分列之前，恺撒此时可能已经发出了让群众分成部落的命令。[27]

群众对毕布路斯立刻表现出了敌对态度。随后爆发的暴力冲突显然是由那些武装的支持者开始的。毕布路斯在企图讲话反对恺撒的时候，被人从神庙台阶上推了下去。他的执法吏被制服，他们携带的法西斯束棒被打得粉碎，这对一位执政官来说是非常重要的象征性侮辱。据阿庇安记载，毕布路斯掀开衣领，露出自己的脖子，并大声喊道，既然他阻止不了恺撒，就宁愿以自己的死亡来玷污会议进程。他企图摆出一副英雄姿态，却以闹剧告终。有人向毕布路斯头上倒了一篮粪便；有人动用了投射武器，导致多名侍从受伤；据某些版本的史料记载，一名或多名保民官也负了伤。

　　好几个侍从是被投射武器打伤的。没有人丧命，这表明恺撒及其盟友严格地控制着暴力活动。向执政官泼粪而不是伤害他，这给人的印象是恺撒一派对使用武力是精心谋划且有节制的。这与前133年以来发生的暴力冲突迥然不同。加图毫发未伤，最后一个离开会场。他一直向其他公民们呼喊，企图说服或者恫吓他们，让他们支持自己的观点。阿庇安说，恺撒的一些支持者把加图抬了出去，但他后来偷偷溜了回来，直到他意识到没有人愿意听他的话，才自讨没趣地放弃了。然后公民大会开始了，并以多数票批准了法案。这部新法律包含一个条款，要求每一位元老都宣誓遵守它和绝不寻求将它撤销。若背弃此誓言，将被判处流放。在很短的时间内——可能是五天，因为另一部法律的类似条款要求在五天之内宣誓——所有元老都宣了誓。前任执政官梅特卢斯·凯列尔（一年前，他曾呼吁元老们到他的牢房里开会）很不情愿，但最终还是妥协了。据说加图是被西塞罗说服的，理由是加图留在城内肯定比流亡海外更有利于国家。在公民大会投票的次日，毕布路斯就召集了元老院开会，以抗议恺撒的行为。这次会议极有可能是在2

月 1 日举行的，也就是他掌握优先权的那个月的第一天。毕布路斯希望元老院谴责恺撒，或者宣布终极议决并剥夺恺撒的官职（就像前 78 年镇压李必达那样），但他的希望落空了。没有一位元老愿意公开反对恺撒或他的法案，因为这二者都得到了如此之多民众的热情支持。何况许多元老原本就是恺撒的靠山——庞培和克拉苏——的亲信。[28]

毕布路斯退隐家中，在他执政官任期的余下时间里再也没有在公共场合露面。他忙于撰写恶言诽谤的小册子和谴责恺撒、庞培及其支持者的宣言，并命人将这些文件张挂在广场上。但他自己却始终不肯露面。很快大家就开始说，这一年的执政官是"尤利乌斯和恺撒"，而不是"毕布路斯和恺撒"。苏埃托尼乌斯记载了这一时期流行的一些歌谣：

> 不久之前，通过了一项法案，是在恺撒当执政官的那一年，不是毕布路斯的那一年。
>
> 我不记得毕布路斯当执政官那一年发生过任何事情。

但毕布路斯并非完全蛰伏不出，他仍然在试图阻挠恺撒的行动。两位执政官有一项任务，就是确定那些日期无须固定的节庆的日子。毕布路斯把这些节日定在可以召集公民大会的日子，以阻止公民大会的召开。但他的同僚没有服从其决定的义务，恺撒也常常对他置之不理。在元老院投票决定举行感恩庆祝活动，以嘉奖得胜的将领时，毕布路斯会宣布庆祝活动的具体日期。因为在庆祝期间不能执行任何政事，而恺撒不能阻止他的这种做法，所以恺撒及其盟友损失了一些时间。但是，因为这些手段不足以阻止当年的所有活动，所以在恺撒召开的所有会议和集会上，毕布路斯都会派人去宣布他看到了凶兆，因此这些活动就必须停止。"观测天象"的占卜有着悠久的历史，受到人们的尊崇，但由于不是观测者亲自到场宣布，因此力量不足。毕布路斯所谓的看到凶兆自然是骗局，所有人都知道这一点，但古老的仪式对政治生活仍然有影响力，就像降下雅尼库鲁姆山上旗帜来终结拉比里乌斯审判的做法一样。但是，毕布路斯的做法让人不确定恺撒颁布的那些法律是否有效力。罗马人自己对此似乎也拿不准。恺撒自己就是祭司长，而庞培是一名观鸟占卜师，即专门负责解释征兆的祭司。[29]

恺撒不肯接受毕布路斯的宣言，因为恺撒有太多的措施需要通过。尽管恺撒在任职的一年中受到许多阻挠，但他还是颁布了许多新法律，具体的时间顺序我们已经不清楚了。土地法案实现了庞培的目标之一。在某个时期，他的东方立法也由部落会议投票最终核准了。或许就是在讨论此事的一次会议上，卢库鲁斯发言攻击恺撒。恺撒以极其激烈的言辞长篇大论地抨击他，吓得这位资深元老匍匐在地、哀求宽恕。克拉苏的目标也达成了，有权在亚细亚征税的包税人需要向国库上缴的定额被削减了三分之一。但恺撒正式警告这些包税人公司，在将来的投标中不要如此莽撞。恺撒从此事中可能得到了直接的好处，因为后来西塞罗声称，恺撒用一些大公司的钱财奖赏了自己的亲信。恺撒早就对罗马各行省的治理充满兴趣，他在法庭上最有名的活动就是起诉压迫人民的总督们。现在他颁布了一道新法规，以严密地管理行省总督们的行为，还对苏拉担任独裁官时期的一项法规做了澄清和改良。恺撒的这道新法规非常成功，在之后的数百年中一直发挥效力。西塞罗后来称其为

"绝妙的法律"。早些年，恺撒和克拉苏都曾努力获得派驻埃及的特别任命。庞培曾亲自重组地中海东部的广袤地区，对埃及也有着浓厚的兴趣。前59年，他们确保罗马共和国正式承认托勒密十二世（托勒密九世的私生子）的统治。托勒密十二世的绰号是"奥勒忒斯"（吹笛人），在埃及非常不得民心，但是以重金贿赂了庞培和克拉苏。据苏埃托尼乌斯说，托勒密十二世给庞培和克拉苏的贿金多达6000塔兰同，相当于3600万迪纳厄斯，这是令人瞠目结舌的数字。其中一些法案是以恺撒本人的名义颁布的，所以不管它们的主题是什么，都被称为《尤利乌斯法》。其他法案则是与恺撒亲近的保民官提出的。其中最突出的一位保民官是普布利乌斯·瓦提尼乌斯，他在史料中的形象是一个非常有魅力的无耻之徒。有一次，他率领一大群人冲进了毕布路斯家，企图让他出来公开宣布那些所谓的凶兆。甚至有人说要逮捕毕布路斯。瓦提尼乌斯是恺撒的支持者，但如果把他仅仅看作恺撒的鹰犬，就错了。因为他和任何元老一样，有着自己的野心。他帮助恺撒，是因为这给他带来了私人利益，包括上述征税公司的一些钱财。西塞罗说，后来恺撒曾挖苦道，瓦提尼乌斯当保民官的时候，没有"免费"做过任何事情。[30]

在前59年，恺撒虽然忙于立法，但还有时间做别的事情。他仍然与塞维利娅沐浴爱河，在这几个月里赠给了她一颗价值150万迪纳厄斯的珍珠（可能是用托勒密十二世的贿金买的）。恺撒自前62年与庞培娅离婚后一直单身。我们掌握的史料都没有提及恺撒和塞维利娅是否有结婚的打算。塞维利娅如果要和西拉努斯离婚，并与恺撒结婚，都需要得到加图的许可，因此这显然不是很现实。恺撒唯一的孩子尤利娅也到了结婚的年龄。前59年4月底或5月初，有两桩婚事被公之于众。恺撒迎娶了卡尔普尔尼娅，她的父亲是卢基乌斯·卡尔普尔尼乌斯·皮索①。皮索显然极有希望当选下一年的执政官，并且在三头同盟的支持下，应该能轻松取胜。恺撒的这门婚事保证将有一位友好的继任执政官来保护他的利益。这门婚姻在政治上很成功，据我们所知，也算相当幸福，尽管夫妇俩的大部分时间都天各一方（因为恺撒余生的大部分时间都在海外征战）。第二门婚事是尤利娅嫁给了她父亲的政治盟友——伟大的庞培。庞培比恺撒年长六岁，而他与尤利娅的年龄差距即便按罗马的标准也算是非常大的了。庞培之前休掉了不贞的妻子，因为她与多人私通，其中就包括庞培的新岳父。尤利娅和庞培的婚姻显然是出于政治动机，而且是突然宣布的。尤利娅原本已经被许配给昆图斯·塞维利乌斯·凯皮欧，而且婚礼几天后就要举行。婚约被解除，凯皮欧自然很难过。为了安慰他，庞培将自己的女儿庞培娅嫁给了他，而庞培娅原本与独裁官苏拉的儿子福斯图斯·苏拉订了婚，于是也和他解除了婚约。恺撒和庞培之间缔结如此亲密的姻亲关系，一般被解释为执政官开始为自己这位盟友的忠诚担忧。狄奥和其他史料都明确地认为，这门婚事是恺撒主动提出的。为了让庞培的立法通过，恺撒冒了很大风险，而他自己去外省当总督的时候，也需要强有力的朋友在罗马为他撑腰。另外，

---

① 注意，恺撒的岳父卢基乌斯·卡尔普尔尼乌斯·皮索与前文讲到的几个叫皮索的人，如前65年财务官、内西班牙总督格奈乌斯·卡尔普尔尼乌斯·皮索，前67年执政官、被恺撒指控贪赃枉法的盖乌斯·卡尔普尔尼乌斯·皮索，以及庞培的党羽马尔库斯·普皮乌斯·皮索，都没有直接关系。

为了得到一个合适的行省，恺撒也需要庞培的支持。但这门婚姻也完全可以说明，三头同盟非常成功。恺撒已经证明了自己的本事，因此庞培也许感到值得和恺撒缔结更长久的关系。庞培的新妻子年轻貌美、蕙质兰心，似乎继承了父亲的许多魅力。四十七岁的丈夫很快就深深地爱上了年轻的妻子。尤利娅显然也很爱他。他们的婚姻无疑是很幸福的。庞培素来喜欢接受他人的爱戴和倾慕，只要别人真心爱他，他也乐意以真心相报。[31]

反冲

从 4 月中旬到 5 月，大多数元老都会离开罗马，去自己的乡间庄园小住。因此，在这几周内，元老院或公民大会很少会召开会议。可能在这个非官方的休会期开始之前，恺撒就已经提出了另一项土地法案。这一次，新法案针对的是他的第一道土地法不曾涉及的位于坎帕尼亚的公共土地。第一道土地法的执行专员们已经选举产生，并开始工作。也许他们觉得，除了坎帕尼亚的公共土地之外，没有多少现成的土地可供收购；或许恺撒始终觉得迟早要将坎帕尼亚的公共土地也分配出去；或者他逐渐意识到，他的第一道土地法还不够。如果我们知道究竟是怎么回事，我们就能搞清楚他是真心实意地希望争取元老院支持他的第一道土地法，还是仅仅在诋毁元老院在选民心中的形象。现在，国家从罗马的贫困公民中挑选了两万人——实际上是两万个家庭，因为只有生养了三四个儿女的已婚男子才符合资格——将其安置在坎帕尼亚的农场上。监管第一道土地法执行的专员们可能被指派去负责此事。共和国政府强调安置有家庭的男子。这非常有意思，因为后来在帝国时期，类似的殖民计划也是优先考虑有妻儿的男子，政府显然相信这能鼓励更为严肃认真和值得帮助的定居者。元老们又一次被要求庄严宣誓，遵守此法，绝不寻求将其撤销。[32]

大约在发布新土地法案的同一时期，保民官瓦提尼乌斯也提出了一个建议：授予恺撒五年的特别指挥权；将伊利里库姆和内高卢这两个省合并，交给恺撒治理。这两个省驻扎着3个军团，并且离意大利很近。他还将拥有自行选择军团长的特权，其中至少一人将被授予资深裁判官级别的治权。恺撒的新土地法和瓦提尼乌斯的提案都通过了，时间可能是在5月底。元老院还投票决定，将恺撒的辖区扩大，让外高卢也包括其中。外高卢的现任总督梅特卢斯·凯列尔还没有抵达自己的行省，就病逝了。五年的任期、强大的军队（外高卢驻扎着1个军团）以及在巴尔干半岛或高卢（这些地区近年来一直在酝酿动乱）建功立业的机遇，这些都是恺撒想要的。毕布路斯尽可以留下去处置"林地和乡间小道"，尽管他实际上没有就任这个职务，而且在差不多十年之后才担任行省总督。但是，尽管三头同盟中的每一个人都达到了自己的目的，但他们的成功还谈不上稳固：政敌大有人在，将来也许会给他们制造麻烦。最糟糕的情况是，下一年或随后某一年的行政长官会宣布，在恺撒担任执政官期间颁布的法律都是无效的。因此，三头同盟仍然神经紧绷，对任何公开的批评都做出强烈回应。

4月初，西塞罗的执政官老同僚盖乌斯·安东尼遭到指控，罪名是在担任马其顿总督期间中饱私囊。前63年，元老院投票决定将这个富饶的行省交给西塞罗，但他在喀提林阴谋期间为了把安东尼拉到自己和共和国这边，主动将马其顿让给了安东尼。尽管西塞罗对安东尼评价不高，而且可能猜到他确实有罪，但还是为他辩护。起诉人的靠山则是恺撒，可能也有克拉苏。起诉人最后得胜，安东尼流亡海外，过着骄奢淫逸的生活。在为安东尼辩护时，西塞罗犯了个错误：他公开批评三头同盟，并哀叹共和国的糟糕状况。庭审是在上午举行的。当天下午，他的私敌克洛狄乌斯——曾侵犯善良女神节、与恺撒前妻庞培娅私通的那个人——的身份从贵族改为平民。恺撒作为祭司长主持了仪式，庞培以观鸟占卜师的身份参加，将克洛狄乌斯"收养"为平民。克洛狄乌斯多年来一直想当保民官，但是贵族被禁止担任这个官职，因此他多次尝试将自己的身份改为平民，不过都没有成功。他已经开始用比较低俗的克洛狄乌斯作为自己的名字，而不是贵族风格的克劳狄。这场仪式的确是场闹剧，收养克洛狄乌斯的那个平民其实年龄比他还小。[33]

在这一年的余下时间里，西塞罗的情绪跌宕起伏，时而惴惴不安，时而突然乐观起来。4月剩下的大部分时间里，他都待在位于安提乌姆①的别墅里，用他自己的说法是"避避风头"。到外地度夏的人不止他一个，许多元老都离开了罗马城，于是元老院的出席率大大降低。有一次，恺撒询问一位年迈的元老，为什么出席会议的人这么少。这位名叫孔西迪乌斯的老人答道，因为其他人害怕恺撒的武装支持者。恺撒询问孔西迪乌斯为什么还继续出席会议。孔西迪乌斯的回答是，他年纪很大了，什么都不怕，因为他已经时日无多。西塞罗对

---

① 即今天的安济奥，意大利西部沿海城市。

《坎帕尼亚土地法》持欢迎态度，因为他认为这会让很多元老与三头同盟疏远。他指出，这次土地再分配会导致国库损失相当多的收入。在意大利征收的赋税肯定是减少了，但庞培军事征服带来的收益弥补了这种损失。三头同盟又一次努力拉拢西塞罗。恺撒提议让西塞罗担任其麾下的军团长，一起去高卢。但这个提议和其他任何提议都不能改变西塞罗的想法，他坚信三头同盟的做法是错误的。西塞罗对加图也有些温和的不满，因为他觉得加图在当年早些时候的行为让形势更糟糕了。西塞罗对主要的贵族们也颇有微词，因为如果他要摆明立场，就不能指望得到那些人的支持。到4月底，他开始希望政界的平衡发生改变，于是写信给阿提库斯说："如果元老院的势力满含恨意，那么你可以猜猜，既然权力没有到人民手中，而是被三个不知克制的人控制，将会发生怎样的事情。过不了多久，你就会看到不仅我们当中那些不曾犯错的人会得到赞扬，甚至犯下了诸多错误的加图也会得到赞扬。"[34]4月18日，西塞罗得知，克洛狄乌斯计划竞选保民官，并公开宣布他将撤销恺撒的所有立法。这可能是因为恺撒拒绝将油水丰厚的埃及职位交给克洛狄乌斯，而是给了他一个利润较少的位于亚美尼亚的职位。有流言称，恺撒和庞培现在否认他们曾执行了将克洛狄乌斯收养为平民的仪式。这消息令西塞罗很振奋，但他在5月的信中写到庞培时又显得很绝望，甚至暗示庞培在图谋建立暴政。当年晚些时候，一名年轻的元老盖乌斯·加图在广场公开指控庞培要当暴君，险些被私刑处死；但我们不知道，攻击这位元老的是三头同盟的党徒，还是更广泛的群众。西塞罗对这位年轻元老的描述是"一个没有多少政治头脑的青年，但……毕竟姓加图"。这清楚地印证了一个著名的姓氏在罗马能够有多么大的影响力。[35]

随着夏季一天天过去，西塞罗发现，最大张旗鼓地反对三头同盟的人是盖乌斯·斯克利博尼乌斯·库里奥，他的父亲是前 76 年的执政官。和盖乌斯·加图一样，库里奥也很年轻。显要的元老和前任行政长官当中很少有人公开批评三头同盟，这是相当惊人的事情。这又一次佐证了元老院高层在这些年的软弱，主要是由于内战和近期的动荡。但有时普通公民会聚集起来向三头同盟发出抗议。在加比尼乌斯（他担任保民官的时候，为庞培搞到了清剿海盗的指挥权，后来又担任庞培的军团长）举办的一次竞技比赛上，庞培在贵宾席落座时遭到了群众的起哄。在一场戏剧表演中，当一位演员着力强调"你的伟大建立在我们的悲惨之上"这句台词时，观众热烈响应，这显然是在含沙射影地攻击伟大的庞培。据西塞罗记载：

> 恺撒到场的时候，欢呼声逐渐平息了。然后，库里奥跟了上去，场内响起雷鸣般的掌声；在共和国还稳固的时候，庞培曾得到过这样的掌声。恺撒非常恼怒。据说有人给身在卡普阿的庞培送去了一封信。骑士们站起来为库里奥欢呼，他们（三头同盟）如今是众矢之的。[36]

毕布路斯发表了许多恶毒攻击三头同盟的宣言，其中往往充斥着污言秽语，很多公民喜滋滋地阅读这些宣言。西塞罗还讲道，广场常有一大群人围观毕布路斯的宣言。群众的捧腹大笑并不意味着他们对困守家中的毕布路斯感到同情。古往今来，政治讽刺常常也能让并不认同它的人哈哈大笑。罗马人有着强烈的幽默感，非常喜欢这种粗鲁的辱骂。毕布路斯大多时间里攻击的目标都是恺撒，但恺撒对此似乎视而不见。庞培素来不擅长应对别人的批评，他于 7 月 25 日在广场发表演讲，为自己辩护。西塞罗感到庞培自我辩护的景象非常可悲，因为西塞罗仍然希望能和庞培重归于好，毕竟他过去曾常常赞扬庞培。但根据西塞罗的说法，庞培演讲的唯一结果就是，毕布路斯的小册子受到了更多的关注。到这时，庞培不断向西塞罗保证，克洛狄乌斯不足为虑。克洛狄乌斯显然已经放弃了攻击恺撒立法的想法。当然，或许他从来就没有当真地考虑过，而一直以当上保民官为目标。到这年秋季，西塞罗感到或者说愿意相信，庞培为年初的动乱懊悔，并为自己当时与元老院的贵族们疏远感到后悔。[37]

　　夏末或秋初，发生了一件奇怪的事情。它究竟是怎么回事，至今仍是个谜团。威提乌斯（前 62 年，他指控恺撒参与了喀提林阴谋，后来因此遭到殴打和囚禁）又被带到元老院，宣称自己知晓另一桩"阴谋"。威提乌斯与库里奥交情不错，后来告诉库里奥，他打算杀死庞培（按照另一个版本的记载，是杀死庞培和恺撒）。库里奥将此事告诉了自己的父亲，后者立刻告知了庞培。于是元老院召集了会议，传唤威提乌斯来答话。威提乌斯却指控毕布路斯唆使库里奥去杀害庞培，也许还要谋杀恺撒。他还指认了其他几名密谋者，其中包括塞维利娅的儿子布鲁图斯（此时是二十五六岁）。布鲁图斯和另外一名被指认的人也许有谋害庞培的动机，因为庞培在内战期间杀死了他们的父亲。据说毕布路斯的一名仆人给年轻的密谋者们提供了一把匕首，来作为凶器。此时，西塞罗相信，威提乌斯的幕后靠山就是恺撒，恺撒的目的是除掉对三头同盟口诛笔伐的库里奥。但恺撒极不可能愿意将自己情人的儿子卷入其中。库里奥面对着指控，做了有力的自我辩护；而几个月前毕布路斯曾向庞培发出警示，说有人要暗杀他，庞培还向毕布路斯表示了感谢。威提乌斯的故事受到了极大的怀疑，他也被监禁起来，因为他在广场时被搜出了身上藏匿的匕首。次日，恺撒和瓦提尼乌斯传唤他到演讲台参加一场公共集会。这一次，威提乌斯没有提到布鲁图斯。西塞罗狡黠地指出："显然，这是有人吹了枕边风。"[38]他无疑是在暗示恺撒与塞维利娅的关系。这次威提乌斯指认，卢库鲁斯和其他一些人参与了暗杀阴谋，其中包括西塞罗的女婿。没有人愿意相信他的话，准备将他送上法庭。但在庭审开始之前，他就暴死在狱中。

威提乌斯的死因不明。据普鲁塔克记载，官方的说法是自杀，但他的脖子上有明显的勒杀痕迹。苏埃托尼乌斯宣称，恺撒是整个事情的幕后指使人，是他派人毒死了威提乌斯。几年后，西塞罗将此事的罪责从恺撒推到了瓦提尼乌斯身上。后世的学者们对此事的幕后黑手究竟是谁莫衷一是。有些人怪罪恺撒，也有人指责克洛狄乌斯，甚至庞培本人。一方面，此事或许能够使庞培紧张（因为他始终对暗杀有种病态的恐惧），确保他虽然遭到毕布路斯的大肆攻击，但仍然忠于三头同盟。但既然布鲁图斯也被指认为密谋者，那么这不可能是恺撒指使的。更有可能的情况是，恺撒仅仅是等待真相暴露，进而从中榨取利益。威提乌斯在第二天的指控中不曾提及布鲁图斯，说明他受到了压力。威提乌斯所谓的检举可能是他自作主张的行为，因为他渴望重新成为人们关注的焦点，或者希望作为告密者得到赏赐，以恢复自己的财产。恺撒显然尝试利用他，但很快意识到，这对自己没什么好处，而且威提乌斯并不值得信赖。很有可能是恺撒下令除掉了威提乌斯，毕竟威提乌斯在过去曾经攻击过恺撒。但我们没有证据。[39]

　　毕布路斯成功地将执政官选举从7月推迟到了10月。但是，尽管他有权主持执政官选举，却仍然待在家中，将任务留给了恺撒。当选前58年执政官的是恺撒的新岳父卡尔普尔尼乌斯·皮索和加比尼乌斯①，两人都对三头同盟很友好。随后几个月的形势对恺撒的命运来说是至关重要的，因为他的立法延续时间越久，将来任何人对其有效性提出质疑就越困难。在恺撒担任执政官这一年的年末，他在罗马或附近待了好几个月，静观事态发展。克洛狄乌斯已经被选为保民官，由于他是在获得恺撒的批准后转变为平民身份的，所以他必须认可恺撒作为执政官行动的合法性。因此，他显然会花很大力气去确认恺撒立法的效力。据狄奥记载，毕布路斯在执政官任期的最后一天，终于出现在公共场合，企图发表演讲，但被克洛狄乌斯禁止，就像前63年底梅特卢斯·尼波斯阻止西塞罗演讲那样。两名新裁判官攻击恺撒，他在元老院的一次会议上对他们的批评做了答复。他在这些辩论中三次演讲的稿子后来被公开发表，对自己在前59年的行动做了永久性的辩白。遗憾的是，这些演讲稿没有保存至今。但是三天之后，元老院没有做出任何决定。一名新保民官企图起诉恺撒，

---

① 即奥卢斯·加比尼乌斯，前文讲到，他帮助庞培获得了清剿海盗的指挥权。他可谓是庞培迅速崛起的功臣之一。

但被大多数保民官否决。直到前58年3月，恺撒才终于动身前往高卢，那里的事态急需他来处理。[40]

恺撒在执政官任上取得了很大成就。土地再分配的大规模项目已经开始，并将在随后十年中持续开展。庞培的东方立法得以通过，克拉苏庇护的包税人们得到了救助。恺撒通过与这两位大人物结盟，达成了这些目标，战胜了反对派，而他起初的和解措施未曾将这些反对派争取过来。这是风云激荡的一年，多次出现高度紧张、一触即发的局面。西塞罗在他的书信中讲道，他害怕出现暴政和内战。暴政和内战都没有出现，但管理政治生活的许多传统和先例都受到了极大的挑战，遭到了进一步破坏。毕布路斯和加图决心不惜一切代价阻止恺撒，而恺撒同样坚决要不惜一切代价推动自己的政策，双方均对共和国造成了同等的损害。但恺撒目前占了上风，并且获得了开展大规模战争、赢得军事荣耀的机会。现在他有了一个任期较长且非常重要的行省总督职位，现在的问题就是为共和国赢得胜利。只要他的军事胜利足够辉煌——恺撒下定决心，一定要获得辉煌的胜利——那么即便是他的那些不共戴天之敌也不得不承认，他是一位伟大的执政官，或许是最伟大的共和国公仆。这样的话，他在执政官任上的一些比较可疑的行动也会被忘却或者原谅。《瓦提尼乌斯法》顺利通过，将内高卢和伊利里库姆交给恺撒治理，后来又加上了外高卢，这让恺撒很高兴。在此项成功的鼓舞之下，他在元老院宣布，由于"他的最大心愿业已达成，他的敌人们也遭到了惨重打击，他现在要爬到他们的头顶上去"。不管这是不是有意的双关语，一位元老反唇相讥，说一个女人要做到这些会很困难。他指的是恺撒和尼科美德四世的老故事，毕布路斯的大字报猛炒了这碗冷饭。恺撒诙谐地答道，那应该不难，因为"塞弥拉弥斯①……曾是叙利亚女王，而古时的阿玛宗人曾主宰亚细亚的很大一部分"。关于这一年的记述以这个粗鲁的笑话，以及展现恺撒自信与自满的逸闻结束，似乎是恰如其分的。[41]

---

① 塞弥拉弥斯是传说中亚述国王尼诺斯的传奇王后，成功地接替了他的亚述王位。在西亚和小亚细亚很多已被遗忘或不知出处的古迹上，都用到了塞弥拉弥斯这个名字。古幼发拉底河或伊朗的每一项巨大工程最终似乎都归结于她，甚至大流士的贝希斯敦铭文亦是如此。希罗多德曾认定是她兴建了幼发拉底河围堤。塞弥勒弥斯的名字流传在亚述各地和整个美索不达米亚、米底、波斯、黎凡特、小亚细亚、阿拉伯半岛和高加索，只是稍有变化。

第二部

※

资深执政官
(前 58 年 ~ 前 50 年)

九　高卢

恺撒"打了五十场正面交锋的战役，他是唯一一个超过马尔库斯·马凯鲁斯①的指挥官，后者的记录是三十九场"。

——老普林尼，1 世纪中叶[1]

恺撒拥有最纯熟的技艺和优雅的文风，也有解释自己计划的最高超本领。

——奥卢斯·希尔提乌斯，前44 年[2]

恺撒离开罗马前往行省上任的时候，时年四十一岁。随后九年中，他始终不曾返回罗马城。他的余生几乎完全被战争主宰。从此刻起，除了两年（前50 年和前44 年）之外，他在每一年都参与了大规模军事行动。前50 年，高卢被征服，恺撒忙于平定这一地区，所以没有大规模作战。前44 年，他正打算踏上新的宏伟征程，先是讨伐达契亚②，下一个目标是帕

---

① 马尔库斯·克劳狄·马凯鲁斯（前268 年～前208 年），五次当选执政官，是高卢战争（前225 年）和第二次布匿战争（前218 年～前201 年，对手是汉尼拔）的名将和英雄，曾与敌军领袖单挑并将其杀死，获得了罗马军人所能获得的最高荣誉。他还征服了叙拉古城，发明家阿基米德就死在那场战役中。

② 达契亚的范围大致相当于今天的罗马尼亚和摩尔多瓦，以及保加利亚、塞尔维亚、匈牙利和乌克兰的一小部分。达契亚人是色雷斯人的一支。公元前82 年～公元106 年，此地存在一个一度非常强盛的达契亚王国，后被罗马征服。

提亚①，但就在率军出征的前几天，他惨遭谋杀。在大多数年份里，他都会进行至少一场大规模战役或攻城战。普林尼声称恺撒率军历经五十场战役，而阿庇安说其中三十场战役发生在征讨高卢期间。对于这些数字的准确性，我们既不能证实，也无法否认，因为对历史的任何时期，人们都很难达成共识，究竟怎样才算是一场战役，或仅仅是一场交锋或小规模冲突。但这些作者的说法反映了这样的事实，即人们普遍相信，恺撒比其他任何一位罗马将军都更加身经百战，也更加常胜不败。人们常将恺撒与亚历山大相比，但亚历山大只参加了五场大规模战役和三场重要的攻城战，尽管他也参加了很多规模较小的战斗。汉尼拔面对的敌手完全不同，打了更多的大战役，但或许仍然不能超过恺撒的战绩，甚至不能与他比肩。一直到拿破仑时代，那个战争烈度猛增的时期，才有一些军事统帅经历了比恺撒和古典世界的其他伟大指挥官们更多的大战役。[3]

恺撒在前 58 年之前和之后的生活截然不同。在前 58 年之前，他在意大利之外待的时间顶多只有九年，其中差不多一半是在服兵役。这对一位罗马元老来说，是相当典型的，虽然在海外服役的时间比平均水平要少，但比西塞罗那样的人还是多得多。西塞罗依赖于不断出现在法庭上，来确保自己能够在公众面前混个脸熟。值得强调的是，尽管恺撒非常高调浮夸，与可疑的角色有联系，并且在执政官任上做了一些有争议的事情，但他的政治生涯总的来讲仍然是很常规的。他比常规年龄早两年达到执政官的高度，但比资深执政官的平均年龄只小一

---

① 帕提亚帝国，中国古书称为安息，公元前 247 年～公元 224 年统治波斯，与罗马长期对抗，后在内乱中被萨珊王朝取代。

点点。与亚历山大大帝、汉尼拔或庞培相比，他的机遇来得非常晚。亚历山大三十五岁驾崩，而汉尼拔打最后一场战役时只有四十五岁。拿破仑在滑铁卢和威灵顿公爵交锋的时候，比汉尼拔只大一岁，尽管布吕歇尔已经七十三岁了。形成对比的是，美国内战爆发时，罗伯特·E. 李已经五十多岁；第二次世界大战开始时，巴顿也已经五十多岁了。无论是根据罗马的标准，还是现代人的标准，恺撒在前 58 年都不算老，但他的同时代人也不会预料到，他竟然能成为史上最伟大的军事统帅之一。在过去服兵役时，他表现出了才干、勇气和自信，但还有很多雄心勃勃的人表现出了类似的素质。在审视恺撒的故事时，我们要切记，不能因为我们拥有后见之明，就认为万事都是命中注定、不可避免的。即便在前不久因庞培的辉煌成就而眼花缭乱的罗马，恺撒在高卢的战功也是令人瞠目结舌的。但胜负只在一瞬间，恺撒可能在归国之前战死，也可能死于事故或疾病。当时没有人能想到，恺撒最终会以反叛者的身份返回，并攻击他先前的盟友和女婿庞培。恺撒出征高卢的时候，有着自己的计划和雄心，无疑也考虑过许多可能的前景，但最终他选择相信自己的幸运，勇往直前。

恺撒的《战记》

为了获得这样一个重要的指挥职位，恺撒做出了极大努力，欠下了巨额债务，冒了极大的政治风险，并且四面树敌。要让这一切都值得，他需要极其辉煌的胜利，但若是要从胜利中获取实际的好处，他必须确保让人们都知晓他的成就。米蒂利尼的希腊学者狄奥法内斯曾伴随庞培的幕僚，记录了他讨伐海盗与米特里达梯六世的战役。恺撒不需要其他人捉刀代笔，而是自己记载了自己的胜利。他已经发表了一些演讲稿和一些现已遗失的作品，其中部分是他年轻时写下的。奥古斯都皇帝后来禁毁了这些不成熟的作品，其中包括悲剧《俄狄浦斯》，以及他的《赫拉克勒斯颂》和《箴言集》，而他的演讲稿除了一些残章断简之外，都没有保存到今天。罗马将军们有一种传统，就是撰写"战记"以纪念自己的成就，这种体裁与史书不同，常被当作供后世史学家使用的史料。恺撒最终写了十卷《战记》，其中七卷记载前 58 年～前 52 年讨伐高卢的战争，另外三卷讲的是前 49 年～前 48 年反对庞培的内战。恺撒去世后，他的几名军官补充了四卷，涉及恺撒前 51 年在高卢的作战、前 48 年～前 47 年在埃及和东方的战役、前 46 年在阿非利加的军事行动，以及前 45 年在西班牙的作战。除了恺撒的著作之外，其他战争记录都只有少量残篇保存至今，所以我们不知道恺撒的著作是否符合传统的战记风格。[4]

恺撒的《战记》从一开始就被认可为拉丁文学中最伟大的作品之一。西塞罗对恺撒的演讲术赞不绝口，对他的《战记》也不吝赞美之词：

> 的确值得赞美……就像是裸体雕像，挺拔而美丽，削去了所有矫饰，如同脱去了袍服一般。尽管他希望为其他作家提供撰写史书的材料，但他或许只会让无能之人满意，这些庸人会将自己的"才华"施加于他提供的材料，而所有头脑健全的人读到他的作品，都不敢再写作；因为在撰写史书时，最好的就是晓畅和精练。[5]

这些话是在前 46 年写下的，此时西塞罗对恺撒的独裁越来越不安，所以他说"头脑健全的人"读了恺撒的作品之后都不敢记载自己的成就，或许有一丝双重含义。但是，西塞罗对恺撒文笔的赞誉显然是诚心实意的，这或许是因为恺撒高度洗练的文风与西塞罗自己的演讲风格形成了鲜明对比。恺撒曾宣称，演说家应当"避开怪僻罕见的词语，就像航船的舵手避开暗礁一样"。除了必需的技术词汇或外来语之外，恺撒严格遵守这项原则，他的叙述风格清楚明晰、节奏轻快。他极少使用情绪化或戏剧性的言辞，而让事件本身的戏剧性和重要性自己显露出来。在《战记》中，他始终用第三人称指代自己，而将他的士兵们称为"我们的人"，讲述了罗马人民的军队在依法任职的统帅的指挥下，与凶残的敌人和严酷的大自然顽强斗争。在每一个阶段，恺撒都将自己的行动描绘为完全是为了共和国的利益。尽管现代读者会对《高卢战记》中毫不掩饰的帝国主义、屠杀、集体处决和奴役感到震惊，但同时代的罗马人不会对这些事情吃惊。即便是恺撒的政敌，也很难不被他的《战记》感染，为之血脉偾张。[6]

很多政治和军事领袖曾以自己亲身参与的事件为蓝本，写下他们自己版本的史书，但很少有作品的文学水准能与恺撒的《战记》相提并论。在近期历史中，丘吉尔或许是在文学水平上最接近恺撒的，他的语言拥有强大的力量，而且他在第二次世界大战结束后没过多久就完成了自己的著述。但恺撒的著述与丘吉尔和其他绝大多数名将的作品有一个主要区别：后者全都是为后人而写作，他们知道自己的政治生涯基本上已经落幕，所以要著书立说，用自己版本的记述来影响后世的观念。而恺撒更关注的是同时代的受众，他写作是为了继续推动自己的事业，获得更多的机会去争取荣耀（丘吉尔撰写他的早期著作时应当是出于同样的目的）。七卷本《高卢战记》是在何时撰写及发表的，并不十分清楚，但一般的意见是七卷于前51 年～前 50 年一起推出。学界一般推测在最终导致内战爆发的几个高度紧张的月份里，恺撒写下了这七卷书，希望能够在罗马获得尽可能多的支持。虽然常有学者对这种观点深信不疑，但这其实只是推测而已。从前 58 年他启程前往高卢开始，他就一直在著书立说，以吸引罗马人民的注意力；因为他或者任何一位在仕途奋斗的人都必须确保，选民和城内有影响力的群体不会将他们遗忘。他等了那么久才出书，倒有些奇怪了。另外，各卷中对个别人物的描写有所不同，细节上也有矛盾冲突之处，这说明七卷书更有可能是一卷一卷逐步发表的。

一个更有说服力的解释是，每一卷都是在其描述的战役结束后的冬季休战期写下的。即便是主张七卷本同一批出齐的学者们也推测，恺撒会向元老院发送年度报告，而这些报告流传很广，可能已经和我们现有的《战记》的形式相似。有人认为，在高卢的冬季，恺撒在绝大多数情况下都没有足够的时间写出一卷书来。这种看法不足为信。恺撒的高级军团长之一希尔提乌斯后来补写了《高卢战记》的第八卷，他转述了西塞罗对恺撒优美文风的赞誉，但也讲到恺撒下笔如有神、倚马可待。另外一名军官阿西尼乌斯·波利奥相信，恺撒的计划是在将来重写《战记》，所以这些书可能是非常快速地创作出来，以满足紧迫的政治需求。希尔提乌斯和阿西尼乌斯·波利奥的说法都无法证明七卷书是分批发表的，但总的来讲，分批发表的可能性极大。毕竟，在高卢战争之后的几个月中要一口气写出全部七卷书，任务实在是太艰巨。[7]

有一种很普遍的观点认为，《战记》的目标读者主要是元老和骑士们。这是很值得怀疑的。恺撒在担任执政官期间，曾命令将元老院的会议记录全部公开发表，这显然不是为了给元老们看。罗马世界的识字率很难判断，我们不知道在富裕的精英阶层之外，还有多少人能够阅读。但是从实践的角度看，当时每本书都需要手抄，所以书籍肯定是昂贵的奢侈品。西塞罗曾提到，地位低微的人比如手工艺人，也会如狼似虎地阅读史书。史料中有迹象表明，公共朗读会是很常见的，听众很多。恺撒始终是个平民派，依赖广大群众的支持，所以他很有可能将普通群众也当作自己著作的受众。值得注意的是，《战记》中很少出现元老和骑士阶层的军官，而且有时对他们加以贬抑。相反，军团的普通士兵却始终被刻画得英勇雄壮。即便是批评士兵的时候，绝大多数情况下也是批评他们过于热切、忘了纪律。与普通士兵相比，领导他们的百夫长们更是被描绘为顶天立地的英雄。书中有名有姓的百夫长不多，但一般来讲，总是百夫长这个群体在危急时刻能够镇静自若、英勇奋战，为赢得统帅的认可而不惜牺牲生命。对百夫长和普通士兵的正面描绘可能会取悦爱国的贵族与骑士，但肯定会受到广大群众的欢迎。恺撒寻求与普通罗马人结交，而不仅仅局限于精英阶层。对他来讲，或许某些群体会更重要一些，比如那些在百人会议的第一等级里投票的人。但由于我们对精英阶层之外的生活知之甚少，所以很难确定。[8]

从高卢战争开始到内战结束，我们对恺撒的活动有较多的了解，但这些信息的绝大部分来自他自己的《战记》。尤其是关于高卢战争，其他史料的几乎所有信息都源自恺撒的版本。如果我们对《战记》的基本真实性存疑，那么也没有其他史料可以替代它。

拿破仑极其仰慕恺撒的军事才华，曾说任何有进取心的将军都应当仔细研究恺撒的军事行动。但即便是拿破仑，也对《战记》中一些内容的真实性表示怀疑，在流亡期间还花了一些时间来批评《战记》。但拿破仑自己的战报和回忆录中也有不少失实之处，所以他或许仅仅将历史真实方面的弹性看作是很自然的事情。恺撒著书是出于政治目的，是为了鼓吹自己作为共和国卓越公仆的名望，并昭示天下他的辉煌地位是理所应当的。因此，《战记》是宣传材料，对他所做的一切事情都做了雕琢粉饰。据苏埃托尼乌斯记载："阿西尼乌斯·波利奥相信，恺撒在撰写《战记》时并不特别寻章摘句，也并不特别重视真实性，因为恺撒往往非常乐于相信别人对其行动的描述或者自己对事实进行歪曲，不管他这么做是有意为之，还是由于已经忘了真相……"【9】

波利奥在内战期间追随恺撒，但并没有陪伴他征讨高卢，因此波利奥的说法可能主要是针对恺撒的《内战记》。波利奥说恺撒太容易相信别人对自己行动的描述，这可能带有个人的哀怨，因为波利奥是阿非利加的一次灾难性登陆作战的少数幸存者之一，而此役的指挥官在《战记》中被描绘得光辉伟大。如果波利奥说的是真的，恺撒的确会歪曲事实，那么究竟歪曲到什么程度呢？考古学已经证实了恺撒对高卢战争的一些说法，但考古学很难重现军事行动的细节，更不用说其背后的动机和思考了。更重要的是，很显然在整个高卢战争期间，在恺撒军队中服役的许多元老和骑士都会定期给他们的亲友写信。后来，西塞罗的弟弟昆图斯成了恺撒的一名军团长。保存至今的昆图斯书信中很少有军事方面的细节，但令人吃惊的是，昆图斯随恺撒大军于前54年在不列颠的几个月期间，仍然能够给自己的哥哥发去书信。罗马城和军队之间显然有着持续的信息交换。前56年，西塞罗在元老院攻击恺撒的岳父卡尔普尔尼乌斯·皮索在担任马其顿总督期间的不端行为。皮索无视常规，没有定期向元老院发送报告；但西塞罗说，即便如此，他和其他每一位元老都对皮索的一举一动和劣迹非常清楚。

大多数批评恺撒著述真实性的人都利用恺撒文中的细节来批评他。批评者提及了恺撒的一些失败和有争议的行动。说到底，恺撒不可能大范围地捏造虚构或者肆无忌惮地扭曲事实，因为他的受众不好蒙蔽，很容易识破真相。但他可以用最正面、最有利的色彩来描绘所有事实，将失败的罪责推到其他人身上，故作冷静地为自己的行动辩护，低调处理那些成就很小的行动。但他必须紧密地贴合事实，尤其是那些与罗马受众关系最大的事实，这样《战记》才能达到其目的，即争取民意的支持。在研读恺撒的著述时，就像对待任何其他史料一样，我们必须小心谨慎。但我们有理由相信，至少他对基本事件的记述是真实可靠的。[10]

恺撒的军队

前58年，驻扎在恺撒行省的军队相当于他带去西班牙的军队兵力的两倍，后来逐渐扩大，达到了原先的两倍和三倍。他只服过五年兵役，对这一地区的战事不熟悉。但正如前文所述，这对一位罗马指挥官来说不算特别稀罕。恺撒游刃有余地应对了自己遇到的挑战，但如果说他从一开始就表现出了沉稳的军事天赋——正是这种天赋使他后来被广泛认可为史上最伟大的军事统帅之一——那就错了。他需要先熟悉自己的新军队，并学会如何最好地运用它，这个过程需要时间。但是，他的最高级军官都是他亲自精挑细选并带到行省的。

最重要的军官是军团长。军团长（Legatus）的原意是代表，可以是大使，也可以是"代表"总督处理事务的高级军官。军团长一定是元老阶层的成员。据我们所知，恺撒麾下的军团长的军事经验都不及他丰富。他曾邀请西塞罗担任自己的军团长，这说明对于这个职务来说，有用的政治人脉比军事才干更重要。西塞罗拒绝了恺撒的邀请，但从战役一开始，恺撒的幕僚中就有 5 ~ 10 名军团长。其中级别最高的是拉比埃努斯，他实际上被授予了独立的资深裁判官级别的治权，而不仅仅是上级下放的权力。拉比埃努斯是前 63 年的保民官，曾与恺撒合作起诉拉比里乌斯。《战记》中拉比埃努斯的出场机会比其他军团长的都要多，他用事实证明自己是一位特别优秀的军人。但在前 58 年，他的战争经验或许并不比恺撒多；到了高卢之后，他才得到机会让自己的才华大放光彩。前 70 年代，拉比埃努斯曾在普布利乌斯·塞维利乌斯·瓦提亚·伊苏利库斯麾下在亚细亚服役。在那些年里，他也许和恺撒打过交道，但他也可能是在恺撒返回罗马之后才抵达亚细亚行省的。史学家推测，拉比埃努斯曾在庞培麾下参加了许多战斗，但缺乏确凿的证据。许多学者还推测，拉比埃努斯在前 60 年或前 59 年担任过裁判官，但这也只是一个可能性较大的推测，并没有实际的证据。[11]

巴尔布斯是恺撒的另一个老熟人，又一次担任他的"工兵长官"。但他似乎在高卢没待多久就返回了罗马，为恺撒办事。恺撒麾下的另一名"工兵长官"是马穆拉，他来自福尔米亚①，因为在高卢期间以不光彩手段暴富而臭名昭著。帮助恺撒获得五年指挥权的保民官瓦提尼乌斯似乎在高卢也待了一段时间，但可能是在前60年代的晚些时候。昆图斯·佩蒂乌斯似乎从一开始就追随恺撒。前58年恺撒麾下的另外几名军团长的身份不详。有几个人在这一年如果不是在他军中效力的话，应当很快就会加入他的幕僚。其中包括奥卢斯·希尔提乌斯，他后来为《高卢战记》补充了第八卷。另外一名军团长是塞尔维乌斯·苏尔皮基乌斯·加尔巴。在阿洛布罗基人叛乱期间，他在彭普提努斯②麾下效力，因此对近期的高卢战事比较有经验。昆图斯·提图里乌斯·萨比努斯和卢基乌斯·奥隆库勒乌斯·科塔可能都是从一开始就在恺撒身边（尽管后者的家族名是科塔，但他不大可能是恺撒母亲那边的亲戚，因为恺撒母家的氏族名是奥雷利乌斯）。科塔曾写过一篇关于罗马宪法的专题论文，所以恺撒的幕僚有着不错的文学修养。从前58年到前56年，克拉苏的幼子普布利乌斯也在恺撒的军队中，他热衷于文学和哲学，因此和西塞罗过从甚密。克拉苏把儿子交给恺撒，说明两人的关系仍然非常亲密，不需要缔结婚姻来巩固盟约。普布利乌斯·克拉苏当时二十五六岁，后来被证明是一位勇敢而有天赋的军人。他在高卢战争初期是骑兵指挥官，次年晋升为军团长。另一位从战役伊始便在恺撒麾下效力的青年才俊是迪基姆斯·尤尼乌斯·布鲁图斯，他的母亲塞姆普罗尼娅卷入了喀提林阴谋，因而臭名昭著。恺撒幕僚中还有一名财务官，但我们不清楚他的身份。[12]

---

① 今天意大利西海岸的一座滨海城市，在阿庇乌斯大道沿途。

② 盖乌斯·彭普提努斯于前61年打败了叛乱的阿洛布罗基人。

恺撒的军团长最引人注目的地方就是，他们相对而言出身低微、默默无闻。普布利乌斯·克拉苏和迪基姆斯·尤尼乌斯·布鲁图斯出身于名门望族（布鲁图斯的地位比克拉苏低一些），他们的父亲都当过执政官。拉比埃努斯是个"新人"，此前担任过的最高官职就是保民官，瓦提尼乌斯也是如此。科塔的家族已经好几代没有出过大人物了，而萨比努斯和其他几名军官的背景更加平淡无奇。总的来讲，门阀贵族（尤其是那些在苏拉治下及后来混得不错的家族）的成员都不愿意到恺撒麾下效力。与之形成鲜明对比的是，庞培剿灭海盗的时候，其麾下的军团长可谓群英荟萃。在高卢的绝大多数军团长似乎都希望恢复或提升自己家族的地位，后来其中不少人果然飞黄腾达。许多级别更低的军官可能也是这样。在对前 58 年的记述中，恺撒写道："军事保民官、各级指挥官和其他人追随恺撒离开城市，争取他的友谊，但他们没有多少军事经验。"在前 58 年，地位已经稳固的人不需要和恺撒结交。没有人知道他会成为一位如此伟大的统帅，毕竟他完全可能在高卢山区战败身死。人们也许会猜到，恺撒不管取得怎样的成功，或许都会慷慨大方，因为他在这方面已经名声在外。与恺撒结交是一场赌博，一般是没有其他出路的人才出此下策。据我们所知，恺撒似乎是来者不拒，像以往一样，热衷于卖人情给别人，让更多人对他感恩戴德。[13]

恺撒的高级军官是他自己挑选的，但他即将指挥的军队是现成的。伊利里库姆和内外高卢加起来一共有 4 个军团的驻军，分别是第七、第八、第九和第十军团。我们不知道这几个军团是在何时组建、由何人组建的；它们可能是在几年前建立，已经打过一些仗。在这个时期，1 个军团的纸面兵力是略少于 5000 人，但正如历史上所有时期的所有军队一样，作战中的部队往往缺编严重。内战期间，恺撒某个军团的可动兵员竟然只有 1000 人。各军团没有永久性的指挥官，但其最高级军官是 6 名军事保民官，他们通常出身于骑士阶层。有的军事保民官是尚未进入元老院的年轻贵族，有的则是半职业军官，他们会在多个军团中谋求职务。每年由罗马人民选举产生 24 名军事保民官，根据传统这 24 人将被分配到 2 个军团，历史上的常规是每位执政官指挥 1 个军团。恺撒自己就曾当选为军事保民官，但现在军团的数量太多，选举产生的 24 名军事保民官远远不够。恺撒的大多数军事保民官都是由他任命的，尽管其中有些人可能之前就在这 4 个军团中。《战记》中从来没有提及有军事保民官实际指挥着 1 个军团，恺撒通常将这样的任务交给他的军团长和财务官。但军事保民官显然有着重要的参谋和行政职责，可以指挥相当大的军事单位。[14]

　　军事保民官之下是百夫长。百夫长实际上是一个等级，而不是一个具体的官衔。1 个军团里有 60 名百夫长。每位百夫长指挥一个 80 人的百人队（"百夫"实际上指的可能仅仅是大约 100 人），6 个百人队组成一个 480 人的大队，大队就是军队的基本战术单位。尽管史料没有提及这一点，但最资深的 6 名百夫长很可能在战斗中可以指挥其所在的整个大队。1 个军团有 10 个大队，第一大队的威望比其他大队的要高，因为它负责保护整个军团的银质或镀金鹰旗。第一大队的百夫长威望极高，他们和能够指挥其他大队的百夫长们组成了所谓的"第一级百夫长"，常常有权参加指挥官会议。百夫长常被描绘为"军士长"，被认为是只有长期服役才能得到晋升的两鬓如霜的老兵，但支撑这一观点的证据很少。恺撒在整部《战记》中不曾提到有普通士兵晋升为百夫长，但他也没有讲到百夫长们的来源，或许是因为他认为他的读者都知道，所以不必赘述。很多人可能是被直接任命为百夫长的，我们知道这在帝国时期是很常见的事情，甚至骑士也以这种方式从军。百夫长具有重要的行政职能，需要具备识文断字、精于算数的能力，普通士兵很少符合这个标准。我们可以肯定，百夫长在社会地位和经济待遇上要远远优于普通士兵，因为他们的军饷是普通士兵的好几倍或许高达十倍。大多数百夫长可能来自比较富裕的阶级，绝大多数普通士兵则来自贫困阶层。如果是这样的话，百夫长在《战记》中的突出地位就显得尤为有趣。百夫长很可能来自在百人会议的投票中起到关键作用的第一等级。对恺撒这样一位指挥官来说，百夫长的任命和随后的晋升不仅仅是军事上的，而是要与决定罗马社会的门客提携制度相符合。但与更高级别的军官相比，百夫长的确会随军较长时间，他们实质上是职业军官。[15]

　　早先罗马军团的兵员来自社会的一个横断面，排除了全部没有足够财产以自备武器装备的人。但这已经是遥远过去的事情了。马略公开征募最底层贫民，他们穷困潦倒，只是人口普查中的数字而已。但马略这么做，可能仅仅是顺应了业已出现的趋势。现在家境优裕和受过良好教育的人对参军已经不感兴趣。军纪极其严酷，鞭笞是家常便饭，而更严重的渎职则要判处死刑。一名军团士兵的年薪是125迪纳厄斯（500塞斯特尔提乌斯）——这个数字能够帮助我们理解，恺撒欠的债务究竟有多高——还不及农场劳工的薪水。不过吃军饷有一个优点，那就是稳定。穷苦公民将从军看作一种可供选择的职业，或者是改善生活的渠道。一位将军如果赏赐起来慷慨大方或许诺为老兵们搞到土地的话，就能赢得士兵们至死不渝的忠诚，马略、苏拉和庞培已经证明了这一点。百夫长常常从一个军团调到另一个，但我们没听说过普通士兵也会这么做。军团士兵们是长期服役的职业军人，但我们不知道兵役的时间一般有多长。后来的奥古斯都规定兵役为十六年，此后又延长至二十年，如果继续服役五年就算是老兵，可以免除一些职责和杂役。军团就是他们的家，比较好的军团会营造出一种强烈的身份认同自豪感。每个军团还包括很多具有专业技能的人，他们会训练其他人。军团中没有特种单位，也没有专门的工兵或攻城兵单位，只是在有需求的时候，比如需要建造桥梁或攻打一座城镇时，专业人员才会从各个大队抽调出来。这个时期的罗马军队特别擅长工程技术。

罗马军团的士兵是重步兵，以密集队形作战，但在恺撒时代，罗马军团士兵的外形与好莱坞传播的经典形象和电视纪录片中重演历史的演员大不相同。著名的绑结加强甲或分段甲可能还没有被发明出来，因为已知最早的胸背甲碎片源自公元9年（但是在发现这个碎片之前，史学家一般认为这种胸背甲是在1世纪中叶出现的，所以说不定在恺撒的时代已经有了这种胸背甲）。罗马军团士兵穿的是链甲，头戴青铜头盔，有时是铁盔。罗马头盔会让人的眼睛和耳朵露在外面，但宽阔的护颊可以为面部的其他部分提供一定的防护。早先希腊军队有时使用的封闭式头盔具备更好的防护力，但罗马军团士兵需要耳听六路、眼观八方，对上级的命令做出及时反应，所以配备了使眼睛和耳朵露在外面的头盔。半圆柱形的大型盾牌能够提供较多防护。这种盾牌高约4英尺，宽约2英尺~2英尺6英寸，正面可能是椭圆形的，不过经典的"好莱坞式"罗马军团士兵的矩形瓦状盾牌可能也已经使用了。罗马军队的盾牌上很可能已经有标志性的符号：要么是绘制的，要么是凸起的装饰物，尽管没有足够的证据。盾牌是用三层木板胶合而成的，覆盖小牛皮，边缘有青铜绲边保护。这种盾牌很灵活，防护力不错，但重约22磅。盾牌中央饰钉的背面有一个水平的握柄，士兵在战斗中可以借助它来举起盾牌。盾牌也可被用于攻击，士兵可以将盾牌饰钉往前猛推，以将敌人推倒。

军团士兵的主要武器是标枪和短剑。标枪的木柄长4英尺，前端有2~3英尺长的狭窄铁柄，最前端是金字塔形的小枪尖。投掷出去之后，标枪的全部重量集中在小枪尖上，使它足以穿透敌人的盾牌，而细长的铁柄使它具有足够的攻击范围，能够继续飞行、杀伤敌人。与人们根深蒂固的认知误区不同的是，标枪的金属不会弯曲。到1世纪，罗马军团士兵的短剑较短，剑刃的长度一般不到2英尺。但在恺撒时代，短剑较长，至少有2英尺6英寸长，有时甚至更长。剑刃较重，由高质量的钢制成，既可以劈砍也可以刺杀；剑尖较长，很适合穿透铠甲和皮肉。罗马军团士兵装备精良、训练有素，每个人都是优秀的战士，但罗马军队的强大威力在于严明的纪律和指挥结构，使集体的力量能够最大限度地发挥出来。[16]

罗马军队的辅助单位主要依赖外国士兵，他们被称为辅助部队。其中很多人是在当地征募的盟邦居民，恺撒征召了大量高卢诸部落的人，尤其是吸收他们的骑兵。在大多数情况下，这些辅助部队由各自的酋长指挥，但至少有一些高卢人曾在由罗马军官指挥的单位里服役，可能接受过罗马军队的训练和装备。在《内战记》中，恺撒提到在前49年，他拥有"3000名骑兵，这支部队在他过去的所有战役中一直追随他"。他还告诉我们，他有 5000 名辅助步兵，但我们不知道这些步兵是不是也从前 58 年起一直为他效力。《高卢战记》中没有具体提到辅助骑兵或步兵，他们可能是盟军、雇佣兵或正规军（就像后来帝国时期有组织的常备辅助部队一样）。恺撒提到了一些特种单位，包括克里特和努米底亚弓箭手，以及来自巴利阿里群岛①的投石手②。克里特人和巴利阿里人分别凭借娴熟的弓箭和投石本领而闻名遐迩，几个世纪以来长期作为雇佣兵南征北战。努米底亚人最有名的是轻骑兵，恺撒麾下或许也有一些努米底亚轻骑兵。恺撒书中有一句话告诉我们，他麾下还有一些西班牙骑兵。盟军士兵的数量年年有所浮动，但职业雇佣兵和辅助兵的总兵力可能更稳定一些。盟军部队的兵力有时会比罗马军团强大不少，但恺撒军队的骨干始终是罗马军团。[17]

"整个高卢分为……"

前 58 年，恺撒兵锋将指向何处，并不显而易见。起初元老院授予他的行省是内高卢和伊利里库姆，后来由于外高卢总督突然去世，才将外高卢也交给他。恺撒最初的打算很可能是

---

① 巴利阿里群岛在地中海西部、西班牙以东，著名的旅游胜地马略卡岛就属于这个群岛。

② 投石手用的是一种叫作机弦（也叫投石带、擲抛子）的兵器，由一个兜子和两端连接的绳子组成。使用时，把石块或土块放在兜子里面，一根绳子末端固定在手上，另一根绳子末端用拇指和食指捏住，然后甩动兜子，在适当的时刻松开拇指和食指，石子或者土块就会沿切线飞出，这样可以比人用手扔石头远得多。经过一定的训练，士兵可以将石子或者土块准确地击向目标。历史上机弦被用于打猎、战斗、放牧等。《圣经》里，大卫就是用机弦投石击倒巨人歌利亚的。《圣经·撒母耳记上》17章记载："大卫用机弦将石子击中歌利亚的额头，歌利亚就扑倒，面伏于地。大卫将歌利亚的刀从鞘中拔出来，割了他的头，将他杀死。"

讨伐巴尔干，可能是为了遏制正在扩张的达契亚国王布雷比斯塔的势力。布雷比斯塔正在其腹地（位于今天的特兰西瓦尼亚）周边建立起一个强大的帝国。达契亚地区很富庶，而且几乎从来没有罗马军队涉足此地，因此若是能征服达契亚，打败一个罗马人之前从未接触过的民族，就是一件非常荣耀的事情。他可能在前58年和之后的岁月里始终在筹划攻打巴尔干，但在高卢军事冒险的机遇纷至沓来，所以巴尔干远征始终未能成行。尽管如此，恺撒一直对达契亚念念不忘，他在前44年遇刺前还在计划进攻达契亚。[18]

在公元前1世纪，高卢包括现代的法国、比利时和荷兰的一部分，从莱茵河一直延伸到大西洋海岸。无论从什么角度看，高卢都算不上一个国家。正如恺撒在《高卢战记》开篇所说（这句话已经成为经典名句），高卢居民分成三个民族和语言群体。在高卢西南方毗邻比利牛斯山的地方，居住着阿基坦人，恺撒认为阿基坦人与西班牙的伊比利亚人多有相似之处。北方，尤其是东北方，生活着比利时人。而高卢中部的居民被罗马人称为"高卢人"，他们自称为凯尔特人。这三个大群体各自分为不计其数的部族，他们尽管语言和文化相近，却往往互相敌对。基本的政治单位是氏族，而若干个氏族联合起来组成一个部落（"氏族"和"部落"这两个词不是非常准确，有些学者会用"国家"来取代"部落"，但实在找不到更好的说法）。在恺撒抵达高卢前的一个世纪里，部落的重要性似乎大大增加，有些学者认为部落是近期形成的；更有可能的情况是，松散的亲缘和宗教关系已有悠久历史，但高卢的政治和经济状况发生了变化，进而给这种关系赋予了新的重要意义。即便如此，各部落内部的几个氏族之间的团结程度还是会

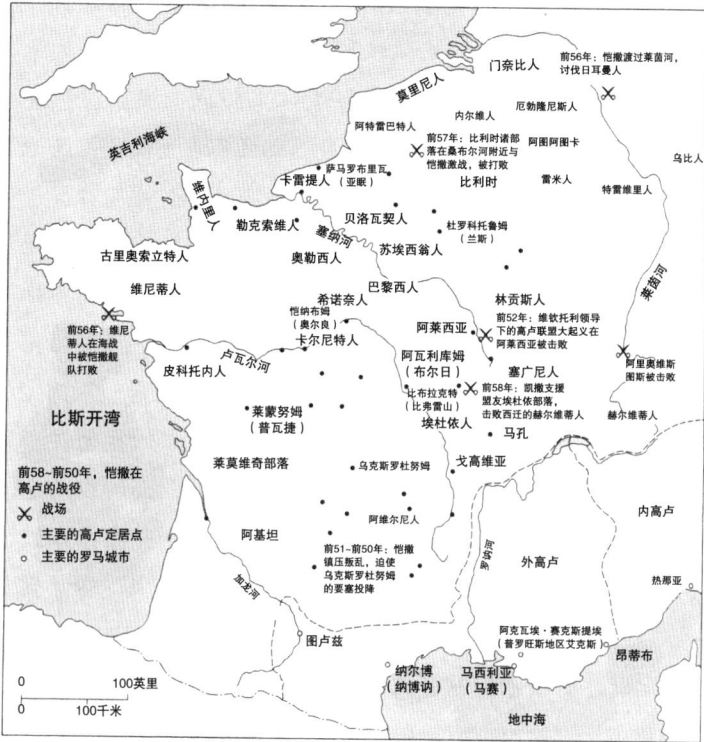

图3　高卢及其各部落

差别很大；在高卢战争期间，有时同一个部落内的几个氏族会各自独立行动。有些部落出现了君主或者在氏族这个层级就有君主，但有些部落则没有。大多数部落由议事会或长老会议治理，日常政务则被交给选举产生的行政长官。罗马最古老的盟友埃杜依人的最高行政长官被称为大酋长，任期一年。每个人一生中至多担任一届大酋长，而在他还在世的时候，他的任何亲戚都不得担任大酋长，这就能够阻止个人或群体专权。这种理想体制与罗马共和国体制极其相似。高卢诸部落在很多方面与地中海世界的城邦很像，尽管处于一个较早的发展阶段。[19]

高卢人和其他说"凯尔特"语言的部族究竟在多大程度上可以算作同一个民族，并拥有大体上相同的风俗习惯和文化；这是个学术界长期争论的问题，但我们在这里不必考虑这个问题。恺撒注意到高卢各部落之间既有相似，也有差异，但在高卢人和日耳曼人之间做了明确的区分。他将莱茵河描绘为高卢人和日耳曼人之间的界线，但他也承认事实上不是这样泾渭分明，有些日耳曼群体在莱茵河西岸已经定居多年。考古学并不支持如此清晰的分野，而是指出高卢和日耳曼中部的定居模式和物质文化（陶器、金属制品等）有极强的相似性。日耳曼中部/南部地区和北部的差别倒是很大，北部的设防定居点极少。但是，如果以此为由驳斥恺撒和其他古代作家的说法，那就错了；因为考古学往往是一个笨拙的工具，很难揭示种族和政治边界。日耳曼语和凯尔特语差别很大，这两个大类当中无疑还有极多的方言和地区差异。日耳曼语部落定居点的规模和布局可能与高卢居民相似，使用器物的形状和风格可能也相似。但这两个群体互相并不认为是亲戚关系，而仍然视对方为外国人。他们更有可能将讲相同或类似语言、以相似的方式尊崇相同神祇、在自己周边长期居住的人视为亲族。但是，即便是有亲缘关系的两个群体，互相之间也可能发生冲突和战争；而血缘较为疏远的群体之间也可能和平相处。高卢人或日耳曼人都不是真正意义上的民族，个人对所谓的民族没有什么归属感和忠诚，反而与部落和氏族以及它们内部的家庭、邻居或酋长的联系更为紧密。[20]

高卢诸部落与地中海世界之间的接触有着悠久的历史，二者间常常发生战争。前 390 年，一群高卢人洗劫了罗马，而其他一些部落则占领了波河河谷，并在那里定居下来。后来，罗马人也开始向波河河谷殖民，于是和当地的高卢人发生了一系列战争。这些战争于前2世纪末结束，罗马人征服和吸纳了当地的高卢诸部落。前125年前后，为了开辟一条通往西班牙各行省的安全的陆路通道，罗马人开始征服外高卢。参与这些军事行动的资深执政官中有一位叫作格奈乌斯·多米提乌斯·阿赫诺巴尔布斯，他就是尼禄皇帝的先祖。一位同时代的人对他的描述是"面如铁，心如铅"，据说曾骑在大象背上，令高卢部落为之震撼。但他最持久的遗产是多米提乌斯大道，即通往西班牙的具有重要战略意义的大道。在辛布里人和条顿人迁徙的时期，外高卢是血雨腥风的战场；但在恺撒抵达之前，罗马人在高卢不再有集中力量的扩张。罗马人在高卢巩固自己的势力，建造了一些设防的前哨据点，并于前118年在纳尔博（现代的纳博讷）建立了一个殖民地。随着意大利本土大庄园的产品大规模地涌向阿尔卑斯山以北的地区，纳尔博很快就成为一个重要的贸易中心。葡萄酒是主要的产品，考古学家们发现了一些用于运输葡萄酒的双耳瓶的碎片，可以借此追踪当时的葡萄酒贸易。市场上流通的葡萄酒的数量非常惊人，一位学者估计在前1世纪，有约4000万瓶葡萄酒在高卢进行交易。这个数字其实还是太低了。每个双耳瓶一般是3英尺~3英尺6英寸高，容量为35~45品脱。主要的贸易路线是沿着罗讷河-索恩河流域；或者向西取道奥德河和加龙河，通往大西洋海岸。罗马商人出售葡萄酒和其他奢侈品，收购原材料，包括来自不列颠西南部的锡以及最重要的货物——奴隶。有史料称，一位高卢酋长愿意用一名奴隶交换一双耳瓶的葡萄酒。这可能是个误会，因为根据高卢人的风俗习惯，东道主有义务用高价值的货物交换客人的低价值货物，以此夸耀自己的财富和权力。即便如此，这个故事也印证了葡萄酒对高卢贵族的重要性。葡萄酒贸易的部分活动可能是由当地的掮客进行的，但罗马商人在高卢的很多地区一定是很常见的。这个时期对罗马人来说是商业蓬勃发展、机遇极好的时期，雄心勃勃的商人们为了赚钱，深入到罗马军队不曾涉足的远方。在诺里库姆①的一个地方，到前1世纪初，罗马人在当地人的城镇之外建了一个贸易社区和自己的小广场。[21]

与罗马世界的贸易促进了许多高卢部落的中央集权化。前2世纪末和前1世纪，高卢雨后春笋般地出现了一些有围墙的大型城镇，恺撒称之为市镇，这是一个比较含糊的词。很多部落已经在铸造具有标准尺寸和重量、以希腊化钱币为蓝本的钱币，这说明远途贸易很常见。有些遗址显示出大规模生产活动的迹象，并且是根据有组织的计划来布局的。前124年左右，在征服外高卢期间，罗马人攻占了一座叫作昂特勒蒙的山顶城镇。昂特勒蒙是用石料建造的，风格非常像希腊城镇。但这种文化的影响不算特别大，因为即便是希腊化风格的圣所内部也会有壁龛，用于盛放敌人的首级。位于主要贸易路线沿途的社区从贸易中获利最大，其城镇规模也比较大。阿维尔尼人居住在向西的贸易路线上，而罗讷河－索恩河流域则是埃杜依人和塞广尼人争夺的对象。埃杜依人的主要城镇是比布拉克特（今天的比弗雷），城墙内的面积是135公顷，出土了数量极大的葡萄酒双耳瓶。这样的城镇一般是部落政府的中心，但始终没有起到希腊和罗马城市那样的核心作用。以农村为势力范

---

① 诺里库姆相当于今天奥地利的大部分和斯洛文尼亚的一小部分地区。

围的领袖们仍然能够主宰自己的部落。[22]

说到底，高卢的所有部落多多少少都是贵族政体。普通百姓依附于强大的酋长，与其联系紧密。在恺撒眼里，高卢的普通百姓比奴隶强不了多少。他将高卢的贵族分为骑士和祭司（即德鲁伊）。这两个群体并非来自固定的种姓，一个家庭的成员中可能既有德鲁伊，也有骑士。德鲁伊不会打仗，他们的权力源自他们接受的多年训练，他们是宗教、法律和部落习俗方面的专家。恺撒说，德鲁伊刻意不将自己的信仰书写下来，因为他们觉得依赖文字就会削弱记忆力，也就可能损害他们的权威。因此，我们对德鲁伊信仰知之甚少，在历史上人们往往用浪漫的想象来填补这个真空。当时的希腊哲学家喜欢把德鲁伊看作原始的斯多葛派，而恺撒确实说过德鲁伊相信灵魂不死。按照恺撒的说法，这种信仰鼓励高卢战士们在战斗中视死如归。每年一次，高卢大部分地区的德鲁伊会聚集在卡尔尼特人领地内的一座圣所，但德鲁伊作为一方势力将各部落联合起来的本领是极其有限的。德鲁伊还可以主持献祭，对部落成员的一种惩罚就是禁止他们参加这类仪式。献祭的形式五花八门，但恺撒和其他古代史料都坚持认为，高卢人有时会用活人献祭。恺撒说，高卢人将很多人——通常是罪犯或敌人，但如果没有罪犯或敌人，就用其他人来充数——塞进很大的柳条架，然后将其点燃。有些学者认为，这纯粹是希腊和罗马人的宣传；但我们不应当忘记，在辛布里人威胁意大利的时候，罗马人自己也曾向神祇献祭活人，而且罗马元老院直到前97年才禁止人祭。罗马社会乐于观看竞技场中的杀戮，以此为乐，却不敢杀人来祭奠宗教。考古记录无法提供无可辩驳的证据来证明高卢诸部落存在普遍的人祭现象，尽管人祭现象在日耳曼和布立吞民族[1]中确实存在。但我们可以确定，高卢的很多仪式的确会使用人的肢体器官，但我们无法明确判断这些是不是通过人祭得来的。另外，猎取人头在高卢战士当中是很常见的行为，在北欧许多民族中可能都是如此。昂特勒蒙的圣所以及罗克佩尔蒂斯附近的类似圣所，都非常生动地展示了这一点。[23]斯特拉波[2]告诉我们：

> 他们（高卢人）结束战斗后，将敌人的首级悬挂在自己马匹的脖子上，带回家后将人头钉在家门口。波希多尼说他自己在很多地方看到过这样的景象，起初对它非常憎恶，但后来习以为常了，就可以冷静地对待了。至于名望较高的敌人的首级，他们会用雪松油对其做防腐处理，展示给外邦人看。即便敌人为了赎回这些首级，愿意支付与人头等重的黄金，高卢人也不肯同意。[24]

波希多尼是个希腊哲学家，于前 1 世纪早期在高卢南部游历，为他的民族学研究搜集资料。他后来定居在罗马，恺撒很可能见过他。前 1 世纪中叶的一枚高卢钱币上的图像是一名武士一只手拿着一个人头。考古学家还在昂克尔河畔里布蒙发现了一个恐怖的纪念物：许多武士和一些马的尸体被钉在一个木

---

① 布立吞人是在铁器时代、罗马时代和之后的一段时期生活在今天的不列颠的一些凯尔特族群。5 世纪，盎格鲁 - 撒克逊人开始定居不列颠后，布立吞人要么被同化吸收，成为后来的"英格兰人"的一部分；要么退居到威尔士、康沃尔、苏格兰等地，也有的迁徙到今天法国的布列塔尼。

② 斯特拉波（公元前 64 年或前 63 年 ~ 公元 23 年），希腊历史学家、地理学家，生于现在土耳其的阿马西亚（当时属于罗马帝国），著有《地理学》十七卷。

制结构上，笔直地立着。这些人的脑袋全都没有了，我们不清楚他们究竟是被打败的敌人，还是人祭的牺牲品。恺撒曾提到，高卢人会将从敌人那里缴获的战利品堆成一座小丘，奉献给神祇；这种小丘在很多地方都可以看到，因为高卢人尊重这种仪式，不敢从小丘上偷窃任何东西。他还说在他抵达高卢之前，各部落"几乎每年都会打仗，要么是肆意攻击，要么是打退这样的攻击"。斯特拉波将整个高卢种族描述为"醉心于战争，以致癫狂"；我们也可以确定，骑士是一个军人贵族阶层。一个人的地位有多高，取决于他豢养了多少忠于他的武士。一位领主麾下私人武装的实力和名望能够起到震慑作用，令部落内部或外部的敌人不敢攻击他，也不敢冒犯忠于这位领主并受他保护的群体。[25]

高卢的武装冲突大部分都是小规模的袭击劫掠，但部落间战争的规模有时会很大，比如埃杜依人和塞广尼人为了争夺罗讷河－索恩河流域的贸易路线控制权而进行的斗争。与地中海世界贸易往来的增多未必是高卢诸部落好战的原因，但肯定促使了更多战争的爆发。涌入高卢的商品主要是进入贵族市场。宴饮能将酋长和武士们紧密联系起来，葡萄酒在这种宴饮中起到了很大作用；而奢侈商品能够提高一个人的地位，或者可以作为贵重礼物赏赐给忠实的追随者。贸易路线沿途的部落能够大量获取这些商品，也可能征收过路费，而大部分的利润都被贵族收走：他们有了财富才能供养更多的武士。如果要吸引著名的武士投奔自己，并长期供养他们，领袖们需要的不仅仅是财富，还需要崇高的军事威望。成功的劫掠是获得威望的最好办法之一，获取战利品也是。领主可以将部分战利品赏赐给追随者，以巩固他们对领主的忠诚。为了控制贸易路线，有些领袖乃至整个部落，不惜动用武力。另外，奴隶（酋长们似乎会用奴隶交换葡萄酒）的来源之一便是掳掠人口。拥有大批武士的贵族常常会用这支武装力量对付自己部落的敌人，但他也可能受到诱惑，利用这支力量去争夺部落内部的权力。高卢中部的部落大多已经不再有国王，甚至在其他地区，国王的权力也很有限，但君主制或绝对权力的梦想仍然诱惑着许多强大的领袖。部落机构、行政长官和长老议事会往往没有足够的力量去制约这些野心勃勃的人。[26]

与罗马军团截然相反的是，高卢的军队都是非常笨拙的，极少有足够的后勤能力，因此无法长时间作战，指挥官们也很难调动人马。武士们作为单兵都很勇猛，但除了大贵族的私人武装之外，极少受过集体的操练或训练，因此格外强调个人的猛力。追随强大酋长的半职业化武士的人数相对较少，虽足以开展劫掠行动，但顶多只能算是部落军队的小小内核，军队的大部分人还是能够自备武器的普通人。罗马人的链甲和最普通的头盔在设计上可能模仿了高卢人的装备，但罗马的装备生产数量远远超过高卢人。罗马的每一位军团士兵都拥有剑、盾牌、胸背甲和头盔；但在高卢，只有富人和部分半职业武士，才可能拥有全副装备。绝大多数武士在作战时唯一的防具就是盾牌。高卢的剑相当普及，但一般比罗马剑更长（罗马剑其实是模仿西班牙的设计），而且更多用来劈砍，而不是刺杀。大多数部落都会养马，这种马的尺寸比大部分现代骑乘马都小，但质量很高。高卢骑兵闻名遐迩，罗马职业化军队中的骑兵在装备、训练和术语等很多方面都以高卢骑兵为模板。高卢部落的骑兵基本都是比较富裕的武士，他们虽然在冲锋时杀伤力很强，但往往不愿意或没有能力去执行巡逻这样的重要任务。[27]

恺撒抵达高卢的时候，高卢的时局恰好非常动荡。罗马的外高卢行省还没有从阿洛布罗基人的叛乱中恢复元气。前63年，阿洛布罗基人曾帮助西塞罗镇压喀提林集团，但没有得到回报，于是揭竿而起。阿洛布罗基人的叛乱于前60年被镇压下去，但是埃杜依人与塞广尼人之间的斗争仍在继续，事态严峻，因为它影响了行省的稳定、减少了贸易的利润。埃杜依人与塞广尼人都是罗马的盟友，但为了赢得这场战争，都愿意寻求外界的帮助。前71年前后，塞广尼人向日耳曼人国王阿里奥维斯图斯求援。大约十年之后，阿里奥维斯图斯大败埃杜依人，杀死了埃杜依人的许多主要贵族。为了报答阿里奥维斯图斯，塞广尼人给了他一些土地，以便安置他的追随者。不久之后，赫尔维蒂人（来自今天的瑞士）也开始袭击埃杜依人。大约在同一时期，一位叫作狄维契阿库斯的德鲁伊（他曾担任大酋长）来到罗马求助。元老院派遣了一个使团到该地区，但没有采取直接的行动。前59年，也就是恺撒当执政官期间，元老院承认阿里奥维斯图斯的国王地位和"罗马人民之友"。这项外交政策给外高卢边疆带来了一定程度的稳定，但我们必须强调，恺撒进入的是一个动荡不安的环境。高卢各部落以及部落内部的力量平衡不断发生变化。高卢诸部落绝不会只甘于做受害者，被动地等待罗马帝国主义者的屠戮。但他们的确是一盘散沙、四分五裂，而恺撒将无情地利用他们的这个弱点。[28]

十　移民与雇佣兵：最初的
　军事行动，前58年

> 目前，在罗马，对高卢爆发战争的恐惧是人们的主要
> 话题；因为"我们的兄弟"埃杜依人刚刚吃了败仗，而
> 赫尔维蒂人无疑在磨刀霍霍，准备袭击我们的行省。
>
> ——西塞罗，前60年3月15日[1]

前58年3月28日，一个被称为赫尔维蒂人的部族开始在
日内瓦湖附近的罗讷河两岸聚集。据说参加迁徙的人多达
36.8万人，其中大约四分之一是作战年龄的男子，剩余的是
妇女、儿童和老人。他们希望离开自己的家园（在今天的瑞
士），前往高卢西海岸，寻找新的更广袤和肥沃的土地定居下
来。他们的迁徙路线直接穿过罗马的外高卢行省。这个月早些
时候，恺撒得知了赫尔维蒂人即将迁徙的消息，于是加紧奔向
自己的行省。在此之前，他一直待在罗马城外，密切关注元老
院和广场的政治斗争。赫尔维蒂人希望通过最便捷的路途横穿
外高卢，到达自己的目的地。恺撒庞大行省的最北部边境遭到
了威胁；而作为总督，在自己的辖区出现危机的时候仍然逗留
在罗马城外，必定会遭到民意谴责。为了获得这个职位，恺撒
已经冒了许多风险，现在绝不能出错。他火速北上，其速度之
快，令同时代人咂舌。他每天平均前进90里，8天后就到了
罗讷河。危机也可能是机遇。[2]

赫尔维蒂人的迁徙不是心血来潮，而是经过了多年的筹

划。迁徙计划的始作俑者是奥尔吉托利科斯（恺撒将他描述
为赫尔维蒂部落中"最高贵、最富有的人"），但他似乎也是
利用了赫尔维蒂部落中已经存在的怨恨。赫尔维蒂人是个人口
众多、尚武好战的民族，他们越来越觉得自己的家园太小，四
面都受到限制：崇山峻岭、罗讷河以西的罗马行省和东面的莱
茵河。"局势如此，他们的活动空间很小，也很少有机会向邻居
开战；他们是一个渴望战争的民族，因此感到非常沮丧。"[3]打
家劫舍在高卢是司空见惯的事情，赫尔维蒂人渴求的就是能够
更自由、更便利地发动劫掠袭击。但恺撒声称，奥尔吉托利科
斯还有不可告人的隐秘动机，即他相信以此为理由将部落团结
起来，有助于自立为王。赫尔维蒂人和其他许多部落一样，已
经不再是君主制政体，而是由酋长们的议事会以及选举产生的
领袖或行政长官来统治。奥尔吉托利科斯已经笼络了其他很多
贵族，显然具有相当大的权力，得到了广泛的支持：这一时期
铸造的钱币上有他的名字，不过拼写为 ORCIITIRIX。在部落
领袖们的认可下，他受命开展外交活动，访问其他部落，为迁
徙做准备。他发现与个别酋长打交道，要比拉拢行政长官或部
落议事会容易得多。他争取到了塞广尼酋长卡斯提库斯和埃杜
依酋长杜诺列克斯的支持。这两个部落控制着高卢中部，赫尔
维蒂人在西进途中会通过他们的领地或其附近地区。塞广尼人
和埃杜依人的支持，或者哪怕仅仅是不干预，都会让赫尔维蒂
人的迁徙轻松许多，并有助于他们在目的地安顿下来。奥尔吉
托利科斯怂恿卡斯提库斯和杜诺列克斯在各自部落内谋求最高
王权，并极可能向他们许诺等赫尔维蒂人迁徙结束后，可以为
其提供武士以示支持。卡斯提库斯的父亲事实上曾是塞广尼人
的唯一统治者，还被罗马元老院正式称颂为"罗马人民之

友"。杜诺列克斯是德鲁伊狄维契阿库斯的弟弟，在部落中一呼百应。三位领袖秘密地庄严宣誓（秘密起誓在罗马人看来总是非常邪恶的事情），约定彼此鼎力相助，共图霸业。杜诺列克斯还娶了奥尔吉托利科斯的女儿。杜诺列克斯喜欢通过婚姻来缔结盟约，他的母亲被嫁给了比图里吉人的领袖，他的同父异母妹妹和其他的女性亲属被嫁给了周边许多部落的酋长。这三位领袖将会统治高卢中部最强大的三个部落，他们觉得没有任何人能够阻挡他们。[4]

赫尔维蒂人的准备工作做得非常完善。他们的领袖判断至少需要两年——前 60 年和前 59 年——才能做好出征的准备。他们征集了作为役畜的牛群（有些显然是从邻居那里抢来的），并种植了尽可能多的谷物，以便获得足够多的剩余粮食来维持他们的迁徙。罗马元老院收到了关于赫尔维蒂人计划的令人忧心的报告，这些消息无疑来自各部落中亲罗马的领袖以及外高卢总督。前 60 年，元老院决定派遣一个代表团去高卢，其中包括熟悉该地区和在各部落有亲戚关系的人。罗马人似乎与日耳曼人国王阿里奥维斯图斯取得了联系，他曾受邀进入高卢帮助塞广尼人打击其对手，但此时已经率领他的武士及其家人在塞广尼部落的一大片土地上定居下来。除此之外，我们对罗马代表团的活动知之甚少，但局势似乎很快就转为对罗马有利。尽管奥尔吉托利科斯取得了外交成功，但赫尔维蒂的其他贵族得知了他的野心，于是将他送上法庭，指控他企图建立暴政。此项罪名一旦成立，被告就会被活活烧死，于是奥尔吉托利科斯决定对其他领袖加以威吓。在他预定受审的那天，他带来了武士、臣属和所有依附于他的部落成员（有的是出于社会义务，有的是因为欠债）。他控制的兵力超过了 1 万人，差不多是赫尔维蒂人全部兵力的八分之一。这将是羽翼初生的国家机构与传统的部落领导模式之间的斗争。在这种情况下，当然没有办法对奥尔吉托利科斯进行审判，但其他领袖们并没有被吓倒，而是很快开始全面征集部落武装，准备一劳永逸地将奥尔吉托利科斯消灭掉。但在内战爆发之前，奥尔吉托利科斯突然死去了，有传言说他是自杀的。尽管他死了，迁徙的准备工作仍然在紧锣密鼓地进行着，他的死亡并没有影响赫尔维蒂部落实施计划的决心。罗马人或许没有认识到，尽管迁徙计划背后的领导人已经死了，但计划本身仍然在继续进行。前60年5月，西塞罗觉得高卢爆发大规模战争的危险已经消失，这让执政官梅特卢斯·凯列尔很不高兴，因为他即将到外高卢担任总督。[5]

以上就是恺撒对赫尔维蒂人迁徙原因的解释，即该部落渴求更多劫掠的机遇，以及奥尔吉托利科斯个人的野心勃勃。并不是所有学者对恺撒的话全盘接受，许多学者指出恺撒隐匿了真相，以便为自己随后的行动辩护。例如，学者们指出，《战记》没有提到日耳曼人国王阿里奥维斯图斯，他曾帮助塞广尼人作战，后来定居在他们的土地上。从这可以推测出，赫尔维蒂人的主要目的是帮助另一个部落（埃杜依人）打败阿里奥维斯图斯和他的日耳曼人。恺撒担任执政官期间，这位日耳曼领袖被元老院授予"罗马人民之友"的称号。那些热衷于阴谋论的人说，恺撒在前58年若是要对付赫尔维蒂人，就需要阿里奥维斯图斯的中立甚至共谋。击败赫尔维蒂人之后，恺撒又对阿里奥维斯图斯翻脸，将他逐出了高卢。根据这个版本的解释，恺撒不希望赫尔维蒂人将阿里奥维斯图斯逐出，因为那样他就失去了干预高卢的借口。[6]

这种说法没有多少说服力，因为它主要依赖后见之明。首先，恺撒的《战记》不大可能如此严重地歪曲事实，因为它会受到很多敌视恺撒的人士的批评，而且这些人士往往对局势很了解。罗马也不大可能认为赫尔维蒂人驱逐阿里奥维斯图斯对自己完全有利。罗马的外高卢行省与埃杜依人和塞广尼人的领土接壤，这两个部落目前都是罗马的盟友。阿里奥维斯图斯则是在前不久被纳入这个体系。外高卢行省刚刚将阿洛布罗基人的叛乱平定下去，如果要保障贸易和税收，就需要一个稳定期。一个强大部落的到来将会打乱现有的盟约体系。还有一个问题是，赫尔维蒂人迁徙之后，他们原先的家园怎么办。如果有新来者（或许是日耳曼部落之一）定居在被赫尔维蒂人抛弃的土地上，那么这将对罗马的外高卢行省构成新的威胁。总的来讲，罗马人对民族迁徙（这在铁器时代的欧洲司空见惯）抱着疑虑的态度，一般会努力阻止自己行省的周边地区发生迁徙。高卢诸部落若是独立于罗马之外地统一起来，也不符合罗马的利益。

因此，即便赫尔维蒂人打算与阿里奥维斯图斯交战，恺撒也有充分的理由去干预，而完全不需要隐匿这个情况。综合来看，恺撒的解释更有说服力。卡斯提库斯和杜诺列克斯显然都相信赫尔维蒂人的迁徙对自己有好处，无疑都认为自己能够得到奥尔吉托利科斯的帮助，以对付所有敌人，不管是外部敌人还是部落内的敌人。曾经邀请阿里奥维斯图斯进入高卢的塞广尼部落的领袖们，以及在将来的年月里向恺撒求援的许多酋长，都抱有这样的动机。对一位酋长来说，若能与一支强大的外部力量结盟，将大大提升自己的威望，还可能得到直接的军事援助。这些部落中并不存在所谓的亲罗马或反罗马派系，也没有

亲日耳曼或反日耳曼、亲赫尔维蒂或反赫尔维蒂群体。每一位
领袖都寻求对自己利益最大的外来援助，所有酋长都在争夺部落
内的主宰权。有些领袖，包括统治某些部落的议事会，觉得与恺
撒和罗马结盟最有利，而他们的竞争对手则做出了不同的选择。[7]

　　但在前 58 年春季，一切迹象均表明赫尔维蒂人的行动让
恺撒陷入了非常窘困的境地。或许赫尔维蒂人迁徙的时机出乎
他的意料，或许迁徙的规模让他吃惊。他麾下有 4 个军团，但
其中只有 1 个在外高卢，另外 3 个军团驻扎在阿奎莱亚（内高
卢边境附近，毗邻伊利里库姆）。我们不知道是谁把 3 个军团
部署在那里，但即便不是恺撒，他也没有做任何努力去调动部
队。甚至在他火速奔赴罗讷河的时候，也没有向那 3 个军团发
出新命令。我们可以推测，他此时仍然在憧憬一场巴尔干战
役。或许直到他抵达日内瓦附近，才认识到问题的严重性。赫
尔维蒂人和与其一同迁徙的氏族已将自己的财产装上大车，坚
定不移地开拔了。为了防止有人因为旅途艰险而打退堂鼓，他
们破釜沉舟，将自己的城镇村庄付之一炬。他们的背后是一座
座冒烟的废墟。恺撒声称，赫尔维蒂人的所有定居点都被烧毁
（这暗示着没有一名部落成员留在后面）。他这话或许有些夸
大其词，但这番迁徙的确非常浩大。

　　据恺撒说，从缴获的赫尔维蒂文件得知，参加迁徙的部落
成员多达 36.8 万人。赫尔维蒂人的文件使用的是希腊字母。
高卢南部出土了许多高卢 - 希腊铭文（使用凯尔特语言，但
用希腊字母书写），这印证了马西利亚①对高卢的长期而深远
影响。对于古代文献中的任何数字，我们都必须保持高度谨

---

①　即现代的马赛，最初是希腊人的殖民地。

慎，因为在许多世纪中，手稿不断传抄，很容易发生讹误和扭曲。而且，罗马人希望对军事胜利进行量化（计算杀敌数量和占领的城市数量），所以常常出现故意夸大的情况。36.8万肯定是个极高的数字，说明赫尔维蒂家园的人口密度远远超过预期，尽管此地原先就人口过多，迫使他们不得不迁徙。但毕竟我们对古代人口密度知之甚少，太过教条肯定是错误的。如果我们不认可恺撒给出的数字，那么我们也没有别的数字来取而代之。现代人提出的"更可信"的数字只是猜测而已。即便恺撒的确夸大其词了，或者他对错误的数字信以为真，也可以肯定有数量极大的人口和牲畜在迁徙。迁徙很可能是分成若干批次，而不是一整列长队，那样的话难以克服实际操作和后勤方面的问题。但在某些地点，比如河流渡口和山口隘道，各支迁徙队伍可能会聚集在一起。[8]

　　恺撒不大可能知道具体有多少移民在等待渡河进入他的行省，但他们的数量肯定远远超过他手下的区区1个军团。他最早发布的命令之一就是指示军团士兵拆毁日内瓦处的河上桥梁。他还在行省内尽可能多地征兵，那里的各部落为他提供了骑兵队伍。他上任不久之后，便有一个赫尔维蒂领袖代表团到访。他们请求他允许赫尔维蒂人穿过这个罗马行省，并许诺沿途不会劫掠物资。恺撒不愿意批准他们的请求。在《战记》中，他提醒读者大约五十年前曾发生一场战役，赫尔维蒂人的一个氏族打败了一支罗马军队。从罗马人的角度来看，当年赫尔维蒂人的攻击完全是无缘无故的暴行；更糟糕的是，罗马幸存者还被强迫从轭门①下走过，这象征着他们丧失了武士的地

①　高举轭架或以三支长矛形成拱状，令失败者从下面走过以示屈服的仪式。

位，是极大的羞辱。这是前 107 年的事情，当时罗马军队与辛布里人和条顿人交战，连续遭到灾难性打击。恺撒希望让罗马人心头重新燃起那些年的恐惧（曾亲历那些恐怖岁月的一些人仍然在世），然后向罗马人保证，马略的侄儿会保护他们。

但在一开始，恺撒还没有足够的手段来达成这一目标。他要先争取时间，于是回复赫尔维蒂代表们，他会斟酌此事；并告诉他们，如果他们在 4 月中旬（即 13 日，大约是一两周之后）返回，他会宣布自己的决定。在此期间，他命令部队建造一道防线，沿着罗讷河罗马一侧的河岸，从日内瓦湖一直到汝拉山脉边缘。这是他的军队的许多建筑壮举之一，很快就完工了。防线全长 19 罗马里（1 罗马里等于 1618.5 码或 1.48 公里，比现代的英里小一点），全线为高约 16 英尺的土墙。在防线的关键点如河流渡口，设有堡垒，驻扎着罗马军团的分队和恺撒征募的其他部队。土墙可能并不是连续的，在有自然障碍、敌人无法通行的地方就不设土墙，但这种理论没有足够的证据支撑。对这个时期的罗马军队来说，建造这种壁垒并不是新鲜事。克拉苏镇压斯巴达克斯的时候建造了类似的设防壁垒，而庞培在米特里达梯战争中也做过同样的事情。这种防线非常务实，构成了一道屏障，至少能够迟滞敌人的行动，而且也是一种显而易见的、强有力的象征，表达了守军的意图和决心。[9]

赫尔维蒂人回来听取恺撒的决定时，他直截了当地告诉他们说，"根据罗马人民的习惯和先例，他不能允许任何人穿过行省。假如他们企图用武力强行通过，他一定会阻止他们"。[10]新的防御工事足以证明，他这话是当真的。但是，迁徙中的一大群人不可能突然间改变前进方向或目标。在河边等待了那么久，很多赫尔维蒂人一定倍感挫折，尤其是他们已经准备多年，并且还自愿摧毁了自己以前的家园，因此他们决心一定要继续前进。小群赫尔维蒂人开始渡过罗讷河，有的是借助渡口，有的是自己搭建木筏来运送人员、牲畜和车辆。这些抢先渡河的小群人可能是被酋长们派去试探恺撒的防御强度的，但更可能是因为赫尔维蒂人缺乏中央集权，部落成员的独立性很强，高卢的很多部落也都是这样。这些行动肯定不是对罗马防线的全面进攻。大多数小规模渡河行动都是借助夜色进行，但也有一些人胆子够大，在白天就冒险行动。这些人都没能成功渡河，因为恺撒的部下得以集中兵力，对敌人各个击破，在对方挣扎着渡河的时候就用投射武器将其击溃。赫尔维蒂人最终承认失败，但到此时，他们的一些领袖已经决定走另一条更为艰险的道路，离开自己的家园。这意味着他们将通过汝拉山脉的隘口，进入塞广尼人的土地。如果塞广尼人决定抵抗，赫尔维蒂人就无法通过这条路径，但埃杜依酋长杜诺列克斯说服了塞广尼人，让他们允许赫尔维蒂人通行。杜诺列克斯之所以能够说服塞广尼人，可能是因为他的声望很高，而且他与许多势力强大的酋长有着姻亲关系。奥尔吉托利科斯固然已经死了，但对杜诺列克斯来说，如果强大的赫尔维蒂人在安顿下来之后能够支持他，是再好不过的事情。不过，在赫尔维蒂人缓慢地转向新路途之前，恺撒已经得知了他们的计划。[11]

"一场新的战争"

大约就在这个时候，恺撒终于决定，在高卢开展一场全面战争，对付赫尔维蒂人。他在《战记》中给出的解释是，赫尔维蒂人打算定居于"桑托内人领地的边界，距托洛萨特人的领地边界不远，托洛萨特部落居住在外高卢行省。他（恺撒）明白，该地区丰产粮食，但没有防御；如果大群敌视罗马人民的武士定居于此，将给行省带来莫大威胁"。他前不久的行动肯定是得罪了赫尔维蒂人，但从罗马的角度看，他的推论是很有道理的。如上文所述，新定居者的入侵至少会打乱现有的政治平衡。罗马此前通过外交和军力确保了行省的安全稳定，新移民的到来将打破这一切。恺撒将高级军团长拉比埃努斯留下主持罗讷河的防御——这或许也能说明，赫尔维蒂人是分成若干大群体逐次行动的，数量如此之多的人员、牲畜和车辆需要不少时间才能改变前进方向——然后自己火速赶往阿奎莱亚，去找他的主力部队。除了已经驻扎在阿奎莱亚的 3 个军团和留在罗讷河的 1 个军团之外，恺撒还征募了 2 个新军团——第十一军团和第十二军团。

《战记》给人的印象是恺撒抵达阿奎莱亚之后才征召了这两个新军团，但军队的征募和组织需要时间，因此他很可能早就下达了征兵的命令。两个新军团最初的用途可能是加强主力部队，以便在巴尔干半岛作战，但赫尔维蒂人迫在眉睫的威胁是征兵的更好借口。恺撒其实无权组建新的军团，因为只有元老院可以指示一位总督组建新军团。但是，恺撒先斩后奏也不是一次两次了。他年轻的时候，虽然仅仅是一位普通公民，仍然自作主张地征集了同盟者军队去镇压海盗，以及抵抗本都对亚细亚的侵犯；他以资深裁判官的身份担任西班牙总督时也曾征募了 10 个大队，这相当于 1 个军团。恺撒始终坚信，自己深刻地知道什么事情符合罗马和各行省的利益。因此，他直接自行决断，相信自己有办法解决问题。但既然元老院没有批准新军团的组建，就不会从国库中拨款为其提供给养，这意味着恺撒必须从本省的税收以及战利品中获取军费。我们几乎可以肯定，新军团的大部分士兵来自内高卢，并非罗马公民，因此没有资格在罗马军团中服役。在过去，恺撒曾支持内高卢人民获得罗马公民权的意愿；作为总督，他始终视他们为真正的公民。新军团的征募就是他的这种政策的第一个例证。[12]

恺撒很快就做好了准备，可以率领全部 5 个军团返回外高卢了。最便捷的路径是越过阿尔卑斯山，尽管它被多个罗马行省环绕，但还没有被罗马征服。恺撒的军队花了一周时间越过了阿尔卑斯山，击退了当地部落的连续多次伏击。这些部落的独立意识极强，怨恨罗马人的侵犯，无疑也希望劫掠一些战利品。对新兵来说，初次征战杀敌会非常艰苦，但此次行军似乎很顺利，损失并不严重。翻过山之后，恺撒就进入了阿洛布罗基人领地，与他之前留在行省内的部队会师。他现在掌握着 6 个军团，总兵力约 2.5 万～3 万人，还有一支盟军骑兵部队（很快达到约 4000 人），以及一些轻步兵。此外，每个军团还有一些奴隶，用于看管辎重，军官们无疑也带来了一些奴隶。很可能还有一些随军人员（商贩、娼妓等）。这么多人都需要粮食，成千上万的战马和役畜也需要粮草。对任何一位军队指挥官来说，维持部队的给养始终是第一要务。在正常情况下，恺撒应当征集所需的给养物资，将其囤积在外高卢的若干便利地点。但由于针对赫尔维蒂人的军事行动发展之快出人意料，他没有多少时间准备给养。主力部队从阿奎莱亚强行军至外高卢的途中，不可能携带大量的补给物资。此时还是春天，收割的季节还远在几个月之后——恺撒在《战记》中说，北方气候较冷，收成季节较晚——所以军队也不可能从它经过的地区获取多少给养。于是，他向罗马的盟友们发出讯息，尤其是人口众多、势力强大的埃杜依人，要求他们征集粮草，并提供给他的部队。

　　与此同时，赫尔维蒂人已经穿过了莱克吕斯隘口，进入塞广尼人领地，正要进入埃杜依人领地的边境地带。埃杜依人向恺撒派出代表，控诉迁徙的赫尔维蒂人对他们的劫掠袭击。"埃杜依人素来忠顺于罗马，理应得到善待。我们的土地横遭蹂躏，我们的儿女被掳走为奴，我们的城镇惨遭洗劫，这一切几乎就发生在一支罗马军队的眼皮底下，这怎堪忍受？"安巴里人（与埃杜依人结盟的一个部落）和阿洛布罗基人（不久前曾发动叛乱，后被罗马击败）也发出了类似怨言。我们不知道，赫尔维蒂人的领袖是不是故意发动了这些劫掠袭击。即便这不是他们的本意，要控制这样一个分成许多独立群体的庞大而人员复杂的队伍，也是极其困难的事情。由于途中耽搁，有些赫尔维蒂移民可能已经缺乏粮草了。当地人对如此之多的陌生人的入侵感到非常紧张，因此也完全有可能是当地人先攻击了赫尔维蒂人。发生流血冲突不足为怪。保卫盟友或者为盟友复仇是罗马人一个经典的开战理由。我们必须说，这非常务实。如果罗马不愿意或不能够保护自己的朋友，那么任何部落（尤其是不久前还心怀不满的阿洛布罗基人）都不会与罗马结盟了。在执政官任上，恺撒曾通过一部法律，管束了行省总督们的行为举止，并限制他们率军离开自己行省的自由。在《战记》中，他向读者证明，自己向赫尔维蒂人开战是完全正当的。[13]

　　在索恩河附近，恺撒追上了赫尔维蒂移民。近二十天的时间里，赫尔维蒂人一直在用木筏和捆缚在一起的小舟渡河，四分之三的人已经到了西岸。这又一次证明，赫尔维蒂人并非以井然有序的单一队伍行进，而是分成许多群体，各自单独行动，只有在道路狭窄的地方才会聚集起来。赫尔维蒂人的一支——提古里尼氏族——还没有渡过河，与罗马人处在河流的同一侧。于前 107 年击败并羞辱罗马人的就是提古里尼氏族。恺撒又一次提醒读者们，不要忘了这番耻辱；并补充说，他也有私仇要报，因为其岳父卡尔普尔尼乌斯·皮索的祖父就战死在那场战役中。侦察兵向恺撒报告之后，他决定发动一场突袭，并在黎明之前率军出动了。随后发生的不是一场战斗，而是屠杀。赫尔维蒂部落成员及其家眷毫无防备、队伍分散，被打得措手不及。罗马人如同虎入羊群，杀得对方血流成河，幸存者抛下了车辆和财产，各自逃窜。随后，罗马人在索恩河上架桥，一天之间就全部渡河。[14]

罗马军队逼近其他赫尔维蒂人的时候，酋长们向恺撒派出了新的代表团。为了再一次强调前 107 年的羞辱，恺撒宣称，这个代表团的头领就是当年击败罗马军队的指挥官——狄维克，他此时一定已经非常年迈。赫尔维蒂部落提议，不管恺撒建议他们定居何处，他们都愿意从命，也愿意与罗马媾和。但他们同时也表现出，提古里尼氏族遭到的突袭并没有震慑他们。他们警告罗马人，不要低估他们的军力，并提醒罗马人半个世纪之前的那场战役；他们"从父母和先祖那里学到，通过勇气而不是奸计或偷偷摸摸来取胜"[15]。罗马人会觉得赫尔维蒂人过于傲慢，不肯承认和屈从于罗马的威势，这是非常危险的。恺撒告诉他们，卡西乌斯①的军队于前 107 年战败，

---

① 卢基乌斯·卡西乌斯·朗基努斯，在前 107 年与马略一同担任执政官，被赫尔维蒂部落的提古里尼氏族击败阵亡。

仅仅是因为当时赫尔维蒂人与罗马人并非处于交战状态，而赫尔维蒂人不加警告地突然发动偷袭。除了这宿怨之外，他还提醒对方，赫尔维蒂人近期还攻击了罗马的盟友。他警告他们不要盲目自信，因为不朽诸神往往先给罪犯一个短暂的春风得意的时期，然后才对其施加可怕的惩罚（恺撒是祭司长，但他在著作中很少提到神祇，这是比较罕见的例子之一）。恺撒表示，除非赫尔维蒂人交出人质以保证自己忠顺服从，并向埃杜依人和其他遭受他们劫掠侵扰的部落赔偿，否则他绝不会给他们和平。狄维克回答说，赫尔维蒂人"只会扣押人质，从来不会交出人质"，随后便率领代表团怒气冲冲地离去了。恺撒原本也不大可能向赫尔维蒂人授予土地，因为高卢的人口已经很稠密。他无权将自己行省之外的土地分配出去，将赫尔维蒂人安顿在高卢的后果是不堪设想的。不管赫尔维蒂人去哪里，都注定会造成纷扰，这不符合罗马人的利益。[16]

　　赫尔维蒂人的队伍继续前进，恺撒率军追击，派出 4000 名骑兵作为前驱部队。这些骑兵中有一支相当大的队伍是由埃杜依人组成，由杜诺列克斯指挥。杜诺列克斯曾与奥尔吉托利科斯结盟，后来又帮助过赫尔维蒂人。恺撒的盟军骑兵过于粗心大意，遭到兵力远逊于己的赫尔维蒂骑兵伏击，被打得落花流水。杜诺列克斯和他的埃杜依人最先溃败。在这场轻松胜利的鼓舞下，敌军后卫的行动开始放慢，并且胆子更大，敢于更频繁地交战。恺撒不愿意冒险与其不断小规模地交锋，而是对敌人进行严密监视，并阻止小股敌人离开其主力队伍去沿途劫掠。他的军队紧随着赫尔维蒂人，追踪着他们的每一个行动，他的前锋离敌人后卫始终保持着五六里的距离。此时他已经越过行省边界一段距离，越来越担忧自己的补给问题。他在索恩

河附近的时候，补给还不是问题，因为他可以用这条贸易路线
上的大量驳船运送粮草。但赫尔维蒂人已经远离了索恩河，所
以他也不得不离开那里。埃杜依人许诺为他提供粮食——毕
竟，恺撒打击的是侵犯和劫掠埃杜依人领地的敌人——但目前
还没有任何粮食抵达，虽然多番催促，但仍徒劳无功；尽管埃
杜依人一再承诺，粮食已经在路上了。再过几天，军中存粮将
告罄，而恺撒手中没有任何新的粮草。在很短的时期内，指挥
官可以说服麾下将士依靠最低限度的粮食继续前进，但通常只
有领导力非常强的指挥官才能做到这一点。恺撒和他的士兵之
间还比较陌生，其军队的三分之一都是缺乏经验的新兵。[17]

恺撒急于避免灾祸，于是召来了埃杜依人的领导人，为首
的是德鲁伊狄维契阿库斯和李斯库斯（后者目前担任大酋长，
即每年选举产生的最高行政长官）。恺撒训斥他们未能履行义
务，即向保护他们的罗马军队提供粮食。李斯库斯解释说，这
全是部落内一些强势人物的错，那些人故意耽搁粮食的征集和
运输。因为他们觉得宁愿让同为高卢血统的赫尔维蒂人主宰自
己，也不愿意被罗马人统治；这些酋长在向敌人通风报信，并
恐吓所有反对他们的人。李斯库斯没有指名道姓，但恺撒显然
已经开始怀疑杜诺列克斯，并猜到他就是幕后黑手。他命令其
他酋长退下，单独与李斯库斯会谈，好让他更自由地发言。李
斯库斯证实了恺撒的怀疑。杜诺列克斯野心勃勃，想要称
王——这一时期带有"DUBNOREIX"铭文的钱币很可能就是
他授意铸造的。他控制着索恩河沿线的贸易，利用收缴的过路
费豢养了大批武士。他与赫尔维蒂人的勾结已经被揭露出来，
恺撒觉得有了足够的证据，可以严惩杜诺列克斯。但是，他珍
视狄维契阿库斯的忠诚，所以犹豫不决。因此，他传唤狄维契

阿库斯到他营帐中，进行一次更私密的商谈。他命令平常为他
服务的译员退下，而请盖乌斯·瓦列里乌斯·普罗基鲁斯翻
译。此人是一名来自外高卢的贵族，他的父亲为全家赢得了罗
马公民身份。在罗马法庭上有过很多经验的恺撒将杜诺列克斯
通敌的事实告知狄维契阿库斯，并提议必须由狄维契阿库斯或
埃杜依人对其进行审判。狄维契阿库斯告诉恺撒，他的弟弟杜
诺列克斯之所以在政治上取得成功，完全是仰仗他的帮助，但
后来却反对哥哥，成了哥哥的竞争对手。杜诺列克斯的不满在
一定程度上是可以理解的，因为他的哥哥德鲁伊狄维契阿库斯
前不久担任过大酋长，而部落的规矩是曾担任大酋长的人只要
还在世，他的任何亲戚就都不能担任大酋长。但狄维契阿库斯
恳求恺撒不要惩罚他野心勃勃的弟弟，一方面是出于兄弟亲
情；另一方面，狄维契阿库斯不希望被人指责说是勾结罗马人
打击自己的亲弟弟，那样的话对他的伤害太大。狄维契阿库斯
泪如雨下，苦苦哀求。恺撒唤来了杜诺列克斯，当着他哥哥的
面，与他对质。恺撒告诉杜诺列克斯，看在他哥哥的面子上，
再给他一次机会，但在将来务必忠心不二，绝不能再给罗马人
怀疑他的理由。恺撒在高卢期间经常使用这种直截了当、面对
面的外交手段。和罗马政治生活一样，行省总督的大部分工作
也都是在私人层面完成的。在罗马，恺撒以宽宏大量、乐于助
人而闻名。在高卢，他有时遵从同样的原则，但从来不会天真
地轻信他人。会议之后，恺撒命令部下对杜诺列克斯进行持续
的监视，并将他的一举一动汇报给他。[18]

尽管粮草补给的障碍已经被排除，但恺撒的问题并没有当
即得到解决，埃杜依人还需要一点时间才能将粮食运到他的军
中。恺撒需要迅速结束战役。就在他与狄维契阿库斯和杜诺列

克斯密谈当天，他相信自己捕捉到了机遇。侦察兵回来报告称，赫尔维蒂人在8里之外的一处小山旁安营扎寨。恺撒派遣了另一支侦察队去进行更细致的勘察，观察每一侧的山坡是否利于攀登，尤其是离敌人最远的那一侧。这支侦察队回来报告称，这座小山坡度不大，易于攀登。恺撒决定向敌营发动全面进攻，希望就像袭击提古里尼氏族那样，取得出其不意的奇袭效果。恺撒命令拉比埃努斯指挥2个军团——可能是2个有作战经验的军团——于凌晨出发，并占领小山。2小时之后，恺撒将率领其余部队，行军8里，直奔敌营。拉比埃努斯将在看到恺撒发动攻击的时候，率领自己的部队从高地俯冲。两支部队的行军路线差不多，由前一天参加侦察地形的士兵引导。

这是个大胆的计划，但也完全切实可行，其准备手法与现代军队相差无几。恺撒对突袭和奇袭很有经验，比正面对垒的经验多，因为西班牙半岛的战事往往都是突袭和奇袭。一个类似的例子是前102年，在阿克瓦埃·赛克斯提埃①，马略也曾将一支强大的部队秘密地穿插到条顿人背后的死角。夜战的风险总是很大，因为很容易发生混乱，导致部队迷路。在这次战斗中，开始进展非常顺利。拉比埃努斯率军开拔，消失在夜色中。在预定的时间间隔之后，恺撒率领主力部队出发了。骑兵打头阵，并派遣巡逻队掩护行军队伍。这些巡逻队的指挥官是普布利乌斯·孔西迪乌斯，他是一名经验丰富的军官，享有很高的军事声望。他曾在苏拉和克拉苏麾下服役，因此至少有四十多岁了。恺撒没有说孔西迪乌斯的衔级，但他可能是一名军事保民官或长官，但也有人说他是一名百夫长。他可能是元老

---

① 即今天的法国南部城市普罗旺斯地区艾克斯。

孔西迪乌斯（在前一年，这位元老宣称自己和其他人不一样，他年纪太大，已经无所谓危险，不怕恺撒）的亲戚。[19]

黎明时分，主力部队离敌营只有 1.5 里，拉比埃努斯已经就位，但他与恺撒的联系中断了。赫尔维蒂人就像很多部族武装一样，对侦察漫不经心，丝毫不知道两支罗马军队就在近处。这时，孔西迪乌斯疾驰赶来向恺撒报告，说小山并不在拉比埃努斯手中，而是处于高卢人的控制之下。孔西迪乌斯对此非常肯定，说他看得清清楚楚，山上有高卢人的武器、羽饰和徽记。这意味着拉比埃努斯要么是迷了路，未能赶到指定地点，要么已经被击败。此时恺撒手中有 4 个军团，其中 2 个很可能是新建的第十一军团和第十二军团。在夜间行军之后，他的士兵已经很疲惫，虽然无疑能够攻击毫无防备、队形分散和受辎重与家属拖累的敌人，但未必能够应付长时间的两军对垒。在这种情况下发动进攻，意味着不得不以少击多，而且地形完全由敌人控制，这是非常不利的。他命令部队撤到附近一座山岭上，排好阵型，准备抵御敌人的进攻。时间一分一秒地过去。赫尔维蒂人开始起身，准备继续前进，此时仍然不知道追踪他们的且兵分两路的罗马军队已经近在咫尺。拉比埃努斯严格执行命令，在看到恺撒的部队发动进攻之前，绝不打草惊蛇。话说回来，他手里只有 2 个军团，也做不了什么。直到当天晚些时候，主力部队的侦察兵才与拉比埃努斯的部队取得联系，并证实是拉比埃努斯，而不是敌人，控制着小山上的关键位置。当天余下时间里，恺撒率军追击赫尔维蒂人，当夜在距敌人 3 里的地方扎营。[20]

这是一场令人尴尬的失败，但假如赫尔维蒂人认清了形势，攻击两支罗马军队中的任何一支，都很可能造成灾难性后果。拉比埃努斯的部队在山上尤其脆弱。恺撒吸取的教训是他可以信任高级军团长的判断和理智，但未必可以信任其他军官的能力，不管他们是多么有名。在复杂的军事行动中，注定会有风险，而且偶然性在战争中会起到很大作用。恺撒没有写他是否处罚了稀里糊涂的孔西迪乌斯，但《战记》的发表确保了孔西迪乌斯的耻辱为世人所知。在《战记》中，恺撒将失败的罪责推给了自己的下属。这不能说完全没有道理，但他的士兵在当时或许不这么看。发布命令的是恺撒，根据错误情报让主力部队停止前进的也是他，而且他花了很长时间才验证了情报的准确性。在此期间，拉比埃努斯2个军团的士兵们身处险境。恺撒率军继续追击赫尔维蒂人，但形势不妙。粮食将在两天后耗尽，但补给物资还没有到位。次日早上，恺撒决定不能继续这样下去了，于是命令暂时放弃对赫尔维蒂人的谨慎追踪。他的军队调转方向，赶往18里之外的比布拉克特。他打算在那里补充给养，然后再一次追击赫尔维蒂人。赫尔维蒂人行动迟缓，再赶上他们应该不是难事。[21]

以我们的后见之明来看，这个决定是整个战役的转折点。恺撒的高卢盟军中的一些武士很快抛弃了他，投奔敌人，并告诉他们，罗马军队撤退了。赫尔维蒂人可能认为罗马军队羸弱不堪，于是决定追击。恺撒也想知道，赫尔维蒂人是否会企图将他去往比布拉克特的路途切断。罗马军队的后卫部队很快遭到攻击。恺撒以自己的全部骑兵来加强后卫，并利用骑兵来掩护自己部队的部署。他占据了附近一座山丘，将久经沙场的第七、第八、第九、第十军团投入主要战线。如果他此时也遵循了后来常见的做法，那么第十军团可能是在战线右翼，这是更荣耀的位置。每个军团都按照常规阵型部署，分成3列，第一列是4个大队，后面两列各有3个大队。士兵们放下了自己的包裹——一般是挂在一根木杖上，将木杖搭在肩膀上——以便轻松自如地作战。他们将盾牌从皮质护套中取出，露出了盾牌上各单位的徽记，并将羽饰安装到头盔上。在山坡较高处，恺撒部署了经验较少的第十一军团、第十二军团以及辅助步兵。他们负责保护包裹和辎重，并开始在自己周围挖掘一道小堑壕，并搭建壁垒。但他们应该没有足够的时间修建完整的行军营地。任何一支罗马军队在一天行军结束后都会建造行军营地。让战争中的士兵们知道他们的财产安然无恙是非常重要的，而且恺撒显然还不太信任缺乏经验的新兵，所以他这样部署。4个有经验的军团可能是构成了一道防线，覆盖了大部分山坡。但与恺撒的大部分战役一样，我们无法确定此次交锋的具体地点，因此也没有办法确切地讨论地形地貌。不过恺撒告诉我们，由于山坡的缘故，2个后备军团和辅助部队都可以被敌人看得清清楚楚，漫山遍野都是人马，因此敌人会高估罗马人的兵力。

部队的部署需要时间，可能需要好几个小时，其间由骑兵掩护，但赫尔维蒂人也需要很多时间来行军和备战。他们连续迁徙了多个星期，出于形势所迫，已经形成了一定程度的协调。但即便如此，将足够多的武士聚集在一个地方以打败罗马人，仍然是个艰巨任务。与战士一起前来的还有他们的家人、奴隶和辎重。赫尔维蒂人将他们的大车在战线后方组成了一个防御阵型。他们的军队渐渐开始成形，但有些队伍仍然没有赶得上战斗开始。恺撒没有告诉我们，战役开始之时，他面对的敌人有多少兵力，但赫尔维蒂人求战心切，说明双方的兵力应当大体上是差不多的，除非赫尔维蒂人非常鄙视罗马人的战斗

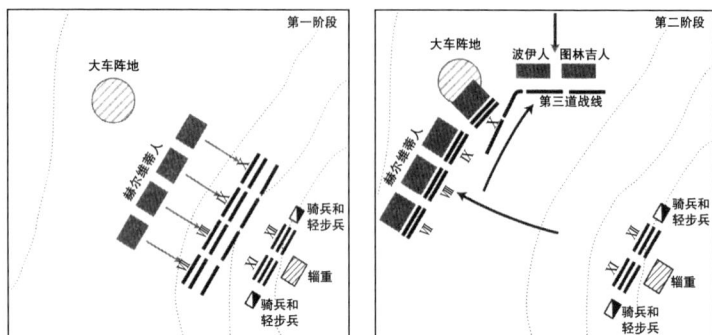

图 4　比布拉克特战役

力。在这个时期，战役打响前的漫长耽搁是很常见的，士兵们只能干等，别无他法，所以这个等待期一定是非常紧张的。恺撒觉得此刻需要摆出一个雄伟的姿态，于是在众目睽睽之下翻身下马，将他的坐骑和所有高级军官的坐骑都送往后方，以便"让所有人面临同等的危险，并消除逃跑的诱惑"。前 62 年，在喀提林的追随者被兵力远胜于他们的元老院军队包围时，喀提林也是这么做的。角斗士斯巴达克斯在最后决战前做的更进一步。他割断了自己昂贵战马（在之前的一场战斗中从一位罗马将军手中俘获的）的喉咙，以示绝不逃跑、死战到底。徒步将军的机动性会下降很多，因此对战局的把握更少。恺撒为了鼓舞将士，其实上是牺牲了一些务实的优势。在后来的历次战役中，他再也没有这样做过。这的确说明，他知道士兵们对他还不是很熟悉，而且最近几天的战事也不算顺利。或许这也说明，他对自己作为军事统帅的本领还不是非常自信。为了进一步鼓舞士兵，他发表了战前演说，可能是沿着战线行走，挨个向每一个大队讲话，因为全部 4 个军团不可能同时听到他讲话。[22]

战斗于下午三四点钟打响，赫尔维蒂人沿着山坡推进，攻击罗马战线。赫尔维蒂人秩序井然、队形紧密。在两军交锋之前，士兵们会努力震慑对手，高声呐喊、吹奏军号，或者以自己凶悍的外表吓唬敌人。有时，交战的一方会被吓得魂飞魄散，甚至还没等到交战就溃散了。正因如此，让新建军团去承受战斗的主要压力，风险会很大。此次战斗中，罗马军团士兵们在原地等待，他们在这个时期的常规策略是保持沉默，以自己的镇静自若来威吓敌人。赫尔维蒂人接近的时候——两军相距约 10～15 码——罗马军团士兵们投掷了标枪。沉重的标枪穿透了赫尔维蒂人的盾牌，有时甚至能将两面重合的盾牌钉在一起。有些赫尔维蒂武士当场死伤，其他人则被迫丢弃笨重的盾牌。进攻的势头被粉碎了，罗马人乘胜利用自己的优势，高声欢呼，拔出利剑，开始冲锋。他们居高临下、士气高涨，而且冲杀的势头极猛；但即便如此，赫尔维蒂人仍然在坚持了相当长的时间后，才开始动摇并撤退到山下的平原。罗马人追了上去，但似乎是有秩序地缓步追击，因此敌人得以很快逃走，跑到山谷另一侧大约 1 里之外的高地上。此时罗马人遇到了一个新的威胁：一支 1.5 万人的生力部队从罗马军队敞开的右翼杀了过来。这些是波伊人和图林吉人，两个与赫尔维蒂人结盟的民族，此前一直在赫尔维蒂人队伍的后方。有人猜测，波伊人和图林吉人的抵达是预先计划的行动，而之前赫尔维蒂人的第一次进攻只是佯攻，目的是将罗马人从山坡引诱到下方的平地上。这种猜测不大可能是真的，波伊人和图林吉人的赶到可能只是个巧合，但对赫尔维蒂人来说是幸运的巧合。若是一支部族军队——即便是希腊化军队（其战术思想是将步兵集中于单一的密集战线，预备队很少）——遇到此刻罗马人的处境，麻烦就大了，其整体战线都可能被新近赶到的敌方生力部队席卷。但罗马的军事体制强调预备队的重要性，在战斗打响之时一般会将至少三分之二的兵力保留在战线后方。罗马战线第三列的各大队立刻构建了一条新战线，以对付波伊人和图林吉人。赫尔维蒂人看到自己盟军抵达，重整旗鼓，杀回战场。罗马战线的第一列和第二列去对付这些赫尔维蒂人。第十一军团和第十二军团似乎仍然处于预备队状态，没有被调往前方，仅仅在原地观战。[23]

战况很激烈，一直打到夜幕降临之后，罗马人在克服了敌人新部队抵达的冲击之后，就取得稳步进展。争夺大车阵地的战斗特别激烈，赫尔维蒂武士们拼命保卫自己的财产和家人。恺撒在《高卢战记》中没有讲到自己在战斗中做了什么，只是简单地说"罗马人"调转阵脚，与两个方向的敌人作战。他可能就像任何一位罗马指挥官一样，待在战线后方不远处，鼓舞将士拼杀，并视情况投入预备队。最后罗马人取得了完全的胜利，但罗马军队的损失相对较重，在原地停留了三天以照料伤员、掩埋死者。罗马人抓了一些俘虏，包括奥尔吉托利科斯的一双儿女，但恺撒说13万人逃离了战场，奔向东北方的林贡斯人领地。在当时的情况下，一定很难做精确的计数，但显然有相当多的赫尔维蒂移民生存了下来。很多赫尔维蒂人可能根本没有及时赶到战场，但那些参战的人损失了绝大部分辎重。恺撒没有穷追不舍，因为他自己的补给问题还没有解决；他对己方死者和伤员的关切也赢得了士兵们的好感，让官兵与统帅之间越来越信赖。他派遣信使向林贡斯人的酋长们传话，命令他们若是不想被罗马人当作敌人，就不要援助赫尔维蒂人。

三天后，他启程追击敌军，但很快遇见了赫尔维蒂人的投降代表团。恺撒指示他们回去告诉赫尔维蒂人，原地等他抵达并听候发落。他们果真停下来等他，这说明他们不是在简单地争取时间。恺撒抵达之后，要求赫尔维蒂人交出人质，对方果然从命。恺撒还要求赫尔维蒂人返还逃亡到他们那边或他们在迁徙期间掳掠的奴隶。第一夜，某氏族的约6000人脱离营地，奔向东方的莱茵河。恺撒向他们必经之路上的各部族派遣信使，严厉警告他们不得帮助这些赫尔维蒂人。这逃跑的6000人被驱赶回来，卖为奴隶，无权享受恺撒给其他人开出的条件。恺撒然后命令赫尔维蒂人及其盟友返回各自的家园，重新安顿下来。恺撒还命令高卢行省内的阿洛布罗基人为返回的各部落提供粮食，直到他们重新在旧家园定居、重建被烧毁的房舍、重新耕种土地。根据埃杜依人的请求，恺撒允许波伊人定居在埃杜依人的领地。外高卢周边地区重新恢复了稳定，但付出了沉重的生命代价。根据恺撒的总结，从赫尔维蒂人那里缴获的文件中说，参加迁徙的有36.8万人，而回家的只有约11万人；定居在高卢的波伊人有3.2万人，当然这是排除了死者的数目；6000名逃亡者被卖为奴隶。这样的话，还有多达22万人的巨大缺口。和所有涉及数字的情况一样，我们对这些数字的精确性也没有把握，估计很多人面对罗马军队的进攻就散去了，像提古里尼氏族在索恩河那样。即便如此，也有很多人或许成千上万的人丢了性命。对这惊人的死亡数字，现代人会感到毛骨悚然，但我们不能忘记恺撒的罗马读者们对这样的统计做出了何种反应。对罗马人来说，敌对民族的迁徙构成了很大威胁；如今被阻止了，而距意大利本土不远的高卢行省也得到了挽救和保全。在《战记》中，恺撒常常使用"平定"这个动词。任何与罗马的权威分庭抗礼、拒不屈服的人群，若是被罗马人打败了，都可以说是被"平定"了。罗马的胜利造就了和平。从罗马人的视角看，北方边疆恢复了和平。[24]

罗马人民之友

此时已是夏季。适合作战的季节还剩几个月，但不足以将部队调往巴尔干，在那里展开全新的战事。恺撒已经赢得了一场伟大的胜利，但还渴望更多的胜利，因此不愿意闲坐片刻。很快，他就有了开展新的军事冒险的机遇。高卢中部的绝大多数高卢/凯尔特部落都派使节来恭贺他对战赫尔维蒂人的胜利。高卢人的赞誉也许部分是真诚的，但与进入高卢的新势力建立友好关系自然是非常聪明的。这些使节请求恺撒允许全体部落召开一次大会，在会上拜见他，并向他请愿。在大会上，酋长们（德鲁伊狄维契阿库斯是他们的发言人）痛哭流涕地匍匐在恺撒脚下，哀求恺撒保护他们，抵御日耳曼人国王阿里奥维斯图斯的侵犯。据他们说，阿里奥维斯图斯原是受邀前来援助塞广尼人的，后来却带来了 12 万族人，将其安顿在高卢土地上，并从所有部落索取了人质。高卢酋长们抱怨阿里奥维斯图斯的暴政，斥责他为"狂野不羁的蛮子"。据说更多日耳曼人正前来加入他们的领袖。高卢酋长们恳求恺撒"保护整个高卢，抵御阿里奥维斯图斯的大举进犯"。塞广尼人的代表沉默地支持酋长们的哀求。恺撒询问他们为什么沉默不语。狄维契阿库斯回答说，他们不敢讲话，因为害怕被日耳曼人知道。恺撒向聚集于此的酋长们保证，他会处理此事，运用自己的权威说服阿里奥维斯图斯，让他有所克制。私下里，他对此事非常重视，觉得他应当支持对罗马长期以来忠心耿耿的埃杜依人。另外，他担心日耳曼人会惯于渡过莱茵河迁徙，如果这种事情发生得过于频繁，就可能导致辛布里人和条顿人那样的大规模迁徙。[25]

恺撒派遣使节去见阿里奥维斯图斯，请他到两军之间的某地与恺撒会谈。阿里奥维斯图斯拒绝了，说如果恺撒想和他会谈，必须来见他；并问罗马人为什么要干涉高卢的这个地区。恺撒回复说，阿里奥维斯图斯理应记得自己的义务，因为在恺撒任执政官期间，罗马人民承认阿里奥维斯图斯为"国王和朋友"。这一次，恺撒提出了具体的要求。首先，阿里奥维斯图斯不可以带领更多的日耳曼人渡过莱茵河、定居于高卢。其次，他必须将埃杜依人的人质归还，将来也不得袭击或威胁埃杜依人。如果阿里奥维斯图斯服从，罗马将与他继续保持友好关系；若是拒绝，恺撒将不得不采取坚定的措施，保卫埃杜依人和共和国的其他盟友。阿里奥维斯图斯的回复表明，他和恺撒一样不肯妥协。他是个征服者，就像罗马人一样，他在处置被征服者时没有理由听任其他人指手画脚。罗马人如何治理自己的行省，是他们自己的事；而他在自己占领的土地上，也享有同样的自由。他打败了埃杜依人，只要他们年年纳贡，人质就没什么可害怕的。他和他的武士们自抵达高卢起，未尝败绩，不畏惧任何敌人。恺撒向读者渲染了阿里奥维斯图斯的极度倨傲，然后说在他收到这封信的一个小时之内，埃杜依人就派来使者报告，他们的土地遭到了日耳曼人的劫掠。另外，北方的特雷维里人也送来消息，称数量极大的苏维汇人（这是一个日耳曼民族，阿里奥维斯图斯及其部下就属于这个民族）来到了莱茵河畔，准备渡河进入高卢。据说企图渡河的氏族多达 100 个，这场大迁徙将令赫尔维蒂人的迁徙黯然失色。[26]

恺撒决定采取行动，但这一次在出征之前，他先确保自己的粮食供应安全无虞。他率军快速行动，因为这一次他们追击的可不是行动迟缓的赫尔维蒂人。三天后，他得到消息称阿里奥维斯图斯及日耳曼军队正逼近韦松蒂奥（现代的贝桑松），也就是塞广尼人的主要城镇。塞广尼人此时显然已经与先前的盟友阿里奥维斯图斯断交。韦松蒂奥是塞广尼部落的中心，是中枢之地，有天然屏障防护，贮藏有大量粮食，对任何军队都非常有诱惑力。恺撒不愿意让韦松蒂奥落入敌手，于是驱使部下日夜兼程地行进，只做短暂休息，火速赶到韦松蒂奥，在那里派驻了军队。赢了这场赛跑之后，他让部队休息了几天以恢复体力，并等待给养送抵。士兵在闲坐无事时肯定比忙碌备战时更容易产生不满情绪。韦松蒂奥城内谣言满天飞：

> 高卢人和商贩告诉罗马士兵们，日耳曼人个个魁梧雄壮、勇猛无畏、武艺娴熟；他们（高卢人和商贩）说，他们遇见日耳曼人的时候，甚至不敢承受对方的目光和严峻表情。罗马士兵们听到这些传闻，开始惴惴不安。然后突然间产生了极大的恐慌，导致各级官兵都灰心丧气。恐慌从军事保民官和指挥官，以及那些缺乏军事经验、从罗马城追随恺撒到此以赢得他友谊的人开始：有些人找借口离去，其他人请求允许离开，有些人害怕羞辱而不得不留下……他们掩饰不了自己的抑郁，有时甚至不能隐藏自己的眼泪。他们蜷缩在帐篷内，哀哭自己的命运；他们与朋友们聚集在一起，叹惋大家共同面对的危险。整个

军营中，官兵都开始写遗嘱。在这些绝望的哀叹声中，甚至那些久经沙场的老兵、百夫长和骑兵军官们也受到了影响。[27]

有些人说，更让他们担心的是，进军下一阶段的地形特别困难。其他人则说，他们对粮食供应忧心忡忡。前不久在针对赫尔维蒂人的战役中给养出了问题，因此这种担忧不无道理。一些军官甚至宣称士兵们将公开哗变，不肯服从恺撒的进军命令。这段情节也足以证明，在后来的历次战役（尤其是内战）中，恺撒麾下将士对他的狂热忠诚并非恺撒抵达高卢伊始就有的，而是慢慢培养出来的。有意思的是，根据恺撒的描述，制造不满情绪的是军事保民官和其他军官们，因为这些人一般是骑士，且往往是元老子弟。这支持了下面的观点：这些阶层不是《战记》的核心受众，甚至不一定是主要读者群。狄奥声称，有些军官抱怨道，针对阿里奥维斯图斯的战争未曾得到元老院的批准，因此他们完全是在为了恺撒的个人野心而拿生命冒险。[28]

恺撒召集了会议。全部百夫长（如果 6 个军团的所有百夫长职位都满员的话，应该一共约有 360 人）都受命参加，其他高级军官应当也到场了。现在演说家恺撒要晓之以理，用自己的魅力笼络官兵，就像他之前常常在广场引导群众那样。演讲开始的时候，他非常严厉地——这符合一位由元老院和罗马人民授予治权的将军的身份——训斥他们竟敢质疑获得合法任命的统帅的计划。强调了纪律之后，恺撒转而开始说理。官兵们的紧张说不定完全没有必要，因为阿里奥维斯图斯很可能会记起自己对恺撒负有的义务（因为他在前一年被罗马承认是朋友），头脑变得理智起来。即便需要动武，罗马军队也曾经与日耳曼武士交手并将其击败，当年马略就大败辛布里人和条顿人，不久前斯巴达克斯的奴隶军队中也有很多日耳曼人。阿里奥维斯图斯能够打败埃杜依人和其他高卢人，凭借的是诡计和偷袭，不是堂堂正正的战争。他的粗劣伎俩对罗马军队是没有用的。那些公开对粮食补给表示担忧的人简直是在侮辱恺撒的能力，何况同盟部落已经送来粮草，而且农田里的庄稼已经成熟，随处可见。有人说士兵们会拒绝服从进军命令，但他并不担心：

> ……一支军队不听从统帅，要么是因为遇到背运倒霉的事情，要么是因为发现了严重的错误……我一生的履历足以证明我的正直，针对赫尔维蒂人的战争也证明了我在战争中的幸运。因此，我决定实施原先打算推迟的计划，于今夜第四班岗时开拔。我要看看，在你们心中，责任和荣誉是不是能够压倒恐惧。不管怎么样，即便没有其他人追随我，我也要带着第十军团出发，因为我对它的忠诚没有丝毫怀疑，它会担任我本人的卫队。

恺撒对第十军团非常偏爱，也最为信任。[29]

恺撒的整个演讲对百夫长们的自豪感——对他们自己和对自己所在单位的自豪感——发出了挑战。恺撒的语气流露出对他们的失望，因为他们竟胆敢威胁拒绝服从命令，一定是懦弱怯战或者对他的领导能力缺乏信任。第十军团听了这话，非常受用；它的军事保民官们当即报告称，本军团决心服从恺撒的任何命令，以证明恺撒对本军团的信任完全正确。各单位都不愿意被其他军团遮蔽光芒，百夫长们请求军事保民官和高级军官们向恺撒保证，官兵们绝不敢抗命不遵。[30]

　　恺撒兑现了自己的诺言，于次日黎明前率军开拔。不过他对自己的计划做了一点修改，这表明他或许认识到官兵们的批评也有合理之处。他原打算穿过山区继续前进，在听了狄维契阿库斯的建议之后，决定改为穿过开阔地域。这会多走 50 里的路，但能防止军官们又一次大发怨言。一周后，侦察兵报告称日耳曼军队就在 24 里之外。阿里奥维斯图斯派来使节称，尽管他之前拒绝与恺撒当面会谈，但现在愿意见一见。在《战记》中，恺撒声称自己此时仍然希望能够和平解决问题。他这么说也许是真心实意，并非只是为了向读者强调自己的公道明理。包括苏拉在内的许多罗马军事统帅都举行过这样的盛大仪式：在罗马行政长官的威仪排场之下，在罗马军团官兵杀气腾腾阵势的簇拥下，他们与外国君主会谈，向其发号施令。这种事迹尽管潜在利益较少，没有掳掠财货和人口的机遇，但几乎和在战场上打败敌人一样光荣。[31]

　　五天后，会议举行了，地点是两军之间差不多中间处的一片平原。这块平坦地域上只有一座小山。会议的细节是在前几天的谈判协商中敲定的。阿里奥维斯图斯坚持要求双方都只带骑兵作为侍从。恺撒对自己的盟军骑兵不是完全信任，于是借了他们的坐骑，让第十军团的士兵骑着这些马匹，陪伴他去谈判。这些士兵们又一次在全军中得到特殊待遇，非常高兴，他们开玩笑说总督要封他们为骑士（这是个双关语，equites 一词既指骑马的人或骑兵，也指富裕的骑士阶层）。双方谈判代表在相距 200 码时停下。根据阿里奥维斯图斯的意愿，双方领袖各自只带 10 人的护卫队，迎面骑行。双方谈判的语言是高卢语，阿里奥维斯图斯在莱茵河以西的岁月里学会了这种语言。恺撒应当是借助一名翻译的帮助。首先，恺撒提醒对方，共和国给了他多少恩典，他又应当承担多少义务。埃杜依人是罗马的长期盟友，日耳曼人对埃杜依人的所作所为是不可接受的，必须即刻停止。恺撒的要求与之前相同：不准再有更多的日耳曼人渡过莱茵河进入高卢，并须将埃杜依人的人质返还。阿里奥维斯图斯的态度也没有改变。他凭借武力征服得到了自己应得的东西。任何一支罗马军队都不曾涉足此地，恺撒为什么要插手？此地是他的"行省"，正如外高卢是恺撒的行省一样，双方都不应当干涉另一方的领地。阿里奥维斯图斯怀疑，"尽管恺撒侈谈友谊，但是率军进入高卢就是为了消灭他"。除非罗马人撤军，否则阿里奥维斯图斯将视其为敌人。在《战记》中，阿里奥维斯图斯尖刻地说，如果他杀死了恺撒，那么罗马的"许多大人物和贵族"一定会额手相庆。或许的确如此，但恺撒的政敌们不会因为恺撒死亡而表现出对罗马军队战败的欢欣，因为那样他们就会被斥责为缺乏爱国主义精神。阿里奥维斯图斯做了此番威胁之后，提议只要恺撒此刻撤军，将来恺撒的一切行动都会得到他的支持。[32]

恺撒为罗马的立场做了辩护，但一些日耳曼武士开始向骑马的罗马士兵投掷标枪或用投石器投石，于是谈判破裂了。恺撒决定暂不还击，因为他不想让别人觉得是罗马人背信弃义。两天后，阿里奥维斯图斯传话要求再进行一次会商，或请罗马人派遣使节到他的营地。恺撒不愿意让他的任何一名高级军官冒险，这一次选择了瓦列里乌斯·普罗基鲁斯担当使节，显示出对他的极大信任。与他一同前往的是商人盖乌斯·梅提乌斯，此人在过去曾拜访过阿里奥维斯图斯，受过他的款待。这一次，罗马人没有受到热情的欢迎，两名使节都被谴责为奸细，被日耳曼人囚禁起来。[33]

阿里奥维斯图斯显然已经决定用军事手段来解决争端。但他是一位经验丰富的军事领袖，其军队的凝聚力胜过绝大多数的部族武装，而且他本人也非常谨慎小心。在扣押罗马使节的同一天，他率军向前推进，在距罗马军营 6 里的高地上扎营。次日上午，他又率军继续前进，越过了恺撒的营地，在其背后 2 里的地方设置了一个新基地。于是，恺撒与同盟部落之间的补给线被切断了。一连五天，恺撒命令他的部队出营布阵，准备迎敌。日耳曼人不肯从高地上下来，恺撒显然觉得冒险进攻阿里奥维斯图斯的营地不是良策，这也表明敌营的确坚固。这些日子里，双方有小规模交锋，大多是骑兵之间的冲突，但没有大规模战事。阿里奥维斯图斯的骑兵与精锐轻步兵密切协作。在后来的几个世纪中，这种轻步兵被日耳曼人称为"百人队"，他们会抓住马鬃，在短距离内与骑兵一同行进。这些徒步的武士为骑兵提供重要支援，骑兵若是受挫，可以撤回步兵阵线之后休整再战。这种战术以及日耳曼武士的高素质一般使他们能够战胜高卢骑兵。[34]

恺撒不能待在原地不动，因为他毫无建树，而每天都要消耗手边的相当一部分粮食。直接进攻的风险太大，于是他决定重新打通补给线。他将军队分为三个纵队，每个纵队都可以迅速转化为由三条阵线构成的战斗队形。辎重和一些卫兵仍然留在主营地，因为恺撒的目的仅仅是在日耳曼人阵地之外建立一个前哨据点。罗马人前进到日耳曼营地之外仅 1000 码处。就位之后，罗马军队面对敌人，严阵以待。日耳曼骑兵和 1.6 万步兵出营迎战。这只是阿里奥维斯图斯麾下步兵的一部分，因为他不大可能有时间让更多步兵快速做好战斗准备。恺撒命令第三道阵线的部队开始修建一个足以容纳 2 个军团的新营地，而第一阵线和第二阵线的士兵抵挡日耳曼人的进攻。敌人的攻击或许仅仅是试探和佯攻，而非全面进攻。如果 6 个罗马军团的绝大部分士兵都参加了此次行动，那么其三分之二的力量再加上骑兵和轻步兵，兵力至少与日耳曼人相当。几个小时之后，新营地的防御工作已经就绪。2 个罗马军团进驻新营地，其余部队则原路返回主营地。规模较小的新营地能够保障从同盟部落来的运输给养的车队安全通过。恺撒蒙受的压力（速战速决，否则只能可耻地撤退）消除了，他现在可以等待合适的时机和形势来与敌人交锋。[35]

次日，恺撒命令两个营地中的罗马军队尽数出动，组成标准的三层阵线，面向敌人。这是非常自信的姿态，意在鼓舞己方士气，震慑敌人。他说在这个时期，这是他常用的策略。阿里奥维斯图斯不肯迎战，于是恺撒在中午命令士兵回营。下午，日耳曼人开始进犯，派遣部队攻击较小的罗马营地，但被那里的守军逐退。当晚，恺撒亲自审问了抓到的一些俘虏。俘虏供称，阿里奥维斯图斯之所以不肯发动全面作战，是因为日耳曼军队中占卜的巫女宣称，他必须等到满月才能取得胜利。绝大多数军队在战前都会举行仪式和献祭，但作为祭司长的恺撒在整部《战记》中却不曾提及这些活动，尽管仪式是罗马军队日常活动的极其重要的组成部分。这一次，他决定利用敌人的迷信。次日，他命令绝大多数部队出营，排成三线阵型，骑兵可能在两翼，营地中只留下最少量的卫兵。然后他率军沿着山坡而上，进逼日耳曼人，离敌营的距离比先前几天都更近。对如此放肆的挑战，阿里奥维斯图斯若是置之不理，就太丢人了，而且他的武士们也有可能被罗马人吓倒。于是阿里奥维斯图斯率军出击，他的军队按照氏族和部落分成若干单位。据《战记》记载，他们有 7 个各不相同的单位。战线后方是武士的妻子们，她们坐在大车上，为男人们欢呼鼓劲，请求他们保护自己免受敌人的奴役。[36]

　　全部 6 个罗马军团都参加了此次战斗，恺撒显然觉得第十一军团和第十二军团已经有了足够的作战经验，足以应付战斗的压力。这两个较稚嫩的军团可能都被经验更丰富的军团夹在中间，全军的两翼可能都是有经验的军团。恺撒的 5 名军团长和财务官各自负责指挥 1 个军团，"好让每个人都能证明自己

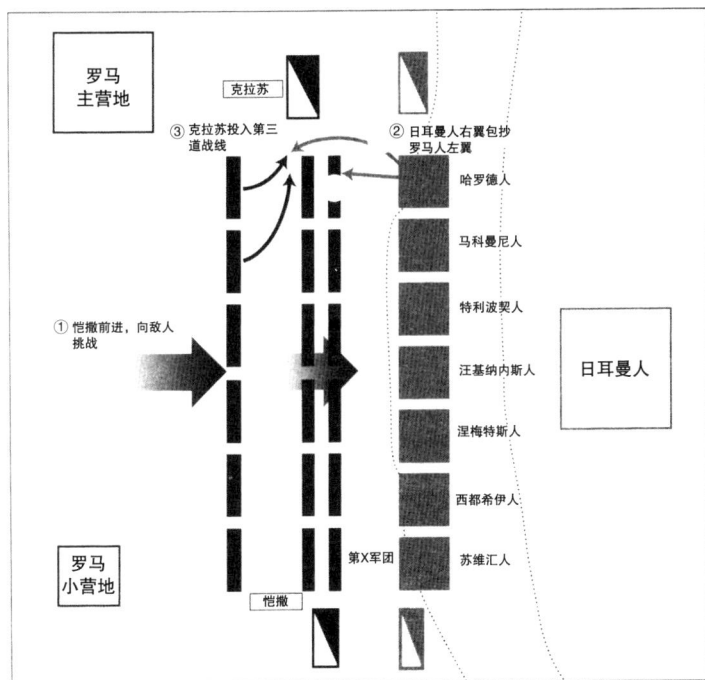

图 5　与阿里奥维斯图斯交战

的勇气"。恺撒本人的位置是在右翼，他认为那里的敌人最弱，最有可能溃败。战斗开始得很突然，双方都没有按照惯例使用投射武器，而是直接冲杀起来。恺撒成功地突破了敌人左翼，但身陷于激战中，无暇控制战场的其他区域。日耳曼军右翼开始将罗马军左翼逼退，幸亏年轻的普布利乌斯·克拉苏（他是骑兵指挥官，机动性强于主战线的其他军官）果断采取行动，挽救了全军。克拉苏命令第三线部队上前，他们恢复了之前的阵线。不久之后，日耳曼军左翼的颓势在全军中滋生了恐慌情绪，导致全军开始溃逃。恺撒亲自率领骑兵追击敌人，这场追杀既坚决又无情。后来一份史料记载的可能就是这场战斗，据说有一群日耳曼人殊死抵抗，于是恺撒故意网开一面，让他们逃跑，因为屠戮逃跑的敌人更轻松。阿里奥维斯图斯本人逃脱了，此后就从历史中销声匿迹。他的两个妻子（其中一位是诺里库姆某位国王的妹妹）和一个女儿就没有那么幸运，在混乱的大屠杀中殒命。另一个女儿则被俘虏。即便是一些逃过了莱茵河的日耳曼人也遭到了其他部落的攻击。据说在河边等待与在高卢亲属会合的苏维汇人返回了自己的家园。让恺撒非常高兴的是，他率领的部队幸运地找到了瓦列里乌斯·普罗基鲁斯，将他从敌人手中解救出来。恺撒声称，与瓦列里乌斯·普罗基鲁斯重逢给他的快乐与胜利本身一样多。这情感肯定是真诚的，但这个故事也有助于证实恺撒忠于友人的美名。普罗基鲁斯无疑更加高兴，因为他告诉朋友们，日耳曼人曾三次询问占卜者，是否应当将他活活烧死，幸亏占卜者三次都给了否定的答复。另外一名被俘的使节商人梅提乌斯也得到解救，毫发未伤。[37]

作战季节行将结束，用恺撒自己的话说，他"在一个夏季完成了两场宏大的战争"。在他抵达行省之前，或许不曾预料到会打这两场战争，但他紧紧把握住了机会。至少在当下，他的注意力转移到了高卢，在近期也会一直关注那里。这年冬天的大部分时间里恺撒都待在内高卢，履行作为罗马总督的行政与司法职责，同时密切关注着罗马的动向。他的军队留在塞广尼人领地，在那里过冬。他们将做好准备，来年春天便可以继续深入高卢征战。[38]

十一 "高卢各民族中最勇敢者"：比利时人，前 57 年

> 他们不准商人进入他们的领地，他们不准进口葡萄酒或其他奢侈品。因为他们相信，这些东西会削弱他们的精神，减少他们的勇气。
>
> ——恺撒[1]

> 这整个种族叫作高卢人，对战争如癫似狂……但在其他方面不算头脑简单……因此，若是受到鼓舞，他们便立刻聚集起来打仗，公开且缺乏审慎。因此，如果善用谋略，是很容易对付他们的……
>
> ——斯特拉波，1 世纪初[2]

前 58 年至前 57 年冬，恺撒又组建了两个新军团，番号分别是第十三军团和第十四军团。他这一次仍然是自行决定征兵，用自己作为总督控制的资金为新军团提供薪饷和装备。就这样在一年之内，他就将自己行省内分配到的军队人数扩充了一倍。有作战经验的军团中的百夫长们得到晋升，并调往新单位。这种做法在军事上很有意义，久经战阵的老兵能够支撑和培养新兵，恺撒在历次战役中始终是这么做的。军官的调动在原先的老军团中造成了空缺，所以必须从军团内部提拔后进或者从外部调来人手。在《战记》中，提拔或奖赏百夫长的理由总是作战英勇。苏埃托尼乌斯说，恺撒不管部下的"生活

方式或财富，只关心他们是否勇猛"。他的军事保民官和指挥官中的很多人都是受人推荐或出于人情关系而被任命的，在前一个夏季的作战中表现不佳，令人失望。我们不知道有没有人因为韦松蒂奥的骚动而被免职。恩主提携门客的关系渗透了罗马社会的方方面面，要说恺撒任命百夫长时完全不考虑人情关系，也是不可能的，但他主要关注的显然是个人才干。他的百夫长们肯定相信，有真本事的人一定会得到褒奖。恺撒非常认真地栽培他们，记住他们的名字，就像他和其他元老努力记住所有人的名字，以便在广场对其直呼其名地打招呼一样。恺撒与这些军官们之间的关系纽带完全是个人层面上的。百夫长必须身先士卒，因此伤亡率非常高。极高的损失率再加上恺撒不断扩军，确保了总是会有空缺的岗位需要填补，英勇的初级军官总会有晋升空间。到高卢战争结束时，恺撒军中绝大多数百夫长的初次晋升或提拔至高级军官职位，或者二者兼而有之，都是由于恺撒的提携。他的军队不只是他碰巧管辖的行省的军队，现在已变成了他的私人军队，提携后进便是这个过程的重要一环。[3]

冬天也是训练的季节。根据罗马的旧传统，指挥官们理应极其严厉，为了遵守死板而无情的纪律，可以随意鞭笞或处决部下。恺撒不是这样残酷的指挥官。他似乎很少鞭笞或处决士兵，仅仅将当逃兵和叛变视为严重罪过。在平静的几个月里，他的士兵们在无须执勤的时候享有相当大的自由空间。据说恺撒曾说过，他的部下即便是"浑身香水味"也会把仗打得同样好。马略治军亦是如此，恺撒可能刻意效仿了自己的著名亲戚，或许他也觉得宽厚待下是符合平民派风格的治军方式。但是，尽管在和平时期非常宽大仁慈，马略和恺撒在战时对官兵的要求却极为严格。在军事行动期间，恺撒要求部下严守铁的纪律、即刻服从命令、娴熟机动。为了保证士兵们能够做到这些，恺撒对军队进行了严格的训练。在这方面，他就是理想的贵族指挥官，因为所有优秀的将领都必须在战前通过严酷的训练来让部队做好准备。恺撒"常在没有缘由的情况下命令部下进入临战戒备状态，尤其是在节日或者雨天。有时他命令部下紧盯着他，不要脱离视觉接触，然后不管白天黑夜，突然溜走，迫使士兵们紧跟上去。他会这样带着士兵们进行长途行军，刻意将那些跟不上来的人累垮"[4]。为了鼓励士兵们达到他的高标准、严要求，他本人必须做出表率。在训练行军和野战中，恺撒亲自带领队伍，他有时骑马，但更多的时候是和普通士兵一样徒步。他的这个姿态是向大家证明，他对别人高要求，但他自己也必须做得到。据普鲁塔克说，士兵们常被他惊呆：

> 他看上去不算特别强健……因为他身材清瘦、皮肤白皙，受到癫痫病困扰……却能承受极大的劳苦，他并不以自己体弱为由沉溺于舒适的生活。恰恰相反，他的军事生活对治疗他的赢弱是一剂良药，因为通过令人疲惫的行军、朴素的饮食、长期露宿户外并忍受各种艰难困苦，他战胜了疾病困扰，锻炼了自己的体魄。他的大部分睡眠都是在马车车厢内或轿子上进行的，所以即便睡觉也不耽误行动。白天，他乘车或乘轿子前往军队驻地、城市或军营，总有一名惯于记录口授内容的奴隶陪伴在他身旁，还有一名佩带利剑的士兵站在他身后。[5]

恺撒向部队讲话的时候,总是称他们为"兄弟们",从来不说"士兵们"。他和广大将士都是优秀的罗马人,通过杀敌为共和国效劳,顺便也赢得荣耀和战利品。他总是仔细而慷慨地与官兵们分享荣耀和战利品。他们已经打赢了两场大仗。统帅、军官和普通士兵之间逐渐熟悉起来,也逐渐互相依赖,因此也就形成了互信。恺撒还认真地培养士兵们的自豪感和对部队的归属感。他会发放装饰精美的兵器(有的镶嵌金银),极有可能是作为奖励英勇行为的奖品,使受奖者脱颖而出,让他们感到自己与众不同。罗马军事体制始终鼓励士兵们英勇作战,但在恺撒军队中,这种理想被发扬光大到了极致。[6]

这年冬天的大部分时间,恺撒都待在阿尔卑斯山以南,因此很多训练一定是由他的军团长、军事保民官和百夫长们监管的。在过去,他曾为内高卢居民的权益摇旗呐喊。在总督任上,他也竭力去争取该地区人民(尤其是贵族)矢志不渝的支持。他的幕僚中有很多高卢血统的公民,其中不少是外高卢部落的贵族。除了在最初战役中表现突出的瓦列里乌斯·普罗基鲁斯之外,《战记》后来还提及了其他一些人。高卢史学家庞培·特洛古斯的父亲也作为恺撒的幕僚效力,负责处理他的一些信函。恺撒在书中从来没有提到过他,他可能是处理恺撒大量书信的文书员之一。据说,即便是骑马检阅部队的时候,恺撒也能同时向两名文书员口授书信。他的很多信是写给罗马的重要人物的,有时还会派他的亲信巴尔布斯去拜访这些大人物。当然,也有很多人给恺撒写信。普鲁塔克告诉我们,从一开始就有很多人旅行到北方,请求恺撒的帮助与提携,比如到他的帐下任职。恺撒总是乐于卖人情,差不多总会同意别人的请求。但总的来讲,来找他的人主要还是在其他地方碰壁的失败者或者没有好背景的人。[7]

在社交生活中，恺撒设宴款待当地贵族，也受到他们的招待，其中很多人获得罗马公民权只是这一代人的事情。苏埃托尼乌斯说，恺撒定期在两个宴会厅招待客人，其中一个坐满了他的军官和希腊籍幕僚人员，另一个则用来款待非军人的公民。有一次在梅迪奥拉努姆（现代的米兰），他在一个叫作瓦列里乌斯·梅托的人家中用餐。有一道菜是芦笋，调味品误用了苦味的没药，而不是惯常的橄榄油。恺撒把这菜吃了下去，面不改色，也没有说什么。他的伙伴们却大声抱怨，遭到了他的批评。恺撒毕竟出身于罗马最古老的门阀家族之一，是一位完美的客人，也是一位活泼的伙伴。罗马精英阶层流行涉及哲学或文学的机智聪颖的谈话，而内高卢的贵族能否有这样的雅趣，我们就不得而知了。当地贵族举办的宴会无法企及罗马的那种风雅，恺撒麾下许多军官都有很高的文学素养，因此一定能为他带来不少消遣。恺撒与诗人卡图卢斯的父亲也很友好，其家族来自波河河谷。卡图卢斯去了罗马，在仕途混了一段时间之后，放弃了从政，专心写诗。他的很多诗作的主题是爱情，但也有不少是对当时权贵的尖刻攻击，攻击对象包括加图和恺撒。他在一首诗中将恺撒描绘为"贪婪无耻的赌徒"，另一首诗则更为恶毒，暗示恺撒与其指挥官之一马穆拉有同性恋关系：[8]

可憎的浪荡子们，娘娘腔的马穆拉和恺撒交情甚笃，这不足为怪。一个来自罗马城，一个来自福尔米亚，像两点污迹，深深地互相沾染，永远洗不干净。患有同样的病，如同双胞胎，两人同榻，都是三脚猫作家，都贪恋

通奸，在情场既是对手也是搭档。这对可憎的浪荡子交
情甚笃。[9]

恺撒勃然大怒，但并没有和诗人的父亲断交。卡图卢斯道
歉之后，恺撒立刻邀请他赴宴。[10]

似乎没有人相信恺撒和马穆拉是情人关系，马穆拉不得人
心，在卡图卢斯的其他一些诗中也是挖苦攻击的靶子。在关于
尼科美德四世的传闻之后，恺撒对这种事情非常敏感。但是人
们普遍相信，恺撒在高卢期间仍然继续过着风流洒脱、寻花问
柳的生活，这肯定是真的。多年后，在恺撒的凯旋式上，他的
士兵们会在歌谣中唱道，他从罗马借了许多钱，全都挥霍到他
的高卢女人们身上。在塔西佗关于公元 70 年莱茵兰某次叛乱
的记述中，我们读到一位高卢贵族声称自己是恺撒的后代。据
说恺撒在征战高卢期间曾与此人的曾祖母有过一段露水情缘。
很难说清恺撒在这些年里的情妇们都是谁，但大多数应当是行
省内的贵妇名媛，或许有些也来自其他地方的部落。有些女
人，尤其是拥有罗马公民权的人，或许受过教育，能够与他进
行高水平的对话，之前他常在罗马的已婚妇女中寻求这种乐
趣。然而，有些女人仅仅是满足恺撒的肉欲而已。[11]

比利时人

恺撒将自己的军队留在塞广尼人领地过冬，说明他对高卢
事务的干涉并不是短期的。他自己也承认，某些部族领袖对此
深感不安，他们觉得如果驱逐阿里奥维斯图斯后却被一位罗马
总督主宰，他们就没有得到任何好处。这年冬天，在阿尔卑斯
山以南的恺撒听到了一些传言和报告，声称高卢北部的比利时

部落躁动不安，图谋对罗马不利。高卢/凯尔特民族的一些酋长也怂恿比利时人起事。据恺撒说，这些酋长野心勃勃，企图自立为王；但他们判断，在被罗马控制的地区掀起革命非常困难。比利时人也感到，一旦罗马人控制（《战记》中用的词是"平定"）了凯尔特人的高卢中部地区，那么罗马军队很快就能出征讨伐比利时人。鉴于随后的形势，比利时人的担忧是很有道理的，因为恺撒确实是这么打算的。前一年，他率军跨过外高卢边界，先是逐退了赫尔维蒂人，然后赶走了阿里奥维斯图斯，他已经向世人证明，罗马愿意帮助自己的盟友干预高卢事务。在过去，罗马的外高卢行省在其边境周围维持了一圈友好的邦国。恺撒决定将罗马的势力范围继续往北推进，他这么做的理由在于必须防止其他势力主宰该地区并最终威胁外高卢行省的安全。这些动机对一位罗马总督来说是完全正当的，即便恺撒以极端咄咄逼人的方式履行自己的职责，他的行为仍然没有超越一位共和国行政长官的本分。庞培在征讨东方时也做过类似的事情，但他和恺撒的军事行动与之前许多罗马将领的行动只有规模上的区别。其中很少有人因为自作主张而在事后受到质疑，更少有人受到惩罚。在《战记》中，恺撒声称比利时人筹划并发动了先发制人的打击，挑战罗马的权威。恺撒实际上也是先发制人。根据当时的标准，双方的举动都是有道理的。[12]

恺撒使用的"比利时人"概念很模糊，用来指代居住在凯尔特各部落以北的所有民族。比利时地区比现代的比利时大得多，不仅包括荷兰的一部分，还包括法国北部。"真正"的比利时人似乎生活在今天的加来海峡省和上诺曼底的部落。恺撒认为所有比利时人都属于高卢种族，但也说其中很多人是日耳曼定居者的后嗣。上文已述，高卢人与日耳曼人之间的区别并非古代史料说的那样泾渭分明，但恺撒这番话也许有一定的真实性。1 世纪末的时候，塔西佗也相信内尔维人和特雷维里人都是日耳曼人。恺撒提到比利时人与日耳曼人的关系，或许是为了让读者觉得比利时人更具危险性，因此更需要罗马的"平定"。他还特意提到，比利时人的一个部落吹嘘自己是唯一一个曾成功抵抗迁徙的辛布里人和条顿人的民族，而另一个部落则声称自己是辛布里人和条顿人（都是罗马的死敌）的后代。比利时人比凯尔特各部落更好战，部分是由于他们离罗马的影响范围更远。古代作家们相信，文明生活的奢侈令民族软化，而简朴的生活方式能够保持天然的美德与勇气。考古发掘证明，罗马葡萄酒在高卢北部比在离贸易路线较近的地区少见得多。据说内尔维人禁止进口葡萄酒，但其他的部落贵族很喜欢葡萄酒；拥有葡萄酒，哪怕只是很少量，也能提高他们的地位。我们对高卢北部设防城镇的了解比对凯尔特各部落市镇的了解要少得多。但一般来讲，高卢北部的城镇似乎较小，发展程度也较低。有些部落由国王统治，有些国王还很强大；在其他部落，贵族议事会的地位更重要。据说仅仅在一个世代之前，有一位君主控制了比利时人的大部分地区和不列颠部分地区。[13]

　　在一位领袖统治下的政治统一已经不复存在，但比利时各部落似乎很愿意联合起来一致对外，抵御他们眼中罗马人的威胁。冬季，他们互相交换了人质，同意组建一支联军，每个部落提供固定数量的武士。联军将由苏埃西翁人国王加尔巴指挥，不是因为他有什么特权，而是因为其他领袖都认可他的才干。在作战季节开始之前，恺撒开始集结自己的兵力，命令军团长昆图斯·佩蒂乌斯带领 2 个新建的军团与主力部队会合。恺撒本人则留在内高卢，一直等到春暖花开、粮草充足之时，才动身北上。他立刻要求各同盟部落向他报告北方的局势，并得知比利时人正在备战。罗马军队开拔北上，恺撒以他惯常的迅速催促官兵前进。不到两周的时间，他们便接近了雷米人的地界。雷米人是第一个被认为属于比利时人而非凯尔特人的部落。雷米人的使节向恺撒保证，他们不曾与罗马为敌，并当即答应了恺撒的要求：交出人质、提供粮草。他询问使节，他可能会遇到多少武士。使节为他提供了准确的比利时各部落人数的清单。贝洛瓦契人许诺提供 6 万人，苏埃西翁人和内尔维人各出兵 5 万，莫里尼人提供 2.5 万名士兵，阿杜亚都契人 1.9 万，阿特雷巴特人 1.5 万，安比亚尼人和卡雷提人各有 1 万名武士，而另外 6 个部落一共出兵 5 万人，因此总数是 28.9 万名武士。雷米人提供了这些数字，恺撒仔细地将其记录在《战记》中。他从来没有说过，他是否相信这些估算数字。从《战记》的叙述看，比利时联军的兵力的确特别雄厚（但尾大不掉），规模可能比罗马军队大很多。恺撒要确保比利时人各部落不能将全部力量集中起来。他让狄维契阿库斯指挥埃杜依人袭击贝洛瓦契人，让后者不得不保留兵力来保卫自己的土地。[14]

　　雷米人与苏埃西翁人有很近的血缘关系，遵守相同的风俗和法律，有时接受同一位领袖的统治。雷米人如此积极地加入罗马人那一边，究竟是由于他们很务实地承认自己没有力量抵抗突然杀到的恺撒，还是由于和其他部落的竞争与敌对关系，这很难说得清。雷米人是比利时联军的第一个攻击目标。联军袭击了雷米人的主要城镇比布拉克斯（可能是现代的老拉

昂）。恺撒已经渡过埃纳河（位于雷米人的边界），并在河北
岸扎营。他在南岸留下一支部队，由军团长萨比努斯指挥，建
造了一座堡垒，以保护桥梁。比布拉克斯就在8里之外，其领
袖——率领代表团面见恺撒的酋长之一——送来消息称，除非
得到援助，否则他坚持不了多久。恺撒命令他的努米底亚、克
里特和巴利阿里轻装部队在送消息的信使的引导下，借夜色掩
护进入了比布拉克斯。比利时人攻城的办法很简单——投石射
箭将守军压制住，同时武士们举着盾牌冲上去破坏城墙。恺撒
派去的技艺娴熟的弓箭手和投石手让比利时人的攻城极其困
难，于是他们放弃了攻城，满足于在周边地区烧杀抢掠，纵火
烧毁了一些小村庄和农场。然后他们去对抗恺撒，在离罗马阵
地2里的地方扎营，两军隔着一道山谷。据恺撒说，比利时人
营地中的篝火蔓延约8里的距离。[15]

　　一连几天，双方互相观察，都没有轻举妄动。两军的骑兵
发生了一些小规模交锋。恺撒据此判断，新敌人的战斗力不
强，他的部下在绝大多数情况下可以完胜敌人。他的营地居高
临下，背后是埃纳河。他将6个有作战经验的军团部署在山坡
上，让2个最近征募的军团看守营地。这种策略和之前与赫尔
维蒂人作战时的部署相同。军队两翼没有自然屏障，于是罗马
军团士兵们在自己两翼各挖掘了一条长400步（约130码）
的堑壕，堑壕与主战线呈直角。每条堑壕的末端都有小型堡
垒，部署着轻型投石机或蝎弩，这种武器能够以极其猛烈的力
量和极高的精准度发射重型弩箭，而且射程远远超过比利时人
拥有的任何投射武器。苏拉曾经以大致相同的方式保卫自己的
侧翼，以应对兵力远胜于己的敌人。比利时人要想正面进攻罗
马阵地，必须在坡度缓和的山坡上攀登，而罗马人的这种阵地

优势在前一年比布拉克特附近的战役中已经体现得淋漓尽致。对比利时人来说更糟糕的是，两军之间的谷底有一条小溪和一片沼泽地。这些不是难以逾越的障碍，但会拖慢进攻方的脚步，导致其战线发生混乱。防守方不大可能会给进攻时间停下来重新整队，以便继续前进。[16]

　　恺撒的阵地固若金汤，完全可以击退哪怕是最猛烈的进攻。但比利时大军没有冲过来送死的意思，只是在山谷另一侧排兵布阵，等待罗马人穿过沼泽地来吃瘪。占据了极好地形的指挥官们都要面对这样的风险，那就是假如他的地形优势太明显，敌人就没有兴趣来主动交战。双方都派出了骑兵，罗马的同盟骑兵占了一点点上风，恺撒将他们撤回。恺撒认识到今天不会发生全面对抗，于是命令部下回营休息。比利时指挥官们得出了同样的结论，于是派遣一支部队渡过埃纳河，要么是企图占领保护桥梁的罗马堡垒以威胁罗马军的补给线，要么是打算劫掠恺撒的新盟友雷米人的土地，以转移他的注意力。桥梁处的罗马前哨阵地报告了这个新威胁，于是恺撒亲自率领他的努米底亚骑兵和其他轻装部队，返回河流南岸。比利时的少量武士渡河之时，被恺撒抓了个正着。恺撒的骑兵将已经抵达南岸的比利时武士包围并消灭，同时使用投射武器的部队则将正在涉水的比利时人射倒在地。比利时人损失很重，不得不撤退。

　　部族武装很难长时间作战，因为他们的后勤供给往往很弱。武士们和陪同他们上战场的妻子与仆人能够携带的粮食是有限的。在夏季，常常能够从乡村获得粮草，但以这种方式攫取的粮草数量不会很多，而且如果军队在一个地方待的时间过久，这些粮草就维持不了多长时间。尽管恺撒给出的数字值得怀疑，但前57年比利时军队规模的确特别大，他们的补给问题也特别严重。比利时人对比布拉克斯的攻击失败了，渡河摸到罗马人后方的企图也被挫败了。恺撒只有在比利时人处于严重劣势的时候才肯出战。他无疑会告诉部下，敌人不肯直接攻击罗马阵地，说明他们被吓坏了。加尔巴和比利时酋长们也完全可能向他们的武士们保证，罗马人待在山顶上的堑壕里不肯下来应战，来证明他们畏惧比利时各部落的威力。对比利时人来说，战事到目前为止不算特别顺利，但他们向新敌人展示了自己的雄厚兵力和自信，而恺撒也不敢贸然攻击他们的主力部队。加尔巴和其他领袖可能觉得他们已经展示了自己的力量，这或许已经足以震慑罗马人，令其不敢继续进犯。部落间的战争常常带有强烈的表演意味，因此我们不一定要相信恺撒的说法，将比利时人的下一步行动视为完全务实的举动。但务实的因素是无可辩驳的，因为比利时军队的粮草几乎已经耗尽，不能再长时间待下去了。另外，有消息传来说，埃杜依人遵照恺撒与狄维契阿库斯的约定，进逼贝洛瓦契人领地的边界。比利时的高级酋长会议决定，解散联军，各自回家，每个部落回到自己的领地，在那里可以较轻松地得到供养。酋长们宣誓约定，在随后几个月内，若恺撒进攻任何一个部落，其他部落必须施以援手。于是，庞大的联军解散了。解散也不是以井然有序的方式进行的，各部落和群体在夜间收拾行囊，各自离去了。[17]

罗马前哨据点报告称，夜间喧哗嘈杂，比利时军队撤退了，但恺撒怀疑这是个圈套。前一年奇袭赫尔维蒂人的失败或许让他对夜间行动愈发谨慎。黎明时，他的侦察兵证实敌人确实是简单地各自散去，没有任何掩护殿后的行动。罗马骑兵部队在佩蒂乌斯和科塔的指挥下追击敌人，而拉比埃努斯率领3个军团紧随其后，提供支援。敌人的抵抗非常微弱，大批比利时武士在逃跑时被斩杀或俘虏。比利时大军暂时瓦解了，要过一段时间各部落才能再次将力量集中起来。恺撒要确保他们没有时间重新联合。次日他便率军进攻苏埃西翁人，其领地与雷米人接壤。他一番强行军，抵达了苏埃西翁人的一座主要城镇——新堡（与恺撒提及的绝大多数比利时城镇一样，新堡的具体位置也不详，但极可能在现代的苏瓦松附近）。根据报告，新堡无人把守，于是恺撒率军径直发动进攻。新堡城内的武士的确很少，但罗马人没有云梯，也没有其他攻城器械，因此少量守军便足以将他们打退。此次受挫后，恺撒确保做好攻城准备，命令士兵们建造土坡、攻城塔和活动防盾，以便他的士兵能够攀登和翻越城墙。新堡还没有受到封锁，之前被解散的一些武士来到城内避难。但他们士气低落，看到罗马攻城武器的景象更是令他们魂飞魄散。苏埃西翁人举手投降，由于雷米人替他们说情，因此获得了有利的和平条件。他们交出了一些来自世家大族的人质，包括加尔巴国王的两个儿子，并交出了一些武器，数量可能不多，只是象征性地缴械投降。[18]

既已占了上风，宜将剩勇追穷寇，于是恺撒开始攻击贝洛瓦契人。贝洛瓦契人的抵抗很弱，很快也投降了。这一次，埃杜依人的狄维契阿库斯为贝洛瓦契人求情，说埃杜依人与贝洛瓦契人世代修好。贝洛瓦契人前不久对罗马的敌意被解释为一些酋长的过错，他们把埃杜依人与罗马的盟约视为奴役。这些酋长已经逃到了不列颠，再也不能影响部落政策。恺撒很乐意接受对方的恳求，以宽大的条件接受了贝洛瓦契人的投降，但他要求对方交出600名人质，这显然超过了惯常的标准。贝洛瓦契人如数交出了人质。恺撒乐于接受贝洛瓦契人投降，这部分是由于他想给狄维契阿库斯和埃杜依人一个面子，部分是因为他希望尽可能分化敌人，削弱敌人的联盟。人质如此之多，差不多所有苏埃西翁人的贵族家庭都有成员被送到恺撒军中，这显然是为了确保苏埃西翁人不再兴风作浪。《高卢战记》从头到尾常常提及人质，但恺撒从来没有解释，假如有部落背弃誓言，那么它之前送来的人质会怎么样。如果这些人质在这种情况下不被处决，就很让人意外了。恺撒就这样在处置了两个强大部落之后，转而对付较弱的安比亚尼部落，随后它也迅速投降了。年初比利时人集结的庞大军队的三分之一以上已经被打败，现在恺撒占了上风。但是，轻松得胜的日子结束了，敌人的抵抗越来越顽强。[19]

桑布尔河战役

恺撒转向西北方，讨伐内尔维人，这是仍然在抵抗他的最大部落。

3天后，罗马军队离桑布尔河还有大约10里，俘虏称内尔维部落军队就在河对岸。阿特雷巴特人和维洛曼杜伊人与内尔维人结盟，另一个部落阿杜亚都契人则在赶来的途中。据雷米人的估计，在这年夏季的联军中，内尔维人、阿特雷巴特人和维洛曼杜伊人一共出兵7.5万人，而恺撒对内尔维人的兵力高估了1万人。正如上文所述，这些数字的可靠性都是存疑的，而且他们在之前的作战中一定已经损失了一些人马，何况还有一些武士尚未归队。恺撒的8个军团可能有3万～4万人，还有数千名骑兵以及同等数量的轻装部队。内尔维人及其盟军的兵力至少与恺撒相当，或许比恺撒的兵力强，但应当没

有达到恺撒兵力的两倍。比利时人决心死战到底，已经将妇孺和其他非战斗人员疏散到难以接近的沼泽地躲避。恺撒军队中

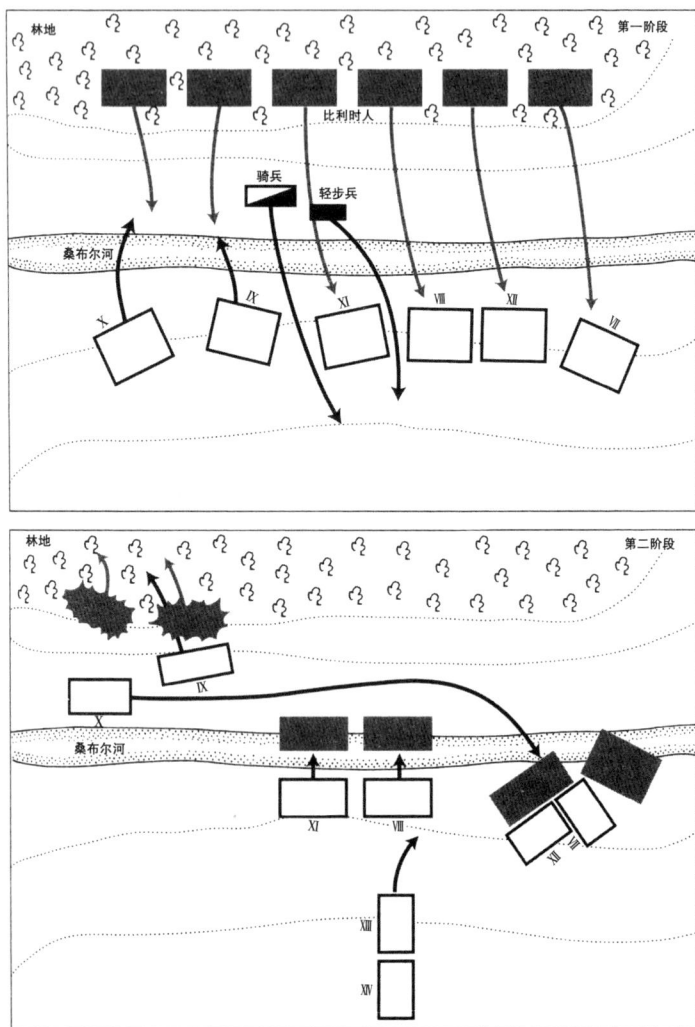

图 6　桑布尔河战役

的一些高卢人和比利时人（作为盟友或人质）也偷偷向内尔维人通风报信。这些奸细告诉内尔维人，根据恺撒惯常的行军顺序，每个军团独立行动，守卫自己的辎重。这意味着作战部队被分割为8个主要队伍，其间夹着由仆役、大车和役畜组成的笨重队伍，很难组成战斗队形。[20]

这种队形让罗马人在行军时很脆弱，而内尔维人仔细挑选了战场。和以往一样，我们对此次战役的具体地点也不清楚，但应当是离莫伯日①几里远的地方。内尔维人可能曾经在这个地点击败过其他入侵者。他们显然知道恺撒会在何处渡河，说明他走的是一条很常用的道路，各部落的贸易活动与行军都常用这条道路。河两岸是低矮山丘，在这个季节，河水只有约3英尺深，所以很容易渡过。在河对岸，山谷一侧有约200步的开阔地，其他地方林木繁茂，武士们可以藏身其中。在罗马人这一岸，许多道茂密的高树篱将地形切割得四分五裂，内尔维人故意培植了这些树篱，以阻滞敌人骑兵。树篱既阻滞行动，也遮挡视线，意在向侵袭者发出这样的信息：他们一旦离开树篱地带，就将遭到强有力的抵抗，而抵抗他们的部落对自己的赫赫武功非常自豪。他们打算给恺撒一个下马威，一旦罗马军团后面的辎重队伍进入视野，就发动全面猛攻。[21]

俘虏（可能是被罗马的巡逻骑兵或在主力部队之前行动的侦察兵抓来的）已经向恺撒发出警告，内尔维人将顽强防守渡口。于是，他改变了行军队形，采用了在遇敌危险时的标准队形。打头阵的是骑兵和轻装部队；随后是6个有作战经验的军团，不带辎重，以集团形式前进；2个新建的军团

---

① 莫伯日是今天法国东北部城市，靠近法国与比利时的边境。

负责殿后。这一天，先锋部队是第十军团，随后是第九、第十一、第八、第十二和第七军团。一群百夫长跟随着侦察队前进，负责选择和标定夜间扎营的地点。罗马军队在野战时惯于修建行军营地，挖掘堑壕以保护营地，并用挖出的泥土筑墙，相当于现代步兵在行军结束时掘壕据守。营地需要几个小时才能建成，一旦建成，就不必害怕敌人突袭，并且营地的布局设计是有定规的，所以各单位都知道自己的位置。百夫长负责在临近河流的山丘选择一个地点。主力部队开始抵达后，骑兵和轻步兵涉水过河，在敌人占据的那一岸构成掩护。内尔维部族武装的主力隐藏在树丛中，但有一些群体冲了出来，与罗马人发生小规模交锋。内尔维人的骑兵极少，因此罗马的辅助部队在随后发生的战斗中打得很轻松，但也小心地避免追击过远而进入树林。罗马各军团抵达后，便开始建造营地，士兵们放下背包，将头盔、盾牌和标枪堆起来，但在挖掘土方时一般还穿着铠甲。每一位军团长都监督着自己指挥的军团，因为恺撒指示他们在修建营地时与部下待在一起。这可能是一道长期有效的命令。可能有少量全副武装的士兵被派去担任警卫，但并没有做很大努力去保护干活的人们免遭敌人的全面进攻。

前一年，恺撒曾在离阿里奥维斯图斯军队很近的地方建造营地，当时他让各军团的第一线和第二线士兵摆好作战阵型，面向敌人，同时第三线的大队负责施工。拿破仑和其他很多评论家批评恺撒这一次没有采取类似的警戒措施。恺撒已经知道敌人聚集在河对岸某处，或许也能看到自己的骑兵和轻步兵在对岸与敌交战。内尔维人及其盟军近在咫尺，因此有可能发动进攻，但恺撒或许认为这种可能性不大。这一天已经过去不少时间，但敌人却仅仅对他的前哨做了一些骚扰。几周前，他面对更为强大的比利时联军时，敌人不肯越过地形复杂的地域来进攻。因此，他觉得河流应当是足够安全的屏障了。如果让很大一部分士兵保持武装戒备状态，那么修建营地的进度就会放慢。前 58 年，只有第三线的大队负责施工，他们只能建造仅可容纳 2 个军团的营地，而无法容纳全军。不知是有意为之还是粗心大意，或许由于在最近几周内轻松地连续击败三个敌人，恺撒冒险让全军投入营地施工，而没有为其提供保护。这个决定险些酿成大祸。[22]

比利时人在等待进攻时机时表现出了令人肃然起敬的严明纪律性。军队的指挥官们（最高统帅是一个叫作博铎纳图斯的内尔维酋长）同意，必须等到罗马辎重队伍出现，才发动进攻。尽管罗马辎重队伍并没有像他们预想的那样紧随打头阵的军团出现，但武士们保持镇静，一直等到罗马全军的辎重队出现在了山谷的另一边，他们才离开了藏身的树林，开始前进。罗马的辅助骑兵和轻步兵无力抵抗如此猛烈的攻击，很快败退。在林木掩护下，比利时各部落队伍组成了战线，潮水般涌下山坡，冲过河流。在这一过程中，他们的队形发生了一些混乱，河对岸的树篱或许更进一步地破坏了他们的秩序。即便如此，他们的战斗准备也比罗马人充分得多。罗马人匆忙抛下手头的活计，手忙脚乱地组成战斗队形。针对赫尔维蒂人和阿里奥维斯图斯的战役都是事先精心准备的，花了很长时间来排兵布阵，并鼓舞士兵们奋勇拼搏。其实这一时期绝大多数的大规模交战都是如此。这一次就大不相同了："恺撒不得不在同一时刻做许多事情：升起军旗，这是命令官兵们各就各位的讯号；吹响军号，召唤正在干活的士兵们；召回离开营地去寻找修建壁垒材料的士兵；命令士兵们组成作战队形；向士兵们讲话鼓气，并发出作战命令。"[23]

恺撒没有三头六臂，他后来赞扬了自己的军团长，他们没有坐等他的指示，而是积极主动地开始组织离他们最近的部队。同样，士兵和百夫长们也没有惊慌失措，而是开始就近组成混编单位。碰巧在一起的人，不管先前属于什么单位，立刻集合起来。战线构成的速度快得惊人，尽管战线没有像往常那样整肃威严（官兵们没有时间取下盾牌的皮套，也没有时间将羽饰安装到头盔上），但足以抵抗敌人。如果放在前一年，部队能否如此妥当地应对这样的危机，是很值得怀疑的。毕竟在那时候，军队和统帅之间还很陌生，还没有足够的凝聚力（只有通过训练才能形成这种凝聚力），也没有足够的自信（只有胜利才能带来自信）。恺撒骑马巡视了每一个军团，先去了他最心爱的第十军团，它位于参差不齐的战线的左翼。恺撒鼓励了他们几句，要求他们保持冷静，记住自己久经考验的勇气。比利时人（在这一翼主要是阿特雷巴特人）已经冲到了不到 100 码之外，于是恺撒命令第十军团冲锋。第十军团的冲杀取得了很好的效果。一轮标枪齐射，阿特雷巴特人被打得踉跄着停住脚步。此处的山坡主要对罗马人有利，敌人因为刚才的快速冲锋已经疲惫了，于是第十军团和邻近的第九军团很快将敌人赶下了山坡。在中军，第十一军团和第八军团也站稳了脚跟，将维洛曼杜伊人逼退到河边。比利时军队的右翼和中路开始瓦解，第十军团和第九军团甚至渡过了桑布尔河，将敌人驱赶到远方的山坡上。但是，比利时人的主要力量以及博铎纳图斯指挥下的大部分内尔维人，向罗马军右翼猛扑了过去。罗马军官们很难判断战局的发展情况，因为高高的树篱限制了

他们的视野，但恺撒凭借本能或敏锐的洞察力，策马奔向了己方右翼：[24]

> 　　向第十军团讲话之后，恺撒匆匆奔向右翼，他看到那里的官兵受到沉重压力，第十二军团的单位挤为一团，士兵们摩肩接踵，施展不开，难以作战。第四大队的全部百夫长都阵亡了，旗手也战死了，他的军旗被敌人缴获；其他大队的百夫长非死即伤，包括首席百夫长①塞克斯图斯·尤利乌斯·巴库鲁斯，他是一位勇冠三军的猛士，身负多处重伤，已经无法站立；其他士兵精疲力竭，有些处于后方的士兵已经放弃战斗，开始撤离到敌人的武器射程之外；敌军正面一步一步地在山坡上推进，并向罗马军两翼施压。恺撒看到形势十万火急，也没有其他预备队，于是从后方阵线的一名士兵手中夺过盾牌（恺撒来的时候没有带自己的盾牌），冲到最前线，指名道姓地呼喊百夫长们，鼓舞士兵们，命令战线向前推进，好让部队有足够的空间挥剑砍杀。他的到来给士兵们带来了希望，恢复了他们的斗志。即便在这万分危急的时刻，每一名士兵都争先恐后，免得在将军面前丢脸。敌人的进攻被阻滞了一段时间。[25]

---

① 首席百夫长是一个军团中最资深的一位百夫长，同时也是最精锐的第一大队的指挥官，还要辅佐军团长。一般的大队有 5～8 个百人队，而首席百夫长指挥的那个大队兵力更强，拥有约 10 个百人队，还拥有一些非战斗人员（文书、伙夫等）。在一个军团里，首席百夫长的地位仅低于军团长、军事保民官和营地长官。

罗马将领一般会身处战线最前方的背后，受到敌人投射武器的威胁，也有勇敢的敌人士兵会企图斩杀罗马指挥官以扬名立威。所以，罗马将领承担着普通士兵的部分风险，这有助于巩固领袖与士兵之间的纽带。这一次，恺撒更进一步，身先士卒，带头砍杀，表现出极大的个人勇气。这种勇气与指挥官所需的更高层次的技能一样，都是贵族美德至关重要的方面。这种与士兵们并肩死战到底、视死如归的决心，证实了恺撒与官兵之间逐渐增强的信任。他抵达前线后，便鼓舞身边的官兵，呼唤各位百夫长，称普通士兵们为"弟兄们"，并改良了部队的部署。传说庞培常身先士卒地拼杀，用剑或矛斩杀敌人，表现出莫大的英雄气概。亚历山大大帝打仗的方式也是这样。庞培听到有人将他与亚历山大相提并论，心花怒放。据说恺撒本人也是武艺娴熟，但他在书中很少提及自己参加战斗。或许他这是假谦虚，因为他说到自己借了一名士兵的盾牌，读者们会根据这个暗示想象他的英雄气概。但恺撒似乎不想强调自己的勇武，而是集中描写自己作为领袖和统帅的角色。最终，他在书中承认桑布尔河战役是一场普通士兵的战斗，罗马军团士兵们的决心和纪律赢得了胜利。

在战斗的一个间歇，恺撒重新部署了第十二军团和第七军团，将它们调转回来，形成一个大致呈方形或圆形的阵势，以便抵御来自任何方向的攻击。战斗中常常出现暂时停歇，这与好莱坞塑造的战斗场面（双方疯狂地鏖战，每个人都拼命冲锋，与敌人纠缠厮杀，两两单挑，整场战斗几分钟结束）不同。战斗往往会持续好几个小时，但肉搏战非常消耗体力和精神；一般是经过若干次短暂的猛烈交锋，双方战线会分开，相隔几码远，双方都抓紧时间喘息一下，积攒足够的斗志再次接敌。恺撒抵达前线的时候，罗马战线正在瓦解，后方的士兵开始溜走。许多百夫长非死即伤，溃败似乎迫在眉睫。他的榜样（无疑还有其他军官的榜样，因为他鼓励百夫长们奋战，并通过军事保民官们传达转换阵型的命令）暂时稳住了前线，但第十二军团和第七军团仍然承受了巨大压力，或许崩溃只是时间问题。[26]

罗马右翼坚持住了，但决定战争胜负的是其他地方。一些比利时人绕过了罗马右翼，冲上山坡去攻击营地。在队伍尾部保护辎重的 2 个军团发现了这些比利时人。罗马生力部队的抵达令比利时人灰心丧气，鼓舞了那些能看得到他们的罗马人。指挥罗马左翼得胜的拉比埃努斯自行决定派遣第十军团回到河对岸，支援其他部队。第十军团意识到战局不妙，于是匆匆上前，从背后袭击内尔维人。罗马右翼得以向前推进，击退它对面的敌人。与此同时，护送罗马辎重的奴隶甚至也加入了重整旗鼓的骑兵和轻步兵，击退了营地周围的比利时人。内尔维人没有很快让步，很多人坚持战斗了很久。恺撒说有些内尔维武士甚至站在己方的死尸堆上，坚持战斗。这无疑是夸张，但印证了他在特别近的距离亲眼观察到的战况激烈程度。他声称 6 万名敌军士兵中只有 500 名武士逃脱，而 600 名部落领袖中只有 3 人存活，这些数字无疑有些夸大其词，他《战记》的后来一卷也反驳了这些说法。不管怎么说，内尔维人及其盟友损失惨重，再也没有决心打下去。他们派来使节，向恺撒投降。恺撒命令他们将来各安天命，停留在自己的疆界之内，不得攻击他人。他还指示周边各部落，不得趁内尔维人虚弱之时发动进攻和入侵。[27]

清扫残敌

在上面这场战斗打响之前，阿杜亚都契人未能赶来与其他部落会师。他们在得知内尔维人战败之后，返回了自己的家园，但并不打算屈服于罗马，而是准备进行顽强抵抗。他们吸纳了来自其他社区的人，决定占据一座有城墙环绕的城镇，它位于一座崎岖山顶之上，具有天然地理优势，易守难攻。他们还搜集了粮草，以防止恺撒封锁他们。守军自信满怀，甚至敢于不断出城攻击在城外扎营的罗马军队。恺撒命令部队围绕着山顶挖掘堑壕、建造壁垒，并每隔一段距离就设立堡垒，以建立一个封锁圈。封锁圈全长 430 码，这说明敌人的要塞规模相当小。罗马的各个堡垒内可能部署着轻型投石机，就像之前在埃纳河边用过的那种，很快就打压得守军不敢出城。阿杜亚都契人不能出城，但起初他们对罗马人建造的斜坡和攻城塔还不以为意、十分鄙夷。恺撒告诉我们，阿杜亚都契人嘲讽罗马人为"侏儒"，并补充说所有高卢人都很鄙视意大利士兵的矮小身材。阿杜亚都契人对攻城塔闻所未闻，看到罗马人推着它走上斜坡、逼近城墙时，不禁惊愕沮丧。守军绝望之下，派遣代表来投降，唯一的要求是允许他们保留武器，以免遭到邻居的袭击。恺撒拒绝答应，说他会保护他们，就像他会保护内尔维人一样，将其置于罗马的羽翼之下，并命令周边各部落不准攻击阿杜亚都契人。守军开始从城墙上往下丢弃武器，武器堆最终差不多与城墙等高。[28]

尽管城门已经打开，恺撒部队中只有少数人被允许入内。天黑之后，他命令已经进城的少数士兵也返回营地，因为他担心没有军官监督，这些士兵在漆黑的街道上会为非作歹。军饷很少，只有穷人和在社会上走投无路的人才对参军感兴趣，罗马的大多数军团都有不少罪行较轻的罪犯和其他不安分的分子，这些人很容易失控。在其他时候，恺撒也会采取类似的谨慎措施。他将城门紧闭，以保护那些已经向罗马投降、信任罗马道义的阿杜亚都契部落族民。但是，有些阿杜亚都契人要么是后悔了，要么是始终不赞成投降。天黑之后，他们便用藏匿的武器和临时拼凑的盾牌武装起来。凌晨，他们冲出城来，攻击他们判断的恺撒防线上最薄弱的环节。罗马人早有准备，哨兵们点燃了预先准备的烽火，这就是命令全军就位的讯号。增援部队赶往受到威胁的地点，攻击者遭到投射武器劈头盖脸地袭击。所有攻击者要么被杀死，要么被赶回城内。次日，恺撒命令全体阿杜亚都契人对背弃和约的恶行负责。他的士兵捣毁了城门，逮捕了城内所有人。此时还能不能以严肃的纪律约束罗马军团的士兵们，很成问题。城内所有人（据恺撒说是5.3万名男人和妇孺）被随军的一群商人买下，将来会作为奴隶出售。在被卖为奴隶之前，大多数女人都可能遭到强奸，这在此时期是司空见惯的事情。商人出的价钱的一部分会被分给所有士兵，更大的份额则被分给百夫长和军事保民官们。将俘虏变卖为奴是利润的来源之一，另一个来源则是劫掠，但《战记》中极少提及这一点。恺撒说，高卢人有很多圣所，将贡奉神祇的黄金和珍贵物品堆放在公共场合。所有部落都尊重这些圣所，没有人敢从里面偷东西。据苏埃托尼乌斯记载，恺撒对这种禁忌不以为然，总会将其洗劫一空。他在高卢获得的财富改善了他的财务状况，但他对金钱感兴趣的理由始终是他要用金钱收买盟友、笼络人心，无论是在军中，还是在意大利本土。[29]

击败比利时各部落是又一场伟大胜利，延续了前一年的好运气。如果《战记》在每年冬天发表一卷的看法是正确的，那么罗马人民已经知道了战胜赫尔维蒂人和阿里奥维斯图斯的胜利。现在，新的捷报传到罗马，群众欢呼雀跃。恺撒骄傲地告诉我们，元老院投票决定举行十五天的公共感恩活动，以颂扬他的功绩，这比之前任何一位将军（包括庞培）得到的感恩时间都要久。官方的庆祝活动将他的行动合理化，让企图否认他的职务合法性的政敌难以启齿。但是，罗马的形势并不是完全按照恺撒所希望的那样发展。庞培对自己岳父的成功和声望有些不高兴。据狄奥说，庞培开始鼓吹在恺撒五年任期结束前就将他召回。三头同盟似乎即将瓦解。恺撒遇到的下一个威胁并非来自外国敌人。[30]

十二 政治与战争：卢卡会议

庞培言辞激烈地回答他，并露骨地暗示克拉苏的方向，公开表示他会比阿非利加努斯①（被 C. 卡尔波②杀害）更好地保护自己的生命……盖乌斯·加图得到了克拉苏的支持；克洛狄乌斯也得到了资助，他和加图都受到克拉苏的恩惠。

——西塞罗，前 56 年 2 月 15 日[1]

诸位元老，我同意你们的意见……你们不赞同的时候，我与他也不是一条战线上的；但如今他成就斐然，已经改变了你们的意见和情感，那么我不仅与你们的看法相同，还赞颂它。

——西塞罗，前 56 年 5 月[2]

恺撒离开罗马已经有两年时间，在这两年里，罗马并不

---

① 指小西庇阿（前 185 年 ~ 前 129 年），罗马政治家、名将。两次出任执政官，率军攻陷迦太基城，结束了罗马与迦太基的百年争霸。小西庇阿是继姑父大西庇阿之后获得"阿非利加努斯"（非洲征服者）称号的第二人。他坚决反对提比略·格拉古的改革。他的死因不明，可能是自杀或被谋杀。

② 指格奈乌斯·帕皮里乌斯·卡尔波（前 120 年执政官），被怀疑是杀害小西庇阿的凶手。注意他与前文讲到的秦纳派领导人格奈乌斯·帕皮里乌斯·卡尔波不是同一个人。

平静。他担任执政官期间的行动颇有争议，但与后来惊涛骇浪的岁月（有组织的暴力活动成为政治生活中司空见惯的事情）相比，还算和缓。在政治上，很少有恒久不变的东西，在罗马共和国尤其如此。元老们获取或丧失影响力，与旧盟友断交，缔结新盟约；有时弥合旧的嫌隙，但更多的时候是树立新的敌人，以及觉得他们对某些事情的观点需要调整。前 59 年，西塞罗公开批评三头同盟，促使他们将西塞罗私敌克洛狄乌斯的身份改为平民，以帮助他当上保民官。两年后，元老院投票决定举行公共感恩活动以颂扬恺撒，而此动议最早就是西塞罗提出的。在此之前，演说家西塞罗被流放了（即便恺撒不是流放他的幕后主谋，也肯定接受西塞罗被流放），后来被召回，这一次是得到恺撒的默许后才得以返回罗马。尽管此次流亡对西塞罗个人来说非常重要，而且被他以感情洋溢的语言记录在通信中并公开发表，但他被逐出罗马只是这些年政治斗争中的一件小事，毕竟没有任何事情、任何人能够躲过攻击。恺撒在这些政治斗争中主要扮演观察者的角色，但他对此密切关注，因为尽管他本人不能去罗马，他仍会受到罗马局势的深刻影响。他顶多只能希望对政治游戏中的主要玩家们施加影响，因为他肯定控制不了他们。当时的事件并非注定发生、不可避免，其结局也不是命中注定。最后，恺撒的地位（至少是暂时地）得到了巩固，但这也不是必然发生的事情。有一段时间，他在执政官任上的工作似乎会遭遇危机，而他在高卢的特别指挥权似乎也会被提前终止。他能够安然度过这些危机的原因在于他利用人脉与影响力的本领，以及他的想象力。无论在罗马还是在战场，运气都起到很大的作用，甚至是最重要的作用，福尔图娜女神①仍然继续宠爱着恺撒。

前59年，罗马最富有和最有影响的两个人为了达到自己的目的，携起手来，利用恺撒以克服此前难以逾越的障碍。庞培的东方立法得以通过，他的退伍老兵们也得到了土地。而克拉苏重新制定了包税人的合同。庞培和克拉苏都心愿得偿，恺撒的土地改革取得了成功，他还获得了军事指挥权。但三人的合作都只是暂时顺利，因为三头同盟中的每个人都有着更大的野心。说到底，与罗马的所有政客一样，他们的目标都是满足私欲。在一段时期内，合作对他们比较有利，能够得到单打独斗所无法想象的成果。但他们的联盟不是建立在共同意识形态或共同事业的基础上，一旦脱离同盟比留在同盟内更有利，同盟的寿命就到头了。恺撒与另外两人的关系很融洽，但这并不是说，他或者另外两人没有考虑过与旧盟友撕破脸皮。尽管恺撒最近在高卢取得了成功，但他仍然是三头同盟中的小弟弟，继续与另外两人交好对他仍然大大有利，尤其是因为他们还在罗马，而他不在。庞培和克拉苏始终不是很亲近，因为他们互相憎恶，他们一生中始终在互相竞争，这竞争只是被暂时遮掩起来而已。庞培和克拉苏合作，利用恺撒这样一位执政官作为他们的代理人，得到了自己希冀的东西，不过也是经过了一番斗争。前58年的两位执政官都对三头同盟较为友好，但他们都不具备恺撒的才华和干劲。在罗马，没有一个人的财富、声

①　福尔图娜（Fortuna）一词源自"Ferre"，意为"多产""增殖"。最初是丰收女神、母亲、妇女的保护神，后演变为幸福、机遇、成功女神。她的形象为一个少女，手握聚宝角，正在撒落金币，有时蒙着双目，站在象征祸福无常的球体和车轮上。她的形象常出现在钱币、印章、辟邪物和各种艺术品上。

誉和威望能够与庞培和克拉苏相提并论，但这些东西能给人带来的是影响力，而不是实实在在的权力。即便联合起来，他们也不可能长久地掌控政治生活的方方面面。他们没有办法钳制加图的口舌，而加图和贵人派的其他人也有自己的声望、财富与门客。其他许多有着野心的人也是如此。世人对三头同盟这个群体以及其中每一个人的看法，只是影响他们行为举止的一个因素而已，而且往往是个不重要的因素。担任公职的人，尤其是那些有权主持元老院会议或公民大会的人，有自行其是的机会和自由；而其他元老，不管地位多么崇高，都缺乏这种自由。前 70 年，庞培和克拉苏恢复了平民保民官的完整权力。现在，对他们的主宰地位发起挑战的主要是平民保民官。

"贵族"平民保民官

前 59 年，庞培和恺撒（可能是在克拉苏的认可下）安排将普布利乌斯·克洛狄乌斯·普尔喀的身份从贵族改为平民。但如果说这时以及之后，克洛狄乌斯便成了庞培和恺撒的党羽，那就错了，就像把恺撒视为庞培或克拉苏的党羽的错误一样。庞培和恺撒卖了个人情给克洛狄乌斯；根据常规，克洛狄乌斯应当对其感恩戴德，但绝不能说他处于庞培和恺撒的掌控之下。这部分是由于罗马的政治最终还是为了个人的成功而奋斗，与个人强悍独立的个性有更大的关系。没有任何一个人能够真正控制克洛狄乌斯，也不可能控制恺撒、庞培、克拉苏、加图、西塞罗或其他主要元老。克洛狄乌斯出身的家族——克劳狄家族——是最伟大的贵族世家之一；与尤利乌斯家族不同，许多代人始终处于共和国的核心，连续出了很多执政官和著名政治家。克劳狄家族①的自豪感或者说是倨傲，妇孺皆知。克劳狄家族的一位成员——普布利乌斯·克劳狄·普尔喀——曾于第一次布匿战争期间率领一支罗马舰队，后来不幸战败，造成灾难性后果。在战前，他命令举行占卜；如果圣鸡按照某种方式吃掉食料，就说明诸神支持罗马人，他们对迦太基舰队的进攻会得胜。但圣鸡不配合，让普布利乌斯非常恼怒。他立刻抓起这些圣鸡，把它们抛入大海，并宣称："如果它们不肯吃，那就喝吧。"几年后，他的妹妹坐轿子穿过罗马街巷时，被拥挤的人群阻碍行进，于是大声说，希望她哥哥能把这些穷鬼淹死一些。尽管克劳狄家族并不招人喜欢，但他们总是很重要。尽管克洛狄乌斯已经将自己的身份正式改为平民，但在所有人心目中，他仍然是克劳狄家族的成员，享有这个姓氏的威望，并得到这个豪门世家几百年来获得的门客及其他人脉关系的支持。[3]

　　克劳狄家族像其他贵族世家一样，竭力宣传和推销自己。克洛狄乌斯年幼时，他的父亲便去世了，因此家族由他的长兄阿庇乌斯·克劳狄·普尔喀执掌。阿庇乌斯痴迷于维护家族的声望。仅仅凭借克劳狄这个姓氏，就不会有人忽视他们，但这一代克劳狄的高调张狂使他们成为罗马政治生活中的一支强大力量。人数也能带来力量。克洛狄乌斯还有另外一个哥哥盖乌斯和三个全都嫁入豪门的姐姐。克洛狄乌斯的姐姐之一就是卡图卢斯诗歌中的莱斯比娅，因此青史留名。莱斯比娅与卡图卢斯有过一段短暂但激情四射的私情，但后来拒绝了卡图卢斯，

---

① 克劳狄氏族的名字应当是克劳狄（Claudius），克洛狄乌斯为了凸显自己的"平民"身份，将名字改成了不那么有贵族气的克洛狄乌斯（Clodius）。

于是卡图卢斯写了一些极其恶毒的诗歌来攻击她。普布利乌斯是六兄妹中最年幼的一个，或许也是最疯狂的一个，尽管他们全都以喜怒无常和淫逸放荡闻名。善良女神丑闻已经体现了克洛狄乌斯对神圣传统的蔑视，但他从此案全身而退，说明他生命力极强，是个不容小觑的角色。除了与许多有夫之妇私通之外，还有流传甚广的传闻称，他与三个姐姐均有乱伦关系。他的姐夫之一马尔库斯·卢库鲁斯①最终将妻子休掉，并同时公开宣传她与其弟克洛狄乌斯乱伦。这或许仅仅是恶意诽谤，当时一些著名的罗马人也被指控犯有这种罪行，但在当时及以后都很难证明克洛狄乌斯及其兄弟和姐姐们是否清白。自克洛狄乌斯在亚细亚的卢基乌斯·卢库鲁斯帐下服役起，他便与卢库鲁斯兄弟交恶。贵族子弟在亲友指挥下服役以获得作战经验是很正常的事情，但克洛狄乌斯却不肯受制于传统，竟然煽动士兵哗变来反对自己的姐夫。不久之后，他调往担任另一位姐夫的幕僚，似乎在那里完成了兵役，没有和这位姐夫翻脸。[4]

　　克洛狄乌斯于前59年12月上任时，没有人能够确定这位保民官打算做些什么。几个月前，他曾威胁要攻击恺撒的立法。或许他还没有确定，自己究竟要不要兑现这个诺言。但他的这个威胁或许仅仅是为了让三头同盟知道，他可不是好惹的。他的主要目标是私人层面的，即巩固自己在罗马群众，尤其是穷人当中的地位。为了讨好群众，他最重要的立法是一股脑儿地重新组织由国家补贴的对意大利的粮食供应，包括专门的条款，以保证居住在罗马城的公民能够定期得到免费粮食。他还解除了前64年对根据不同行业或城区组建的行会或社团

---

① 原文有误，应当是卢基乌斯·卢库鲁斯，即马尔库斯·卢库鲁斯的哥哥。

的禁令。他的其他改革包括禁止利用不吉利的征兆来阻碍公共事务（显然是指毕布路斯不久前的活动，因为这项法律不能追溯过往，因此不能推翻毕布路斯的决定），以及限制监察官弹劾元老。他的这四项立法均于前 58 年 1 月通过。免费粮食的法案受到了城市平民的极大欢迎，克洛狄乌斯还利用行会社团来组织自己的支持者。他做了不少事情帮助两位新执政官在卸任后获得利润丰厚的行省，这两人都债台高筑，急需油水足的职位。然后，克洛狄乌斯开始发威了。[5]

　　他的第一个目标是西塞罗。西塞罗很快发现，庞培甚至克洛狄乌斯本人向他做的保证都是一纸空文。克洛狄乌斯攻击西塞罗的主要事由是，西塞罗在前 63 年处死了喀提林密谋者。克洛狄乌斯对西塞罗的发难是从前 58 年初开始的，当时恺撒还在罗马城外（由于他已经接任行省总督，所以不能再进入城市），静观事态发展并抵御两位新裁判官的攻击。在弗拉米尼乌斯广场举行了一次公共集会，这是罗马城正式边界之外的一座赛车场，之所以选择这个地点，是为了让恺撒也能参会。但恺撒对克洛狄乌斯的支持很有限。恺撒又一次重复了自己在讨论如何处置喀提林密谋者的辩论中的观点，说他觉得处决密谋者是不对的。但他补充说自己并不赞成克洛狄乌斯的想法，即制定可以追溯过往的法律来正式禁止过去的行动，以便起诉西塞罗。大约就在这一时期，恺撒再次邀请西塞罗担任他的军团长，那样就能保护他免遭起诉。如果西塞罗接受了这个邀请，那么恺撒就取得了极大胜利，因为那样的话就等于卖了一个极大的人情给西塞罗，同时也将一个强大的潜在政敌带离罗马。西塞罗拒绝了恺撒的邀请。元老院提议任命西塞罗为特别大使，出国办理公事，也被他拒绝了。他意识到自己指望不了庞培的支持，而他原以为忠于他的很多主要元老也靠不住，于是他的自信开始动摇。太多的权贵与克劳狄有着这样或那样的联系，不愿意为了帮助一位"新人"而得罪克洛狄乌斯。3 月中旬，大约也就是恺撒动身前往高卢的时候，西塞罗主动逃离罗马城，开始流亡。很快，他陷入了深沉的忧郁，责怪所有人害他到了这样的困境，并哀叹自己一时的怯懦。克洛狄乌斯通过了一项法案，正式宣布将西塞罗放逐，并没收他的财产。克洛狄乌斯的一群支持者烧毁了西塞罗的宅邸，在原地建起了自由女神的圣所。克洛狄乌斯除掉了一位著名的前任执政官（尽管西塞罗是个爱自吹自擂的"新人"，没有强大的家族背景和靠山），展示了自己的能耐。他还以更巧妙的手腕把加图排挤了出去。他安排加图去督导吞并塞浦路斯的工作。罗马吞并这个富裕的王国，部分原因是为新通过的免费给罗马城公民供应粮食的法律提供资金。同时，大家也觉得此事的诱惑太大，需要派遣罗马最道德高尚的人去。加图接受了这项荣誉，这进一步增加了他刚正不阿的声誉，尽管他知道克洛狄乌斯的真正动机。加图这么做等于承认克洛狄乌斯这样的保民官有权干涉外交事务，尽管外交理应是元老院的职责。[6]

塞浦路斯的事情对庞培来说是个侮辱，因为它改变了他对东方所做的规划。更大的侮辱是，克洛狄乌斯安排亚美尼亚王子（作为人质，被软禁在庞培家中）逃跑了。克洛狄乌斯还指使他的爪牙把执政官加比尼乌斯狠揍了一段，打碎了他的法西斯束棒，仅仅因为加比尼乌斯在此事中站在庞培那边。到前 58 年夏季，克洛狄乌斯开始公开质疑恺撒在执政官任上制定的法律的合法性，并在一次公共集会上传唤毕布路斯来作证反对他的前同僚。克洛狄乌斯回到了前一年 4 月的立场，忽略了这样的事实：他的平民身份是恺撒给的，如果恺撒的决定不合法，那么他自己就没有平民身份，自然也无权担任保民官。6月，庞培鼓励元老院投票召回西塞罗，但动议被否决了。8月，克洛狄乌斯让自己的一名奴隶在一次公共集会上故意掉落一支匕首。刑讯之下，此人声称自己是被派来刺杀庞培的。庞培在战场上神勇无比，但非常害怕暗杀，考虑到他年轻时的经历，他的这种畏惧也不足为怪。于是他闭门谢客，几个月没有出门。克洛狄乌斯的保民官任期结束后，他损失了一些力量，于是有人受到鼓舞，再次企图召回西塞罗。克洛狄乌斯仍然掌控着以行会社团为基础的暴徒支持者，常用这些打手威胁政敌或驱散集会。庞培的办法是支持两位新保民官提图斯·安尼乌斯·米罗和普布利乌斯·塞思提乌斯，他们组成了自己的暴徒帮派，跟克洛狄乌斯的人对抗。双方的暴徒队伍都包括许多角斗士，有时会发生大规模械斗，双方都有死伤。这些武装冲突比恺撒担任执政官时期更频繁，规模更大，程度也更凶残。庞培还周游意大利，约见自己的许多门客，并敦促他们到罗马来支持召回西塞罗的法案。前57年夏季，元老院通过了召回西塞罗的法案，只有克洛狄乌斯一个人投反对票。元老院的决定很快就得到了公民大会的批准。[7]

　　恺撒起初不情愿，但后来效仿庞培，写信给自己的门客们，要求他们支持召回西塞罗的法案。从一开始，他就不是很希望西塞罗被流放，尽管他希望阻止西塞罗继续攻击他在执政官任上推动的立法。现在，有机会卖个人情给西塞罗，于是恺撒抓住了这个机会，支持召回西塞罗。他起初的犹豫不决（普布利乌斯·塞思提乌斯亲自到高卢行省去说服他）可能是故作姿态，要让西塞罗知道他欠了恺撒的人情。西塞罗后来在元老院关于举行感恩活动以歌颂恺撒的提议和其他一些公开表态证明恺撒的策略奏效了，西塞罗的确在偿付自己的人情债。西塞罗欠庞培的人情更大（尽管西塞罗不会忘记，若是庞培从一开始就保护他，也不会有这么多纠葛了），并且已经有一些机会来报答庞培了。意大利的粮食进口不稳定，而克洛狄乌斯建立的由国家控制的新供应体系还不能良好地运转。西塞罗提议授予庞培特别指挥权，以解决这个问题。最终的决定是庞培的任期为五年。尽管有一位保民官可能是在庞培的默许下，提议赋予庞培在整个共和国境内的治权，使他的地位高于其他任何一位总督，并给他相当一部分陆海军的控制权，不过这个提议没能通过。庞培又一次拥有了权力，尽管这意味着他在理论上不可以进入罗马城，但元老院乐意帮助他——要么是给他特别豁免权，要么是在城市正式边界之外开会。后来，埃及出现了风波，于是有人努力活动，希望将埃及的指挥权也交给庞培，但因为其他人也对这个位置垂涎欲滴，所以后来就不了了之。[8]

前 56 年，庞培有了一个官方职位，但克洛狄乌斯也再一次得到了一个官职：他被选为市政官。他以政治暴力的罪名起诉米罗，但后者得到了庞培和西塞罗的辩护，双方都带来一群暴徒，恫吓威胁对方。西塞罗后来向自己的弟弟昆图斯描绘了当时的情景：

> 庞培开始发言，或者说是企图发言；但他刚站起来，克洛狄乌斯的党徒就开始大呼小叫，庞培在发言的全程不得不忍受这一切，对方不仅高声叫嚷打断他，还嘲讽和辱骂他。在混乱的局面下，他表现出了坚定的决心，丝毫不

曾动摇，把自己想说的一吐为快。即便是沉默的时候，他强大的人格力量也能表达他的心声。他坚持说完，刚刚结束，克洛狄乌斯就跳了起来。我们的支持者也呼喊起来，骚扰他的讲话，我们很高兴以其人之道还治其人之身。他丧失了斗志，精气神垮了下来。庞培是在第六个钟点①结束讲话的，克洛狄乌斯的发言一直持续到第八个钟点，庞培的支持者不断发出辱骂，唱起讽刺克洛狄乌斯与克洛狄娅的歌谣。他怒火中烧，脸色发青，开始向他的党徒提问。尽管会场非常嘈杂，人们还是清楚地听到他的问题："是谁让人民挨饿？"他的党徒答道："庞培！""谁想去亚历山大港？"他们喊道："庞培！""你们想让谁去？""克拉苏！"他们答道。克拉苏也在现场，但他对米罗没有任何好感。[9]

庞培与克拉苏这两个老对头之间的敌意似乎又开始酝酿了。庞培告诉西塞罗，他相信克拉苏在支持克洛狄乌斯和盖乌斯·加图（曾在前59年指控庞培独裁的那个青年，现在担任保民官）。庞培甚至宣称克拉苏企图谋害他，于是又一次陷入了病态的恐惧，要求他在乡下的门客送来额外的保镖。庞培对克拉苏不信任，有迹象表明他也开始考虑自己是不是还需要恺撒。粮食供应问题很难在短期内解决，更糟糕的是，国库严重缺乏资金。加图还没有把塞浦路斯的财富带回来充实国库。从

---

① 古罗马人将白天和黑夜各分为十二个钟点，每个钟点的时间不等长。关于其计算方法也有争议，一般认为是从黎明或黄昏开始计时，所以第六个钟点就应当是午夜或正午，此处应为正午。也有学者认为应当从午夜开始计算。

前 59 年起，共和国将坎帕尼亚的公共土地分配给国民，于是失去了一个主要的收入来源。西塞罗和其他人鼓吹废除恺撒的立法，将这一重要收入来源收归国有。西塞罗似乎并不相信庞培是坚决反对这一做法的。恺撒的立法受到了威胁，他的指挥权也受到了质疑，不过质疑来自另一个方向。一位保民官似乎提议将恺撒即刻召回，而很有希望当选前 55 年执政官的一位候选人则公开表示，希望自己卸任后取代恺撒。此人是卢基乌斯·多米提乌斯·阿赫诺巴尔布斯，他的祖先就是骑着大象平定外高卢的那个人，他的家族与高卢的联系对他的主张很有利。这不是他第一次攻击恺撒。前 58 年，他作为裁判官，曾质疑恺撒在执政官任上举动的合法性。据西塞罗的说法，此人简直是生来就要当执政官的。这一次，恺撒的成功对他自己反而造成了不利影响，因为他在辉煌胜利后既然得到了公共感恩，就没有必要在高卢待满五年了。庞培应该不是完全反对将恺撒提前召回，而克拉苏则一言不发。克拉苏近期对克洛狄乌斯的支持虽然始终不是公开的，但人尽皆知。这说明他仍然有很大能量，庞培不可以忽视他。庞培得到了新的职位，并且元老院投票决定给他一大笔活动经费；他似乎也在考虑继续维持三头同盟是否值得。三头同盟似乎濒临解体。[10]

随后发生的事情被后世看作一次相当公开化的峰会，三巨头同意互惠互利地瓜分罗马世界。苏埃托尼乌斯称："恺撒让庞培和克拉苏到卢卡来，这是他省内的一座城市。他说服他们再次竞选执政官，挫败多米提乌斯，并将他在高卢行省的指挥权延长五年。"[11]阿庇安和普鲁塔克说，200 名元老带着侍从，长途跋涉到卢卡（据普鲁塔克说，执法吏就有至少 120 人），在会议室外等待，而三巨头在里面敲定了合作细节。这个故事在不断流传的过程中越来越夸张，而写作时间上距离此事较近的少数史料则表明，协议不是预先安排好的，而是在最后关头临时想出来的。前56年春季的某个时候，克拉苏开始对庞培新近获得的势力感到担忧，于是匆匆赶往拉文纳（这座城市位于恺撒的行省内）以北，与恺撒商谈西塞罗又一次企图将坎帕尼亚土地收归国有的问题。庞培预定于4月11日离开罗马，先去撒丁岛，然后去阿非利加，以解决粮食供应问题。西塞罗说至少他之前对此事毫无察觉，但庞培在开始公差之前，先去了内高卢西海岸的卢卡，与恺撒会面。从西塞罗的记述判断，克拉苏并不在场，恺撒代表了他的利益，但这很难说得准。正如后来的史料所称，此次会议的结果是庞培和克拉苏决定联手竞选前55年的执政官，而恺撒的任期被延长五年。由于庞培和克拉苏在卸去执政官职务后都会得到主要的行省，三巨头在随后几年内都将拥有军队和正式的治权。

此次协议表明，恺撒已经不再是三头同盟建立时那样的小弟弟了，我们甚至可以将他视为协议的主要推动者。他的个人魅力无疑大大有助于平息庞培和克拉苏之间的敌意与狐疑。妥协或许是他设计的，但就像之前的盟约一样，真正的秘密在于每个人都认识到盟约对自己有利。庞培和克拉苏作为执政官以及之后的统领军队的总督，个人安全会有保障，也会有能力采取行动。他们也会有机会寻求新的军事冒险，这对克拉苏特别有吸引力。因为克拉苏开始感到不仅仅是庞培，就连恺撒的军事成就也开始盖过了他。庞培对此也很满意。与另外两人相比，庞培在最近几个月更显颓势，如果三头同盟破裂了，对他最终是没有好处的。即便他转而反对恺撒，元老院的很多重要贵族仍然不肯接受他，加图仍然会批评他，克洛狄乌斯也仍然会敌视他。值得注意的是，几个月前，一位朋友建议庞培与尤利娅离婚，被他拒绝了。这或许是由于他很爱尤利娅，但也可能是因为在他看来与恺撒的关系目前还是非常有利的。在最基本的层面上，恺撒指挥的军队驻扎在意大利北部，这对庞培仍然是很有用的，尤其是在他得到自己的军队之前。从很多方面讲，三巨头从前 56 年的协议中得到的好处比从最初的盟约得到的好处要多得多。[12]

要过一段时间，世人才能真正理解此次协议的涉及范围和全部意义。西塞罗似乎真的颇感震惊，但很快就接受了现实。4 月初，他成功地为年轻贵族马尔库斯·凯利乌斯·鲁弗斯辩护，战胜了克洛狄乌斯及其家人。鲁弗斯被指控的罪名是组织政治暴力、谋杀以及企图谋杀克洛狄乌斯的姐姐克洛狄娅。西塞罗在法庭上的演讲技巧娴熟，对克洛狄乌斯姐弟进行了极其凶狠的人格攻击，大肆宣扬包括乱伦在内的许多丑事，说"那个女人的丈夫——抱歉，我指的是她弟弟"。私仇得报，西塞罗会觉得三头同盟的新协定就比较容易忍受了。西塞罗的弟弟昆图斯是庞培在粮食委员会的军团长之一。庞培让昆图斯给西塞罗传递一个直言不讳的提醒：庞培和恺撒帮助西塞罗回到罗马，可不是为了让他继续批评他们。大约在 5 月初，西塞罗在元老院发表演讲，反对恺撒政敌的提议，即免除恺撒内外高卢总督的职务，以新总督取而代之。西塞罗对恺撒的赞颂颇为过分，甚至到了肉麻的程度。他说尽管他过去与恺撒颇有嫌隙，但恺撒在高卢的胜利太辉煌，值得这样的赞美之词：[13]

在盖乌斯·恺撒的指挥下，我们在高卢境内打了一场

战争。在过去，我们仅仅是击退敌人的攻击而已。我们的
将军们始终觉得，需要打一场战争，将这些人逐退……即
便是盖乌斯·马略——在可怕的灾祸与伤亡之后，他那神
圣的、举世无双的勇武保护了罗马人民，将潮水般涌入意
大利的高卢人打退——也不曾讨伐高卢人自己的城镇与巢
穴……我看到盖乌斯·恺撒的思想迥然不同。因为他相
信，仅仅与那些已经拿起武器敌对罗马人民的高卢人作战
还是不够的，必须征服整个高卢。于是他凭借惊人的幸
运，在战争中粉碎了最强大、最凶狠的日耳曼与赫尔维蒂
部落，令其他民族魂飞魄散，遏制了他们，并将其置于罗
马人民的主宰和统治之下；我们的将军、我们的士兵们和
罗马人民的武力，抵达了此前的传说不曾讲述、文字不曾
记录的地区和国家。[14]

在西塞罗的雄辩以及庞培和克拉苏的联合支持下，恺撒的
指挥权得到确认，后来期限又被延长。元老院还投票决定，为
恺撒自己征募的额外军团买单，这不是因为（按照西塞罗的
说法）恺撒自己本省内没有足够的资源，而是因为元老院不
想如此苛待这样一位共和国功臣，以免显得自己太吝啬。恺撒
的统帅地位得到了巩固，但要确保克拉苏和庞培成为前 55 年
的执政官，还需要更多努力。保民官盖乌斯·加图制造的事端
（显然得到了克洛狄乌斯的力挺）阻止了选举于前 56 年底举
行。盖乌斯·加图和克洛狄乌斯显然都已经被说服，与缔结新
约的三头同盟合作。他们做出这个决定是很务实的，但也可能
是被克拉苏说服的，因为人们普遍相信，克拉苏在最近几年里
一直在支持他们。庞培和克拉苏直到法定日期之后才宣布自己

要参选执政官，而主持选举的执政官格奈乌斯·科尔内利乌斯·兰图鲁斯·马尔凯利努斯不肯破例准许他们参选。于是，选举被推迟到前55年1月，此时马尔凯利努斯已经卸任，于是选举由一名被称为摄政者的临时官员主持，此人允许庞培和克拉苏参加竞选。其他候选人大多已经主动放弃，但阿赫诺巴尔布斯不肯认输，他拒绝放弃自己的雄心壮志。

克拉苏的儿子普布利乌斯前不久从高卢返回了罗马，并带回了一大群得到特别假期回来投票的军人。其中有些是军官（或许是百夫长，肯定有军事保民官和指挥官），但其他人或许仅仅是膀大腰圆的普通士兵。选举日爆发了激烈的暴力冲突，阿赫诺巴尔布斯负伤，他的一名侍从丧命，最后克拉苏和庞培被宣布为胜利者。三头同盟又一次牢牢控制了罗马，但这一次比之前那次动用了更多暴力。三头同盟的恫吓使得小加图未能当选裁判官。选举席位市政官的时候，发生了非常激烈的斗殴，以至于庞培身上也溅上了别人的血。庞培和克拉苏当执政官的时候，其他人很难攻击他们，但他们任期满了之后，情况或许会发生变化，尤其是如果他们中的一人或两人都离开罗马城去当行省总督的话。克洛狄乌斯还在，很难判断他将来会做出什么事情来，而阿赫诺巴尔布斯和加图这样的人比之前更加敌视三头同盟了。在罗马，任何人都不可能永久掌权。但目前，三头同盟的风头正盛。[15]

进军大西洋

前56年，高卢境内仍然有很多军事行动，但规模比前一年小得多。赫尔维蒂人、阿里奥维斯图斯和比利时联盟都被打败了，因此恺撒觉得"高卢得到了和平"也有道理。他没有为这年夏季筹划任何大规模战役，因此他得以在内高卢一直待到 4 月，并在卢卡处理好三头同盟的事务。高卢已经没有明显的敌人，所以他可能又一次开始考虑将注意力转向巴尔干半岛。在下一年，他将远征不列颠，所以他在前 56 年初极有可能已经在盘算这个计划。在卢卡会议之前，他的大部分注意力都集中在政治问题上。会议之后，他得到了额外的五年任期，这意味着他的时间很充裕，可以让这一年平静地过去，而不必打一场大攻势。他的军团长已经在指挥部分军队开展一系列小规模行动，这些行动太小，不需要统帅和主力部队。前 57 年秋季，第十二军团在苏尔皮基乌斯·加尔巴的指挥下尝试占领大圣伯纳德山口，以保障这条翻越阿尔卑斯山的道路畅通无阻，让军队运输队伍和商旅能够安全通过。此次行动失败了，加尔巴不得不撤退。其他部队在自由高卢①深处过冬。普布利乌斯·克拉苏所在的第七军团在西面，那里的各部落于前一年夏末归顺罗马。当地的部族领袖们服从了罗马的要求，即交送人质，一切似乎都很平静。[16]

前 56 年夏初的某个时间，这些西方部落的态度发生了变化。被派到部落中心安排军粮的罗马军官被扣押。部落向克拉苏送去消息：除非交还人质，否则不会释放这些军官。这或许是因为当地人起初并没有意识到，罗马人会长期待下来，不断地索取更多的粮食。后来，在他们发现了这个真相后，便很快对罗马人产生了怨恨。第一个起事的是居住在今天布列塔尼南部的维尼蒂人。这个部落擅长航海，是大西洋沿岸贸易的活跃分子。狄奥声称，维尼蒂人得知恺撒打算远征不列颠，担心这

---

① 自由高卢也称"长发高卢"，即高卢未被罗马征服的部分。

会扰乱他们与不列颠的贸易，或者将市场开放给他们的竞争对手。在恺撒和他的罗马读者们看来，维尼蒂人这是叛乱，他们竟撕毁了不久前还接受的条约，将恺撒的军官们（其中好几个还是骑士）扣为人质。他命令在卢瓦尔河上建造一支舰队，然后率军奔向维尼蒂人所在的地区。叛乱迅速蔓延，恺撒担心如果其他部落觉得罗马人软弱，也会受到诱惑而加入叛乱。这是因为高卢人这个种族"喜好犯上作乱，很容易被煽动去打仗"。他也承认，像所有其他民族一样，高卢人"挚爱自由，仇恨奴役"。于是，他将自己的军队分为若干梯队。拉比埃努斯受命留下监视前一年被击败的比利时各部落，克拉苏则率领 12 个大队（可能是第七军团，并加强了其他一些部队）进入阿基坦。一支较大的部队（3 个军团）在萨比努斯的指挥下开往诺曼底。[17]

恺撒亲自率领剩余部队讨伐维尼蒂人，打击他所认为的叛乱核心。维尼蒂人不肯集结军队、公开与罗马军队对阵，所以罗马人攻击他们的城镇，其中许多城镇都建在滨海岬角上。罗马军队猛攻了一些城镇，但在大多数情况下，城镇居民带着自己的绝大部分财产乘船逃走了。维尼蒂人的主要力量是舰队，据恺撒说共有约 280 艘舰船。在罗马的新舰队抵达之前，罗马人还没有办法与敌人的舰队对抗。高卢船只是大型帆船，用于贸易而非作战，但对罗马人使用的桨帆船而言仍然很有优势。地中海世界海战的标准手段是撞击和登船。维尼蒂船只的木制船体很厚实，撞击没有多少效果，而且船舷很高，登船也极其困难。罗马舰队在迪基姆斯·布鲁图斯的指挥下，凭借聪明才智和好运气，一次交战便歼灭了敌人海军。罗马人使用攻城战中的那种装置，刺穿并拉下敌人舰船的风帆和索具。不过起到主要作用的还是风力突然减弱，维尼蒂人的船只没有桨，于是动弹不得，只能任人宰割。恺撒和罗马军队主力仅仅是在岸上观战。维尼蒂人损失了舰队，又没有力量抵抗罗马人对其城镇村庄的攻击，不得不投降。

与罗马结盟的部落没有一个来为维尼蒂人求情，于是恺撒对其加以严惩。统治维尼蒂人的整个议事会（可能有几百人）全部被斩首，而其他族民被卖为奴隶。要说整个维尼蒂地区的人口都被消灭或掳走是不大可能的，因为搜捕大群部落族民是很困难的事情，肯定有人漏网。或许只有那些被俘或投降的处于服兵役年龄的男子被卖为奴隶。无论如何，这对维尼蒂人来说都是一次令人震惊的沉重打击，他们的所有领袖、长老，以及很大一部分族民都损失掉了。这必然导致社会和政治上的大规模变动。恺撒对此次可怕惩罚的辩护是有必要杀一儆百，教训各部落尊重会谈代表或使节。有些学者正确地指出，被派去征粮的军官一般不能被视为使节。但恺撒的态度可能得到了许多同时代罗马人的赞同。他的军官在拜访与罗马结盟的民族时竟被扣押。他没有讲到这些军官后来的命运如何，以及有无将其中的一些人或所有人营救回来。对维尼蒂人的严惩是向各部落发出的警告：若胆敢虐待任何罗马人，尤其是高级军官和骑士，都必将遭到最严厉的恐怖惩罚。对恺撒来说，向各部落索取人质是保证其忠诚的重要手段，无论是欢迎罗马的部落还是被罗马打败的部落都必须交出人质。维尼蒂人竟敢扣押罗马人，企图颠覆人质制度，这是绝不容许的。因此，恺撒对维尼蒂人的惩罚特别严酷，就是为了杀鸡给猴看。罗马人对此种残暴手段的态度是非常务实的。毫无缘由的残忍会遭到谴责，但能够给罗马带来好处，而且施加于外国人的暴行是可以被接受的。一个极端的例子是，克拉苏于前71年将斯巴达克斯的追随者大批钉死在十字架上。若是形势需要，恺撒可以做到冷酷无情。[18]

　　拉比埃努斯的存在确保了比利时各部落不敢再生事端。克拉苏和萨比努斯分别在阿基坦和诺曼底取得了胜利。夏末，恺撒亲自讨伐了门奈比人和莫里尼人，他们居住在今天的加来海峡省和比利时沿海地区。这两个部落之所以遭到征伐，是因为他们始终没有派遣使节到恺撒那里，承认他和罗马的权威，并寻求与其建立友好关系。据说，这两个部落都曾向前一年集结的比利时大军提供武士。门奈比人和莫里尼人没有大型城镇，散居在若干村庄。罗马人到来时，门奈比人和莫里尼人抛弃了村庄，带着自己的牛羊和财产，躲进了茂密森林和沼泽地。罗马人在这种地域行动艰难，也没有可以攻打的固定目标。他们烧毁了村庄和农场，但敌人仍然没有屈服。随后罗马军队开始扫荡林地，俘虏了一些敌人及其牲畜，但罗马人自己也遭到许多伏击，有所损失。此次行动与目前为止的历次战役都不同，在作战季节余下的几周内，建树甚少。天气状况变得恶劣之后，恺撒撤军了，没能打败门奈比人和莫里尼人。这是一场失败，但并不是严重的失败，也并非不可挽回。总的来看，这一年还算顺利，高卢战事进展不错，罗马的事务也得到了稳妥的解决。地位得到巩固之后，恺撒便可以自由地筹划来年夏季的大规模行动。这是他严惩维尼蒂人的另一个原因。他可能已经选定不列颠为下一个目标，但他也可能又一次开始考虑将注意力转向伊利里库姆战线。不管去哪里，他都要确保在自己率主力部队远征期间，高卢不会突然再次燃起狼烟。对单独一个部落的残暴惩罚是为了警告其他部落：若是激怒恺撒，后果不堪设想。[19]

十三 "越过波涛"：远征不列颠与日耳曼，前 55 年 ~ 前 54 年

> 10 月 24 日，我收到了弟弟昆图斯以及恺撒的信，这些信的起草日期是 9 月 25 日，是从不列颠海岸最近处发来的。不列颠业已屈服，交出了人质。我军没有劫掠战利品，而是收缴了贡金，正从不列颠返回。
>
> ——西塞罗，前 54 年 10 月底[1]

> 神圣的尤利乌斯是第一个率军渡海抵达不列颠的罗马人。他打赢了一场战役，控制了沿海地区，令当地居民心惊胆寒。但我们必须公正地说，他仅仅是向他的后人介绍了这个岛屿，而并未将它赠送给他们。
>
> ——塔西佗，约公元 98 年[2]

前 56 年，高卢战事的节奏放缓了，但恺撒决心要恢复前两年那样的强力攻势。冬季，他似乎终于下定决心要讨伐不列颠，如果他不是在更早时候就打定这个主意的话。他说之所以有必要攻打不列颠，是因为该岛的部落曾向与他敌对的高卢人提供军事援助。高卢北部的沿海部落与英吉利海峡对岸的民族肯定有着紧密的贸易联系。在过去，双方之间可能还曾有过政治联系，但在恺撒记述打败维尼蒂人和其他沿海部落的书中，没有关于布立吞人曾大规模参与战事的记载。但是，北欧各部落有一种普遍的风俗：个别武士可能会为其他部落的著名酋长

效力，因此可能有一些布立吞人曾以这种方式与恺撒的军队为敌。说到底，所谓布立吞各部落对罗马在高卢的利益构成威胁，不过是个借口。不列颠吸引了恺撒的注意力，这是出于其他原因。传闻称不列颠蕴含丰富的自然资源，因此在那里作战油水会很充足。苏埃托尼乌斯声称，恺撒对珍珠的喜爱也是动机之一，因为他相信不列颠海岸有最好的珍珠，当然事实并非如此。比获得财富更重要的是，作为首次率领罗马军队进入此前不曾探索过的异邦的统帅，他将获得莫大的荣耀。不列颠能给他带来额外的光荣，因为它位于大海的另一边，在浩瀚大洋的边缘，罗马人相信这片大洋环绕着地球上可居住的土地。希腊人或罗马人对不列颠知之甚少，所以对不列颠有着很多荒诞不经的传说，描绘了那里的奇异生物和怪诞习俗，这在很多方面很像地理大发现时代欧洲人对新大陆的传说。若在不列颠取得成功，必将吸引各阶层罗马人的注意。[3]

背叛与屠杀

和往常一样，恺撒在内高卢过冬。他还在那里的时候，得知外界发生了一次新的迁徙。两个日耳曼部落——乌西皮特人和滕科特利人——离开了位于莱茵河以东的家园，渡过莱茵河，进入高卢。恺撒声称，参与迁徙的有43万人，如果按照赫尔维蒂人的比例计算，即1名武士带着3名妇孺或仆役，那么就有10万多名武士。我们对数字的精确性始终要保持谨慎，它们的意思仅仅是"有很多人"在迁徙。乌西皮特人和滕科特利人极有可能和赫尔维蒂人一样，不是以庞大的单一纵队前进，而是分成许多群体，分布在广阔地域。此次迁徙的原因仍然是战争和劫掠，但这一次两个部落是在逃离更大更强的邻居苏维汇人的定期袭击。苏维汇人是由一些有亲缘关系的部落组成的松散联盟，在恺撒笔下，苏维汇人比其他日耳曼民族更凶悍，也更危险。据恺撒说，苏维汇人供养着数量极多的武士，每年均可出动一半武士参战。日耳曼各部落在其边界周围会保留没有定居点的空地，这样的空地越多，就越能证明他们武力之强大，以此震慑劫掠者。他们对自己的这种空地深感骄傲。《战记》重复了一个传言，恺撒对其既没有证实也没有证伪：没有任何人敢居住在苏维汇人领地外 600 里范围内。乌西皮特人和滕科特利人尽管无力抵抗更强大邻居的袭击，但仍然是非常尚武的民族，只有据守莱茵河渡口的比利时人门奈比部落能够短暂地抵挡他们。日耳曼人佯装撤退，向东行进了三天，然后派遣骑兵在夜色的掩护下火速赶回，发动突袭。门奈比人上了当，看到日耳曼人撤退，便各自散去，因此无法集中力量反抗。日耳曼人缴获了门奈比人的船只，利用这些船只渡河。两个日耳曼部落依靠从门奈比人那里抢来的粮食，度过了冬天，在他们占领的村庄内躲避严寒。[4]

　　恺撒决定比往常提前返回主力部队处。在他抵达之前，日耳曼移民再次开始行动，南下进入了厄勃隆尼斯人和康德鲁西人的土地。随后的军事行动很快便引发了争议，加图在元老院公开指责恺撒的行动是严重的过失。因此，《战记》对此事的记载比以往更致力于为他的一举一动辩护，证明他的行为是符合理智和荣誉的，并且像以往一样冷静而高效。但即便是最严厉批评恺撒的人也必须承认，两个日耳曼部落的抵达威胁了罗马的利益。在过去三年中，恺撒将罗马的势力扩张到高卢全境。高卢还没有被正式吞并、设立行省，而且各部落仍然自治，但差不多所有部落都公开或默认地接受了罗马的统治。门奈比人是少数例外之一，还没有向恺撒臣服并交出人质，但厄勃隆尼斯人和康德鲁西人在前 57 年肯定已经臣服了。恺撒从一开始就强调，他一定会保护盟友部落免遭任何敌人的攻击。他在每一场战役中都明确表示，与罗马结盟十分有利，若敢敌对罗马军队，则必将遭受严惩。

日耳曼移民给业已建立的力量平衡带来了新的不稳定因素。高卢没有空余的土地可供他们定居，他们也已经表明会向任何阻挡他们的人动武。高卢的某些部落或者某些酋长可能会欢迎新移民，认为这些武士数量浩大、声望很高，是有价值的盟友。有些高卢领袖欢迎阿里奥维斯图斯、赫尔维蒂人或恺撒本人，正是出于同样的动机。自罗马人征服高卢以来处境不佳的人，尤其是那些新近被罗马军队打败的人，现在尤其愿意欢迎日耳曼人。高卢各部落间面临新的竞争和矛盾；更糟糕的是，有人或许会借助日耳曼人而不是罗马的支持来取胜。恺撒将阿里奥维斯图斯逐出高卢的时候，公开宣布他不会允许日耳曼各部落渡过莱茵河。如上文所述，他显然夸大了高卢人与日耳曼人之间的区别，并继续将后者描绘成罗马的潜在威胁。然而，尽管他夸大其词，但高卢人与日耳曼人之间确有区别，日耳曼人对罗马利益也确有威胁。罗马人从来不会欢迎外族进入他们边界周围的地区。[5]

恺撒抵达驻扎在高卢的罗马军队处时，得到了更多关于日耳曼移民的情报。我们推测这些情报以及之前他在阿尔卑斯山以南收到的报告，都来自留在高卢掌管冬季营地的军团长。这些军团长似乎没有对日耳曼人采取直接行动。这部分是由于冬季作战始终会很困难，但更重要的原因是军团长不应当过于积极主动；如果他们独立开展大规模作战的话，就太不妥当了。

恺撒还从同盟部落那里接到了一些报告。《战记》后来的一个段落说，他在高卢旅行时，常住在高卢贵族家中。这样有助于表现自己是多么重视与高卢贵族的友谊，因为热情待客是高卢文化的一个重要部分，但也给了他机会去观察高卢贵族的情绪和立场。如同在罗马城，罗马行政长官的许多重大事务都是在很私人的场合里进行的。总的来讲，他的各方面信息给出的总体局面是令人担忧的。已经有一些酋长和部落在与日耳曼移民商谈，寻求与其结盟，提议用土地换取他们的军事援助。恺撒传唤所有部落领袖开会，要求他们按照惯例提供骑兵和粮食。他明智地没有表现出他已经知道某些酋长在与日耳曼人眉来眼去。如果他能迅速击败两个日耳曼部落，那么高卢人与他们的协商也就没有关系了。罗马军队集结起来，开始北上。[6]

罗马军队行进到离两个日耳曼部落还有几天路程的地方时，他们派来了代表团。使节们告诉恺撒，他们是被苏维汇人逐出家园的。他们请求恺撒给他们土地，或者至少允许他们保留已经用武力抢到的土地。和往常一样，恺撒在书中强调这些蛮族的傲慢。代表们宣称如果恺撒拒绝他们的要求，他们也做好了打仗的准备，因为他们除了苏维汇人之外谁都不怕。恺撒以"恰当的方式"回答他们，但明确表示绝不允许他们在高卢定居。但他提议安排他们在乌比人（另一个日耳曼部落，居住在莱茵河东岸）的领地定居。乌比人也受到了苏维汇人的压力，前不久派来使节请求恺撒的帮助。两个日耳曼部落的使节同意将恺撒的建议带回去商议，三天后将决议带给恺撒。他们请求恺撒在这三天内停止前进。恺撒不肯答应，因为他怀疑这只是对方争取时间的诡计，他知道日耳曼骑兵主力正在四处劫掠。[7]

罗马人继续推进，一直来到离日耳曼主营地只有 12 里的地方。这趟行军可能花了三天时间，因为恺撒遇到了按照预先安排返回的同一个代表团。他们又一次请求恺撒停止前进、原地等候，但罗马军队继续推进。不过恺撒同意了日耳曼代表的另一项请求，即向前进的骑兵部队传令，不得与遇到的日耳曼人交战。若辅助部队与盟军骑兵遭到攻击，则只可以自卫。此外，日耳曼人还希望得到许可派遣使节去乌比人那里，直接与其商讨定居的事情。他们请求恺撒给他们三天时间以便与乌比人商谈。恺撒仍然对其动机抱有怀疑，认为他们这不过是在争取时间以等待在外劫掠的骑兵返回。恺撒这么怀疑不是没有道理的，因为即便日耳曼人真诚地希望和平解决问题，但在更强势的地位上谈判肯定更符合他们的利益。同样，如果他们打算与罗马人交战，肯定也需要这些部队；他们是攻击门奈比人的先锋，其中无疑包括了一些最优秀的武士。另外，如果劫掠部队带着粮草返回，两个部落在随后的谈判或军事行动期间就能保障自己的给养。

恺撒做了一个小小的让步，说他在白天只会前进 4 里，抵达一个供水充足的地方扎营。与此同时，双方的骑兵已经交了手。日耳曼营地还有约 800 名骑兵在守卫。恺撒有 5000 名骑兵，但如果这些骑兵在正常执行巡逻警戒的任务，就不可能集中在一个地方。即便如此，高卢辅助部队在兵力上仍可能胜过日耳曼人，而且他们的战马体型比敌人的坐骑更大。然而，日耳曼人还是迅速抢占了上风，这的确很了不起。据恺撒记载，日耳曼骑兵先发起冲锋，逐退了部分高卢骑兵，但遇到了高卢人的支援部队。随后许多日耳曼人下了马，改为徒步作战，这或许是得到了精锐步兵的支援。在有些日耳曼部落里，常有精锐步兵伴随骑兵，为其提供支援。高卢人被打得落花流水，溃败下来，他们在一大群辅助部队和盟军骑兵中制造了极大恐慌，这些部队狂奔着逃回几里之外的主力部队那里。恺撒坚持认为日耳曼人毫无缘由地突袭毫无防备的高卢盟军，因此破坏了停战协定。他在其他地方称，日耳曼人骑马时不用鞍具，对使用马鞍的高卢骑兵非常鄙视，往往一看到他们就发起攻击。究竟是怎么回事，我们永远没有办法知道，或许在当时就难以判断。高卢人和日耳曼人都是极富个人主义的武士，热衷于展示过人的勇气和武艺。他们的领袖很难用严格的纪律约束这些人，当不同部落的大群武士相遇时，总是很容易发生暴力冲突。言语讥讽极容易升级为个人之间的决斗或者大规模斗殴。在整个高卢战争中，日耳曼武士总是能够战胜高卢武士，每次胜利都增加了日耳曼人的威望。这一次，恺撒的高卢盟军有七十四人阵亡，恺撒极少具体给出己方的伤亡数字，这就是一个例外。死者当中有一位叫作皮索的阿基坦贵族，他的祖父曾经是部落国王，被共和国称颂为"罗马人民之友"。皮索在溃败中调头去救自己的兄弟，但在逃跑过程中不慎落马，遭到包围，最终殒命。他的兄弟立即策马冲向敌人，也被杀死。[8]

恺撒声称，此次交锋说明两个日耳曼部落背信弃义，拖延谈判，等待自己聚集力量之后再来攻击他。他这种说法也许是真的，也许是假的。但对日耳曼人来讲，在这个阶段挑起战争显然不符合他们的利益。恺撒担心此次交锋会被传为大败而在高卢诸部落中引发动荡，于是他召集了自己的军团长和财务官，下令于次日发起全面进攻。第二天上午，在罗马军队准备作战的时候，日耳曼人派来了一个大型代表团。代表团包括他们的全部主要领袖和酋长，他们想为前一天的战斗道歉，并解释称他们并不希望这样破坏停战协定，仍然热切地希望谈判。《战记》强调了日耳曼领袖们的"奸诈与伪装"，并热情洋溢地（这在全书里是很罕见的）说"恺撒大喜"，因为敌人自己送上门来了。恺撒忘记了之前在得知军官被扣押时自己的愤怒（这就是关键的区别，因为那些军官是罗马人，是他的部下），逮捕了这些使节。罗马军队以三路纵队前进（这种队形很容易转换成三线作战阵型），推进 8 里，抵达了日耳曼营地。乌西皮特人和滕科特利人措手不及，失去了领导人，因此随后发生的是一场屠杀，而不是战斗：[9]

> 他们六神无主，张皇失措，显露出了他们内心的恐惧。而我们的士兵们为敌人前一天的奸诈行为义愤填膺，潮水般冲进敌营。在那里，所有快速拿起武器的人在大车与辎重之间打了一段时间。一大群乱哄哄的妇女和儿童……开始四面逃窜；恺撒派遣骑兵去追杀他们。
>
> 听到后方传来的喧哗，看到自己的人民惨遭屠戮，日耳曼武士们放下了武器，丢掉了自己的军旗，开始逃离营地；他们逃到默兹河与莱茵河的汇流处，无路可逃，陷入绝望；很多人已经死亡，剩余的人则跳入大河，溺死于浪涛中，被恐惧、疲劳和激流吞噬了。[10]

在这场一面倒的战斗中，恺撒的军队没有损失一兵一卒，只有少数士兵负伤。他没有告诉我们日耳曼人的损失数字，但肯定很多，许多人被杀或被卖为奴。更多人逃脱了，但他们的财产都在大车上，大车也被丢弃了。如果两个部落并不是待在单一营地中,而是分成若干群体,分散在相当广阔的地域(这是极有可能的),那么其他群体应该能够较轻松地逃走。唯一有组织的逃亡者是之前外出劫掠的骑兵队伍,他们重新渡过莱茵河,来到苏刚布里部落领地避难。在两个部落的族民被消灭或驱散后,部落领袖们获得了自由,但他们选择留在罗马营地,以免遭到曾被他们劫掠的高卢人的报复。[11]

罗马人欢庆了这场轻松的胜利,他们可以不必"害怕大规模战争"了。此次胜利巩固了罗马对高卢的主宰(是恺撒先前的战役确立了这种主宰地位)。如果他打算在这一年远征不列颠,那么此次战役的迅速得胜使他拥有足够多的准备时间。从务实的角度讲,此次胜利对罗马有利,但消息传到罗马城的时候,一些元老十分不悦。最早的报告不大可能来自恺撒本人,更可能是他的幕僚成员写的书信,或者(不管直接还是间接)来自随军的商人。加图领导了对恺撒的攻击,他声讨的主要问题不是屠杀本身,而是他认为恺撒扣押外国使节并发动突然袭击的做法破坏了停战协定。罗马人喜好标榜自己的"信誉",并将其与其他种族的奸诈做对比。虽然罗马人在信誉方面根本谈不上白璧无瑕,历史上背信弃义之事也屡见不鲜,但他们深知尊重条约和其他正式协定有一个实际的好处,那就是有助于将来的谈判协商。在更根本的层面上,罗马与神祇的特殊关系(罗马的屡战屡胜就表现了这种特殊关系)依赖于美德和遵守神圣义务或誓言。在元老院,"加图敦促他们将恺撒交给那些被他坑害的人,而不能允许他的罪行玷污了罗马城"。"但是,"他说道,"让我们向诸神献祭,感谢他们没有因为这位将军的愚蠢和疯狂而迁怒于他的士兵们,而是饶恕

了罗马城。"【12】

历史上曾经有过几次这样的情况：罗马人正式将自己的一位行政长官交给外敌，以弥补他的罪过。最近一次发生在前137年，执政官盖乌斯·霍斯提里乌斯·曼基努斯指挥的军队在努曼西亚①城镇之外被凯尔特伊比利亚人②包围。曼基努斯选择投降，让士兵们保住了性命。凯尔特伊比利亚人释放了罗马败兵，条件是罗马人必须接受一项对努曼西亚人有利的条约。后来元老院拒绝批准条约，将条约的担保人曼基努斯披枷带锁地留在努曼西亚城外。凯尔特伊比利亚人并不因此而感到满意，对他置之不理。曼基努斯返回了罗马，由于他是贵族，所以命人制作了他赤裸身躯、身披镣铐的塑像。这塑像被安放在他家中的显眼位置，以便向到访者宣示，他曾为了共和国的利益甘愿牺牲自己。加图将恺撒比作曼基努斯，不是很有说服力。在过去，罗马人将自己的同胞交给敌人，原因都是为近期的失败寻找替罪羊，或者是为了逃避不利于己方的条约。恺撒屡战屡胜，只要他继续赢得胜利，元老院就绝不会同意加图的要求，尤其这一年的执政官是庞培和克拉苏。但元老们当中显然有一些不安情绪，很可能就是这一次元老院投票决定派遣一个委员会去"调查高卢各省的局势"【13】。但据我们所知，元老院最终没有真正派遣这样的委员会。加图的批评显然刺痛了恺撒，因为他给一位朋友写

---

① 努曼西亚是一座现已消失的凯尔特伊比利亚城市。遗址位于如今西班牙北部索里亚城以北的穆尔拉山。它对抗罗马达二十年之久，最后被小西庇阿消灭。

② 凯尔特伊比利亚人居住在古罗马时期的伊比利亚半岛，使用一种凯尔特语族的语言，后被罗马消灭和同化。

信，为自己的行动辩护，并让这位朋友在元老院会议上当众宣读这封信。"恺撒的书信饱含对加图的侮辱和谴责，它被宣读时，加图站了起来，并无愤怒或好斗的表现，反而好像是经过冷静的盘算和充分准备，表明恺撒对他的指控全都是恶意诽谤，只能表现出恺撒的幼稚和粗俗。"[14]加图是个技艺精湛的演员，充分利用形势，使其对自己有利。假如恺撒本人在场，他的演讲或许会更有说服力，至少他会意识到自己即将输掉这场辩论，会改变策略。在这些年里，他的弱点就是不能亲自到罗马参加元老院会议或公共集会。恺撒的书信被读完之后，加图对恺撒的一举一动都进行了细致的攻击。目前，加图和其他敌视恺撒的人顶多只能逞一时口舌之快，但他们坚持不懈地对恺撒口诛笔伐，始终上蹿下跳，即便是在元老院正式庆祝恺撒的胜利之时。[15]

　　滕科特利人和乌西皮特人遭屠杀的消息应当要过一段时间才能传到罗马，所以上述辩论的发生时间应当不早于前 55 年底。得胜之后，恺撒立即决定率军渡过莱茵河，向其他日耳曼部落炫耀武力，威吓他们，令其不敢再次侵犯高卢。乌比人已经向他交出了人质，并请求他保护他们、抵御苏维汇人，这为恺撒的远征提供了另一个借口。乌比人提议为恺撒提供船只，将他的军队运过河，但他感到这种做法"风险太大，也有悖于他本人和罗马人民的尊严"。他命令部队建造一座桥梁，并在《战记》中对这座桥梁的设计做了描述，因为罗马人对其军人的工程技术和战场上的胜利几乎同等珍视。桥梁十天便竣工了，并在两端设立堡垒和派驻部队，以提供保护。这座桥梁的具体位置我们无从知晓；尽管恺撒做了描述，但我们对它的一些建造细节仍不清楚。我们估计它是位于现代的科布伦茨和安德纳赫①之间。[16]

罗马军队渡河后，却找不到敌人。滕科特利人和乌西皮特人的骑兵之前逃到苏刚布里人的领地避难，敦促他们逃跑，于是苏刚布里人带着财产藏进了森林深处。与此类似，苏维汇人也撤离了自己的定居点，将家眷和牲畜送进森林，以躲避入侵者。苏维汇武士则受命到其领地中心的一个知名地点集合，准备在那里迎战罗马人。恺撒并不打算深入敌境或者与敌交手。连续十八天的时间里，他蹂躏了苏维汇人的土地，烧毁农场村庄，收割或销毁庄稼。然后他撤回莱茵河西岸，并拆毁了桥梁。他已经向日耳曼人展示，罗马军队愿意并且能够打到哪些地区。乌西皮特人和滕科特利人的命运，以及此前阿里奥维斯图斯的惨败，已经向所有企图定居到高卢的日耳曼人发出了严重警告。恺撒向乌比人领袖保证，假如苏维汇人再次侵犯他们，他一定会回来支援他们。目前，高卢的边疆稳定了。[17]

强力武装侦察——第一次远征不列颠，前 55 年

此时已是夏末，但恺撒仍然决心进攻不列颠。这是一次准备仓促的小规模袭击，计划是完事之后回到高卢过冬。为了讨伐维尼蒂人而建造的舰队和在那次战役中俘房的船只，还有盟友们能够提供的舰船，都被集结在莫里尼人领地的海岸（今天的加来海峡省）。恺撒本人率军从莱茵河去与舰队会合，他的到达迫使此前敌视罗马的莫里尼人决定与罗马讲和。除了划桨船之外，恺撒还有不到 100 艘帆船用于运输。对当前的任务

---

① 安德纳赫是一座位于德国西部的城镇。

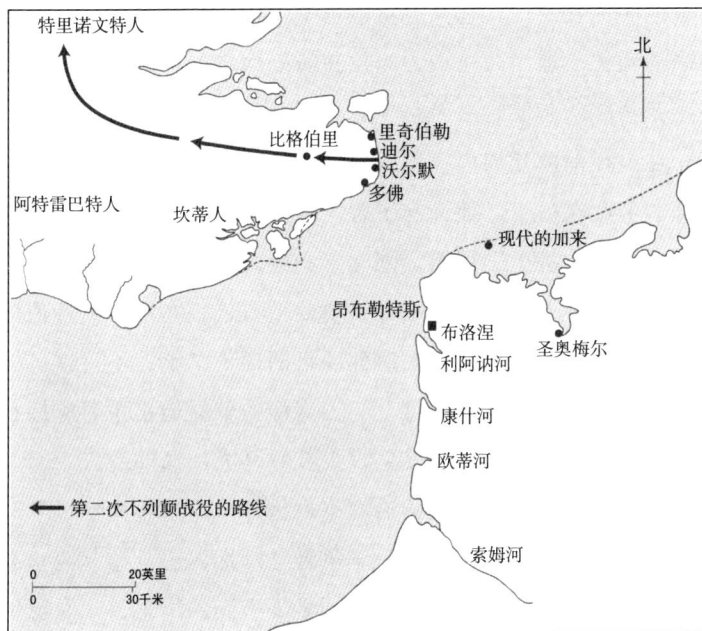

图 7 不列颠与高卢的海岸线

而言, 这些船只不算多。恺撒决定只携带最基本的物资, 粮食带的很少。因为在这个季节, 他可以收割田地里的成熟庄稼。第七军团和第十军团被塞进 80 艘运输船中。此时一个军团的兵力可能不超过 4000 人, 所以每艘船平均装载 100 人。有些罗马军团士兵可能在战舰上担任桨手。另外 18 艘运输船被用来运载骑兵, 或许能容纳数百名骑兵及其坐骑。他的高级军官、幕僚以及他们觉得最重要的财产则被装在拥挤的桨帆船上。与前些年他曾指挥的大军相比, 此次入侵不列颠的军队规模不大。军队主力留在高卢, 相当规模的部队由其军团长指挥着去镇压门奈比人和尚未投降的莫里尼人。另外一支部队则驻守着他的出发港口，它极有可能位于现代的布洛涅附近，今天加来的周边土地当时应该还淹没在海平面之下。准备工作就绪后，罗马舰队起航时已经是 8 月底了。[18]

在出征前的几周内，恺撒努力搜集关于不列颠及其居民的信息，但收获极少。他询问了曾旅行到不列颠的商人，但他们自称对其知之甚少。恺撒计划在不列颠东南角登陆，而当时的主要贸易港在更西面，其中最重要的港口之一在亨吉斯特伯里角。所以这些商人可能确实对他的目的地不了解，不过也可能是不愿意为他提供任何信息。与不列颠的贸易似乎主要掌握在高卢人手中，这些贸易路线上很少有罗马人。这些商人中有不少来自前不久被恺撒镇压的沿海高卢诸部落。这些人怨恨罗马对不列颠岛的干涉，害怕罗马竞争者会蜂拥而至，这是完全有道理的。恺撒从商人那里没有得到多少有用的情报，于是派遣一艘战舰渡过海峡，开展一次侦察。他麾下的军官盖乌斯·沃卢森努斯负责指挥此次行动。他于五天后返回，报告了关于海岸线的一系列情况，但由于他没有冒险登陆，所以他能够报告的信息一定很有限。这个时期的英格兰东南部与今天大不相同，今天许多地势较低的地方，比如罗姆尼沼泽，当时还在海面之下。萨尼特①在当时是个真正的岛屿，而瓦恩特萨姆海峡周边的潟湖②可以为入侵者提供足够大的安全锚地。但沃卢森努斯似乎没有发现这个锚地。罗马人即将进攻的消息传到了不

---

① 今天英国东南部肯特郡沿海的一个地区。

② 潟湖是一种因为海湾被沙洲封闭而演变成的湖泊，一般都在海边。这些湖本来都是海湾，后来在海湾的出海口处由于泥沙沉积，使出海口形成了沙洲，继而将海湾与海洋分隔，因而成为湖泊。一个著名的例子是威尼斯的潟湖。

↑ 这尊半身像出土于图斯库鲁姆，可能是恺撒在世时制作的雕像中唯一流传于世的。它表现了恺撒后移的发际线，可能是对中年恺撒外貌的最准确表达了。（Gautier Poupeau）

➡ 这尊用青色板岩制成的恺撒像出土于埃及，可能是 1 世纪时制作的。和很多后期塑像一样，有些面貌特征很夸张。

⬅ 这尊半身像体现出在后期恺撒雕像中，面貌特征被风格化处理的程度。清晰的线条和强有力的颈部是为了展现恺撒的人格力量。注意浓密的头发。

➡ 伟大庞培的政治生涯在他年轻时便开始了，光辉灿烂，但不符合正统。这尊雕像表现的是中年的他，此时他非常注意保持体面、持重的举止行为。（Author's Collection）

⬅ 通过聪明地利用财富和大规模的人情交易，克拉苏为自己赢得了极其强大的地位。但他缺乏魅力，从来没有像庞培或恺撒那样赢得人们的爱戴。

➡ 苏拉的政治生涯和后来恺撒的崛起之路十分相似。苏拉出身贵族，但家族早已经衰败。他借镇压本都国王米特里达梯六世之机筹备了第一支军队，最终依靠军队实行独裁统治。

⬅ 西塞罗的政治生涯建立在他的精彩演讲之上。他的大量著作是我们了解这一时期的重要窗口。在私人关系上，西塞罗喜欢恺撒，但在政治上对恺撒抱有怀疑。

➡ 老加图一直过着简朴的生活，追寻美德，视美德高于一切，但非常极端，简直走火入魔。与恺撒奢侈的行为方式形成鲜明对比，但两人都在政治生涯早期赢得了广泛认可和名誉。

➡ 小加图在政治上的突出地位很大程度上得益于对其先祖——监察官加图——的刻意模仿，以及精明地利用家族人脉。他憎恨恺撒，既恨这个人，也恨他的政治立场。而恺撒与塞维利娅的长期私情更使小加图对恺撒咬牙切齿。

⬇ 今天可以看得到的罗马广场遗迹都建于恺撒之后的时代。前景中是尤利乌斯会堂，由恺撒开始建造，前 46 年开放，后来被多次重建；后面的三根立柱标志着卡斯托耳与波鲁克斯神庙，奥古斯都时期被重建。

↑ 多米提乌斯·阿赫诺巴尔布斯纪念碑建于前 1 世纪，是该时期留存至今的少数详细描绘罗马士兵的图像之一，恺撒军团的士兵制服应当与图中类似：蒙泰福尔蒂诺式头盔、椭圆形盾牌和链甲。(Musée du Louvre)

↑ 这面浮雕来自美因茨的罗马军团要塞，时间是恺撒死后至少一个世纪，展现的是更为经典的罗马军团士兵形象。此处描绘的部分装备在恺撒时代可能就已经使用了。（De Agostini/ akg-images）

↑ 这是 19 世纪恺撒在阿莱西亚围攻阵地的复原模型，基于《战记》和拿破仑三世时期的考古发掘。可以清楚地看到被围困的高卢人面前难以逾越的障碍。

➡ 罗马钱币：

1. 迪纳厄斯（银）；
2. 阿斯（铜）；
3. 苏拉（金）；
4. 尤利乌斯·恺撒（金）；
5. 马克·安东尼和马尔库斯·李必达（金）；
6. 屋大维（银）；
7. 塞克斯图斯·庞培、"伟大的"庞培和格奈乌斯·庞培（金）；
8. 布鲁图斯（银）。

↑ 罗马迪纳厄斯银币，公元前 44~ 前 43 年，正面为"伟大的"庞培，反面为航行中的划桨帆船。

↑ 尤里乌斯·恺撒时期的罗马金币（复制品），为了庆祝恺撒在高卢战争中取得胜利，铸造于公元前 48~ 前 47 年。正面可能是维纳斯的头像，反面为缴获的高卢人武器。

↑ 阿莱西亚攻防战时恺撒修筑的围城工事(重建后),法国勃艮第地区。

↑《在尤利乌斯·恺撒脚下，维钦托利丢下武器》，Lionel Royer，1899。这幅画描绘了阿莱西亚攻防战后高卢人首领投降的情景。注意一名武士（左下角）戴有金属项圈。然而，事实上，只有神和皇室家族成员才有资格佩戴。画中对高卢人长头发、长胡须的描绘在今天看来也是有问题的。作者笔下维钦托利所骑的马属于佩尔什马，但是当时的高卢地区并不存在此种马。另外，图中的挽具和马鞍也不符合历史事实，因为这一时期高卢人骑马并不使用马鞍。依据历史记载，当时士兵多配以椭圆形盾，而不是图中的矩形盾。(Musée Crozatier)

↑ 公元前 55 年，尤利乌斯·恺撒登陆不列颠。

↑ 丹达拉的哈索尔神庙内的巨大浮雕表现的是克利奥帕特拉七世和儿子恺撒里昂（右侧）向诸神（左侧）献祭。

↑《恺撒面前的克里奥帕特拉七世》，Jean-Léon Gérôme，1866。克里奥帕特拉七世从毯子里出来，站在盖乌斯·尤利乌斯·恺撒面前。这位埃及皇后被她的弟弟／丈夫托勒密十三世驱逐出皇宫，因此她不得不通过伪装重新进入皇宫，从恺撒那里寻求庇护和夺取王位。

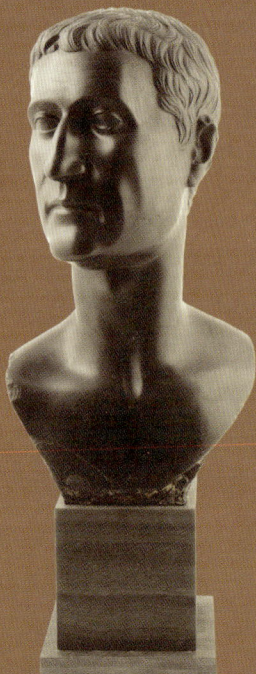

➡ 这尊半身像被认为是马克·安东尼，的确与钱币上的安东尼肖像有相似之处。安东尼与恺撒是远亲，似乎一直对后者很忠诚，但两人的关系并非始终很亲密。恺撒不在罗马期间，安东尼负责管理罗马，表现不佳。（National Trust/ Simon Harris）

➡ 这尊半身像被认为是马尔库斯·尤尼乌斯·布鲁图斯，即刺杀恺撒的密谋集团领导人之一。恺撒与布鲁图斯的母亲塞维利娅是情人关系。一直有谣言称恺撒是布鲁图斯的生父，但这种说法毫无根据。（Florence, Museo Nazionale del Bargello）

↑ 这尊帝国时期的雕像展现的是理想化的恺撒。从奥古斯都开始，历代皇帝对于应当赞颂恺撒的哪些方面都是经过精挑细选的。在元首制帝国时期，加图和布鲁图斯在元老当中仍然受到广泛仰慕。

列颠各部落，一些领袖派遣代表到高卢海岸去访问恺撒的营地。这些代表愿意接受与罗马人结盟的条件，即交出人质作为担保。恺撒决定派遣自己的使节与不列颠部落的代表们一同返回，于是选择了一位叫作科密乌斯的高卢酋长（恺撒立他为阿特雷巴特人的国王）作为自己的特使。据说，科密乌斯在不列颠各部落中有一定的影响力和人脉。但他没能发挥作用，因为他差不多刚抵达不列颠就被俘虏了。关于他的使命，没有任何消息传到恺撒那里。恺撒起航前往不列颠的时候，的确是在驶向完全未知的土地，但他急于出发，并想在这一年的剩余时间里取得更为辉煌壮观且没有太多争议的成果。风向转为对他有利时，他便率领战舰和罗马军队离港出发了。[19]

从一开始，他就遇上了麻烦。当骑兵匆匆赶到另一个港口，登上分配给他们的 18 艘运输船的时候，天气已经变了。尽管恺撒曾在地中海东部对航海有过一些经验，但他经常低估大海，尤其是英吉利海峡的强大力量和喜怒无常。运载骑兵的船只没能赶上主力部队。主舰队于黎明前起航，其先头部队将近中午时抵达了不列颠，可能是现代的多佛附近。沃卢森努斯之前可能已经发现了多佛这一天然良港，恺撒也很可能选择了这里作为登陆点。但是，在这个时期，海滩上方耸立着高高的峭壁，成群的布立吞武士已经在那里守株待兔。恺撒停船并等到下午晚些时候，此时他船队的大部分船只已经集结起来。他的高级军官们乘坐划桨小船到他的旗舰上开会。他告诉大家，此次行动的性质要求他们快速地对他的信号做出反应。所有船只抵达后，应当沿着海岸行驶 7 里，去往沃卢森努斯之前侦察时发现的一个合适的登陆点。布立吞人在岸上跟踪着罗马舰队，但只有骑兵和战车能够跟得上舰船的速度，并阻击罗马人的登陆。沃卢森努斯选择的登陆海滩可能在迪尔或沃尔默附近，很开阔且周围没有高高的峭壁。但即便如此，布立吞人熟悉地形和潮汐，而罗马人对其一无所知。罗马军团士兵们企图登陆时，遭到了敌人骑兵和战车的突然袭击。罗马的运输船不是用来直接将人员和物资卸载到海滩上的，因此还在水相当深的地方就搁浅了。罗马军团士兵们背负着沉重的装备，不得不涉水上岸。他们在海水中艰难前进，很难躲避或者用盾牌挡住敌人的投射武器，因此在抵达海滩时非常零散，无力进行有组织的抵抗。没有证据表明，罗马军团士兵们曾接受过登陆作战的特殊训练。恺撒说在此次抢滩战斗中，他的老兵们未能表现出惯常的斗志和热情，但在当时的情况下，海滩上的战斗确实难成气候。[20]

恺撒向他的战舰发出讯号，命令舰长们冲向海滩，尽可能地接近岸边，好让船员用投石器、弓箭和重型弩炮轰击布立吞人。这有助于减轻抢滩步兵的压力，但即便如此，仍然进展甚微：

> 这时，我们的士兵们还逡巡不前，主要是因为水太深。第十军团的旗手快速做了祈祷，然后喊道："弟兄们，要是不想让鹰旗被敌人抢了去，就快下船！所有人都会知道，至少我尽了对共和国和指挥官的义务！"他这么高声呼喊一番之后，跳下船，举着鹰旗冲向敌人。然后我们的"大兵"们互相鼓励，绝不能蒙受那样可怕的耻辱（即丢失自己的军旗），从运输船上跳了下去。附近其他船只上的士兵看到了，也纷纷跟上去，开始与敌人交锋。[21]

战况仍然很激烈，罗马军团士兵们围绕着他们遇见的第一名军官和旗手，组成阵线，就像他们在桑布尔河遭到突袭时那样，因此战线参差不齐。战线大致形成之后，恺撒站在旗舰甲板上观战，并向遭到敌人切断的兵团派去乘坐划桨船的增援士兵以及轻型侦察船。尽管布立吞人拼命抵抗，但骑兵和战车本身就不适合用来防御，因此他们最终不得不败退。他们的机动性强，因此大多逃脱了。有意思的是，恺撒并没有告诉我们那位勇敢旗手的名字，不过恺撒一般倾向于赞颂第十军团的集体战功，而不是个别士兵的事迹。这位旗手可能出身低贱，不足以记名。其他官兵们会知道他是谁。另外，尽管恺撒没有说，但他作为一名罗马将军，应当会晋升这位旗手，为他授勋并以金钱作为奖赏。[22]

恺撒成功登陆了，但他的军队没有骑兵，不仅无法追击溃败的敌人，也没有足够的能力开展侦察活动，以便从周边乡村搜集情报。罗马军队按照惯例修建了营地，位置可能离海滩不远。按照一般做法，划桨船被拖上岸，而运输船则停靠在海边的锚地。幸运的是，罗马人面对布立吞武士的坚决抵抗仍然成功登陆的战绩足以令邻近的各部落肃然起敬，他们的领袖向恺撒派来使节，自愿交出人质，以求得罗马的友谊。恺撒可能还向他们索取了粮食。科密乌斯被俘虏他的人释放，回到了恺撒身边。他带来了约三十名侍从和一些布立吞人，全都骑着马，于是恺撒至少拥有了一支小规模的骑兵队伍。如《战记》记载："于是，缔结了和平。"但有些事情不是恺撒能控制得了的。四天后，罗马骑兵的运输船又一次从高卢起航，来到了距离恺撒营地很近的地方，但这时刮起了风暴，将这些运输船吹走了。天气愈发恶化（在夏末的英吉利海峡，往往如此），但罗马人要么（按照恺撒的说法）没有得到关于天气的警报，要么是没有听取在该海域航行的高卢水手们的意见。这次风暴可能特别凶猛，罗马舰队损失惨重，12 艘船粉身碎骨，剩余大多数船只都受到不同程度的损坏。恺撒的军队缺少足够的粮食给养，目前又与欧洲大陆断了联系，因此处境非常困难。布立吞人很快意识到了罗马人的脆弱，于是决定再开战端。酋长们悄悄溜出了罗马营地。他们知道罗马军队缺少粮食，决定切断粮食供应。他们打算以饥饿迫使罗马人屈服或者在不利条件下作战。如果将罗马人的第一次远征彻底挫败，那么他们或许就再也不敢入侵了。[23]

一些罗马士兵尽可能修复船只，另外每天都有一些士兵被派去收割营地周边农田里的庄稼。每一片农田被收割完之后，罗马人就必须去更远的地方，所以布立吞人很容易猜到他们下一个目标是哪里。布立吞人准备了一次伏击，将自己的部队隐藏在农田旁的林地内。几天后，第七军团的搜粮队遭到大群敌人的突然袭击，这一次敌人仍然以战车和骑兵为主。高卢人早已不用战车，但不列颠和爱尔兰还用了几个世纪。战车是昂贵的作战装备，只有部落贵族才负担得起。贵族武士驾着战车打斗，而一名无武装的车夫负责操纵拉车的两匹小马。战车从欧洲大陆消失，或许是由于社会的变革以及可用的体型更大且更适合骑乘的马匹越来越充足。不列颠的战车非常迅捷、轻快，但它们不是用来冲杀敌阵的。以前有神话称布立吞人战车的轮子上配有镰刀，但这没有任何古代史料根据。恺撒知道他的读者们会对这种令人回想起荷马史诗英雄的车辆感兴趣，于是对战术做了详细描述。

布立吞战车的战术是这样的：先在全场横冲直撞、投掷标枪，马匹狂奔的恐怖景象和车轮的轰鸣声常常能令敌人胆寒而发生混乱；在己方骑兵中间向前冲锋时，武士会跳下战车，徒步战斗。与此同时，车夫则逐渐退出战场，在近处等候，如果武士们受到敌人的很大压力，就能回到战车那里逃跑。因此，战车武士在战斗中能够结合骑兵的速度和步兵的稳健。通过日常训练，他们技艺娴熟，能够驾车在最陡峭的山坡往下狂奔，同时仍能牢牢控制好马匹，瞬间停下或者转弯；能够从轭猛冲出去，然后闪电般地回到战车上。[24]

战车能够帮助一位贵族武士在战场上威风八面，是机动性很强的投射武器平台，还能让武士徒步单打独斗，若有需要还能随时乘战车撤退。战车来自一个更古老的战争传统，颂扬个人武力和单兵英雄主义。它与布立吞人的轻骑兵相结合，而且罗马军队又完全是步兵，所以战车是非常危险的对手。罗马的一些搜粮士兵被砍倒，其他人则被包围，遭到标枪的袭击，完全无法追上投掷标枪的战车武士。罗马营地之外的前哨阵地（在主营地外设前哨是罗马军队的惯例）报告称，在搜粮队伍去往的方向出现了漫天烟尘。徒步的罗马军团士兵是不可能掀起这么大的烟尘的。恺撒猜到了发生了什么情况，于是立刻率领前哨部队去营救自己的部下。在动身前，他命令 2 个大队接管前哨部队在营地壁垒之外的阵地，并指示全军其他单位在装备和列队完毕后立刻跟进。此次远征不列颠的规模与之前历次战役相比要小，即便如此，一位统领着 8 个军团和许多辅助部队的总督竟身先士卒地指挥不到 1000 人的队伍参战，也令人惊讶。这些队伍的抵达足以遏制住布立吞人。恺撒率军摆开阵势，与敌人对阵了一段时间，但随后带着搜粮队伍和援军撤回了主营地。布立吞人赢得了一场小胜利，但更重要的是，他们阻止了罗马人获取粮食。在此次胜利的鼓舞下，他们集结了军队，向罗马营地发动了一次全面进攻。恺撒将他的军队以及科密乌斯的小股骑兵部署在壁垒之外的平原上迎敌。大规模正面交锋正是罗马军队最擅长的，布立吞人很快就溃败了，但很少有人被追击的罗马军队俘虏。恺撒的部下只能从纵火烧毁附近的农场和村庄中获得满足。[25]

这次挫折足以让许多布立吞领袖又一次决定求和。恺撒现在要求对方交出先前数量两倍的人质，并要求布立吞人将人质送往高卢，因为他急于返回高卢，再也不愿耽搁。罗马全军设法挤进了剩余的战舰和 68 艘修复的运输船中。此时已经接近秋分时节，但恺撒的运气不错，天气很好，他于一天午夜后起航。所有船只都安全返回了，不过有 2 艘运输船偏离航向，停靠在了莫里尼人的海岸。当地的武士觉得这是一个发横财的好机会，于是开始攻击这 2 艘运输船。消息传开后，更多武士聚集到海岸。恺撒得到报告后，派遣自己的全部骑兵前去援救。被围困的人安全得救，没有一人死亡。次日，拉比埃努斯率领第七军团和第十军团疲惫的士兵们对莫里尼人部落进行了一次快速的惩罚性扫荡。与前 56 年的情况不同，这年夏季天气干燥，因此该地区的沼泽面积缩减了不少，也较容易通行。莫里尼人很快投降了。门奈比人也被恺撒出征不列颠之前派去的军队击败了。[26]

从实际的角度看，第一次远征不列颠失败了，险些酿成大祸。就连恺撒对该地域居民的了解也没有增加多少，因为他在不列颠的几周全都困于一个狭小地域。就像在高卢那样，作为人质来到罗马军中或前来求援的土著酋长们为他提供了一些帮助。我们不知道在冬季的几个月里有多少人渡过海峡来投奔恺撒，但至少有一位被敌人逐出自己部落的王子来到了恺撒那里。到前 54 年，恺撒掌握的情报比以前多了一些，但与之相比，付出的努力实在太大了。第一次远征不列颠的出发时间太晚，准备工作也不充分，参加行动的兵力又太少。恺撒应当对这些错误负责。从这个角度看，此次战役当然算不得他最伟大的成就，尽管他像往常一样，非常足智多谋，使他自己和军队安然度过了许多难关。但到这年年底，恺撒一定认识到在宣传方面，远征不列颠是一次极其辉煌的成功。此次冒险的消息传到罗马时，人们欢呼雀跃、如痴如醉，为罗马军队终于抵达那个陌生而神秘的岛屿而欢欣鼓舞。元老院投票决定举行二十天的公共感恩活动来庆祝恺撒的胜利，这比他在前 57 年赢得三次真正有价值的战役之后得到的感恩还要多五天时间。元老院对他成就的正式认可封住了加图的嘴，尽管他可能在同一次会议上对恺撒发起了攻击。这一年很顺利地结束了，但恺撒已经下定决心要在来年夏天重返不列颠。他对不列颠以及它传说中的财富仍然充满了好奇。罗马的反应也让他觉得有必要再一次远征不列颠。庆祝活动的规模如此浩大，他不能让大家失望。[27]

入侵

第二次远征的准备工作更为充分。冬天还没结束，恺撒便指示军中的工匠开始建造船只。恺撒向工匠们发布的标准设计是一种宽阔的侧舷低矮的运输船，既有风帆，也有划桨。在随后几个月内，一共建造了 600 艘此种船只，所需的绳索、索具和其他设备由西班牙各行省提供；从前 54 年起，这些省份就由庞培控制。另外还建造了 28 艘桨帆战船。和以往一样，恺撒在内高卢过冬，履行其行政与司法职责。他正要动身前往军中，却得到消息称伊利里库姆遭到了袭击。他火速赶往出事地点，在当地征募部队，迫使犯上作乱的部落议和。他随后北上，巡视了军队的冬季营地，赞扬了官兵们的造船工作。他指示整个舰队集结在波图斯伊提乌斯（几乎可以肯定就是现代的布洛涅），做好渡海前往不列颠的准备。在远征开始之前，他又一次被其他事情分了心。这一次，特雷维里部落发生了内部纠纷，酋长们钩心斗角，争夺主宰地位。恺撒率领 4 个军团和 800 名骑兵轻装急进，前去支持他最喜欢的一名酋长。敌对的酋长举手投降，立刻交出了恺撒要求的 200 名人质，包括这位酋长的儿子和其他近亲。恺撒目前对形势感到满意，希望尽快开始远征不列颠的行动。他返回海岸，开始最后的筹备工作。因为他这一次打算带去兵力比先前大得多的部队，因此非常希望确保高卢在自己远征期间能够保持安定。各部落酋长聚集到他的营地，带来了他为来年作战索要的 4000 名骑兵。这样，罗马军队就有了足够多的骑兵来支援其行动。这些武士，尤其是领导他们的贵族们，也是额外的人质，迫使他们的部落保持忠顺。

其中有一队埃杜依骑兵的指挥官是杜诺列克斯，也就是德鲁伊狄维契阿库斯的弟弟。前 58 年的时候，恺撒曾对杜诺列克斯的野心感到怀疑，并对他进行严密监视。前不久，他从另一名高卢贵族那里得知，杜诺列克斯在埃杜依人的一次议事会上声称，恺撒打算立他为埃杜依人之王。其他大多数酋长虽然不愿意屈从于一位君主的统治，但不敢对恺撒的任何行动表示异议，因此没有去查证杜诺列克斯的话是真是假。高卢骑兵中只有一半会跟随恺撒讨伐不列颠，但恺撒已经决定，杜诺列克斯必须要去，因为他是个"渴望兴风作浪"的人。杜诺列克斯偏偏不肯随军出征，给出了一系列借口：身体不适、害怕航海、宗教禁忌不允许他离开高卢等。恺撒无动于衷，于是杜诺列克斯寻求从人数上求胜，企图劝说其他高卢酋长们和他一样，拒绝前往不列颠。他说罗马人打算把他们带离各自的部落，到了不列颠之后，就要把他们一网打尽。一些酋长向恺撒打了小报告。由于风向不利，出征的日期被推迟了大半个月，因此有的是时间来要弄阴谋诡计和嚼舌根。最后，在天气转好、部队开始登船的那天，杜诺列克斯及其武士溜出营地，逃之夭夭。恺撒大感意外，但立即派遣很大一部分的骑兵去追赶。尽管他急于出航，但还是决定先把杜诺列克斯发落了再说。恺撒命令部下尽可能将杜诺列克斯生俘并带回，但假如他敢于反抗，就格杀勿论。杜诺列克斯并不缺乏勇气，向攻击他的人喊道，他是"自由民族的自由人"。即便他的武士们都不愿支持他，他还是选择武力抵抗，于是被杀死了。这个残酷的事件公开证明了恺撒的强大：即便是高卢最富裕贵族之一，也没有办法违抗他的意志。关于前57年之后事件的记载中没有提及狄维契阿库斯，他可能已经不在人世，无法为弟弟求情。但无论如何，杜诺列克斯都是个棘手难题，恺撒没有时间慢慢处置他，于是下令将他处死。[28]

第二次远征军队的规模比第一次大得多。恺撒此行带去了5个军团，包括第七军团和第十军团（但另外3个军团的番号不详）以及一半的辅助部队和盟军骑兵。剩余3个军团以及

2000 名骑兵留守高卢，由拉比埃努斯指挥。他们的任务是保卫各港口，确保一旦需要便可向在不列颠的军队输送粮草，同时对各部落加以监视。罗马舰队于日落时分起航，但恺撒及其军官们又一次低估了英吉利海峡的力量。风力减弱，潮水将他们带离航线。在短时间内建造这么多船只的确是了不起的成就，但这并不意味着有足够多的有经验的水手来驾驶这些舰船。新型运输船的设计虽然非常适合运载人员、马匹、装备以及抢滩登陆，但抵御恶劣天气的能力不强。好在这些船只上都配有桨，再加上罗马军团士兵们吃苦耐劳，因此情况还算支撑得过去。通过划桨，罗马舰队才终于抵达预定的登陆滩头。恺撒告诉我们，他选择了最合适的登陆地点，但具体在什么地方，我们不清楚。有人猜测，恺撒已经知晓瓦恩特萨姆海峡，并利用了那里的有利条件，但考虑到随后的事态进展，这种猜测不是很有说服力。对文本的解读告诉我们，此次登陆地点应当与前一年的登陆点相去不远，或者就是在同一个地方。不管登陆点在哪里，布立吞人集结了兵力前来迎战，但看到数百艘舰船逼近的壮观景象，不禁心惊胆寒，便撤退了。大多数舰船到中午时分便已靠岸。罗马人开始上岸，他们的第一项任务就是在海滩附近建造一座营地。他们派出的侦察兵发现，布立吞军队撤往了内陆的一个新地点。[29]

恺撒决定立刻发动进攻，于是在夜色掩护下率领 40 个大队和 1700 名骑兵出发了。罗马军团其余的士兵和骑兵则留在营地，由昆图斯·阿特里乌斯指挥。罗马舰队的大部分船只停靠在岸边，因为恺撒很自信，在"平静而开阔的岸边"停泊会很安全。恺撒的队伍进展迅速，在破晓前行军约 12 里，发现布立吞人在一条河后方等候，这很可能是现代坎特伯雷附近的斯陶尔河。在林木茂盛的山地上有一个围墙环绕的围场，可能是比格伯里树林的山地堡垒，布立吞部落的主力部队就守候在那里。不时有小股骑兵、战车和袭扰部队从这个掩蔽处冲出来，用投射武器攻击罗马人。在部落间的战争中，此类战术无疑很有效，但对久经沙场的罗马军队来说却不是问题。恺撒展开了进攻，他的骑兵将布立吞人扫到一边，于是第七军团得以向山地堡垒发动直接的正面进攻。罗马军团的士兵们站成了著名的龟阵，将互相重叠的盾牌举过头顶，构成一个屋顶状的防护盾，足以抵御绝大部分投射武器的侵袭。罗马人在攻城战中常用的更复杂的工程技术在这里都派不上用场。他们在敌人的围墙下堆建了简单的坡道，然后发起猛攻。敌人四散逃窜，但罗马人并没有追击多远。恺撒的部下经过渡海峡的航行、夜间行军和战斗之后十分疲惫，而且恺撒希望他们建造一个常规的行军营地。于是罗马军队停下来过夜。[30]

次日上午，恺撒派出三支队伍，各自搜寻敌人。在这种情况下，罗马军队常常一边行进，一边烧杀抢掠，直到当地领导人前来求和。恺撒显然相信，布立吞人在战败不久之后无力迅速重建一支足够强大的军队，因此最好是派出若干快速队伍，以求覆盖更大范围。他似乎没有亲自陪同任何一支搜索队伍，而是留在行军营地中，后来昆图斯·阿特里乌斯派来的信使在那里找到了他。消息很糟糕，前一夜刮起了大风暴，停泊在岸边的舰队遭到重创。恺撒召回了三支搜索队伍，骑马奔回主营地检查损失状况，发现 40 艘船遭到毁坏，无法修复。军中的工匠被召集起来，回到营地去修理船只。恺撒还向在高卢的拉比埃努斯发出命令，指示他派遣部下建造更多船只。辛劳十天之后，大部分船只都被修复了。一些士兵建造了壕沟和壁垒，从营地一直通到海边。所有修复的船只都被拖上岸，安放在防御工事保护范围之内。恺撒的问题根源在于，他没有一个港口能让船只停靠避风以及更轻松地装卸人员物资。萨尼特岛周边的瓦恩特萨姆海峡应该能为他提供一个安全良港，但既然他在风暴中蒙受了这么大的损失，那么他应当没有利用瓦恩特萨姆海峡。罗马人或许还不知道它的存在，或者是缺乏寻找和进入其入口的知识。历史上，对海上入侵行动来讲，天气始终是个极大的问题。1944 年，英国、美国和加拿大军队将他们的"桑葚"人工港拖到了诺曼底，但在 6 月 19 日～23 日的大风暴中仍然损失惨重，物资集结受到严重影响。这个问题很难解决，恺撒在前 55 年就因风暴而损失惨重，却没有吸取教训，在前 54 年以同样的计划行动，确实显得不够明智。新的防御工事能够保护船只免遭敌人攻击，却无法抵抗大自然的威力。许多人批评恺撒没能从经验中吸取教训。这些批评大部分都是有道理的，但是除非他将船只送回高卢并寄希望于在需要它们的时候它们便能回来，否则唯一安全的办法就是干脆不要发动第二次远征。恺撒下定决心开展第二次远征，在本质上是出于政治和私人层面的考虑。在两次远征不列颠的过程中，他的好运气险些耗尽，但每一次他都安然脱身。[31]

罗马军队修船和建造营地期间，布立吞人得以恢复元气。好几个平日里互相敌对的部落在面对共同的敌人之时，联合起来，并任命了一位叫作卡西维拉努斯的指挥官。恺撒告诉我们，此人来自泰晤士河以北的一个部落，但除此之外我们对他一无所知，也不能确定他究竟来自哪个部落。恺撒重新来到内陆的行军营地，与主力部队会合，并继续前进。他的巡逻队不断遭到小股战车和骑兵的骚扰。在近距离作战，尤其是大部队的正面对垒中，恺撒的罗马军团士兵和辅助骑兵的表现始终优于敌人；但在一些小规模交锋中，他的一些部下被诱入伏击圈，蒙受了严重损失。卡西维拉努斯受到鼓舞，在罗马人结束行军开始建造营地的时候，对其发动了一次大规模进攻。恺撒派遣了2个大队去增援他的前哨阵地，但需要更多的增援部队才能将布立吞人击退。他的一名军事保民官在战斗中丧生。次日，布立吞人的进攻不是那么猛烈。恺撒派一名军团长率领3个军团去搜粮。当大部分罗马军团士兵各自搜粮时，布立吞战车和骑兵突然杀到，利用了罗马人兵力分散的弱点。但罗马人迅速集结起来，排兵布阵，将敌人打退。一段时间内，布立吞各部落一盘散沙，抵抗力很微弱。[32]

恺撒决定攻打卡西维拉努斯的家园，于是向泰晤士河挺进。我们不知道他是在何处渡河的，可能是在今天伦敦的中部某处。恺撒的部下涉水过河，轻松扫荡了防守对岸的敌人。布立吞指挥官决定不再冒险公开对垒，而主要依赖自己的战车部队来袭扰罗马人。恺撒说布立吞军队拥有4000辆战车，这个数字很可能夸大了，因为那样就意味着需要8000匹马。在罗马人行军沿途，布立吞人坚壁清野，将牲畜从田地中赶走，将粮食销毁或者隐藏起来。战车时常伏击罗马的搜粮队。在这些小规模交战中，恺撒的部下开始持续地蒙受损失，于是他不得不命令部下时刻紧靠主力部队，不得脱离过远。幸运的是，就像在高卢时常发生的那样，恺撒得到了一个当地盟友的帮助。特里诺文特部落（在泰晤士河以北、今天的东安格利亚境内）王子曼杜布拉库斯的父亲被卡西维拉努斯杀害，他本人则被迫流亡，加入了恺撒的阵营。特里诺文特人向恺撒投降，请求他恢复曼杜布拉库斯的君主地位，并主动交出人质和粮食。很快，其他一些小部落也纷纷效仿，归顺罗马。若不是有这件事情，这些小部落的名字怕是要湮没在历史长河中。在长期嫌隙的压力之下，布立吞各部落之间的脆弱联盟开始瓦解。恺撒从这些新盟友那里得知了卡西维拉努斯要塞的位置，它隐匿于森林和沼泽之中。他立即率军攻打那里，缴获了不少牛。卡西维拉努斯的威望因此大受折损。大约在同一时间，卡西维拉努斯让肯特诸部落去攻击阿特里乌斯和负责守卫船只的罗马部队，不料被罗马军队打退且伤亡惨重。[33]

遭受了双重打击之后，卡西维拉努斯决定求和。此时已将近 9 月底，恺撒急于结束战事、返回高卢。又一次陪同恺撒出征的科密乌斯推动了双方的谈判。布立吞军事领袖承诺交出人质并年年纳贡，并发誓不会攻击曼杜布拉库斯与特里诺文特人。恺撒一边等待人质抵达，一边开始收拾行装。但是，即便所有受损船只均已修复，也没有足够空间来运载全部官兵及大群人质和奴隶。恺撒决定分两批渡海。第一批进展顺利，但在船到达高卢海岸之后，却无法返回不列颠来运载剩余人员。同样，拉比埃努斯建造或搜罗的船只也无法抵达不列颠。几天之后，恺撒觉得在原地继续等待的风险太大。此时已是 9 月，天气很可能会持续恶化，他和部分军队被困在不列颠的危险也越来越大。他命令部队挤进现有船只，航行一夜，黎明时抵达了高卢。恺撒此次离开不列颠，以后再也没有回去过。过了将近一个世纪，才有一支新的罗马军队入侵这个岛屿，将它变为罗马的一个行省。①[34]

两次远征不列颠过程中，恺撒险些遭遇大祸，最终都安然

---

① 公元 43 年，克劳狄皇帝在位时，罗马征服了不列颠，设立行省。

渡过难关。一般认为，布立吞各部落承诺的岁贡实际上从来没有交付过，或者至少很快就被布立吞人遗忘了。恺撒造访之后的岁月里，不列颠和罗马世界之间的贸易持续增长，去往不列颠西南角的老路线变为他曾涉足的东南角。维尼蒂部落的灭亡无疑推动了这一转变，但随着这个世纪一天天过去，的确有更多的罗马商人来到了不列颠。但即便是那些臣服于恺撒的部落也不能说是成了罗马势力范围的一部分，尽管罗马的宣传家们有时会这样鼓吹。西塞罗写道，罗马人很快意识到讨伐不列颠的战役并不会带来大家翘首以待的利益。罗马人并没有从不列颠得到白银，"除了奴隶之外，也没有任何战利品。但我觉得其中应当不会有书记员或者乐师"，换言之，就是没有能卖出高价的奴隶。但西塞罗仍然对此事血脉偾张，非常热情洋溢地写到了自己的弟弟昆图斯·西塞罗（此时是恺撒帐下的军团长）对远征的记述。尽管受到了这种私人关系的影响，他的情绪似乎是许多罗马人的典型表现。两次远征不列颠极大地提高了恺撒的声望，令他受到万众瞩目。群众对关于战车和野蛮人（他们用靛蓝将自己身体涂成蓝色）的新奇故事激动不已。尽管在不列颠的登陆作战没有取得什么成绩，而且冒了太大风险，但在宣传上无疑是一次辉煌的成功。加图前 55 年对恺撒的攻击让我们看到，恺撒由于本人不在元老院或广场，因而很难对付自己的政敌。但任何人都不会怀疑，恺撒善于利用自己的机遇，去赢得荣耀，并在此过程中大量敛财。尽管不列颠战役的收益有点令人失望，但连续五年成功的军事行动仍然带来了极好的利润，他从一个濒临破产、债台高筑的人变成了共和国最富有的大人物之一。[35]

十四　叛乱、灾祸与复仇

因为萨比努斯事先对此毫无预料，一时间手足无措，惊慌地奔来跑去，部署各大队。即便如此，他仍然怯懦且糊里糊涂。一般来讲，人在混乱局势中被迫做出许多决策时，往往都会这样。相比之下，科塔已经猜到行军时可能发生此种情形，因此之前就反对率军出行。此刻，他竭尽全力去保障部队的安全，他在鼓舞士兵时尽到了一位将军的责任，而在战斗时又像普通士兵一样冲锋陷阵。

　　　　　　　　　　　　　　　　——恺撒[1]

前54年8月，恺撒在不列颠征战之时，他的女儿尤利娅因难产死亡。婴儿（有的资料说是男孩，有的说是女孩）比母亲仅仅多活了几天。对罗马贵族而言，事实上对现代之前的绝大部分人而言，分娩造成的死亡实在不足为奇。尤利娅此前在与庞培的婚姻中已经至少怀孕过一次，但看到丈夫浑身是血地从选举中返回（后来发现是别人的血），大受惊吓，导致流产。因为我们不知道尤利娅的出生日期，所以也无法计算她去世时的年龄，但她顶多只有二十五六岁。恺撒的母亲奥雷利娅也于前54年去世，死因不详，但她这时已经六十多岁，当了三十多年寡妇。一年之内，恺撒失去了两位最亲近的家人。当年他参选祭司长时，曾向母亲宣称自己若是不能当选，就不会回家了。母亲在他家中主持了善良女神庆祝活动。她是个令人生畏的精明强干的女人，对自己的独子有着很大的影响力，并且目睹了他的一些伟大成功。现在她与世长辞了。女儿和母亲去世的噩耗都是以书信的形式送抵恺撒手中的。没有证据表明他在离开罗马的四年中见过母亲或女儿。这些对他个人而言都是非常沉重的打击，尤其是他唯一孩子的死亡。西塞罗给恺撒写了一封真挚恳切的吊唁信。西塞罗对自己的女儿图利娅也非常宠爱（或许是溺爱过头），几年后她也去世了，令西塞罗伤心欲绝。在这种时候，西塞罗的哀悼和感情是真诚的，并非仅仅是为了维护与恺撒在政治上的纽带。庞培也为自己年轻妻子的去世而哀伤不已。尽管年龄差距很大，而且最初结婚是出于政治考虑，但是这对老夫少妻却非常恩爱。近些年来，庞培常常受到批评，因为他总是与妻子一起待在奢华的庄园享乐，而不是去处理共和国政事。普鲁塔克声称，庞培在与尤利娅的婚姻生活中从来没出过轨。[2]

尽管翁婿俩对尤利娅之死的哀伤是非常真诚的，但元老们始终不会忘记对政治的关注。庞培打算将尤利娅火葬，然后将骨灰埋在自己在阿尔班的庄园之一（在罗马附近）。但在城内的公开葬礼之后，大群旁观者将她的遗体抬到了战神广场，并将她安葬在那里。据说群众此举是出于对尤利娅的同情，而不是出于对恺撒或庞培的好感。但和历史上的很多事件一样，我们很难判断此事究竟真的是群众自发的，还是有人在幕后安排的。葬礼结束后竖立了纪念碑，在随后几个世纪中都可以看到。恺撒宣布将为女儿举办葬礼的竞技活动，但到十年后才真正举办。尤利娅之死使庞培与恺撒之间最亲密的纽带消失了。在随后几个月中，恺撒到处寻找一位女性亲戚，以便与庞培再续联姻。他提议让庞培娶他的甥孙女屋大维娅①，而他则与庞培的女儿庞培娅结婚。这就需要恺撒、屋大维娅和庞培娅分别与现任配偶离婚——庞培的女儿已经嫁给了苏拉的儿子福斯图斯。庞培否决了这个提议，在一段时间内没有表现出再婚的想法，或许是在等待更有利的时机。罗马元老始终在考虑政治，但他迟迟不肯续弦，的确有可能是出于对亡妻的悼念。他对尤利娅情真意切，他的哀悼也是非常真实和深刻的。

尽管庞培和恺撒之间的关系削弱了，但肯定没有破裂，两人目前都认为继续保持同盟关系对自己有利。到前 54 年，三头同盟的成员都已经是资深执政官，如果不辞职的话，就不得踏入罗马半步。前 55 年，庞培和克拉苏当执政官的时候，他们指使保民官特雷博尼乌斯通过了一项法案，授予他们两人在多个行省的五年指挥权（类似于恺撒在前 59 年得到的任命）。庞培得到了两个西班牙行省。在那里，罗马人可以发动征服战争，将自己的疆土一直扩展到北方和大西洋海岸，但已经五十一岁的庞培并不打算重返沙场，尤其是在尤利娅还在世的时候。他已经庆祝了三次凯旋式，相信没有任何一位统帅能够有希望与自己平起平坐。于是他派遣军团长去治理行省并指挥那里的罗马军队，而他自己留在意大利，一般是待在罗马城外不远处的诸多别墅之一。庞培这种做法是非常不合常规的，此前没有任何一位罗马总督这么干过，不过他仍然负责粮食供应，因此有了个借口。[3]

克拉苏的情况则不同。他当年为苏拉效力时作战英勇，但

---

① 屋大维（后来的奥古斯都皇帝）的姐姐，后成为马克·安东尼的第四任妻子。

觉得自己没有得到应有的认可。斯巴达克斯起义的时候，罗马连吃败仗，克拉苏力挽狂澜，表现出了军事统帅的才干。但战争结束后，人们很容易忘记当时的危险，往往仅将这场战争视为镇压奴隶的行动。到前55年，克拉苏下定决心，要指挥一场在异邦的大规模战争，于是他得到了叙利亚作为自己的辖区。但在他上任之前，叙利亚行省的现任总督完成了在埃及的一场战役，夺去了一个获得荣耀与利润的良机①。于是克拉苏计划征服帕提亚，这个伟大王国位于亚美尼亚以南。即便按照罗马的标准，也没有充分的理由去进攻帕提亚人。庞培在东方战役中，以及恺撒在高卢，都已经将合乎罗马利益的军事行动的诠释延伸到了最大限度，但他们从来没有跨越那条界线，仅仅为了个人利益而发动战争。克拉苏则是明目张胆地为满足自己的野心打仗，完全没有顾及共和国的需求。他的计划为人所知之后，两位保民官公开发出了抗议。其中一名保民官甚至在克拉苏于前55年11月离开罗马城的时候紧随队伍，对其发出了可怕的诅咒，因为他让共和国卷入了一场毫无意义且非正义的战争。西塞罗冷淡地说，克拉苏此役没有开个好头，而且他的远征有许多不和谐音。

　　克拉苏已经快六十岁了，这对罗马的野战指挥官来说已经非常年迈，而且他已经十六年没有打过仗了。在过去也曾有高龄人士被召来担任将领、为共和国效力，但通常只是在危机时刻。这一次，罗马并没有受到严重威胁，而克拉苏的指挥能力

---

① 　即前文讲到的奥卢斯·加比尼乌斯。担任保民官时，他帮助庞培获得了清剿海盗的指挥权。他于前58年和恺撒的岳父皮索同时担任执政官。前55年，他获得庞培的授意，在未得到元老院批准的情况下，出兵扶植托勒密十二世复位。随后他将叙利亚总督的职位移交给克拉苏。

迟缓而平庸。前 54 年的大部分时间，他待在叙利亚，征收税款；表面上是在为计划中的远征筹款，但有人恶毒地攻击他，说他在中饱私囊。从战争中赚取利润显然是克拉苏希望得到军事指挥权的主要原因之一。另外还有攀比和竞争的因素，因为如果庞培和恺撒都控制着自己的行省和军队，那么三头同盟中的另一位大人物当然也要有自己的指挥权，否则就会相形见绌。但从绝大多数方面来看，克拉苏在人生中的主要目标均已实现：他地位显赫，担任过两届执政官；富甲天下，影响力极强，而且正如喀提林辩论时所体现的那样，他几乎可以免受任何政治攻击或起诉。所以我们很难避免这样的结论：他如此渴望得到军事指挥权，主要是为了与两位政治盟友竞争。克拉苏和庞培自一同在苏拉帐下效力时便互相嫉妒，克拉苏对庞培赢得的名望一直非常怨恨。现在恺撒也证明了自己是个伟大的将领，因此克拉苏作为三头同盟中最年长的一位，不肯被另外两人比下去。[4]

从前 54 年开始，三头同盟成员都不在罗马城，因此在很大程度上依赖代理人开展政治活动。三头同盟仍然处于主宰地位，但和以往一样，并不能一手遮天。卢基乌斯·多米提乌斯·阿赫诺巴尔布斯当上了前 54 年的执政官，他的同僚是克洛狄乌斯的长兄阿庇乌斯·克劳狄·普尔喀。同时，加图是裁判官之一。两位执政官都抱怨称，他们连军事保民官这样的下级官职都无法自由任命。三头同盟一共控制着 20 多个军团，这占了当时罗马军队的很大比例。阿庇乌斯为了给自己的一位门客弄到保民官的职位，甚至不得不北上内高卢去拜访恺撒。庞培待在罗马附近，或许并不怀念定期参加元老院会议的旧时光，因为他从来就不是一个特别有天赋的演说家。克拉苏离开罗马城之后，影响力就削弱了不少，因为他不能始终吸引群众的眼球，也不能通过当律师为其他人辩护来卖人情。恺撒已经很熟悉自己远离意大利期间维护自己在罗马利益的问题了。他的亲信们非常活跃，尤其是巴尔布斯。从西塞罗的书信中，我们能瞥见恺撒的司令部与罗马的显赫权贵们之间潮水般的通信往来。西塞罗的弟弟昆图斯曾是庞培麾下的军团长之一，协助他监管罗马城的粮食供应，后来于前 54 年又去了高卢，担任恺撒的军团长。昆图斯先后为庞培和恺撒效力，也与西塞罗欠这二位的人情有关，当初是他们帮助西塞罗从流亡中返回罗马。西塞罗自己不愿意离开罗马，而且他待在罗马对三头同盟更有用，于是昆图斯代替兄长为庞培和恺撒效力，这对他们家族有好处。西塞罗在给弟弟的信中时常询问恺撒情绪如何，以及恺撒是否表现出对西塞罗兄弟的善意。他还写道，自己将诗歌和其他文学作品寄给恺撒，以征询他的意见。这种通信并不是特别具有政治意义的信函，但在非正式层面上巩固了西塞罗与恺撒的关系。我们知道恺撒在第二次远征不列颠期间，给身处罗马的西塞罗写了至少三封信。[5]

西塞罗给自己的门客盖乌斯·特雷巴提乌斯·泰斯塔的几封信保存至今。特雷巴提乌斯担任恺撒幕僚的职位就是西塞罗帮助他谋得的。年轻的特雷巴提乌斯后来成为一位著名的法学家，这时他已经开始致力于法律事业。西塞罗最初向恺撒引荐特雷巴提乌斯的那封信也保留至今。西塞罗后来告诉昆图斯，恺撒"非常礼貌、非常机智地向我表达谢意。他说在他庞大的幕僚群体中，连一个能够写出像样的具结书的人都没有"。特雷巴提乌斯并没有得到一个军职（尽管西塞罗为另一名门客搞到了一个军事保民官的职位），而是负责处理行政和法律工作。即便如此，特雷巴提乌斯在很长时间内对自己的新职位仍然没有热情，非常思念罗马城。前 54 年 8 月，西塞罗写信给特雷巴提乌斯，说他刚收到了恺撒的信，恺撒在信中"非常礼貌地"告诉他，他（恺撒）还没有机会去了解特雷巴提乌斯，但向西塞罗保证，一定会去认识了解特雷巴提乌斯。西塞罗告诉自己年轻的门客，他已经在恺撒面前替他说了不少好话，请恺撒好生栽培和提拔他。西塞罗在这封信以及其他信中表达出对门客的恼火，因为后者缺乏耐心又不够积极主动。如果自己推荐的人没有得到赏识，那么推荐者自己的威望也会受损。尽管恺撒或许会为了继续卖人情给西塞罗，愿意接受西塞罗推荐的任何人选，但西塞罗也急于发挥自己的作用。值得注意的是，尽管恺撒正在作战、百事缠身，他和西塞罗仍然保持着紧密的联系，并且讨论的都是罗马元老们一贯关心的问题。西塞罗和恺撒之间的通信虽然被公开发表，但大部分都已遗失。我们有理由相信，恺撒和其他许多元老也有着同样频繁的通信往来。[6]

叛乱

尽管恺撒从来不会忽视政治问题，但在随后几个月里，他将持续奔波作战，很少有闲暇时间。从不列颠返回后，他召集高卢各部落的领袖开会，然后监督自己的军队进入冬季营地。这一年的农业收成很差，恺撒的解释是这年夏季特别干旱，但实际上他近些年中的作战很可能扰乱了很多地区的农耕。于是他的 8 个军团没有驻扎在一处，而是分散在非常广大的地域。大部分军队都驻扎在比利时部落的领地，这些部落新近与罗马结盟，还没有得到完全信任。在前几年里，恺撒很快就返回内高卢过冬，但这一年等待的时间比过去久。他确保部队安全地驻扎下来，才动身离去。每个军团的指挥官是一名军团长或他的财务官，这一年的财务官是克拉苏的长子马尔库斯。新的军团长中包括特雷博尼乌斯，此人在前55年担任保民官，为庞培和克拉苏搞定了五年的总督职权，还为恺撒延长了任期。每个军团的指挥官都被要求在部队安排就绪、营地建立起恰当的防御工事之后向恺撒发出报告。我们知道昆图斯·西塞罗被允许自行选择其军团扎营的具体地点，其他军团长应该也有自行选择驻地的权力。军队进行过冬准备的同时，恺撒注意到一些部落在骚动不安。他指定的卡尔尼特部落国王被其他酋长杀死了，迫使他不得不改变军队部署，将1个军团从比利时人领地调到卡尔尼特人领地那里过冬。[7]

恺撒来到高卢之后，有些酋长得到了好处。但对有的酋长来说，只是眼睁睁看着自己的竞争对手春风得意而已。在杜诺列克斯开始给罗马人制造麻烦的时候，恺撒就草草地将他解决了，这让很多高卢酋长意识到谁要是不听恺撒的话，就会落得同样的下场。虽然高卢处于罗马主宰之下，但部落内部贵族的权力斗争仍然非常激烈；如果在恺撒统治下处境困难的部落能够成功地反抗他，也许能够带来名望和权力。在前54年夏季出征不列颠之前，恺撒曾干预特雷维里部落里互相竞争的领导人之间的纠纷。其中一个叫因杜提奥马鲁斯的酋长输给了罗马支持的另一位酋长。当时因杜提奥马鲁斯与恺撒达成了谅解，亲自去恺撒营地交了200多名人质。冬季，罗马军队兵力分散，颇为脆弱，因杜提奥马鲁斯感到打击罗马人的时机到了。因杜提奥马鲁斯计划召集所有忠于他的特雷维里人，攻击拉比埃努斯指挥的罗马军团（驻扎在特雷维里人领地）。但他知道单凭特雷维里人是不可能打败恺撒的，于是花了不少时间怂恿邻近部落的酋长们（他们同样怨恨罗马的统治）一同造反。这并不是一场由单一领袖进行有力协调的大叛乱，而是差不多在同时期爆发的一系列独立叛乱，分散了罗马的兵力，因此形成各部落之间互相支持的局面。最先发难的不是特雷维里人和因杜提奥马鲁斯，而是厄勃隆尼斯人，他们居住在今天的阿登地区。厄勃隆尼斯人指定了两位指挥官，分别是阿姆比奥雷克斯和卡图沃尔库斯，他们击败了恺撒的军队，这是后者仅有的三次严重失败中的一次。[8]

　　罗马人的 15 个大队驻扎在厄勃隆尼斯人领地上，位于一个叫作阿图阿图卡的地方（可能位于现代的列日或通厄伦①附近，具体位置不详）。这支部队包括了整个第十四军团，但另外 5 个大队究竟是从其他军团配属来的，还是独立单位，我们不得而知。恺撒在外高卢征募了至少 20 个大队，其士兵甚至没有拉丁人的身份（来自外高卢行省的士兵有拉丁人的身份）。恺撒说道，驻扎在阿图阿图卡的这支队伍包括一些西班牙骑兵，或许还有其他辅助部队，因此总兵力应该有 6000～8000 人。这支部队的指挥官是恺撒的两名军团长科塔和萨比努斯，两人都曾在作战中独当一面，虽然没有突出的军事才华，但也算相当精干。前 55 年，他们曾联手讨伐门奈比人。恺撒没有说明科塔和萨比努斯中是不是有一人是最高指挥官，但从他的叙述判断，两人应当是联合指挥，地位平等。他们轻松击退了厄勃隆尼斯人对其营地的第一次进攻，但随后阿姆比奥雷克斯前来谈判，声称自己是被部落族民强迫起兵打仗的。他告诉罗马代表，高卢全境都已密谋，各部落约定在今天各自攻击当地的罗马军队。

----

　　① 今天比利时林堡省的一座城市，讲佛兰芒语。

由于恺撒过去曾对他照顾有加，他现在知恩图报，提议允许罗马人安全撤离，与50里之内另外2个罗马军团中的任意一个会合。当夜，两位军团长为了下一步如何行动争论起来。萨比努斯主张接受对方的提议；科塔认为他们不可以违背恺撒的命令，应当留在营地中，因为他们拥有足够多的粮草，可以坚守到得到救援。最后萨比努斯占了上风，于是次日黎明时，罗马军队开拔了。厄勃隆尼斯人熟悉地形，在罗马人经过的一道峡谷处设了埋伏。罗马人被包围了，连续损兵折将。科塔在战斗初期便被石弹打伤，但仍然坚持鼓舞士兵奋战，并努力组织抵抗。萨比努斯陷入绝望，遭到包围，与阿姆比奥雷克斯谈判时被杀。科塔组织起来的抵抗力量也被敌人消灭，他在敌人最后的冲锋中阵亡。少数幸存者在随后几天内陆续逃到拉比埃努斯的营地，但15个大队基本上被全歼了。[9]

在《战记》中，恺撒将此次惨败的责任全都推给萨比努斯。在恺撒笔下，科塔与萨比努斯据理力争，就像一位罗马贵族在危机中应当表现的那样。科塔与萨比努斯的出身都不是特别显赫，因此恺撒不必过于担心冒犯元老院中势力强大的派系。他声称自己是根据幸存者讲述的故事和后来作战中抓到的俘虏的审讯，复原了当时的事件经过。《战记》给出的版本并没有本质上说不通的事情，与历史上其他时期的一些军事灾难，比如第一次阿富汗战争期间埃尔芬斯通[1]和麦

① 威廉·乔治·凯斯·埃尔芬斯通（1782 年～1842 年），英国陆军少将，曾参加过反对拿破仑的战争（包括滑铁卢战役），还曾担任英王乔治四世的副官。1841 年，在第一次英国－阿富汗战争期间，他率军驻防喀布尔。他年迈、优柔寡断、软弱，严重失职。他的部队（大部分是印度人）从喀布尔撤退时全军覆没。他本人死于被俘后。

克诺顿①的悲剧，也很相似。恺撒记述的情节完全有可能是真实的，但他显然致力于减小这场灾难造成的影响，并将他本人与战败的罪责拉开距离。他的叙述非常详细，描绘了两位指挥官之间的辩论，以及行军队伍遭到伏击时的混乱。除了科塔鼓舞官兵拼杀时振奋人心（尽管徒劳无功）的努力之外，还有其他一些英雄事迹，比如一位百夫长为了营救自己的儿子而牺牲，以及旗手（与在不列颠登陆作战时的英雄不同，这一位旗手的名字被记载下来）在临死前将鹰旗投掷到安全地带（躲在营地内的幸存者于当夜全部自杀，因此鹰旗最后还是被敌人缴获了）。恺撒试图向世人证明，此次战败完全是军团长萨比努斯的错，但同时代人很少上他的当。所有史料都认为，战败是恺撒的责任。作为执掌军权的总督，他应当为自己麾下的全军负责。当时罗马总督写给元老院的信一般这样开头："我一切皆好，军队亦如此。"萨比努斯和科塔作为他的军团长或"代表"，都是由他挑选出来，根据他的命令行事。如果他们两人联合指挥，职权不分高下，那么恺撒就是犯了大错。拿破仑曾说，一位糟糕的指挥官也好于两位共享权力的优秀指挥官。萨比努斯选择率军出营，或许是违背了恺撒的命令，但这意味着恺撒要么没有将自己的想法明确表达出来，要么没有勒令军团长严格服从命令。恺撒要对失败负最终责任，即便是他的部下犯了错误，战败也要算在他的账上。他的相当一部分军队被高卢名望最低的部落之一全歼了。这种事情是史无前例的，让人对罗马不可战胜的形象（正是他到目前为止的常胜

---

① 威廉·海伊·麦克诺顿爵士（1793 年～1841 年），英国在印度殖民地的高官，在第一次英国 - 阿富汗战争期间，他被阿富汗人谋杀，后来导致埃尔芬斯通部队的惨败和覆灭。

不败让人形成了这种印象）产生了质疑。[10]

罗马不可战胜的光辉形象受损的第一个迹象是，阿姆比奥雷克斯及其侍从骑马来到邻居阿杜亚都契人的领地，然后进入了内尔维人的领地。绝大部分厄勃隆尼斯人已经作鸟兽散，就像历史上许多部族武装或非正规军那样，携带着战利品各自回家了。但他们得胜的消息足以鼓舞其他部落，内尔维人也被说服去攻击在他们土地上过冬的罗马军队。这支部队的指挥官是昆图斯·西塞罗，他之所以能够当上军团长，仅仅是为了巩固他哥哥与恺撒之间的友好关系。昆图斯尽了家族义务，但他不是一位激情洋溢的军人。在他的家信里，他常抱怨军旅生活的艰苦，而且他的注意力似乎并不完全集中在自己的职责上。前54年秋季，在率领自己的军团进驻冬季营地时，他告诉自己的哥哥，他在仅仅十六天内便创作了四部悲剧。当内尔维人突袭他的营地时，昆图斯·西塞罗的反应很迅猛。因为萨比努斯和科塔的噩耗还没有传来，所以他的部队事先并没有防备，但他仍然击退了敌人的第一轮进攻。内尔维人在同盟氏族以及一些阿杜亚都契人与厄勃隆尼斯人的支持下，开始安顿下来攻打罗马营地。一夜之间，西塞罗的部下修建了120座小塔楼来加强营地的壁垒。建造这些塔楼所需的材料是预先备好的，储存在营地内，但显然防御工事并未完全竣工。现在，罗马士兵们开始拼命施工。次日，他们打退了敌人的第二轮全面进攻。不管昆图斯·西塞罗的个人性情和才干如何，他都做到了一位罗马元老应该做的。白天作战时，他鼓舞将士；夜间，他监督士兵们劳作以继续巩固防御工事，并制作新的投射武器。他的身体状况不佳，最后在士兵们的劝说下回到自己营帐休息。我们很容易觉得，西塞罗部下的军官们才是防御作战的真正核心，而他本人有时候会碍手碍脚。恺撒希望与昆图斯及其兄长保持良好关系，因此在《战记》中一定会把昆图斯的表现描绘得比较正面。尽管昆图斯·西塞罗缺乏军事才华，经验也有限，但他表现出了真正的勇气，尽了最大努力去防守营地，并且冷冷拒绝了敌人停战并允许他的人马撤往安全地带的建议。围攻在继续，比利时人以壕沟和壁垒将罗马要塞包围，并建造了活动防盾和其他攻城器械。就在几年前，攻城器械在高卢还是新鲜玩意儿，但各部落对恺撒军队做了观察，从他们那里学会了攻城器械的技术。罗马守军逐渐消耗，伤员越来越多，这意味着身体健全者的负担越来越重。罗马守军的数量远少于敌人，恺撒说此地有 6 万名内尔维人，显然是忘记了自己曾经说过，内尔维人在前 57 年蒙受了极大的损伤。如果得不到援救，昆图斯·西塞罗全军覆灭只是时间问题。[11]

　　昆图斯·西塞罗遭到攻击后立刻派信使去向恺撒报告，但这些信使都没能穿过比利时人的战线。好几名信使被敌人俘虏，带回城墙下，当着罗马军团士兵们的面处死。围城战持续了一个多星期之后，才有一名信使通过了敌军阵线。这名信使是个高卢人，是一位仍然忠于罗马、在西塞罗身边的高卢贵族的奴隶。一天深夜，恺撒在位于萨马罗布里瓦（现代的亚眠）的营地接到了告急文书。西塞罗的书信除了报告自己的处境外，还为恺撒提供了萨比努斯与科塔部队遭歼灭的最早线索。到目前为止，恺撒完全不知道高卢人发动了叛乱，这足以证明他的情报是多么依赖各部落中亲罗马的贵族。这消息着实令人震惊。恺撒意识到他必须迅速采取行动。昆图斯·西塞罗的部队必须即刻得到救援，否则必然覆灭。若是让高卢人取得第二场胜利，叛乱的势头会更猛烈，越来越多的领袖和部落会加入叛乱。在萨马罗布里瓦，恺撒手头只有 1 个军团，守卫着全军的主要辎重、档案资料、军饷资金、从高卢全境搜罗来的粮食，以及自前 58 年以来获得的数百名人质。西塞罗的门客特雷巴提乌斯以及其他许多行政官员和文书人员都在那里。若是带着这些非战斗人员，恺撒就无法迅速行动，但他也不能将他们丢下不管。因此他的第一道命令是发给财务官马尔库斯·克拉苏的，后者及其军团就驻扎在不到 25 里的范围内。克拉苏接到的命令是火速赶往萨马罗布里瓦，他开拔时已是午夜。克拉苏应该是先行派出了自己的前哨警戒部队，军团的其余人员则是在做好准备后出发。次日上午九十点钟的时候，克拉苏军团的先头巡逻队（可能是骑兵）抵达了恺撒的营地，并告诉他大部队就在后面不远处。[12]

恺撒让他的财务官留在萨马罗布里瓦，保护那里的人员和珍贵物资，然后亲自率军出发，第一天行军 20 里。除了他手头的 1 个军团之外，他还拼凑到了 400 名辅助骑兵和同盟骑兵，行军途中还有希望得到另外 2 个军团的增援。他派遣信使去找盖乌斯·费边（此时驻扎在莫里尼人领地），指示他穿过阿特雷巴特人领地行军，与经过同一地区的恺撒会师。他还向拉比埃努斯发去命令，指示他尽量在内尔维人领地边境与主力部队会合，但允许他视情况而定，若原驻地的形势有需求，他也可以留在原地。费边迟到了一点，但还是与恺撒会合了。拉比埃努斯派来一名信使骑兵称他无法调动，因为特雷维里人征募了一支军队，就驻扎在离他 3 里路的地方。他还证实了萨比努斯和科塔的命运，将逃到他那里的一些幸存者的说法转述给恺撒。恺撒同意他的高级军团长的决策，但他现在只有 2 个军团，而且是 2 个长期作战、师老兵疲、缺编严重的军团。即便加上骑兵，他的兵力也只有7000人多一点，而且在随后几周内都没有希望得到增援。如果他耽搁不前，那么西塞罗的营地可能陷落，那就又会损失一个军团，这必然会给叛乱煽风点火。他此次行军只带了少量辎重和最低限度的粮草。此时已是深秋，部队在经过的田地中无法找到足够的粮食或草料。罗马人必须速战速决，而绝不能打一场谨慎而缓慢的运动战。恺撒催动部队拼命狂奔，去营救被围友军。他的决定在战略上是很有意义的，也符合罗马的军事思维，即强调积极主动，但风险肯定很大。还有另一个更私人的动机促使恺撒继续前进。他的部下此刻面临危险，而官兵与统帅之间逐渐培育出的信任就建立在守信的基础之上。只要还有希望挽救被围困的士兵，恺撒就不能放着他们等死。在得知15个大队被全歼的噩耗后，他发誓在为阵亡将士复仇之前绝不剃须理发，这表达了他对死者的深切感情。对于特别重视仪表的恺撒来说，不剃须理发算是非常严重的事情了，因此他的这个姿态非同小可。满脸胡楂的恺撒鞭策着他的7000名士兵强行军。[13]

侦察兵捕获的俘虏供称，西塞罗的人马还在坚守。一名高卢骑兵被劝服穿越敌军战线去送信。这封信是用希腊字母写的，恺撒相信比利时人读不懂它。这名信使无法进入西塞罗的营地，于是按照指示将书信缚在一支长矛上，然后将其投射到营地。这支长矛插到了一座塔楼的侧面，但一连两天都没有人注意到这封不寻常的书信，最后终于有人发现了它，将它送到西塞罗手中。军团长检阅了部队，向他们宣读了恺撒的信，告诉他们恺撒正在赶来救援。他们看到远方升起了烟柱，那是一支罗马军队在逼近，按照惯例沿途纵火焚烧"敌人"的农场和村庄。比利时人巡逻队也发现了恺撒正在逼近，于是围困西塞罗的军队立刻放弃围困，准备迎接新的战斗。即便比利时人的兵力没有恺撒宣称的 6 万之众，也肯定远远超过恺撒此次带来的小队伍。西塞罗请求之前帮助他的那名高卢贵族再派一个人穿越敌军战线去告诉恺撒，比利时军队正在准备迎战他。高卢信使于午夜抵达恺撒的营地，恺撒立刻将西塞罗的书信内容告诉部下。据苏埃托尼乌斯说，若是有坏消息，恺撒总是亲口将坏消息告诉部下，并且以一种实事求是的态度自信地告诉他们，以便让他们觉得大可不必担心。有时他甚至会夸大危险的程度。尽管如此，他仍然是一位谨慎小心的指挥官。在此之前，他总是在天亮前就开始行军；但在次日，他一直等到黎明才将队伍向前推进了 4 里。在这个季节，北欧的白昼较短。内尔维人及其盟友在一条小溪后方的山岭上严阵以待。在前 57 年，比利时人曾选取类似的阵地，他们很可能占据了进入其领地的主要道路，部落间交战时常常利用这些道路。[14]

　　恺撒的兵力远不及敌人，他也没有足够的粮食来支撑长时间作战。越过小溪然后爬山去攻击居高临下且早有准备的敌人，那样对他非常不利，或许会导致灾难。因此，他需要诱使比利时人放弃自己的阵地来攻击他。为了达到这个目的，他刻意将自己的营地设计得比正常情况小——尽管这样一支没有辎重的小部队营地本来就够小了——让在营地中划分各单位宿营地的街道比正常情况更加狭窄。他希望内尔维人轻敌，主动来攻击他。为了防止这个计策不奏效，他还派出了侦察兵，去寻找越过小溪的其他路径，希望找到从侧翼包抄敌人阵地的办法。白天，两军在山谷两侧对峙，只有骑兵冲上去进行了小规模交锋。次日拂晓，局势与先前一样，但恺撒命令他的辅助部队在敌人面前退让。内尔维人的骑兵很少，声望也不高，因此他们将恺撒的骑兵打回营地，这对内尔维人来说是很大的鼓舞。为了制造畏敌的假象，罗马人将其营地的壁垒修建得比一般情况要高，并用由一排草皮制成的墙封死了四个出入口。内尔维人吞下了诱饵，越过小溪，来到了山谷的罗马人这边。罗马人故意假装慌乱，诱骗敌人一点点接近。罗马军团士兵们甚至放弃了壁垒，似乎是害怕正在逼近的内尔维武士。比利时人派来传令官宣布，恺撒的部下若是弃他投降，将受到欢迎；但在期限之后若是还不投降，就不会得到宽恕。过了一会儿，内尔维人来到壁垒前，有些武士开始拆毁封堵大门的草皮墙。直到这时，恺撒才命令进攻。此前等候在大门后的罗马部队开始冲锋，轻松地推倒了薄弱的屏障。内尔维人惊慌失措地逃窜，罗马军团士兵猛追上去，恺撒还命令骑兵冲出来支援。有些内尔维人当场丧命，有的丢盔弃甲地逃跑；但罗马人没有追多久，恺撒便命令他们返回，因为他担心如果士兵们追击敌人太远，会在附近的树林和沼泽中遭到伏击。[15]

敌军溃散后，恺撒继续推进，去营救西塞罗。他特意夸奖了这位军团长，并分别视察和表彰了守军的军官和士兵。西塞罗麾下只有十分之一的官兵安然无虞、没有负伤，尽管很多伤员伤势不重，还可以作战。次日，恺撒检阅了部队，这一次讲到了科塔和萨比努斯的战败，将后者作为替罪羊，并鼓励将士们将来奋勇作战。罗马人胜利的消息传到特雷维里人那里，他们的军队从威逼拉比埃努斯营地的位置上撤退了。恺撒派遣费边及其军团返回其位于莫里尼人领地的营地，然后带领西塞罗的军团和他自己的部队返回了萨马罗布里瓦。在整个冬天，他始终把这些部队和克拉苏的军团留在萨马罗布里瓦附近，以便保留一支打击力量，应付可能发生的新叛乱。恺撒也留在军中，这是他第一次没有前往阿尔卑斯山以南过冬。高卢局势一触即发，他不能离开。这一年也许是没有发表《战记》的唯一一年。《战记》的第五、第六卷很可能是在前53年～前52年冬季发表的。恺撒实在太忙，而且在扑灭叛乱的全部余烬之前，他也不愿意发表一部关于尚未结束的冲突的书。到前54年12月，高卢爆发激战的消息已经传到了罗马，西塞罗写信给特雷巴提乌斯说，他听说他们最近"打得很激烈"[16]。整个冬季，恺撒始终对各部落保持密切关注："听说萨比努斯的战败和死亡之后，几乎所有高卢部落都开始考虑打仗，向该地区派遣使节和代表团，去打探风声（看其他人是怎么想的，战争将在何处开始），并在偏僻的地方召开夜间会议。"[17]

在阿莫利卡（大致相当于今天的布列塔尼），一支部族武装集结在卢基乌斯·罗斯基乌斯和第十三军团的营地附近，但后来被解散了。恺撒支持的一位酋长——希诺奈人国王卡瓦里努斯——遭到其他酋长的攻击，险些丧命，逃到萨马罗布里瓦的恺撒营地。这年冬季余下时间里的作战是由拉比埃努斯指挥的。因杜提奥马鲁斯曾尝试获得日耳曼人的支持，但失败了。尽管如此，他还是集结了一支由他的部落同胞组成的军队，去袭击拉比埃努斯的营地。一连几天，特雷维里人在拉比埃努斯营地外的平原上排兵布阵，挑战罗马人。拉比埃努斯连续多次拒绝应战，但有一天，在特雷维里人没有得到答复准备散去之时，拉比埃努斯派出了同盟骑兵去追杀特雷维里人。他给己方骑兵的命令是杀死因杜提奥马鲁斯，对其他人置之不理。杜提奥马鲁斯丢了性命，他的首级被带到拉比埃努斯面前。失去了领袖之后，特雷维里武士们便散去了。[18]

焦土政策：惩罚各部落

这年冬季，恺撒不仅补充了兵员损失，甚至还征募了之前兵员人数两倍的新兵，这让高卢人渐渐相信，罗马的人力资源是无穷无尽的。他在内高卢组建了 3 个新军团，包括新的第十四军团以取代惨遭全歼的部队，以及第十五军团和第一军团。第一军团尽管是在恺撒的行省组建的，但按照原计划应为庞培在西班牙的军队的一部分，并且已经向他宣过誓，所以它的番号来自不同的序列。庞培自己没有大规模军事行动的计划，于是同意将这个新军团"借"给恺撒，"为了共和国的利益，以及我们的私人友谊"。恺撒现在拥有 10 个军团，但叛乱部落也在集结力量。阿姆比奥雷克斯在鼓动各部落起事中起到了关键作用，还与特雷维里人正式结盟。另外，内尔维人、阿杜亚都契人和门奈比人都已经公开与罗马交恶，而其他一些部落，如希诺奈人和卡尔尼特人，都排斥了亲恺撒的领导人，并拒绝听从恺撒的召唤去开会。恺撒决定，必须在作战季节的常规开端（初春）之前就展开行动。他希望夺取主动权，因为在叛乱一开始，主动权就掌握在叛军手中。罗马军队将会发动进攻，并证明罗马尽管蒙受了一次失败，但仍然强大，与罗马作对的后果是非常严重的。各部落没有统一的领袖，没有首都，看上去似乎也没有能力集结一支野战军。击败了一个部落，其他部落也未必会投降，因此罗马人需要逐个击败敌人。由于缺乏明确的目标，恺撒便攻击部落武士们的家园和农场。罗马军队将会焚毁敌人的房舍，吃掉或销毁敌人的庄稼和牲畜，将敌人杀死或奴役。罗马人用"焦土政策"（Vastatio）一词来指代这种活动，Vastatio 是英语词 devastation（毁灭、大破坏）的词根，甚至还有一个动词 vastare 来表示这个过程。这种行动极端残暴，但很有效，能够震慑敌人，迫使其承认失败、举手投降。历史上占领外国军队常常使用类似手段，但很少有军队能够在残忍和高效上超越恺撒的罗马军队。[19]

冬天还没过完，恺撒便集结了 4 个军团，集结地可能是萨马罗布里瓦附近，并攻击内尔维人。部族武装要集结起来总是需要不少时间，因此内尔维人没有多少机会自卫或者逃跑。罗马人的进攻显得格外出其不意，因为在这个季节高卢人无法组建一支大军来作战。前 57 年，即便在夏季，比利时大军也因为缺乏粮草而被迫解散。而罗马军队拥有有序且高效的后勤补给体系，所以能够在冬季作战。恺撒的部队俘虏了许多人口，将其牲畜搜刮一空，并烧毁了村庄。面对这场屠戮，内尔维人迅速投降，向罗马人交出人质。恺撒撤军了，并向各部落发去讯息，传唤他们来年初春前来开会。希诺奈人和卡尔尼特人又一次不肯来开会，特雷维里人也拒绝参加，此时特雷维里人的领导人是因杜提奥马鲁斯的家人。恺撒这次会议的地点是塞纳河上的卢泰提亚，此地是巴黎西部落的主要城镇，今天法国首都巴黎的名字就源自此部落。在会议召开之前，恺撒率军讨伐希诺奈人。希诺奈人还没来得及躲到自己的城镇围墙之内，便遭到突然袭击，很快投降了。埃杜依人为希诺奈人求情，于是恺撒对希诺奈人的发落相对宽大。他对希诺奈人高抬贵手的部分原因是希望对罗马的老盟友埃杜依人表示尊重，部分原因则是希望尽快展开镇压其他叛乱部落的行动。希诺奈人交出了一百名人质，但罗马人没有大规模奴役希诺奈人。卡尔尼特人意识到自己极可能是恺撒的下一个讨伐对象，于是向他派遣使者，并请雷米人的代表作陪。恺撒又一次接受了卡尔尼特人的投降。按照惯常的做法，他在会议上要求各部落提供骑兵部队。他私下里决定将希诺奈人提供的骑兵始终保留在自己身边，以便随时监视其指挥官——酋长卡瓦里努斯。[20]

高卢中部就这样被"平定"了，于是恺撒将目光转向东北方。阿姆比奥雷克斯是与恺撒敌对的部族领袖中最有影响力和领导力的一位，但恺撒判断阿姆比奥雷克斯不大可能冒险公开对阵。于是他决定先拿阿姆比奥雷克斯的盟友或潜在盟友开刀。恺撒将辎重和补给物资送往拉比埃努斯处，并以2个军团押运。恺撒本人则率领5个军团和最低限度的粮食与重装备，去征讨门奈比人。此时3个新建军团中似乎只有1个与主力部队会合了。门奈比人和以往一样，避免正面交锋，躲藏在难以通行的森林与沼泽中。但这一次罗马人早有准备。恺撒将部队分为三个独立纵队，各自在门奈比人领地清扫道路，逢山开路，遇水搭桥。罗马军队的工程技术极其高超，只要领导得力，没有什么地方是他们去不了的。门奈比人发现自己的处境并不像自己想象的那样安全，看到烧毁村庄时的黑烟之后，不禁垂头丧气，于是派遣使节向恺撒投降。罗马主力部队继续前进，留下阿特雷巴特酋长科密乌斯及其武士，以确保门奈比人不会反悔。此次行动还在进行中的时候，特雷维里人向拉比埃努斯发起了攻击。拉比埃努斯表现出了他一贯娴熟的指挥技艺，将敌人诱入险境，然后向其发动猛攻，据说拉比埃努斯要求他的部下"把经常在将军面前表现的勇气拿出来"。他的3个军团（他自己的军团，以及在交战前护送辎重抵达的2个军团）将特雷维里人杀得血流成河。此次惨败之后，特雷维里部落中敌对罗马的酋长们逃到了莱茵河以东，该部落的权力被重新交给了亲罗马的秦格托利克斯。[21]

因杜提奥马鲁斯和阿姆比奥雷克斯都向莱茵河东岸的日耳曼部落求援，但没有取得多少成效，因为按照恺撒的说法，日耳曼人仍然在为阿里奥维斯图斯、乌西皮特人和滕科特利人的命运而心惊胆寒，所以只有少量武士前来支援因杜提奥马鲁斯和阿姆比奥雷克斯。即便如此，恺撒仍然决定第二次渡过莱茵河，既是为了震慑日耳曼各部落，防止他们向他在高卢的对手提供哪怕是最微薄的援助，也是为了阻止阿姆比奥雷克斯躲到莱茵河以东。罗马军队推进到莱茵河，修建了一座新桥梁，地点与他们在前55年建造又拆毁的桥梁相去不远。恺撒没有详述这座桥梁的细节，只是说他的士兵们之前有过架桥的经验，因此这次很快就完工了。前55年在莱茵河上架桥还算是一次对未知异乡的激动人心的探索，但这次就仅仅是常规行动了。这就是此次渡河作战的核心意义，即明确无误地向日耳曼人宣示，大河对罗马人来说不是障碍；只要恺撒愿意，随时都可以攻击日耳曼人的家园。和第一次远征日耳曼一样，这一次也没有发生真正的交战。乌比人很快派来使节告诉恺撒，他们始终信守与罗马的盟约。苏维汇人退回自己的家园腹地。乌比人告诉恺撒，苏维汇人正在集结军队，假如恺撒入侵，就将迎战他。恺撒做好安排，保障自己的供应充足，命令乌比人藏好自己的粮草与牲畜，以防为敌所用，然后开始挺进。苏维汇人得知消息之后，继续撤退，决定在自己领地更深处与恺撒交战。可能是恺撒兵力之雄厚令苏维汇人吃惊，他们需要更多的时间来集结更多武士，方可与恺撒对阵。恺撒决定不再继续东进，声称由于日耳曼人主要是畜牧民族而非农耕民族，他很难就地获取粮食，因此难以为自己的军队提供给养。考古学表明，恺撒将日耳曼人定性为畜牧民族是颇具误导性的，因为日耳曼地区有着悠久的农耕传统。即便如此，与高卢大部分地区相比，日耳曼人口的分布可能较为稀疏，小麦和大麦产量也较少。在日耳曼地区，罗马军队也许能够维持给养，但肯定会比较困难，因为没有同盟部落从自己的盈余粮食中取出一部分来供养罗马军队。对恺撒而言，与苏维汇人交锋并将其打败并不是特别重要。他又一次夸耀了自己的武力，并迫使苏维汇军队一退再退。双方都非常谨慎地尊重对方的实力，不大可能发生交战，尤其是因为恺撒和苏维汇人各自都有更紧邻也更弱的对手要处置。[22]

恺撒夸大了莱茵河作为边界的重要性，也夸大了高卢人和日耳曼人之间的差别，但他这么做是为了支持一项明确的战略。尽管他自前58年以来一直乐于捕捉机遇去开展新的战争，但他并没有像亚历山大大帝那样，追求无止境的征服梦想。他知道自己的指挥权是有时间限制的，并热切渴望最终返回罗马，去享受他的新荣耀与财富所带来的利益。他从很早就决心集中力量于高卢，并将整个高卢地区纳入罗马的主宰范围。这是一个完全有希望达成的目标——他最初产生这个想法可能是在最初的五年任期内，在前55年任期得到延长时一定已经明确了这个目标。在现有任务之外再征服日耳曼，显得不切实际，而莱茵河以东的作战总会分散他的力量，阻碍他在高卢取胜，尽管有时必须进军莱茵河以东。他可能也相信自己除了高卢之外还能征服不列颠或者至少是不列颠的东南角，但他起初的想法是基于对不列颠非常模糊的地理概念。在第二次远征不列颠之后，恺撒即便有意愿，也没有时间去取得对不列颠的永久性控制。随着岁月流逝，在伊利里库姆开展大规模行动的计划也被搁置了。恺撒集中力量于高卢，其他一切在他的战略中都处于从属地位。对意大利人来讲，可以将莱茵河理解为一道自然疆界，绝不能允许此疆界之外的任何人挑战罗马对新的高卢行省的统治权。[23]

返回莱茵河西岸后，恺撒拆毁了他的很大一部分桥梁，并留下部队驻守。此时已是夏末，庄稼成熟了，部队可以就地取食。恺撒将兵锋转向厄勃隆尼斯人和阿姆比奥雷克斯，其腹地位于阿登地区的森林中。他派遣骑兵先于主力部队前进，并命令部队夜间不准点火，以防止篝火或者云层反射的火光被敌人发现。他们突然杀到，打得敌人措手不及，俘虏了很多人。俘虏供出了阿姆比奥雷克斯的下落，罗马骑兵袭击一座村庄时，差一点将阿姆比奥雷克斯生擒。罗马的盟军骑兵缴获了阿姆比奥雷克斯的绝大部分财产、马匹和战利品，但阿姆比奥雷克斯本人溜走了，和他的追随者一起藏匿在茂密森林中。曾与他一同击败萨比努斯和科塔的卡图沃尔库斯感到自己年事已高，不能这样躲藏，于是在一根紫杉树上自缢了。（他的自杀可能带有某种宗教仪式的意味，或许是一位国王在未能保护子民免于灾祸后引咎自尽。不过恺撒没有说到这一点。）恺撒率军赶往阿图阿图卡，也就是前一年冬天发生灾祸的地点。大约在这个时期，另外 2 个新建的军团也与他会合了。他将辎重留在阿图阿图卡，指示新建的第十四军团在昆图斯·西塞罗指挥下守卫辎重，然后将其余部队分成若干快速纵队，袭扰敌人。恺撒率领 3 个军团奔向斯海尔德河①，拉比埃努斯指挥 3 个军团讨伐门奈比人，特雷博尼乌斯也带领 3 个军团攻打阿杜亚都契人。

---

① 斯海尔德河是荷兰语的名字，法语称埃斯科河，发源于法国埃纳省，流经比利时，最终在荷兰注入北海。

兵贵神速，各部队行军时只带最基本的口粮，因为按照计划，所有部队都将于一周后返回阿图阿图卡。各部队都没有遇到强有力的抵抗，但掉队士兵和脱离主力的小群士兵常遭到埋伏。恺撒觉得继续这样扫荡下去，罗马军团士兵会持续蒙受损失，太不值得。于是他向高卢全境下令，允许任何人袭击劫掠厄勃隆尼斯人及其盟友。很多高卢武士欢迎他的这个号召，很快就有许多高卢人的队伍开始积极地攻击厄勃隆尼斯人。[24]

在恺撒返回阿图阿图卡之前，西塞罗的营地遭到了一群日耳曼人的袭击。这些日耳曼人原先是渡河进入高卢来参加劫掠厄勃隆尼斯人的，但后来发现罗马军队的辎重是一个无法抵御的诱惑。西塞罗击退了敌人，但几个处于营地之外的大队损失惨重。在《战记》中，恺撒温和地批评西塞罗没有服从他的命令，让部队过于远离营地，但这种批评非常轻描淡写，因为恺撒不想疏远这位军团长或其兄长。这次挫折令人尴尬，尤其是因为它发生在去年冬天灾难发生地的不远处，但仍然只是个小挫折。在这一年的余下时间里，恺撒继续追捕阿姆比奥雷克斯，但始终未能得手。越来越多的高卢盟友参与追剿阿姆比奥雷克斯，景象非常惨烈：

> 每一座村庄，每一座房屋，只要是能找得到的，都被付之一炬；缴获的牛群被聚拢起来；小麦不仅被士兵和牲畜吃掉，还被这个时节常见的瓢泼大雨冲毁，所以即便是那些藏匿起来的人，在军队离开之后也注定会饿死。[25]

在前 53 年的大部分时间里，恺撒都在南征北战，冬天尚未结束就开始作战，一直持续到初秋，但没有打过一场大战役。唯一一场比较重大的战斗是由拉比埃努斯完成的，恺撒本人并不在场。这一年里，罗马人在广袤地区大肆破坏、制造恐怖气氛，不过以震慑恫吓为主，因为他们的劫掠破坏只发生在他们途经的地方。高卢东北部元气大伤，值得注意的是，在恺撒征服高卢之后，该地区遗址中黄金和其他贵金属的数量急剧下降。考古发掘表明，该地区物质文化的质量与数量都明显落后于其他地区，说明此地区至少经过了一代人的时间才得以恢复。这种恐怖镇压政策的危险在于，它播下了人民怨恨的种子，但恺撒认为只有用极端残酷的手段才能磨灭人们对萨比努斯惨败的记忆。我们不知道，恺撒是在什么时候觉得自己为阵亡将士复仇的誓言已经兑现，并吩咐奴隶为他理发剃须。作战季节结束后，他率军撤退，并又一次传唤高卢酋长们开会，这次的地点在杜罗科托鲁姆（现代的兰斯），这是雷米人的主要城镇之一。这一年早些时候，他曾满足于对希诺奈人与卡尔尼特人的骚动袖手旁观。现在他对此事进行了调查，并认定希诺奈部落的显贵阿科是骚动的幕后黑手。恺撒决定施加比"他的惯例"更严酷的惩罚，将阿科公开鞭笞并处决。此事比杜诺列克斯之死更令部落领袖们震惊，也将会产生深远的影响。恺撒这个决定也许是深思熟虑后做出的，但也许是因为他急于前往内高卢，因此特别焦躁。他的一个高卢亲信被杀，而另一个亲信被竞争对手驱逐，也促使他施加了特别严厉的惩罚，因为恺撒始终强调自己对"朋友"（不管是罗马人还是外国人）的忠诚与关切。不管出于何种考虑，恺撒下令将全军拆分：2个军团在利于监视特雷维里人的地方过冬，2个军团负责监视林贡斯人，剩余 6 个军团则集中在希诺奈人的一个主要城镇附近。[26]

恺撒在阿尔卑斯山以北度过了一年半时间，因此内高卢和伊利里库姆无疑有很多事务急待他的处理。可能就是这个时期，他撰写并发表了《高卢战记》的第五卷和第六卷，涉及前54年和前53年的事件。第五卷详细讲述了科塔与萨比努斯的战败，不仅将两位军团长的行为做了对比，随后还记述了昆图斯·西塞罗成功保卫营地的激动人心的故事，以及他麾下百夫长和士兵们的英雄事迹。第六卷包括探讨高卢与日耳曼文化的长篇漫笔，并记述了惩罚叛乱部落行动，其中很少涉及实际的战斗，读起来不是非常有意思。其中有些细节似乎是从民族志著作中照抄的，所以这一卷很可能是在非常匆忙的情况下写出来的。他在书中转述了一些怪诞奇谭，比如一种叫作驼鹿的动物，它生活在日耳曼森林深处，因为没有膝盖，所以睡觉时要倚靠树木。捕猎这种动物的办法是将树干锯到只差一点就倒下的程度，于是当驼鹿靠上睡觉时，就会连树带鹿一起倒下。虽然希腊人和罗马人对远方国度很难掌握确切的信息，但我们难以相信，像恺撒这样聪明且受过极好教育的人会对这类怪谈信以为真。这应当是一段罕有的幽默桥段，用于给全篇笔调严肃的《战记》调剂，但我们不知道他的读者们会不会意识到这一点。[27]

自恺撒上一次待在阿尔卑斯山以南以来，发生了许多事情，罗马政坛仍然风云激荡，但对他来讲最重要的事件发生在罗马世界遥远的东端。前54年底，克拉苏风流倜傥的儿子普布利乌斯率领1000名从高卢带来的骑兵，来到东方与父亲会合。随后，父子两人开始了期待已久的对帕提亚的入侵，但在作战季节结束前没有取得多少进展。前53年春，他们继续进攻。他们军队的骨干是7个罗马军团。他们满怀自信，因为在过去卢库鲁斯和庞培曾证明，罗马人粉碎兵力远胜于己的亚洲军队是多么轻松的事情。帕提亚人同样踌躇满志，因为他们也早已习惯了把弱小的邻居打得屁滚尿流。因此双方都非常震惊地发现，新敌人与之前的对手截然不同。罗马军队尽管有盟军骑兵和轻步兵，但本质上仍然是一支步兵部队。而帕提亚人则依赖两种骑兵：手持长枪、人马皆有护甲的铁甲骑兵和配备强有力的复合弓、行动迅捷的骑射手。两军在卡莱第一次交锋时，帕提亚的骑兵部队占了上风，但优势并不像人们常说的那样显著。普布利乌斯·克拉苏被诱骗离开了主力，他和他的部下全部阵亡，但此役的结局其实是战术上的僵局，双方都未能取得决定性胜利。罗马人的伤亡肯定更重，何况他们远离家乡。在此役中，克拉苏年轻时的军事才华有所体现，但在战役结束后的夜间，他和他的军队都丧失了斗志。他们开始撤退。罗马人徒步行进，而帕提亚人骑马追击，因此撤退非常困难。罗马军队遭到追杀，几乎全军覆灭。克拉苏在与敌人谈判时被杀，他的首级被送到帕提亚国王那里。这对罗马人来说是一场屈辱的失败，与它相比，几个月前在阿登地区损失 15 个大队也不算什么了。三头同盟的第一位成员死去了，而罗马最富裕、影响力最大的显贵之一的死亡必然给共和国的政治平衡造成影响。非常巧合的是，帕提亚战役为克拉苏的财务官赢得了声望，此人率领一些幸存者撤回了叙利亚，并击退了帕提亚人对这个行省的袭击。他的名字是盖乌斯·卡西乌斯·朗基努斯，九年后，他成了刺杀恺撒的密谋集团的两位领导人之一。[28]

十五 恰逢其时，恰遇其人：维钦托利与前 52 年的大叛乱

> 高卢的酋长们在森林深处的偏远地点集会，哀悼死去的阿科；他们意识到，同样的命运完全可能降临到他们头上；他们怜惜高卢民众普遍的悲苦；他们宣誓团结互助，互赠礼物，鼓舞民众起来反抗，为了高卢的自由而视死如归。
>
> ——恺撒[1]

在人类历史上，帝国主义统治若要取得成功，不能仅仅依赖军事力量，还要仰仗外交与政治安排，对后者的依赖程度甚至更高。军队可以粉碎正式的反抗，也能够遏制游击队，但或许没有能力将其根除。如果要避免持续不断的兵燹，就需要达成一项能够让足够多的占领区人民接受的协议，尤其是让那些拥有权力和影响力的人接受协议。这项原则，无论是对英属印度的韦尔斯利①、法属北非的比若②还是在高卢的恺撒，都是

---

① 理查·韦尔斯利，第一代韦尔斯利侯爵（1760 年~1842 年），英国政治家和殖民地管理者，曾任英国外交大臣和爱尔兰总督。他担任印度总督期间，彻底消灭了法国在印度的势力，将英国在印度的殖民地扩张为一个帝国。他的弟弟阿瑟·韦尔斯利就是著名的在滑铁卢战役打败拿破仑的第一代威灵顿公爵。

② 托马-罗贝尔·比若，拉皮孔纳里侯爵，伊斯利公爵（1784 年~1849年），法国元帅和政治家。他在拿破仑时期官至上校，在拿破仑垮台后解甲归田，后在路易-菲利浦一世时期参加远征阿尔及利亚，担任阿尔及利亚总督。他在殖民地的统治相当成功。

至关重要的。这三位都是有才华的军事家，都在战场上赢得了
辉煌胜利，但他们都认识到有效的外交与精明的行政管理的重
要性，只有军事手段是不够的。罗马的元老们素来熟知罗马共
和国的战争与政治之间的密切联系，因此往往能够承担行省总
督的外交与行政职责。同样重要的是，罗马在意大利境外的扩
张不是为了消灭土著居民并以罗马殖民者取而代之，甚至也不
是给土著居民强加一个罗马精英阶层来剥削他们。尽管罗马帝
国主义扩张过程中伴有屠杀和大规模奴役，但恺撒抵达高卢时
那里的土著部落将成为他创建的行省的子民。在大多数日常政
务中，统治各部落的仍然是原有的贵族阶层领导人。要获得永
久性的征服，就必须劝服各部落及其领导人：对他们来讲，接
受而不是反对罗马的统治，更符合他们的利益。[2]

　　恺撒从一开始就懂得这一点，因此将他的军事行动稳固地
置于政治考量之下。他对高卢的最初干预全部是对盟友部落的
求援做出的反应。他击退了入侵者，但他对高卢对手的惩罚远
不及对日耳曼敌人那样严酷。敌对的高卢部落被击败之后，也
会被罗马接受为盟友，得到罗马的保护。恺撒频繁与部落领袖
们会晤，每年至少有一次大会，通常会有两次或更多。他密切
关注每一个部落内部的权力平衡，并努力了解每一位领袖的性
格和癖好。他会支持某些部族领袖，加强其在各自部落内的地
位，卖人情给他们，好让他们对恺撒感恩戴德。得到恺撒提携
的高卢领袖包括狄维契阿库斯，他在一些年里实际上是埃杜依
人的统治者，并且他还会卖人情给其他部落，帮助他们从恺撒
那里求得恩惠。曾在不列颠担任恺撒使节的科密乌斯被恺撒扶
植为阿特雷巴特人部落的国王，并且成为门奈比人的宗主。如
果说这些人仅仅是卖国贼，是罗马帝国主义者的走狗，就错

了。每个人都有自己的雄心壮志。恺撒率领的罗马军队抵达高卢，这是无法忽视的事实。其他势力，如赫尔维蒂人、阿里奥维斯图斯和日耳曼移民，全都被驱逐了出去，因此高卢人无法利用他们来与罗马人抗衡。得到恺撒撑腰能够为酋长们带来极大好处，并且从他们的角度看，恺撒在利用他们，他们何尝不是在利用恺撒呢。恺撒的影响力很大，但他无法控制各部落的内政，一个例子就是他在希诺奈人和卡尔尼特人当中扶植的国王遭到了排斥。恺撒到来之后，高卢贵族并没有发生根本性变化，酋长们仍然在争权夺利。与罗马结盟能够带来一些优势，但不一定是压倒性的优势，而且除了罗马人之外，他们还能从其他渠道得到威望与财富。在绝大多数部落里，国王如履薄冰，所以即便恺撒将某人提升为国王，后者也未必能稳坐江山。[3]

恺撒对部落政治的理解和操纵一般来讲都很到位，但在前53 年到前 52 年冬季，他的政策遭遇了惨败。此次失败有许多原因，但其根源是人们越来越深切地感到，他的存在改变了高卢局势。对高卢中部和南部的凯尔特/高卢民族（也就是《战记》将"全体高卢人"划分的三大类之一）来说，尤其如此。这些部落与恺撒并没有多少大规模对抗，尽管针对赫尔维蒂人和阿里奥维斯图斯的战争都是在他们的土地上进行的。埃杜依人、塞广尼人和阿维尔尼人等部落控制着与罗马世界开展贸易的路线，因此比北方各民族更富裕，在政治上也更精明些。他们帮助了恺撒，而恺撒也最为优待那些忠于他的部落和领袖，并且（至少按照他自己的说法）帮助他们打败了赫尔维蒂人和阿里奥维斯图斯。在下一年里，几乎所有这些部落都转为反对他。不仅那些不曾得到恺撒恩宠、眼睁睁看着自己的竞争对手平步青云的人起来造反，很多在罗马统治下风生水起的酋长也举兵起事。这些新情绪的核心是高卢人认识到，恺撒和他的罗马军队是打算在高卢长期待下去的，并非在几次速战速决后就返回狭小的外高卢行省。罗马现在希望高卢全境永久性地承认其权威。凯尔特民族的盟友已经变成了征服者，且不曾受到这些民族的有力反抗。

恺撒自己的一些行动将新的现实残酷地暴露出来。他草草处死了杜诺列克斯，还将阿科鞭笞并斩首。这或许格外具有侮辱性，因为在高卢宗教中，人头具有极大意义。这表明对于那些被指控谋反的酋长，他是铁面无情的。位高权重的酋长竟然如此轻易地被剪除，这说明没有人是绝对安全的。事后来看，恺撒的行动或许欠妥，但很难说在这两件事情中，他还有什么更好的办法。阿科被处决点燃了叛乱的烈火，但即便没有这件事情，叛乱或许也迟早会发生。在《战记》中，恺撒公开承认，他的许多对手是在为自己的自由而战。而为了罗马的利益，他必须剥夺他们的自由。很大一部分高卢贵族认为，若是继续接受罗马的主宰，他们将得不偿失。罗马人说和平是胜利的产物，但真正意义上的和平是恺撒通过军事镇压强加于各部落的。长期以来，战争一直在高卢文化与社会中起到核心作用，酋长们首先是军事领袖，他们麾下拥有多少武士，就体现了他们拥有多大的实力。各部落再也不能像之前那样自由地互相攻伐倾轧，而要想获得军事荣耀，唯一途径就是作为罗马军队的盟友并为其效力。强大的酋长们知道，如果在自己部族中自立为王，而没有得到罗马总督的批准，必然会很快遭到惩罚。在罗马人统治下，想在其他部落中建立一个伙伴、盟友和门客的网络，也就更困难了。世界已经不是旧日世界，各部落的领袖们发现，他们没有办法自由地按照传统方式治理部落。尽管恺撒只是偶尔干预各部落的日常事务，但他显然有大范围干预的能力。在罗马这个所谓盟友的统治下，酋长们的政治自由遭到了扼杀，他们再也不能自由地袭击和杀伐自己的邻居，也不能凭借武力在自己部落内攫取权力。酋长们的地位取决于他能够豢养多少武士，但没了频繁的战争和袭击，很难维持这样的队伍。高卢全境弥漫着怨恨的气氛，在冬季，许多人秘密集会，商讨和筹划叛乱。很多秘密会议都是在卡尔尼特人领地举行的，或许是因为这里有对全体高卢人来说神圣的宗教崇拜场所。领袖们不能互相交换人质来巩固他们的新联盟，因为这很容易引起罗马人的注意。于是他们非常有象征意义地将旗帜堆在一处，并庄严宣誓。[4]

高卢人对罗马强占高卢越来越不满，密谋者们加紧行动，他们发现了一个机遇。恺撒去了南方的内高卢，他们根据经验知道在恺撒来年春天返回之前，他的军团长们不大可能采取积极主动的行动。密谋者们甚至希望恺撒根本不会再回来，因为有传言说罗马城陷入了混乱。这些传言并非捏造，因为自克拉苏和庞培离开罗马城去担任行省总督之后，罗马政界就一直非常动荡。在前53年执政官的选举中，有贿选丑闻被揭发出来，涉案金额以共和国的标准也算是惊人的了。此后就始终动荡不安，一直到前53年初，选举还没有举行。克洛狄乌斯参选了前52年的裁判官，许诺将开展对释奴有利的选举改革，许多释奴加入了支持他竞选的暴徒队伍。克洛狄乌斯的老对手米罗在参选执政官，他手下也有一大群打手和角斗士，双方之间的暴力冲突使选举无法再次举行。于是这一年年初，共和国竟然既没有执政官，也没有高级行政长官。前52年1月18日，双方的武装人员在罗马城外的阿庇乌斯大道狭路相逢，克洛狄乌斯在随后的打斗中丧命。次日，他的支持者将他的尸体抬进元老院厅堂，在那里堆起了柴堆将他火葬，结果把房子也烧掉了。有人主张任命庞培为独裁官，通过武力恢复秩序。这不是第一次有人这么提议了。为了应对紧急情况，当局下令征召居住在意大利的所有处于服兵役年龄的男性公民。恺撒在内高卢也征召了公民，并显然是以极大的兴趣关注着罗马局势。他在两年多之后的一封信中偶然写下的一句话告诉我们，西塞罗在这个时候北上来到内高卢行省的拉文纳，与恺撒会谈。演说家无疑不是孤身一人来拜访恺撒的。可能就是这个时候，恺撒提出与庞培再续联姻。高卢人相信罗马城的风波会阻止恺撒返回外高卢，这是错的；他们的另一个猜测很正确，即在这几个月里，他们不是恺撒关注的焦点。如果恺撒在高卢的军团长发现了潜在叛乱的蛛丝马迹，要么是对其置之不理，要么是不相信自己得到的报告。叛乱的爆发对罗马人来说完全是晴天霹雳。[5]

　　卡尔尼特人许诺首先对罗马人发难。他们的两位酋长率领武士前往凯纳布姆镇（现代的奥尔良），将居住在那里的罗马商人尽数屠戮。由恺撒任命的一名负责粮食供应的骑士也在那里被杀。这场屠杀的消息不胫而走，《战记》说到当天午夜，160 里之外的地方就已经知道了此事。随后揭竿而起的是一个叫作维钦托利的年轻阿维尔尼贵族。他的父亲曾经在一段时间内主宰高卢的大片地区，但后来企图自立为王，被部落族民杀了。恺撒认识维钦托利，他可能是恺撒努力笼络的年轻贵族之一。维钦托利摒弃了与恺撒的友谊，开始征募一支军队，但被他的叔叔和阿维尔尼部落的其他领导人强行赶出了阿维尔尼人的主要城镇戈高维亚（可能在距现代的克莱蒙几里处）。他并没有灰心丧气，而是征募了更多人。恺撒说他招到的这些人都是流浪汉和无家可归之徒，但他们实际上可能只不过是没有酋长供养的武士。他率领这支新军队返回了戈高维亚，将对手逐出，并被他的部下推举为王。向西一直到大西洋海岸的差不多所有部落很快都加入了他的阵营，酋长们拥戴他为军事领袖。从一开始，他的态度就与大多数高卢指挥官不同，他努力以纪律管束自己的军队，并组织后勤补给。据恺撒说，维钦托利会将不服从他的人处死或摧残肢体。[6]

维钦托利很快做好了进攻准备，他的目标是那些与罗马结盟的部落。另一位酋长率领一支部队攻打雷米人，而维钦托利亲自率领主力部队进攻居住在领地以北的比图里吉人。比图里吉人是埃杜依人的附庸，立刻向其求援。埃杜依人则向恺撒的军团长征求意见，后者建议埃杜依人立即派遣军队援助比图里吉人。值得注意的是，罗马军官们自己没有采取任何行动，说明他们还没有认识到叛乱的规模之大。除了拉比埃努斯之外，恺撒的军团长似乎都才干平庸，恺撒也不鼓励他们过于积极主动。此时仍是冬季，作战很困难，但并非不可能，正如恺撒前一年所证明的。叛乱在刚开始的时候最薄弱，因为很多人还持观望态度，还在等着看它究竟有几分成功的把握。一般来讲，罗马指挥官们会尽可能将叛乱扼杀在萌芽状态，但他们这一次非常三心二意。埃杜依人的反应同样也只是试探性的。他们的军队抵达了卢瓦尔河，这是他们与比图里吉人的边界。他们在那里徘徊了几天，然后撤退了，声称比图里吉人已经与维钦托利勾结，打算在他们渡河之后就发起进攻。恺撒说即便是在叛乱平息之后，他也说不准是埃杜依军队的领袖当真相信比图里吉人已经投靠维钦托利，还是埃杜依人已经在图谋不轨。埃杜依人撤退后，比图里吉人公开加入了叛乱。[7]

或许到了这个阶段，恺撒的军官们已经开始认识到大事不好，他们对此事的报告足以让恺撒决定立刻返回军中。此时罗马形势已经稳定下来：庞培被任命为唯一执政官而不是独裁官；他率军进城，用武力恢复了秩序。恺撒翻越阿尔卑斯山，来到了外高卢。到此时，已经有更多部落加入了维钦托利的叛军，有的是自愿的，有的则遭到了胁迫。叛乱的势头变得猛烈起来。忠于罗马的部落或其亲密盟友都遭到了攻击，大多数部落改弦易张。对一位将军来说，恺撒此时的处境是最糟糕的，敌人在攻击他，而他离自己的军队还有数百里之遥。如果他命令部队前来与他会合，部队就可能在行军途中遭遇敌人主力，那样就不得不在没有主帅指挥的情况下与敌交战。罗马军队可能战败，即便战胜了，功劳也是拉比埃努斯或其他军团长的。但如果他奔去部队那里，也有很大的风险，因为他的卫队兵力薄弱，而现在有这么多部落投靠叛军，他并不知道哪些酋长值得信赖。他应该没有花多少时间就做出了决定。恺撒宁愿自己蒙受危险，也不愿让自己的军队冒险。他知道，即便屡战屡胜六年之后，仅仅一场严重失败就足以让国内政敌们败坏他的名誉。他也知道他本人、侍从或许还有一些幕僚人员，再加上 400 名日耳曼骑兵奔向部队，要比部队过来找他快得多。但在他出发之前，外高卢行省本身也受到了威胁。居住在边境地带的一些部落加入了叛军，现在有一支叛军入侵了外高卢行省，正在进逼纳尔博殖民地。[8]

反击

  恺撒匆匆赶往纳尔博城，组织那里的防御工作。省内没有罗马军团，但有一些在当地征募的大队和他从内高卢带来的新兵。他也许还掌握着省内部落的骑兵。他将一些士兵部署在防线上以抵挡敌人的进攻，很快就迫使叛军撤退；但大部分兵力都集中在赫尔维人（这是居住在外高卢行省的一个高卢部落）领地上。恺撒从那里出发，率领这支临时拼凑、大体上缺乏作战经验的部队越过塞文山脉隘口，下山进攻阿维尔尼人。他取得了奇袭效果，因为当时当地人认为道路会被冰雪封闭。恺撒的部下在厚达 6 英尺的积雪中艰难地开辟出一条道路，然后继续推进，抵达了阿维尔尼领地。到达那里之后，恺撒将他的骑兵部队分成若干小分队，命令他们在广大地域流动作战，烧杀抢掠。他们造成的破坏可能很轻微，但这些袭击给高卢人造成的印象是罗马大军即将发动全面入侵。阿维尔尼人向维钦托利派去了信使，后者正率领主力部队驻扎在北方 100 里处的比图里吉人领地。这位高卢领袖开始率军南下，以安抚自己的人民。在袭击劫掠周边乡村两天之后，恺撒将指挥权交给迪基姆斯·尤尼乌斯·布鲁图斯，指示他继续派遣骑兵进行袭扰作战。恺撒宣称他需要返回外高卢行省以征募更多部队和盟军骑兵，三天之后一定回来。他似乎确信这个消息很快会传到敌人那里，因此再次翻越阿尔卑斯山之后，他骑马迅速赶到了维埃纳（注意不是现代奥地利首都维也纳，而是罗讷河谷的维埃纳）。此前他已经安排一支骑兵部队在那里等待他。他甚至没有休息一晚，就带着这支部队疾驰穿过埃杜依人领地，赶到了驻扎在北方林贡斯人领地的 2 个罗马军团处。到了那里之后，他停住脚步，但派遣信使赶到其他罗马军团那里，命令军团到阿格丁库姆集结（可能是现代的桑斯附近）。他此次疾驰穿过的是潜在的敌境，因此这是非常勇敢的举动（苏埃托尼乌斯告诉我们，在叛乱期间，恺撒为了抵达自己的部队，曾经乔装打扮为高卢人。这个故事如果是真的，应该指的就是这一次）。统帅和他的军队会合了。现在的问题是夺回主动权。[9]

恺撒越过塞文山脉的袭击打乱了维钦托利的阵脚，维钦托利过了好几天才发现，这只不过是一次佯攻。然后，他继续打击仍然忠于罗马的部落。他率军北上，袭击波伊人。前 58 年的时候，波伊人曾与赫尔维蒂人一同行动，后来由于埃杜依人说情，才被允许在埃杜依人领地定居。高卢军队攻打了波伊人的一个主要城镇高戈比纳。此时仍是隆冬，罗马军队若是展开作战，补给会很成问题，因为他们没有时间做准备，也没有时间搜集粮草和役畜。但如果恺撒有所耽搁，波伊人就可能被迫投降维钦托利并加入叛乱。然后维钦托利就可以自由地攻击与埃杜依人结盟的其他部落和氏族，向所有人证明即便是最亲近罗马的埃杜依人也无力保护自己的朋友。如果发展到了那一步，任何部落就都没有理由继续忠于罗马了。恺撒不愿意接受这样"可耻的羞辱"，于是派遣使节到波伊人那里，告诉他们他会率军来援救他们。他还命令埃杜依人搜集足够的粮食。随后，恺撒将 2 个军团留在阿格丁库姆守卫辎重，然后率领 8 个军团去援救波伊人。他的部队中只有少量骑兵，因为他没有时间像惯常那样从各盟友部落中征募骑兵。罗马人的粮食也不多，这意味着除非他们能找到新的补给来源，否则无法长时间作战。恺撒这是在赌博，但这比闲坐着看叛乱势力越来越强大要好。若是枯坐无为，就会被认为软弱；但如果摆出勇猛的姿态发动反击，就有可能让正处于观望中的部落和酋长踌躇不前，哪怕只是短期的踌躇。[10]

　　一天之后，恺撒抵达了维劳诺杜努姆，这是希诺奈人的设防城镇之一。罗马军队开始攻打这座城镇，到第三天的时候，城镇居民投降了，并许诺交出武器、600 名人质和罗马军队当前急需的役畜。罗马人继续前进，很快抵达了凯纳布姆，也就是叛乱开始的地方，那里的罗马商人此前遭到了叛军屠杀。恺撒仅用两天时间便抵达那里，令尚未做好守城准备的当地居民措手不及。罗马军队抵达凯纳布姆时天色已晚，于是恺撒决定推迟到次日早上再攻城。但为了防止城镇居民在夜间逃往卢瓦尔河对岸，他命令 2 个军团在夜间保持戒备状态。他的防备是正确的，大约午夜时分，罗马侦察兵报告有人群正从城镇赶往河上桥梁。他派遣 2 个军团进城，没有受到强有力的抵抗，而大桥上的拥堵使很多人束手就擒。恺撒命令将该城镇洗劫一空后烧毁，并且应当是将大部分俘虏卖为奴隶。之后他渡过卢瓦尔河，进攻比图里吉人。罗马人已经夺回了主动权，迫使维钦托利疲于奔命地对其行动做出反应。维钦托利已经放弃了对波伊人的攻击，匆匆赶回去保护比图里吉人。高卢军队抵达时，罗马人正在接受新堡的投降。城镇居民看到援军赶到，于是继续作战，将已经进城的罗马百夫长和少量士兵赶了出去。城外爆发了一场骑兵的对战，恺撒投入了他的 400 名日耳曼骑兵，于是罗马人最终得胜。罗马人的这次小胜，再加上罗马军队已经兵临城下，而高卢军队主力还在一段距离之外，使新堡居民又一次改变了主意，第二次投降并交出了之前破坏停战的罪魁祸首。恺撒继续挺进，奔向阿瓦利库姆（现代的布尔日），这是比图里吉人最重要且防御最牢固的城镇之一。在重新掌握主动权之后，最重要的就是牢牢握住主动权，不给敌人任何喘息之机。[11]

维钦托利从一开始就不太相信自己有能力在正面交锋中击败罗马军队，而罗马人迅速占领三座城镇更是让他愈发尊重其战斗力和攻城术。他打算跟踪敌军，伏击其小股部队，而避免发生大规模交战。他希望切断罗马人的给养，而为了达成这一目标，他要求自己的部下必须做到绝对的冷酷无情："……必须无视任何私人财产，在敌人搜粮队伍的最大行军范围内，必须烧毁所有村庄和房屋。"[12]如果无法守住城镇，那么为了阻止罗马军队获得城镇中的粮食，就必须将其彻底摧毁。为了响应他的号召，比图里吉人烧毁了二十个主要定居点。维钦托利坚称，尽管坚壁清野的战术非常可怕，但如果不这样做，他们的武士们会丧命，家人会被卖为奴隶。他的策略比恺撒先前对手们的水平高得多，而他能够说服自己的追随者采纳如此极端的措施，也说明他肯定具有极强的领袖魅力和人格力量。各部落能够甘愿做出这样的牺牲，的确不简单，但他们有时对这种残酷的前景感到犹豫，也情有可原。在比图里吉人所有领袖的恳求下，阿瓦利库姆才没有被摧毁。维钦托利勉强同意将这座城镇作为例外，但他并不认可比图里吉人的自信，即阿瓦利库姆拥有天然屏障和人造的防御工事，固若金汤。[13]

阿瓦利库姆显然比罗马人在前几周内轻松攻克的那些城镇更难对付。它周边几乎完全被河流或沼泽环绕，只有一条实际可行的攻击道路，而且几乎无法对其形成牢固的封锁。恺撒的军队在山坡脚下扎营，开始修建坡道，以便接近城墙。罗马军团士兵们还建造了活动防盾和棚子来掩护逐渐接近敌人的劳工，并搭建了两座攻城塔，以便在坡道完工之后使用。恺撒的

8个军团极有可能不满编，因此他的兵力应该在2.5万～3万人，再加上数千人的辅助部队以及更多的奴隶和随军人员。这样一支部队在行进的时候，口粮很成问题。而在军队安顿下来围攻阿瓦利库姆的时候，后勤补给几乎成了不可能完成的任务。外出搜粮收效甚微且非常危险，因为维钦托利就在不到16里之外的地方扎营，并且密切追踪着罗马人派出去的每一个分队，将落单的群体切断并吃掉。恺撒多次写信给埃杜依人和波伊人，要求他们送来给养物资，但实际送到他手中的少之又少。埃杜依人对此项任务没有任何热情，尽管他们自前58年来一直是恺撒的主要粮食来源（或者恰恰是因为他们一直给恺撒供粮，现在反倒不乐意了）。波伊人对恺撒的支持仍然很感激，但他们人口很少，没有多少余粮可以拿出来。维钦托利的坚壁清野战略开始发挥威力。有一次罗马人的存粮完全耗尽了，幸亏搜粮队伍及时返回并带回了足够多的牛，为部队提供了肉食。恺撒赞扬了官兵们尽管只得到微薄而单调的食品却仍然坚持作战的坚毅精神（由于对这一段落和其他一些段落的误解，出现了一种流传了很长时间的神话，即罗马军团士兵是素食者。一般情况下，他们的膳食很均衡，肉类、蔬菜和谷物都有。此事的特殊之处并不是罗马军团士兵吃肉，而是他们除了肉没有别的东西可吃）。[14]

尽管粮食短缺，而且始终处于高卢主力部队的威胁之下（维钦托利与阿瓦利库姆守军保持着通信联络），罗马军团士兵仍然辛勤劳作着，准备攻城。士兵们工作时，恺撒巡视战线，为他们鼓劲。有好几次他向士兵们表示，如果大家觉得无力承担任务，可以放弃攻城而撤退。他这是在非常聪明地利用罗马军团士兵对自己及作战单位的自豪感，因为没有人愿意成为第一个半途而废的军人。士兵们恳求他允许他们完成工作，而不要让他们承受中途放弃的耻辱。对罗马人在凯纳布姆遭屠杀的记忆还很清晰，并且引起了士兵们普遍的愤怒。据恺撒记载，士兵们请求他们的长官向恺撒强调，他们决心继续打下去，并且对自己的最终胜利抱有绝对的信心。此时坡道已经有了很大进展，攻城塔可以接近城墙，但还不够近，攻城塔上安装的撞城槌还无法发挥威力。

被补给问题困扰的不仅仅是罗马人，高卢军营中也出现了严重的粮食短缺。这部分是由于当时的季节以及大量人员待在一处，但也凸显了部落军队缺乏后勤组织的弊端。维钦托利是一位比绝大多数高卢领袖都更优秀的指挥官，他的军队也比一般的部族武装更灵活，准备也更充分，但在后勤方面仍然远远落后于罗马军队。攻城战的进展也让他觉得，他需要一场新的胜利来鼓舞自己的部下。高卢军队向城镇方向前进了一点距离。然后维钦托利亲自率领骑兵和轻步兵出战，希望能够伏击罗马的搜粮队。恺撒发现了对方的企图（可能是通过巡逻队的报告，也可能是通过俘虏或敌方逃兵的口供），率领自己的主力部队出来威胁高卢营地。高卢军队排兵布阵，前来迎战，阵势非常稳固；恺撒若是强攻，必然会蒙受严重损失。罗马军团士兵们一心求战，他们因为之前的屡战屡胜而非常自信，并且由于攻城的艰辛与口粮短缺而倍感挫折。恺撒告诉他们，他不会允许部队遭受无意义的伤亡，因为"他们的生命比他自己的需求更重要"。罗马人与敌人对峙了一段时间，然后撤退回营了。此次威胁足以促使维钦托利改变计划，返回自己的主力部队。恺撒已经证实如果他不愿意出战，维钦托利也不能逼得太近。一段时间内，高卢军队中出现了争吵，甚至有人说维钦托利与罗马人勾结，希望在恺撒的帮助下成为全高卢的国王。维钦托利与恺撒极有可能曾经见过面，并且在恺撒与阿维尔尼贵族交好的时候，甚至可能对维钦托利有过恩惠。最终维钦托利安抚了自己的部下，带出了一些俘获的罗马奴隶，并声称他们是罗马军团士兵。维钦托利事先已经教导这些奴隶讲述关于罗马军营内生活困苦、衣食无着的凄凉故事。维钦托利就这样让部下相信他的英明计划，然后与其他酋长一道挑选了1万名武士，派遣他们去增援阿瓦利库姆。[15]

围城战既考验人的聪明才智，又挑战人的意志力。阿瓦利库姆之所以重要，原因之一是该地区拥有铁矿，因此城内拥有经验丰富的矿工，可以让他们挖地道，破坏罗马人建造的坡道。其他人则快速地建造木制塔楼来加强自己的城墙，随着罗马人增加工事的高度，塔楼也将进一步增高。无论是防守方还是进攻方占据了某种优势，另一方就会努力采取反制措施来消除这种优势。毕竟罗马人更精通工程技术，因此尽管守军频繁出动企图破坏，但在二十五天后，坡道还是基本竣工了。坡道宽330英尺，高80英尺，差不多与城墙高度齐平，因此攻城塔内的撞城槌很快就能发挥威力了。当夜，守军点燃了地道内的支撑木料，希望能够让整个坡道坍塌，或者将其烧毁。凌晨时分，罗马哨兵发现木制坡道上升起浓烟。片刻之后，城墙上响起一声呐喊，两群守军携带着火把、易燃物和兵器，冲了出来。根据恺撒的命令，当夜有2个军团处于警戒状态。战况激烈之时，更多的罗马部队投入了战斗。一些罗马军团士兵与敌人交锋，另一些士兵则将攻城塔拖到安全处，尽管坡道高处的一些活动防盾和棚子被烧毁了。这是一场绝望的拼杀，恺撒在《战记》中提及了他亲眼看到的一个小事件（他很少记述这样的小事）。一名高卢武士站在一座城门附近，不停地向罗马人的工事投掷成团的沥青和油脂。他被蝎弩的一支弩箭射死。蝎弩是罗马人的一种轻型床弩，精度极高、杀伤力极强。此人刚倒下，就有另外一个人接替了他的位置，但被同一蝎弩杀死，随后蝎弩每杀死一人，就有人源源不断地补充。恺撒显然对敌人的勇敢肃然起敬，他在《战记》中从来不会否认高卢人的勇气，尽管他倾向于将其描述为逊于罗马军队的那种纪律严明的勇敢。[16]

激战之后，守军被赶回城内，他们未能给罗马人造成很大损害，无法阻止其攻城。一天之后，维钦托利敦促守军逃出城，后者服从了命令。在黑暗掩护下，武士们企图溜出城镇，通过沼泽地前往维钦托利的主力部队。被武士们抛下的家眷老小们意识到发生了什么事情后高声哭喊起来，武士们害怕自己的目的被罗马人发现，于是逃跑计划也夭折了。次日，也就是围城战的第二十七天，罗马军团士兵们的坡道完工了。此时大雨倾盆，恺撒判断敌人可能会放松戒备，于是决定立刻发动进攻。他发出了总攻的命令，部队做好了准备，进攻部队在攻城武器的防盾掩蔽下排好队形，以隐藏己方的战术。罗马将军们始终特别鼓励个人的勇敢。恺撒许诺，第一个冲上城头的士兵将得到重赏。一声令下，士兵们从掩蔽处猛然杀出，向前冲锋，压倒了措手不及的守军，迅速攻占了城墙。一些高卢人在集市等开阔地列队迎战，但他们看到罗马人从城墙上潮水般涌入，丧失了斗志。历史上，攻城的部队一旦杀进城，往往会疯狂地横冲直撞、大肆杀戮。围城战始终是非常艰苦和危险的，而实际的冲锋甚至更为冒险，所以承受住了围城战和总攻艰险的人一旦冲进了城，就很难控制住自己，尤其是在狭窄的街道上，他们不再处于长官的密切监视之下。在城镇遭到进攻时，任何表现出一点点抵抗的人都会被杀死，而妇女会遭到强暴。这一次，罗马士兵甚至比通常的情况更加凶残。恺撒说，罗马军团士兵们"没有忘记凯纳布姆的屠杀和围城战期间的艰辛，因此没有饶恕老人、妇女和婴儿。最后，全城约4万人中只有800人左右逃到了维钦托利那里"。[17]

大约一个世纪之前，波利比乌斯曾描述罗马人有时会刻意地将攻陷的城镇居民尽数屠戮，甚至连牲畜都杀掉，用这种恐怖气氛来震慑未来的敌人，威吓他们自动投降，这样将来就不必发动这样的袭击了。如果恺撒下令屠杀阿瓦利库姆居民来杀一儆百的话，他没有理由不告诉我们。他对其他的屠杀和大规模处决都直言不讳，而罗马读者应该不会为外国敌人的命运而感到过于不安。此次屠杀之所以发生，似乎的确是由于罗马军团士兵们的愤怒，毕竟他们在严冬缺粮的条件下经历了一场艰难的围城战，倍感挫折和疲惫。即便阿瓦利库姆居民可能没有像恺撒暗示的那样被屠戮殆尽，死亡人数也一定很多。屠杀敌人其实并不符合罗马人的实际利益，因为杀了一个敌人，就少了一份将其变卖为奴的利润。不过恺撒似乎也没有试图控制自己的部下。即便他想去控制疯狂杀戮的士兵们，能不能控制得了也还是个问题。[18]

在戈高维亚的挫折

洗劫阿瓦利库姆之后，恺撒让军队休整了几天。他们在城内找到了大量存粮和其他给养，因此补给问题得到了缓解。已是初春，外出搜粮也比较容易了。之前负责守护辎重的2个军团被调来与主力部队会合。恺撒希望尽快重新发动攻势，以阻止维钦托利抢夺主动权，但这时他收到了埃杜依人的一项呼吁，他不能对其置之不理。埃杜依部落有两个人都自称当选为部落的最高行政长官——大酋长。埃杜依人是恺撒最强大也最重要的盟友，在叛乱时节，若是这个部落的酋长间发生纠纷，显然是非常危险的，因为其中一方很可能会寻求维钦托利的帮助。于是恺撒匆匆南下去见这两个互相争斗的酋长。大酋长在任职的一年内不得离开部落领地，而且恺撒也不愿意在这个时候冒犯盟友，因此他不能命令这两位酋长赶来见他。恺撒发现，根据部落的法律，其中一人不符合担任大酋长的资格，因此另外一人是合法的大酋长。然后他命令埃杜依人为他提供尽可能多的骑兵和 1 万名步兵来保护补给线。恺撒匆匆赶回自己军中，决定将部队分为 2 个纵队。拉比埃努斯将率领 4 个军团北上讨伐希诺奈人和巴黎西人，而恺撒自己则率领余下 6 个军团南下攻击阿维尔尼人。这样分散兵力显然很危险，但由于叛军不肯冒险正面交锋，他一定觉得这个风险是可以接受的。叛乱者没有统一的首都，甚至没有统一的军队，因此无法做到击其要害令其全局崩坏。纵使维钦托利富有领袖魅力，他领导的仍然是许多独立性极强的部落，恺撒必须逐个击破。如果对一个叛乱地区放任自流，那么就会助长叛军的士气，使更多邻近部族受到鼓舞或者胁迫而加入叛乱，于是叛军的规模就会扩大。[19]

　　战斗的短暂间歇让维钦托利从阿瓦利库姆的失败中恢复了元气。从某种意义上讲，这次战败反而增加了他的威望，因为他从一开始就反对坚守阿瓦利库姆，在别人劝说下才不情愿地同意。他的计划大体不变，仍然是骚扰恺撒及其军队而避免正面对抗，同时努力笼络更多部落和酋长加入他。罗马人沿着阿列河一线行军时，维钦托利在另一岸紧跟着他们，派遣部下摧毁所有桥梁，并派人守卫所有可能建造新桥梁的地点。恺撒若是要威胁戈高维亚（维钦托利最初就是在这里自立为阿维尔尼部落领袖的），就必须渡过阿列河，但在这个季节，部队无法涉水渡河。当天，罗马军队在一座林地（附近有一座被摧毁的桥梁）宿营。军队于次日开拔时，恺撒和2个军团留下，隐蔽在树林中。另外4个军团"将各大队的队形拉得很分散，好让单位的数目看上去与6个军团相同"。罗马军队继续前进，并像之前每一天那样安营扎寨，高卢人对其计策毫无察觉，只是同样继续前进，准备阻止罗马人使用更远方的渡口。但在当天晚些时候，恺撒判断己方主力部队已经停下的时候，便带着隐藏的2个军团出来架桥。桥梁竣工后，他们便过了河，并开始修建壕沟与护墙，准备扎营。恺撒派出传令兵去通知主力部队。维钦托利发现真相的时候，已经太晚了，他没有办法应对。他率军远离河流，急于和恺撒拉开距离，因为他不希望与敌人靠得太近。他的计划仍然是避免大规模交战。恺撒尾随着他，五天后抵达了戈高维亚。[20]

恺撒骑马去查看敌人阵地，发现它非常牢固。戈高维亚位于一座山顶上，而维钦托利将其军队部署在城镇周围连绵起伏的高地上，每个部落的队伍都负责防守一个区域。对罗马人来讲，正面进攻很不实际，代价必然会很高昂。也许可以切断敌人粮道，用饥饿迫使其屈服，但罗马人自己的补给都没有保障，何谈对敌人进行有效的封锁。埃杜依人的一支运粮队正在路上，但还没有赶到军中。恺撒在等待粮草时发动了一次夜袭，夺取了高卢人的一个前哨阵地，对敌人的饮水供应和搜粮路径形成了威胁。罗马人在这个地点建了一个较小的足以容纳 2 个军团的营地，此营地与主营地之间有道路连接，道路两侧均有深沟防护。双方都安顿下来，警惕地监视对方，派出骑兵与轻步兵进行小规模交锋，但双方都不愿意冒险开始全面对战。维钦托利每天都召集酋长们商议，目前他仍然能够以高水平的纪律约束部队，这对一支部族武装来说是非常不寻常的。[21]

埃杜依人对罗马的忠诚开始动摇。孔维克多李塔维斯（就是在恺撒力挺下当上大酋长的那个人）秘密地与阿维尔尼人代表接触，并接受了他们的赠礼。在他的唆使下，一个叫作李塔维库斯的酋长（他负责指挥 1 万名武士，押送粮草给恺撒）决定反水。他带着押送粮草的队伍走到离戈高维亚还有30 里的地方时，命令队伍停止前进，并向部下宣布为恺撒效力的埃杜依骑兵已经全部被罗马人以通敌罪处决了。要逃脱同样的命运，他们唯一的选择是加入维钦托利的阵营。和阿维尔尼酋长的伎俩一样，据说李塔维库斯也找来几个自称是此次大屠杀幸存者的人，让他们向大家讲述罗马人阴险背叛他们的恐怖故事。奸计奏效了，埃杜依人很快开始攻击与他们一起押送粮草的罗马人，用酷刑将其折磨致死，然后抢走了粮食。这消息传到正在恺撒骑兵部队效力的埃杜依酋长们那里，其中一位酋长立即去找恺撒，向他报告。恺撒立刻率领 4 个军团出发，催促部队强行军，狂奔了 25 里路，发现了李塔维库斯的部下。恺撒命令埃杜依骑兵走在最前面，让同胞们看到他们，以此揭穿李塔维库斯的谎言。押送粮草的武士们当即投降，而李塔维库斯及其侍从逃走了，去投奔维钦托利。恺撒只给他的罗马军团士兵们 3 个小时的休息时间，然后命令他们再次强行军返回戈高维亚城外的阵地。途中，他们遇到了费边（留下指挥城外 2 个军团的军团长）派来的信使。他报告称，在一整天的时间里，他们遭到了敌人的猛攻，2 个军团要防守 6 个军团的阵地，非常吃紧，在重武器的支援下才勉强守住。恺撒命令部下加快步伐，终于在黎明前返回了营地。4 个军团驰援赶到，足以震慑维钦托利，令其放弃了直接进攻罗马阵地的打算。[22]

恺撒派遣使者去安抚埃杜依人，但李塔维库斯派去的骑手先行抵达，促使孔维克多李塔维斯领导其民众掀起了反对罗马的叛乱。在卡比隆努姆，一位军事保民官和一些罗马商人被劝说离开，但随后遭到了暴徒袭击。在越来越多的高卢武士赶来分享战利品时，恺撒的使者赶到并告诉他们，埃杜依骑兵和 1 万名步兵此时全在恺撒营地内，不仅仍然忠于恺撒，而且完全处于他控制下。埃杜依领袖们正式表示懊悔，责怪是部落的普通老百姓煽动叛乱。在当下，恺撒只能满足于提醒埃杜依人，他过去给过他们多少恩惠，并敦促他们继续保持忠诚。但私下里，恺撒心知肚明，埃杜依人与罗马的盟约岌岌可危。他的处境再也不是那么乐观了。尽管他通过发动攻势，暂时夺得了主动权，但他目前被困在戈高维亚城外，没有足够的资源驱逐维钦托利及其军队，也没有能力攻克这座城镇。继续在原地等待的话，于事无补；若是撤退，实在又太丢脸。自几个月前从外高卢袭击阿维尔尼人以来，恺撒就一直马不停蹄地进攻和挺进。在务实层面上，他持续不断的进攻迫使维钦托利疲于奔命，但更重要的是，给世人造成了这样的印象：罗马的实力远胜于敌人，极其自信并且必将最终得胜。这种印象大体上只是表面文章而已，但这没有关系，因为它让那些仍在观望、尚未决定是否参加叛乱的人对罗马心怀忌惮。一旦恺撒停止前进并开始撤退，罗马不可战胜的幻象就破灭了。在敌人威逼之下撤退总是非常危险的；而在当前局势下，撤退会被视作承认失败，极有可能会让尚在骑墙观望的部落相信，叛乱将会取得成功。但如果撤退，他就能重整旗鼓，并与拉比埃努斯的 4 个军团合兵一处，有了 10 个军团，应该就足以攻破戈高维亚。恺撒选择了危害较小的办法，决定撤退。但他希望在撤退之前先小胜一场，给自己脸上增添一点光彩。[23]

在视察小营地时，恺撒发现前几天还有大量高卢人驻守的一座山头如今却空空如也。审讯了一些投奔罗马阵线的高卢逃兵（这样的逃兵有很多）之后，他得知维钦托利非常担心罗马人会攻占另一座山头，于是将大多数人派去防守它了。恺撒看到这是一个机遇，于是开始设法增强敌人的不安全感。当夜，他派遣巡逻骑兵去窥伺维钦托利正在加强防御的那座山头。恺撒指示这些骑兵要比平时制造更多的喧哗，为的是让高卢人发现他们的存在。次日上午，他让军中的大群奴隶骑上驮马和骡子，给他们戴上头盔，并派遣一些真正的骑兵混杂其中以加强说服力，然后命令他们前往敌人加强防守的那座山头，不过绕了点路。有一个罗马军团紧随其后，但在敌人的一个盲区内停下，并掩蔽在一片树林中。高卢人的注意力被转向了他们害怕遭到攻击的地方。恺撒看到敌军调兵遣将去应付，然后他悄悄将自己的部队调往小营地，命令官兵遮蔽自己的盾牌和头盔羽饰。这些部队不是以组织有序的大队行动的，而是三两成群地分批行进，闲庭信步，似乎漫无目的。恺撒向指挥各军团的军团长做了指示，解释自己对他们的具体要求，并强调他们"必须控制住自己的部队，不能让他们由于求战心切或者渴望战利品而过于积极主动"。[24]

讯号发出后，罗马军队便沿着山坡向上进攻，而埃杜依人从同一山坡的另一面发起进攻。各单位都竭尽全力地攀登，但山岭上有不少凹陷处，各单位常常看不见对方。守军很少，罗马军团士兵们轻松地翻越了高卢人在半山腰用碎石堆起的6英尺高的护墙。这道障碍没有阻滞罗马人很长时间，但一定给其队形造成了混乱，而他们冲过山坡上星罗棋布的高卢营地时，队形就更分散了。不久前投诚维钦托利的一个部落国王在营帐中遭到袭击的时候，衣服都没穿好，但他还是骑马逃走了。恺撒随同第十军团行动，他觉得此次进攻已经造成了足够多的破坏的时候，便命令部队停止前进，并指示号手吹响集结号。但号声传不了多远。有些军官听到了集结号，努力要求士兵们服从命令，但是大多数士兵仍然继续推进。他们潮水般冲过营地，开始攻击城镇本身的护墙。在过去，他们曾经借助突袭战术，打败和歼灭过比这多得多的敌人，或许正是对昔日胜利的记忆激励他们奋勇向前。有一段时间，戈高维亚似乎眼看就要陷落了，因为这一地段的守军极少，居民恐慌起来，手足无措：

> 已婚妇女们从城墙上抛下衣物和银器，裸露自己的胸部，伸出双手哀求罗马人高抬贵手，不要像在阿瓦利库姆那样屠戮妇女和儿童。有些妇女甚至从城墙上爬下，投奔到罗马士兵那里。第八军团的一位百夫长卢基乌斯·费边曾向自己的部下宣布，在阿瓦利库姆第一个登城的人得到了重赏，他今天也要率先登上敌城，绝不允许任何人和他争抢这个荣誉。他让三名士兵将他举起，帮助他爬上城头。然后他把这三名士兵也逐个拉了上去。[25]

此时，在城镇另一侧修筑防御工事的高卢人听到了罗马军队进攻的嘈杂，才意识到自己中了调虎离山之计。维钦托利也接到了城镇居民发来的求援消息。他派遣骑兵去迎战罗马人，武士们则徒步跟进。他们抵达时，城镇居民就抛弃了投降的念头，城墙上的妇女们开始恳求她们的男人们拯救她们。罗马军队的进攻失去了迅猛的势头，士兵们很疲惫，而且队形混乱，没有做好迎战敌人生力部队的准备。这时埃杜依人突然从他们右翼出现，令许多罗马士兵惊慌失措，因为他们误以为这些埃杜依人是敌对的高卢人，在激烈战斗中却没有注意到埃杜依人都裸露着右肩，这是恺撒军队中高卢盟友的标志。先前胜利的狂喜很快就变成了苦涩：

> 与此同时，百夫长卢基乌斯·费边以及与他一起登上城墙的人被敌人包围并斩杀，尸体被从城墙上丢了下去。同一军团的另一位百夫长马尔库斯·佩特罗尼乌斯曾尝试猛杀进城门，被大群敌人包围，处境万分危急。他多处负伤，向跟随自己的士兵们呼喊道："我贪图荣耀，却将你们带入了险境。既然我不能既保住自己的性命又挽救你们，那么就让我至少拯救你们吧。你们有机会的时候就照顾好自己！"他立刻冲进敌群，杀死两名敌人，并迫使其他敌人稍稍退离城门。他的部下要上来援助他，他却说："我的血快流尽了，力气也没了，你们救不了我了。你们还有机会，就赶紧逃走吧，回部队去！"不久之后，他便战死了，但他挽救了部下的性命。[26]

恺撒此时能做的很有限，只能利用第十军团掩护主力部队撤退，并迅速将之前留下守卫小营地的第十三军团调来助阵。因此高卢人没能追击多远，但即便如此，罗马人仍然伤亡惨重。大约有 700 名士兵和不少于 46 名百夫长阵亡。百夫长们身先士卒，因此伤亡率极高，尤其是在战局不利的时候。此次战败的次日，恺撒检阅了部队，向他们讲话，赞扬他们的勇气，但严厉批评他们缺乏纪律性。作为结论，他向官兵们保证，此次他们之所以战败，仅仅是因为地形复杂、敌人防御稳固以及他们自己没有服从命令，而高卢人的战斗力不值一提。为了让官兵们领会他的精神，他在随后两天选择了一个有利位置（可能是在一座山岭上），排兵布阵，挑战维钦托利。高卢领袖自然不肯冒险在有利于敌人的地域交战，于是恺撒以此为由告诉士兵们，敌人仍然对他们非常畏惧。次日，他率军撤退了，前往埃杜依人领地，而不是从原先来的路途返回。罗马人花了三天时间抵达阿列河，重建了一座已被摧毁的桥梁，并顺利过河。高卢军队没有认真地尝试阻拦他们。恺撒已经决定，尽管撤退给世人造成的印象不佳，但他必须接受事实。他努力以一场象征性的胜利来减轻撤军造成的坏影响，却未能如愿。罗马人战败并撤退的消息不胫而走，在随后几周内又有更多的部落加入了叛乱。埃杜依人就是这一批中最早叛变的部落之一。在恺撒军队中效力的埃杜依骑兵领导人请求恺撒允许他们回家。尽管恺撒不再信任他们，但他也不想强留，免得更多关于罗马人"奸险歹毒"的谣言散播出去，于是批准了他们的请求。

不久之后，新堡的埃杜依人屠杀了驻扎在那里的少量罗马士兵和商人。这对恺撒来说是严重的双重打击，因为新堡不仅储备着大量粮草，而且罗马军队的主要辎重、档案和从各部落

抓来的人质都在那里。埃杜依人判断自己无力守住新堡，于是
将它付之一炬，将所有粮食运走或销毁了。然后他们利用这些
人质，开始与其他部落谈判。维钦托利和高卢全境的酋长都被
召唤到比布拉克特。在这次会议上，埃杜依人努力让他们的人
取代维钦托利作为最高统帅，但是失败了。他们闷闷不乐，但
只得同意为了大家的利益服从维钦托利的指挥。此时几乎所有
凯尔特或高卢部落都反对恺撒，绝大多数比利时部族也加入了
叛乱。维钦托利决心将自己的战略贯彻下去，即避免正面交
锋，而是不断袭扰罗马人，并坚壁清野，阻止罗马人获得粮
草。罗马的军事俚语将这种战略称为"狠踢敌人的肚子"。现
在，维钦托利手头有一些步兵和 1.5 万名骑兵，他没有补充步
兵，而是要求各部落提供更多骑兵。为了分散罗马人的兵力，
他安排埃杜依人和其他部落向外高卢发动新的攻击，希望那里
的民族（尤其是仅仅十年前还起兵反叛罗马的阿洛布罗基人）
也会加入叛乱。[27]

　　得知埃杜依人叛变后，恺撒火速北上，希望与拉比埃努
斯会合。他以强行军出人意料地赶往卢瓦尔河。尽管冬季融
雪使得河水暴涨，他还是设法率军涉水渡河。罗马军团士兵
们将自己的装备放在盾牌上，将盾牌举过头顶，在齐胸深的
河水中艰难前进，在他们的上游，骑兵组成了一条链条队
形。几天后，刚刚在卢泰提亚（今天的巴黎）打了一场胜仗
的拉比埃努斯与他会师了。罗马野战军又一次集中了兵力，
10 个军团大约有 3.5 万~4 万人，还有一些辅助部队。高卢
盟友越来越少，恺撒无法从他们那里获得骑兵，于是派人到
莱茵河东岸的日耳曼各部落，要求他们提供骑兵和轻步兵。
日耳曼援兵抵达后，恺撒将他的军事保民官和其他骑士阶层

的军官以及一些重新入伍的富裕老兵的优良坐骑交给日耳曼人，换下了后者的体型较小的日耳曼小马。高卢叛军对外高卢的攻击令他担忧，于是他率军穿过林贡斯人领地边界，进入塞广尼人领地，以便接近外高卢行省。最后，外高卢行省当地征募的士兵和省内各部落在卢基乌斯·尤利乌斯·恺撒的指挥下击退了叛军。卢基乌斯·尤利乌斯·恺撒是恺撒家族另一支的成员，是恺撒的远房堂兄，曾于前 64 年担任执政官，目前担任军团长。但主动权再一次落入了维钦托利手中，这位高卢领袖决心加大力量压制罗马人。他拥有强大的骑兵，可以在罗马人行军途中受辎重所累时袭击他们。罗马军队要么抛弃辎重、继续前进，要么停下来保护辎重，那样的话就会慢如龟爬，令其补给问题愈发严重。高卢武士们自发宣誓，若不能骑马冲杀、两次贯穿罗马行军纵队，就绝不"返回自己的家，也不去看望父母、儿女和妻子"。次日，高卢骑兵分三路袭击了罗马行军纵队，一路攻击罗马队伍的首段，另外两路袭击罗马人的两翼。恺撒的骑兵人数远少于敌人，但他也将自己的骑兵分成三路，并将步兵调上前，支援承受重大压力的骑兵。罗马军团的士兵都是重步兵，抓不住敌人骑兵，但能够提供一道坚固的防线，让己方骑兵得到掩护并进行重组。最后，右翼的日耳曼人（为恺撒效力）得胜，将对面的高卢武士击溃，迫使其他高卢人撤退。罗马人开始推进，2 个军团留在后方保护辎重，而另外 8 个军团紧随着己方骑兵。高卢人伤亡惨重。恺撒相当满意地看到一些重要的埃杜依人被俘了，包括两名当年早些时候曾在他麾下作战的酋长，以及那个由于他的反对而没有当上大酋长的人。恺撒没有记载这些人的命运如何。[28]

高潮——阿莱西亚攻防战

战局又一次发生逆转。维钦托利对形势的判断失误，他相信恺撒是在败退，因此必须无情地袭扰罗马人，以防止他们将来以更强大的兵力卷土重来。事实上，恺撒和他的部下远远没有被打败。现在高卢军队近在咫尺，形成了明确的目标，于是罗马人迅速转入攻势。维钦托利撤到了阿莱西亚（今天法国科多尔省山区的奥索瓦山）城外扎营，这座位于山顶的城镇属于曼杜比伊人。一天后，恺撒在阿莱西亚对面扎营，并开始侦察地形。这座城镇坐落在一座长长的山岭上，山坡很陡峭。西面有一块宽广开阔的平原，其他三面都是高地，间或有一些山谷。这些山峰和山脊大体上呈半月形。阿莱西亚所在的中央山地的南北两面都有溪流。维钦托利及其人马占据地利，因此直接进攻必然会有很大风险，可能造成严重伤亡，而且还没有必胜的把握。恺撒声称自己此时除了骑兵之外还拥有 8 万名步兵，但和往常一样，这个数字的可靠性很难说。拿破仑不大相信这个数字，并且怀疑高卢人的兵力是否真的超过罗马人。即便如此，直接强攻也不是个好主意，不过从其他方面看，此地的局势与戈高维亚大不相同。此刻恺撒手中握有重兵，并且在察看了地形之后，自信能够将阿莱西亚和高卢军队包围并封锁起来。[29]

罗马人开始建造规模浩大的围城工事，包括长达 11 里的护墙、23 座小型堡垒和一些可供士兵休息的大型营地。高卢人当然不会听任罗马人怡然自得地干活，派出骑兵下山进攻。罗马军中的辅助部队和盟军骑兵上前迎敌，但直到恺撒派出他的日耳曼骑兵预备队和一些罗马军团士兵去助战，才将高卢人

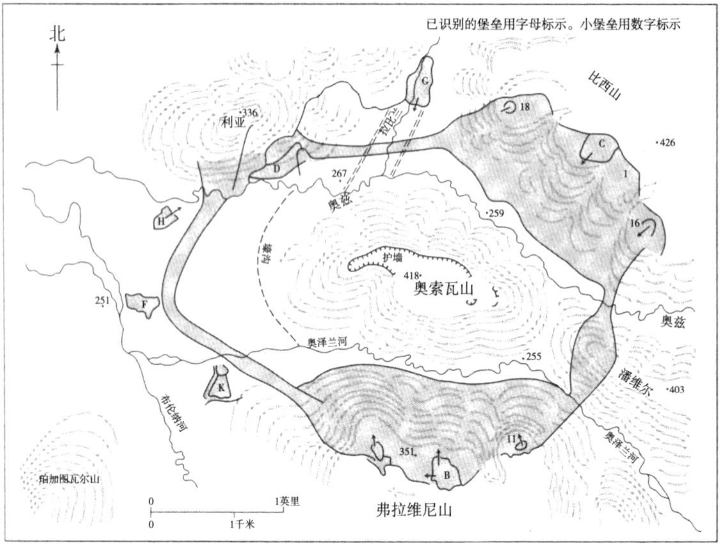

图8　阿莱西亚攻防战

打退。维钦托利接受了将遭到围困的事实，在罗马人的包围圈封闭之前将自己的骑兵送走，指示他们返回各自的部落，征集一支援军。高卢的命运将在阿莱西亚得到裁决，因为正如维钦托利被困，恺撒也被牵制在那里，不得脱身。维钦托利将阿莱西亚的存粮集中起来管理，公平公正地按照配给制分发给所有人，并将牛群分给一些人照管（后来将牛宰杀了）。高卢人安顿下来，等待援军以及与恺撒的最后决战。罗马人艰苦劳作，完成了包围圈，将阿莱西亚山围得水泄不通。拿破仑三世在位时对这个地点进行了确认和发掘，因为他对法国的这段历史有着浓厚的个人兴趣。更近期的考古学家利用现代技术做了更多研究，得出的结论是阿莱西亚的实际情况与《战记》的描述惊人地吻合。堑壕的具体布局并不总像恺撒描述的那样规整，但由于堑壕规模很大，所以这也并不令人意外。

在西面，也就是有开阔平原的那一面，罗马人挖掘了一道笔直的壕沟，宽约 20 英尺，从一条小溪延伸到另一条。这道壕沟的用途是阻滞敌人的进攻，当敌人逼近时提供预警。壕沟以西 400 步（约 130 码）的地方是罗马人的主防线，包括两道壕沟，其中内层那一道壕沟可以灌水，在壕沟以西是一道 12 英尺高的壁垒，每隔 80 英尺筑有高塔。壕沟前方是一系列障碍物和陷阱，罗马军团士兵们给它们取了令人毛骨悚然的绰号。一端被削尖且经火烤后变硬的木桩称作"路标石"；隐藏在圆形陷阱（陷阱顶端覆盖着树叶）内的尖木桩叫作"百合花"，这是由于它们的外形；而半埋在地表的铁蒺藜和尖刺叫作"马刺"。这些陷阱能够给进攻者造成一些伤亡，尤其是当敌人夜间来袭，但其主要功能是拖慢敌人冲锋的速度，破坏其势头，因为士兵们必须小心翼翼地缓慢行进，才能避开这些陷阱。罗马人的防御非常坚固，即便是少量部队也能抵挡住敌人的进攻（除非是特别猛烈的攻击），所以大部分部队可以自由地外出搜粮或者继续建造工事。这道防线竣工后，恺撒派遣士兵们去建造一道新的、更长的对垒防线，面向西方，以便抵挡注定会杀到的敌人援军。罗马人需要在敌人援军抵达之前尽可能多地搜集粮草和牲口，所以恺撒指示他的部下搜罗可供全军维持三十天的给养。为了完成这些任务，需要投入不少人力物力，但恺撒此刻掌握着全军，最精明强干的军官也都在他身边。除了军团长们（包括昆图斯·西塞罗和盖乌斯·特雷博尼乌斯）之外，他身边还有年轻的迪基姆斯·布鲁图斯以及新任财务官马克·安东尼，也就是莎士比亚笔下的那位。罗马人劳作的时候，阿莱西亚城内的高卢人观察着对方，偶尔发动袭扰攻击，但在援军抵达前不肯冒险进行大规模交锋。双方都在等待决战时机。[30]

　　各部落花了不少时间才聚集一支援军。酋长们进行磋商，商定了每个部落应当提供的武士数量。恺撒列出了各部落派遣部队的长长清单，声称敌人最终集结了 8000 名骑兵和 25 万名步兵。他掌握的信息可能不准确，他也可能刻意夸大了这些数字，但值得注意的是，这些数字与《战记》全书中关于高卢部落军力的信息相吻合。当然，或许这顶多能说明他在夸张记述时做到了前后一致。不过就算他夸大了敌人兵力，但高卢各部落的确组成了空前的大联盟，他们也知道关键的大决战迫在眉睫，因此这很可能是史上最庞大的一支高卢军队。据恺撒说，高卢各部落并没有将所有能够作战的人全部征召，因为他们觉得那样的话军队就会过于庞大，难以指挥，而且几乎没有办法供养。即便如此，我们仍然可以推测，很多在正常情况下只会为了防御自己家园而上战场的人如今也被包括在野战军当中，不管他们是自愿的还是被酋长命令的。高卢军队指派了四位领导人。其中之一是阿特雷巴特人国王科密乌斯，另外两人是在这年初曾指挥恺撒麾下埃杜依骑兵的酋长。第四位领袖是维卡西维尔劳努斯，他是维钦托利的表弟，也是四位领袖中唯一一个从来不曾为恺撒军队效力的人。这支军队的集结很缓慢，行进更慢，兵力如此庞大的部队也实在快不起来。被围困在阿莱西亚的高卢人看到援军迟迟不来，开始变得焦躁，决定采取非常措施。城内居民（不能作战的妇女、儿童和老人）被驱赶出城，免得这些"无用"的人继续消耗理应供给武士的粮食。维钦托利或许认为，罗马人会允许这些平民穿过其战线，前往安全地带。如果他这么想，就注定要失望了。恺撒加强了壁垒上的警戒，不准任何人通过。他或许担心让如此多的难民通过会造成问题，敌军可能借着难民群的掩护发动进攻；或许他不愿意让这么多难民进入他的军队正在搜粮的地区，和他的军队争夺口粮。或许他只是觉得，高卢人将会被迫重新接纳这些平民，这样就能让他的封锁更快地发挥效力，但高卢人没有接纳平民。在战争的这个阶段，双方的指挥官都已经非常冷酷无情。两军对平民的哀求充耳不闻，于是他们就被夹在两军之间，注定要被活活饿死。恺撒可能认为，大批平民饿死的惨状能够破坏高卢人的士气。这肯定会使得最终的决战更加惨烈。[31]

高卢援军终于赶到，驻扎在一处高地上，可能是在阿莱西亚西南方，离罗马军队的外层防线只有 1 里多远。次日，高卢援军聚集起来发动进攻，骑兵在平原上推进，数量惊人的步兵在后面的山坡上，向罗马人和被围困的战友展示自己的雄壮兵力。作为回应，维钦托利率领他的武士们从城镇和营地冲出。他们向前挺进，填平了罗马人防线前方宽阔壕沟的一段。他们随后在那里等待与援军一同发动进攻。罗马军队严阵以待，围城战线两侧的士兵都做好准备，迎战来自两个方向的敌人。为了表现自己的自信，恺撒派遣他的骑兵冲出去，与高卢援军的骑兵交战。随后爆发了一场混战，持续了整个下午，在很长一段时间内，高卢人似乎都稳占上风，但恺撒的日耳曼骑兵又一次投入战斗，帮助罗马人赢得了胜利。高卢人没有投入步兵。天黑后，双方都各自回营。次日，高卢人做了准备。武士们制作梯子，收集绳索，攀爬罗马人的壁垒；准备柴捆，用来填满罗马人的壕沟。高卢援军于午夜发动进攻，大声欢呼，好让维钦托利知道发生了什么事情。由于罗马人隔挡在两支高卢军队之间，他们没有直接的通信手段。维钦托利命令吹响号角，指示自己的武士也发动进攻，配合包围圈外的援军，攻击罗马防线的同一地段。但他们花了很长时间才组织起来，后来又花了更多时间才把罗马壕沟的更多地段填平。最后他们因为太晚到达，没能与外面的战友协调好。战斗非常激烈，马克·安东尼和军团长特雷博尼乌斯（他们负责战线的这一地段）调来预备队，击退了内外两支高卢军队的进攻。恺撒部下花了那么大力气修建的防御工事证明了自己的价值。[32]

在发动又一次进攻之前，援军的四位领袖仔细地侦察，并向熟悉地形的当地人了解情况。他们判断，罗马人的薄弱环节是环绕阿莱西亚的半月形高地西北角山坡上的一处营地。由于修建防线的工程量太大，罗马人没能将这座小山纳入防线之内。此处营地只有2个罗马军团，而科密乌斯及其他酋长决定投入将近四分之一的步兵，也就是约6万名精锐武士，来攻打这个营地。维卡西维尔劳努斯率军于夜间出发，来到这座小山的背坡，在罗马人的视野之外等待。真正的总攻将于午间开始，在此之前将会在其他地段发动一些牵制性攻击。维钦托利看到了援军的一些准备工作，尽管他不知道援军的具体计划细节，但还是决定向罗马人的内层防线发动全面进攻，以支援友军。中午，维卡西维尔劳努斯及其部下从山坡上潮水般地拥向脆弱的罗马营地。罗马守军在许多地方同时遭到攻击，兵力被分散了，受到了极大压力。战线很长，但恺撒来到了一个可以总览大部分战场的地方，开始命令将预备队调上前线，去支援受到威胁的地段。即便如此，他仍然非常依赖他的高级军官们向他报告战局，而高级军官们在没有时间征求他意见的时候能够自行决断。维卡西维尔劳努斯对山坡营地的攻击取得稳步进展，于是恺撒派遣拉比埃努斯（他最能干的部下）率领 6 个大队去支援那里的守军。恺撒指示这位高级军团长自行斟酌形势，如果觉得守不住那里，可以带领守军放弃阵地突围。

恺撒知道仅仅观察和指示是不够的，于是开始行动。他走到最前线，鼓舞士兵们奋勇拼杀，告诉他们这一天将会决定整个战争的结局。维钦托利及其武士对罗马防线最薄弱环节的进攻被打退了。现在他们转而攻击几个虽然地形利于防守但罗马守军较少的地点。在一个地点，他们爬过了壁垒，用抓钩和绳索拉倒了一座罗马塔楼。恺撒派遣迪基姆斯·布鲁图斯带领一些部队赶去支援，但抵挡不住敌人。军团长盖乌斯·费边率领更多大队前去增援，终于填补了防线上的这个缺口。度过这次危机之后，恺撒骑马去看拉比埃努斯在山坡堡垒处的战况。他不是孤身一人去的，而是从邻近的一座小堡垒匆匆集结了 4 个大队。罗马军队的大部分骑兵都还没有投入战斗，于是他将骑兵分为两队，将其中一队带在身边，将另一队派出防线，令其包抄维卡西维尔劳努斯的侧翼。此时，拉比埃努斯的部下已经失去了对堡垒护墙的控制，但他除了自己带来的 6 个大队和堡垒原先的 2 个军团之外，还收拢了 14 个大队。有了这支强大的力量，他在堡垒内和附近拼凑起了一条新战线，并派遣传令兵向恺撒报告这个新进展。围城战和整个战役的危机开始了。在很多方面，至少从《战记》来看，这也是恺撒自前 58 年以来历次战役的高潮。他记述了拉比埃努斯和其他军团长的精彩表现，但最终的聚焦点还是作者本人：

　　……在战斗中，他总是身穿颜色鲜明的斗篷，作为显著的标志。因此士兵们都知道他驾临了。他带来的骑兵和重步兵也很显眼，因为从山地较高处可以看清这些大小山坡发生了什么。然后敌人前来交锋：双方都呐喊起来，堡垒与护墙内的士兵们也跟着呼喊。我们的士兵们投出标枪，开始挥剑砍杀。突然间，高卢人看到了自己背后的骑兵；其他罗马大队也在逼近。敌人转身逃跑，被骑兵追上了。随后是一场大屠杀……罗马人缴获了 74 面敌军战旗，将其献给恺撒；庞大的敌军中很少有人能够毫发未伤地逃回营地。[33]

罗马人的反击将战局彻底扭转到对他们有利的方向。突入恺撒战线的企图以血腥的惨败而告终。维钦托利及其部下的突围企图也失败了，他们看到援军败退，于是也撤退了。尽管这一天战局的扭转或许不像恺撒说的那样迅速和轻松，但他的这次胜利毋庸置疑具有决定性意义。叛军士气涣散，斗志全无。维钦托利及其部下此时已经接近粮草断绝，也看不到逃跑的希望。高卢援军的两次大规模进攻都失败了。这样庞大的一支部族武装在野战中不可能维持很长时间，还没有机会取得一次胜利就必须解散了。[34]

次日，维钦托利召集酋长们开会。他提议投降，并表示愿意将自己交给罗马人。与会者似乎没有一个反对。他们向恺撒派去使节。恺撒要求他们交出武器，并勒令其领袖投降。《战记》对投降过程描述得很简略。据普鲁塔克和狄奥记载，维钦托利穿上他最好的甲胄，骑上最好的战马，离开了城镇。恺撒端坐在审判台的行政长官席位，阿维尔尼酋长骑马绕着自己的对手走了一圈，然后翻身下马，放下武器，坐在恺撒脚边，等候被带走。《战记》当然不会让自己的英雄被敌人这样抢风头。[35]

参加叛乱的部落几乎全部举手投降了。从很多方面看，恺撒的最终胜利尤其辉煌，因为如此之多的部落联手反对他。凯尔特/高卢诸部落对罗马军队的武力做了最终考验，被彻底击败了。现在差不多所有部落都接受了被征服的现实。恺撒对埃杜依人和阿维尔尼人的俘虏很慷慨大方，或许对其臣属部落也网开一面。这些人没有被卖为奴隶，不过维钦托利一直被关押着，后来在恺撒的凯旋式上，根据罗马的传统，被当众扼死。但还有很多俘虏可以被变卖，罗马全军都可以分享利润。埃杜依人和阿维尔尼人是重要的部族，恺撒更希望他们成为罗马的盟友（情愿不情愿是另外一回事），所以对他们比较宽大。恺撒取得了军事上的胜利，但他知道要想创建永久性的和平，现在需要的是政治手腕和宽厚的外交。埃杜依人和阿维尔尼人都彻底归顺了。[36]

十六 "高卢全境已被征服"

关于恺撒，出现了许多传闻，都不是什么好话。有人说，他的骑兵已经被全歼了，不过我觉得这肯定是捏造的谎言；还有人说，第七军团损失惨重，恺撒本人被包围在贝洛瓦契人领地，与其他部队音讯断绝。但目前为止还没有确切的消息。即便这些未经证实的故事，流传也并不广泛，只是在一个小集体中被当作公开的秘密——你知道这些是什么人；不管怎么说，多米提乌斯·阿赫诺巴尔布斯在讲话之前都要先用手捂住嘴。

——马尔库斯·凯利乌斯·鲁弗斯给西塞罗的信，
约前 51 年 5 月 26 日[1]

身在高卢期间，恺撒做了很多努力去防止罗马忘记他的存在，并大力宣扬自己的成就。《战记》是他这种努力的一个主要部分，但并非他这些年中唯一的文学创作。前 54 年初，在从内高卢北上前往军队的途中，他撰写了一部两卷本的著作《论类比》。书名是希腊文，内容是对拉丁文语法的分析，主张在口语和书面语中使用精确、朴素的语言，反对当时嗜好古旧词汇和复杂表达方式的时尚。这本书是献给西塞罗的，赞扬他为罗马最伟大的演说家和"几乎是雄辩术的创始人"；但随后又说，本书对研究日常语言很有助益。这部书只有一些残章断简保存至今。恺撒当时要考虑高卢事务并为第二次远征不列颠做准备，但依然能写出这样详尽和权威的学术著作，足以印证他的聪慧渊博和充沛精力。与《战记》相比，《论类比》的目标读者群要小得多，但包括了许多爱好文学的元老和骑士。作为文学家的恺撒比作为平民派政治家的恺撒更容易被人接受，争议性也更小。对西塞罗的赞扬是很自然和真诚的，与两人之间新的更亲密的纽带有关系，毕竟是恺撒帮助西塞罗结束了流亡并得以返回罗马城。西塞罗将自己作品的稿件发给恺撒，两人切磋文艺，这愈发巩固了他们之间的政治友谊。[2]

文学对罗马的精英阶层而言至关重要，但要赢得更广泛群众的好感，需要其他的手段。罗马有一项历史悠久的传统，即功勋卓著的伟人，尤其是得胜的将领，会在罗马城建造纪念性建筑，以这种实实在在、触手可及的方式纪念自己的成就。前55年，庞培在第二次担任执政官期间，为了纪念自己史无前例的辉煌胜利，建造了一座超越前人的恢宏纪念建筑，正式开启了他的大剧场建筑群工程。这是罗马城内第一座永久性石质剧场，差不多三个世纪之后的狄奥仍然认为它是罗马最壮观的建筑之一。剧场的石质座席可容纳约1万人，比较讲究的人在看演出时会带上软垫。庞培剧场屹立在战神广场，雄踞于数百年来其他得胜将领建造的一排神庙之上。这个建筑群中还有不少于五座神龛，其中最主要的是献给"得胜维纳斯"的，其他的则献给象征荣誉、勇气和幸运等美德的神祇。这座半圆形剧场附有一座柱廊，仅柱廊的占地面积就达约257400平方英尺。从设计到建材，整个建筑群的一切都印证着工程的巨额花费。

剧场建筑群对公众开放时的奢华庆祝活动同样耗费了巨

资。当时有音乐演奏、体操表演、赛车和在邻近的弗拉米尼乌斯广场举行的斗兽表演。在五天的表演中有五百头狮子丧生，有一场表演是身披重甲的猎手对抗约二十头大象。大象企图逃离竞技场，拼命撞击铁栏杆，令观众心惊胆战，但后来被逐退了。恐惧很快变成了同情，群众开始怜悯这些动物，而愤怒地指责下令屠杀它们的庞培。尽管罗马人酷爱斗兽场里的暴力表演，但仅仅花费巨资来提供演出未必能够赢得群众的欢心，以便让他们对提供演出的人感恩戴德。西塞罗私下里觉得，庞培的剧场和柱廊的规模太过分了。一些比较保守的元老则低声抱怨，在罗马城内建造一座永久性的剧场（这是最具希腊特色的公众场所）是个错误。在过去，任何表演的绝大多数观众都是站着的，元老们担心给他们座席会鼓励更多公民终日无所事事地消磨时间。[3]

恺撒有着自己的谋划，要给城市留下永久性的印迹。前54 年，他开始扩建广场北侧和尤利乌斯会堂，他的新建筑将与尤利乌斯会堂毗邻。他还不满足于此，而是效仿庞培，将目光投向战神广场，打算用永久性的大理石建筑取代那里用于投票的围场。工程规模浩大，侧面有 1 里长的柱廊。西塞罗帮助恺撒的亲信奥庇乌斯①来筹划和安排这些工程，这又一次公开表明了西塞罗与恺撒之间新的政治关系。这些宏伟工程耗资巨大，据西塞罗说，仅仅为了购买广场扩建工程所需的地皮就花了 6000 万塞斯特尔提乌斯，而苏埃托尼乌斯说是 1 亿塞斯特

---

① 盖乌斯·奥庇乌斯是恺撒的密友和亲信。恺撒不在罗马期间，奥庇乌斯为他打理私人事务。奥庇乌斯和恺撒的另一名亲信卢基乌斯·科尔内利乌斯·巴尔布斯一起，对罗马施加了很大影响。奥庇乌斯撰写了关于恺撒征战阿非利加等地的史书，还写过一部恺撒传记。

尔提乌斯。这些资金全部来自征服高卢的收益。竣工之后，城市将拥有更宽广、更壮观的广场。作为城市中心，广场将为公共事务和私人商贸提供更大空间，而战神广场上将有更宏伟的投票场地。从短期来看，这些工程为城内许多贫困公民提供了就业岗位，也为提供建材的企业带来了利润丰厚的合同。

恺撒还宣布，将为了纪念他的女儿而举行角斗士表演。这是史上第一次为了悼念一位去世的女性而举行角斗士表演。他在过去曾为自己的姑姑尤利娅和第一任妻子科尔内利娅举办公开葬礼。为了此次表演，他搜罗了大量角斗士。为此，恺撒做了安排，饶恕了之前角斗士竞技中落败者的性命。这些角斗士不是按照常规在角斗士学校里接受训练的，而是在以擅长武装格斗而闻名的元老和骑士家中学习武艺。苏埃托尼乌斯告诉我们，恺撒从高卢写信给这些传授武艺的元老和骑士，请他们认真培训角斗士。到前 49 年，恺撒已经拥有至少 5000 名角斗士，其中许多在卡普阿的角斗士学校。恺撒是个天生的表演艺术家，他决心要让自己举办的表演与众不同。为了缅怀他的女儿，除了角斗士表演外，还将举办公众宴会。其中有些菜肴是他家中自己的厨师准备的，但很多是从一些高档餐馆买来的，罗马有很多这样的昂贵餐馆。商人从中得利，群众也得以尽情享受饕餮之乐，或许还能够让更多公民对恺撒产生好感。尽管纪念尤利娅的角斗士表演和宴会要几年之后才会真正举行，但准备工作都非常公开地进行着，令大家充满期待。[4]

尽管恺撒想方设法地吸引公众的注意力，但有的时候要让身在罗马的人注意远方的事情，实在太难了。在这个十年的末尾，共和国的体制似乎要无可挽回地瓦解了。选举舞弊非常猖獗。在前 53 年的执政官竞选中，有两名候选人联手向"优先百人团"（即被选中在百人会议首先投票的第一等级百人团）行贿1000万塞斯特尔提乌斯，还向负责主持选举的两位前54年执政官行贿300万塞斯特尔提乌斯。恺撒和庞培都间接卷入了此次丑闻，都对它的大白于天下不太高兴。但选举直到前53年夏季才举行，元老院请求资深执政官庞培来监督选举。前52年的候选人同样腐败，雪上加霜的是，米罗和克洛狄乌斯的党徒爆发了暴力冲突，最终导致克洛狄乌斯被谋杀。在近期历史中，曾有元老随从在政治暴乱中丧生，也有一些权贵受伤。而克洛狄乌斯这样一位名人，不仅是前任行政长官，而且目前还是候选人，竟死于暴力，着实糟糕。况且他是被蓄意谋杀，这更令人震惊。克洛狄乌斯在最初的冲突中负伤，躲进一家酒馆。米罗刻意派人到酒馆把他的老对手拖出来杀掉。

随后，克洛狄乌斯的家人和支持者大肆破坏以泄愤，造成了很大动乱，共和国几乎陷入了无政府状态。"无政府状态"（anarchy）这个词源自希腊语，原先的意思是动乱使得雅典高级行政长官执政官（archon）的选举无法进行。元老院召开了会议，发布了终极议决，授权庞培尽一切努力保卫国家。元老院作为一个政府机构，却没有自己的警察或军队来控制混乱的局面。庞培拥有资深执政官的治权，手中掌握着军队。关于应当授予庞培何种头衔和权限，元老们产生了一些疑虑。又一次有人建议任命他为独裁官。也有人建议将恺撒召回，让他与庞培共同担任执政官，直到危机平息下去。全部十位平民保民官都支持这一提议。恺撒写信向他们表示感谢，但请他们撤回这一提案，因为高卢战事需要他。最后，毕布路斯（就是前59年恺撒的同僚，对恺撒和庞培都没有好感）提议任命庞培为单一执政官，任期一年。加图支持这一动议，于是它顺利地通过了，因为庞培的政敌们也感到，现在只有庞培出面才能恢复城市秩序。但他们刻意避免使用"独裁官"的头衔，并明确表示没有授予庞培像当年苏拉那样的永久性权力，这仅仅是个处理危机的临时性措施而已。[5]

庞培的第三次执政官任期有许多不合常规之处。首先，他是唯一的执政官，没有同僚，这违反了执政官职务的最根本原则。他也不是被人民选举出来的，而是由元老院任命。通常情况下，执政官只有自己的执法吏为其开道，庞培却将武装士兵带入城市来维持秩序。米罗受审的时候，法庭被执政官的士兵团团围住，阻止米罗的追随者干扰庭审。庞培为了处理前不久的选举舞弊和政治暴力，自行建立法庭和程序。陪审团成员由执政官亲自挑选。米罗的罪行铁证如山，尽管这在罗马的审判中并不一定是决定性因素，但在此次庭审过程中，法庭和围观群众对被告抱有极大敌意。西塞罗同意为米罗辩护，因为米罗曾是西塞罗的不共戴天之敌克洛狄乌斯的敌人。西塞罗站起来发言的时候，群众发出了鼓噪抗议，表达对米罗的憎恨。于是西塞罗丧失了勇气，没敢发言。米罗被判处流放至外高卢的马西利亚。西塞罗相当不知趣地给米罗寄去了他原先打算在庭审中演说的稿子。米罗讥讽地回答，他很高兴西塞罗没有发表演讲，否则他就没有机会品尝马西利亚的美味海鱼了。克洛狄乌斯的支持者对庭审结果欢呼雀跃，但他的一些主要盟友在随后几个月内也受到审判并被定罪。庞培对履行自己的职责非常认真，的确在努力控制蔓延政界的暴力和舞弊现象。与之前元老院终极议决的执行情形不同，前52年没有发生草率的处决，一切都是通过法庭处理的，尽管这些法庭是专门为应对当时的局势而设立的特别法庭，并且根据新规定来运作。[6]

　　贿选，尤其是执政官竞选中的贿选，已经非常普遍。庞培通过了一项新法律，对选举舞弊施加更严厉的惩罚。但是，参加竞选的花费惊人，很多候选人都寄希望于一年期满之后得到一个富裕的行省。那样他们就可以压榨不幸的外省居民，以及收受包税公司的贿赂（这些公司不希望自己对人民的剥削受到政府的任何干预），来还清自己的债务。这种局面对各行省来说很糟糕，但绝大多数元老更关心它对选举的影响。为了打破这个恶性循环，庞培颁布了一项新法律，规定执政官卸任后要等五年时间才可以就任行省总督。他认为这样的话，债主们会很不情愿等这么久才去收回欠款。但这项法律不可避免地导致没有足够多的人选来治理行省，于是在短期内必须尽可能任用卸任后不曾担任过行省总督的前任行政长官。西塞罗就是这样一个人，他于前51年被任命为奇里乞亚总督，他对这个任务没有多少热情。同时，毕布路斯被派去治理叙利亚。庞培的措施似乎很有效，前51年、前50年和前49年的执政官选举中贿赂和腐败的现象大大减少。加图参加了前51年的执政官选举，宣称自己绝不会去哗众取宠、笼络选民。尽管他受到普遍的敬佩，但其实并不很得民心，而他的竞选手段极其怪诞且不符合传统。加图在竞选中输得很惨，这丝毫不奇怪。庞培不大可能会支持加图竞选，但他也控制不了选举结果。这三年的选举展现了名门望族的强大实力。胜利者是三位贵族和三位最显赫的平民世家子弟。马尔库斯·克劳狄·马凯鲁斯和大盖乌斯·克劳狄·马凯鲁斯兄弟分别在前51年和前49年当选，而他们的堂兄弟小盖乌斯则当选为前50年的执政官。这位小盖乌斯娶了恺撒的甥孙女屋大维娅，也就是前不久恺撒提议嫁给庞培的那个姑娘。我们不确定恺撒是否知晓，马凯鲁斯更愿意与自己的堂兄弟们联手，而后者对恺撒非常敌视。[7]

庞培第三次担任执政官，是他极其成功但毫不循规蹈矩的政治生涯中又一座重要里程碑。他再一次被元老院认定为唯一一位有能耐处理危机的人，即便他的私敌也承认必须请他出山。庞培在过去要对付的是李必达，然后是塞多留、海盗、米特里达梯六世和粮食供应问题，如今他的任务是对付城内的政坛暴力。和以往一样，他圆满完成了任务，但如果他在这一过程中不抓住机遇来谋求私利，就不算是罗马的元老了。他确保自己在两个西班牙行省的任期被延长五年，保证自己在卸去执政官职务后仍然能手握治权和控制军队。前52年初，米罗和仍然在世的另外两名执政官候选人被定罪并放逐。而最后一个候选人昆图斯·凯基里乌斯·梅特卢斯·皮乌斯·西庇阿·纳西卡出身罗马最鼎盛的门阀贵族家庭，他超长的名字就足以说明这一点。此人出生于高贵的西庇阿家族，该家族的一位成员①在第二次布匿战争中击败了汉尼拔，而另一位成员②在第三次布匿战争中摧毁了迦太基。但他后来被梅特卢斯家族的一支收养，这是最显赫的平民家族之一。因此梅特卢斯·西庇阿既有巨大的财富，又有极强的家族人脉，同时还拥有威望极高的祖先。他自己的才干非常有限，但有一个美丽的女儿科尔内利娅，嫁给了克拉苏玉树临风的儿子普布利乌斯，在卡莱战役后便成了寡妇。庞培决定第四次结婚③，向梅特卢斯·西庇阿

① 即大西庇阿。
② 即小西庇阿。
③ 原文有误。梅特卢斯·西庇阿的女儿科尔内利娅是庞培的第五任妻子。

提亲，受到了欢迎。梅特卢斯·西庇阿受到的指控被悄悄取消，婚礼举行了。和尤利娅一样，庞培的新娘非常年轻，差不多可以当他的女儿，甚至是孙女，但这门婚姻又一次非常幸福和成功。科尔内利娅不仅貌美，而且睿智、精明而魅力十足。庞培素来非常享受别人的崇拜，而一切迹象都表明这位妻子非常爱他，于是他也加倍地宠爱她。他已经五十四岁，对一个少年得志、喜欢别人夸奖自己英俊的人来说，到了这个年纪，一定感到不轻松。或许连续娶了两位年纪比自己小得多的娇妻让他觉得自己迎来了第二春。从政治角度看，这门婚姻也非常有利，让这位不是很擅长政治游戏的将领与处于共和国精英阶层核心的一些家族建立了联系。科尔内利娅的父亲也得到了好处，不仅逃脱了法律制裁，还在 8 月被提名为庞培的同僚执政官。[8]

恺撒看到自己的前女婿在其他地方另谋婚事，很可能感到失望。凭借后见之明，我们知道仅仅两年半之后，恺撒和庞培就将兵戎相见；但在当时，三头同盟中仅剩的两人似乎仍然关系融洽，没有证据表明他们已经出现了很大的嫌隙。恺撒不愿意回来担任庞培的同僚，因为除了需要镇压高卢叛乱之外，他还没有完成对新征服地区的巩固。恺撒已经开始展望未来，并明确表示希望自己在离开高卢后可以直接去当执政官，这将是他第二次担任这个职务。他不希望卸去总督职务后还要作为普通公民等待一段时间，因为在这期间他很可能会遭到起诉，为了他在执政官任上的作为而受到指控。庞培在前 52 年的一些举措似乎与恺撒的意愿相抵触。执政官卸任后必须间隔五年才能担任行省总督的规定，间接地对恺撒的地位构成了威胁。目前为止，即将被分配给新任执政官的行省都会在选举之前宣布，因此能够提前很长时间（大约十八个月）知道现任总督是否会被取代。而在新体制下，一位前任执政官可以随时被任命为任何一个行省的总督，包括恺撒的行省，尤其是外高卢（恺撒的外高卢总督职务是由元老院任命的，不是民众投票决定的）。这很令人不安，但庞培和恺撒在罗马的其他朋友应该可以阻止这样的事情发生，尽管多米提乌斯·阿赫诺巴尔布斯那样的人会对恺撒不利。

更值得担忧的是庞培颁布的另一项法律，禁止执政官候选人缺席参选，也就是禁止在竞选时本人不在罗马城内。这意味着恺撒若想第二次当上执政官，就必须先放弃治权（才能回到罗马城），但那样的话他就面临被起诉的风险。这一年早些时候，在谢绝保民官们让他回到罗马城担任庞培同僚之后，恺撒劝说保民官们提出一项法案，特别允许他缺席参选。恺撒在元老院的盟友迅速提醒庞培，这项法案与后来庞培自己提出的立法（禁止执政官候选人缺席参选）相矛盾。记载新法律（禁止缺席参选）的青铜匾额已经被送到元老院档案中存放，但庞培亲手写了一个补充条款（允许恺撒缺席参选），下令将它附加到新法律文本中。显然，补充条款的法律效力是值得怀疑的。这种对恺撒的怠慢或许不是庞培有意为之，但庞培也可能只是想提醒自己的盟友，不要以为庞培帮助他是理所应当的。目前，恺撒和庞培若是分道扬镳，对双方都没有好处。到前52年末，两人的联盟或许比前些年衰弱了不少，但仍然有效。击败维钦托利的捷报传来后，元老院投票决定再次为恺撒举行为期二十天的公共感恩活动。庞培仍然愿意庆祝自己盟友的胜利，但也没有忘记纪念自己的成就：他建造了一座献给胜利女神的神庙。[9]

高卢的结局

"高卢全境已被征服……"希尔提乌斯在为恺撒《高卢战记》续写的篇章开头如此写道。但希尔提乌斯自己的叙述很快就证明，事实并非如此。维钦托利在阿莱西亚投降后，很多叛乱部落都投降了，但还有一些部落负隅顽抗。前52年12月31日，恺撒离开比布拉克特，率领第十一军团和第十三军团从冬季营地出发，前去讨伐比图里吉人。罗马人突然发动攻击，而且恺撒命令部下不要按照惯例纵火焚烧农场和村庄，因此没有烟柱来警示比图里吉人。他们无力进行有组织的抵抗，数千人被俘。这一年夏季，比图里吉人的土地曾是两军厮杀的战场，他们还自愿服从维钦托利的命令，烧毁了自己的城镇和存粮，因此他们无力抵抗，很快投降了。恺撒对其他叛乱部落的宽大条件对比图里吉人来说也是个鼓励，而恺撒也愿意对比图里吉人开恩。这一次没有奴隶和战利品可以分发给士兵们，于是恺撒给每位士兵发放了200塞斯特尔提乌斯的奖金，每名百夫长则得到2000塞斯特尔提乌斯，以表彰他们在此次冬季作战中的良好表现。两个半星期之后，他率领第六、第十四军团前去讨伐卡尔尼特人。高卢人逃离了自己的家园，于是在一段时间内，恺撒将他的许多部下安置在凯纳布姆的房屋内，这座城镇在前一年曾经是大屠杀的场所。恺撒定期派遣步兵和骑兵队伍扫荡周边的乡村。卡尔尼特人东躲西藏，饱受严寒之苦，很快就粮草断绝，损失惨重。很多人逃到其他部落避难。[10]

恺撒将特雷博尼乌斯留在凯纳布姆指挥，然后命令第七、第八和第九军团离开冬季营地，第十一军团与他们会师，随后一同攻击贝洛瓦契人。贝洛瓦契人以英勇善战而闻名，之前没有派许多武士去参加援救阿莱西亚的大军。只是由于和贝洛瓦契人特别友好的科密乌斯的特别请求，贝洛瓦契人才派去了几千人。其他人则更愿意独立地以自己的方式与罗马人作战。前51年初，贝洛瓦契人集结了一支强大的军队，指挥官是科雷乌斯，其副手是在阿莱西亚战败后没有投降的科密乌斯。恺撒从俘虏口中得知，敌人的计划是假如恺撒只带来不超过3个军团，就向他发起攻击；但若是他手中的兵力更多，就静观其变、等待时机。于是，恺撒将手中的第4个军团藏在辎重队后方，希望诱惑贝洛瓦契人出战，并速战速决。高卢人没有上当，两军隔着一座山谷扎营对峙。双方都不愿意在不利条件下仰攻敌人。为了安全起见，恺撒命令部下格外加强自己的阵地，使它比一般的行军营地更坚固。小规模冲突不断发生，双方都使用日耳曼部队，因为科密乌斯说服了500名日耳曼人加入了贝洛瓦契人。有一次，高卢人伏击并歼灭了雷米人（作为罗马盟友为其效力）的一支袭扰队伍。恺撒觉得自己手中的兵力不够，于是命令第六、第十三和第十四军团前来增援。此次战役比他预想的要艰难，关于此役的消息传到罗马城后，恺撒严重受挫的谣言流传开来。在贝洛瓦契人的侦察兵发现更多罗马军队赶来之后，贝洛瓦契人决定撤退，利用预先秘密准备的稻草捆和干燥木柴放火，在浓烟烈火的掩护下安全脱离罗马人。此后他们主要进行伏击而不是正面对抗，将自己的主力与罗马人保持距离。随后几天内，罗马人遭受了一些小挫折。在这种行动中，情报的作用极大。恺撒审讯一名俘虏时得知，科雷乌斯正带着6000名步兵和1000名骑兵准备伏击他的一支搜粮队，于是感到机会来了。罗马的辅助骑兵事先得到警示，抵挡住了科雷乌斯的伏击部队，等待罗马军队赶来支援。大多数高卢人逃跑了，但科雷乌斯不肯逃跑，也拒绝投降，最终被标枪刺死。恺撒率军继续前进，打算袭击敌军主营地。据恺撒的侦察兵判断，敌营就在约 8 里之外。

科雷乌斯的战死和其败兵的抵达促使贝洛瓦契人派使节向恺撒求和。使节企图将叛乱的全部罪责推给已死的科雷乌斯。恺撒告诉他们，他不相信完全是一个人的错，但他愿意接受贝洛瓦契人的投降，不再继续惩罚他们。贝洛瓦契人交出了人质。其他一些部落看到恺撒如此宽宏大量，在随后几周也陆续投降。恺撒说得对，仅仅一位酋长不可能有那么大的影响力，但他肯定知道，具有人格魅力的领导人能够让叛乱继续坚持下去。不久之后，他率军征讨厄勃隆尼斯人，因为他们的酋长阿姆比奥雷克斯仍然逍遥法外。贝洛瓦契人战败后，科密乌斯逃走了，他和他的部下遭到了罗马人的追捕。有一次，拉比埃努斯假装愿意与这位阿特雷巴特人国王谈判，希望借机将他杀死，但科密乌斯安全逃脱，只是受了伤。后来，另外一支罗马巡逻队差一点就抓住了他。科密乌斯宣称自己愿意议和，只要他再也不需要看到罗马人。恺撒对此的回应没有被记载下来，但最终科密乌斯渡海逃往不列颠，自立为南海岸某部落的国王，建立了一个王朝。[11]

最后一次大规模叛乱发生在西南方诸部落中，以高墙环绕的山地城镇乌克斯罗杜努姆（今天的多尔多涅）为中心。叛乱的两位领导人之一是卢克特里乌斯，他曾于前 52 年初遵照维钦托利的命令袭扰外高卢。主要的战斗是由恺撒的军团长指挥的，但最后恺撒亲自彻底平定了叛乱，途中还接受了卡尔尼特人的投降，卡尔尼特人将叛乱的主要领导人交给恺撒发落。据希尔提乌斯说，恺撒不得不将此人处决，因为他的士兵们仍然对凯纳布姆大屠杀愤慨不已。叛军被包围在乌克斯罗杜努姆城内，恺撒运用麾下士兵的工程技术切断了高卢人的水源。守军出城投降后，恺撒决定对其严惩，以儆效尤，"因为他的宽大仁慈已经世人皆知"（这是希尔提乌斯的话）。叛军武士均被砍掉双手，然后释放，以此作为对其他人的警告。有些现代学者倾向于认为希尔提乌斯的这句话指的是内战，而不是恺撒在高卢的战争，但这犯了用现代人的眼光揣摩古人的错误。在《高卢战记》之前的篇章里，希尔提乌斯已经举例说明恺撒在叛乱部落投降后不予严惩，并说他的宽厚鼓励了其他叛乱部落前来投降。在军事胜利之后，恺撒急于赢得政治上的和平，手段则是劝服高卢全境的领袖们，忠于罗马方为上策。恺撒的绥靖政策很快被证明是有效的：在乌克斯罗杜努姆逃脱被俘命运的卢克特里乌斯被另一位阿维尔尼酋长交给了罗马人。希尔提乌斯将恺撒在前51年~前50年的活动描述为："恺撒的主要目标是维持与各部落的友好关系，不给他们犯上作乱的机会和理由……就这样，他光明正大地与各部落相处，向酋长们赏赐丰厚的战利品，并且没有给他们施加任何负担，让他们接受自己的臣属地位，于是很轻松地在高卢维持了和平，毕竟高卢在遭受如此之多的军事失败后已经疲惫不堪。"[12]尽管恺撒在前52年大叛乱之前对形势的判断有误，但现在已经能够很好地处理外交关系。下一年的夏季平静地过去了。前49年初，他离开高卢，最终带走了他的大部分军队。在罗马放松了对高卢的控制之后，并没有发生大的动乱。贝洛瓦契人在前46年又一次举兵谋反，后来被镇压下去。除此之外，高卢在随后十年中都很安定。[13]

　　恺撒在高卢度过了九年时光，将罗马的统治向东扩展到莱茵河，向北拓展到英吉利海峡，向西一直延伸到大西洋海岸。在将近五个世纪的时间里，这个地区将始终是罗马帝国的一部分。在这个时期的大部分时段里，高卢都将享有内部和平（只是在被征服几十年内有过一些叛乱，然后偶尔受到罗马内战的波及，在帝国末期遭到一些蛮族的袭扰）与普遍繁荣。高卢贵族赢得了罗马公民权，在恺撒去世后的一个世纪之内，曾以武力反对他的那些人的后代就进入了罗马的元老院。高卢人民或者至少是比较富裕的阶层，获得了玻璃窗、流动供水、排污系统、浴室和中央供暖等便利的生活设施。高卢文化受到了罗马思想和理念的改良与影响，成了后人所称的高卢－罗马文化。拉丁语得以普及，尤其是在城镇和贵族当中。读写能力和书面文献得以广泛传播。德鲁伊祭司遭到镇压，猎取人头和人祭等实践停止了，但高卢宗教的其他许多方面仍然流传下去，尽管高卢的男女神祇有时会被赋予新的罗马名字。后来，古老的宗教将受到迅速传播的基督教的挑战。基督教起初只是一种秘密的地下崇拜，但从君士坦丁大帝时代开始成为罗马帝国的国教。新的宗教只是抵达高卢的诸多思想与理念之一，因为高卢成了更广阔的罗马世界的一部分，人们能够更轻松、更安全地旅行。罗马对高卢及其人民的影响非常深刻而持久，远远超过罗马对不列颠的影响。不列颠在脱离罗马帝国几十年之后，罗马文化的绝大多数踪迹便从那里消失了。

由于恺撒的征战，高卢后来的历史就是这样发展的。我们不知道假如恺撒不曾征服高卢（比如当初他率军远征巴尔干，而不是高卢），后事将如何发展。两千多年过去了，历史的可能性是无限的。罗马人很可能仍然会在某个时间征服高卢，但或许不会像恺撒做的那样迅速和彻底。考虑到前 1 世纪中期罗马扩张的可选择方向很有限，对高卢的征服应当会很快发生。罗马的统治给高卢和其他行省带来了许多好处。在最基本的层面上，我们有理由说与被罗马征服之前或者罗马帝国灭亡之后相比，在罗马帝国统治下，更多人享有更好的生活条件。罗马社会有很多缺陷，但其他文化，比如高卢文化，也往往有着同样的缺陷。奴隶制是个很明显的例子。竞技场上的残暴娱乐（它与文学、艺术和戏剧一同构成了罗马的文化影响）在高卢则较为少见。恺撒并不为罗马的帝国主义或罗马文化负责，但他肯定是共和国武力扩张的积极分子。他征服高卢，并非为了达成长期目标与野心，而只是满足了自己长期以来对荣耀的渴望。他将注意力集中在高卢，主要是由于机遇和偶然。

我们可以说，罗马的统治给当地人民带来了好处，但罗马的征服的确非常残酷。普鲁塔克说，在恺撒的高卢战争中，有100万高卢人丧生，还有100万人被俘，其中绝大多数被变卖为奴。据普林尼记载，在内战中，恺撒的军队歼敌119.2万人，尽管恺撒并不认为这样的成就能够增添他的光彩。维莱伊乌斯·帕特尔库鲁斯说高卢战争中有40万敌人死亡，"俘虏的人数更多"。我们很难确定这些数字的出处。《高卢战记》中给出的敌人伤亡数字加起来也远远没有这么多，而《内战记》很少提到敌人的伤亡数字。对于高卢诸部落的损失，很难给出精确的数字，但根据档案应当能计算出抓获和奴役的俘虏数量。这些数字或许夸张了，但仍然能说明恺撒的胜利造成了多么沉重的生命损失。恺撒的历次战役对高卢的影响一定是极大的。有些地区遭到了严重破坏，一连几十年都没有恢复过来。前50年，恺撒将新高卢行省的年度税赋定为4000万塞斯特尔提乌斯，这还不及他为广场扩建工程买地的价钱高。这个较低的税赋标准也许能够说明八年的激烈战争给高卢造成的破坏。而恺撒将维尼蒂部落统治议事会全体成员处死这样的事情所造成的社会动乱，只能留待我们自己想象。恺撒在选择对敌人开恩还是屠杀时，完全是务实的，没有任何道德上的考虑。在征服高卢的战争期间，他的士兵犯下了一些恐怖暴行，有时是上级的命令，比如屠杀乌西皮特人和滕科特利人；有时则是自发的，比如屠戮阿瓦利库姆的妇孺。在过去，其他统帅指挥下的其他罗马军队也有过类似的战争暴行，将来也还会有。事实上，在古代世界，几乎所有军队都有过同样严重或更加凶残的恶行。这么说不是为了替恺撒的所作所为辩护，而只是将他的暴行置于时代背景之下。在古代，战争普遍是极端残酷的。[14]

为了获得指挥大军的机会，恺撒努力了许多年。前58年，他终于得到了这个机会，将其紧紧抓住，最大限度地利用每一个战争与征服的机遇。在随后的历次战役中，他证明自己是一位天才军事家，跻身于罗马史上最优秀的将领之列。他的指挥风格是典型的罗马式：身处最前线，控制战局，调动预备队，一边观察官兵的行动，一边鼓舞他们奋勇拼杀。他的战略非常积极，始终活跃地抢夺和控制主动权，不管多么困难，也从不怀疑自己会取得最终胜利。这是罗马的作战方式，或许现代观察者会认为它过于鲁莽，但当时的罗马元老不会这么看。在同时代的军事统帅中，只有庞培的成就和技艺能够与恺撒相媲美。卢库鲁斯尽管是极佳的战术家，但缺乏恺撒那种领导力。恺撒和庞培在作战中同样积极主动，极富攻击性。军事才干不是与生俱来的，恺撒在早期战役中也曾失手。他花了很长时间，需要持续的胜利，才能用他的魅力、慷慨和才干来赢得将士的爱戴。恺撒犯过错误，打过败仗，其中最重要的是远征不列颠的草率、科塔与萨比努斯部队的损失，以及在戈高维亚的失败。但恺撒能够让部下相信：在他的统领下，最终他们会胜利。连续八年的激烈战争中，恺撒赢得了一次又一次的胜利，坚定了士兵们的信心。到前50年，他已经打磨出一支对他赤胆忠心的军队。恺撒赢得了无上荣耀和巨大财富，为了在罗马城争取更多支持，他能够一掷千金。他能否顺利返回罗马，与庞培并列成为共和国最伟大的公民，我们拭目以待。[15]

第三部

※

内战与独裁
(前 49 年 ~ 前 44 年)

十七　通往卢比孔河之路

卢比孔河是他的行省的边界。在那里赶上他的大队之后，他停了片刻。他知道自己即将做出的事情的重大意义，于是转过身来，向士兵们讲话："即便到了现在，我们还可以调头；一旦我们走过了这座小桥，一切将由武力决定。"

　　　　　　　　　　——苏埃托尼乌斯，1 世纪末[1]

这一切让他（恺撒）变得如此强大，以至于对抗他的唯一希望寄托在一名公民（庞培）身上。我真希望庞培当初没有给恺撒那么大的权力。庞培养虎为患，一直等到恺撒非常强大了才与他作战。

　　　　　　　　　　——西塞罗，前 50 年 12 月 9 日[2]

高卢给恺撒带来了荣耀与财富。到前 50 年，战争已经基本平息，一切迹象都表明，恺撒的胡萝卜加大棒政策已经奏效，高卢人的每一次叛乱都遭到毁灭性的镇压，而恺撒审慎的外交手腕也发挥了效力，为共和国重建了一个稳定的新行省。绝大部分部族领袖向罗马俯首称臣，这不仅仅是出于对恺撒个人的忠诚。六年后，恺撒遇害，高卢并没有发生新的动乱。像其他成功的罗马将领一样，他从军事胜利中获取了极大的私利，但我们不应当忘记，他的征服也给罗马带来了莫大好处。共和国如今有了新的税收来源，当然在行省驻军也有开支。外高卢和通往西班牙的重要陆路通道得到了保障，而意大利本土得到了新的防护屏障，可以更好地抵御追随辛布里人和条顿人脚步的北方蛮族部落的入侵。意大利在这个方向上并没有受到任何直接威胁，而恺撒在启动高卢战争时并未将这样的战略考虑置于优先地位。即便如此，意大利北方边陲的安全得到了实实在在的保障，从这个角度看，征服高卢对罗马十分有利。但在人类历史上，军事扩张往往给个人带来的好处更大，对国家的益处较少，罗马的帝国主义肯定是这样的。在恺撒来到高卢之前，罗马人与高卢的贸易就已经很重要，但他的征服为罗马商人开辟了新市场（比如不列颠），并让他们能够在新的高卢行省以非常有利的条件开展商贸活动。恺撒的高级军官和幕僚更是迅速地发了大财，因为他们分享了战利品和奴隶，而且恺撒非常慷慨。恺撒不是个守财奴，而是一掷千金地开展建筑工程、筹备公共娱乐活动。在更私人的层面上，他向自己希望结交的人提供无息贷款，甚至直接赠送金钱。很多从来没有接近过高卢的罗马人从其征服中得到了实惠。

高卢的胜利给共和国带来了益处，给个人带来了更多实利，但获利最大的还是恺撒自己。他的财富和地位发生了迅速的、不可逆转的巨大变化，其平步青云的速度和程度远远超过了其他人。到前50年，他更富裕了，人脉更强，有了更多的朋友和门客，而他的成就比其他所有元老（庞培除外）都更伟大、更辉煌。几年来，他明确表示，自己返回罗马后将寻求第二次担任执政官。他在竞选中几乎稳操胜券，因为他一直受到选民的欢迎，而如今他有了更多的金钱，可以笼络他们。历史悠久的法律规定，任何人的两次执政官任期之间必须间隔十年，苏拉在独裁时期重新确立了这项法规。前 52 年庞培当选为执政官（这是他的政治生涯中诸多非常规步骤之一），这项法规被暂时搁置，但它仍然有效。不过恺撒不打算也不需要在这方面得到特殊优待。他计划于前 49 年秋季参加竞选，于前48 年 1 月就任执政官，到那时离他第一次执政官任期结束就已经过了十年。当年他当执政官时的争议仍然困扰着他，他知道自己一旦成为普通公民就会遭到起诉。因此，他希望自己能够直接从总督过渡到第二任执政官。前 52 年全部十位保民官推出的法律（其中至少一人起初有些不情愿）破例让他不进入罗马城便成为候选人。庞培和克拉苏在前 71 年做过同样的事情，率领军队在罗马城外等候，直到当选为执政官才跨过城市的正式边界。恺撒一旦当上了执政官（最理想的情况是让他的盟友担任另一名执政官，或甚至让他的一名前任军团长当执政官，如拉比埃努斯），就有能力颁布新法，向自己的老兵们赏赐土地，并确认他在高卢的安排。他还可以引入其他法案来笼络社会的不同阶层。重新回到政坛核心之后，他会有一年时间来将政敌拉到自己这边，或者至少巩固自己的地位，让自己足够强大，令政敌们不敢在法庭上攻击他。我们不知道他对往后的计划是怎样的，他在目前阶段很可能还没有更长远的计划，而是静观其变。也许他会再一次担任行省总督，或许去讨伐帕提亚人，洗净克拉苏在卡莱惨败的耻辱。或者他也希望得到类似于庞培的那种任命，能够控制治权、掌握军队，同时在罗马城外待着。[3]

　　最后，事态的发展完全没有遵循恺撒计划的方向。他没有回来第二次担任执政官，没有凭借自己在高卢的胜利而得到凯旋式的褒奖，没有能够举办纪念女儿的竞赛表演，也没有被普遍认为是可以与庞培比肩的共和国伟人。他是以反叛者的身份回国的。他的对手们不希望看到恺撒衣锦还乡并再登高位，而庞培也越来越不愿意看到恺撒这么春风得意。各方尝试着谈判，提出了许多妥协建议，但最终找不到一个让所有人都能接受的解决方案。各方的顽固、傲慢和猜忌，以及有些人的私人仇怨，都促使这样的僵局出现。而人们盲目乐观，相信自己的敌手一定会让步，这也是导致后来局面的原因。早在内战爆发一年多之前，就有人预感到了这场迫近的风暴，但内战的主要参与者中很少有人希望发生内战。包括恺撒和庞培在内的大多数人，都是逐渐地且不情愿地被卷入这样的局面，让他们感到自己除了战争之外别无选择。我们很难说，战争在何时变得不可避免。内战的动因不是重大的问题或互相抵触的意识形态，而主要是为了个人地位与尊严，尤其是恺撒的地位与尊严。后来，尤其是在罗马帝国治下，有些人倾向于认为恺撒从少年时代便致力于革命。同时代的证据不能支持这种理论，而恺撒的行动肯定不能证明他有这样的想法。恺撒渴望的是和平地回国，在共和国获取一个显赫的地位，并让所有其他元老，甚至包括那些不喜欢他的元老，全都承认他的威望、影响力和权威。无论是对庞培还是对恺撒来说，被迫动用武力来保护自己的地位，都说明他们在政治上失败了。[4]

联盟的瓦解

恺撒受到的压力是逐渐增强的。前55年，加图谴责恺撒屠杀乌西皮特人和滕科特利人时，元老院根本不可能接受加图的建议，将恺撒交给日耳曼人。当时三头同盟刚刚在卢卡重新缔结盟约，而庞培、克拉苏和恺撒（尤其是前两人，因为他们当时身在罗马）的联合势力太强大，反对派无计可施。三头同盟只能在一年内阻止多米提乌斯·阿赫诺巴尔布斯当选执政官，但可以很轻松地扼杀阿赫诺巴尔布斯的另一项野心，即取代恺撒成为高卢总督。尤利娅的去世削弱了恺撒和庞培之间的纽带。克拉苏的死则从根本上改变了罗马政界的平衡，因为有很多显赫的大人物都借过他的钱或者得到过其他好处，还欠着他的人情。克拉苏仅有的儿子马尔库斯年纪太小，也缺乏足够的才干去继承父亲的地位，控制由门客和政治盟友组成的网络。这些人如今有的投奔了庞培，有的依附于恺撒，但他们与庞培或恺撒的联系不可能瞬间就变得像之前与克拉苏那样牢固；毕竟克拉苏多年来不仅扩张自己的财富，还始终加强自己的政治资本。许多严厉批评恺撒的人过去也曾敌视庞培，所以庞培在前52年能够被任命为唯一执政官，而且是由毕布路斯提议并得到加图的支持，就显得格外引人注目。加图的确强调自己仍然是独立的，并直言不讳地告诉庞培，他会为了共和国的利益辅佐他，但这并不意味着他们两人成了朋友。加图的这个姿态无疑也是他未能当上执政官的原因之一。但至少在当前，庞培的新婚姻和他恢复国家秩序的决心让元老院的很多主要人物都更容易接受他。这些主要人物喜欢别人称他们为"好人"或"贵人"，主要来自地位极其显赫的门阀望族。前52年，他们心甘情愿地支持庞培，请他处理扰乱政坛的暴力冲突，这主要是因为除了米罗之外，被新法庭审判和处罚的人都是克洛狄乌斯党徒。加图甚至说，应当宣判米罗无罪，因为是他除掉了自己危险的竞争对手克洛狄乌斯，对共和国做出了很大贡献。[5]

前51年，马尔库斯·克劳狄·马凯鲁斯担任执政官，开始集中力量攻击他的私敌恺撒。我们不知道他们之间的仇恨究竟根源何在，但其中一个主要原因无疑是三头同盟几乎垄断了所有显赫与重要的官职。在正常情况下，为共和国效力并赢得荣耀的机遇理应属于门阀贵族的世家子弟，比如马凯鲁斯和他的兄弟、堂兄弟那样的人。庞培势力太强大，马凯鲁斯还得罪不起他，但恺撒的地位似乎很脆弱。马凯鲁斯公开宣布打算将恺撒从高卢总督任上召回，因为战胜维钦托利的伟大胜利（共和国还为此举行了公共感恩活动）表明高卢战争已经结束了。他需要这样的理由，因为在前55年克拉苏和庞培的法律给了恺撒在高卢新的五年任期。马凯鲁斯还主张，庞培近期的立法（关于行省总督的职位）应当压倒保民官们允许恺撒不进入罗马城便成为执政官候选人的法律。早在这年3月，庞培便表达了对马凯鲁斯计划的不认可。除了因为庞培和恺撒的关系之外，马凯鲁斯如此挑战庞培的法律，对庞培来说也是极大的侮辱，尤其是法律文本已禁止将来的元老院会议或公民大会对其做任何更改。庞培明确表示，他绝不会支持任何企图在恺撒的总督任期结束前便将他召回的动议。

7月，元老院有人询问，科塔和萨比努斯战败后庞培向恺撒"借出"的那个军团的情况，并敦促庞培将这个军团收归自己所有。庞培不情愿地宣布自己会这么做，但拒绝忍受他人的强迫，并且没有为这个军团的归来设置任何时间表。马凯鲁斯继续施加压力，并在一次推迟会议之后，成功地确保元老院将于9月1日讨论恺撒的行省问题。为了让庞培也能参会，元老院在罗马城正式边界之外开会。庞培又一次表示，元老院当前就此问题做任何决定都是不合适的。他的岳父梅特卢斯·西庇阿提议在前50年3月再次讨论此事，庞培应该没有反对这项动议。事实上，马凯鲁斯确保在比这更早的时间——9月29日——对此事做正式的辩论。庞培也参加了这次会议。马凯鲁斯提出了与西庇阿的动议非常类似的提案，要求元老院在前50年3月1日当天或之后商谈"执政官行省"的问题。此提案通过了。会议还讨论了其他措施，其中一项是阻止任何保民官否决此次辩论的决议；另一项是开始遣散恺撒麾下服役期满（此时的兵役期极可能是十六年）的士兵，以及其他虽然服役期未满但可以荣誉退役的士兵；第三项提议涉及资深裁判官级别的行省总督任命，会影响到恺撒任期满后等待总督职位的人数。这三项提议均遭到两名或更多保民官的否决。[6]

马凯鲁斯没有取得完全的胜利，但也没有完全失败。马凯鲁斯于这年年底卸任时，恺撒仍然被认定为三个行省的合法总督。这年早些时候，恺撒表现出一些挫折感，因为他只能通过元老院的正常渠道来做事。前59年，作为土地法的一部分，恺撒在诺乌姆·科姆（位于内高卢境内，波河以北）建立了一个殖民地。他在高卢期间将波河以北高卢的居民视为罗马公民，尽管他们目前只有拉丁人的地位。马凯鲁斯命令对诺乌姆·科姆的一名前任行政长官施以鞭刑（罗马公民会被豁免此种刑罚），并让此人去见恺撒，"给他看看鞭笞的伤痕"。马凯鲁斯此举愚不可及，西塞罗得知此事后感到极为憎恶。此事表明了马凯鲁斯是多么仇恨恺撒。马凯鲁斯尽管未能将恺撒从总督任上召回，但对恺撒的未来提出了严峻挑战。庞培于9月29日辩论期间或之后的一些言论无疑鼓舞了恺撒的对手们。他表示，他不能接受在前50年3月1日之前免除恺撒的总督职位，但在那个日子之后，他的态度会不同。这说明庞培相信自己与克拉苏的立法授予恺撒的总督职务将在那一天到期。有人问庞培，如果到那一天有保民官否决元老院的决议，他的态度将如何。庞培的回答表明他与自己的盟友和前岳父已经非常疏远了。他说，不管是恺撒亲自来反对元老院的决议，还是借助一名保民官来反对，都无关紧要。他的意思是不管怎么样，恺撒的反对都是错误的。西塞罗此时不在罗马城，因为根据前52 年设立的新规定，他满心不情愿地去治理奇里乞亚了。幸运的是，他的一位通信伙伴，就是西塞罗在前 56 年成功为之辩护的凯利乌斯·鲁弗斯（此时担任市政官），给他发去了详细的记述。庞培得到的最后一个问题是："'如果他（恺撒）想当执政官，但还想保留自己的军队，怎么办？'另外一人问道。庞培温和地答道：'如果我的儿子想用棍棒打我，怎么办？'这些话让大家怀疑庞培正在和恺撒争吵。"[7]

恺撒的行省总督任期究竟在何时结束，长久以来都是学术界争论的话题，不大可能有令众人信服的最终结论。庞培选择前 50 年 3 月 1 日作为一个分界点，在此之后便可以考虑免去恺撒的职务，说明这个日期显然有重要意义。这意味着，前55 年通过的延长恺撒任期的法律是于当年 2 月生效的。因此，恺撒的五年任期从那时候算起，一直到前 50 年 3 月 1 日结束。从这一天起，元老院便可任命一位新总督。新官到任后，恺撒的任期便结束了。恺撒对此法律的理解显然不同，可能认为是在自己原先的五年任期基础上再延长五年，新的五年任期从原先任期结束那一天开始。但是，他似乎并没有正式地宣布他认为自己的任期应当在何时结束。延长任期的法律可能不是很严谨，因为它极可能颁布地十分仓促，而且当时三头同盟的关系还很亲密。令局势愈发复杂的是，全部十位保民官通过了一项法案，授权恺撒不必亲自到罗马城便可成为执政官候选人。恺撒对此的理解是在选举举行之前，他在高卢的任期仍然有效。而他打算在前49年秋季参加执政官选举，如果他的任期在前50年3月结束的话，那就意味着他还可以在总督任上多待约十八个月。[8]

多米提乌斯·阿赫诺巴尔布斯一段时间以来一直想当高卢总督，而自他担任裁判官以来，也攻击过恺撒在执政官任上的一些作为。加图同样高声疾呼地批评恺撒，并重申自己打算为了前59年的事件起诉恺撒，甚至为此发誓赌咒。更近期的时候，他还宣布审判恺撒将会像审判米罗一样，让武装士兵包围法庭。毕布路斯同样对恺撒非常怨恨，不过目前他像西塞罗一样，被外放担任行省总督（他此时是叙利亚总督）。马凯鲁斯及其兄弟和堂兄弟都敌视恺撒，而梅特卢斯·西庇阿对恺撒至少也不算友好。恺撒希望回国第二次担任执政官并逃脱被起诉的命运，而这些人联合起来要粉碎他的美梦。然而，不管这些人多么仇恨恺撒，只要庞培力挺恺撒，这些人的反对就都没有什么效力。只要有庞培的支持，恺撒一定能够称心遂愿。庞培拥有资深执政官级别的治权，在西班牙掌握着一支军队。没有庞培，反对派就没有力量来威胁恺撒，一旦发生公开冲突，更谈不上与恺撒交战。马凯鲁斯在前51年将恺撒从高卢召回的企图破灭了；这足以说明，若是没有庞培的支持，恺撒的敌人们根本成不了事。同样，如果得不到庞培的支持或至少是中立，恺撒的心愿（留在总督任上，随后返回罗马当执政官）也极难达成。正如以往常常发生的一样，庞培的态度究竟如何，其他人难以揣摩。在前51年秋季，凯利乌斯已经怀疑三头同盟剩下的两人之间产生了嫌隙。庞培的地位极其强大，说到底，他最关心的事情是如何从这种主宰地位中获利，并将此地位维持下去。他的老盟友恺撒若是想称心遂愿，就需要他的支持。恺撒的对手们也需要庞培的支持，近几年来庞培和这些人的关系拉近了不少。如果恺撒带着高卢胜利的全部财富和荣耀归来，就能与庞培平起平坐，而且他的政治手腕比庞培要厉害，假以时日说不定能压倒庞培。但如果按照加图、多米提乌斯和马凯鲁斯氏族及其盟友所希望的那样将恺撒彻底除掉，那么他们将来就不怎么需要庞培了；庞培会很容易陷入政治上相对弱势的处境，就像他于前 62 年从东方返回时原本注定的命运那样。目前庞培稳占优势，向恺撒和反恺撒派表明，他们双方都需要他庞培，但都不能认为庞培理所应当帮助他们。[9]

新的一年对恺撒的敌人们来说前景不错。另一个马凯鲁斯当上了执政官（他此前曾被指控选举舞弊，但被判无罪），其同僚为卢基乌斯·埃米利乌斯·李必达·保卢斯①，他是前 78 年起兵反叛后被庞培镇压的那个李必达的儿子。尽管和庞培有家仇，但李必达·保卢斯对恺撒也不友好，而且目前正忙于富尔维乌斯与埃米利乌斯会堂的扩建工程，此项工程是为了纪念他的一位先祖。新的保民官包括小库里奥，他是在前 59 年公开批评三头同盟的少数人之一。与西塞罗通信非常活跃的凯利乌斯此时与小库里奥很亲密。他们都是年轻一代罗马人的典型代表，因为生活放荡而臭名昭著，再加上他们野心勃勃，常常债台高筑。马克·安东尼也是这群放荡不羁的青年之一，据说是库里奥最初向安东尼介绍了包养情妇、纵酒狂欢和骄奢淫逸生活的乐趣。结果是，安东尼很快就欠了一屁股债，而库里奥

① 后三头同盟之一马尔库斯·李必达的兄弟。

的父亲禁止安东尼登他们家的门，以防止儿子帮哥们儿付账。前不久，库里奥花费了巨资来举办盛大的比赛，以纪念于前53年去世的老库里奥。他甚至建造了一座木制的圆形剧场，它能够旋转，还可以分成两个半圆形剧场，上演不同的戏剧。不久之后，他娶了克洛狄乌斯的寡妇——直言不讳且性格强硬的富尔维娅。这些青年在罗马民众眼中还是"青少年"，他们才华横溢，但在老一辈人看来不够踏实。

凯利乌斯坚信库里奥打算向恺撒发动全面攻击，但库里奥在保民官任上最早的举措之一却是提出了向贫民分配土地的新计划。两位执政官的反对使得此计划未能通过，于是库里奥提出了新的法案，要求向罗马城的公民发放新一批粮食，以及在意大利开展为期五年的修路工程。同时，他在公共集会上明确表示支持恺撒的事业。后来有人说，恺撒用高卢战利品的黄金帮助库里奥还清了他的巨额债务，以此换得了他的支持。维莱伊乌斯·帕特尔库鲁斯说恺撒向库里奥行贿250万迪纳厄斯，而瓦列里乌斯·马克西穆斯①提出的数字达到了惊人的1500万。流言蜚语无疑让这数字夸大了不少，但从某种意义上讲，恺撒现在为库里奥做的事就像当年克拉苏为他做的那样，即帮助对方还清巨额债务，以获得一个有价值的政治盟友。还有传闻称，保卢斯收到了900万迪纳厄斯的贿金，完成了他的建筑工程。库里奥和保卢斯都是野心勃勃的罗马贵族，他们转换阵营，选择支持恺撒是出于对自己利益的考虑。目前他们确信，支持恺撒更符合自己的利益。库里奥的法案未能通过，他或许感到挫折，因此对支持元老院权贵不是很感兴趣。[10]

---

① 瓦列里乌斯·马克西穆斯是1世纪的作家，著有一部历史轶闻集。

胜利带来的收益使得恺撒能够在行政长官当中争取到一些有价值的朋友。马凯鲁斯按计划在前 50 年 3 月 1 日提出了恺撒任期的问题，他的同僚执政官没有支持他。但真正的反攻是库里奥领导的，他将自己的绝大部分火力集中在庞培的地位上。这位保民官提出，如果要免去恺撒的高卢总督职务，为了保证公平，就需要庞培同时也放弃自己在西班牙诸行省的超乎寻常的总督职位，这样对共和国也更安全。库里奥在公共集会上已经表达过这种观点，得到了群众的赞同。恺撒对库里奥的这种策略一定很认可，或者这种策略最初就是恺撒提出的。庞培的西班牙总督任期在前 52 年得到了延长，还有好几年时间，因此库里奥的提议并没有法律基础，但它足以说明庞培前所未有的特殊地位。库里奥的提议将庞培和恺撒摆在了同样的层面上，主张要么他们两人都可以享有罗马人民投票给他们的荣誉，要么都不可以享有。在更私人的层面上，这显然也是在提醒庞培，继续与恺撒站在同一战线对他仍然有利，因为他自己的地位或许并没有他想象的那样稳固。库里奥的提议使恺撒面临的风险更大，但从恺撒的对手那里夺回了一些主动权。他们起初不知所措，于是一连几个月双方僵持不下，而库里奥否决了元老院反对恺撒的任何企图。4 月，凯利乌斯在给西塞罗的信中写道：

> 至于共和国的局势，所有的争吵议题都集中在同一件事情上，即各行省。目前庞培似乎支持元老院，要求恺撒在 11 月 13 日前离开他的行省。库里奥则一心要阻止这样的事情发生。他已经放弃了他的全部其他计划。我们的"朋友们"（你对他们可是很了解的！）害怕把问题推到危

机的地步。情况就是这样，全部的情况。庞培责怪库里奥
惹是生非，就好像他（庞培）不是在攻击恺撒，而是公
平地帮恺撒解决问题一样。同时，庞培坚决反对让恺撒在
放弃自己的行省和军队之前就成为执政官。庞培遭到了库
里奥的穷追猛打，他的整个第三次执政官任期都遭到了攻
击。你就牢记我的话吧，如果他们想使出浑身解数来打倒
库里奥，恺撒一定会来援救他。而假如他们不敢冒险这么
干（这似乎更有可能），那么恺撒想在高卢行省待多久都
可以。[11]

我们不知道庞培为什么选择前50年11月13日作为恺撒
的任期结束日。这不算是庞培在让步，因为恺撒仍然需要大半
年时间才能等到前49年秋季的执政官选举。如果恺撒想在前
50年底竞选执政官，或许11月13日这个日子还可以接受；
但他似乎没有努力去争取豁免权，因为法律规定，任何人在执
政官任期满了之后，要间隔十年方可第二次担任执政官。不管
怎么说，考虑到当时的情况，恺撒也许觉得在前50年底参选
不大可能成功。到6月，凯利乌斯报告称，马凯鲁斯建议与保
民官们谈判，但元老院投票反对做任何这样的妥协。库里奥仍
然坚持，不应当单独讨论恺撒的总督职务，而必须对恺撒和庞
培一视同仁。一年前，曾有人说庞培要前往西班牙。现在有人
提出，应当派庞培或恺撒去对付帕提亚人。西塞罗非常担心在
自己的奇里乞亚总督职务期满之前，帕提亚人会向罗马的东部
各行省发动全面进攻，因为一旦战争爆发，他再离开岗位就显
得不是很光彩了。这年夏天，元老院决定从庞培麾下抽调1个
军团，再从恺撒麾下抽调1个军团，将这些部队派去增援罗

马－帕提亚边境上的罗马军队。庞培决定把自己在前 54 年借给恺撒、此后一直在恺撒麾下作战的那个军团派去帕提亚边境。这意味着恺撒一下子失去了 2 个军团，但在调离这些士兵之前，他向每位士兵赏赐了 250 迪纳厄斯的奖金，这比一整年的军饷还要多。这 2 个军团返回意大利后就一直留在那里，没有人努力将他们送往海外，因而整个事情就愈发显得可疑了。克劳狄家族的一位年轻成员前去将这些部队从高卢调来，返回后声称恺撒的全军都心怀不满。这正是庞培愿意看到的。

不久之后，庞培病倒了，持续发烧，可能是患上了疟疾。意大利各地人民显然是自发地为这位共和国的大功臣祈祷，祝福他早日康复。他痊愈后，群众欢欣鼓舞。他从那不勒斯返回罗马郊区的全程都有人群聚集，向他问候。庞培素来喜欢别人对他感恩戴德，不管是他的妻子、士兵还是群众，因此他深受感动。更危险的是，他将群众的这种热情理解为他的事业得到了广泛的拥护。还在病榻上的时候，他写信给元老院，表示愿意辞去总督职务，并向他们保证恺撒会做同样的事情。库里奥的回应是这固然很好，只要庞培先辞职。到 8 月，凯利乌斯已经向西塞罗表示，内战已经成为可能。"如果这两人都不去征伐帕提亚人，那么我能预见到严重的纷争，这将由冰冷的兵器和残酷的暴力来决定。两人在精神上都做好了准备，而且都掌握着蓄势待发的军队。"[12]

但除了庞培和恺撒的亲信之外，大家对冲突没有多少热情，12 月 1 日元老院就此事进行辩论时的场面就证明了这一点。库里奥又一次提议恺撒和庞培应当同时卸任。执政官马凯鲁斯将此事分成两部分，分别提交动议给元老们投票。第一项动议，即恺撒应当辞职，以多数票通过了；但第二项动议，即

庞培也应辞职，却以类似的多数票被否决了。库里奥要求元老
院对"两人都应当辞职"的动议进行表决，其结果非常能说
明问题。只有 22 名元老投了反对票，而支持的人多达 370 人。
"走路派"后座议员们名不虚传，用脚投票，尽管大部分最重
要的元老都在投反对票的 22 人之列。马凯鲁斯解散了会议，
宣称："如果这就是你们想要的，那就当恺撒的奴隶吧！"投
票结果被无视了。这对恺撒来说算不上胜利，因为多数人希望
他放弃自己的行省和军队，同时支持庞培保留职位。但说到
底，此次投票表明，几乎所有元老都希望和平。他们肯定不支
持恺撒的事业，但他们也不愿意为了庞培而冒战争的风险，更
不愿意为了加图、多米提乌斯及其党徒而冒险。此时西塞罗已
经从自己的行省返回了意大利，他的态度也是这样。他认为恺
撒的要求太过分，但为了让共和国避免纷争，他愿意满足恺撒
的要求。西塞罗和很多其他人一样，还记得苏拉与马略党人争
斗的黑暗日子，因此不愿意让这样恐怖的内斗重演。在西塞罗
看来，还有机会达成妥协、和平解决争端。这样的机会也许的
确存在，但到此时，纷争的主要参与者们的情绪已经十分坚
决，发生战争的可能性越来越大。[13]

一些最显赫的核心元老非常憎恶恺撒，其中很多人既有私
人因素也有政治原因去恨他。这种仇恨的很大一部分都是非理
性的。人们还记得恺撒在担任市政官和裁判官时的平民派举
措，更糟糕的是他当执政官时的动荡时局。在加图及其党徒看
来，恺撒就是喀提林第二，只不过始终没有露出狐狸尾巴而
已。他们看到恺撒的魅力对其他人的影响（对其他男人的妻
子和对广场上的群众的影响），但坚信自己看穿了恺撒的表面
功夫，而其他人却被恺撒蒙蔽，这让他们尤其感到受挫。加图

的同母异父姐姐成了恺撒最亲密的情人之一，这让加图愈发恨他。加图、他的女婿毕布路斯和姐夫多米提乌斯·阿赫诺巴尔布斯在过去曾与恺撒对抗，也曾有过成功。在更多的情况下，他们仅仅是促使恺撒走得更远而已，而且恺撒一次又一次顺利脱身，在前 59 年狠狠地打败了他们。他们鄙视恺撒这个人，因此恺撒极其突出的政治才干与军事才华更加让他们咽不下这口气。克洛狄乌斯的哥哥阿庇乌斯·克劳狄曾长期与恺撒合作，他痴迷于维护其古老贵族血统的尊严。他的一个女儿嫁给了塞维利娅的儿子布鲁图斯（也就是加图的外甥），另一个女儿嫁给了庞培的长子。反对恺撒的人不仅仅是加图的亲戚，因为像马凯鲁斯和兰图鲁斯这样的家族也不愿意看到自己在选举中被别人盖过风头。而梅特卢斯·西庇阿既要不辜负自己的著名先祖（有血缘关系的先祖以及养父母那边的先祖），也急于从他与庞培的姻亲关系中得到好处。

说到底，没有一位罗马元老愿意看到其他人压倒自己，获得更多的荣耀与影响力。让他们如此敌视恺撒的原因，并不是恺撒曾经做出的业绩。如果同样的事业，尤其是在高卢的胜利，是由另外一个人完成的话，这些元老会很高兴地赞扬他；如果做出这些功绩的不是一个人，而是许多人，元老们就更高兴了，因为他们不喜欢看到一个人独享荣光。门阀贵族的世家子弟从小就被灌输这样的想法，即他们生来是要领导共和国的，而恺撒的杰出表现让他们丧失了很多机会。现在有机会结束恺撒的政治生涯了，最好是在法庭上打败他，并且是在像他们一样憎恨恺撒并势必要除掉他的法庭；如果在法庭上做不到，那就用武力消灭恺撒。庞培的帮助使他们能够战胜恺撒，庞培在当下对他们还是有用的，所以他们愿意忽视庞培不符合常规的地位。而在将来，也许能够抛弃庞培，或者至少削弱他的主宰地位。自从庞培第一次暗示自己并不是坚定地支持恺撒以来，恺撒的对手们大受鼓舞。至少加图似乎确实希望避免内战，而且在内战爆发后努力去减轻它的激烈程度。他希望能够迫使恺撒屈服。加图盟友们的态度就不是那么明确了。其中有些人显然希望从战争中渔利。西塞罗对许多人的嚣张好战颇感惊讶和厌恶。他觉得这么多年来元老院一直允许恺撒积聚力量，如今却要与他作战，很没有意义。[14]

庞培的态度完全不同。甚至到了最后，他也会很高兴看到恺撒重返政坛，只要恺撒的地位明显低于他。随着时间流逝，他的这种欲望（确保自己的地位高于恺撒）越来越强，何况库里奥花了很大力气才把恺撒摆到与庞培平起平坐的层次上去。庞培愿意接受克拉苏与自己平等，因为克拉苏比他年长好几岁，而且曾经为苏拉效力。或许更重要的是，庞培一直很自信，认为自己的魅力和辉煌的军事成就（三次凯旋式，而克拉苏只有一次小凯旋式）使自己很轻松地优胜于克拉苏。恺撒的年纪只比庞培小六岁，但更重要的是，当庞培组建了自己的军队并且得胜的时候，恺撒还没有任何成绩，因此可以说恺撒的军事生涯比庞培晚了几十年。庞培对恺撒比对克拉苏更有好感，这部分是由于庞培并不把恺撒视为竞争对手，至少在最初不是。即便恺撒已经在高卢、日耳曼和不列颠取得了成功，庞培仍然把他看作小弟弟。毕竟，庞培曾经在三大洲（亚洲、非洲和欧洲）赢得了多次凯旋式，打败了许多形形色色的敌人，其中有些是罗马人，而不仅仅是蛮族部落。"如果我的儿子想用棍棒打我，怎么办？"庞培这话不仅暗示了消除这样的威胁是多么轻松，也表明这种事情是多么荒诞，多么不可能发生。庞培并不希望发生内战，但他没有任何疑问，如果事情到了最糟糕的关头，内战的确爆发了，他一定能够打赢。大约这一时期，他开始自吹自擂，他只消跺跺脚，意大利的泥土中就能崛起一支支大军。恺撒最终必须认识到，他需要尊重庞培，遵照他的条件回国，并依赖他的友谊在法庭上得到保护。库里奥对庞培地位的攻击使他越来越不愿意向高卢总督做太多让步。恺撒必须识时务，但他对庞培仍然很有用，因为庞培知道，加图及其盟友对他也没有多少好感。

恺撒后来声称自己之所以要打一场内战，是为了保护自己的名誉。他认为自己在执政官任上制定的法律，尤其是土地法，是必需的，也是有效的。自那以后，他为共和国忠心耿耿地效力，捍卫共和国及其盟友的利益，让罗马军队以前不曾涉足的地区都对罗马的力量毕恭毕敬。由于这些成就，元老院奖励他多达三次的公共感恩庆祝活动，而且其延续时间也是前所未有的。现在，元老院竟然要提前结束他的任期（至少在他看来是这样），而前52年全部十位保民官推出的法律（允许恺撒不到罗马城就参选执政官），虽然表达了罗马人民的意志，却从细节到精神都被搁置。他的敌人们对他的胜利视若无睹，竟然为了差不多十年前他在当执政官时做的事情攻击他、谴责他。共和国的伟人不应当受到法庭控诉。庞培只是在青年时代组建自己的军队时受过起诉，此后就再也没有被起诉过。从来没有人敢起诉克拉苏。竟然需要为自己辩护，这本身就是对恺撒的骄傲与威望的沉重打击。而且他的确有可能被法庭定罪，尤其是在法庭被敌人控制的情况下。他当执政官时的举动也是有争议的，不过在罗马的庭审中，被告有罪还是无辜从来都不是决定性因素。米罗的命运就是一个警示，加比尼乌斯的结局也是如此。加比尼乌斯在前67年担任保民官时帮助庞培获得了清剿海盗的指挥权；前58年，加比尼乌斯与恺撒的岳父卡尔普尔尼乌斯·皮索一同担任执政官，帮助三头同盟巩固了地位。此后他担任叙利亚总督，后来大体上是自作主张地率军进入埃及，帮助被废黜的托勒密十二世复辟，此事让他获利不少。但他非常不得人心，虽然很有钱，而且有庞培给他撑腰，但他于前53年最终返回罗马后还是被判有罪，被迫流亡。

恺撒很容易落到同样的下场，至少在政治上会受到迫害，而他一旦显露出脆弱的迹象，就会吸引政敌更多的攻击。因此，如果恺撒寄希望于庞培的保护而放弃自己的职位，就是在冒一个极大的风险。即便庞培支持恺撒，也未必有能力救他。何况，西塞罗的被迫流亡已经表明，庞培并不总是靠得住。如果恺撒放弃了自己的职位，那么他可以保留治权和部分军队的指挥权，等候在罗马城外，期待自己的凯旋式，而他在高卢的胜利必然得到凯旋式的表彰。在他进入城市、放弃治权之前，他仍然享有不受起诉的豁免权。但如果他这么做了，他也未必会被允许成为执政官候选人，也就是说保民官们制定的法律未必会得到尊重。在他还掌控着3个行省和10个军团的大军时，讨价还价的资本就比较强。在自己的地位遭到一年多的持续攻击后，他非常不愿意牺牲目前的强势地位。他知道，他的敌人们一心要把他彻底打倒。而庞培的立场始终难以断定。到前50年底，恺撒觉得自己被逼到了墙角，他不愿意对自己的老盟友抱有太多的信任。[15]

一个世纪之后，诗人卢坎①写道："恺撒不能接受别人的地位优于自己，庞培不能接受别人与自己平起平坐。"在卢坎看来，尤利娅的死切断了恺撒与庞培间的亲密纽带，而克拉苏在帕提亚的阵亡使得恺撒和庞培都不再害怕孤身一人与另外两人对抗，因此内战不可避免了。卢坎的观点在古典世界是普遍的看法，的确有不少真实可信的成分。但这种暗示内战是不可避免的观点，不能过于绝对化。即便在战争爆发前的最后几个月，恺撒和庞培也都不相信对方会顽固到底，还希望对方至少能够提出可以接受的条件。但长期的纷争使他们之间的信任少了许多，这让他们难以妥协。他们加大了赌注，承担了更大风险，因此都很紧张，担心自己在最后关头犯错误。这年秋季选举的结果更加强了紧张气氛。马凯鲁斯氏族的第三位成员将成为新一年的执政官，他的同僚也来自豪门贵族。他们在选举中击败了塞尔维乌斯·苏尔皮基乌斯·加尔巴，此人在高卢历次战役的大部分时间里都担任恺撒的军团长，非常精明强干，也是在恺撒麾下长期效力的少数贵族之一。阿庇乌斯·克劳狄和恺撒的岳父卡尔普尔尼乌斯·皮索当选为监察官。阿庇乌斯·克劳狄开始清洗元老院中被他认为不称职的人，他的这个举动被普遍认为很有讽刺意味，因为他本人的名誉也非常可疑。他的目标大多是被认为与恺撒有联系的人。后来成为历史学家的撒路斯提乌斯在这一时期被逐出元老院，并很快加入了恺撒阵营。阿庇乌斯·克劳狄攻击库里奥，但被皮索和执政官保卢斯挫败，不过在元老院仍然导致了一场争吵，库里奥撕

---

① 即马尔库斯·安奈乌斯·卢坎努斯（39 年～65 年），他未完成的史诗《法萨利亚》描述了恺撒与庞培之间的内战，被誉为是继维吉尔的《埃涅阿斯》之后最伟大的拉丁文史诗。

破了阿庇乌斯·克劳狄的袍子。观鸟占卜师祭司团也出现了一个空缺，多米提乌斯·阿赫诺巴尔布斯希望获得这个位置，但被马克·安东尼击败，不禁暴跳如雷。马克·安东尼还当选为下一年的保民官。恺撒大多数政敌唯一的共同点就是仇恨恺撒，但如果说这些政敌的行动协调一致，那就大错特错了。人们觉得高卢总督很脆弱，于是大受鼓舞，群起攻之，这就使得恺撒愈发满腹狐疑和高度紧张。斗争双方的情绪都不利于达成妥协。[16]

马克·安东尼将在随后的事件中扮演主要角色，因此有必要在此处介绍一下这个张扬浮夸的人。他已经证明自己是一位勇猛善战的军人，在加比尼乌斯征伐犹太和埃及期间指挥他的骑兵部队。前52年，他担任恺撒的财务官，参加了讨伐维钦托利的战役和次年的平叛作战。安东尼与恺撒是远亲，因为安东尼的母亲也叫尤利娅，不过是来自恺撒家族的另外一支。这个尤利娅的兄弟是卢基乌斯·尤利乌斯·恺撒，即前64年的执政官。按照罗马人的习惯，安东尼的父亲和祖父也都叫马克·安东尼。他的祖父是当时最优秀的演说家之一，但在前87年马略返回罗马后的大清洗中丧生。他的父亲曾于前74年受命清剿海盗，但没有获得后来庞培得到的那样强大的资源，不幸战败，不久之后就含恨死去。安东尼当时只有九岁。他的母亲很快再婚了，因此这个男孩的成长期主要是在继父兰图鲁斯家中度过的，而兰图鲁斯是喀提林密谋者之一，于前63年被西塞罗下令处决。安东尼或许因此对演说家没有好感，但两人之间的不共戴天之仇应当是很久之后才燃起的。恺撒死后，西塞罗的如簧之舌，尤其是他著名的演说《反腓利比克之辩》，把安东尼的名誉抹得一团黑。《反腓利比克之辩》演说是一系列言辞激烈、刻毒凶残的攻击，其效仿的蓝本是著名演说家德摩斯梯尼警示雅典人提防亚历山大大帝的父亲（马其顿国王腓力二世）的演说。虽然西塞罗的抨击夸大其词，而且他对安东尼偏见极深，但其他史料表明，安东尼的确劣迹斑斑，为西塞罗提供了不少可供攻击的黑材料。上文已述，据说是库里奥让安东尼初尝了狂欢、酗酒和美女的乐趣。不管这种说法是不是真的，安东尼毫无疑问立刻热情洋溢地沉溺于这些享乐，几乎毫无自制力。此人激情满怀，似乎随时都会沸腾，这让他的一切作为都显得特别有力和坚决。他的演讲术、他的军事生涯以及他的酗酒和贪恋女色，似乎全都受到其人格力量的驱动，而不是技巧或训练。他身材魁梧强壮，据说他喜欢听别人将他比作赫拉克勒斯，就像庞培喜欢别人把他比作新的亚历山大一样。作为保民官，安东尼张扬跋扈的性格使人们很难忽视他，而恺撒的政敌更难恫吓他。但在更微妙的谈判中，恺撒更仰仗巴尔布斯这样的人。巴尔布斯是来自西班牙的骑士，私下里担任恺撒的代理人。安东尼的一言一行都让人觉得，恺撒并不希望取得妥协，而是打算第二次担任执政官并做出一些激进过分的事情来。[17]

"骰子已掷出"

在越来越严重的危机中，谣言和虚假信息也起到了一定作用。10 月流传着一种说法，即恺撒已将 4 个军团集结到内高卢，显然在备战。事实上他在内高卢境内只有 1 个军团，即第十三军团，他声称该军团在那里的任务是保卫边境地区，抵御蛮族的袭掠。12 月初，元老们为了避免冲突，投票决定将恺撒和庞培都解除职务，马凯鲁斯①恼怒地解散了元老院会议。不久之后，消息传到罗马城，恺撒已经集结大军，入侵了意大利。这个传闻是假的，但执政官马凯鲁斯或许并不知道，于是敦促元老院采取行动。无疑在库里奥的推动下，但也是由于绝大多数人不愿意看到战争爆发，元老院拒绝了马凯鲁斯。马凯鲁斯在下一年的执政官②的陪同下（但他自己的同僚执政官③没有到场），去找庞培，向他呈上一支剑，呼吁他保卫共和国。马凯鲁斯将前不久从高卢召回、表面上要投入帕提亚战争的2个军团交给庞培，并指示他征募更多军队。马凯鲁斯的举动并不合法，因为元老院并没有批准他这么做，也没有授予他应对紧急状态的权力。庞培告诉他们，他愿意接受这个任命，如果形势需要，他愿意为共和国而战。他开始努力征募军队，但没有采取任何攻击性措施。这部分是由于新征募的军队还没有做好战斗准备，但后来谣言被证明是假的，一定也起到了作用。

罗马的公共事务照常进行，就好像什么也没发生一样。恺撒事实上并没有发动战争，所以他的政敌决心不能承担发动战争的骂名。马凯鲁斯和庞培或许更致力于做一个姿态，他们给同党元老们和恺撒写信，表明如果恺撒挑衅，他们会坚决战斗到底。他们或许还在希望恺撒让步。恺撒处于不利地位，因为他不能离开自己的行省亲自参加谈判，而只能依赖书信或代表。库里奥企图说服元老院颁布法令，谴责庞培征兵的行动，

---

① 前50年执政官小盖乌斯·克劳狄·马凯鲁斯。
② 前49年的两位执政官是大盖乌斯·克劳狄·马凯鲁斯（前50年执政官小盖乌斯的堂兄弟）和卢基乌斯·科尔内利乌斯·兰图鲁斯·克鲁斯。
③ 前50年执政官卢基乌斯·埃米利乌斯·李必达·保卢斯。

并指示守法公民要对庞培的征兵呼吁置之不理。库里奥的努力失败了。由于保民官的任期短于常规的政治周期，因此库里奥的任期结束了，于是他离开罗马城，去找恺撒商议。恺撒的亲信没有做的事情，就像他们实际做过的事情和说过的话一样，受到人们急切的审视。12 月 6 日，恺撒非常信任的部下希尔提乌斯来到罗马城，但待了几个钟头就离开了。他没有去拜访庞培，也没有参加预定于次日上午举行的与梅特卢斯·西庇阿的会议。庞培告诉西塞罗，他对此事的理解是，他与恺撒的关系已经彻底破裂、无法修补了。尽管庞培和其他人现在已经预见战争迫在眉睫，但仍然不愿意主动开战。[18]

1 月 1 日，新的执政官走马上任。兰图鲁斯债台高筑，而且（据恺撒说）自夸要当苏拉第二，比马凯鲁斯更极端。但现在马克·安东尼当上了保民官，和另一名保民官昆图斯·卡西乌斯·朗基努斯一起扮演着库里奥之前的角色。由于这些人的努力，恺撒的一封信被拿到元老院当众宣读，尽管两位执政官不准对其展开辩论。在信中，恺撒重述了自己对共和国的伟大贡献，并再一次表示只有在庞培也辞职的情况下，他才会放弃总督职位；他似乎还威胁，假如庞培拒绝辞职，就只能兵戎相见了。刚刚抵达罗马近郊的西塞罗将这封信描述为"凶悍而带有威胁的书信"。梅特卢斯·西庇阿提出了一项动议，要求恺撒必须在规定的日期前离职，否则将被视为公敌。元老院对此动议进行了投票表决。动议通过了，但随即被安东尼和卡西乌斯否决了。恺撒私下里的口吻更为温和，他似乎给包括加图在内的许多主要领导人都写了信或者派遣了代表。他提议只要元老院允许他保留部分指挥权，并继续享有保民官们在前 52 年授予他的特权，他就愿意交出外高卢以及除了 2 个军团之外的所有军队。那样的话，他就有力量与意大利本土处于庞培指挥之下的军队相抗衡，但完全没有主动进攻的力量。西塞罗参与了这些协商，因为他相信应当尽一切努力避免冲突，他认为绝大多数元老的意见与他一致。他与恺撒的政敌和朋友都进行了磋商，恺撒的朋友同意进一步妥协，让恺撒仅仅保留内高卢和 1 个军团。但是，这还不够。加图宣称，他不会同意任何私下里提出而不是在整个元老院面前提出的建议。但说到底，他和他的亲密盟友都不会允许恺撒不受阻挡地第二次当上执政官。到 12 月底，西塞罗觉得庞培已经到了主动希望打仗的地步。关于庞培的态度，各方面的史料互相矛盾，但他可能拒绝了第一个建议（恺撒交出外高卢，只保留 2 个军团）。他对第二个建议（恺撒只保留内高卢和 1 个军团）感到满意，但加图、梅特卢斯·西庇阿和其他人还不肯罢手。总的来讲，在这充满猜忌和仇恨的气氛中，任何人都不能轻信别人。地理上的距离也无助于和解。即便对温和派来讲，恺撒率领着一支久经沙场的大军远在高卢，也是非常不祥的局面。恺撒虽然魅力非凡，但隔着这么远的距离，也束手束脚。[19]

　　元老会议越来越僵持不下，两位执政官不断提出攻击恺撒的动议，但一次又一次地被安东尼和卡西乌斯否决。局面僵持不下，即便如此，安东尼的火爆脾气也无助于解决问题。他的性情非常暴烈，需要不断地努力才能遏制住怒火。多年后，西塞罗说安东尼在演讲时"像惯常那样，把词句狂吐出来"。几周前，安东尼在元老院做了一次特别刻薄恶毒的演讲，攻击了庞培的整个政治生涯，并以武装冲突相威胁。随后，庞培评论道："恺撒手下一个小小的财务官都如此嚣张跋扈，你们觉得如果恺撒主宰了共和国，会是什么样子？"在元老院的一次会议之后，庞培将所有元老请到他府上（位于城市的边界之外），希望向他们保证，他坚决支持元老院，如果需要的话，还愿意作战。恺撒的岳父皮索请求在元老院采取任何措施之前，给他和一名裁判官六天时间前往内高卢，与恺撒直接面谈。其他人则主张派遣更多代表去与恺撒会商。兰图鲁斯、加图和梅特卢斯·西庇阿都反对这个建议，于是此事就不了了之了。前 49 年 1 月 7 日，元老院发布了终极议决，呼吁"各位执政官、裁判官和保民官以及在城市周边的所有资深执政官，确保共和国的安全"。此次命令并未具体提及恺撒（不过说到资深执政官，显然是要让庞培处于中心地位），但其针对的目标是众所周知的。恺撒宣称，兰图鲁斯、庞培、加图、西庇阿和他的许多其他政敌，此时已经决心要打仗。其中有些人或许确实想打仗，但对其他人来说，元老院的终极议决是最后一次提高风险；要明确无误地向恺撒表明，他除非借助武力，否则绝无称心遂愿的可能，因此他必须妥协。元老院的终极议决暂时中止了正常法律的效力，因此保民官的否决权也无效。兰图鲁斯警告安东尼和卡西乌斯，如果他们继续留在罗马城，他不能保证他们的人身安全。两位保民官和库里奥（他可能从恺撒身边返回了罗马城，带来了 1 月 1 日宣读的恺撒书信）乔装打扮为奴隶，乘坐一辆租来的大车，溜出了罗马城。[20]

随后几天发生的诸多事件的具体时间顺序已经无法准确地确定下来。恺撒已经在内高卢待了一段时间，他此行是为了帮助马克·安东尼竞选观鸟占卜师拉选票（这是他自己的说法），但他抵达内高卢的时候安东尼已经顺利当选观鸟占卜师，于是

他又帮助安东尼竞选保民官。最近一段时间，恺撒住在拉文
纳，离他的行省边界不远。他身边有第十三军团和约 300 名骑
兵。好几份史料称第十三军团此时接近齐装满员，有 5000 人，
但这些史料的信息来源值得怀疑。第十三军团更有可能并不满
员。初秋以来，恺撒对自己的军队做了新部署，让几个军团做
好准备，抵挡在西班牙的庞培军队的威胁，而相当于 3 或 4 个
军团的兵力则随时准备越过阿尔卑斯山南下，来到他身边。但
他刻意避免将大量兵力集结于一处，以免他的政敌以此为由，
指责他企图发动战争。军事经验极其丰富的庞培似乎相信，恺
撒还没有做好入侵意大利的准备。在从拉文纳到阿里米努姆
（现代的里米尼）的道路上，内高卢行省与意大利本土的边界
是一条叫作卢比孔河的小河，它的具体位置至今不明。恺撒很
快得到风声，元老院在 1 月初对他发动了攻击，通过了终极议
决，随后两位保民官逃离了罗马城。这些消息很可能在安东尼
和卡西乌斯抵达之前就已经传到了恺撒耳边。不管怎么说，他
决定采取行动。

《战记》跳过了此后发生的事件，根本没提卢比孔河，但
后来的史料做了更详细的记述。这一天，恺撒待在拉文纳，
冷静地处理日常事务，就好像不会有任何不同寻常的事情发
生一样。这一天可能是 1 月 10 日，但这古典世界历史上关键
一幕的具体日期仍然无法确定。他已经派遣了一些百夫长和
士兵穿着便服，隐秘地携带武器，去控制阿里米努姆。恺撒
花了好几个小时观看角斗士的训练，并查看了他打算建造的
一所角斗士训练学校的蓝图。天黑之后，他洗了澡，然后去
吃饭，向应邀与他一同用餐的客人们问好。他的离席时间比
惯常早得多，临走时请求客人们留下，等他回来。他的一些

高级军官和侍从事先已经得到通知，在外面等他。其中之一是阿西尼乌斯·波利奥，他后来写了一部关于内战的史书，是普鲁塔克（或许还有苏埃托尼乌斯）的资料来源。恺撒还命令第十三军团和骑兵准备就绪后立刻随同他行进。他和几名军官乘坐的是一辆租来的马车。苏埃托尼乌斯说拉车的是从附近一家面包店借来的一组骡子。他们乘着夜色前往阿里米努姆。据苏埃托尼乌斯记载，此事过程中出现了一场闹剧，恺撒和他的马车在黑暗中迷失了方向，转来转去直到黎明才找到一名向导，回到了正确的路线上。普鲁塔克和阿庇安没有讲到这个桥段，只说恺撒到天亮时已经来到了阿里米努姆。因此，在 11 日清晨的某个时间，他赶上了行军队伍，来到了卢比孔河。据说，在过桥之前，他停了下来，沉默地思索了片刻，然后开始对他的军官们讲话，其中就有波利奥。他谈到如果他不走这一步，他将付出多么大的代价；而他如果走出了这一步，整个罗马世界将付出多么大的代价。据苏埃托尼乌斯说，这时出现了一个幽灵，先是吹了笛子，然后从军中一名乐师手里夺过喇叭，吹响一声，然后大步跨过河，鼓舞士兵们跟上去。这个奇闻怪谈的来源应当不是波利奥。波利奥记述了恺撒决定过河时的最后一句话，不过对于这句话，我们也有好几个存在细微差别的版本。普鲁塔克说，恺撒用希腊语引用了诗人米南德的一句诗："让骰子飞起来吧！"（aneristho kubos！）苏埃托尼乌斯给出了大家更熟悉的拉丁文版本："骰子已掷出。"（iacta alea est.）[21]

以赌博做比喻是非常恰当的，因为他投入内战时身边只有全军兵力的十分之一多一点。即便他的全军集结起来，资源仍然比不上敌人。尽管我们现在知道恺撒赢得了内战，但在当时他不算是稳操胜券，得胜的希望甚至不是很大。他选择战争，是因为在他看来其他的选择都更糟糕。目前主宰共和国的派系完全无视常规的法治，尤其拒绝承认保民官的传统权力与权益。但恺撒非常坦率地说，他起兵反对这些人，最主要的原因是他们攻击他。罗马世界之所以陷入了混乱与流血冲突，是因为恺撒决心捍卫自己的尊严，而其他人同样坚定地要消灭他的尊严。在之前十八个月，双方都一再将事态严峻化。双方态度都越来越坚决，疑心越来越重，互相的信任已经荡然无存，根本没有希望达成妥协。若不是加图、多米提乌斯·阿赫诺巴尔布斯等人对恺撒恨之入骨，几乎到了疯狂的地步，一心要阻止他重返政坛、当上执政官，前49年1月的内战就不会发生。但是，不管这些人多么仇恨恺撒，假如庞培不支持他们，内战还是不会爆发。偏偏庞培抓住这个机会，要展示自己的强大地位，并让这些人和恺撒都知道，他们需要讨好他。最后，假如恺撒不是那么看重自己的威望和地位，战争也不会爆发。他到目前为止的经历已经表明，如果战利品足够丰厚，他是愿意孤注一掷的。他极少主动让步，有一个例外是在他被解除裁判官职务的时候；但即便是那时，他之所以让步也是因为别无选择，不然就要彻底退出政坛。在前49年，他已经没有让步的选择，或者至少让步的风险比战争的风险更大。罗马的贵族精神赞赏果断的决心，尤其仰慕那些不肯接受失败的将军。尽管政敌的行动合法性值得怀疑，但对恺撒而言只有一件事情是有决定性意义的。在卢比孔河以北，恺撒拥有合法的治权；在卢比孔河以南，他没有。一旦跨过了卢比孔河，恺撒就变成了不折不扣的反叛者，不管他此举背后的原因是什么。因此，他的敌人算是赢了一招，可以宣称自己是为了保卫合法的共和国而战。他们决心用武力将他粉碎，就像之前镇压喀提林和更早的李必达那样。恺撒不得不诉诸战争，说明他的政治手段失败了，未能得到他想要的东西。骰子已经被掷了出去，但它停下来的时候会显示什么数字，目前还不得而知。

十八　闪电战：意大利和西班牙，
前49年秋冬

我想问，究竟发生了什么事情？怎么回事？我完全是不明就里。有人说："我们坚守着秦古鲁姆，我们丢掉了安科纳；拉比埃努斯从恺撒阵营叛逃了。"我们在谈论的是一位罗马人民的将军，还是汉尼拔……他说，他做这些事情都是为了捍卫尊严。没有诚实，如何有尊严？

——西塞罗，前49年约1月17~22日[1]

让我们看看，用这种办法，我们能否赢得所有人的支持，获得永久性的胜利；其他人由于残暴，未能逃脱世人的仇恨，也未能让他们的胜利延续千秋万代。只有一个例外，那就是卢基乌斯·苏拉，但我不打算效仿他。这是一种新形式的征服，我们通过怜悯和慷慨，逐渐壮大自己。

——恺撒，前49年3月初[2]

内战开始时，恺撒检阅了第十三军团，向士兵们发表讲话。据他自己的记载，他告诉士兵们，他的敌人对他如何不公，他的老朋友和同盟者庞培如今嫉妒他的成就，以至于被诱惑到了敌人那边。最重要的是，恺撒向士兵们展示了敌人对保民官神圣权力的蔑视，竟敢无视保民官的否决权，就连苏拉也不曾如此器张。他没有质疑元老院颁布终极议决的权力，只是否认它的必要性；他明确表示，历史上在类似情况下从来不曾发布元老院终极议决，只有在罗马城本身受到直接威胁时才会这么做。其他史料告诉我们，为了强调自己的观点，恺撒把安东尼和卡西乌斯带到了士兵们面前。他们还穿着从罗马城出逃时穿的破衣烂衫，据说这景象令士兵们大受震动，先是怜悯他们，然后对敢于践踏保民官（这个官职是为了保护普通公民的权益而设立的）的敌人义愤填膺。恺撒的演讲结束时，士兵们高声呼喊，表示愿意为他和保民官们蒙受的冤屈复仇。此次检阅的地点是拉文纳，还是卢比孔河对岸的阿里米努姆，我们不得而知。最重要的是部队的反应。第十三军团是恺撒七年前组建的，此后追随他南征北战。士兵们相信他一定能够像以往那样，领导他们打胜仗。他们记得，恺撒在分配战利品、表彰和奖赏官兵时非常慷慨大方。在某个时间，他将普通罗马军团士兵的基本年薪差不多提高了一倍，从 125 迪纳厄斯提高到 225 迪纳厄斯。第十三军团的很多士兵可能来自波河以北地区，他们严格来讲只有拉丁人的身份，但恺撒将他们视为正式的罗马公民。该军团的军官们，包括六七名军事保民官和六十名百夫长，完全是拜恺撒所赐才得到任命和随后的晋升。有些军官原先是庞培引荐来的。恺撒允许这些人携带全部财产，安全无恙地离开，前提是他们仍然忠于庞培。我们不知道有多少人借机离去了。不仅是第十三军团，全军将士都从恺撒那里得到了很多好处，并有希望在将来得到更多奖赏，退伍老兵还可以得到土地。被恺撒的敌人把持的元老院在这方面不大可能会慷慨大方。因此，既然内战已经爆发，在高卢的罗马军队希望恺撒得胜，因为这样符合他们自身的利益。他们在恺撒麾下已经服役多年，对他很熟悉也很信任，但很少有人熟悉他的对手们。

恺撒的军队在内战期间对他保持忠诚，甚至在他死后依旧忠心耿耿，的确令人惊叹。但是，我们不能认为这是理所当然、毫无疑问的。这种忠诚很大程度上以将军与官兵之间的关系纽带为前提，它是在高卢战争期间逐渐形成的，恺撒也小心地呵护这种纽带，不断地犒赏将士。但如果说全军无一例外地对他忠贞不贰或者否认政治在其中起到的作用，那就大错特错了。军官们可能已经对罗马城之前发生的事情相当了解。我们有理由认为，恺撒军队的绝大部分人都逐渐相信，恺撒和他们所有人都遭到了一群元老的冤屈虐待，而这些元老自己劣迹斑斑，不配当共和国的合法领导人。很多罗马人，不管贫富，对保民官都有着强烈的感情。坚信自己是正义一方的信念、旧日的忠诚以及自身利益，这三个因素联合起来，确保恺撒的军队毫不犹豫地去与罗马同胞作战，来涤荡弊端。[3]

对绝大多数士兵来说，选择加入哪一方并不需要多少思考。但对大多数罗马人来说，这仍然是个艰难的选择。内战爆发时，只有少数人深深卷入其中。甚至那些以前看起来非常坚决的人现在也退缩了。其中就有小盖乌斯·克劳狄·马凯鲁斯，他在前50年担任执政官时曾向庞培奉上宝剑，呼吁他保卫共和国。现在内战真正爆发了，他却选择中立，或许是想到了他的妻子就是恺撒的甥孙女①。卡尔普尔尼乌斯·皮索当然不会反对自己的女婿，但他也没有积极地参与战争，尤其是在最初几个月。对许多人来说，在决定加入哪一方时，亲戚关系和长期友谊会起到很大作用；但罗马精英阶层是个很小的圈

---

①　即屋大维（后来的奥古斯都皇帝）的姐姐，后来成为马克·安东尼的第四任妻子。

子，很多人与内战双方领导人都有联系，因此面临艰难的抉择。大多数人对加入任何一方都没有兴趣，但苏拉与马略党人之间的斗争历史告诉人们，保持中立并不能保证自己的安全。塞维利娅的儿子布鲁图斯一向不肯与庞培说话，因为庞培在前78年镇压李必达叛乱时处决了布鲁图斯的父亲。但布鲁图斯现在认为他母亲的长期情人是错误的，于是宣布愿意在杀父仇人麾下作战。这部分是出于他的原则性，但考虑到他的家庭关系，他做出这样的决定也是毫无争议的。他是在加图家中长大的，和舅舅一样热爱哲学，而且他的妻子是阿庇乌斯·克劳狄的女儿。[4]

　　1月中旬，拉比埃努斯离开了恺撒，他是恺撒阵营中一个主要的变节者。拉比埃努斯从一开始就担任恺撒的高级军团长，陪同他在高卢征战，并且证明了自己是恺撒麾下最有才干的高级军官。与其他军团长相比，拉比埃努斯在《战记》中得到了浓墨重彩的描写。有学者推测，拉比埃努斯在前往高卢之前，或许是前60年，曾担任裁判官，但这种说法绝对没有任何证据。如果这是真的，那么拉比埃努斯到内战时至少已经五十岁了，早就有资格竞选执政官了。为了辅佐恺撒，拉比埃努斯事实上推迟了自己的从政生涯，以便在高卢继续作战。作为军团长，拉比埃努斯赢得了一些荣耀，尽管大部分荣耀都归属恺撒。如果拉比埃努斯自己是一位行省总督，而不是别人的下属，那么他独立开展的一些行动，如前54年至前53年之间和前52年镇压叛乱部落的行动，一定能为他赢得一次凯旋式。他在高卢战争期间也发了财，因为恺撒在赏赐钱财上极其慷慨大方，但在与他人分享荣誉上却很吝啬。西塞罗为拉比埃努斯的暴富感到遗憾。如果卡图卢斯诗中的"屌人"（Mentula）

的确指拉比埃努斯的话，拉比埃努斯可能还招致了卡图卢斯的讥讽。恺撒极可能打算进一步赏赐拉比埃努斯，并希望拉比埃努斯与自己一同在前 48 年担任执政官。早在前 50 年夏季，就有传闻称，拉比埃努斯开始对恺撒三心二意，但恺撒对自己的高级军团长仍然表示信任，派他去内高卢；内高卢离意大利较近，因此也更容易受到反对派的影响。但最终恺撒的这个姿态未能奏效，拉比埃努斯加入了恺撒的敌人。他可能仅仅是选择忠于旧主，因为他来自皮基努姆，那个地区受到庞培家族的极大影响。有学者推测，拉比埃努斯过去曾在庞培麾下服役，也曾得到过庞培的支持。这些原因都是可信的，但私人恩怨也同样重要。历史上成功的军事家们往往极其自负，常常贬低其他人的才能，嫉妒其他人的名望。拿破仑的元帅们和第二次世界大战期间的盟军高级将领们就是例子，其他的例证还有很多。拉比埃努斯最好年华的很大一部分都给了恺撒，似乎觉得自己没有得到充分的认可。他也许感到高卢战争期间罗马人之所以能够得胜，要感谢他的能力和行动，而不是恺撒。史料给人的印象是，拉比埃努斯颇为粗鲁无礼，绝不是讨人喜欢的角色。他背叛恺撒很可能是对自己始终只能屈居第二而心怀不满，并且坚信自己的真正价值没有得到认可。拉比埃努斯或许还判断，恺撒有可能会输掉内战，尤其是在恺撒失去了他的才华支持之后。恺撒得知拉比埃努斯叛逃后，决定做一个新的姿态，命令将拉比埃努斯的行李辎重全部送给他。[5]

面临战争，许多人都希望站到正确的队伍中，为自己谋利益。早在前 50 年 8 月，西塞罗的通信伙伴凯利乌斯·鲁弗斯就表达了自己玩世不恭的观点：

你当然不会忘记，在国内纠纷中，只要是在宪法框架之内进行，而不诉诸武装冲突，那么人们就应当拥护更符合荣誉的一方；但在战争中，人们却支持更强大的一方，并坚持认为强权就是公理。在这场斗争中，我可以预见元老院和"律师"们，所有那些心惊胆寒、没有希望加入恺撒阵营的人，都会支持庞培，而恺撒的军队要强得多。[6]

凯利乌斯说到做到，加入了拥有更强军队的一方，而不是得到大多数权贵拥护并且占据道德高地的一方。并不是所有人都同意他对内战双方力量对比的判断。恺撒拥有10个军团，全都是高卢战争的老兵，还有22个在内高卢征募的独立大队（相当于2个军团），以及来自高卢和日耳曼的辅助部队和盟军。由于战损、事故和疾病，这些军团的实际兵力应当与纸面数字有差距，尤其是那些服役时间最久的军团。往高了估计，恺撒在前49年初实际掌握的兵力可能有4.5万人，但数字也可能更接近3万～3.5万人。这些士兵的军事素养比敌人的任何部队都要强。有2个军团原先在恺撒麾下，如今驻扎在意大利南部。其中第一军团在组建时曾向庞培宣誓效忠，但另一个（原先的番号是第十五军团，现在改称第三军团）则是由恺撒征募的。这2个军团都在高卢参加过三次战役。庞培很快意识到，之前的乐观说法（这2个军团都对旧主心怀不满）完全是胡说八道。至少在目前，他对这些部队不太信任，不愿意率领他们去攻击其老战友和统帅。庞培在西班牙各行省的确拥有7个齐装满员、训练有素的军团，但这些部队的实际作战经验极少或者根本没有经验，因此不像恺撒部下那样久经沙场、自信满怀。更重要的是，这 7 个军团尚在远方，无法参加内战的最初阶段。长远来看，庞培及其盟友能够动员的人力、资金、牲畜和装备资源比恺撒多得多。他们自信地估计意大利全境会有潮水般的新兵加入他们；另外，两位执政官都在他们这边，因此他们能够动用国库的财富。在西班牙、北非和整个东方，庞培的门生故旧满天下，这些人都能为他提供兵员和金钱。但动员所有这些资源、征募军队、提供装备和后勤支持，以及训练新兵，都需要时间。庞培及其盟友在战争爆发前最后几个月中固执己见、拒绝妥协的一个原因就是，他们绝对自信，认为自己拥有极其强大的军事力量，能够轻易地压倒恺撒。总的来讲，如果恺撒给他们时间来准备的话，他们的这种判断倒可能是正确的。

意大利战役，1 月 ~ 3 月

恺撒渡过卢比孔河的消息令其对手目瞪口呆。在 1 月，野战军的补给非常困难。虽然之前有一些传闻，但他们很可能知道，恺撒的军队主力仍然在阿尔卑斯山以北。即便在颁布元老院终极议决和开始动员之后，很多人仍然真心实意地相信，恺撒在看到他们如此团结、无比强大之后，一定会妥协。还有人推测，恺撒会等待作战季节的到来，在采取行动之前小心地集结兵力；或许会保持防御状态，以等待时机与元老院继续谈判。1 月 7 日之后的几天内，元老院多次开会。为了让庞培安慰元老们，会议是在城市界线之外召开的。他的岳父获得了叙利亚总督的职位，而多米提乌斯·阿赫诺巴尔布斯将前往外高卢担任总督。恺撒在《战记》中说，他们没有按照惯例在公民大会投票以批准这些任命。但这两人都按常规举行了外放行

图 9　前 49 年，意大利战役

省总督的仪式，并匆匆赶往各自的辖区。获得其他任命的资深裁判官也是如此。其中一名资深裁判官被任命为内高卢总督。恺撒的敌人们公开决定以武力镇压他，但他们尚未做好准备。征兵工作正在进行，军队和装备正在集结，但意大利绝没有做好抵挡入侵的准备。恺撒在采取行动之前一定希望手边拥有更多兵力，从这个角度说，他也没有准备好。他已经指示其他几支部队前来与他会合，但他们要过一段时间才能抵达。他的敌人还没有准备就绪，如果继续等待，敌人就会变得更强大。恺撒是个雷厉风行、从来不会耽搁的人（除非耽搁对他绝对有利），他仅仅率领着第十三军团，开始推进。[7]

他的部下已经占领了阿里米努姆，这座城市没有抵抗他。他在那里待了一段时间，同时派遣安东尼率领5个大队去占领阿雷提乌姆（今天的阿雷佐）；还派遣了3个大队，分别去占领皮索鲁姆、法努姆（现代的法诺）和安科纳。目前没有发生交战。恺撒渡过卢比孔河的消息似乎于1月17日抵达了罗马。庞培及其主要盟友迅速离开了罗马城，因为庞培很快意识到，他目前没有足够兵力去阻挡恺撒。这意味着所有的行政长官都抛弃了罗马城，目前共和国的政治生活已经停止了正常运转。许多骑墙派元老想起了马略和苏拉攻入罗马城时的血雨腥风，于是和庞培一起撤退了。其他元老则离开罗马城，躲到自己的乡间别墅，保持低调。大约在这个时候，一些非正式的使节来到了阿里米努姆去见恺撒。其中有卢基乌斯·尤利乌斯·恺撒，他的父亲曾担任执政官，他本人则担任恺撒的军团长达数年之久①。他带来了庞培的书信。庞培向恺撒保证，他的行动不是出于对恺撒的私人仇隙，而是为了履行对共和国的义务。庞培敦促他的老盟友自行放弃指挥权，以避免内战。裁判官卢基乌斯·罗斯基乌斯带来了类似的请求。恺撒回答说，他的全部意愿就是行使罗马人民以合法方式授予他的权力。他的敌人招兵买马已经有一段时间了。如果他们要和平，那么庞培应当前往自己的行省，然后庞培与恺撒两人都应当放弃指挥权，同时解散各自的军队，以及意大利境内的所有其他军队。恺撒请求庞培前来与他面谈，这不是他最后一次提出这样的请

---

① 卢基乌斯·尤利乌斯·恺撒是本人主人公恺撒的远方堂兄，曾担任前64年执政官。他的父亲也叫卢基乌斯，是前90年执政官。他的儿子，即下文的"小卢基乌斯·恺撒"，在内战中站在庞培一边，反对自己的父亲和叔叔。

求。到1月23日，小卢基乌斯·恺撒来到了庞培身边，此时
庞培在阿普利亚①的忒阿努姆。根据西塞罗两天后的书信：

> 庞培愿意接受恺撒的条件，前提是恺撒必须立刻撤离
> 他占领的在他行省边界之外的城镇。他们答复说，完成这
> 个前提之后，我们应当返回罗马城，在元老院解决这个问
> 题。现在我希望我们能够维持和平。一方的领导人悔恨自
> 己的鲁莽和愚蠢，另一方则懊恼自己的力量薄弱。[8]

庞培的提议被以书面形式送到恺撒那里。用恺撒自己的话
说，这提议就是他应当"返回高卢，放弃阿里米努姆，解散
他的军队"。在他看来，这是"不公平的买卖"。提议中未提
及庞培将于何时前往其行省，也没说他将在何时放弃指挥权、
解散军队。很显然，庞培实际上是要求恺撒放弃他凭借突然入
侵意大利而占据的军事优势。敌人要求恺撒撤退并相信他们会
在元老院未来的某一次会议上同情地倾听他的要求。恺撒没有
理由相信，未来的会议会比过去十八个月的辩论对他更有利。
庞培及其盟友并不信任恺撒，也不期望他会接受这个提议，因
此仍然继续招兵买马。恺撒也不信任他们，不肯迈出和平的第
一步，即返回自己的行省。让恺撒感到特别挫败的是，庞培不
肯与他面谈。过去两人相处融洽，恺撒似乎相信能与自己的前
女婿达成真正的协议。庞培或许拿不准主意，不知道自己会不

----

① 阿普利亚（拉丁文古名），或称普利亚（现代意大利语的名字），是意大
利南部的一个大区，东邻亚得里亚海，东南邻伊奥尼亚海，南邻近奥特
朗托海峡及塔兰托湾。该区南部知名的萨伦托半岛，组成了意大利"皮
靴"脚后跟的一部分。

会被恺撒说服。庞培害怕暗杀到了病态的地步，而且曾经目睹一场极其残酷的内战，因此他或许不肯冒险去面见恺撒。不过，说到底，他不肯与恺撒面谈，也可能是为了他与加图和其他新盟友的关系。他与这些人的联盟是前不久的事情，而他与恺撒的友谊则更悠久，维系的时间也更长。不管庞培自己的想法是什么，他深知如果他私下会见恺撒，加图等人就不会再信任他的诺言和坚定不移。加图已经敦促元老院任命庞培为最高统帅，直到击败谋反的资深执政官恺撒。两位执政官和前任执政官们过于倨傲，不肯接受其他人的指挥，于是驳回了加图的请求。盟友内部的嫉妒和猜忌就像敌对双方的互不信任一样，都无助于通过谈判达成妥协。[9]

恺撒继续前进。他得到消息称，伊古维乌姆有 5 个大队的驻军，指挥官是资深裁判官昆图斯·米努基乌斯·泰尔姆斯，但市民们支持恺撒。和恺撒一起在阿里米努姆的 2 个大队连同驻扎在皮索鲁姆的 1 个大队，在库里奥指挥下奔向伊古维乌姆。泰尔姆斯撤退了，他手下的新兵开了小差，各自回家，库里奥的部下在伊古维乌姆受到了群众的欢迎。恺撒信任当地居民对他的善意，继续前往奥克希努姆，并很快占领了皮基努姆，这里据说是庞培家族势力范围的腹地。发生了一场小规模战斗，抓了一些俘虏，但群众普遍不愿意起来反抗恺撒及其部下。反对恺撒对平民没有什么吸引力，何况恺撒的军队纪律森严，并没有抢劫或侵害平民。一些庞培派士兵甚至倒戈，加入了恺撒军队。很多社区还记得，恺撒曾将在高卢获得的一些战利品馈赠给他们。让恺撒特别满意的是，就连曾受到拉比埃努斯特别照拂的秦古鲁姆也自愿为恺撒打开了城门。[10]

此时已是 2 月，恺撒将第十三军团各单位集中了起来，第十二军团也赶到了他身边。在阿斯库路姆，又一支庞培派军队望风而逃。一直到科尔菲涅乌姆，恺撒才遇到一些像样的抵抗。在那里指挥的是多米提乌斯·阿赫诺巴尔布斯，他目前还没有办法接近自己的行省。他和自己的部下集结了30多个大队的军队，但这些完全是未经训练的新兵。庞培并不希望阿赫诺巴尔布斯坚守该城，因为他知道，这些毫无经验的新兵与恺撒的老兵对抗，必然只能有一个结果。庞培本人此时在更远的南方，掌握着第一军团、第三军团和一些新兵。但他并没有权力向阿赫诺巴尔布斯发号施令，只能给他写信，敦促他放弃科尔菲涅乌姆，前来与他会合。多米提乌斯·阿赫诺巴尔布斯不是个容易改变主意的人，他回信请求庞培来与他会合。恺撒那边在战略上就没有这样的分歧了。他包围了科尔菲涅乌姆，驱散了一些企图摧毁城外桥梁的敌军。不久之后，苏尔莫镇发出求援呼吁，于是安东尼率领全军的四分之一开赴苏尔莫。这又是一场不流血的胜利。庞培派军队的指挥官被俘虏，押送到恺撒面前，很快被释放了。与此同时，恺撒军队在搜集粮草，准备攻打科尔菲涅乌姆。三天后，恺撒军队实力大增，第八军团和22个在外高卢征募并得到罗马军团士兵的标准训练和装备的大队赶到了。这些部队开始建造一道围城防线，并加强一些堡垒，以包围该城。

在包围圈封闭之前，多米提乌斯·阿赫诺巴尔布斯收到了庞培的最后一封信。庞培明确表示，他不打算率军来援救科尔菲涅乌姆。多米提乌斯·阿赫诺巴尔布斯判断科尔菲涅乌姆前景不妙，于是公开宣布援军已经在路上，私下里却准备自己逃跑。但他鬼鬼祟祟的动作很快让部下得知了真相。他们召开了一次议事会来决定如何是好，与会者包括多名军事保民官、百夫长们（如果33个大队齐装满员的话，应当一共有近200名百夫长）和普通士兵代表。一些士兵是马尔西人①，与他们的指挥官多米提乌斯·阿赫诺巴尔布斯有亲密的关系，因为他的家族地产就在那个地区。起初他们坚决忠于阿赫诺巴尔布斯，甚至威胁要用武力对付其他士兵。但是，在他们确信自己的指挥官打算临阵脱逃后，情绪就变了。阿赫诺巴尔布斯被自己的部下逮捕了，官兵们立即派遣使节去向恺撒投降。这对恺撒来说是好现象，因为他虽然肯定能攻破这座城镇，但那样的话就要被牵制在原地达几周之久。敌军既已投降，问题在几天之内就解决了。但他不愿意立即进城，因为天已经黑了，他担心自己的士兵进城之后在漆黑的大街小巷上胡作非为。目前为止，他的军队还没有像以往经常做的那样，在行军沿途烧杀抢掠。他命令部队在包围科尔菲涅乌姆的防线上彻夜保持警戒状态，以阻止敌人逃跑。快到黎明时，城内的一名庞培派主要将领普布利乌斯·科尔内利乌斯·兰图鲁斯·斯宾特尔（他于前57年担任执政官）出来投降。很快，其他的高级军官也投降了。

恺撒对阿赫诺巴尔布斯的描述当然不是很正面，其他史料对阿赫诺巴尔布斯就更加严厉了。据说阿赫诺巴尔布斯打算自尽，命令他的医生提供毒药。但他听说恺撒不会处决重要的犯人时，立刻懊悔了自己的鲁莽行为。医生告诉他，他已经服下的毒药剂量极小，对身体无害。他听了这话不禁喜上眉梢。然后多米提乌斯·阿赫诺巴尔布斯出去向恺撒投降，他和恺撒的对抗至少持续了十年。投降的庞培派人士有50名元老和骑士，

---

①　马尔西人是古意大利的一个民族，曾长期是罗马的盟友，但在同盟者战争中反对罗马，后被接纳为罗马公民。

日期可能是 2 月 21 日。恺撒命令将这些俘虏带到自己面前，重述了自己的观点（他遭到了元老院不公平、不合法的待遇，被强迫诉诸武力），并提醒其中一些人，他在过去可没有亏待他们。之后，所有俘虏都被释放了。恺撒之前已经贯彻了宽大为怀的政策，但此前还没有这么多、这么高贵的俘虏享受到他的仁慈。阿赫诺巴尔布斯携带了 600 万塞斯特尔提乌斯的公款，用来支付军饷。科尔菲涅乌姆的行政长官将这笔钱交给了恺撒，但他命令将钱退还给他的敌人，免得让世人觉得"恺撒不伤害敌人的性命，却贪恋钱财"。投降的士兵则被要求向恺撒宣誓效忠。不久之后，这些降兵就将在库里奥的指挥下，在西西里和阿非利加为恺撒而战。[11]

恺撒在科尔菲涅乌姆的宽大为怀很快就流传开来，他的温和节制也成为其宣传攻势的核心部分。所有人都以为恺撒会像苏拉或马略，或者像庞培那样大开杀戒。当然没有人敢指责庞培，尽管曾经他的绰号是"年轻的屠夫"。恺撒的士兵纪律严明，从不抢劫平民，只有在遇到抵抗的时候才动武。即便他的死敌也被释放，不过兰图鲁斯和阿赫诺巴尔布斯获释后马上又跟恺撒作对。意大利的绝大部分人民对内战的原因不感兴趣。大部分群众对庞培和恺撒都十分尊重，认为他们是共和国的优秀公仆。假如恺撒的军队一路烧杀抢掠地穿过意大利，就可能让更多平民转而反对他。他宽大为怀的政策是非常务实而有效的。庞培几个月前吹嘘会有一支支大军从意大利土壤中崛起并为他效力，事实并非如此。一位元老尖刻地说，现在伟人庞培或许应当跺跺脚了。庞培很早就断定，罗马城是守不住的。后来他又得出了新的结论，他手中只有 2 个具备作战经验但或许不可靠的军团，以及一些毫无战斗力的新兵，因此他在意大利本土没有办法打败恺撒。他打算改换战场，将自己的军队带到大海对岸的希腊，在那里训练部队，并在东方各行省的支持下集结一支大军。其他元老不会支持他的这个计划，再加上他要向恺撒隐瞒自己的意图，因此起初庞培没有把这个计划告诉其他人。在科尔菲涅乌姆的抵抗浪费了相当于3个军团的兵力，但庞培成功地将自己军队的剩余部分集中在了布隆迪西乌姆（现代的布林迪西）。他征用了一些商船，开始将人员和装备运过亚得里亚海。这是一项漫长而复杂的任务，但庞培一直擅长大规模的组织工作，开始以自己的娴熟技能着手此事。[12]

　　恺撒于3月9日兵临布隆迪西乌姆城下。他手中有6个军团，包括久经沙场的第八、第十二和第十三军团，以及一些新兵和可能来自外高卢的大队。其中部分兵力很快将被正式改编为一个新的军团，即第五"云雀"军团，这个名字的来源可能是该军团士兵与众不同的头盔羽饰或盾牌徽记。庞培则只有2个军团的后卫部队，正在等待登船。恺撒命令部下开始建造障碍物，以封锁通往港口的狭窄水道。守军也利用自己的工程技能，阻止恺撒军队的行动。双方又多次尝试谈判，但始终无果。庞培又一次拒绝与恺撒面谈。庞培军队最后准备就绪，于3月17日夜间撤离布隆迪西乌姆。除了2艘船在恺撒军队建造的障碍物处搁浅之外，庞培全军安然逃脱。城镇居民向恺撒军队指出了敌人撤离前设置的陷阱。据恺撒说，平民终于可以表达他们对庞培军队的憎恨了，但他们帮助恺撒军队无疑也是为了避免遭到军队的虐待。庞培带领一支相当强大的部队撤退了，假以时日，他能够以此为骨干，组建一支大军。万事俱备之后，他便可以从希腊入侵意大利，就像当年苏拉那样。庞培常说："苏拉这么干过，我为什么不行？"[13]

罗马

恺撒目前无法追击敌人。庞培军队已经将该地区的绝大部分商船集中起来带走了，要从其他地区搜集和调动船只需要很长时间。恺撒不愿意原地坐等，不愿意处于守势，更不愿意将主动权拱手让给敌人。此时已是春季，是常规作战季节的开端，军队在此时行动会比较便利。恺撒的军队主力（约7个军团和为数众多的盟军及辅助部队）仍然在阿尔卑斯山以北。庞培最好的几个军团在西班牙半岛，与其统帅断绝了联系，由他的军团长指挥。目前他们还很消极，但这种情况不可能永远持续下去，尤其是假如恺撒集中全部力量渡海入侵希腊的话。去西班牙不需要舰队，而且从那里军队也能够轻松地进军高卢或意大利。但是，庞培组建和训练军队则要花费好几个月时间，所以他在前49年不大可能从希腊入侵意大利。庞培也没有无所事事，他和他的盟友计划切断各行省通往意大利的粮食补给线。击败庞培的西班牙军队就相当于打击他的最精锐部队，削弱他的力量，尽管这不会是战争中最具决定性的战役。这种策略十分有效，而且它是完全可行的。恺撒毫不犹豫地决定攻击在西班牙的庞培军队。他开玩笑地说，他要先收拾掉"一支没有将军的军队"，然后去希腊对抗庞培，消灭"一位没有军队的将军"。同时，库里奥将负责保卫西西里的安全，确保当地的余粮继续被运往意大利。另一支部队将占领撒丁岛。[14]

恺撒在军事上控制了整个意大利，没有一座设防城镇或都市抵抗他。时间紧迫，庞培的力量一天天强大，所以恺撒急于开赴西班牙。大多数行政长官和一些显赫元老投奔了庞培。更多元老留在意大利，仍然在骑墙观望。恺撒希望元老院照常开会，好让世人觉得国家机器在这样的危机时期仍然在运转。他的敌人声称，他们才是真正共和国的代表。恺撒要挑战敌人的这种观点，表明国家机器仍然在罗马运作，它也理应在罗马；也明确表示自己的事业是合法的，他并不是反对共和国，而是反对一个篡夺了共和国权力的派系。因此，他希望尽可能多的元老参加4月1日的会议。西塞罗还在意大利，恺撒的盟友们给西塞罗写了很多信，劝说他来开会。演说家曾经非常努力地避免战争局面的出现，并且对很多人的热情好战感到惊恐失望。战争开始后，他看到庞培迅速放弃了罗马城，深感震惊；后来意识到庞培打算完全撤出意大利，更是愤怒。西塞罗对庞培抱有长期的、深切的忠诚，从一开始，他的本能和判断都告诉他，不管发生了什么事，他都应当站在庞培那边。庞培常常辜负西塞罗，并不总是给予西塞罗应得的赞誉，并且与克拉苏和恺撒结为盟友。最严重的是，当克洛狄乌斯迫使西塞罗流亡时，庞培没有出手相助，而是袖手旁观。即便如此，西塞罗对庞培仍然有着很深的感情。他还希望伟大的庞培有一天能够发挥出西塞罗相信他拥有的全部潜力，成为共和国内一支为善的力量。但自西塞罗结束流亡归国以来，庞培和其他人就鼓励他与恺撒交好。西塞罗除了与恺撒进行热情洋溢的通信，参加恺撒的建筑工程，以及让昆图斯在恺撒军中服役之外，还从恺撒那里借了一大笔钱。在战争爆发前的几个月里，西塞罗如坐针毡，因为他不希望别人以为他被恺撒收买了，但他更不愿意让人觉得，他是因为想赖恺撒的账才反对他的。[15]

西塞罗对自己奇里乞亚总督的职位不感兴趣，但还是小心地履行义务。在针对阿玛努斯山区部落的战役中，他（实际上是他的更有经验的军团长）赢得了一场小胜。演说家算不上一位军人，却渴望为了自己的这次成功赢得凯旋式。前 50 年，元老院投票决定为他举行公共感恩活动，按照常规，这是授予凯旋式荣誉的前奏。加图曾反对这项动议，后来一本正经地告诉西塞罗，他之所以反对给西塞罗公共感恩，是因为他觉得西塞罗值得奖赏的是他稳妥、清廉的为官之道，这对共和国更有价值。库里奥起初也反对授予西塞罗公共感恩的荣誉。感恩活动期间政务不能运作，库里奥或许是担心恺撒的政敌会借机操控处理政务的日程，对恺撒不利。但恺撒迅速指示库里奥支持这一动议，于是动议最终轻松地通过了。加图给西塞罗的伤口上撒盐，成功地推动元老院授予毕布路斯二十天的公共感恩，毕布路斯也曾在阿玛努斯山区作战，此地是奇里乞亚（西塞罗的行省）和叙利亚（毕布路斯的行省）的边界。加图的女婿毕布路斯事实上在战役中建功甚微，遭遇至少一场大败。向他授予任何荣誉都是值得商榷的，何况是这么长时间的感恩，但加图就是要让自己女婿得到的感恩时间超过庞培曾经得到过的；只有恺撒曾得到过二十天的公共感恩。西塞罗接受了加图的虚伪行为，认为若是要在政坛取得成功，虚伪是少不了的。在西塞罗之前担任奇里乞亚总督的是阿庇乌斯·克劳狄，他对行省百姓万般压榨，中饱私囊。西塞罗私下里将克劳狄的行径描述为"野兽"恶行，但与克劳狄本人交往时始终保持礼貌，甚至是热情。尽管如此，加图的这一招还是让西塞罗颇感怨恨。表决之后，恺撒写信祝贺西塞罗，无疑让西塞罗赢得凯旋式的信心大增，并且大肆宣扬他的老对手加图的双重标准。[16]

内战爆发时，西塞罗的处境十分窘迫。他还没有放弃自己的资深执政官治权，因为他还在等待自己渴望的凯旋式。因此他身边还有执法吏侍奉，还有权指挥军队。尽管他十分不赞同庞培、加图和多米提乌斯·阿赫诺巴尔布斯及其同党的态度和行为，但他还是觉得自己不能反对这些人，也不能不支持当年合法选举产生的执政官。西塞罗得到了征兵的任务，但很快就放弃了，认为此事已经不切实际，后来就没有在战争中发挥任何积极作用。恺撒渡过卢比孔河，西塞罗认为这是令人震惊的弥天大罪，但后来他听说恺撒对被俘的庞培军队宽大为怀，对恺撒的态度又软化了一些。西塞罗写信给恺撒，赞扬他的仁慈，尤其是对兰图鲁斯的宽容（兰图鲁斯在前63年曾支持过西塞罗）。庞培前往布隆迪西乌姆后，西塞罗与庞培便断了联系。西塞罗也没有努力投奔到庞培身边，因为他痛恨庞培撤离意大利的战略。西塞罗待在自己的一座乡间别墅，静观事态发展。3月初，可能是在布隆迪西乌姆陷落之前，恺撒给演说家写了一封短信，敦促他：

> 不必怀疑，我曾多次对你感恩戴德，并且希望将来能有更多感激你的理由。这是你应得的。但在此之前，我有求于你。因为我很快将到罗马，所以我希望能在那里见到你，听取你的建议，享有你的善意，目睹你的尊严，得到你的援助。此信结尾如同开端。请原谅我的匆忙和此信的简略。[17]

西塞罗于3月19日回信，询问恺撒信中所谓他的"善意"与"援助"具体指的是什么。他重申自己愿意为了和平而努力，只要和平能够保护"我们共同的朋友庞培"；因为如果恺撒和庞培两人和解，将最有利于共和国的利益。26 日，恺撒又写了一封信，感谢西塞罗赞扬他的仁慈，并表示"我的天性中绝无残酷的念头"。恺撒又一次敦促他到罗马来，这一次说他需要西塞罗的"建议和资源"。另一个鼓励因素是，演说家的女婿普布利乌斯·科尔内利乌斯·多拉贝拉目前在恺撒军中，恺撒向演说家保证，自己对这个年轻人很是器重。两天后，恺撒与西塞罗在福尔米亚会面了。西塞罗决心不被对方利用，坚决不肯前往罗马：

> 他（恺撒）反复说，我的拒绝是对他的谴责。如果我不去的话，其他人去的可能性就小了。说了很多之后，恺撒说道："那么来吧，来谈谈和平。""是作为完全自由的人来吗？"我问道。他说："难道我会教你该说些什么吗？""如果那样的话，"我说，"我会在元老院发言，说元老院不会批准你率军前往西班牙或者派遣军队去希腊。何况，我会为格奈乌斯（即庞培）的命运而哀叹。"然后他说："我真的不希望你这么发言。""我就知道你会这么想。但我不想去那里。因为我一旦去了那里，就控制不住自己的舌头，一定会表达自己的真实想法，以及更多。因此我就干脆不去罗马。"

恺撒敦促西塞罗再好好考虑。西塞罗确信恺撒此时对他已经没有好感，但觉得自己收回了一些自尊。会谈快结束时，恺撒唐突地说，如果西塞罗不肯辅佐他，他就会寻找其他人的协助。这话显然有威胁的意味。在演说家看来，恺撒的军官们鱼龙混杂，这让恺撒的威胁显得更加严重。[18]

在保民官安东尼和卡西乌斯的传唤下，元老院于指定日期召开了会议。为了让资深执政官恺撒能够参会，会议是在城市的正式边界之外举行的。这种做法是合乎规程的，尽管后来至少西塞罗不愿意承认它是正式会议，只肯说这是一次非正式集会。与会者少得可怜，显赫人士们都没有到场。即便如此，恺撒还是利用这个机会，公开地重申自己受到的冤屈：他仅仅希望能够行使保民官们以合法程序授予他的特权。但庞培的态度却渐渐发生了变化，认为是恺撒的私敌们对他的刻骨仇恨才迫使他诉诸武力。更为务实的举措是，恺撒请求元老院派遣使者去与庞培谈判、和解。恺撒宣称，他自己的雄心壮志便是在"司法和正义"上表现出与他在军事行动中表现出的同等的才华。恺撒的动议通过了，但没人愿意去当这个使者。恺撒始终是个平民派，并没有将自己的注意力局限于元老院。安东尼召开了平民大会，对一些措施做了表决。在这次集会之前，恺撒向群众做了演讲，又一次解释了自己的行为，并责怪是他的政敌挑起了战争。他向群众保证，罗马城仍将得到粮食，甚至许诺给每一位公民 300 塞斯特尔提乌斯的赠礼。和元老院里的情形一样，群众的反应是沉默。人们还记得马略和苏拉的凶残报复，而战争的前景并不明朗。在《战记》中，恺撒声称，庞培曾威胁将留在意大利的人也视为恺撒同党。说到底，所有阶层的绝大多数人对内战双方都没有什么强烈的感情，只希望保持中立，安全地度过这场内战。有些人被恺撒的言辞和态度说服了，但大多数人仍然很谨慎。唯一公开反抗恺撒的是一个叫作卢基乌斯·凯基里乌斯·梅特卢斯的保民官，他开始在元老院里阻挠恺撒。[19]

恺撒决定动用国库的时候，发生了一场大冲突。征服高卢为他赢得了极大的财富，但他从来就不是守财奴，而是一掷千金地去笼络他的军队，以及收买库里奥和埃米利乌斯·保卢斯这样的人的忠诚。现在，支撑一场庞大战争的成本极高。仅仅几个月之间，他就组建了3个新军团，征募了一些新兵（这年年初时，他握有10个军团、一些独立大队和辅助部队）。后来他还征募了更多部队。所有这些士兵都需要军饷。尤其是对那些曾经在敌人那边服役的士兵，就更不能让他们有不满的理由。更重要的是，这些军队都需要装备和给养。在高卢，恺撒主要依赖同盟者为他提供粮草，但内战的条件是完全不同的。并不是所有的行省和同盟社区都支持他，但他也不能过于严酷地对待那些不支持他的社区，因为他最终还是需要将他们争取到自己这边来。若有需要，恺撒不得不自掏腰包来为军队的很大一部分需求买单。克拉苏曾吹嘘，只有能够用自己的资源征募军队的人才算是真正的富人。恺撒很富有，但他现在的任务是为一场规模宏大的战争提供资金，任何个人都不可能那么多钱。

但是，当他去国库（或者是派人去国库，因为如果他亲自去国库，就必须跨越罗马城的边界）时，梅特卢斯堵在大门口，禁止他进入。国库位于广场上的农神庙。两位执政官在撤离罗马城时将国库大门紧锁，并将钥匙带走。但是，恺撒的士兵们完全无视梅特卢斯，用斧子将大门砍倒了。据普鲁塔克的说法，恺撒唤来铁匠将大门打开，并且恺撒和梅特卢斯在神庙外发生了对抗。保民官不断企图阻挠，恺撒大发雷霆，威胁要把他杀掉。梅特卢斯最后终于让步，恺撒声称自己天性宽宏仁慈，让他发出这样的威胁比让他真正杀人更难。恺撒在1月曾宣称自己要捍卫保民官的权力，如今却和他的敌人一样，随时可以压制和威胁一位保民官。他从来没有隐瞒过，他最终的目标是捍卫自己的尊严。现在战争已经爆发了，要捍卫自己尊严的唯一办法就是打赢战争；而要打赢，他就需要现金。他控制了国库的现金，共1.5万根金条、3万根银条和3000万塞斯特尔提乌斯。另外，恺撒还取走了几百年来一直保存着以防范高卢人于前390年洗劫罗马城那样的悲剧重演的特别资金。恺撒宣称，国家不需要这笔特别资金了，因为他已经永久性地解除了高卢人的威胁。即便如此，他在《战记》中也没有提及此事，仅仅说梅特卢斯在恺撒政敌的撺掇下，处处与他作对。[20]

这是恺撒九年来第一次返回罗马城。他在那里顶多只待了几周，然后便匆匆前往军中。他的大军正在集结，准备远征西班牙。他让马克·安东尼留下掌管意大利。从西塞罗的通信中，我们得知库里奥、凯利乌斯和多拉贝拉①等人都坚信，西班牙战役将是非常短暂的，恺撒很快就会得胜。恺撒军队很快占领了撒丁岛和西西里，没有遇到多少强烈的抵抗。恺撒赢得了意大利战役的胜利，但这胜利是空虚的，因为庞培及其军队全身而退了。战争将持续下去，并且已经在蔓延。后来，地中海周边几乎所有国度都被卷入战火。恺撒的敌人仍然很强大，并且越来越强。在意大利，人们看到恺撒没有像苏拉那样草菅人命，不禁松了一口气，但很少有人转变为他的热情支持者。[21]

伊莱尔达战役，前49年4月~8月

恺撒将在西班牙的庞培派军队描述为"没有将军的军队"。庞培在西班牙半岛拥有7个军团，由3名军团长指挥。

---

① 西塞罗的女婿普布利乌斯·科尔内利乌斯·多拉贝拉。

其中之一是马尔库斯·特伦提乌斯·瓦罗，他是一位广受尊重的学者，著作颇丰，涉猎极广。他与庞培有着长期的政治联系，在前 70 年为庞培撰写了一部解释元老院程序的手册。他之前就担任过庞培的军团长，在前 49 年负责掌管外西班牙，但似乎没有多少军事才干。在随后的战役中，他的部队没有与庞培的主力军队会合，没有发挥多少作用。参战的主要是剩余 5 个军团，指挥官是马尔库斯·佩特列乌斯和卢基乌斯·阿弗拉尼乌斯。佩特列乌斯是两人中较有经验的一位。前 63 年击败喀提林的那支军队的实际指挥官就是他。据撒路斯提乌斯说，佩特列乌斯当时就已经有了三十年的从军经验。他可能是马略的一位资深百夫长的儿子。到内战爆发时，他一定已经约六十岁了，虽然是一位经验丰富的将领，但大多时候都是担任别人的副手。阿弗拉尼乌斯是前 60 年的执政官之一，他最有名的地方是擅长舞蹈，其他方面则很平庸。他参加过庞培的几次战役，因此有一些军事经验，但从来没有独当一面。作为一名前任执政官，他的资历比佩特列乌斯深，但我们不知道是他指挥佩特列乌斯，还是两人联合指挥。除了 5 个罗马军团之外，他们还拥有相当多的辅助部队，包括约 1 万名骑兵和 8 个大队的西班牙步兵。这些西班牙步兵大多是重步兵，但也包括一些装备标枪和小型圆盾的轻步兵。[22]

恺撒命令他的军团长盖乌斯·费边带领位于外高卢行省以西（驻扎在纳尔博）的 3 个军团，控制比利牛斯山的山口通道。费边在完成这个任务之后继续进军，逼近阿弗拉尼乌斯和佩特列乌斯。这两人的军队集中在伊莱尔达（今莱里达）。恺撒还命令另外 3 个军团（以及 5000 名辅助步兵和 6000 名盟军及辅助骑兵）与费边会合。恺撒本人随后出动，但途中在马西利亚城外稍事停留。这个古老的希腊殖民地是罗马最古老的盟友之一。作为高卢总督，他也曾小心地尊重和优待这座城市，但此地与庞培联系紧密，与他的友好关系可以追溯到镇压塞多留的战争时期。马西利亚紧闭城门，不准恺撒进入。马西利亚行政长官声称，他们不懂复杂的罗马政治，但他们觉得不能支持恺撒和庞培中的任何一方去反对另一方。马西利亚人所谓的中立其实是虚假的。多米提乌斯·阿赫诺巴尔布斯率领由他自己的扈从和奴隶组成的军队乘船进入马西利亚港口，得到允许。阿赫诺巴尔布斯家族与马西利亚地区的联系可能也是促使马西利亚人欢迎他的原因之一。多米提乌斯·阿赫诺巴尔布斯并没有因为前不久的投降和被释而羞赧，而是终于抵达了他垂涎多年的高卢行省。马西利亚人立即请他指挥城防，并做好抵抗的准备。恺撒将 3 个军团调到城外，交给盖乌斯·特雷博尼乌斯指挥。此外还有一队战舰提供支援，其指挥官是曾经率领舰队打击维尼蒂人的迪基姆斯·布鲁图斯。在部队调动就绪准备开始攻城后，恺撒将攻城任务交给部下，自己则在 900 名日耳曼辅助骑兵的护卫下继续前进。这段时间他非常忙碌，需要制订计划、发布恰当的命令。对敌人来讲，马西利亚失守将是一个沉重的打击，因为它是一个重要港口，其设施和商船队能够为在西班牙作战的军队提供强有力的后勤支持。但恺撒的时间很紧迫，他等不起。虽然指挥军队日理万机，但他还是挤出一些时间给显贵们写信。就在抵达马西利亚之前，他写了一封信给西塞罗，敦促演说家不要鲁莽地加入庞培阵营。[23]

6 月，恺撒与费边会合了，此时他的 6 个军团以及大多数盟军和辅助部队已经合军一处。这 6 个军团可能是第六、第七、第九、第十、第十一和第十四军团。从数字上看，敌人的兵力可能略占优势。不过我们不知道双方每个单位的具体兵力，所以也很难说。但恺撒军队的士气高涨、斗志旺盛，远胜于敌人。虽然恺撒控制了国库资金，但要满足这场战争的开销仍然是很困难的。于是，"此时，他向军事保民官和百夫长们借钱，然后将现金发给士兵们。他这么做是一箭双雕，因为百夫长们在战争中投了资，必然忠于他；而金钱的赏赐也换得了军团士兵们的热情"。恺撒军队的信心高涨，但是敌人占据了非常有利的防御位置。他们的主营地和伊莱尔达镇在同一座山脊上。一支较小的部队控制着西科里斯河（今塞格雷河）上的桥梁，这条河分隔着两军。恺撒抵达之前，费边已经建造了两座间隔约4里的桥梁，来到了敌人占据的西岸。两支雄壮的大军互相虎视眈眈地据守着。随着时间一天天过去，补给很快就出现了问题，双方都定期派遣搜粮队到河流东岸寻找粮草。费边的2个军团有一次去搜粮的时候，刚刚过桥，桥就坍塌了。阿弗拉尼乌斯派遣4个军团和一支强大的骑兵去攻击他们，所幸恺撒的援兵经过另一座较远的桥梁及时赶到。[24]

战斗两天之后，恺撒抵达了。此时断桥已经修复地差不多，在恺撒的命令下，当夜就完全修好了。这一天，他进行了一次仔细的侦察，尤其查看了地形。次日上午，他只留下6个大队看守营地和桥梁，并率领余下的所有部队推进到庞培军队营地前方的山坡脚下，严阵以待。阿弗拉尼乌斯和佩特列乌斯回应了这一挑战，但将自己的阵线部署在半山坡处，离自己营地的壁垒不远。然后，按照这一时期常规的作战习惯，两军都虎视眈眈地盯了对方一段时间，谁都不愿意冲杀出去。恺撒不愿意冒险出战，因为敌人居高临下，占有地利。当天的某个时间，他自称得知（可能是通过俘虏或敌方逃兵）阿弗拉尼乌斯过于谨慎，不肯出战。于是恺撒决定在原地建造一个新营地。和过去类似的情况一样，恺撒小心地确保己方部队在建造营地的时候不会被敌人抓住可乘之机。恺撒的军队排成常规的三道战线，他将构成第三道战线的大队后撤，命令他们挖掘一道15英尺宽的壕沟。为了保险起见，他们没有建造壁垒；因为那样会太暴露，容易遭到敌人攻击。即便没有壁垒，这么宽的壕沟也足以阻滞敌人的任何攻击了。到晚上，壕沟挖好了，恺撒将其余部队也撤到壕沟之后。夜间，他让部下保持戒备状态，但敌人没有任何动作。次日，3个军团摆好阵势，准备迎敌，而其余部队则派人搜罗建造壁垒所需的材料，同时挖掘与第一道壕沟呈直角、向后延伸的两道壕沟，让营地更加完备。敌人发动了一些骚扰，但被恺撒的掩护部队轻松击退，于是新的壕沟竣工了。第二天，终于在壕沟后方建起了壁垒。[25]

随后，恺撒尝试去占领能够俯视庞培军营与伊莱尔达镇之间地域的一座小丘。他率领3个军团进发，派遣其中一个军团的先遣部队去占领小丘。阿弗拉尼乌斯观察到恺撒军队的动向，他的部下抢先抵达小丘，将企图登山的恺撒军队逐退。《战记》解释说，恺撒之所以遭到此次失败，是因为敌人的作战风格就像西班牙部落，快速奔跑而不顾阵型。事实可能的确如此（恺撒说，在一个地方驻扎太久的部队的作战风格会受到当地人的影响），但他或许是刻意将敌人描绘为非罗马的蛮族。恺撒的读者们对描写与高卢诸部落交战的狂野情节热血沸腾，对描写同胞的手足相残就不是很感兴趣了。双方都投入预备队，战斗持续了近一整天。地形非常狭窄，顶多只能挤进去3个大队，以便组织战线。双方的损失都很惨重，但鏖战5个钟头之后，第九军团的将士们还有足够的精力，手握利剑，最后一次冲向敌人。庞培军队退缩了一段时间，于是恺撒的部下得以撤退。恺撒这边有 70 人阵亡，包括第十四军团的 1 名资深百夫长，还有约 600 人负伤。敌人则损失了约 200 人，包括 1 名首席百夫长和另外 4 名百夫长。双方都相信自己赢了，但事实是恺撒未能达成自己的目标，即占领小山。[26]

随后天气对战局产生了影响，瓢泼大雨导致河水猛涨，冲垮了费边的两座桥梁。于是，恺撒及其军队的补给线（给养由盟军运来）被切断了，也无法得到增援。一群前来加入恺撒军队的高卢人遭到敌军一支强大袭扰部队的攻击，损兵折将，最后撤到了一个防御阵地。士兵们努力修桥，但起初都未能成功，于是口粮配给下降到很糟糕的程度；若是长时间这样，士兵们的健康必然会受到严重损害。过了几天之后，士兵们开始搭建覆盖皮革、木制框架的简易小舟，就像他们在不列颠见过的那种。在夜色掩护下，他们将这些小舟装到大车上，运到 22 里之外的一个地点，并在河边的一座小山后建立了一个小营地。随后 1 个军团被派到那里，一些士兵乘小舟到达河对岸，两天之内就建造了一座新桥梁。高卢人和他们押运的粮草利用这座桥过了河，与主力部队会合。危机暂时解除了，但恺撒还远远没有打败敌人。出现了一些振奋人心的迹象：一些西班牙社区感到战局在向有利于恺撒的方向扭转，于是派遣使节来，承诺要投奔他。恺撒要求这些西班牙社区都向他提供急需的小麦。新桥是一道至关重要的生命线，但距离较远，不是非常方便。恺撒的士兵们开始挖掘运河，将西科里斯河的河水引走，开辟了一个简单的渡口。此时庞培军队的两位军团长感到自己的位置太暴露，因为恺撒的骑兵数量在增加，也越来越自信，这让庞培军队的搜粮行动越来越困难。他们决定撤往凯尔特伊比利亚人居住的地区，这些人对庞培特别友好。[27]

　　他们做了精心准备，命令将船只和驳船集中到埃布罗河沿岸，运往奥克托格萨（距他们的营地约 30 里）。他们利用这些船只在宽阔的埃布罗河上搭建了一座类似浮桥的桥梁。恺撒的侦察兵发现了敌人的这个动向。凑巧的是，庞培军队的桥梁与恺撒军队在西科里斯河的临时渡口在同一天竣工。阿弗拉尼乌斯和佩特列乌斯拥有了一条通道，可以去逾越面前的最大障碍。他们知道，渡过埃布罗河之后，他们就有至少几天的喘息之机，不必担心敌人的追击。但他们也知道，必须先将自己的部队调到奥克托格萨。他们的 2 个军团利用伊莱尔达城外的那座桥梁过了西科里斯河，在东岸扎营。夜间，庞培军队的剩余

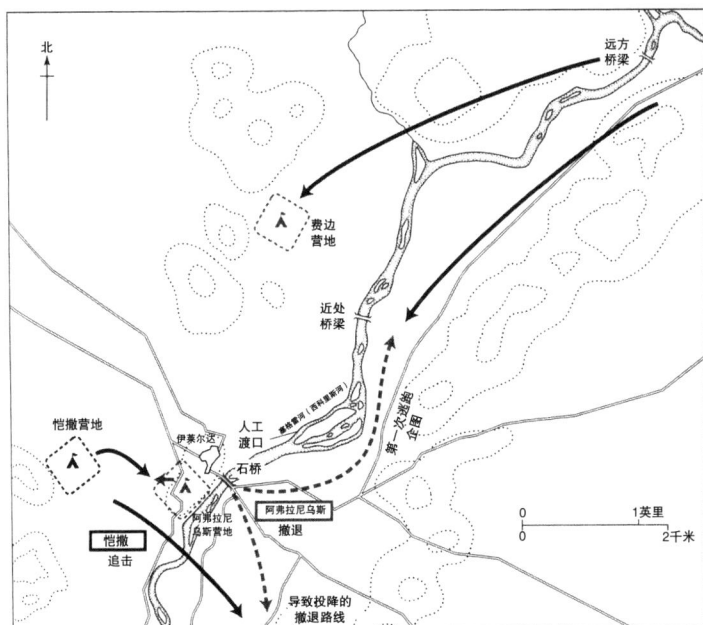

图 10　伊莱尔达战役

部分（除了2个留下驻防伊莱尔达的大队之外）开拔，与这2个军团会合，随后全军开赴埃布罗河。恺撒的前哨阵地报告了敌人的动向，于是恺撒派遣骑兵去骚扰和阻滞敌人的行军队伍。太阳升起来之后，他从自己营地附近的高地上可以看到，庞培军队的后卫被他自己的骑兵步步紧逼，不得不经常停下来列队以击退追兵。恺撒的士兵们知道战局的发展，通过军事保民官和百夫长们敦促恺撒允许他们冒险通过人造渡口，到河对岸作战。看到士兵们如此斗志昂扬，恺撒便率领5个军团出击，其余部队留下驻守营地。骑兵在渡口上下游的地方掩护，部队安全地涉水过河，没有任何损失。尽管他们出发得较晚，但前卫部队还是在下午晚些时候追上了庞培军队的后卫。两军都排兵布阵，准备迎战，但庞培军队无心恋战，并且占据了高处，而恺撒的部下已经很疲惫。双方都扎营过夜。庞培军队前方是一道山峦，两位军团长打算在夜间行军，以便抢在恺撒前面抵达并穿越这些山峦的隘道。但恺撒从俘虏那里得知了敌人的计划。尽管天色已晚，他还是命令吹响集结号。庞培军队听到号声，知道自己的意图已经被识破，于是回营了。[28]

次日，双方都派遣小队侦察兵去勘察穿过山地的路线，并确认约5里之外有一个关隘。谁占据了这个关隘，谁就能阻止对方通过。庞培军队夜间行军的计划破产，于是决定在黎明时分行动。他们的营地位于恺撒和关隘之间，但他们携带着辎重，行动迟缓，而恺撒军队只带着基本装备和最低限度的口粮。恺撒在拂晓前开拔，奔向不同的方向，令敌人大吃一惊。敌人先是松了口气，但看到恺撒军队慢慢右转，奔向关隘，便沮丧起来。庞培军队也出发了，两军展开竞赛，看谁先冲到关隘。恺撒军队走的路比较崎岖，但他们抢先出发，而且轻装疾

行。他的骑兵也继续骚扰敌人的队伍，拖慢其速度。恺撒军队
赢得了这场赛跑，阿弗拉尼乌斯和佩特列乌斯命令垂头丧气的
部下停住脚步。恺撒军队的官兵都热切希望尽快与敌交战，因
为敌人缺少地形优势且士气低落，于是敦促恺撒下令进攻。恺
撒拒绝了，因为他觉得敌人断绝了给养，迟早会投降。他认
为没有必要让自己的士兵流血牺牲，也没有必要让为敌人作
战的公民同胞丧命。恺撒的一些老兵颇为不满，嘀嘀咕咕了
一番，还三心二意地说，等他最终下令进攻的时候，他们不
愿意作战。

　　随后几天内，两军都开始建造防御工事，庞培军队的目标
是保障水的供应，恺撒的目标则是将敌人围堵起来，阻止其得
到供水。在这期间，双方都有很多人开始与敌人友好地接触，
寻找亲戚、朋友和邻居。庞培军队的一些军官已经谈到要投
降，阿弗拉尼乌斯的儿子派了一位朋友去与恺撒谈判。阿弗拉
尼乌斯似乎已经无心继续战斗，但佩特列乌斯仍然坚定不移，
带领自己的卫队（西班牙骑兵和轻步兵）去屠戮每一名与自
己部队攀谈的恺撒士兵。有些恺撒士兵杀出了一条血路，而其
他人则被庞培士兵藏起来，在夜间溜走。而走到恺撒军中的庞
培士兵则被允许自由离去或者留下。佩特列乌斯恳求他的士兵
们继续保持忠诚，并要求他们宣誓"绝不当逃兵，绝不背叛
军队及军官，也绝不将个人安全置于集体利益之上"。他哄骗
阿弗拉尼乌斯发出了这个誓言，然后是高级军官和级别较低的
军官，最后是普通士兵。[29]

　　庞培军队做了最后一次突围的努力。恺撒紧追不放，持续
骚扰敌人撤退的队伍。敌人又一次被包围起来，这一次的处境
更艰难，没有任何水源。恺撒仍然希望避免交战，于是双方又

一次开始建造防御工事。庞培军队企图重新渡过西科里斯河，但被拦截住。粮草已经告急，阿弗拉尼乌斯开始向恺撒求和。恺撒斥责敌军将领毫无必要地浪费士兵的生命。但他就像在科尔菲涅乌姆和整个内战期间一样，允许所有敌军将领自由离去。阿弗拉尼乌斯和佩特列乌斯的军队被解散，恺撒亲自监督了这个过程。此时在外西班牙，庞培军队的军团长瓦罗受到阿弗拉尼乌斯先前极其乐观的报告的鼓舞，决定证明自己是庞培及其事业的一员干将。他开始征募军队，囤积粮草。在伊莱尔达的庞培军队全部投降之后，恺撒率军奔向外西班牙。瓦罗此时已经得知恺撒得胜，大感泄气，而且他的行省居民普遍拥护胜利者恺撒。他的部队弃他而去，于是他迅速向恺撒写信投降。西班牙全境现在处于恺撒的控制之下。尽管有过一些困难的时刻，但恺撒速战速决的计划被证明是完全正确的。到夏末，马西利亚也停止了抵抗。这一次，多米提乌斯·阿赫诺巴尔布斯在城市投降前不久乘船逃走，因此没有第二次被俘。他将再次与恺撒交手。阿弗拉尼乌斯和佩特列乌斯也是如此，他们和阿赫诺巴尔布斯一样，愿意接受恺撒的仁慈，对恺撒的仇恨却并没有因此减少一分。庞培和他的盟友们也一心要赢得战争。战争将持续下去。[30]

十九　马其顿，前 49 年 11 月 ~ 前 48 年 8 月

看看格奈乌斯·庞培的处境，他的赫赫威名，他往昔的丰功伟绩，甚至他常常吹嘘的对他唯命是从的诸多君主和国家，竟都不能保障他的安全；他竟连体面地逃跑的机会都没有，哪怕是最低贱的人也享有这样的机会；他被赶出意大利，又丢掉了西班牙；他的有作战经验的军队当了俘虏，现在他又遭到了封锁，我觉得历史上不曾有第二位将军遭遇过这样的窘困。

　　——前 48 年 5 月 ~ 6 月，普布利乌斯·科尔内利

　　　乌斯·多拉贝拉在恺撒营地

　　（狄拉奇乌姆城外）给西塞罗的信[1]

幸运女神对所有事务都有着极大的控制力量，对战争的影响力最大，她用一点点纷扰便能极大地改变人的命运。

　　——恺撒[2]

恺撒将昆图斯·卡西乌斯·朗基努斯留在西班牙，让他掌管那里。这对一位平民保民官来说是个不寻常的任命，但这毕竟是非常时期，而且卡西乌斯担任财务官时已经在西班牙服役过，对该地区及其人民有一些了解。后来的事实证明，恺撒的这个选择不是很明智。恺撒欢迎所有前来投奔他的人，用荣

耀、官职和财富奖赏忠诚的部下。他曾说，哪怕是一个土匪帮助了他，他也会信守诺言去奖赏他。一大群浪荡子奔去投靠恺撒，西塞罗和其他人对这些人十分鄙夷。他们觉得这些浪荡子糟践了自己的遗产，现在却觊觎共和国的统治权。苏埃托尼乌斯说在前 49 年之前，恺撒常开玩笑地告诉这些人，他们需要一场内战。的确有很多落魄绝望之徒来投奔恺撒，恺撒的胜利对他们来讲是获取财富和取得政治成功的最后一线希望，但我们不能太过相信西塞罗以偏概全的评价和庞培派的宣传。在内战期间，恺撒的军团长和高级下属们（除了少数特例之外）的确才干平平或品行败坏。其中有好几位犯下了严重的错误。但是，庞培军中很多高级军官的能力和人品同样成问题，尽管这些人的出身更显赫。庞培阵营的许多前任执政官都曾遭到选举舞弊的指控。恺撒的优势在于，他的命令能够得到不折不扣的执行，他不需要和多米提乌斯·阿赫诺巴尔布斯这样目无纪律、我行我素的人打交道。不过，肯定是在恺撒亲自指挥的时候，情况要更好一些。特雷博尼乌斯和迪基姆斯·布鲁图斯攻打马西利亚的战役很出色。库里奥无须作战就控制了西西里，因为被庞培军队派去保卫西西里的加图手中没有多少可以调用的军队，并且他认为在一场必败无疑的防御战中浪费生命是毫无意义的。库里奥取得此次胜利后，便于前 49 年率军前往北非。起初他打得不错，击溃了一支强大的庞培军队，但后来被努米底亚国王朱巴一世的军队诱骗进了埋伏圈。库里奥和他的许多士兵死战到底，血洒沙场。其他人逃跑时惨遭屠戮，或者投降之后被国王下令处决。只有少数人得以逃生，包括阿西尼乌斯·波利奥。可能就是因为恺撒对库里奥的过分褒奖，才让波利奥后来对《战记》中一些段落的可靠性产生了怀疑。马克·安东尼的弟弟卢基乌斯吃了一场小败仗，他在伊利里库姆率领 15 个大队向敌人投降了。[3]

　　恺撒从西班牙返回意大利的时候，得知了这些挫折。这些失败很不幸，但主动权仍然在他手中，他决心尽快与庞培及敌人的主力部队决战。或许更令他担忧的是，他的军队在意大利北部的普拉坎提亚（今皮亚琴察）驻扎时发生了哗变。比较棘手的是哗变从第九军团开始，该军团在西班牙为恺撒效力，战绩不错。就像历史上的许多哗变一样，此次兵变也有诸多诱因，士兵们的不满情绪在相对安定无聊的时期浮出水面。战争远远没有结束，将军还需要他们，所以很多士兵一定猜到自己处于有利地位，可以和将军讨价还价。有些士兵已经服役期满，希望退伍回家。许多人发牢骚，恺撒当年早些时候在布隆迪西乌姆许诺给他们每人 500 迪纳厄斯赏金，至今还没有兑现。还有人抱怨，恺撒对敌人过于温和宽大，使己方迟迟不能得胜；或许更重要的是，士兵们没有机会掳掠战利品。恺撒得到哗变报告时还在马西利亚，但立刻赶往现场，与哗变士兵对质。恺撒严厉而毫不留情地解释，这样一场宏大的战争是急不得的。然后他宣布，他打算对第九军团施行十一抽杀刑罚。这是一种古老的惩罚，在每十人中抽签选出一人，由战友们将他活活打死。军团的其余人则将灰溜溜地被逐出军队。老兵们听到这话，灰心丧气，军官们则开始恳求严酷的统帅开恩。恺撒深知如何操控人群，逐渐让步，最后只需要让 120 名带头闹事的人抽签，抽出 12 人处决。抽签应当是预先操纵好的，确保让主要的闹事者被抽中。但据阿庇安说，一个在哗变期间根本不在军营的士兵被抽中了。恺撒发现此事之后，立刻将他释放，并让企图以这种方式害死一名无辜者的百夫长代他受死。

这是前 58 年以来恺撒第一次遇到麾下士兵抗命不遵的情况，但这次哗变很快就被镇压下去了。在随后的战事中，第九军团将为恺撒立下汗马功劳，他的其他部队表现也非常精彩。《战记》中没有提及这整个事件。[4]

庞培自 3 月从布隆迪西乌姆逃脱以来，一直在运用他的全部组织技能，创建一支强大的军队，希望借此赢得最终胜利。与此同时，他利用自己在该地区的人脉（这里的几乎所有社区，所有主要统治者都是他的门客）来动员地中海东部的人力和资源，为他的士兵提供军饷、粮草和装备，并征募盟军和辅助部队，充实军力。他拥有 9 个军团和从意大利带来的一些混合部队，以及从定居或暂居希腊和亚细亚的公民当中征募的一些新部队。梅特卢斯·西庇阿动身去了叙利亚，后来带来了 2 个原先驻扎在帕提亚边境的军团。庞培进行了一系列手忙脚乱的外交活动，以确保帕提亚不会出兵威胁叙利亚行省。史料告诉我们，庞培还曾认真地努力寻求帕提亚人的军事援助。我们不知道这是不是真的。庞培确实大量使用了外籍军队，并集结了一支特别强大的骑兵。用来组建一支大军的原材料已经备齐，庞培就在这几个月里集中精力训练新兵。他已经五十七岁，而且在内战爆发前已经有十三年没有打过仗，但所有人都对他的充沛精力肃然起敬。统帅与士兵们一起操练，穿戴罗马军团士兵的装备，或者骑马向骑兵演示如何作战。普鲁塔克说，庞培投掷标枪比任何年轻人投得更远、更准，力道也更猛。在他的鼓舞下，一支强悍而高效的军队正在逐渐成形。这一年中，庞培军队越来越强大。[5]

在恺撒远征西班牙期间，一些元老渐渐离开了意大利，决定结束自己的中立，投奔庞培军队。有些人判断庞培会打赢，因此要加入胜利者那一边。也有人是出于良心考虑或者被亲戚朋友劝服了。这场内战的一个奇怪之处是通信仍然畅通无阻，人们可以随意与交战双方通信。在这一阶段决定积极参与内战的人当中，最显赫的要数西塞罗，他在长时间的纠结苦思之后决定渡海前往希腊。他仍然认为内战是不必要的，并且憎恨庞培放弃罗马和意大利的计划。恺撒的宽宏大量让西塞罗大受鼓舞，但他说不准恺撒的仁慈能够维持多久；一旦恺撒确立了主宰地位，会不会像前 80 年代的秦纳那样杀人不眨眼。库里奥在入侵西西里的途中拜访了西塞罗，但未能缓解后者的恐惧。库里奥公开表示，他认为恺撒的仁慈完全是出于政策考虑，因为这与他残酷的天性相抵触；假以时日，恺撒的面具会被抛弃，他会露出本性。库里奥是恺撒的盟友，这样说话显得有点奇怪，但库里奥素来是个口无遮拦的人。他和恺撒并不熟悉，一年前才加入恺撒阵营，因此他的判断是值得商榷的。后来事实证明，恺撒始终对敌人抱以宽大的态度，从来没有试图用恐惧来压服世人。终其一生，很难说恺撒是个真正残酷的人。如果他认为无情对自己有利，那他完全可以表现得无情；他有一种冰冷的暴脾气，但他从来不会仅仅为了残酷而残酷。西塞罗不确定恺撒将来会如何行事。他对庞培的态度也是类似的。他判断不管谁打赢了内战，都会成为独裁者，拥有君主般的生杀大权。但西塞罗内心深处始终爱戴庞培，并且极其尊重这位曾与他并肩作战的伟人。西塞罗敬佩的其实是他心目中的庞培，而不是实际的庞培，但他对庞培的感情并不因此而削弱一分。西塞罗不愿意无所事事，也不愿意参加由恺撒控制的元老院的政治活动。尽管恺撒阵营里有他的亲戚朋友，他们给他写了信，恺撒本人也来了信，但最终西塞罗还是决定加入庞培阵营。他的弟弟昆图斯虽然在高卢担任恺撒的军团长多年，但也加入了庞培派。[6]

有些元老跑去投奔庞培，但大部分元老仍然保持中立，恺撒也继续在罗马维持表面上正常的政治生活。他希望担任前48年的执政官，但没有现任执政官来主持选举。倒是有一位裁判官，但之前从未有过裁判官监督选举新执政官的先例。恺撒提出这个建议，被观鸟占卜师们否决了。最后裁判官马尔库斯·李必达任命恺撒为独裁官，好让他主持选举。这种做法有过一次先例，那是在第二次布匿战争最黑暗的日子里。恺撒返回了罗马，召开了百人会议，顺利当选为下一年的执政官，他的同僚是普布利乌斯·塞维利乌斯·瓦提亚·伊苏利库斯。这种做法尽管不太符合常规，但严格来讲是合法的，不过在当时的选举中很可能没有别的候选人了。恺撒于前48年再次担任执政官，距他上一次担任这个官职已经过去了十年，符合法律规定。他的同僚是他于前70年代在亚细亚服兵役时的老上司的儿子，是门阀贵族成员，娶了加图的一个侄女。这也说明在内战期间，效忠关系是多么复杂，多么令人眼花缭乱。

其他的行政长官职位也进行了选举，凯利乌斯·鲁弗斯当选为裁判官。随后恺撒利用自己独裁官的权力，通过了一系列法律。其中一部法律召回了所有于前52年被庞培的特别法庭流放的人。米罗被刻意排除在外，因此从此法律获益的人大多是克洛狄乌斯的党羽。恺撒还召回了撒路斯提乌斯（他被担任监察官的阿庇乌斯·克劳狄驱逐）和加比尼乌斯（帮助埃及法老托勒密十二世复辟的前任叙利亚总督）。这两人后来在内战期间都为恺撒作战。苏拉迫害政敌时受害者的子女也被恢复了全部的政治权利。这些措施主要是为了巩固追随者们对他的忠诚，并赢得一些新的支持者。更受大众关注的是债务问题，因为自开战以来，房地产的价值大幅跳水。很多人大声呼吁废除债务，尤其是那些债台高筑的人（其中很多加入了恺撒阵营）。要求"新账本"（意思是销毁所有现存的账本，从头开始）的呼声在近几十年中频频发出，也是喀提林叛乱的主要口号之一。恺撒是世人皆知的平民派，也常常欠债，所以很多人担心他会用这种手段笼络人心。但独裁官拒绝运用这么极端的措施，而是寻求妥协方案。他任命了评估员，按照财产的战前价值估值，并迫使债务人将这些财产交给债权人，以此抵债。恺撒还恢复了一项旧规定，即任何人都不得拥有超过1.5 万迪纳厄斯现金。这项规定的目的是防止囤积货币，因为那样会对罗马和意大利的经济产生巨大影响。这些措施当然都很难真正落实。[7]

大冲撞

恺撒担任独裁官仅 11 天后便辞去这个职务，离开了罗马。他没有按照常规等到 1 月就任执政官，而是火速赶往布隆迪西乌姆。此前他已经命令他的军队在那里集结。尽管他的军官们在过去 6 个月里尽了最大努力，但还是严重缺少运输船只。恺撒在布隆迪西乌姆及其周边地区拥有 12 个军团（实际可以动用的兵力为 2.5 万 ~ 3 万人，因为这些军团之前有伤亡，而且在从西班牙返回的途中留下了很多掉队士兵和伤病员），船只却只够运送 1.5 万名步兵和 500 名骑兵。即便这么少的部队也只能携带最低限度的辎重给养，而骑兵的比例之所以如此低，是因为他们的马匹需要更大空间。很显然，要往返多次才能将大军全部运到对岸，但如果这样操作，先期抵达的部队就可能在后续部队到来之前被敌人消灭。而且第一批渡海的部队也会遇到很大危险，因为庞培军队已经集结了一支非常强大的舰队，约有500艘战船和许多用于侦察的小船。舰队主力由毕布路斯指挥，驻扎在亚得里亚海东岸，以拦截恺撒的入侵军队。恺撒手中只有12艘武装桨帆船，如果运输船队在海上遭遇敌人海军，那么肯定没有办法保护运输船，而且每一趟跨越亚得里亚海的运输航行都需要面对这么严重的威胁。恺撒知道这些情况，但也知道局势在近期不会有任何改观。他深知拖延时间只会让庞培变得更强大，准备得更充分，因此他急于直捣敌军的心脏。由于天气恶劣，他耽搁了几周，直到前48年1月4日才起航。一年前，没有人想到恺撒竟然会在冬季发动进攻，因为冬季一般要休兵。这一次，敌人仍然没有想到他会在冬季出战。庞培的军队分散驻扎在许多冬季营地，而毕布路斯的舰队尚未做好准备。恺撒轻松渡海，在伊庇鲁斯海岸的派赖斯特登陆，未曾受到任何抵抗。他的部队迅速上岸，船只于当夜返回布隆迪西乌姆去装载下一批部队，但这一次敌人已经察觉，拦截了一些船只。据恺撒说，毕布路斯大发雷霆，下令将缴获的这些船只连同其水手全部付之一炬。恺撒的大部分运输船都安全返回了，但很显然，下一次敌人将会严阵以待。[8]

恺撒在短期内被切断了援兵和补给线。他手中有7个军团（每个军团平均有2140人）以及500名骑兵，但船上没有空间运载足够多的粮食，所以他们必须就地取粮。罗马历法比实际的季节要早几个星期，所以现在实际上是秋末。恺撒必须想办法让部队集中起来，在即将到来的冬季吃饱穿暖，同时与敌人作战。登陆后的第二夜，恺撒率军攻打奥利库姆，这里的市民组织起来反对驻扎在那里的一小队庞培派士兵，很快向恺撒献城投降。据《战记》记载，奥利库姆市民不愿意反抗一位代表罗马人民、拥有合法治权的统帅。他们很可能还做了理性的推断，认为此地兵力单薄的庞培军队不可能打赢。意大利的大部分居民都没有明确地支持内战的任何一方，大多数行省居民也没有什么强烈的好恶，这不足为奇。恺撒像往常一样饶了驻军指挥官卢基乌斯·曼利乌斯·托夸图斯的性命，后者选择为恺撒效力。此番得胜之后，恺撒向阿波罗尼亚推进，那里的平民也不愿意反对他，迫使驻扎在那里的庞培军队逃跑。伊庇鲁斯的大部分地区很快效仿这些城镇，投奔了恺撒。于是他在希腊有了一个稳固的基地，目前这些城镇能够为他的军队提供足够的给养。他还缴获了敌军搜罗的一些储备粮食，不过有一队停在奥利库姆附近的运粮船被护航的庞培军队凿沉了。庞培的主要补给站位于沿海更北面的重要贸易港口狄拉奇乌姆（今天阿尔巴尼亚的都拉斯）。恺撒率军去夺取这个重要战利品，但此时敌军已经开始做出反应。庞培命令他的军队集结起来，以强行军火速赶往狄拉奇乌姆，抢在恺撒前头抵达那里。于是，恺撒迅速撤退了。敌军有9个军团，而且兵力接近满员，所以对恺撒有着超过二比一的兵力优势。但恺撒军队出其不意的登陆和起初的胜利似乎让庞培军队大受震撼，士气低落。拉比埃努斯公开对庞培表忠心，发誓绝不背弃他，与他同甘共苦。保民官和百夫长们接着宣誓，最后所有军团士兵集体宣了誓。[9]

恺撒撤到了伊庇鲁斯。尽管他控制着阿波罗尼亚和奥利库姆这两个港口，但毕布路斯的舰队现在非常活跃，实施了严密封锁。恺撒的一队运兵船被迫返回布隆迪西乌姆，还损失了1艘船。毕布路斯将这艘船上的所有人，不管衔级高低，一律处死。或许他希望用这样的暴行来震慑对方，威吓他们不要去增援恺撒，但他对恺撒（在担任市政官、裁判官和执政官期间，恺撒一直是他的同僚）的仇恨显然让他愈加残暴。私人的悲恸或许对他也有影响，因为他的两个年纪最大的儿子前不久在埃及被谋杀了。毕布路斯打仗的时候带着一种令人胆寒的残忍野蛮，但他并非独一无二。从内战一开始，庞培军队中就很少有人表现出像恺撒那样的宽宏和节制。恺撒的宽宏大量显然表明他比敌人略胜一筹，这让庞培派更加恼怒，促使他们做出更多暴行。西塞罗看到庞培阵营的这种态度，不禁大吃一惊。庞培派的主要领导人宣称，那些保持中立的人简直和恺撒党羽一样可恶，等他们杀回意大利之后，要来一场大范围的惩罚。[10]

恺撒驻扎在阿普苏斯河附近，离阿波罗尼亚不远。庞培的军队（比恺撒兵力更强）驻扎在河对岸的一个地方，但没有要来进攻和交锋的意思。恺撒将一名被俘的庞培派军官（此人已是第二次被俘）送回，希望与庞培谈判。恺撒建议，他和庞培都宣誓在三天之内解散各自军队（这看起来公平，不过很不实际），然后请元老院和人民来仲裁他们之间的纠纷。庞培起初没有回复，但恺撒很乐意等待，希望自己的更多部队能从意大利赶来。与此同时，他封锁海岸，阻止毕布路斯的舰队停靠，对其施加压力。武装桨帆船虽然尺寸不大，但船员非常多，因为它的速度和机动性都依赖许多桨手的体力。因此船上没有多少空间来运载食物和饮用水，甚至没有空间让桨手们自由活动或休息，因为他们的身体就是压舱物，用来保持船体平衡。所以，桨帆船需要每隔一段时间就靠岸，最少也要三天一次，以补充给养并让桨手和水手们休息。古代的舰队能够有效发挥战斗力的条件是附近有自己的基地，或者能够得到陆军的紧密支持。恺撒的士兵们控制着港口，监视着海岸，攻击任何企图靠岸的敌船，迫使毕布路斯的水手们频繁地返回基地（位于克基拉岛①）。再加上冬季天气恶劣，海上封锁的任务给庞培舰队带来了极大压力。毕布路斯要求休战，但自己不去谈判，而是派了高级军团长卢基乌斯·斯克利博尼乌斯·利博。这样做的理由是，他对恺撒的私人仇恨和他的火爆脾气对谈判不利。利博的女儿嫁给了庞培的幼子塞克斯图斯，这也表明庞培派许多领导人之间存在紧密的姻亲联系。恺撒去参加谈判，但是大失所望，因为利博只是要求停战，好让庞培的船只能够随意靠岸，而其他一切事物都要请庞培定夺。恺撒回答说，只有在庞培派停止海上封锁的情况下，他才同意停战。他要求利博保证他即将派往庞培处的使者的人身安全。恺撒的这两个请求都被拒绝了，正如《战记》中的记载："恺撒认识到，利博的一席话完全是由于庞培军队目前的危险处境和补给困难，而并无和谈的诚意，于是恺撒将注意力转回到作战计划上。"[11]

毕布路斯积劳成疾，不久后去世了。没有人被指定去接替他舰队总司令的职务，而庞培军队不顾困难，继续封锁大海。在阿普苏斯河，两军仍然隔河对望。双方进行了更多次的谈判。有一次，瓦提尼乌斯来到河边，向敌军前哨阵地喊话，最后对方告诉他，次日将有一名军官前来会谈。谈判果然开始了，但拉比埃努斯怒气冲冲地插手干涉，最后放了一轮箭，谈判不欢而散。恺撒的前任军团长后来叫嚷着说，他们将"停止任何和谈；除非把恺撒的脑袋送来，否则绝不讲和"。据

---

①　即科孚岛。

说，在这不久之前，庞培曾说如果让世人以为他是因为"恺撒的慷慨仁慈"才活下来，他绝不会考虑和谈。两军就这样僵持不下，随着时间流逝，恺撒越来越绝望，因为没有任何援军从意大利赶来。有好几份史料称，他开始疑心留在意大利的部下们的信念和忠诚。他认为只有自己亲自到场，才能推动援军的行动，于是决定亲自前往布隆迪西乌姆。他乔装打扮成自己的一名奴隶（此人常担任信使），登上一艘停泊在奥斯河口附近的小商船。小商船沿河驶向大海，海上刮来一阵劲风，船员们挣扎着逆风行驶。过了一会儿，水手们决定放弃努力，调头返回。这时恺撒突然抛下自己的斗篷，鼓励他们不要害怕，因为他们运载着"恺撒和恺撒的好运气"。桨手和舵手们百倍努力，想要将船划到海上，但最终被迫放弃。一位将军在当前的形势下会不会抛弃自己的部队，哪怕是为了召来援军，是非常值得怀疑的。或许正因如此，《战记》中不曾记录此事。但据普鲁塔克说，恺撒麾下将士得知此事后并未感到自己被统帅抛下了，而是觉得有些恼怒。在他们看来，统帅居然如此不自信，不相信仅凭他们就能打赢战争，反而还要去搬救兵。据说他返回军营时，士兵们围在他身边，恳求对他们多一些信心。这表明自高卢的早期岁月起，将军和士兵之间已经培养出了令人难以置信的紧密纽带和高度信任。[12]

狄拉奇乌姆

最终，4 月 10 日，马克·安东尼率领大部队从布隆迪西乌姆渡海来到希腊，在北面的利苏斯①附近登陆。他带来了 4

---

① 今天阿尔巴尼亚北部亚得里亚海畔的莱什。

个军团和 800 名骑兵。庞培动作迟缓，未能阻止恺撒两支军队
的会师。现在恺撒手中有了一支更强大的军队。他的总兵力仍
然少于敌军，尤其是骑兵远少于敌军，但他的老兵们经验丰
富、战斗力超强，足以弥补人数上的劣势。但是，大批援军的
抵达增加了补给困难，尤其是如果大军要在一个地方停留较长
时间的话。他派遣了一些较大的分队离开主力部队，去保护他
在色萨利和马其顿的盟友。恺撒带着剩余部队向庞培求战，后
者拒绝迎战。庞培仍然坚信，只要切断恺撒军队的粮食供应，
就能将其拖垮。恺撒深知这个威胁，于是决定再一次尝试占领
位于狄拉奇乌姆的庞培军队主要补给基地。这一次，他比敌人
先抵达那里，但还不够快，没能够夺取城镇及其补给物资。他
在狄拉奇乌姆与庞培军队之间扎营，而庞培军队驻扎在一座名
叫佩特拉的山上，俯瞰一处天然港口。庞培借助通畅的海路，
可以与狄拉奇乌姆城和其他地区的部队保持联系。他发出命
令，指示从远至亚细亚的地方直接向前线军队输送粮食。恺撒
的营地在内陆的高地上，他的部队需要从周边地区搜罗粮草。
他决定在山上建造一道防线，既是为了保护自己的搜粮队，也
是为了阻挡庞培军队的搜粮队。庞培军队的骑兵马匹和运送给
养的牲口更多，所以需求也更大。另外，"恺撒还想让庞培在
外国人面前丧失颜面，让世人都知道庞培遭到恺撒围攻，却不
敢正面交锋"。庞培绝不能撤退，绝不能将狄拉奇乌姆及其补
给站拱手让给恺撒。于是，他命令自己的部下也修建一道防
线，与恺撒对峙。为了控制高地上的一些关键地点，两军发生
了一些小规模冲突。有一次第九军团的一支队伍暴露在敌人弓
箭手和投石手的火力之下，不得不撤退。第九军团在马克·安
东尼的指挥下突然杀了个回马枪，将追击他们的敌军打得落花

流水，以此表明自己撤退不是因为被打败了，而是自己愿意撤退。庞培军队的防线竣工后全长 15 里，建有 24 座堡垒。恺撒军队在外面，因为他希望将敌军完全包围起来，所以他的防线最终长达约 17 里。[13]

恺撒军队缺少粮草，因为此刻仍然是冬季，尽管按照历法已经算是春季了。牲口还算不少，所以肉食供应一般没有问题，口粮中肉食的比例比平日要高。粮食毕竟难以获得，士兵们往往不得不吃大麦（通常是牲口饲料），而不是小麦。就连大麦有时也搞不到，他们就只能吃一种叫作"卡拉克斯"的植物的根，将其与牛奶掺和，烤制成一种面包。庞培看到这种面包后懊恼地说，他的这些敌人是野兽，不是人。恺撒军队有充足的水源，但他命令士兵们将经过他们战线并流向敌军阵地的小溪改道或者筑坝拦截。庞培军队的粮草很充足，因为他们可以持续地从海上获得给养，但开始缺水了。庞培命令士兵们挖井，但效果不好。在战线形成的狭窄空间内聚集了数量极多的人，除了士兵和仆役之外还有很多牲口。草料和饮水优先供给骑兵的马匹，所以搬运辎重的役畜开始大批死亡或被刻意杀死。狭窄的军营内还开始暴发疾病，可能是斑疹伤寒，但史料对病状的描述很含糊。双方都承受了很大苦痛，因为这实际上是一场规模极大的围城战。但既然已经投身于此，双方的指挥官都不肯让步，而敌人的苦难只会鼓励己方坚持下去。恺撒感到，他的士兵们和他一样自信。有时他们将卡拉克斯面包片扔到敌军战线，嘲讽敌人，展示自己的决心。时间一周周过去，田地里的庄稼开始成熟，估计会丰收，这对士兵们是新的鼓舞。据恺撒说，他的一些哨兵曾表示，他们宁愿吃树皮，也绝不让庞培逃跑。[14]

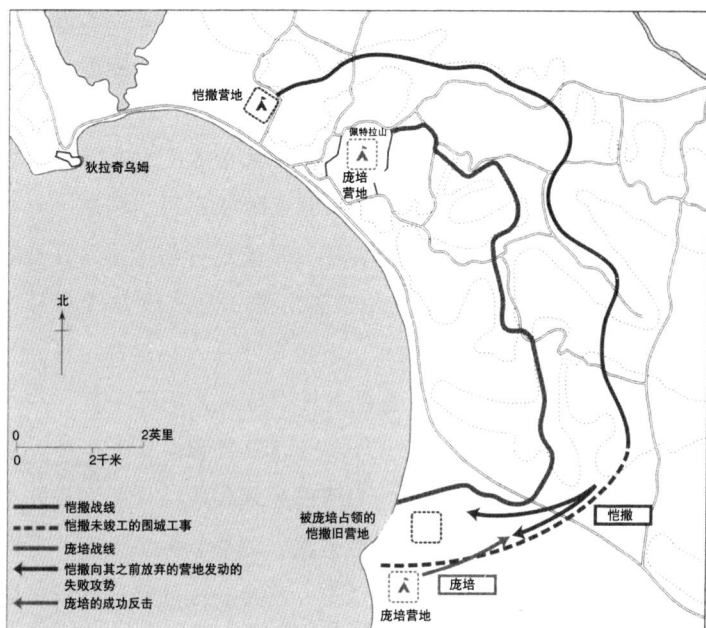

图 11　狄拉奇乌姆的战线

防御工事的修建仍在进行，恺撒希望对敌军形成合围，迫使庞培要么从海路逃跑，要么强行突围，要么看着自己的军队一天天衰弱下去。小规模战斗和袭击还在持续。庞培军队的弓箭手和投石手开始攻击恺撒战线上可以看得见的篝火或其附近。于是恺撒的士兵们坐在或卧在离篝火较远的地方，宁愿安全但寒冷，也不愿温暖却危险。后来，庞培向恺撒战线的一些地段发动了大规模进攻，试探其实力，寻找薄弱点。庞培军队进攻了一座关键的山头，普布利乌斯·科尔内利乌斯·苏拉（他是独裁官苏拉的侄子，独裁官的儿子福斯图斯·苏拉为庞培效力）率领2个军团赶到，支援受到威胁的堡垒，打退了敌人。庞培军队被击溃了，但苏拉没有即刻乘胜追击。恺撒对他的决定表示认可，认为一位军团长如此谨慎是正确的，重大的决定应当由总司令来做出。《战记》自豪地细数了恺撒麾下士兵的英勇事迹。在一个地段，第九军团的3个大队阻挡了敌军的一整个军团以及大批盟军的弓箭手和投石手。鏖战一天之后，守军几乎所有人都负了伤，不过显然还有很多士兵具有战斗力，并且愿意继续作战。大多数伤员都是被投射武器打伤的。据说，在击退敌军的最后一波进攻之后，在堡垒内捡到了3万支箭。有一个大队的6名百夫长中有4人面部中箭。一个叫作斯凯瓦的百夫长的盾牌被不少于120件投射武器击中。其他史料告诉我们，斯凯瓦的一只眼睛也被射中，大腿和肩膀也负了伤，但他仍然坚持战斗。有一次，他假装愿意投降，等敌人冲上前来的时候，斩杀一名敌军，将另一人的胳膊砍断。随后斯凯瓦和他的部下坚守阵地，岿然不动，以至于敌人不敢上前。斯凯瓦可能已为恺撒效力多年，或许恺撒在西班牙担任总督的时候以及在高卢的时候，斯凯瓦就在他麾下。恺撒慷慨大方地褒奖了整个大队，把他们的军饷翻了一倍，给许多人授勋，给他们发放新服装和额外口粮。口粮在有些时候对士兵们来说是最珍贵的奖励；不过我们永远都不要怀疑，对优秀士兵来说，自豪感也是极为重要的。斯凯瓦被晋升为首席百夫长，即罗马军团中的资深百夫长，并得到了20万塞斯特尔提乌斯的赏金。这不是他最后一次为恺撒效力。后来他可能成了一名骑士，有一段时间还指挥了一支辅助骑兵，该单位以他的名字命名，被称为"斯凯瓦部队"。[15]

敌人的进攻被打退了，但恺撒的兵力少于敌军，却要防守比敌军长的战线，是非常困难的。据《战记》记载，庞培军队在此役中损失了约 2000 人，包括一些百夫长，其中一人还是一位前任裁判官的儿子。而恺撒方面只有 20 人死亡，不过他也暗示说，负伤的人很多。斯凯瓦和他的很多士兵要过多久才能重返前线，是很值得商榷的。此次激战之后，庞培的士兵花了几天时间加固自己战线上的薄弱地点，将壁垒的高度提升到了 15 英尺。恺撒的对策是每天早上率军出战，将部队部署在敌人工事内投石机射程之外的地方。庞培感到如果不做出任何回应，他自己的威望会受损，部队的自信心也会受到打击。于是他也排兵布阵，但他的三列阵线的最后一线大队就在壁垒前方不远处。他认为最好的办法是用饥饿迫使敌军屈服，因此不愿意交战。如果真打起来，对恺撒更有利，因为恺撒的士兵久经沙场，而庞培的士兵经验不足；另外两军之间地形崎岖，庞培的骑兵优势也发挥不出来。恺撒拒绝发布进攻的命令。庞培军队在山坡的高处，居高临下，而且还可以在他们背后的壁垒上用投射武器支援前方。恺撒对这种形势感到满意，因为他知道他的士兵们会觉得庞培军队怯战，不敢出来正面交锋。恺撒目前已经不指望与庞培进行成功的和谈，但他做了一番间接努力，派人给梅特卢斯·西庇阿送信。梅特卢斯·西庇阿刚率领从叙利亚来的军队抵达马其顿。与此同时，为了给庞培施加更大压力，恺撒的士兵们扩建了自己的战线，以封堵通往狄拉奇乌姆的两条道路。庞培从海上运送了一支骑兵部队到狄拉奇乌姆附近。大约在同一时期，他可能还曾尝试以夜间奇袭攻克城市，或许是恺撒那边有叛徒表示愿意为他打开城门。此次攻城尝试失败了，但恺撒扩建的战线使庞培的骑兵更难找到草料，于是几天之后他们被船运回庞培的主阵地。到这时，马的主要饲料是树叶和芦苇，因为没有办法从克基拉或更远的地方运来正规的饲料。[16]

庞培认识到自己部队受到的折磨和敌军一样厉害，甚至比敌军更惨，于是决定重新夺回主动权。两位高卢贵族路基鲁斯和艾古斯从恺撒阵营叛逃，给了庞培一个机会。这兄弟俩是外高卢阿洛布罗基部落一位主要酋长的儿子，在恺撒麾下效力多年，指挥一队部落骑兵，战绩不错。恺撒按照自己的一贯做法，慷慨地奖赏他们的忠诚，授予他们元老地位。这很可能指的是在他们自己部落内的元老，但也有人根据更合理的史料解读方法，认为恺撒让他们当上了罗马的元老。这兄弟俩很可能已经有了罗马公民身份。但在最近一段时间，兄弟俩开始贪污他们麾下士兵的军饷，还故意夸大自己队伍的人数，以便冒领军饷和粮食。最后，他们自己的士兵跑去向恺撒告状。恺撒暂时没有做正式的处理，但私下里和他们谈了话，命令他们停止这种贪赃枉法的行为。兄弟俩意识到自己已经不受欢迎了，害怕将来受到惩罚，于是开始密谋逃跑。他们借了很多钱（据传闻，他们想要补偿自己的部下），开始收购马匹。他们还想谋杀恺撒骑兵部队的总指挥官，但觉得不切实际，于是路基鲁斯和艾古斯干脆变节投敌。他们私人所属的武士们也跟他们一同离去了，因为他们向酋长发过誓，必须始终追随自己的酋长。庞培很高兴，因为内战打到现在，还不曾有人从恺撒军中反水。他将两个高卢贵族在自己的整条战线上展示，让士兵们都看到他们，以此表明敌军肯定正在衰落，因为两位重要人物都选择背弃他们。更重要的是，两兄弟之前在恺撒军中占据高位，因此对恺撒的战线及其军队的日常工作非常熟悉。[17]

得到这些情报之后，庞培开始准备一次新的大规模进攻，打算一举突破恺撒的战线，结束封锁。白天，他的士兵们为自己的头盔制作柳条罩。柳条罩既能避免青铜头盔闪光，防止在光照下暴露士兵的位置，也能增强防护力，吸收投射武器的部分冲击力。这特别有助于抵御投石器发射或人手投掷的石块，因为石块即便不穿透头盔，也能造成脑震荡。攻击目标是恺撒战线的最南端，也就是最靠近大海的地方。恺撒也知道这一地段比较薄弱，已经命令在第一道战线后方修建第二道战线，并将两道战线连接起来，但工事还没有完成。庞培军队用船将弓箭手、轻步兵以及填充敌人壕沟和爬墙的装备运到了指定地点。午夜时分，庞培亲自率领 60 个大队的主力部队出发了。攻势于破晓前不久开始，防守这一地段的第九军团遭到了沉重打击。庞培军队头盔上的柳条罩被证明是抵御石块攻击的极佳保护装备，而此地未完成的防御工事使庞培军队迅速从侧翼包抄守军、渗入战线。恺撒的 2 个大队被打退了，而被派来支援的其他单位也无法阻止己方的溃散，很快也逃跑了。该军团第一大队的所有百夫长，除一人外，全部阵亡。旗手将鹰旗抛过最近一座堡垒的护墙，保住了鹰旗。直到马克·安东尼从战线远处调来了 12 个大队，才稳定了局势。信号（事先安排好烟雾信号，以便在战线的不同堡垒之间通信）唤来了更多的预备队，恺撒本人也亲自赶到。堡垒守住了，但庞培军队控制了最靠近大海的阵地，开始在那里建造营地。他们在恺撒战线上打出了一个缺口，现在可以更自由地在广阔的地区搜粮了。[18]

　　恺撒建造了一个新营地，集中了强大兵力来对付庞培军队新建的营地。在这个地区，据庞培的主营地约半里的地方还有一座堡垒。它原先是第九军团建造的，但在该地段的防御工事布局发生改变之后，就被放弃了。后来，敌军占据了这个堡垒，并对其加以改良，但几天后敌军也放弃了这个堡垒。现在，恺撒的侦察兵报告称，庞培那边大致相当于 1 个军团的兵力正赶往该阵地。后来的侦察证实，这座旧堡垒内如今驻扎着 1 个军团。恺撒感到敌人考虑不周，让这个军团孤立暴露。这是一个很好的机会，可以赢得一场局部胜利，有助于抵消敌军最近的胜利。他留下 2 个大队守卫自己的阵线，然后率领剩余可以即刻动用的部队（约 33 个大队，不过其中包括损失了许多百夫长的第九军团）立刻迂回赶往那个孤立的堡垒。对敌人的欺骗很成功，一直到恺撒的士兵发动进攻，庞培才发现了这个威胁。一番激战后，恺撒军队猛攻进去，砍倒了堵住大门的木栅栏。但是，战局从此刻起却开始恶化。尽管恺撒的士兵攻入了堡垒的外墙，但里面还有一层防卫圈，守军仍在顽抗。与此同时，恺撒的右翼由于对这一段战线不熟悉，迷失了方向，沿着一堵墙越走越远，误以为这就是堡垒的外墙。这些部队虽然大感困惑（为什么找不到堡垒大门？），但仍然继续前进，恺撒的骑兵也跟着他们前进。此时庞培已经做出了反应，命令修建新营地的 5 个军团立刻发动一次反击，他们的到来鼓舞了被困在堡垒内的幸存守军。一大群庞培骑兵也冲向恺撒的右翼，而恺撒的骑兵害怕返回己方阵线的撤退路线被切断，开始惊慌失措。局势非常混乱，恐慌情绪像传染病一样蔓延。恺撒的右翼最先崩溃，当士兵们看到这景象时，其余的进攻部队也开始逃窜。部队作鸟兽散，每个人都拼命逃窜，一些士兵被困在营地周围的壕沟内。正如《战记》所载："到处混乱不堪、惊恐万状、四处奔逃，以至于当恺撒拉住逃跑士兵手中的军旗，命令他们停下时，有些人竟然催动战马，从他身边冲了过去。士兵们

没有停下，而是继续逃命。其他人在胆战心惊中竟然丢弃了
军旗，没有一个人停住脚步。"这一次，恺撒没有办法像在桑
布尔河和其他许多地方那样控制战线。其他史料的描述甚至
更加负面，说有一名逃跑的士兵甚至想用军旗旗杆一端的尖
钉去刺恺撒。幸亏一名卫兵眼疾手快，砍断了那人的胳膊，
才救下恺撒。[19]

　　恺撒的此次进攻一败涂地，伤亡惨重，损失了 960 名士
兵、32 名军事保民官和百夫长以及其他一些高级军官。庞培
军队缴获了 32 面军旗，作为胜利的标志，还抓了一些俘虏。
但是庞培仅仅满足于击退恺撒的进攻，而没有一鼓作气去攻打
恺撒的战线。人们普遍认为这是一个错误，因为此时他的士兵
欢欣鼓舞，而恺撒军队士气低落。恺撒本人宣称，敌人"若
是由一位有本领的将军指挥，今天就能得胜"。事后，拉比埃
努斯要求将被俘的恺撒士兵交给他。他讥讽地称他们为"战
友"，在恺撒军队的视线之内将他们全部处死。第二天，恺撒
检阅了部队，向其发表讲话，就像戈高维亚战役失利之后那
样。他提醒大家不要忘记，在戈高维亚挫败之后，迎来了怎样
光荣的胜利。他鼓舞将士们，说他们已经取得了了不起的成
就，将兵力超过自己的敌人围困如此之久；鼓励他们下一次奋
勇作战，以弥补前一天的失败。他的批评很温和，也没有做任
何严厉的惩罚，只是降了一些旗手的职。士兵们斗志昂扬，一
些军官甚至敦促他冒险再次与敌交锋。恺撒对于部队是否已经
从失败中恢复元气不是很有信心，而且他可能也意识到，庞培
没有理由接受他的挑战。现在看来很明显，合围庞培军队的尝
试已经失败。敌军已经占领了他的包围圈一端，而他没有足够
的资源去建造一条新的、更长的战线，再一次将敌军包围起

来。庞培军队现在不仅可以从海上获取补给，还能在当地搜
粮。恺撒知道自己的目标已经无法达成，但就像他向士兵们讲
的那样，他仍然决心要取得最终的胜利。他决定撤退，离开海
岸，因为敌军在那里可以轻松地获得补给。夜间，他派遣 1 个
军团护送辎重和大批伤员前往阿波罗尼亚。黎明前一两个小时
的时候，他率领其他部队出发了，只留下 2 个军团担任后卫，
留在阵地上。后卫部队照常吹响唤醒士兵的起床号。庞培军队
上了当，恺撒的后卫军队得以安全撤离，与主力会合。庞培派
遣骑兵追击，但这些骑兵被恺撒的骑兵（数量少于庞培骑兵）
和 400 名以作战队形行进的军团士兵打退了。几次小规模冲突
之后，两军脱离，因为庞培没有选择立刻追击恺撒。[20]

法萨卢斯，前 48 年 8 月 9 日

恺撒军队撤退的时候，进入了此前两军的搜粮部队都不曾
涉足的地区。此时已是夏季，新的庄稼已经成熟，饥肠辘辘的
士兵们可以收割庄稼了。一些之前被分散出去的部队也和恺撒
会合了，于是他的兵力得到了一些补充。但是，随着他在狄拉
奇乌姆战败的消息传开，一些社区觉得帮助这样一位很可能输
掉战争的领袖是个错误。在戈姆菲，该城的行政长官紧闭城
门，不准恺撒军队进入。恺撒不肯纵容这种挑战。他的军队猛
攻入城，将其洗劫一空，酩酊大醉的士兵们恣意杀戮、强奸和
掳掠。该城的行政长官自杀了。据一些史料记载，第二天，恺
撒军队离去时，更像是醉醺醺的狂欢，而不是纪律严明的行
军。有意思的是，史料还称，这场放纵让许多在狄拉奇乌姆城
外忍饥挨饿、在战线上干苦工的士兵的健康状况大为好转。这
是内战爆发以来恺撒第一次允许士兵蹂躏被占领城市的平民，

这显然是刻意要显示自己无情的一面。该地区的其他城镇害怕遭到与戈姆菲同样的命运，纷纷欢迎恺撒的军队。[21]

狄拉奇乌姆战役对庞培军队来说无疑是一场大胜，欢欣鼓舞的情绪笼罩整个军营，因为这是自内战开始以来恺撒第一次吃败仗。庞培的高级军官们最为踌躇满志，他们现在觉得只需要采取果断的行动，就能结束战争。阿弗拉尼乌斯敦促庞培利用他的海军将部队运回意大利，收复罗马城，打破恺撒代表真正元老院的假象。其他人，尤其是像多米提乌斯·阿赫诺巴尔布斯那样的人，坚持认为恺撒现在已经任凭他们发落，因此应当尽快与恺撒交战，将其彻底打垮。庞培仍然很谨慎，而且对恺撒老兵们的战斗力依然充满敬重。他一直打算在某个时间重返意大利，但是恺撒现在仍然自由活动。如果此时返回意大利，他担心会有人说他是被迫又一次从海路撤退。更重要的是，如果他返回意大利，就会让他的岳父西庇阿（他率领的来自叙利亚的部队尚未与庞培主力会合）孤立无援，被兵力超过西庇阿的恺撒吃掉。庞培更愿意留在希腊，但仍然相信目前正面对垒是不明智的，也是没有必要的。更好的办法是追踪敌军，切断补给，将其拖垮。

他的那些比较显赫的盟友们很不喜欢他的主张。阿赫诺巴尔布斯开始把庞培称为阿伽门农（率领希腊人攻打特洛伊十年之久的迈锡尼国王）或"众王之王"，指控他为了维持自己的崇高地位而故意拖延战事。就连非常爱戴庞培的西塞罗都公开宣称，内战其实就是庞培和恺撒争夺最高权力，所以其他人就更加猜疑庞培的动机了。现在万众期待的胜利就在眼前，很多人开始考虑为自己保留一份丰厚的战利品。有些人派人去罗马，为他们购买靠近广场的宏伟宅邸，尤其是属于恺撒党人的宅邸。多米提乌斯·阿赫诺巴尔布斯、梅特卢斯·西庇阿和兰图鲁斯·斯宾特尔已经为应当由谁接替恺撒担任祭司长而争吵不休。庞培派的许多领导人曾从几十年前苏拉的胜利中获利，现在则希望摆脱债务，跻身于政坛最前沿。西塞罗觉得军营中的气氛令人生厌，后来曾对加图及其同伙自称的"好人"做了一个黑色幽默的双关语——"这些人除了有一个好的事业之外，没有任何好的地方"。他的这个批判显然不包括加图。此时加图也不在军中，而是被留在狄拉奇乌姆，指挥那里的驻军。有恶毒的流言称，庞培之所以给加图这个任务，就是为了防止在打败恺撒之后，加图对时事产生任何影响。庞培派的各个领导人之间有许多纠纷和内讧，他们都对庞培满腹猜疑。阿弗拉尼乌斯被指控在西班牙战役期间背叛了军队。还有人为了下一年谁有权参加竞选而争吵。多米提乌斯·阿赫诺巴尔布斯更关心的是，不仅要惩罚恺撒的支持者，还要惩治那些在意大利保持中立的人。恺撒在指挥作战时拥有毋庸置疑的绝对权威，庞培却处处受到掣肘和拖累。

在狄拉奇乌姆战役之后的日子里，庞培阵营高级军官的气氛混杂着自负与骄傲、贪婪和野心、嫉妒和猜忌。庞培受到越来越大的压力，逼迫他去与敌军决战。他在面对其他人的敌意时，始终不能很好地自持，而且就像战争的每一位参与者一样，他也关心自己在战后的地位。自他第三次担任执政官以来，他和元老院的既得利益贵族集团越走越近，现在更不能疏远他们。狄拉奇乌姆战役之后，庞培变得优柔寡断，更容易受到其他人的影响。西塞罗说，狄拉奇乌姆胜利之后，庞培开始过于信任自己的军队，"不再是一位统帅了"。[22]

庞培等到西庇阿前来与他会师，然后进军色萨利，与敌人交战。此时是 8 月初，在几天中，两军在近距离按照当时常规的作战方式不断机动转移。与撤退开始时相比，恺撒觉得自己的士兵在健康状况和士气上都有很大改善。于是，他排兵布阵，准备正面交锋。庞培拒绝出战，这说明他受到的压力并没有大到非战不可的地步。他仍然具有一位统帅的本能，等待更有利的时机、在更有利的地形交战。两军的骑兵发生了一些小规模交锋，恺撒的骑兵虽少，但在一些精锐步兵的近距离支持下，能够抵挡敌人的优势骑兵。庞培军队驻扎在一座山上，他将部队部署在山前的坡上，诱导恺撒在不利的地形条件下进攻。补给状况已有很大改观，但即便如此，恺撒仍然不愿意让军队在一个地方停留过久，除非有很好的理由。僵持了几天之后，在 8 月 9 日早上，他鸣金收兵，率军撤退，希望另择良机交战。他正在撤退的时候，吃惊地发现，庞培军队从山坡上走下，来到了开阔平原上。恺撒的部分士兵已经组成了行军队形。这时恺撒命令部队停下，宣布："我们必须推迟行军，开始考虑作战，就像我们一直渴望的那样；大家做好战斗准备；这样的机会很难再来了。"士兵们放下背包，身披甲胄，只携带兵器前进。整个战争中最宏大的一场战役即将拉开大幕，双方都由当时最优秀的军事家指挥。史料不能免俗地记载了这次命运大逆转之前出现的重要征兆。阿庇安告诉我们，在决战前夜，恺撒向战神玛尔斯和他的祖先维纳斯献祭，发誓若是自己得胜，将在罗马城为女神维纳斯建造一座新神庙。而恺撒自己的记述像以往一样，没有讲到这种事情，只涉及更务实的事情。不过史料中的细节不足，我们无法百分百地确定战场的具体地点。[23]

　　法萨卢斯平原宽广而开阔，一边是埃尼培乌斯河。庞培军队的右翼就在河边。这一翼有 600 名骑兵，可能还有一些轻步兵和盟军部队。中路是主力部队，共 11 个军团，按照常规的三列阵线布阵。最精锐的军团被分配在两翼和中路。第一军团和第三军团，也就是曾经为恺撒效力的两个军团，如今在左翼。每个大队的纵深都有十排，这个深度比一般情况要大得多。大纵深的队形使得前排的人更难逃跑，因此有助于减轻缺乏经验的士兵的战斗压力。这种阵型的主要缺点是，真正能够作战的人较少，后排的人连有效投掷标枪都很困难。据《战记》记载，庞培共有 110 个大队，总兵力约 4.5 万人，但其他史料记载的数字比这少几千。右翼的指挥官是阿弗拉尼乌斯（据阿庇安的说法，是兰图鲁斯），梅特卢斯·西庇阿指挥中路，多米提乌斯·阿赫诺巴尔布斯指挥左翼。军团士兵们奉命在原地等待，而不是前进迎击敌军，因为他们在战斗中的任务主要是牵制和缠住敌军的步兵。庞培希望凭借自己的骑兵取胜。他在左翼集中了约 6400 名骑兵，由拉比埃努斯直接指挥。骑兵得到了数千名轻步兵的支持，但庞培的想法是，他的骑兵能够压垮恺撒数量较少的骑兵，然后攻击恺撒的侧翼和后方。这是个简单的计划，但很合理，利用了己方骑兵的数量优势，尤其是骑兵在开阔平原上驰骋的极大优势。计划的主要缺陷是，庞培没有考虑如果骑兵冲锋失败，下面该怎么办。庞培自信必胜无疑，他的军团能够在足够长的时间内抵抗恺撒的士兵，好让骑兵席卷敌阵。庞培鼓舞将士之后，拉比埃努斯向士兵们做了演讲，向他们保证恺撒军中基本上已经没有高卢战争的坚韧老兵了。[24]

恺撒排兵布阵，其左翼在河边。他有 80 个大队，但单位兵力比庞培少得多，一共不超过 2.2 万人。两军都在各自营地留下了一些部队守卫，恺撒留下了7个大队。恺撒的军团像敌人一样排成三列，但纵深肯定比敌人小，可能是四排、五排或六排。像庞培军队一样，恺撒军队的两翼也都是最精锐的部队。第十军团在右端，即最荣耀的位置，而左翼是第九军团（在狄拉奇乌姆伤亡特别重）和第八军团的混编队伍。马克·安东尼负责指挥左翼。格奈乌斯·多米提乌斯·卡尔维努斯统领中路，普布利乌斯·苏拉指挥右翼。普布利乌斯·苏拉的指挥权是名义上的，因为恺撒本人在第十军团；在整个战役中恺撒一直待在那里，他正确地判断出，关键性的战术机动将在那里发生。他只有1000名骑兵，似乎将骑兵全都部署在第十军团旁边，以对抗敌军聚集在那一地段的大量骑兵。庞培的计划是一目了然的，因为他这么强大的骑兵部队肯定不是用来防御的。为了对付敌军骑兵，恺撒从第三列部队抽调了6个大队，将其部署在自己的右翼后方，组成第四道战线，长度比较短，与第三道战线呈斜角。这第四道战线被前面的士兵挡着，而且平原上如此之多的人员和马匹运动肯定要掀起烟尘，所以敌人没有发现恺撒的这个部署。[25]

　　两军进入阵地肯定需要好几个小时，前线之间的距离可能不到1里。战斗中总是很混乱，内战中尤其如此，为了降低误判敌友的概率，双方都发布了口令暗号。恺撒的口号是他的神圣祖先的名字，并与军事胜利相联系——"赋予胜利的维纳斯"。庞培军队的口号是"不可战胜的赫拉克勒斯"。后世的史料讲，双方在即将屠戮同胞之前有过片刻的犹豫，但这极可能只是浪漫的虚构。两军似乎都志在必得。恺撒骑马查看战线，与士兵们交谈，并检查各单位是否在指定位置上，士兵们的昂扬斗志对他鼓舞很大。据恺撒自己的说法，他又一次向士

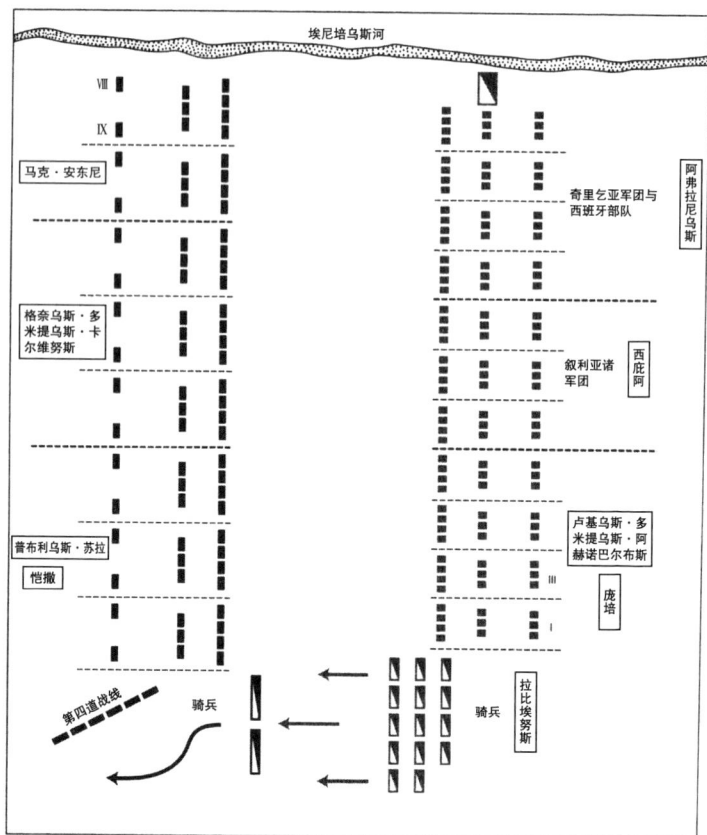

图12 法萨卢斯战役（1）

兵们讲述了他遭受的冤屈，以及他为了达成和解而做的努力。他检阅了全线，最后在第十军团那里发出前进的命令。喇叭吹响时，他身边站着克拉斯提努斯——第十军团一位已经退役的首席百夫长。克拉斯提努斯喊道："弟兄们，跟我上，好好地为你们的将军效力！只剩这最后一战了；打完之后，他会重新获得尊严，我们会得到自由！"然后他转向恺撒，说道："今

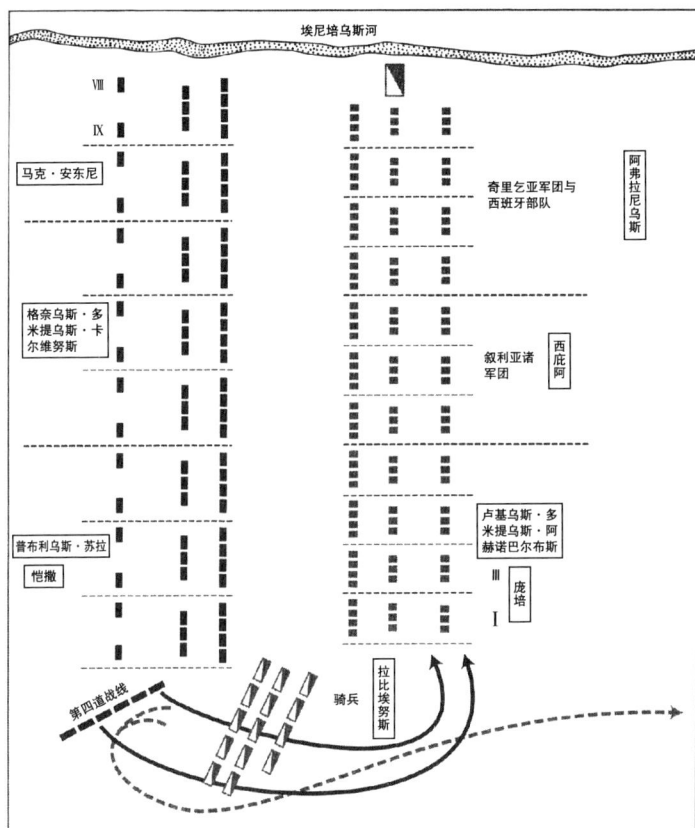

图 12 法萨卢斯战役（2）

天，将军，不管我是死是活，都会赢得你的感激！"说完这
话，他从右翼冲杀出去，约 120 名精兵（来自同一个百人队，
全都是志愿者）跟了上去。[26]

恺撒的步兵秩序井然地向前推进，以稳健的步伐行进，保
持队形。接近敌人后，最前方的各大队冲了上去，准备进入有
效射程（约 15 码）后投掷标枪。一般的规矩是除了百夫长和

其他军官们发出命令和鼓舞士兵之外，所有人都保持沉默，一直到投出沉重的标枪、奔向敌人时才发出呐喊。这一次，庞培军队一动不动，没有上来迎战。恺撒的百夫长们之前以为敌军也会冲上来，据此判断投掷标枪的时机。现在他们意识到敌人没有冲上来，因此他们可能会将标枪投掷得太早，以至于抵达敌阵时乱了己方的队形。恺撒的老兵们表现出了令人生畏的高度纪律性，停下脚步，冷静地重新调整队形，然后又一次秩序井然地推进。然后，在正确的时机，他们第二次加速前进，投出标枪，呐喊起来，手执利剑冲向庞培军队。恺撒认为庞培让自己的部队原地不动是个错误，因为那样的话士兵们就没有了冲锋的激情。但是，庞培军队毕竟人多势众，而且纵深特别大，所以抵挡住了冲锋。全线爆发了激战。

庞培并不需要自己的军团士兵打败敌人，只需要牵制住敌人即可，好让骑兵有战胜敌人的时间。战斗打响之后，拉比埃努斯率军冲向数量处于劣势的恺撒骑兵。恺撒骑兵败退了，可能是故意后撤，诱敌深入。拉比埃努斯在很小的地域聚集了6000 名骑兵。他们是许多种族的混合集团，缺乏经验，其指挥官是热情澎湃但欠缺经验的青年贵族。庞培的骑兵此前还没有许多大规模行动的机会。他们的马匹在狄拉奇乌姆也吃了不少苦头，现在肯定状态不佳，这也许能够解释为什么骑兵冲锋的速度并不快。这么多的骑兵原本应当分成好几列，并注意保留预备队，以便扩大战果或者提供支援。但是，庞培骑兵前进并打退恺撒骑兵的时候，秩序荡然无存，骑兵及其坐骑都因为己方势力强大而洋洋自得。拉比埃努斯和他的军官们失去了对部队的控制，他们的骑兵不再是一支有秩序的队伍，变得乱七八糟。这时，恺撒命令他的第四道战线上的 6 个大队出击。军团士兵们冲上前去，以历史上罕见的方式，用步兵攻击骑兵。他们紧握标枪，把它们当作长矛来使用。拉比埃努斯的部队丧失了秩序和冲击力。他们可能停了下来，因为他在尝试恢复对部队的控制，以便攻击恺撒步兵的侧翼。不管出于什么原因，结果是骑兵部队溃散了，一大群人马乱哄哄地跑到后方，此后就没有在战役中发挥作用。负责支持他们的轻步兵要么逃窜，要么被砍倒。

恺撒严密控制着自己的第四道战线。他们没有追得太远，而是调转过来，攻击庞培步兵的左翼。在战线的其余地段，恺撒的前两道战线已经陷入鏖战，这两道战线一般是要紧密配合的。他们已经取得了一些进展，而当敌军战线偏转后，又取得了更多进展。现在恺撒下令投入最后的预备队，即第三道战线的生力部队，指示他们奔向前线。庞培军队步步败退，然后他们的战线瓦解，开始溃散。恺撒手中还掌握着一些部队，并带领他们猛攻敌营。他和他的军官们指示部下尽可能饶恕同胞的性命，但据说也命令士兵屠杀敌军的辅助部队，以明确表示他们的宽宏仁慈是对同胞的特别礼遇。据恺撒说，他歼敌 1.5 万人，俘虏 2.4 万人，缴获了 9 个军团的鹰旗和 180 面其他旗帜。阿西尼乌斯·波利奥给出的庞培军队死亡数字是 6000 人，这可能更准确。多米提乌斯·阿赫诺巴尔布斯阵亡，但庞培军队的大多数领导人都逃跑了。塞维利娅的儿子布鲁图斯也被俘了，据说恺撒曾派人去寻找他，发现他还活着，大喜过望。他自己这边的损失相对于如此大规模的胜利来说是很轻微的，有200 名士兵和 30 名百夫长阵亡。百夫长的伤亡比例非常高，因为他们必须身先士卒、冲杀在前。克拉斯提努斯也牺牲了，敌人的剑插入他的口腔，从脖子后面戳了出来，但他已经取得了英雄战绩。据阿庇安记载，恺撒厚葬了克拉斯提努斯，甚至为他追授勋奖，这是非常稀罕的事情，因为罗马人一般不会为死者追授荣誉。恺撒告诉我们，他和他的部下都对敌营的奢华和傲慢感到憎恶，敌营的帐篷和住地已经装饰好了胜利的标志。据阿西尼乌斯·波利奥记载，恺撒眺望遍地敌人死尸的平原时说："是他们想要这样的；即便在我的所有伟大功业之后，我，盖乌斯·恺撒，如果不是得到了我的军队的支持，也会灭亡。"【27】

即便考虑到史料的不客观记载，庞培在法萨卢斯的表现也很差劲，在战斗打响后对战局没有产生多少影响。在骑兵冲锋失败不久之后，他就返回了营地。过了一会儿，看到全线崩溃的迹象，他便脱去将军的服饰，逃跑了。如果他留在军中，可能也无力回天，但抛下部队逃跑对一位罗马将军来说是非常可耻的行为，因为罗马将军永远不应当认输。即便战况不利，罗马将军也应当努力挽救尽可能多的部队，以尽可能好的秩序撤退。胜败乃兵家常事，但将军的任务是确保整个战争的最终胜利。在法萨卢斯，庞培陷入了绝望，或许是因为在整个战争的大部分时间里，他都希望避免这样的正面交锋。此后他没有真正努力在希腊重建一支军队，而是带着谋士们逃往海外。有传闻说，他甚至考虑过逃到帕提亚人那里并寻求他们的帮助，但最终他选择逃往埃及。此时，托勒密十二世国王的儿女们正在争夺王位。在前不久的军事行动中，埃及曾为庞培提供军事援助，而且埃及很富庶，所以似乎是个东山再起的好地方。庞培带着妻子科尔内利娅、一些军官和侍从，乘船来到亚历山大港。年轻的国王（或者说是他的谋臣们，因为国王只有十多岁）表面上发去了欢迎庞培的信息。庞培登上了一艘从岸边

驶来的小船。船上有几名埃及人，但也有两名多年前曾在庞培
麾下效力的罗马军官，他们后来加入加比尼乌斯军中，托勒密
十二世复辟后留在埃及。庞培的妻子和朋友们从大船的甲板上
眼睁睁地看到，这些军官将庞培刺死。伟大的庞培，一位曾经
享有三次凯旋式、三度担任执政官的英雄豪杰，就这样死去
了。他遇害时离五十九岁生日还有一天。他的首级被砍下，保
存起来，等待将来呈送给恺撒，以赢得胜利者的好感，但尸体
的其余部分被丢弃在海滩上，直到他的一名释奴将其掩埋。[28]

二十　克利奥帕特拉七世、埃及与东方，前48年秋~前47年夏

> 恺撒也曾和女王们享受鱼水之欢……其中最有名的是克利奥帕特拉七世，他常和她彻夜宴饮到黎明，若不是他的军队拒绝跟随，他还会乘坐她的王室画舫，穿过埃及全境，一直航行到埃塞俄比亚。
>
> ——苏埃托尼乌斯，1世纪末/2世纪初[1]

> 克利奥帕特拉七世……美艳惊人，当时正值青春年少，最为娇艳欲滴；她的嗓音魅力十足，懂得如何讨所有人的喜欢。她容貌秀美，嗓音宜人，有本事让任何人拜倒在她的裙下，哪怕是一个上了年纪、对爱情腻烦的男人。她觉得自己应当去会一会恺撒，她将夺得王位的希望寄托在自己的美貌上。
>
> ——狄奥，3世纪初[2]

法萨卢斯大捷之后，恺撒以他一贯的迅捷和充沛精力乘胜追击，在庞培遇害仅三天后便抵达了亚历山大港。他必须阻止敌人重整旗鼓，这样才能彻底赢得战争。尽管庞培已经落败，但他本领高强、威望极高，而且拥有数不胜数的门客，因此仍然是最危险的敌人。恺撒集中力量去猎杀他的前女婿。他轻装急进，只带了少量部队。有一次，他在海上遇见了数量远胜于他的敌军战舰，但他凭借着无比的自信，直接要求对方投降，

而对方竟也立即投降了。恺撒在亚细亚海岸停留了几天，平定该行省，安排各社区（尤其是那些曾经大力支持庞培军队的社区）为他提供资金和粮草，以便支持他规模越来越庞大的军队。此时，他得知庞培正在逃往埃及，于是恺撒立刻继续追击，带着约 4000 名士兵于 10 月初赶到了亚历山大港。随后他得知了庞培的死讯；不久之后，庞培的图章戒指和首级就被小国王的使臣送来了。恺撒看到了图章戒指，放声大哭，不愿再去看首级。他的愤怒和悲痛完全可能是真诚的，因为他从一开始就以宽大仁慈而自豪。但庞培会不会接受恺撒的宽容就是另外一回事了，毕竟庞培在这年早些时候曾宣称，他不愿意靠着"恺撒的慷慨"生存。玩世不恭的观察者也许会说，恺撒可以将杀害共和国历史上最伟大英雄之一的罪责推到外国刺客身上。在过去，庞培和恺撒之间除了政治盟友的关系之外，的确有过真挚的友情。即便他们成了竞争对手，恺撒也极不可能想要杀掉庞培。他的目标是让包括庞培在内的所有人都承认，他的成就与功业可以和庞培平分秋色，甚至将来会比庞培更强。庞培死掉并不能让恺撒满意。[3]

但不管怎么说，埃及人杀死了庞培，说明他们希望取悦恺撒。于是恺撒决定率军登陆。他身边带着第六军团（由于连续作战，现在兵力不足 1000 人）以及庞培的一支老部队（现在被编为第二十七军团），共约 2200 人。除此之外，他还有约 800 名辅助骑兵，其中至少有一部分是高卢人，剩余的是日耳曼人。这支骑兵很可能就是在最近的历次战役中负责保护恺撒的卫队。这不是一支特别强大的部队，但恺撒不认为会遇到顽强的抵抗。他登陆之后，占据了王宫区的一座宫殿，安顿下来。作为执政官，他有 20 名肩扛法西斯束棒（象征他作为一位罗马行政长官的治权）的执法吏为他开道。这景象令城内的皇家军队和许多亚历山大港居民产生了敌意。罗马人遭到嘲讽辱骂，随后几天内，一些在大街小巷落单的罗马军团士兵遭到暴徒的攻击和杀害。恺撒误打误撞地卷入了埃及内战，很快将遭到围攻，为保卫自己的生存而殊死搏斗，与地中海其余地区完全断了联系。在描述随后发生的亚历山大港战争之前，有必要介绍一下托勒密王朝暮年的埃及。[4]

埃及的托勒密王朝及其女王

前 331 年，亚历山大大帝从波斯人手中夺取埃及，并于同年建立了亚历山大港，这是若干以他的名字命名的城市之一，但亚历山大港后来成为其中的佼佼者。他去世后，将军们互相争斗，将庞大帝国撕扯得四分五裂，纷纷裂土称王。其中最成功的将军之一是拉古斯之子托勒密，他后来被称为托勒密一世索特尔（意思是"救主"）。他将埃及的亚历山大港作为自己的都城，甚至将亚历山大的葬礼队伍转移到那里，让这位伟大的征服者在亚历山大港安息。托勒密建立的王朝延续了近三个世纪，控制着一个强大帝国，不仅包括埃及，还囊括昔兰尼加①、巴勒斯坦、塞浦路斯和小亚细亚的部分地区。它的版图不断发生变化，边缘领地有时因为叛乱而丢失，或者被其他重要的亚历山大继业者（马其顿的安提柯王朝和塞琉古帝国）重新占领。这三个竞争对手之间的力量平衡不断发生变化，但到前 48 年，另外两个国家已经灭亡了。马其顿于前 146 年成为罗马的一个行省，庞培于前 64 年废黜

---

① 今天的利比亚东部沿海地区。

了塞琉古末代君王，使叙利亚臣服于罗马的统治。马其顿人和塞琉古人选择抵抗罗马，但都失败了。而托勒密王朝甚至在罗马共和国向这一地区扩张之前就与其结盟。托勒密王朝生存了下来，但它从罗马的扩张中没有得到多少好处；而在前2世纪，罗马的征服就是托勒密王朝持续衰落的原因之一。同样重要的另一个原因是，王族内部几乎无休止地发生争权夺利的冲突。托勒密二世娶了自己的姐姐，开创了乱伦婚姻的传统。兄妹、姑侄、叔伯与侄女结婚，这种现象一直持续到王朝末日。这种乱伦婚姻（不过偶尔与外国公主，通常是塞琉古公主通婚）使贵族世家无法争夺王位。但这种做法的代价是王位继承模式非常含糊。围绕着王族的不同成员出现了不同派系，每个派系都渴望将自己的候选人推举为国王或女王，从而作为君主的谋臣获得影响力。内战时常爆发，后来罗马越来越频繁地扮演仲裁者的角色，罗马人的正式认可能够极大地帮助一位君主获得合法性。王国的独立性就这样逐渐遭到侵蚀。

　　埃及仍然非常富庶。部分原因在于商贸，因为亚历山大港是古典世界最大的港口之一，但更重要的是农业。尼罗河每年都会泛滥。在阿斯旺大坝建造之前，仍然如此。潮水退去后，农民可以在被河水浇灌得非常肥沃的土地上播种。每年河水泛滥的程度不同，就像《创世纪》里说的，可能有饥荒的年份，也可能有丰饶的年份，但一般来讲，庄稼收割之后都会有不少盈余。许多个世纪以前，尼罗河流域无可匹敌的肥沃曾使得古埃及文明繁荣昌盛，成就了恢宏的建筑。在更晚近的时期，这使埃及成为波斯人和后来马其顿人征服的目标。托勒密王朝的力量始终稳固地以埃及为基础。借助复杂的官僚机器（其很

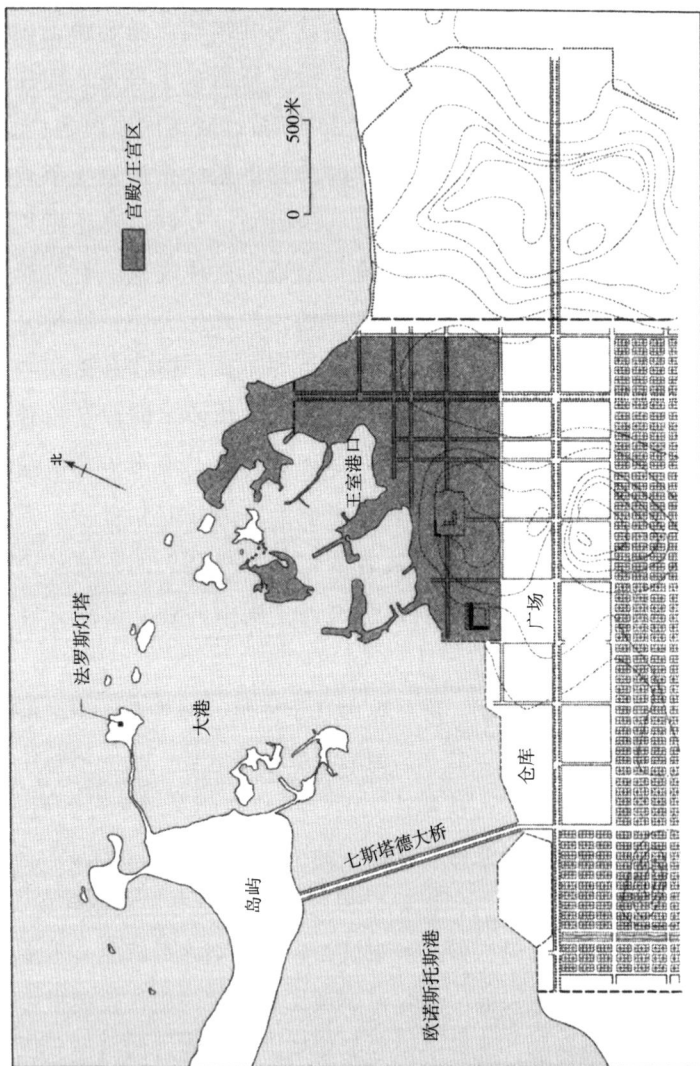

图 13　亚历山大港

大一部分是从之前的历史时期继承来的），王朝善加利用丰饶的土地。这个体系的一个重要组成部分是神庙，其中许多仍然保存着古埃及宗教的崇拜和仪式，很少受到外来希腊思想的影响。神庙是主要的大地主，但也是制造业和手工业的中心，拥有特权地位，免于缴纳大部分赋税。到埃及的罗马访客惊讶于该国的丰饶和富裕，也震惊于王族宫廷的阴谋诡计和穷奢极欲。到前1世纪，对一些野心勃勃的罗马人来说，埃及似乎让他们看到了暴富的希望。[5]

克利奥帕特拉七世父亲的政治生涯表明了埃及政治的不稳定，以及它对罗马越来越明目张胆的依赖。他就是托勒密十二世，是托勒密九世的私生子，其母可能是托勒密九世的一位妾。前116年，托勒密九世被其母选为共治君主，于是登上王位。后来被推翻，王位被他的弟弟——极其肥胖的托勒密十世——篡夺。最后托勒密九世归来，借助武力驱逐了母亲和弟弟，一直执掌政权到他于前81年驾崩。继承托勒密九世的是他的侄子托勒密十一世①，他娶了继母，旋即将她杀害，随后自己也被刺杀。之后，苏拉认可托勒密十二世为埃及国王。他自称为"新狄俄倪索斯"，但常被不是很客气地称为"奥勒忒斯"（意思是"吹笛人"）②。有人说，更准确的翻译应当是"吹双簧管的人"，但"吹笛人"的说法更常用。前75年，争夺王位的不同派系都去罗马元老院游说，但最终没有取得任何成果就离去了。

但埃及的财富对野心勃勃的罗马人来说仍然是极大的诱

---

① 就是托勒密十世的儿子。
② 因为他喜好音乐。

惑。十年后，时任监察官的克拉苏希望吞并埃及，使之成为罗马的一个行省，可能以托勒密十世在遗嘱中将埃及赠予罗马为理由。这份遗嘱的一个抄本被送到了罗马。前文讲到，恺撒据说也曾有类似的计划。克拉苏和恺撒都没有成功，但在前59年，时任执政官的恺撒与庞培分享了托勒密十二世奉上的6000塔兰同巨额贿金。托勒密十二世许诺以这笔巨款换取"罗马人民的朋友与盟友"的身份。收取这笔钱很困难，可能促使埃及爆发了起义，导致托勒密十二世于次年逃离埃及。他去了罗马，希望赢得罗马人的支持以夺回政权。他这一次很可能带了他十一岁的女儿克利奥帕特拉七世。此事在罗马产生了激烈的争执，因为很多人都渴望在埃及打一场战役，以及从一位感恩戴德的国王那里得到奖赏。前57年，执政官普布利乌斯·兰图鲁斯·斯宾特尔（就是后来在科尔菲涅乌姆向恺撒投降的那个人）奉命帮助托勒密十二世复辟。但斯宾特尔的政敌成功地"发现"了一道神谕，声称不可以给斯宾特尔一支军队以完成此任务。最终在前55年，加比尼乌斯自作主张地完成此项大业，因为奥勒忒斯许诺给他1万塔兰同。然而奥勒忒斯根本拿不出这么多钱，加比尼乌斯回到罗马，遭到审判和定罪，后来在前49年加入了恺撒阵营，才开始走上坡路。[6]

托勒密十二世在前58年被驱逐之后，他的女儿贝勒尼基四世被立为统治者（起初与她的姐姐克利奥帕特拉六世共同执政），但在克利奥帕特拉六世死后，贝勒尼基四世嫁给了本都国王米特里达梯六世的儿子，这让罗马承受了很大压力，不得不加以干预。奥勒忒斯回国后下令将贝勒尼基四世处死，但他没有筹到足够的钱给加比尼乌斯和其他罗马债主。他非常不得民心，但埃及人民更仇恨支持奥勒忒斯的罗马人，而罗马人现在要寡廉鲜耻地剥削他们的国家。亚历山大港经常发生针对罗马人的暴乱和袭击。前51年，奥勒忒斯终于死了，将王位留给了他的第三个女儿——芳龄十七的克利奥帕特拉七世，以及他的长子——十岁的托勒密十三世。奥勒忒斯死前已经将自己遗嘱的一份抄本送到罗马保存，以明确表示他承认共和国的权力。姐弟俩很快按照惯例结婚了。克利奥帕特拉七世尽管年轻，显然已经有极强的个性，她在位初期的诏令中不提托勒密十三世的名字。男孩的年纪太小，还不能捍卫自己的权力，但他的大臣和谋士们，在宦官波提纽斯和军队统帅阿基拉斯的领导下，很快开始反对他的姐姐。亚历山大港处于动荡中已经有一段时间了。一连串的歉收（前48年，尼罗河水位处于历史记载的最低点）使广大群众愈发不满。前49年，庞培派他的儿子格奈乌斯去埃及，为他正在马其顿集结的军队争取支持。克利奥帕特拉七世欢迎了格奈乌斯（很久之后有传闻说，她与格奈乌斯有过风流韵事，不过这可能仅仅是传言或者宣传），并派遣加比尼乌斯留下的一队士兵以及50艘船去支援庞培。服从罗马人的做法是很理智的，毕竟罗马人非常强大，而且她父亲欠了庞培的债，但支持罗马人非常不得民心。摄政大臣们控制着军队的很大一部分，并且得到了亚历山大港居民的大力支持，于是将克利奥帕特拉七世逐出了埃及。女王躲在阿拉伯半岛和巴勒斯坦，得到了亚实基伦城的支持，这是《旧约》中提及的古老非利士城市之一，在最近几个世纪里一般处于托勒密王朝的统治之下。到前48年夏季，她已经集结了一支军队，要回来争夺王位。她的军队和忠于她弟弟的军队在尼罗河三角洲谨慎地互相追逐之时，庞培和恺撒先后来到了埃及。[7]

克利奥帕特拉七世是极少数至今仍然家喻户晓的古代人物之一，但必须强调的是，我们对她的早期生涯以及她与恺撒的关系其实了解不多。我们对她的晚期生活以及与马克·安东尼的关系了解得比较多，但这方面的绝大多数史料都是在她离世很久之后撰写的，而且受到奥古斯都宣传的影响，毕竟克利奥帕特拉七世和安东尼这对情人曾与奥古斯都对抗并且失败。不过，这位女王令一代代人为之心醉神迷，许多世纪以来常常成为艺术、文学、戏剧以及影视作品的主题，这些作品都对古代史料做了随心所欲的修饰。任何考量这一时期的人都很难摆脱这些关于克利奥帕特拉七世的大众艺术形象的影响，但我们应当从更可靠的资料开始。恺撒抵达埃及的时候，克利奥帕特拉七世将近二十一岁，在位已经差不多四年。她非常聪颖，而且受过极好的希腊传统教育。后来有人说，她撰写了一些涉及面极广的著作，从化妆品和发型发式到科学与哲学，不一而足。克利奥帕特拉七世也是一位有影响力的语言学家，据说与周边邻国领导人会谈时很少需要翻译。托勒密王朝是马其顿人的王朝，用武力强行统治着埃及；但他们过去发现，在土著臣民面前将自己打扮为古代法老的真正继承人，非常有利于统治。克利奥帕特拉七世不是第一位支持埃及传统宗教崇拜的君主，但她似乎的确对这些仪式的细节非常感兴趣。在她生涯的晚期，她没有像父亲那样以一位希腊神祇自命，而是自称为新伊西斯。伊西斯是一位埃及女神，不过她的崇拜仪式已经传播到了地中海世界的大部分地区。普鲁塔克告诉我们，她是托勒密王朝第一位能说埃及语言的君主。她的这些做法在政治上都很明智，因为她知道自己的统治受到挑战，所以需要尽可能多的支持者，而神庙在国家生活中不仅起到精神上的作用，也起到关键的经济作用。托勒密王朝的埃及内部分裂，面对着力量处于压倒性优势的罗马。这种局面是无法置之不理的，但也许能加以缓和。任何一位统治者都不可能高枕无忧，所以我们要在这样的背景下理解克利奥帕特拉七世的无情。到了这个阶段，托勒密王族的任何成员都不可能不冷酷无情。[8]

　　关于克利奥帕特拉七世经常引起争议的问题是她究竟长什么样子、她是否真的很美丽，我们永远都不大可能给出确凿的答案。在钱币上，她的肖像相当严峻，或许因为钱币肖像的目的是展现权力与权威的形象，而不是歌颂她的容貌。在有的钱币上，金属腐蚀后突出了她长长的弯钩鼻子和尖尖的下巴。在亚实基伦铸造的一些钱币上则是一位更显青春活力、五官略微柔和的女性。许多世纪以来，人们发现了许多被认为是克利奥帕特拉七世的半身雕像，但其中很少被普遍接受。用传统埃及风格描绘她的形象，比如神庙的浮雕，遵循的是一套完全不同的方法，但同样无助于展现克利奥帕特拉七世的真实容貌。钱币和半身雕像都将她描绘为头发在脑后束成一个发髻（学术界习惯称其为西瓜形，这个说法不是很好听），并戴着希腊化君主的冠冕。她的颧骨似乎的确很高，但她最引人注目的特征是鼻子。她的鼻梁很高，鼻子相当长，可能有一定的弧度，浪漫小说家无疑会称其为鹰钩鼻。狄奥告诉我们，她国色天香。普鲁塔克说，让观看者最为震撼的不是她的美丽，而是她的魅力、个性和音乐般悦耳的嗓音。常有人错误地将普鲁塔克的话理解为克利奥帕特拉七世不美。普鲁塔克并没有否认她的美艳，而是说她之所以给男人们留下深刻印象，除了美貌之外还有其他原因。俗话说，情人眼中出美女，不同时代的人对理想化的美有着非常不同的概念。我们很容易想到，有些著名的电影明星让观众神魂颠倒，显然有着巨大的魅力，但其实她们并不是非同寻常地漂亮。一个人的活泼和活力很难用雕塑来捕捉，这样的东西也几乎完全不可能表现在钱币上。

总而言之，我们有理由说克利奥帕特拉七世是一位非常有吸引力的女性，把她放到任何时代，应当都会被奉为美女。她不仅貌美，而且聪慧、成熟、机智、活泼，魅力无穷。再加上她的女王地位所带来的吸引力，以及她重要的政治地位，当时最伟大的两位罗马人为她倾倒也就不足为奇了。我们不知道她的发色和肤色。有些人认为她是黑皮肤的，但这没有一丝一毫的证据。托勒密王族是马其顿人，不过他们记录在案的家系中有一些希腊血统，并且由于和塞琉古王朝通婚，也有一点点波斯血统。我们不知道克利奥帕特拉七世祖母的身份。关于她的母亲是谁，也有一点疑问，不过大多数学者都认为她的母亲是奥勒忒斯同父同母的妹妹，所以她祖母的身份就更重要了。一般认为，她的祖母是一个小妾，所以可能不是马其顿人，也许是埃及人或者来自更远的地方。因此，不能排除这样的假说：克利奥帕特拉七世也许有一些非洲血统。不过没有实际的证据能够支持这种假说。同样，她也并非完全不可能是金发的，因为有些马其顿人的头发是金色的（不过这是一个非常主观的说法），但史料也同样不能对此给予支持。这种不确定性将会继续让不同的人想象出迥然不同的克利奥帕特拉七世。[9]

与罗马相比，亚历山大港是一座年轻的城市。它可能也比

罗马要小（有人估计亚历山大港的人口约 50 万），但仍然比
希腊 – 罗马世界的其他城市（叙利亚的安条克除外）大得多。
它肯定比罗马光辉灿烂得多，因为它是被有意识建造出来的，
所以遵循了希腊化建筑的传统风格，非常整齐。两条呈直角交
叉的主干道可能宽达 100 英尺。港口非常庞大，在港口边缘的
岛上屹立着巨大的法罗斯灯塔①，这是世界奇迹之一。王宫区
面向大海，包括数量众多的奢华宫殿，因为有一个传统，每一
位新的统治者都要建造自己的宫殿群。城市的王宫区如今已经
大部分被海水淹没，但近些年里，考古学家开始了发掘调研，
取得了不少成果。一个令人惊异的发现是，许多古埃及纪念碑
被搬运过来装点城市。托勒密王朝的君主们显然希望凸显他们
统治着具有悠久历史的国家。但是亚历山大港是由一位马其顿
国王建造的，最初大多数的殖民者是马其顿人或希腊人。自那
以后，当地人口混杂了许多民族，城内拥有犹太之外最大的犹
太人社区。这也是一座熙熙攘攘的繁荣港口，克利奥帕特拉七
世在世时，香料、象牙和其他来自印度的奢侈品的贸易似乎愈
发繁荣了。虽然各种民族的人们川流不息，但从文化上讲，亚
历山大港仍然明显是希腊的，而且成了希腊世界最伟大的学术
中心之一。它的图书馆规模宏大，不仅装满了书籍，还收藏了
各种珍奇物品和科学奇迹（有史料称，图书馆内有一个用蒸
汽机驱动的模型），而且托勒密王朝长久以来一直鼓励哲学家
到这座城市从事研究和讲学。[10]

---

①　即亚历山大港灯塔，位于亚历山大港对面的法罗斯岛上，因此也叫"法
罗斯灯塔"，是古典世界七大奇迹之一。大约在前 283 年由小亚细亚建筑
师索斯特拉特设计，在托勒密王朝时期建造。由于历史记载很模糊，估
计高度在 115～140 米。

亚历山大港战争

没有证据表明，恺撒在前48年10月抵达亚历山大港以前曾经到过这座城市或到过埃及。他吃惊地发现，他的执法吏和军团士兵耀武扬威地穿过城市的景象竟招致了群众的敌意。目前天气条件不利于他离开，于是他决定做些事情，让自己忙碌起来。奥勒忒斯十年前承诺给他的很大一部分钱款始终没有交付，于是恺撒宣布，他打算收缴1000万迪纳厄斯的欠款。法萨卢斯战役的胜利让他的经济压力愈发沉重，因为成千上万的庞培士兵向他投降，他必须养活这些人。与此同时，他还宣布，既然是他帮助托勒密十二世奥勒忒斯获得了罗马共和国的承认，那么他现在要仲裁埃及的王位继承纠纷。担任托勒密十三世（此时不超过十三岁或十四岁）摄政者的宦官波提纽斯没有公开表示抗议，但秘密传唤阿基拉斯及其军队到城里来。据《战记》记载，阿基拉斯有2万人，主要是加比尼乌斯的老兵（他们留在埃及，娶当地女子为妻）和雇佣兵（其中很多人是从罗马各行省逃出的奴隶）。恺撒的兵力远少于敌人，很快被围困在王宫区有围墙环绕的宫殿群和其他一些建筑内。起初双方维持着紧张的对峙状态，但阿基拉斯很快发动了全面进攻。在打退敌人一次进攻时，恺撒的士兵纵火烧了一些房屋，火势失控。据一些史料记载，大火蔓延到了图书馆，但对馆藏图书没有造成严重损害，图书馆在随后的几个世纪里一直是学术中心。城市的大多数居民都支持皇家军队或保持中立；很多人议论纷纷，若是要阻止埃及被吞并，就必须反抗罗马人。恺撒派信使召唤援军，但援军要过一段时间才能抵达，所以他很明显处于非常危险的境地，随时可能兵败身死。[11]

　　起初，托勒密十三世和他的妹妹阿尔西诺伊四世都在恺撒的战线上。他们的许多侍从，包括波提纽斯，也在那里。波提纽斯故意羞辱罗马人，用粗劣的餐具给罗马人吃糟糕的食物，并粗暴地告诉他们，所有金银餐具都被拿去偿付恺撒要求的钱款了。就在这时，克利奥帕特拉七世出人意料地登场了，在黄昏时偷偷溜入宫殿。陪同她前来的只有一名仆役——罗德岛的阿波罗多洛斯，他划着一艘小船将她送过了港湾。然后他把她带到了恺撒面前，不是按照好莱坞的说法将她卷在地毯里，而是将她装在装衣服的袋子里。袋子被解开，女王现身了，或许是在袋子落下时站起身来，就像一名舞者从蛋糕中出现一样。据狄奥说，女王已经知道恺撒是个怜香惜玉之人，因此精心打扮，既激起了他对她丧失王位的同情心，也燃起了他这样一个有名的风流浪子的欲望。两人成了情人。大约在这一时期，恺撒宣布，奥勒忒斯的遗嘱很明确，克利奥帕特拉七世和她的弟弟应当共同执政。男孩对此无动于衷，或许已经认识到，他的姐姐与罗马执政官的关系非常亲密。他向一群亚历山大港人发表演说，群众掀起了暴乱。宫殿群内部的气氛越来越紧张，有传闻说有人企图刺杀恺撒。在过去恺撒从来不会贪杯，如今却和军官们在晚宴后一起饮酒，一直喝到深夜。据说他这么做是为了保护自己。恺撒的一名家奴偷听到波提纽斯在搞阴谋诡计，于是恺撒派人监视波提纽斯，很快发现他果然与宫外的围攻者秘密联络，下令立即将他处决。阿尔西诺伊四世后来逃到了埃及军队那里，军队当即推举她为女王。阿尔西诺伊四世在她之前的教师——宦官该尼墨得斯——的帮助下，派人杀死了阿基拉斯，控制了军队。对杀害庞培负有直接责任的两个人在很短时间内也被处死。[12]

埃及军队加紧攻打宫殿群。围攻者污染了恺撒士兵占据地区的水源，于是恺撒命令士兵们掘井。用庞培降兵组建的第三十七军团通过海路来到了恺撒身边，带来了补给物资、重武器和其他装备。恺撒必须控制通往港口的道路，因为一旦他与大海失去联系，任何援助就很难抵达他那里。随同恺撒前来的一小队战船和匆匆组建的埃及海军（用的是在尼罗河上巡逻的船只，以及几乎被遗忘在皇家旧船坞的战船）在港口和周边发生了一连串小规模交战。为了制作船桨，人们从大型建筑的天花板拆下房梁。在大部分战斗中，恺撒的战船都占了上风，这鼓舞他发动一次进攻，以控制整个法罗斯岛（以岛上的灯塔得名）①。法罗斯岛与大陆之间有一座桥梁，长近 1 里。恺撒已经控制了法罗斯岛的一部分，然后发动进攻，用船将 10 个大队送上岛，同时其他战船在岛的另一侧发动佯攻。第二天，他发动了又一次进攻，以控制通往桥梁的道路。攻势起初进展顺利，但一群上了岸的水手因为敌军的反击而惊恐，出现了混乱。局面越来越乱，很快就连罗马军团士兵也奔向离他们最近的船只，绝望地拼命逃跑。恺撒让一些士兵坚持战斗了一段时间，但很快意识到他的兵力太少，会被敌人打垮，于是也撤退了。他自己的船上挤满了惊慌失措的士兵，以至于水手无法驾船离岸。看到这景象，执政官脱下胸甲和斗篷，纵身跃入海中。然后，他将左手伸到海面以上，以保全一些重要的文件，镇静地游到了安全地点。苏埃托尼乌斯说，恺撒把他有名的斗篷也带走了；但也有史料表明，敌军缴获了他的斗篷，后

---

① 原文如此。应当是先有法罗斯岛，后来建了灯塔，以岛的名字命名。

来将其作为战利品展示。这时他之前乘坐的船已经倾覆了，但他派了其他船只去营救一些被困的士兵。这是整个埃及战争期间最惨重的一次失败，他损失了约 800 人，其中将近一半是罗马军团士兵，剩余的是水手。但他的士兵仍然斗志昂扬，继续击退了敌人的进攻。[13]

不久之后，可能是前 47 年 1 月底或 2 月初，亚历山大港人派来了一个代表团，请求恺撒将托勒密十三世释放，因为他们厌倦了阿尔西诺伊四世和该尼墨得斯的暴政。恺撒同意了，但首先敦促男孩停止进攻，因为这不符合他的人民的利益，然后要记住自己对恺撒和罗马应有的忠诚。男孩泪流满面，哀求恺撒不要把他送走。执政官说，如果他真的那么想，就应当迅速结束战争并返回。托勒密十三世离开罗马阵地之后，立刻兴高采烈地与妹妹会合，开始煽动他的士兵努力消灭罗马入侵者。据《亚历山大港战争史》的作者①说："恺撒的许多军团长、朋友、百夫长和士兵为此感到高兴，因为一个男孩的背信弃义让恺撒过分的宽大仁慈显得荒唐。"但这位作者本人不相信恺撒那么天真，据他的记述，此事中的每一方都觉得自己在耍弄敌人。埃及军队加紧进攻，但没有取得进展。战局开始向有利于恺撒的方向发展，因为一支援军在帕加马的米特里达梯②的指挥下，从叙利亚赶来了。这是一支盟国军队而不是罗

---

① 《亚历山大港战争史》的作者不详，可能是盖乌斯·奥庇乌斯或奥卢斯·希尔提乌斯。

② 帕加马的米特里达梯是前文讲到的本都国王米特里达梯六世的私生子。他拥有波斯、马其顿和凯尔特血统。他在帕加马接受教育。凭借到埃及援救恺撒的功劳，他被恺撒立为博斯普鲁斯国王，称为米特里达梯一世。后来奥古斯都夺去了他的王位。

马人的军队，包括 3000 名犹太士兵（由祭司长赫卡努斯二世①提供，安提帕特②指挥；安提帕特就是大希律王③的父亲）以及一些叙利亚人和阿拉伯人。赫卡努斯二世的参战使亚历山大港的犹太人更加支持恺撒。米特里达梯攻克了佩卢西乌姆城，这个消息迫使托勒密十三世和埃及军队的其他领导人将主力部队派往东方，希望在敌人完全渡过三角洲水道之前将其截住。大约在同一时间，米特里达梯的一名信使来到了恺撒身边。恺撒带着自己的一些部队乘船绕过海岸，在援军与埃及主力部队交锋之前与援军会合了。在随后的战斗中，托勒密十三世的军队被打得落花流水。他乘船逃跑，但逃亡的士兵蜂拥到他的船上，导致船体倾覆，托勒密十三世溺水而亡。这个事件让人想起几周前恺撒自己险些丧命的经历。[14]

战争结束了，现在的问题是安定埃及。阿尔西诺伊四世成了恺撒的俘虏，将在恺撒的凯旋式上游街示众，随后被允许流亡国外。后来她被马克·安东尼下令杀死，安东尼这么做肯定是受到了她的姐姐的怂恿。克利奥帕特拉七世现在立她另一个弟弟托勒密十四世为共治君主，但实权显然在她手中。在早期

---

① 赫卡努斯二世是前 1 世纪的犹太国祭司长和国王。他被弟弟篡位，后在庞培的帮助下恢复了大祭司职位，但没有恢复王位。犹太国从此实际上被罗马人控制。

② 安提帕特凭借文中提到的这段营救恺撒的功绩，获得了恺撒的许可，成为犹太国的统治者。

③ 大希律王（约前 74 年～前 4 年）是犹太国王，罗马的附庸。他以残暴著称，为了权位，曾下令杀害自己的家人与多位拉比。但他也是犹太历史上最著名的建设者，他扩建了耶路撒冷的第二圣殿（又称希律圣殿），修建了该撒利亚的港口，建造马萨达与希律宫的城墙。在《新约》中，他知道伯利恒有个君王诞生了，就派三智者先行，假意跟随朝拜。当三智者从另一方向离开后，他下令将伯利恒及其周边两岁及以下的所有婴儿杀死，而耶稣一家在其死后才回到拿撒勒。

的谈判中，恺撒曾许诺立阿尔西诺伊四世和这个弟弟为塞浦路斯的共治君主。这是一个很大的让步，因为塞浦路斯前不久刚刚成为罗马的一个行省。恺撒这么做可能是因为当时他的军事力量还很薄弱，也可能是为了攻击加图，因为就是加图负责监督将塞浦路斯改为行省。但是，塞浦路斯被重新纳入克利奥帕特拉七世及其弟弟的王国。我们不知道恺撒是否得到了他抵达亚历山大港时索要的那笔金钱，他很可能是得到了。《亚历山大港战争史》暗示，他在得胜不久之后就离开了埃及。这种说法肯定是错误的，因为他在埃及待了一段时间，可能长达三个月。他和克利奥帕特拉七世乘坐她的豪华皇家游船游览了尼罗河。据阿庇安说，有400艘船和几乎所有部队跟随着他们，说明这不仅仅是一次观光旅游，很可能是在全国人民面前展示克利奥帕特拉七世的统治者地位以及支持她的罗马的强大力量。恺撒和克利奥帕特拉七世很少会忘记政治方面的考虑，但这还不足以解释这次游览的全部目的。埃及局势早就不需要恺撒亲自处置了，当时还有很多其他问题需要他的关注。他离开罗马已经一年多了，而他在遭到围攻期间，更是与亚历山大港之外的世界完全断了联系。据苏埃托尼乌斯说，如果不是军队（可能最重要的是所有高级军官）拒绝跟随他前进，恺撒很可能会兴高采烈地继续沿着尼罗河南下。这有点像使亚历山大大帝的征服戛然而止的那次军队哗变，但这不一定说明恺撒的这个故事是捏造的。[15]

为了解释恺撒为什么要进行这次旅行，人们提出了很多理论，但这些理论都不够充分。说到底还是很难避免这样的结论：恺撒仅仅是想休息休息。十多年来，他几乎不间断地南征北战，而自渡过卢比孔河以来更是没有过较长时间的休息。尽管他精力充沛、高度活跃，但我们还是很难相信他不会感到疲劳或者感到空虚。从他的角度看，他是被迫打了一场自己并不希望看到的内战，而在法萨卢斯战役和庞培死亡之后，他的世界发生了永久性的变化。他最了不起的对手，即在很短时期内与他敌对的那个人，已经与世长辞。如今在罗马世界没有一个人是恺撒的对手，能够与他相提并论。在亚历山大港的几个月里，他宴饮到深夜，也许不只是因为害怕敌人的阴谋诡计，更是因为疲惫或抑郁。前 47 年 7 月，他的五十三岁生日快到了。他的发际线也在快速地后退，这让始终非常重视仪表的恺撒感到很苦恼。在这个背景下，奢靡的生活和悠闲的泛舟尼罗河，不需要心急火燎地奔向下一个任务，显然有着极大吸引力。除此之外，还有克利奥帕特拉七世当他的伴侣和情人。她青春年少，如果恺撒开始感到自己正渐渐老去的话，这种洋溢的青春对他特别有诱惑力，而且她聪明、机智，并受过极好的教育。除了美妙的性爱之外，还有私情的愉悦，轻浮的和高深的交流，以及与一位精明世故的女性相伴的快乐。他过去曾与罗马贵妇人们一起享受这些快乐，但克利奥帕特拉七世更胜一筹：她出身王族，有着希腊文化的魅力，或许还有埃及充满异国情调的吸引力。在很多方面，她都很像他，或许比他的许多其他情妇更配得上他，在心智上与他更平等。这些因素混合起来令他心醉神迷。从恺撒个人的角度看，这次尼罗河旅行或许正是他需要的东西。与一位希腊化君主待在一起，或许还让他回想起了自己最初的一些海外旅行。有一些史料说他坠入了爱河，我们没有理由不相信这种说法。但他在此前和此后的经历都明确地告诉我们，即便如此，他也不会感到自己有义务对任何一位情妇保持忠诚。至于克利奥帕特拉七世抱着什么样的态度，我们只能猜测。她能夺回王位，要感谢恺撒，而且她无疑深知罗马对埃及命运的影响力，所以知道讨好在世的最强大的罗马人才是明智的做法。不过她或许也的确爱上了恺撒。恺撒的年龄比她大得多，但他拥有极大的权力，这为他增添了莫大的吸引力，再加上他本人也风度翩翩、魅力无穷，在过去曾经让许多女人神魂颠倒。有些史料，尤其是后人的想象，常将托勒密王朝的宫廷描绘成风流淫荡的场所，并将女王描绘成在性爱方面经验丰富、见多识广的荡妇。但我们对她的早期生活知之甚少，很难证实也很难否认这些说法。与恺撒的关系完全可能是她的第一次爱情体验，她在见到他时完全可能是个处女。[16]

最后，消息传来，亚细亚发生了危机，恺撒不得不离开埃及。他与女王的交好肯定有政治上的考虑，但从长远看来，他长期待在埃及，造成了相当大的问题。他留下了 3 个军团以保障克利奥帕特拉七世的地位，并防止庞培军队的残余势力占领埃及以及利用该国的财富和资源。此时，恺撒已经获得一些信息，不得不承认内战还没有结束，他还需要继续作战。有意思的是，他选择了一个叫作鲁菲奥的军官来指挥留在埃及的 3 个军团。鲁菲奥是恺撒一名释奴的儿子。后来，罗马皇帝们的政策是任命一名骑士担任埃及总督，而禁止任何元老在没有许可的情况下进入埃及。恺撒的人选不是有元老身份的军团长，这常被认为是后世皇帝们实施这项政策的先例，但他如此决策可能也是为了照顾亚历山大港人的感受。有元老身份的军团长会被认为是实际上的总督，而不仅仅是诚心诚意支持女王的盟军指挥官。恺撒在埃及留下的不仅仅有 3 个军团。据史料记载，他动身前往亚细亚的时候，克利奥帕特拉七世怀孕了。[17]

最迅速的胜利，前 47 年 8 月 2 日

恺撒现在已经认识到，内战还会继续打下去。但最终促使他从埃及动身的是外国的威胁。博斯普鲁斯国王法尔纳基斯二世是本都国王米特里达梯六世的儿子，但很早就改换门庭，与罗马结盟，因此没有受到他父亲战败的影响。庞培平定东方后，让法尔纳基斯二世成为其父领地仅仅一小部分的国王。法尔纳基斯二世认为罗马内战是收复失地的天赐良机，在一次迅猛的攻势中很快攻克了卡帕多细亚、亚美尼亚、本都东部和小科尔基斯。法尔纳基斯二世得胜之后犯下了残忍的暴行，下令将所有被俘的罗马人阉割。这些俘虏中的大部分可能是平民，因为庞培已经将这一地区的军队全部调走了，而在恺撒的军团长格奈乌斯·多米提乌斯·卡尔维努斯于前 48 年 12 月率军进攻法尔纳基斯二世之前，法尔纳基斯二世还没有遇到任何有力的抵抗。卡尔维努斯的部队是罗马军团和外籍部队的混合，其中大多数人是原先庞培征募来的，全都缺乏经验。有些部队仗打得不错，但加拉太①国王从其子民中征募并以罗马方式组织和装备的 2 个军团还没有怎么交战就逃跑了。卡尔维努斯的军队中路被打垮，很快就溃败了。[18]

恺撒可能直到夏季才离开埃及，具体时间仍然很有争议。在前往亚细亚的途中，他在叙利亚的安条克和奇里乞亚的大

---

① 加拉太是古代安纳托利亚（现在的土耳其）中部高地的一个地区。加拉太北面是比提尼亚和帕弗拉哥尼亚，东面是本都，南面是吕高尼亚和卡帕多细亚，西面是弗里吉亚。此时加拉太是罗马的一个附庸国。

数城①稍事停留。我们知道，祭司长赫卡努斯二世和安提帕特都因为在埃及战役中的战功而得到了奖赏。恺撒的开销越来越大，手头仍然非常紧张，于是向该地区的许多社区索取金钱，尤其是那些曾经效忠庞培的社区。当时传来了一些坏消息，恺撒在意大利的副手们进行了一些政治上的争吵，出现了一些不端行为。但恺撒仍然率军进入卡帕多细亚，与法尔纳基斯二世对抗。如果让一个外国敌人恣意妄为而不对其加以惩罚，那么他的威望会大大受损。他从埃及带来了久经沙场但减员严重的第六军团。除此之外，他还有1个加拉太人的军团和另外2个在卡尔维努斯指挥下落败的军团。法尔纳基斯二世派使者去见恺撒，希望能够缔结和约并保住他已经征服的土地，同时提醒恺撒，他之前曾拒绝支援庞培。使者向恺撒献上一只黄金花冠以显示他的胜利。恺撒没有做出任何让步，而是提醒使者，法尔纳基斯二世摧残和毒打了被俘的罗马人。他要求法尔纳基斯二世立即从本都撤军，返还从罗马人那里抢走的财物，并释放俘虏。罗马军队继续前进，在山顶城镇济莱②附近遇到了敌军。恺撒以为战斗会按照常规逐渐地展开，不料当罗马人在高地安营扎寨的时候，法尔纳基斯二世竟然发动了全面进攻。这样贸然的进攻与当时的军事惯例背道而驰，但这次突然袭击在最初的确造成了一些混乱。不过，恺撒和他的部下迅速恢复过来，组成战线，将敌人赶下了山。第六军团的老兵们在右翼取得突破，敌人全军很快就溃散了。法尔纳基斯二世逃走了，但

---

① 大数（Tarsus）位于今日土耳其的小亚细亚半岛的东南部，是罗马帝国时期奇里乞亚省的首府、使徒保罗的出生地。

② 在今天的土耳其北部。

在返回自己的王国后被一名竞争对手杀死。① 整个战役在仅仅几周内就决定性地结束了，恺撒对该地区做了安排。他给一名在罗马的部下写了封信，介绍了此次神速的胜利，后来这句精练有力的话被写在牌子上，在他的凯旋式上公之于众："我来，我见，我征服。"与此同时，他还说因打败了这样脆弱的敌人而得胜成名的将军是多么幸运。他这是在嘲讽庞培。[19]

---

① 法尔纳基斯二世被他的女婿阿桑德杀死。随后阿桑德统治博斯普鲁斯王国，直到帕加马的米特里达梯在恺撒的支持下夺得王位。恺撒死后，奥古斯都将博斯普鲁斯王国交还给阿桑德。

二十一　阿非利加，前47年9月～ 前46年6月

> 没有消息显示恺撒已经离开亚历山大港，大家都知道，自3月15日以来根本没有任何人离开那里。自12月13日以来，他也没有发来任何信函。
>
> ——西塞罗，前47年6月14日[1]

> "因为，"他（加图）说，"如果我愿意接受恺撒的宽大为怀，以此挽救自己，那么我就会亲自去找他，单独与他会面；但我不愿意欠这样一个非法暴君的人情。如果他要挽救人们的性命，那也是非法的举动，因为他不是人们的主子，他没有资格当他们的主人。"
>
> ——普鲁塔克，2世纪初[2]

快到9月底的时候，恺撒抵达了意大利。这离他启程开展马其顿战役已经过去了二十个月，离他在法萨卢斯的胜利已经过去了一年多。在前48年的大部分时间里，他与他的主要副手和其他权贵们保持着联系。但据狄奥说，他没有向罗马发回正式的公报以宣布庞培失败，因为他觉得那样做太粗俗。在亚历山大港战争期间，他惯常雪片般的通信完全停止了。起初是由于他被敌人封锁，但即便在打破敌人包围圈之后，他还是沉默了一段时间。前47年6月，西塞罗写道，恺撒已经杳无音信达六个月之久。这对恺撒来说是不寻常的现象，更让我们相

信他处于非常疲惫的状态。毫无疑问，恺撒在埃及待得太久，给他造成了极大问题，给了敌人喘息之机来重整旗鼓，并且在罗马和意大利制造了一种危险的、游移不定的气氛。恺撒的支持者们除了对他保持忠诚之外，并没有多少共同点；而他们的忠诚往往也主要是由于之前得到过恺撒的好处，因而对他感恩戴德，并热切地期待将来得到更多的好处。马其顿战役进行的时候，很少有人能确定谁会打赢，因为大家都知道，恺撒的力量处于下风。

与西塞罗通信非常活跃的凯利乌斯·鲁弗斯在内战开始时加入了拥有更强大军队的一方，他的这个做法可谓玩世不恭。恺撒在前48年以裁判官的职位奖赏他，但城市裁判官中最高级别的职位被赏给了另外一个人，即在前一年攻克马西利亚的军团长特雷博尼乌斯。这让凯利乌斯颇感恼火。心怀不满的凯利乌斯企图培植自己的势力，宣布废除全部现有债务的计划。这是一项极端的措施，旨在吸引那些觉得恺撒做得还不够的人。凯利乌斯带着一群支持者掀起了暴动，反对特雷博尼乌斯和恺撒的同僚执政官塞维利乌斯。元老院迅速通过了终极议决。尽管两名保民官反对，执政官还是调遣了一队正在前往布隆迪西乌姆的士兵，将他们带到了罗马。凯利乌斯被赶出了城市。在一段时期内，凯利乌斯希望与米罗联合。虽然恺撒拒绝赦免米罗，但米罗还是结束了在马西利亚的流亡生活，返回了意大利。米罗企图以庞培的名义煽动叛乱，而其实当初正是庞培确保米罗被流放。米罗没有取得多少进展，很快就被击败处死，而凯利乌斯还未来得及与他会合。凯利乌斯不久之后遭到了类似的命运。恺撒的派系居然也使用元老院终极议决，这很有讽刺意味。但是，我们必须要说，恺撒从来没有挑战过它的有效性，只是认为用元老院终极议决对付他的做法不恰当。[3]

前 48 年 10 月，恺撒又一次被任命为独裁官，但与第一次不同，这一次他当上独裁官不仅仅是为了主持选举。这一次没有选举下一年的执政官或其他行政长官（平民保民官除外）。这或许是因为恺撒无法返回罗马城，但又不想将主持选举的任务下放给其他人。按照常规，独裁官的任期只有六个月。苏拉对这项规矩置若罔闻，担任独裁官一直到他自愿辞职为止。恺撒虽然不想让大家觉得他在模仿一手炮制了流放政策以迫害政敌的苏拉，但他需要官方权力。执政官塞维利乌斯任命恺撒为独裁官，任期一年，于是对他的权力施加了一些限制，尽管这已经是正常任期的两倍。独裁官没有与他平起平坐的同僚，而是有一名下属，这名下属的头衔是"骑兵统帅"。这个官位在最初设立的时候，独裁官负责指挥重步兵，即罗马军团，而他的副手负责指挥由贵族组成的骑兵。恺撒的骑兵统帅是马克·安东尼。在一段时间内，观鸟占卜师的祭司团（安东尼本人也是其成员）抗议说，让一名骑兵统帅任期超过六个月是不合适的。但这个奇怪的抗议很快被撤销了。法萨卢斯战役之后，安东尼返回了意大利。从前 47 年 1 月到恺撒于秋季返回，安东尼在意大利就是实际上的头号实权人物。他作为二把手是非常优秀的，但在独掌大局的这几个月里，他的行为越来越放肆。他经常大摆筵席，非常奢靡和公开地宴饮。他酒量惊人（后来他写了一本关于饮酒的书，其中似乎包含了许多吹嘘自己酒量的狂言），据说他处理政务的大部分时间都是醉醺醺的或者至少还在遭受宿醉的折磨。至少有一次，他打断了广场上的集会，在众目睽睽之下呕吐。有的时候，他带领盛大的车队巡游全国各地，他本人操作一辆高卢（可能是不列颠风格）战车，后面的马车上载着一名著名的女戏子（当时是他的情妇），还有一辆车载着他母亲。整个车队的最前面有为他开道的执法吏，这是非常不像话的景象。他有时将自己打扮成赫拉克勒斯。有的史料甚至说，他尝试用一组狮子给他拉车。除了这个情妇之外，他还毫不避讳地和一些元老的妻子通奸，造成了极大的丑闻。马克·安东尼醉心于权力，而他的行为让温和派的人们相信，从长远来看，恺撒的胜利肯定会带来暴政。[4]

安东尼没有办法很好地处理他在前47年遇到的问题，这些问题相当严重，全都直接或间接缘于恺撒的长期不在。在庞培的图章戒指被送回罗马、公开展示之前，人们普遍不相信他已经死了。庞培派的很多人在法萨卢斯投降了，其他人则在随后的几周内投降。西塞罗当时不在法萨卢斯，但他立刻判断，战争已经输掉了。加图提议让西塞罗当最高统帅，遭到西塞罗的拒绝。庞培的儿子格奈乌斯想要当场杀掉演说家，被加图拦住。西塞罗返回了意大利，但是安东尼告诉他，在得到恺撒的具体指示之前，不能赦免他，也不能允许他返回罗马。但一连几个月都没有恺撒的消息，而且也不确定他是否能战胜敌人、在埃及战争中生存下来。与此同时，加图率领狄拉奇乌姆的驻军渡海来到了昔兰尼加，随后通过陆路来到阿非利加行省，与梅特卢斯·西庇阿、拉比埃努斯、阿弗拉尼乌斯、佩特列乌斯和其他许多庞培派的顽固分子会合。他们全都决心将战争继续打下去。努米底亚国王朱巴一世支持他们。多年前在一次庭审中，恺撒曾拉扯朱巴一世的胡须。朱巴一世在前不久击败库里奥的作战中起到了关键作用。随着时间一天天过去，他们的力量越来越强。到夏季的时候，人们已经担心，他们可能会进攻西西里或撒丁岛，甚至意大利本土。对西塞罗这样的人来说，这是令人心急如焚的事情。他们开始考虑，自己向恺撒投降是不是操之过急了；他们还记得，庞培派许多领导人对那些仅仅保持中立的人也抱有莫大仇恨。西塞罗所希冀的仅仅是能够恢复一定程度的正常的政治生活，他的紧张焦虑更使他对恺撒感到愤怒，因为恺撒没有更快地结束战争。

　　恺撒的老兵们同样感到沮丧，因为大多数经验丰富的军团，包括第九军团和第十军团，在法萨卢斯战役之后就被送回了意大利。他们在那里坐等，一连几个月无所事事，只能思考着自己蒙受的冤屈。有些服役期满的士兵希望退役回家，而所有人都记得，在过去几年里，恺撒曾承诺给他们赏金和土地。在一些百夫长和军事保民官的领导下，这些军团很快处于哗变状态，将被派去恢复秩序的军官们乱石打死。安东尼不得不亲临军营，但他也无法解决问题、恢复秩序。他不在罗马期间，一些平民保民官在罗马城兴风作浪。其中之一是西塞罗的女婿多拉贝拉，他也开始像凯利乌斯那样鼓吹废除债务。一些人感到机会来了，想在这个充满不确定性的时期为自己争取更好的地位，于是广场上又一次发生了暴乱。最后，安东尼带领一些没有参加哗变的部队返回了，利用这些部队恢复了秩序。元老院通过了终极议决，支持安东尼。安东尼有效地平定了暴乱，但这更让世人觉得，恺撒政权仅仅是凭借武力而存在的。安东尼非常讨厌多拉贝拉，多拉贝拉也憎恶他。安东尼相信多拉贝拉与他的妻子有奸情，这更让两个男人间的关系恶化。安东尼很快就和他的妻子离婚了。[5]

哗变士兵、债务人和旧敌人

恺撒在从布隆迪西乌姆前往罗马的途中遇到了西塞罗，热情洋溢地欢迎他，随后立刻赦免他，并鼓励他返回罗马。原本胆战心惊的西塞罗松了一口气，感到很开心。在恺撒不在罗马城期间，元老院授予他自行决断以对付敌人的权力。当然自内战爆发以来，恺撒一直都是自行其是。如今元老院的法令给他的做法增加了一些官方合法性。此外，他还获得了缔结条约和对外宣战的权力，以及主持（实际上就是控制）所有高级行政长官选举的权力。尽管恺撒直到10月初才返回罗马，他决定使用这最后一项权力，在本年度的余下时间指定一些行政长官。他选择昆图斯·弗费乌斯·卡雷努斯和普布利乌斯·瓦提尼乌斯为执政官。瓦提尼乌斯就是在前59年帮助他获得高卢总督职位的那个保民官。这两人都曾担任他的军团长。其他的行政长官职位和一些由于近些年的战争而空缺的祭司职位，也被赏给了他的支持者。这些新任行政长官的任期其实都极短，没有足够的时间去做任何事情，但需要奖赏的人太多，恺撒不希望自己慷慨大方的美名受损。他为下一年设立了十位裁判官，而不是通常的八位。目前他不再继续担任独裁官，而是第三次被选为执政官。他不在罗马期间，元老院授予他的另一项权力是可以连任五年执政官。他为自己挑选的同僚是马尔库斯·埃米利乌斯·李必达，此人非常忠诚可靠，但没有突出的才干，想象力也很匮乏。李必达而不是马克·安东尼被选为执政官，这也许能够表明安东尼在最近一年太放肆，已经失去了恺撒的宠信。这也许是真的，但我们必须记住，恺撒需要奖赏许多人，他也许不愿意过于突出某一个人的地位，让他成为永久性的第二把手。[6]

　　恺撒返回意大利的消息并没有让军队的哗变平息下来，因为士兵们的怨念已经酝酿了太久。恺撒派遣撒路斯提乌斯（未来的历史学家，前不久被选为下一年的裁判官）去直面哗变部队，但撒路斯提乌斯遭到暴乱士兵的袭击，险些丧命。哗变士兵开始从位于坎帕尼亚的营地开赴罗马。到这时，哗变的主谋——那些军事保民官和百夫长们——的目的似乎已经是迫使恺撒做出一些妥协，并承诺在将来给予更大的赏赐。他们知道，恺撒很快要去阿非利加对抗庞培派军队，因此他需要最优秀的士兵，这样也许他会更容易让步。大部分士兵或者甚至绝大多数军官其实可能都没有这样明确的目标，他们有的只是一股强大的但不集中的怨气。为了应对最糟糕的情况，恺撒做了一些保卫罗马的准备工作，但对外仍然保持冷静。尽管他的一些幕僚劝阻他，他还是亲自去见哗变士兵。哗变士兵在罗马郊外扎营，这时恺撒出人意料地、静悄悄地骑马来到他们的阵线，登上了演讲台（通常建在指挥部附近）。他抵达军营的消息传开后，士兵们围着他，听他要说什么。他问他们想要什么。他们叙述了自己长期而艰辛的服役经历，并提醒他在近些年曾向他们许过什么样的诺言。最后，他们要求允许他们全部退役回家。这个要求的目的可能是提醒恺撒，他在新的战役中需要他们，但不能认为他们的忠诚是理所应当的，可以随意践踏。恺撒开始非常冷静地回答，这种冷静更让人震惊。在过去，他总是称士兵们为"兄弟们"，而如今却称他们为"公民们"。恺撒告诉他们，既然他们想退役，他很愿意让他们退役，他们从现在起就仅仅是平民了。他还温和地保证，假以时日，他一定兑现诺言，赏赐他们。士兵们被这漫不经心的举动和保证震惊了。

就像在打仗时一样，恺撒夺回了主动权，现在他的士兵们拼命要恢复自己的信心和决心。士兵们开始呼喊，表示自愿继续为他效力，然后一名哗变领导人更正式地重复了这个请求。恺撒拒绝了这一请求，但重复了自己的诺言（将来一定会向所有官兵分配许诺给他们的土地和赏金）。到这时，他似乎开始使用温和的、批评的口吻，他自己的士兵居然怀疑他的诺言，让他很伤心。可能就在这个时候，他转身要离去，让哗变士兵更加绝望。他们哀求他让他们留在军中，带领他们去阿非利加；向他保证依靠他们就能打赢战争，而不需要其他部队的帮助。恺撒缓和了自己的态度，但与前 58 年在韦松蒂奥的演讲完全相反，他说他愿意收留所有部队，但第十军团除外。他提醒第十军团的老兵们，他在过去给了他们多少恩惠，并表示他现在会让他们全部退役；尽管他们忘恩负义，但他还是会兑现诺言，在阿非利加得胜之后会给之前向他们承诺过的全部赏金和土地。第十军团士兵们的集体荣誉受到了挑战，他们对老统帅的忠诚也被重新点燃。他们哀求恺撒，只要他收留他们，对他们实施十一抽杀也可以。恺撒逐渐缓和下来，假装不情愿地听从了对方，并宣布这一次不会处决任何人。但是，他记住了那些煽动哗变的军事保民官和百夫长，据说他在随后的战役中特意将这些人安排到最暴露、最危险的地方。[7]

恺撒已经向他的士兵们强调，他不会效仿苏拉，在意大利各地攫取土地以赏赐老兵。他会用属于国家或由国家收购的土地来赏赐他们。这种措施再加上持续的战争开销，使恺撒原本就很沉重的经济负担变得愈发沉重。前 47 年秋季，他花了很大的精力来解决这些开支。他从意大利各城镇贷款（表面上这些城镇是自愿借钱给他，但没有一个社区敢于让恺撒失望），并且显然不打算偿还，至少在短期内不会偿还。打败庞培之后，东方各行省的居民常给他送来黄金白银的冠冕或花环，既是为了祝贺他的胜利，也是给他提供资金。现在，他鼓励意大利人也做出这样的姿态。凯利乌斯和多拉贝拉的活动表明，此时很多债务人仍然有很大的怨气。恺撒现在缓和了自己的一些政策，效仿多拉贝拉的一些法律，对本年度的地租设了一个相对较低的上限。但他仍然拒绝废除所有债务，说现在他自己也借了那么多钱，如果废除债务，他本人就是主要的受益者，所以他不能考虑这么做。已经死亡或仍然在反抗恺撒的庞培派领导人的一些财产被拍卖了。安东尼买了庞培在罗马的豪宅，因为他认为只需要付豪宅实际价值的一小部分即可。苏拉曾允许他的许多党徒（其中主要的有克拉苏、庞培和卢库鲁斯）以这种方式获取昂贵的地产和房产。恺撒的许多部下也希望能以类似的方式获益。如果他们这么想，就要大失所望了，因为恺撒坚持要求他们按照房地产在战前的市场价格来全额购买。恺撒这么决定的部分原因当然是他不希望别人把他和苏拉相比，但从根本上也是由于他承受着极大的经济压力。只有少数人得到了物美价廉的好处，其中之一便是他的长期情人塞维利娅。恺撒显然对她还有很深的感情，但我们不知道他们现在是否还有肉体关系。大约在这个时期，恺撒和塞维利娅的一个女儿特尔提娅（字面意思是"第三"或"三分之一"）也有私情，但这似乎没有影响他和塞维利娅的关系。甚至有流言称，是塞维利娅安排女儿和恺撒私通。另外，塞维利娅是布鲁图斯的母亲，而布鲁图斯是法萨卢斯战役之后投靠恺撒的最优秀也是最广受尊重的庞培派领导人之一。塞维利娅以低廉的价格买下了一些昂贵的地产。西塞罗开玩笑地说，大家不知道这些地产是多么物美价廉，因为价格砍掉了"三分之一"。[8]

阿非利加战役

在罗马恢复秩序并做好准备去攻击在阿非利加的庞培派军队之后，恺撒便离开了罗马。部队和补给物资被集中部署在西西里的利利俾港①，入侵阿非利加的军队就在那里集结。这一次仍然严重缺少船只，尤其是运输船，所以仍然无法一次将全军运过大海。而且此时已是冬季，这意味着天气很糟糕，马其顿战役遇到的问题又一次出现了。军中的占卜师宣称，近期内不宜发动一场战役，但恺撒对占卜预言之类的事情素来不关心，这一次也是充耳不闻。他急于出发，希望打败阿非利加的敌人之后就能结束战争。前47年12月17日，他抵达利利俾，将自己的营帐搭建在海岸上，以示他的急切心情，并警示部下"时刻准备出发"。他在埃及时的懒散早已消失，一贯的充沛精力又回来了，或许因为心情焦灼而显得更加活跃。恺撒只带来了1个军团，但在随后一周内又有5个军团赶到。其中只有1个军团是久经沙场的老兵，即第五"云雀"军团，他在外高卢组建了这支部队，并赋予其官兵罗马公民权。另外5个军团（第二十五、第二十六、第二十八、第二十九和第三十军团）都是在内战时期组建的，很可能包括大量庞培派的降兵。

每个单位抵达后便登上船，挤进等候在那里的运输船。

---

① 今天西西里岛西海岸的马尔萨拉。

恺撒下达了严格的命令，任何人不得携带任何非必需的行李或装备。2000 名骑兵及其坐骑也上了船，但没有空间携带许多粮草，也无法容纳登陆之后搬运粮草的牲畜。恺撒寄希望于抵达阿非利加后就地获取足够的粮草和牲口。12 月 25 日，他扬帆起航，但此次行动的筹划不是很周密。在过去，他惯常的做法是下发密封的命令，让部下在指定时间打开信封，查看关于在敌境海岸何处登陆等重要细节。这一次，他没有足够的情报，不知道军队可以在何处登陆，而是寄希望于舰队行驶到阿非利加海岸后便能找到合适的登陆场。强劲的风增加了混乱，舰队被吹散了，每艘船各自单独前进或者以小群前进。12 月 28 日，恺撒看到陆地时，他身边只有少量船只。他沿着海岸航行，寻找合适的登陆地点，也希望更多船只赶上来。最终他在敌人占据的哈德鲁门图姆港附近登陆了。他身边只有 3500 名军团士兵和 150 名骑兵。据说他下船时跌倒在海滩上，这是一个不吉利的征兆。但他立刻用两手抓住砂石，宣布："我抓住你了，阿非利加！"于是大家对凶兆付之一笑。[9]

他要面对的敌军相当强大。在离开西西里之前，他得到报告称，西庇阿现在指挥着多达 10 个军团（无疑是不满员和缺乏经验的，但恺撒的很多部队也是如此），再加上一支强大的骑兵部队，以及朱巴一世国王的部队（包括 4 个按照罗马人的方式组织、训练和装备的"军团"）。努米底亚人为数众多的轻骑兵和轻步兵袭扰部队非常有名，尤其是骑兵享有极高的声望，而朱巴一世拥有极多这样的轻装部队。朱巴一世还有 120 头战象，这在当时已经是非常罕见的了。大象令人恐惧，但对敌我双方都很危险，因为它们常常受惊，胡乱践踏自己的部队。后来，梅特卢斯·西庇阿小心地训练战象，以帮助它们应对战场的混乱和喧嚣。恺撒的兵力远少于敌人，即便在随后几天内他的大部分船只都到齐了，仍然在数量上处于下风。他把部队集结起来也花了不少力气，派遣军官带领小队战船去搜寻分散落单的运输船。有一次，恺撒秘密离开军队，亲自去寻找迷失的船只，但还没有出发，这些船只就出现了。就像前 48 年在马其顿一样，他占有出其不意的优势，因为敌人这一次仍然没预料到他会如此迅速地杀到，并且是在冬天赶来。敌军非常分散，要花一点时间才能集结起来，并形成足够打垮恺撒的强大兵力。与此同时，他派遣自己的舰队返回西西里，命令它们尽快运来更多的部队。但就像在内战初期一样，庞培派仍然拥有一支强大的海军，所以恺撒的援兵未必能够抵达他的身边。恺撒当前的首要任务是保障部队的粮草供应充足。他不能为了搜集粮草而走得太远，因为那样会遭到敌人的阻截。并且为了迎接援兵，他必须待在海岸附近。庞培派军队已经将很大一部分可用的粮草搜集起来了。另外，他们大量征召农民到军中服役，严重扰乱了当地的农业生产。在战役的最初几周，恺撒主要关心的问题是补给。他传令到其他行省（包括撒丁岛）搜集粮草，并火速运到他身边。[10]

登陆不久之后，他便试图劝降哈德鲁门图姆驻军的指挥官，但没有成功。恺撒没有能力攻城，于是继续前进，在鲁斯皮纳设立了大本营。前 46 年 1 月 1 日，他抵达了莱普提斯镇①，受

---

① 注意是小莱普提斯（Leptis Parva 或 Leptis Minor），不要与更有名的大莱普提斯（Leptis Magna，在今天的利比亚）混淆。

到了当地人的欢迎。就像在科尔菲涅乌姆一样，他小心地部署了警卫，以防止自己的士兵进城抢劫。次日，他留下 6 个大队驻防莱普提斯，然后返回了鲁斯皮纳。1 月 4 日，他决定发动一次大规模的搜粮行动，于是带领 30 个大队出发了。出营走了 3 里之后，发现了敌人，于是恺撒命令将自己的 400 名骑兵和 150 名弓箭手带到前线，他目前手头只有这么多骑兵和弓箭手。他亲自带领一支巡逻队前去侦察，让军团士兵的队伍随后跟进。这支庞培派军队由拉比埃努斯指挥，包括 8000 名努米底亚骑兵、1600 名高卢和日耳曼骑兵以及众多步兵。但是他将部队部署成了非常紧密的战线，比骑兵的正常队形要紧凑得多，所以恺撒从远距离之外误以为这是一支常规的步兵部队。从这个错误的前提出发，他将自己的部队部署成单一战线。罗马人极少这样布阵，一般情况下至少还有第二道战线，但恺撒的兵力远少于敌人，所以他决定让己方的正面尽可能宽大，以防被敌人包抄侧翼。他的小群骑兵（很多骑兵还没有登陆）被分配在两翼，数量极少的弓箭手则被派到战线前方袭击敌人。他做好了准备，但没有主动攻击敌人，因为他不愿意交战，除非是绝对必须。拉比埃努斯突然开始行动，命令骑兵在两翼展开。努米底亚轻步兵从自己的主战线蜂拥上前，恺撒的士兵则向前推进迎战。本次战役到目前为止都还只发生了一些小规模冲突，这是恺撒军队第一次见识到土著军队的典型战法。敌人雄厚的兵力迫使恺撒的骑兵后退，但恺撒中路的军团士兵在与难缠的敌人拼杀。双方还没有交锋，敌人就逃跑了，但很快又集结起来，卷土重来，在这一系列袭扰过程中一直用冰雹一般的标枪攻击恺撒军队。恺撒士兵的右侧没有盾牌保护，所以特别容易被投射武器杀伤。他们也不能追得太远，因为敌人非常敏捷，能够轻易吃掉得不到支援的落单士兵或小群体。恺撒下令，任何人不得追击敌人超过本大队战线四步远。[11]

恺撒军队承受了极大压力，伤员可能比阵亡者更多。恺撒的士兵发现自己被敌人重重包围，却无力攻击敌人，而敌人逐渐消磨了他们的力量。恺撒的士兵大多缺乏经验，紧张情绪在全军弥漫开来。恺撒像往常一样保持镇静，鼓舞士气。可能就是在这一次行动中，他比较成功地劝服了一名打算逃跑的旗手。恺撒抓住那人，将他扭转过来，说道："看，敌人在那边！"在恺撒努力鼓舞正在动摇的己方士兵时，拉比埃努斯在战线后面嘲讽恺撒军队。《阿非利加战争史》的作者①做了这样的描述：

> 拉比埃努斯不戴头盔，在战线上来回奔驰，鼓励自己的士兵，有时向恺撒的士兵呼喊："你们在干什么，你们这些乳臭未干的新兵蛋子？你们真的很凶猛，是不是？你们是不是也被恺撒的花言巧语欺骗了？他把你们带到了一个倒霉的地方。我真的可怜你们。"然后恺撒的一名士兵答道："拉比埃努斯，我可不是新兵，是第十军团的老兵。"拉比埃努斯说："我没看见第十军团的徽标。"那名士兵反驳道："你很快就会知道，我是什么样的人。"与此同时，他脱掉自己的头盔，好让对方看清他的面目，然后瞄准拉比埃努斯，使出全身力气投出自己的标枪，深深刺入了拉比埃努斯战马的前胸。随后他说

---

① 《阿非利加战争史》的作者不详，可能是奥卢斯·希尔提乌斯。

道："拉比埃努斯，你看到了吧，攻击你的是第十军团的一名士兵。"【12】

　　但总的来讲，恺撒军中的老兵很少，很多新兵正在努力承受压力。就像十多年前在桑布尔河一样，高度紧张的士兵往往会聚成一团，这就限制了他们的战斗力，也使他们成为更好的靶子。恺撒命令将战线扩展开，并命令各大队交错面向前后两个方向，让一半兵力对抗已经包围恺撒后方的敌人骑兵，一半则对付前方的敌人步兵和袭扰部队。布阵完成后，各大队同时发动进攻，投出雨点般的标枪，这足以将敌军逐退一会儿。于是，恺撒迅速停止追击，开始撤回营地。大约在同一时间，敌军得到了佩特列乌斯的增援，他带来了1600名骑兵和大量步兵。庞培派军队的斗志再次高涨起来，开始骚扰撤退中的恺撒军队。没走多远，恺撒就不得不改为作战队形，迎击敌人。恺撒的士兵已经很疲惫，而他的骑兵战马还没有从海运旅途中恢复元气，又被长时间的运动搞得很劳累，有的战马还负了伤，因此已经精疲力竭。但经过了一天漫长的战斗之后，大多数敌军也远远谈不上精神抖擞。恺撒敦促士兵做最后一次努力。等待敌人的压力稍微减轻一些之后，他发动了最后一次坚决的反击。佩特列乌斯负了伤，拉比埃努斯很可能在战马负伤之后坠落，被抬离了战场，所以敌军在一段时间内损失了两位最具攻击性也最有经验的指挥官。不管具体原因是什么，这次反击的胜利足以让恺撒安全地继续撤退。在鲁斯皮纳城外的这次交锋（有时被称为一场战役）对恺撒来说无疑是一场失败，因为他此前在为军队搜粮时从来没有这样被阻拦过。但他毕竟还是且战且退地撤到了安全地带，否则结局还要糟糕得多。总而言之，这对恺撒来说是一场挫折，但绝对不是决定性的失败。库里奥的军队被以相同方式作战的敌人全歼了，而恺撒逃脱了同样的命运。[13]

此后，恺撒极大地加固了位于鲁斯皮纳的营地，并将舰队的水手带上岸，当作轻步兵使用。而军中的工匠开始制作各式各样的投石器弹丸和标枪。他发出了更多的急令，要求搜集粮食和其他给养物资并运到他那里。与此同时，一些士兵发挥了出色的想象力，为自己急需的东西寻找替代品。一些老兵搜集了海藻，用淡水洗净后晾干，当作草料喂马。这样的话，马匹虽然健康状况不佳，但至少能活命。梅特卢斯·西庇阿率军前来支援庞培派军队，此时联合的敌军在距恺撒营地3里的地方扎营。朱巴一世国王也在赶来加入他们的途中，但他的国土遭到了竞争对手——毛里塔尼亚国王博库斯二世——的进攻（其军队的指挥官是罗马雇佣军人普布利乌斯·西提乌斯），于是被迫返回。西提乌斯曾参与喀提林叛乱，后来逃到了阿非利加。博库斯二世的进攻不是恺撒安排的，但他和西提乌斯如此积极主动且高效地开辟了第二战场，对恺撒来说是非常幸运的。博库斯二世国王显然愿意与自己的死敌朱巴一世的敌人结盟，因为庞培派军队的支持大大增强了朱巴一世的力量。恺撒在宣传中很好地利用了这个情况，宣称庞培派辱没了他们作为罗马元老的身份，竟与一位外国君主联合，并且为他效力。据《阿非利加战争史》记载，敌军最终会师的时候，梅特卢斯·西庇阿就不再穿将军的斗篷，因为朱巴一世看了不爽。另外，据说庞培派的残暴统治让大多数行省居民离心离德。消息传来，是恺撒本人，而不是他的一名军团长，来到了这个地区，于是一些当地人投奔了他。据说有些人记起了自己对恺撒的姑父马略负有义务。六十年前马略在努米底亚得胜，到如今他的威名仍然能够激起人们的忠诚。庞培派军中不断有人倒向恺撒这边，但恺撒的士兵没有一个投敌。从战役一开始，庞培派军队就定期处决战俘，有一次是一名被俘的百夫长拒绝投降而被斩杀。双方都没有努力以谈判的方式结束战争。仍然在作战的庞培派极其憎恶恺撒，恺撒则非常鄙视他们。有传闻说，西庇阿家族在阿非利加一定会常胜不败，于是恺撒雇用了一个默默无闻的西庇阿家族成员，叫作西庇阿·萨尔维托或萨路提奥，此人除了拥有一个著名姓氏之外，各方面都是饭桶。[14]

在鲁斯皮纳城外，两军不断互相试探，进行小规模交锋，庞培派军队经常尝试伏击任何远离营地的恺撒队伍。梅特卢斯·西庇阿常在自己营地外不远处排兵布阵，一连几天恺撒都没有出营迎战，于是西庇阿命令自己的部队逼近对方。即便如此，他还是不够自信，不敢发动全面进攻。恺撒命令所有可能暴露的巡逻队或搜粮队都撤回营地，并指示外围警戒哨仅仅在受到压力时才撤退。他做这些事情的时候抱着漫不经心的态度，因为他懒得登上壁垒观察敌军，而只是在指挥部营帐里沉着地接收报告、发布合适的命令，"因为他的军事素养和知识就是这样卓越"。他对敌人的谨慎态度的判断是完全正确的，因为西庇阿看到恺撒营地戒备森严、固若金汤，壁垒和塔楼都有重兵把守且部署了重武器，因而不敢发动进攻。另外，恺撒的毫无动作也让庞培军队非常紧张焦躁，害怕恺撒要将他们诱骗到陷阱里去。但是，西庇阿宣称恺撒不敢与他们交战，以此鼓舞自己的士兵。不久之后，一支船队从西西里抵达，给恺撒带

来了第十三军团和第十四军团，以及 800 名高卢骑兵和 1000
名轻步兵。除了这些作战经验丰富的部队之外，船队还运来了
足够的粮食，能够解恺撒的燃眉之急。庞培军队不断有人叛变
和临阵脱逃。1 月 25 日夜间，恺撒突然转入攻势，率领他的
主力部队离开了营地。起初他们远离敌军，撤退时经过鲁斯皮
纳镇，但随后突然转身，占领了一些足以威胁庞培派军队战线
的山丘。为了牢牢占据这些山丘，发生了几次交战。次日又
发生了一次较大规模的骑兵对抗，恺撒的部下得胜。拉比埃
努斯的努米底亚骑兵大多数都逃跑了，但他们的撤退导致与
其协同的日耳曼和高卢武士暴露出来，其中很多人被杀死。
骑兵逃窜的景象令庞培军队的其他单位士气溃散。次日，恺
撒进逼乌齐塔镇，这是当时庞培军队的主要水源地。梅特卢
斯·西庇阿以作战队形出战迎敌，但双方都没有继续进逼和
挑起交锋。[15]

塔普苏斯战役，前 46 年 4 月 6 日

此时梅特卢斯·西庇阿已经得到了增援，因为朱巴一世留
下了一名军官和一支强大的部队以牵制西提乌斯，然后率领自
己的 3 个"军团"、800 名重骑兵以及大量努米底亚骑兵和轻
步兵前来与庞培军队会合。朱巴一世国王抵达的消息传遍了恺
撒营地，随着口口相传，对其兵力和战斗力的描述也越来越夸
张。苏埃托尼乌斯告诉我们，恺撒决定以实事求是的态度告诉
他的士兵们：

> 我告诉你们，再过几天，国王就会率领 10 个军团、3
> 万名骑兵和 300 头战象到此。你们当中的某些人可以不要

再打听或者猜测了，可以相信我的话，因为我对此一清二楚。如果你们不相信，那我保证一定会把这些人放到一艘旧船上，让风把他们吹到任何什么地方去。

这口吻和在韦松蒂奥的演讲类似，既表达了绝对的自信，也有一些轻微的不满——士兵们对他的信心和对纪律的尊重竟然动摇了。他故意夸大了朱巴一世军队的实力，所以在敌人援军的真实兵力显现出来之后，恺撒士兵们感到松了一口气。随后，在乌齐塔周边，两军开展了一系列行动。双方争夺两军阵地之间的一些高地，拉比埃努斯企图伏击恺撒的前锋，但是失败了，因为他的一些部队纪律太差，不肯耐心等待敌人抵达。恺撒军队轻松击溃了敌人，在山上建造了一个营地。恺撒的主力部队于黄昏回营，庞培派军队发动了一次突如其来的骑兵攻势，但也被打退了。小规模的交锋还在继续，恺撒的士兵开始修建防御工事，既是为了限制敌人的行动自由，也是为了威胁乌齐塔。

不久之后，消息传来，有人看到又一支运送援兵的船队正在靠近鲁斯皮纳。随后耽搁了几天，因为船队将等待护送他们的一些恺撒战船误以为是敌人，但最终消除了误会，第九军团和第十军团登陆了。恺撒还记得第十军团在意大利哗变中扮演的角色，于是决定抓住机会惩罚一下哗变的主谋分子，以儆效尤。军事保民官阿维艾努斯就是主谋分子之一，他自私地坚持用一整艘船来运输他的亲眷和行李。当时船运空间非常紧张，需要运输士兵和关键的补给物资，所以阿维艾努斯的行为显得特别放肆。恺撒剥夺了他的军职，让他灰溜溜地回家。另一名军事保民官和几名百夫长也有类似的不端行为，同样被解职。

这几个人都只能在一名奴隶的陪同下回国。恺撒现在拥有10个军团，其中一半是有经验的作战单位。更多敌人倒戈，并且恺撒说服了一些盖图里①酋长反叛朱巴一世国王，于是国王不得不调遣更多的部队去镇压他们。[16]

乌齐塔的防御工事现已完工，几天后，两军排兵布阵，在不足半里的距离上对峙，但双方都没有主动挑起对抗。双方的骑兵和轻步兵进行了一些小规模交锋，庞培派军队占了上风。两军继续在乌齐塔城外对峙，恺撒让他的部下扩展防线。第三支援军船队也在靠近阿非利加，但这一次庞培军队得到了风声，俘虏或摧毁了一些被恺撒派去护送援军船队的战船。恺撒得知此消息，立刻离开了在乌齐塔的军队，火速行进6里，抵达沿海的莱普提斯。他指挥着自己的一队战船，追击并打败了敌人的战船。虽然我们不太确定，但之前第三支援军船队也在靠近阿非利加的消息可能是错误的，第七军团和第八军团可能没来得及在战役结束前赶到恺撒身边。

为大军征集粮草仍然是个很大的问题。恺撒得知当地的风俗是将粮食埋藏在地下，于是率领2个军团去搜寻尽可能多的粮食埋藏地点。他还从敌军逃兵那里得知，拉比埃努斯在筹划一次伏击，于是在随后几天内，派遣其他队伍沿着同样路线去搜粮，好让拉比埃努斯志得意满。然后，在某一天黎明之前，他率领3个久经战阵的军团和骑兵出发，去捕猎敌人的伏击部队。敌人被遏制住了，但补给问题还没有解决。连续抵达的援军使恺撒实力大增，但这也意味着吃饭的人更多了。他还没有

---

① 盖图里人是古时居住在今天的阿尔及利亚和突尼斯一带的柏柏尔游牧部落，擅长养马。

办法迫使敌人在对他有利的条件下交战，而且暂时也没有希望占领乌齐塔，剥夺敌人的主要水源供应。恺撒判断，继续待在原地没有好处。于是他的军队纵火烧毁了自己的营地，在一天凌晨撤走了，随后在阿嘎尔镇附近停留。他从这里派遣了许多搜粮队，找到了大量粮食（不过大多是大麦，而非小麦）和其他食物。[17]

恺撒还尝试突袭敌人的搜粮队（庞培派军队也是大队人马集中于一处，对粮草问题也感到非常头疼），但看到敌人援兵正在赶来，就撤退了。恺撒军队在前进时常常遭到努米底亚骑兵的骚扰，因此常常需要停下来击退他们。这种袭击令恺撒军队疲于奔命，严重阻滞了行军。有一次，队伍在4个小时内仅仅前进了100步（约33码）。恺撒将他的大多数骑兵撤到步兵后方，这样的话他的军团就能比较顺利地行军，因为敌人骑兵看到恺撒骑兵接近时总会撤退。他继续前进，但直到天黑之后才抵达一个比较适合扎营的地点。在之后的日子里，他思考如何训练他的士兵，研发新的战术来对付敌人的战法。尽管他在撤退，但许多城镇仍然向他投降，不过有一次朱巴一世得知一座城镇向恺撒投降，而恺撒还没有来得及往那里派驻部队，朱巴一世就攻打了那里，屠杀了居民。3月21日，恺撒军队举行了净化仪式，这是军队每年都要举行的一种仪式庆典。《阿非利加战争史》的作者记述了此事，而恺撒在《战记》中没有提及。第二天，他向敌人发出挑战，但敌人不肯应战，于是他继续行军。

恺撒发布了一项长期有效的命令，让每个军团随时保持300名步兵以作战队形前进，随时为骑兵提供支持，以击退追击他们的努米底亚骑兵。他抵达了萨尔苏拉镇，将其攻克，夺取了相当数量的粮食，那都是敌军之前搜罗并存放在那里的。西庇阿没有努力去阻止他。下一个敌占城镇太强大，需要正式的围城战才能攻下，于是恺撒调转方向，在阿嘎尔附近扎营，并且打赢了一次骑兵交锋，尽管他的骑兵数量远少于敌人。他又一次向敌人发起挑战，但庞培派军队不肯从他们占据的高地上下来，而恺撒也不愿意进攻居高临下的敌人，让自己的士兵吃亏。4 月 4 日，他又一次在凌晨出动，走了 16 里，抵达滨海城镇塔普苏斯，开始攻打这座城镇。西庇阿追了上去，兵分两路，驻扎在距塔普苏斯约 8 里的两个营地里。通往塔普苏斯的主要道路有两条，但都很狭窄，一侧是大海，另一侧是一个大盐湖。恺撒预料到敌人的打算，于是建立了一座堡垒，封锁了最明显的道路。受挫的西庇阿率军在夜间绕了一个大圈子，绕过盐湖，利用一块宽仅 1.5 里的狭窄陆地，从另一侧逼近城镇。他于 4 月 6 日早上抵达那里。朱巴一世和阿弗拉尼乌斯可能留在营地中，以包围恺撒。[18]

　　恺撒将 2 个军团的新兵留在围攻城镇的战线上，然后率领其他部队组成了常规的三道阵线，面对西庇阿。他在两翼部署了作战经验丰富的部队，辅之以弓箭手和投石手，第十军团和第九军团在右翼，第十三军团和第十四军团在左翼。为了增强防御，尤其是为了抵挡敌人的战象，他将第五“云雀”军团一分为二，利用其兵力在两翼后方组成了第四道阵线，两翼分别有 5 个大队。3 个比较缺乏经验的军团（具体番号不详）部署在中路。按照惯例，骑兵在两翼，不过在这个狭窄的地带，骑兵施展不开。地形对庞培军队的限制更大，因为他们的骑兵比恺撒多得多，不过大部分努米底亚骑兵应当在朱巴一世身边。恺撒做出了一个相当不寻常的举动，他命令自己的一些战

船在战斗打响后通过水道，威胁敌军后方。史料中没有详细记
载庞培派军队的部署情况，也没有给出可靠的数字，告诉我们
西庇阿手边有多少兵力，又有多少兵力留在朱巴一世和阿弗拉
尼乌斯手中。庞培派军队的部署可能是循规蹈矩的：骑兵在两
翼，军团列为三道阵线，战象在主战线前方，可能集中在两
翼。这对恺撒来说是个很好的机遇。庞培军队分散了自己的兵
力，而且选择了只能与敌人简单地迎头抗击的地形。在这样的
交锋中，恺撒的更有经验的部队胜算更大。士兵斗志昂扬，自
信必胜。大多数军官也敦促他立刻下达进攻命令。恺撒在巡视
战线、鼓舞士兵的时候，可以感受到他们的热情。即便如此，
《阿非利加战争史》的作者仍然告诉我们：

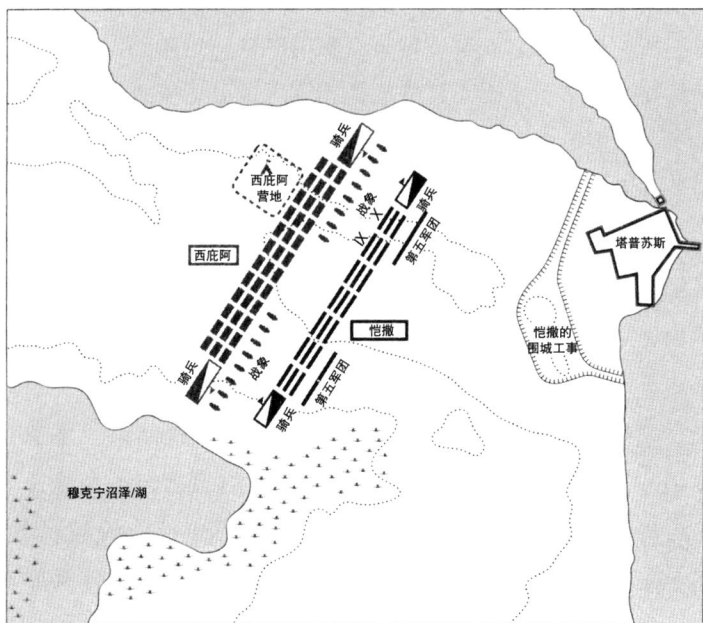

图 14　塔普苏斯战役

恺撒感到疑虑，要抑制士兵们急切求战的热情。他喊道，他不赞同如此鲁莽地冲杀出去，并一次又一次地制止士兵们。这时，右翼有一名喇叭手在没有得到恺撒命令的情况下，在其他士兵的怂恿下，吹响了喇叭。所有大队都跟着喇叭声，开始向敌军推进。尽管百夫长们挡在战线前方，企图以武力阻拦士兵们，阻止他们未经将军命令便发动进攻，但这些都是徒劳。

恺撒看到自己没有办法抑制士兵们高涨的热情，于是发出了"祝好运"的口令，催动战马冲向敌军。[19]

士兵们的绝对自信被证明是有道理的，因为庞培派军队抵挡不住这样的突然袭击，很快就溃败了。普鲁塔克讲的故事有所不同，据他说，在战斗即将打响的时候，恺撒感到自己的癫痫病要发作了，不得不让人把他抬到阴凉处，所以进攻开始时才发生了混乱。关于恺撒癫痫病的记载极少，这是唯一一个讲到他的病情影响指挥作战的故事。[20]

攻击恺撒右翼的战象被散兵射出的冰雹般的投射武器吓得惊慌失措，乱哄哄地逃跑了。庞培派军队的整个左翼很快土崩瓦解。虽然有人努力重整旗鼓，但在恺撒军队凶悍的追击之下，都失败了。恺撒的军团士兵情绪高涨，比法萨卢斯战役之后更为恣意地杀戮。他们希望战争尽快结束，不愿意看到敌人得到宽恕，然后又卷土重来。恺撒已经下令处决了一名庞培派将领，此人于前49年在西班牙投降后被释放，如今是第二次被俘。这是他一贯的政策，第一次会原谅对方，但如果对方得到宽恕后仍然与他为敌，那么第二次就不客气了。在塔普苏斯，恺撒的士兵们可不管这么多，杀死了许多想要投降的庞培派士兵。恺撒的几名军官在企图阻止这种屠杀时，甚至被己方士兵砍倒。到这一天结束时，庞培派军队有 1 万人死亡，恺撒仅有 50 多人伤亡。敌军的主要将领逃走了，但大多数都在随后几周内丧命。阿弗拉尼乌斯和苏拉的儿子福斯图斯被西提乌斯俘虏，然后交给恺撒。恺撒在士兵们的呼吁下将他们处死。其他一些俘虏也被处决，但对于有些人，比如小卢基乌斯·恺撒（恺撒的堂兄和军团长的儿子），我们不知道他们是被恺撒下令处决的，还是被他的下属杀死的。佩特列乌斯和朱巴一世国王组织了一场相当诡异的自杀对决，通过互相决斗来了断自己。关于决斗的结局，各种史料说法不一，但最有可能的结果是佩特列乌斯杀死了朱巴一世，然后在一名奴隶的帮助下自尽。梅特卢斯·西庇阿从海路逃走，但他的船只被追击而来的恺撒海军拦截，于是就自杀了。在少数逃脱的人当中，拉比埃努斯最后逃到了西班牙，与庞培的儿子格奈乌斯和塞克斯图斯会合。[21]

在整个阿非利加战役期间，加图一直负责驻守乌提卡城，所以大军溃败的时候他不在场。事实上，他在整个内战的军事行动中起到的作用微乎其微，这是非常引人注目的。败兵很快带来大军溃败、恺撒即将杀到的消息。加图与城内的罗马人（他将数百名居住在当地的罗马人组成了一个议事会）进行了会商，但认识到不管做出怎样的决定，都不可能继续打下去了。于是他们只有三个选择：逃跑、投降或自杀。晚饭（法萨卢斯战役之后，加图就拒绝按照惯常的方式侧卧用餐，而是坐下吃饭。他还做了许多类似的姿态，据说他从内战爆发以来就不再剃须或理发）之后，他回到自己的房间。他注意到他的儿子和仆人拿走了他的剑，于是发出了抱怨，坚持要求他们把剑拿回来，但随后就去读书了。他这一天读的书非常值得我们注意，是柏拉图的《斐多篇》①，这部书讨论的是灵魂不朽。加图一生都努力研究哲学。最后，在毫无征兆的情况下，他放下书卷，拿起剑，刺向自己的腹部。伤势很重，但还不至于立刻丧命。听到声响后，他的儿子和奴隶们冲了进来。他们传来了一名医生，清洗了加图的伤口，并包扎起来。但他从来就不缺乏决心或勇气。其他人离开后，这个四十八岁的男子便撕开缝伤口的线，开始掏出自己的内脏。其他人还没来得及控制住他，他便咽气了。恺撒得知此事后，感到很可惜，没有机会去宽恕自己的不共戴天之敌。但在很大程度上，加图就是为了避免被敌人宽恕而自杀的。

在恺撒越过卢比孔河后不到三年半的时间里，大多数迫使他走出那一步的权贵都已经死了，幸存者也几乎全部放弃了战斗。流血冲突还没有结束，因为一年之后西班牙还会有一场战役，甚至更加野蛮和残酷。内战开始的时候，恺撒的敌人错误地判断，恺撒不敢打仗；后来又错误地认为，他们手里掌握着更多的资源，所以他们必胜无疑。尽管困难重重，恺撒还是打赢了内战。现在人们拭目以待的就是，他能不能赢得和平，建立长期的稳定。这是头等大事，但首先，就像在亚细亚一样，他需要平定阿非利加。像往常一样，曾经支持庞培派军队的社

---

① 《斐多篇》是柏拉图的第四篇对话录，内容为苏格拉底饮下毒药前的对话。叙事者为斐多，一个曾受过苏格拉底帮助的年轻人，后成为其弟子，在苏格拉底死亡当年亦跟随在他身旁。斐多的对话对象为弗里乌斯的伊奇，一个同是哲学家的朋友。在对话中，苏格拉底试图从多方面证明人的灵魂的存在。

区受到了惩罚性的罚款，而那些支持恺撒的人则得到了奖赏。
可能就是在这个时期，他与摩尔人国王包古达的妻子尤诺娅有
了一番私情。直到 6 月，也就是登陆差不多五个半月之后，他
才离开了阿非利加。[22]

二十二　独裁官，前 46 年 ~ 前 44 年

> 内战的结尾都是一样的，胜利者的意愿也未必能实现，因为他还需要安抚那些帮助他赢得战争的人。
>
> ——西塞罗，前 48 年 12 月[1]

> 恺撒作为胜利者回到了罗马城，以令人难以置信的方式，赦免了所有曾经用武力反对他的人。
>
> ——维莱伊乌斯·帕特尔库鲁斯，1 世纪初[2]

前 46 年将近 7 月底的时候，恺撒返回了罗马。元老院已经投票决定为他举行长达四十天的公共感恩活动（这时间之久非常惊人），名义是庆祝战胜朱巴一世国王，而不是打败他的罗马盟友，这种说法是很有策略性的。四十天的感恩甚至超过了为庆祝战胜维钦托利而举行的活动。十四年前，为了参选执政官，恺撒放弃了举行凯旋式。如今，在数周疯狂的准备工作之后，他举行了多达四次凯旋式，分别是庆祝打败高卢、埃及尼罗河、亚细亚和朱巴一世国王与阿非利加的胜利。庞培在其漫长的军事生涯中赢得了三次凯旋式。大多数人也许能意识到，恺撒如今庆祝的四次胜利分别是在欧洲、非洲和亚洲三块大陆赢得的，和庞培一样。庆祝活动于 9 月 21 日开始，但不是连续举行的，所以一直延续到 10 月 2 日。庆典规模空前，

极其奢华，有战俘的示众游行，战俘包括维钦托利、朱巴一世尚在襁褓中的儿子和克利奥帕特拉七世的妹妹阿尔西诺伊四世。据说阿尔西诺伊四世激起了围观群众的同情。她和那个男婴逃脱了高卢军事领袖的命运。在高卢凯旋式的结尾，维钦托利被按照宗教仪式扼杀了。为了给恺撒一些特权，还打破了一些传统（肯定是近期才有的传统）。恺撒享有的特权之一是多达七十二名执法吏为他开道。执政官一般有十二名执法吏侍奉，独裁官有二十四名。恺撒的七十二名执法吏是执政官的六倍、独裁官的三倍，这可能是为了表明恺撒曾三次担任独裁官。另外，按照仅在共和国往昔历史中才出现过的先例，恺撒乘坐的是一辆由一组白马拉的战车。但是，如果我们相信苏埃托尼乌斯和狄奥的说法，那么在第一场凯旋式，也就是庆祝战胜高卢的那场开始后没多久，他的战车车轴就断了，于是不得不匆匆换了另外一辆。或许是为了避免这个凶兆，在仪式结束时，恺撒双膝跪地，爬上卡比托利欧山上朱庇特神庙的台阶。据普林尼说，恺撒由于之前乘车出过事故，所以在坐上战车之前总会说一句有魔力的咒语，但显然这一次咒语也没用。[3]

在每一场游行中都有运载战利品（通常是武器、甲胄以及金银和其他贵重物品）的大车。有的车上载着带有标语的牌子，包括著名的"我来，我见，我征服"，或者列举各项功业的清单。常有人认为，普林尼给出的恺撒历次战役杀敌总数（119.2 万人）是根据他的几次凯旋式宣扬的敌军伤亡数字计算出来的。对互相竞争的罗马贵族来说，对自己的成功加以量化是很重要的。另外一项传统是展示描绘战役中重要场景的图画，恺撒的凯旋式上有很多这样的图画。按照官方的说法，他庆祝的是打败共和国的异族敌人的胜利，因此没有提到庞培和法萨卢斯战役。据说其中包括梅特卢斯·西庇阿用剑自尽和加图撕扯自己伤口的图画。这些场景令群众发出哀叹，群众认为这是对落败敌人的耀武扬威，非常粗鲁，与恺撒通常的宽大仁慈形成了鲜明对比。但史料并没有表明这些景象让群众对恺撒产生了敌意，而内战中这些生灵涂炭的恐怖景象肯定会促使群众为了避免未来的冲突而接受新政权。游行队伍中的士兵佩戴奖章，身穿最精良的甲胄，他们没有丝毫道德顾虑，肯定不怕激起群众的敌意。根据历史悠久的传统，士兵们不仅可以高唱自己在战争中的功绩，还敢于唱下流歌曲来嘲讽自己的统帅。因为在凯旋式的日子里，正常的军纪都被放松了。恺撒的老兵们歌唱恺撒在高卢的情妇们，声称他把元老院给他拨的款都花在情妇们身上了。老兵们还警示罗马人，让他们"把老婆锁好"，因为"秃头的通奸者"回来了。他们开玩笑地说，违法乱纪通常会遭到惩罚，但恺撒通过目无法纪、挑战元老院，竟然成了罗马的主人。另外一首歌谣讲的是他在比提尼亚时的旧八卦：

> 恺撒征服了高卢，但尼科美德四世征服了恺撒：
> 看呐，如今恺撒得胜了，他征服了高卢，
> 尼科美德四世没有得胜，不过他征服了恺撒。[4]

这是唯一一种会让恺撒恼怒的诽谤，不久之后他公开发誓，坚称这些传闻完全是胡言乱语。狄奥说，他的誓言只是让他显得可笑。[5]

在几次凯旋式之间的日子里，还举行了所有人都可以参加的大宴会，多达 2.2 万张餐桌上摆着山珍海味、琼浆玉液。在

最后一次宴会结束后的夜色中，恺撒在一支游行队伍的簇拥下回家，20 头大象载着巨大的火炬为队伍照明。他还举办了戏剧演出，在其中一次演出中，恺撒坚持让著名的骑士阶层剧作家迪基姆斯·拉贝里乌斯亲自登台献艺。拉贝里乌斯心里很怨恨，因为登台演戏是不符合富裕公民身份的行为，他这样做会丧失骑士的体面，但他不得不服从。在舞台上，他读出了这样一句台词："令众人畏惧者，必畏惧众人。"观众们听到这话，纷纷将头转向恺撒。拉贝里乌斯感到很满意。演出后，拉贝里乌斯得到了 50 万塞斯特尔提乌斯的赏金，还得到了一枚金戒指，以表明他的骑士身份已经恢复。除了戏剧演出，还有体育和竞技比赛。恺撒多年前承诺为尤利娅的葬礼举行竞技活动，如今得以真正举行。赛马场上举行了战车竞赛，战神广场上搭建了临时的比赛场地，有些角斗士比赛是在广场上举行的。但这些竞技规模极其宏大，因此有些角斗士比赛是在其他地方举行的。斗兽比赛一连举行了五天，400 头狮子被杀死，还有一些长颈鹿丧命，此前罗马城从来没有过长颈鹿。除了通常的一对对角斗士竞技之外，还有大规模交战，两军各有 500 名步兵、30 名骑兵和 20 头战象。还有一种版本的故事说，有 20 头战象及其骑手互相单独打斗。此外，恺撒还在台伯河右岸挖掘水道，建造湖泊，进行了一场海战表演。恺撒要让所有这些庆祝活动比罗马历史上曾有过的任何活动都更宏伟、更壮观。

　　城市挤满了前来观看庆祝活动的人群。很多人居住在所有能找得到的空地上搭建起来的帐篷里。据苏埃托尼乌斯说，有些人，包括两名元老，在拥挤的人群中被踩踏而死。这些活动成本惊人，举行这些娱乐活动和游行本身就要花费巨款，此外恺撒还利用这些机会慷慨赏赐群众。在凯旋式结尾，恺撒给了他的每一名士兵 5000 迪纳厄斯，这比一名罗马军团士兵服满十六年兵役能得到的军饷还要多。每位百夫长得到 1 万迪纳厄斯，军事保民官和长官们（大多数属于骑士阶层）每人得到 2 万迪纳厄斯。他实际给出的赏金可能比他在内战期间向将士们许诺的还要多。他还慷慨大方地赏赐了平民百姓，尤其是罗马城的穷人。每位平民得到 100 迪纳厄斯，以及一些小麦和橄榄油。有些士兵对此感到愤怒，因为他们觉得财富都是他们挣来的，因此不愿意与平民分享。毫无疑问，饮酒和节日气氛使得这种不满情绪愈发高涨，导致出现了一次暴乱。恺撒过去面对士兵哗变时不肯让步，如今更不愿意妥协。他命人将一名暴乱士兵带走处决。另外两人在仪式上被大祭司团和玛尔斯祭司斩首。这种仪式的地点是战神广场，我们对其具体含义不甚了解，但两个首级被带到广场，在雷吉亚附近示众。秩序恢复了，庆祝活动取得了极大的成功。恺撒始终是个擅长组织和安排表演的人，他不仅考虑了表演的节目，还考虑了观众们的观看体验。在好几场表演中，他命人搭建了丝绸遮阳篷，为观众提供阴凉。[6]

奖赏与安排

总的来讲，群众对恺撒的凯旋式、庆祝活动和竞技表演非常满意，尽管狄奥说一些人看到角斗士比赛中大规模流血的惨状，感到莫大的震惊。独裁官在观看这些比赛时还会阅读信函，并向书记员口述，这让群众不高兴，不过也说明他的工作极其繁忙。恺撒打了这场内战，不是为了改良共和国。不管西塞罗等人后来是怎么说的，没有证据表明恺撒的目的就是在自己余生的大部分时间里独揽大权。内战前夕他想要的是当执政官，无疑也打算在自己的十二个月任期内开展新的立法。然而，他（至少在他自己看来）被迫打了一场内战，而胜利给他带来了比他之前想要的大得多的权力。在前 46 年，他第三次担任执政官，随后在前 45 年和前 44 年又第四次、第五次担任执政官。在这个时期的大部分时间里，他同时还是独裁官，并拥有元老院授予的其他一些权利。他不是始终在罗马，因为内战的最后一场战役于前 46 年 11 月发生在西班牙，他直到次年夏天才返回意大利。这使他的立法和改革的深度和广度尤其令人惊讶。恺撒勤于政事，孜孜不倦，虽然他的助手（如奥庇乌斯和巴尔布斯）肯定承担了制定法律的大量细致工作，但基本的理念似乎都是恺撒自己的。恺撒致力于立法的时间很短暂，所以一些项目从来没有真正开启，而更多项目在他去世时还没有完成。我们并不能确定他究竟做了哪些事情，而要判断他的意图就更难了。他遇刺身亡后，他的支持者和暗杀者之间爆发了一场新的内战，双方为了各自的利益都对他的长期目标给出了截然不同的解释。

让这一切显得愈发费解的是，到恺撒的养子屋大维（后来被称为奥古斯都）成为罗马的第一位皇帝时，内战才结束。他被恺撒收养之后，正式名字就变成了盖乌斯·尤利乌斯·恺撒·屋大维阿努斯。这意味着，不管是恺撒还是他的养子通过的法律，都被称为《尤利乌斯法》；不管是恺撒还是奥古斯都建立的殖民地，都叫尤利乌斯殖民地。因此，如果某项法律只有名称保存至今，而不知道具体时间，那么我们就无法判断它究竟是恺撒颁布的，还是奥古斯都设立的。尤其让人糊涂的是在有些情况下，奥古斯都执行了恺撒的设计方案，但在其他问题上，他的想法和恺撒的想法迥然不同。如果要详细讨论每一项可能是恺撒采纳的措施，就需要很长的篇幅，而且会让我们离题万里。所以，下面是一番概述，集中讨论一些被普遍认为是恺撒做出的举措。[7]

很显然，恺撒拥有极大的权力。但关于他的总体目标究竟是什么，学者之间几乎没有什么共识。有些学者将他视为一位远见卓识的政治家，他看清了共和国面临的问题，知道共和国的体制再也不能应对已经发生变化的形势，并且理解唯一的解决方案是某种形式的君主制。他的计划不仅包括政治上的改变，还极大地改变了罗马和意大利其他地区的关系，以及意大利（包括罗马）与各行省的关系。恺撒在前 48 年写给梅特卢斯·西庇阿的一封信中称，他想要的仅仅是"让意大利安定，让各行省和平，让罗马的势力安全"。有些学者将这句话视为一种明确的施政纲领。而不认同此种观点的学者则会说，这仅仅是内战厮杀正酣时一句空洞的口号而已。在这些学者看来，恺撒不是一位激进的改革家，而是一位非常保守的贵族，他在共和国体制内追寻荣耀与地位，最终获得了权力。在这样的传统雄心壮志的驱动下，他根本不知道自己在控制了罗马之后该做些什么。若以这种观点来考量，恺撒数不胜数的改革（处理了范围极广、五花八门的问题）恰恰说明他没有一个统一的方针政策，也没有宽泛的计划。恺撒对如此之多的问题修修补补，恰恰是因为他不知道该怎么办，于是让自己保持忙碌，误以为活跃就是一种成就。上述两种观点都太极端了，大多数学者采取了介于二者之间的较为合理的态度，但在重新考量这个问题之前，我们有必要审视一下证据。[8]

恺撒接手的不是一个运转正常的共和国。内战扰乱了整个罗马世界，但早在内战之前的很多年里，共和国的机构就已经难以应付动荡和凶暴的政治斗争。尊重传统固然重要（我们不必过于纠结恺撒究竟在多大程度上感到尊重传统的重要性，因为他知道这在其他人眼中的重要性），但也必须尽快找到务实的新政府体制，进行有效的统治。另外，人事安排也始终是个非常重要的问题。有些人曾为他作战，因此需要奖励；有些人曾反对他，现在恺撒要么以慷慨和仁慈来争取他们，要么严酷地审判他们。前46年秋季，恺撒开始了他的殖民计划，为他的老兵们提供农场。他打算用公共土地来安顿他的老兵，或者没收那些已死或拒不悔改的庞培派的土地。即便如此，土地仍然不够，必须以恰当的价格来收购更多的土地。正如恺撒对哗变士兵所说的那样，他急于避免苏拉向其士兵分配土地时造成的动乱和艰难。起初，似乎只有那些服役期满的士兵才能退役并得到土地（我们不知道这样的士兵在军中的比例是多少），其他人只能继续服役到期满。土地分配主要是在意大利，但也有老兵被安顿在北非和外高卢，例如纳尔博的殖民地似乎得到了扩建。就像恺撒在纪念凯旋式时不仅向士兵，还向罗马人民赏赐金钱一样，他的土地分配计划也开始包括平民。他在各行省建立了一些殖民地，还筹建了更多的殖民地，预计将会迁移和安顿8万人。盖乌斯·格拉古曾计划在迦太基原址建立一个殖民地，如今这个计划被实施了；在科林斯原址（科林斯像迦太基一样，也被罗马人摧毁了，时间是前146年）也兴建了一个新的居民点。有些情况下，新居民点的选址是为了惩罚那些在内战中曾经反对他的社区，但即便如此，惩罚也不算特别严厉。整个殖民计划需要付出极大的努力，土地测量员去往所有接受论证的地区，调查土地的真实产权情况，然后划分地界，将其分配给新人。在这项工作的每一个阶段，恺撒和他的幕僚似乎都愿意听取利益相关方的请求。西塞罗成功地为伊庇鲁斯的布特罗图姆①社区争取到了豁免权（即不会向当地安置移民），他的朋友阿提库斯在那里拥有产业和利益。恺撒土地分配项目的目标是尽可能满足老兵和平民移居者的要求，但同时避免对殖民地所在的地区造成太大的负担，尤其是在当地人有影响力较大的朋友的情况下。

平民派政治家向公民们分配土地已经是悠久的传统，在格拉古兄弟很久以前就有过这样的事情。恺撒的土地法是他前59年立法工作的基石，现在他有了更大的行动自由，便以比当年大得多的规模继续这项事业。他奖赏了他的士兵，同时也将罗马人民中一个潜在的危险群体迁出了罗马城，给了他们谋生和养家的手段。在政治上，他获得了利益，让许多人欠了他的人情、对他感恩戴德，但同时也大大增加了富裕公民的数量。我们没有理由怀疑，恺撒和许多同时代人都感到，殖民计划利国利民，也符合他自己的利益。在前59年，就连加图也认为，恺撒提出的土地法唯一不对劲的地方就是提出它的人。但这些工程的规模极大，不可能一蹴而就。到恺撒去世时，他的计划只落实了一小部分。他的那些雄心勃勃的计划，比如排除庞朴丁沼泽的水，并将其转化为良田，只存在于理论阶段，没有实际进展。但是，这些计划的确说明恺撒打算进行更多的土地分配，也就是说他非常努力地改善更多穷苦公民的生活条件。另一项没有实际执行的计划是

---

① 即今天的布特林特，在阿尔巴尼亚，是一座历史悠久的古城，史前就已有人居住。

改变台伯河的河道，改善水上交通，并保护罗马城容易被水淹的部分。[9]

军官们，尤其是军事保民官和百夫长们，也从土地分配中受益。恺撒的那些地位较高的追随者们得到了高官厚禄的奖励，导致传统的行政长官模式发生了一些变化。前 47 年，他将裁判官的数量从八人增加到十人。次年秋季，在他从阿非利加返回和远征西班牙之间没有足够的时间举行大多数的选举。因此，当他于前 45 年 10 月从西班牙返回后，他立即在当年的余下时间选举了 14 名裁判官和 40 名财务官，有 16 名裁判官和另外 40 名财务官于前 44 年 1 月 1 日上任。与此同时，他辞去了前 45 年的执政官职务，这一年只有他一人担任执政官，没有同僚，就像庞培在前 52 年最初几个月那样。他的军团长费边和特雷博尼乌斯被选为这一年余下时间的补任执政官①。尽管元老院授予恺撒直接任命行政长官的权力，他还是仅仅做出推荐。他推荐的人选名单会在相应的选举会议上被朗读公布："独裁官恺撒致（部落名）。我推荐某某人担任某官职，请诸位投票表决。"他推荐的人总是能够当选，很有可能没有人敢于参加竞选，与恺撒青睐的人竞争。在一定程度上，恺撒的这种做法保全了正当的程序，但他显然需要将高级行政长官的职位授予自己的众多追随者，这就产生了矛盾。费边·马克西穆斯去看一场戏时，传令官高呼执政官驾到，观众们却高声疾呼："他才不是执政官！"费边在自己任期的最后一天早上去世了。恺撒得知此消息时正在主持一次选举次年财务官的部

---

① 如果一位执政官在其任期内死亡（此情况并非罕见，因为执政官常常处在战斗的前线）或被免职，会选出另外一位，在前任任期余下的时间里执政，被称为"补任执政官"（consul suffectus）。

落会议。他改变了计划，让群众按照百人会议的模式聚集起来，选举了一位新的执政官。正午之后不久，他在高卢时的另一名军团长盖乌斯·卡尼尼乌斯·莱比鲁斯被选为执政官，因此这位新执政官的任期只有几个小时。几天后，西塞罗开玩笑说："卡尼尼乌斯担任执政官期间，没有人吃午饭。但在他任上没有发生任何坏事，因为他的尽忠职守到了令人难以置信的程度。在他整个执政官任期上，他从来没有睡过觉。"据说当时西塞罗敦促所有人冲上去，抢在卡尼尼乌斯任期结束前恭喜他。私下里，西塞罗觉得此事是莫大的悲剧，而不是什么好笑的事情。[10]

恺撒挑选的执政官们在其任期内几乎都没有时间做任何事情。即便他们有行动自由，而不是仅仅作为推动恺撒立法的工具，他们也根本没有机会有所作为。但他们获得了执政官的尊严和象征意义。恺撒甚至将执政官的地位授予十名从未担任过这个职务的前任裁判官，因为他需要奖赏许多追随者，时间却很有限。如此迅速地免职和指定新人并不违法，但是没有任何先例，而且极大地损害了这些官职的尊严。其他职位的戏剧性增加也不可避免地导致这些职位的贬值，但从务实的角度看，这些做法也是有道理的。苏拉将裁判官的数量固定为八人，因为这已经足够为当时共和国控制的行省提供总督人选。此后，罗马通过征服和吞并大幅扩张，因此的确需要更多的行政长官来管理新的行省。当选财务官的人会自动获得元老身份，于是每年要增加至少四十名新元老。恺撒还获得了自行斟酌授予元老和贵族身份的权力。

甚至在内战造成动荡和损失之前，监察官的机制就已经无法正常运作，在接纳新元老问题上也无法达成一致。这往往是由于几位监察官之间的争吵。所以，元老院的人数急剧下降。恺撒任命了数百名新元老，弥补了元老院的损失，然后大幅增加了元老数量。苏拉当年将元老人数扩大了一倍，达到约 600 人；到恺撒去世时，已经有约 800～900 名元老。其中有些人是一度被逐出元老行列的人，或者那些因为支持马略而被排挤在政治生活之外的人。大多数新元老来自地位稳固的骑士家族，包括意大利各地的很多贵族，但也包括一些前任百夫长。还有一些来自意大利之外的公民家族的人，包括一些来自内高卢（或许还有外高卢）的人。当时有人开玩笑说，"蛮族"脱下了长裤，披上了托加袍。还有人在广场上乱涂乱画，鼓动大家不要告诉这些新元老去元老院议政厅的路怎么走。不过事实上这些刚成为元老的"外国人"不大可能不会讲流利的拉丁语，也不大可能没有受过良好的教育，他们在文化上与真正的罗马贵族其实没有什么差别。[11]

恺撒的一些任命可能不太合适。前文已经讲到，恺撒曾说如果帮助他的是罪犯，他也会奖赏他们。被他任命为行省总督的一些人后来被以腐败和敲诈罪行起诉，并被定罪。其中之一是未来的历史学家撒路斯提乌斯，他在塔普苏斯战役之后被留下执掌阿非利加行省。他在自己的著作中坚称自己是清白的，或许他真的是比较天真，而不是腐败。另外一名以残忍著称的忠实追随者想得到一个行省，但被恺撒拒绝。恺撒给了他一笔赏金。但总的来讲，恺撒接纳的新元老和元老院的旧成员没有什么不同。在过去，罗马的许多最古老、最高贵家族的后裔同样常常表现出腐化、卑鄙、无能的罪行。对恺撒如此扩大元老院的一个比较有说服力的指控是，他这么做使元老院人数太多，无法在广场上进行正常的辩论。这是有道理的，但在恺撒余后的岁月里，要处理的政事极多，只有一小部分在元老院进行了辩论。事情往往是由恺撒及其谋士闭门决定的，然后公布出去；表面上假装是元老院发布的，甚至编造了参加会议的人员名单。西塞罗惊讶地发现，外省的一些统治者或社区写信给他，感谢他投票支持他们的请愿。在大多数情况下，他根本没有听说过这些事情，肯定也没有参加过讨论这些事务的任何会议。要决断的事情太多，根本没有时间按照正常的程序来处理。但有意思的是，恺撒确保他的决策被以正确的传统方式公布出去，尤其是发布给遥远的社区，那里的人们不可能知道，这些决策其实是恺撒的一言堂。奥庇乌斯和巴尔布斯是他在这些工作中的主要助手，两人在恺撒在世时都没有成为元老。尽管恺撒及其盟友处理政事的方法是史无前例的、违反宪法的，但即便是他的批评者也承认，恺撒等人的行政决策一般都是恰当且合理的。[12]

很多曾经的庞培派，包括西塞罗，得到了恺撒的宽恕，如今和恺撒的支持者一同坐在元老院里（至少是在元老院真正开会的时候）。起初西塞罗决心不参加任何辩论，集中精力于写作，而不是政治。塞维利娅的儿子布鲁图斯之前也是庞培派，但他如今比较活跃，被恺撒派去管理内高卢，可能是以资深裁判官的身份，不过他从来没有担任过裁判官。他的妹夫卡西乌斯大约在这个时期也接受了军团长的职位。其他的一些庞培派人士已经停止作战，但还没有正式向恺撒投降并接受裁决，因此不能擅自返回意大利。于是，他们流亡海外，等待亲戚朋友帮他们说情。据传闻，恺撒喜欢让曾经最为激烈地反对他的人等待，迟迟不对其做出裁决，好让这些人长时间如坐针毡，以此作为对他们的惩罚。其中之一是前51年执政官马尔库斯·克劳狄·马凯鲁斯，是他开始了对恺撒地位的集中攻击，并且用鞭子抽打和驱赶诺乌姆·科姆的行政长官。就是他的所作所为推动了内战的爆发，不过他没有积极地参加内战。即便如此，他仍然不肯直接写信向恺撒求饶。为马凯鲁斯求情的人包括恺撒的岳父皮索、马凯鲁斯的堂兄弟①（前 50 年的执政官，恺撒甥孙女的丈夫），以及其他一些参会的元老。恺撒答应了他们的请求，于是西塞罗打破了沉默，发表演讲，颂扬恺撒"以元老院的权威和共和国的尊严为重，摒弃个人恩怨和猜忌"的义举。不久之后，他发表了另一次演讲，这次是在广场而不是在元老院，敦促恺撒允许昆图斯·里加卢斯结束流亡、重返罗马。据普鲁塔克说，在西塞罗开始演讲之前，恺撒公开宣布，里加卢斯是他的敌人，不配得到宽恕。尽管他（恺撒）心意已决，但还是愿意听听西塞罗的话，因为西塞罗的精彩演讲会给他带来极大的愉悦。最后，恺撒被西塞罗的演讲感动落泪，立刻赦免了里加卢斯。之前的庞培派逐渐返回了罗马，其中一些是非常显赫的人物，至少部分人得以重返政坛。但马凯鲁斯未能回国，他还没来得及享受恺撒的宽恕，就在一场家庭纠纷中被自己的一名家人杀害了。另外，越来越多在内战期间保持中立的人开始在恺撒的统治下出任官职，比如著名的法学家塞尔吉乌斯·苏尔皮基乌斯·鲁弗斯，他去希腊当了总督。西塞罗继续活跃地抛头露面，至少在一段时间内很乐观，还建议恺撒努力恢复共和国的正常运作。[13]

---

① 即小盖乌斯·克劳狄·马凯鲁斯（前 88 年～前 40 年，前 50 年执政官），他是屋大维娅的第一任丈夫。屋大维娅即屋大维（后来的奥古斯都皇帝）的姐姐，马克·安东尼的第四任妻子。

大整顿

恺撒的殖民计划让罗马城的很大一部分居民迁走了，但他也非常关心留下的那部分居民的生活，努力去改善和管理他们的生活状况。他仔细审查了向公民发放免费粮食的制度，认为此制度容易被滥用，而且经管不利。他下令对罗马城居民进行人口普查，逐条街道地统计人口，并利用地主提供的佃户人口信息。随后根据这次普查的结果，他主持重新计算了有资格领取免费粮食的人数。这样的人口数量从 32 万下降到了 15 万。新的数字被固定下来，并建立了新制度，一旦有人死亡，名单出现空缺，就由裁判官增添新的有资格领取免费粮食的人。那些被取消免费领取粮食资格的人可以在恺撒的建筑工程里找到一份工作，领取薪金。他的这些工程持续进行，规模宏大，以战神广场上的围场和新的广场建筑群为核心。除了奢华的表演和竞技之外，恺撒还找到了其他方法为罗马城造福。他很可能受到了在希腊化城市看到的东西的影响，尤其是在亚历山大港。他向任何愿意到罗马工作的医生或教师授予公民权。他直接效仿亚历山大港的著名图书馆，命令在罗马建立一所类似的学术中心，并指派著名学者特伦提乌斯·瓦罗（曾经在西班牙的庞培派将领）负责搜集拉丁和希腊文学。恺撒的另一项工程是编纂罗马法律，但此工程可能当时并没有开始，到几个世纪之后才真正得以实现。[14]

恺撒影响最持久的工程之一是重新编纂历法。在这方面，他也受到了希腊化世界的影响。他委任亚历山大港天文学家索西琴尼主持新历法的计算工作。根据罗马现行的历法，一年有355 天，最初是根据月相周期计算的，需要不断地修正。为了让官方历法能与自然季节一致，大祭司团（恺撒是其中最高级的祭司）要负责给每一年增添闰月。这种历法非常让人头痛，而且容易受到政治操纵，比如可以延长盟友的公职任期。西塞罗担任奇里乞亚总督的时候非常害怕有人会这么做，来推迟他离开行省、返回罗马的日子。到内战时期，历法已经比实际的季节早了大约三个月。恺撒新历法的逻辑性更强，他的目的是让历法不需要每年修正也能正常运行。前 46 年 2 月底的时候，恺撒已经为当年增添了一个长约三周的闰月。后来在 11 月和 12 月间又增添了两个闰月，于是这一年最后一共有 445 天。这是为了让新一年（前 45 年）的 1 月 1 日从太阳周期的恰当时间开始。儒略历①的月份不等长，但加起来一共是 365 天。每四年添加一个闰日，而不是一整个闰月，加在 2 月 23 日之后。这种历法被东正教沿用至今，但在 16 世纪，教皇格列高利十三世命人对其做了细微修改，成了所谓的格列高利历，也就是今天广泛使用的公历。恺撒的历法改革很实用，除去了混乱和政治操纵的可能性。它还为每年增加了 10 天，这 10 天都是可以执行公共事业（如元老院开会或召集公民大会）的日子。尽管如此，还是有迹象表明，有些人对新的历法抱有怨恨，或者更准确地说，是对颁布新历法的恺撒心怀不满。有一次，有人对西塞罗说，天琴星座应当在次日升起。西塞罗讥讽地说，星座的升起需要遵照官方命令。[15]

恺撒对规章制度很关心，它的很大一部分都属于罗马的传统。在过去，为了限制罗马精英阶层的奢靡浪费，罗马曾经颁布过许多禁止奢侈的法律。恺撒也通过了一部这样的法律，除

---

① "儒略"是恺撒的名字尤利乌斯的旧译。

了被特别指明的一些人和群体在特定日子之外，任何人不准坐轿子，不准穿紫色衣服，不准佩戴珍珠。许多来自异国的贵重食品被禁止了，恺撒还派人到广场周边检查商店出售的货物。甚至有故事说，士兵们闯进民宅，没收餐桌上的违禁食品。从长远来看，他的这项法律和之前的类似法律一样，影响甚微。他这么做的目的部分是政治上的，是为了防止潜在的竞争对手（或者至少是潜在的扰乱局势的政客）通过奢侈的娱乐来展示自己的财富、笼络人心。他或许还希望城里的商人们将精力集中在提供生活必需品，而不是外国奢侈品上。但就连恺撒自己也不指望大家在他背后也能认真遵守这项法律。恺撒颁布这项法律的另外一个原因或许是希望恢复传统的节俭品质（罗马人常常赞扬这种品质，只是很少有人真正去那么做）；不过如果他真的这么想，就有些讽刺了，因为恺撒本人就是有名的珍珠和艺术品收藏家。狄奥还告诉我们，恺撒奖励那些拥有三个或更多孩子的家庭，以鼓励生育、提高生育率。受到他的禁奢令影响的不仅仅是那些买得起奢侈品的富人，他还禁止了罗马城的行会和同乡会之类的社团组织。克洛狄乌斯那样的政客曾利用这些组织作为打手，为其实现政治目的服务。此项法律的唯一例外是合法的协会。罗马的犹太居民的会堂聚会得到了明确的豁免。20 岁～40 岁的罗马公民被禁止在国外连续停留超过三年，除非是作为军人或者执行其他公务。元老子弟们受到了格外关注，他们被禁止出国，除非是在一位总督的幕僚中服务或从军。我们不是很清楚这些法律的目的，不过对年轻贵族的限制可能是为了防止他们加入反政府武装集团，从而连累家人。恺撒的其他法律更为实用，比如清扫罗马的街道，以及维持城市的行政和基础设施正常运转。恺撒的措施带有平民派的意味，但他的改革都并不极端。他努力让社会的不同阶层都受益，并且显然竭力避免让某个群体获得过多利益以至于危害其他群体。[16]

　　恺撒关心的不仅仅是罗马城。他或许是记起了斯巴达克斯起义，立法规定意大利南部大庄园的劳动力必须至少三分之一是自由人，而非奴隶。有人认为恺撒还为意大利各城镇和自治市①的宪法制定了范例，但这个问题的争议很大。他可能对这样的事情感兴趣，而且其立法的很大一部分似乎的确要用于意大利和各行省。他在地中海周边作战的很大一部分时间用来调解纠纷，以及确认或修改涉及各行省社区和君主的法规。我们已经看到在这些场合中，征集资金是他主要关心的问题；但他也热切地希望这些地区安定和平，哪怕仅仅是因为不满情绪可能导致这些地区造反，从而对他的政敌有利。在他政治生涯的早期，他曾经因起诉腐败的行省总督而闻名，后来他第一次担任执政官时，还通过了规范这些行政长官行为的法律。当上独裁官之后，他对行省总督施加了更多的限制，其中最重要的限制之一是将资深执政官级别的总督任期定为不得超过两年，而资深裁判官级别的总督任期不得超过一年。狄奥认为，他这么做是为了防止其他人效仿他，但即便是批评者也认为这种措施是非常有道理的。[17]

---

　　① 公元前 4 世纪~前 2 世纪，罗马因军事目的或者为了安置缺乏土地的公民，在意大利内外建立了一系列罗马公民殖民地。最初，因为这种殖民地完全是罗马的一部分而没有设立单独的自治机构。公元前 317 年，昂提乌姆首先设立了自治机构，其他殖民地竞相仿效。由罗马公民殖民地发展而成的城市，是罗马国家的自治市（Municipium）。有的自治市居民享有完全的罗马公民权，有的则只有部分权利，最重要的是没有选举权。

西班牙战役，前46年秋～前45年春

恺撒对一个总督的不恰当任命，导致了内战的最后一场大战役爆发。昆图斯·卡西乌斯·朗基努斯曾作为财务官在西班牙服役。恺撒击败阿弗拉尼乌斯和佩特列乌斯之后，将卡西乌斯留在外西班牙行省担任总督。卡西乌斯贪得无厌，性格暴虐，导致行省居民和他自己的部队都非常憎恶他。这导致了叛乱和军队哗变，许多人公开宣称投奔庞培派。卡西乌斯遭到刺杀，但活了下来，后来决定逃跑。载着他和他的战利品的船不幸倾覆，他葬身于大海。在此之前，恺撒已经得知他的不端行为，并派人去接替他，但为时已晚。庞培的儿子格奈乌斯和塞克斯图斯很快抵达西班牙，争取当地人的支持，而西班牙与他们的父亲曾有过很多联系。塔普苏斯战役之后，拉比埃努斯和其他逃亡者也到西班牙与他们会合。恺撒起初觉得这是小菜一碟，他的军团长就能消灭庞培军队，不需要他亲自出马。到前46年11月底，他判断自己的军团长掌控不了大局，于是亲自出征。如前文所述，这一年没有选举任何高级行政长官，于是他将罗马交给骑兵统帅李必达负责，由八名指定的高级军官辅佐他，但大多数日常工作是由奥庇乌斯和巴尔布斯处理的。不到四周内（苏埃托尼乌斯说是二十四天，但其他几份史料说是二十七天）恺撒便抵达了位于外西班牙的战区。为了让自己保持忙碌状态，他不仅坐在马车上处理日常事务，还创作了一首题为《旅行》的诗。格奈乌斯·庞培没有他父亲的军事才华，但他是个坚忍不拔的人，现在拥有13个军团的大军，还有众多的辅助部队。恺撒率军前往西班牙之后，有人担心即便他取得了多次胜利，如今他仍然可能失败，因为他只调集了

8个军团，其中只有2个有作战经验，即第五"云雀"军团和第十军团（已经有一些服役期满的老兵离队）。那些曾经为庞培效力而如今与恺撒和好的人也非常紧张，因为格奈乌斯是个暴躁易怒的人。前45年1月，卡西乌斯（布鲁图斯的妹夫和未来的反恺撒密谋者）写信给西塞罗，表达了自己的担忧：

> 现在重新来谈谈关于共和国的事情，即西班牙正在发生的事情。我真的很担心，宁愿留在仁慈的旧主人身边，也不愿意要一个残忍的新主人。你知道格奈乌斯多么蠢；你知道，他误以为残忍就是勇气，他还以为我们老是嘲讽他。我担心他会像个农夫一样，用剑来报偿我们说的笑话。[18]

恺撒的军官们记述了此次战役，称之为《西班牙战争史》，但这是增补恺撒《战记》的著作中水平最差的一部。这些军事行动的很多细节都模糊不清，我们在此做一个简单的概述就足够了。恺撒抵达西班牙后得知，敌军攻打乌利亚城已经有几个月时间了。乌利亚是仍然忠于恺撒的地区的唯一一座重要城镇。为了减轻乌利亚的压力，他立即率军进攻行省首府科尔多瓦。防守这座城市的是塞克斯图斯·庞培，他的求援很快让兄长及其主力部队离开了乌利亚。恺撒的军队安顿下来，准备在冬季围攻科尔多瓦。格奈乌斯追踪和骚扰恺撒军队，但不肯正面交锋。条件非常艰苦，从这场战役一开始，双方都表现得极端凶残。恺撒认为科尔多瓦太牢固，难以攻克，而且留在原地也没什么实际意义，于是选择撤退，改为攻打较小的阿特瓜城。格奈乌斯追了上去，但仍然不肯正面对垒。恺撒军队的围攻取得了很大进展，很快就发现阿特瓜的许多居民希望投降。于是，驻守阿特瓜的庞培军队将所有被怀疑想投降的人及其亲眷全部带到城墙上，尽数屠杀。即便如此，格奈乌斯仍然无法保住阿特瓜，最后阿特瓜守军于前45年2月19日投降。行省的各社区开始纷纷向恺撒投降，庞培军队也不断有逃兵加入恺撒阵营。格奈乌斯的回应是处决那些可疑分子。将近2月底的时候，恺撒的士兵抓获了敌军的四名侦察兵，将其中三人钉死在十字架上，因为他们是奴隶。第四个人是罗马公民，被斩首了。格奈乌斯撤退了，恺撒追了上去，逼近了乌尔索城（现代的奥苏纳）。敌军驻扎在大约6里外的蒙达。[19]

3月17日上午，格奈乌斯率军出营，在蒙达城外的山岭上排兵布阵。恺撒判断这就是决战的时机（他自战役开始以来一直渴望与敌军决战），于是将其军队部署在敌军前方的平原上。他看到庞培军队自信满怀的样子，认为他们会下来到平原上交战。但格奈乌斯让他的部队停留在山坡上。尽管不占据地利，但恺撒仍然决定进攻。庞培军队兵力可能多于恺撒，不过庞培军队的13个军团未必全都在场并且齐装满员，因为他们在之前的作战中损失不小，而且还需要派遣部队到各地去驻防。恺撒的骑兵的确比敌军多得多，但地形对骑兵不利。恺撒将希望寄托在自己的好运气、军事才干以及官兵的英勇上，毕竟这些将士在塔普苏斯曾经心急如焚地要求作战。像往常一样，第十军团在右翼，第五军团和第三军团（可能就是在高卢为他效力，后来被庞培接管的那个军团）在左翼，另外5个军团在中路。恺撒下令进攻，但敌人没有上来迎战，直到最后一刻才发动了反击。战斗非常激烈，在一段时间内似乎格奈乌斯占了上风。有一次，恺撒的一些部队开始动摇，他的

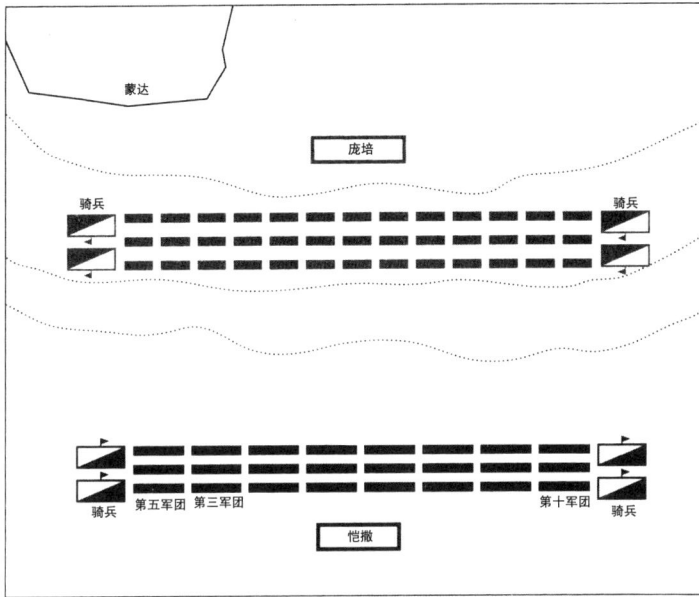

图 15　蒙达战役

战线面临崩溃的危险。就像多年前在桑布尔河那样，恺撒立刻冲到危急地段，控制住了局势。据说他一直冲到离敌军战线只有十步远的地方。起初只有他一个人在那里，躲避敌人的投射武器或用盾牌挡住它们，但随后离他最近的军官们冲了上去，最后士兵们也冲了上去。《西班牙战争史》中没有记载这个故事，它肯定随着口口相传而变得越来越精彩离奇，但能够体现出蒙达战役的激烈。据普鲁塔克记载，恺撒后来说他常常为了胜利而战斗，但在蒙达他是第一次为了自己的性命而拼搏。第十军团首先突破敌阵，在敌军左翼打开了一个缺口，使其暴露，尽管第十军团的人数少于敌军。格奈乌斯命令拉比埃努斯率领 1 个军团去堵住这个缺口，但恺撒的骑兵已经在席卷庞培军队的右翼。庞培军队拼命应对这个危机时，全军迅速瓦解溃败。在此次战役中，恺撒损失了约1000人，超过了在法萨卢斯的伤亡数字，而且恺撒的总兵力应当不超过2.5万~3万人，可见战况之激烈。庞培军队的伤亡据说超过3.3万人，不过这个数字可能是夸大了。恺撒的士兵在蒙达城外建立了恐怖的胜利纪念碑，在其顶端堆放砍下的首级。蒙达坚守了一段时间。拉比埃努斯战死沙场。格奈乌斯·庞培负了伤，但逃走了，不过几周后被抓获。他被斩首，首级被送给恺撒。塞克斯图斯带领一小队船只逃走了，但近期他不会对恺撒构成任何威胁。① 尽管一些庞培派军队继续作战，但内战实际上已经结束了。[20]

　　大约一个月后，捷报传到了罗马，元老院宣布举行五十天的感恩活动。恺撒被授予"解放者"的称号。当局将建造一座自由神庙。另外，他还被永久性地授予"凯旋将军"的称号。在过去，一般来讲，只有在打赢战争之后，士兵们用这个称号来赞颂他们的统帅。恺撒在西班牙待了一段时间，扫荡仍然忠于庞培派的最后一批要塞，并重新平定这个行省。他仍然抽出时间写了很多信。我们知道，他在4月底写信给西塞罗，哀悼他挚爱女儿图利娅的辞世。西塞罗是一个重要的公众人物，恺撒非常需要他的政治友谊。但恺撒这一次可能并非仅仅出于客套，因为他自己深切地知道失去女儿意味着什么。西塞罗对图利娅的爱远远超过对自己妻子或儿子的爱，他始终未能从这悲痛中释怀。在西班牙，恺撒忙于重新规划一些城镇，将

---

① 塞克斯图斯·庞培后来控制了西西里岛，拥有了自己的强大陆海军，坚持抵抗。一直到前35年，他才被安东尼最终消灭。

其转化为殖民地，那里不仅有原先的居民，还有一些退伍军人和其他定居者。无论军人还是平民，无论外省居民还是罗马公民，都得到了他的奖赏。在返乡途中，他在外高卢停留了几周，做了一些行政工作，检查了在纳尔博和阿莱拉特（今阿尔勒）安顿老兵的工作进展。外高卢的高卢城镇被赋予拉丁公民权，这意味着他们的行政长官在任期满后会自动获得完全的罗马公民权。马克·安东尼在高卢与他会面，两人显然和好如初。

　　恺撒直到夏末才返回意大利，然后似乎一直待在罗马城外，直到 10 月初才庆祝了另一次凯旋式。这一次，毫无疑问，他庆祝的显然是击败罗马敌人的胜利。他还做了一件前所未有的事情：允许他的两名军团长昆图斯·佩蒂乌斯和费边（恺撒很快将任命这两人为当年余下时间的执政官）为西班牙战役的胜利而举行他们自己的凯旋式。这些举措都令元老院内的批评者不满。在恺撒自己的凯旋式上，十名保民官中只有庞提乌斯·阿奎拉一个人在恺撒经过时拒绝起立，这让恺撒很恼怒。阿奎拉曾经是庞培派，有一些产业被没收，但显然被允许继续从政。这情景令恺撒大怒，他嘲讽地喊道："来啊，保民官阿奎拉，从我手中夺回共和国啊！""恺撒不会让这件事就这么轻易过去。在随后几天内，当他向其他人许诺时，都会讥讽地补充一句：'当然，如果庞提乌斯·阿奎拉同意的话。'"[21]

　　恺撒现在拥有非同寻常的荣耀。他被任命为独裁官，任期十年，所有行政长官都正式地服从于他。除此之外，他还是执政官，每年想当多久执政官就可以当多久。很快，他正式获得了十年的执政官任期。据狄奥记载，恺撒还获得了平民保民官的权力和权益，不过其他史料没有提及这一点。此外，他还控制着所有罗马军队以及共和国的国库。阿谀奉承的元老院给了他数量极多的荣誉头衔，据狄奥说恺撒只接受了其中一小部分，但数量已经非常惊人了。在元老院或广场的正式会议上，他坐在两名执政官之间的特殊席位上。在竞技比赛的开幕式上，特别的马车上不仅载着诸位神祇的雕像，如今还载着恺撒的象牙雕像。卡比托利欧山上历代国王的雕像旁和奎里努斯神庙（奎里努斯是神话中创建罗马的罗慕路斯的另一个名字）内也都立起了恺撒像。西塞罗对这种情况感到很好笑，因为据传说，罗慕路斯被元老们撕成了碎片。西塞罗开玩笑称，他很高兴看到恺撒和奎里努斯在一起，而不是和萨卢斯（健康与安全之神）在一起。一年前当恺撒赦免马凯鲁斯和其他主要对手时，西塞罗对恺撒颇有好感，十分乐观，但如今已经不是那么乐观了。恺撒显然拥有最高权力，而且没有让元老院恢复全部行动自由的打算。独裁官不在罗马的时候，大多数的关键决策都是由奥庇乌斯和巴尔布斯那样的人私下里做出的。倒不是说这些决策不好，让西塞罗忧心忡忡的是这些决策的过程和真正做决策的人。在他这样一位元老，尤其是曾经跻身高位、惯于在元老院辩论中呼风唤雨的人看来，重大事务只能在元老院以恰当的方式处理。元老院则应由最优秀、最显赫的元老来指导，这些元老主要是门阀贵族。西塞罗还始终希望，像他本人那样的少数有才华的人应当在元老院起到重要作用。这是传统，但恺撒的所作所为显然违背了元老院的这种理想。[22]

在危机悬而未决、内战仍有可能爆发的时候，很多元老愿意容忍恺撒的绝对权力。但这些危险消失之后，他们就渴望回到正常状态，恢复他们阶级的显赫地位。在恺撒经过内高卢返回意大利的途中，布鲁图斯去见了恺撒，感到恺撒"站到了好人一边"。"好人"这个词和其他一些词，比如"最优者"一样，都是指与说这话的人结盟、持有相似政见的人。西塞罗认为布鲁图斯的这个判断幼稚到了荒唐的地步。恺撒会见布鲁图斯的时候可能许诺让他当前 44 年的裁判官，并且等前 41 年他到了合法年龄之后就让他当执政官。这或许就是布鲁图斯热情赞颂恺撒的原因。布鲁图斯对自己的舅舅加图一直非常尊重，并且在舅舅选择自杀而不是像外甥一样接受恺撒宽恕之后，对加图就更敬佩了。布鲁图斯休了妻子（阿庇乌斯·克劳狄的女儿，克劳狄本人在马其顿战役初期寿终正寝了），改娶了加图的女儿波尔基娅。在罗马的精英阶层中，表兄妹结婚并不稀奇。波尔基娅是毕布路斯的寡妇，所以和恺撒最顽固的死敌有着更紧密的联系。前 46 年，布鲁图斯写了《加图传》，不吝赞美之词地歌颂了自己的舅舅。据西塞罗说，布鲁图斯这本书的资料研究非常马虎，并且夸大了加图在关于喀提林叛乱者的辩论中起到的作用，同时贬抑了西塞罗的作用，这让西塞罗很恼火。但是，在布鲁图斯的敦促下，西塞罗也写了一本《加图传》，集中描写加图的个人美德和坚定意志，而不是他的政治生涯，因为西塞罗不想惹恺撒不高兴。这样写也会轻松一些，因为西塞罗在过去常常对加图在政治中的判断不敢苟同。后来有人给西塞罗看了恺撒的一封信，恺撒宣称自己通过研读西塞罗的书，提高了自己的文学素养。恺撒还说，读了布鲁图斯的《加图传》之后，他觉得自己的写作水平比布鲁图斯强。这让西塞罗非常开心。[23]

　　加图是恺撒的仇敌之一，在加图自杀仅仅几个月之后，就有颂扬他为贵族品格之典范的书公开传播，并且得到普遍赞扬。其中一本的作者是西塞罗，被公认为"罗马第一演说家"的前任执政官；另一本的作者是布鲁图斯，他被普遍认为是年轻一代的佼佼者。苏拉当独裁官的时候，绝对没有人敢这样公开地赞扬他的敌人。但恺撒从一开始就宣称自己不会学习苏拉，并且如今也没有食言。歌颂加图的书出版后，恺撒读了这些书，但当时正忙着与格奈乌斯·庞培作战，因此没有采取任何措施。他只是命令希尔提乌斯搜集批判加图的资料。击败庞培军队之后，恺撒便以此为基础，撰写了《反加图传》。这部书没有被保存下来，但显然对加图进行了大肆攻击。据这本书记载，加图在火葬自己的同母异父兄弟之前，用精美服饰和贵金属装饰遗体，但火化之后就用筛子去筛骨灰，以回收熔化的黄金。这个故事可能是虚构的，但加图的生活方式的确非常怪异，给了恺撒很多加工的材料。加图最古怪的故事是，他决定与给他生了多个儿女的妻子离婚，然后让她嫁给他的朋友著名演说家霍尔腾西乌斯，好让他也能有自己的儿女。霍尔腾西乌斯非常富有，不久之后他就去世了，于是加图再娶了自己的前妻，也就是霍尔腾西乌斯的寡妇，重新过上了幸福的婚姻生活，并且把霍尔腾西乌斯的大量产业和金钱带到了自己家。这种行为说得轻一些也算是怪异，而在恺撒看来就是极度地玩世不恭。

在《反加图传》中，我们或许能看到恺撒的私人仇怨，但我们必须记住在罗马政界，人身攻击往往是言过其实的，往往还是非常低俗的。加图对恺撒恨之入骨，在两人的一些公开对抗中曾挫败恺撒，并且是推动内战爆发的主要人物之一。恺撒在法萨卢斯曾说："是他们想要这样的。"这话非常适合用来描述加图。在恺撒看来，就是加图顽固的敌意迫使他跨过卢比孔河，去打仗，去杀死那么多公民同胞，将罗马世界撕得四分五裂。从恺撒的立场看，确实是有足够的理由去憎恶加图；即便不是憎恶加图这个人，也是憎恶（在恺撒看来）加图迫使他做出的事情。《反加图传》的攻击中或许有情感因素，但整个事情中最重要的是，恺撒仅仅满足于写一部书来回应。他没有和西塞罗或布鲁图斯断交，而是努力劝说有文化的罗马人，不要对加图顶礼膜拜。他的努力失败了，因为尽管加图活跃于政坛时招致非议，但他死了之后，却成为坚毅美德和毫不动摇的意志力的理想典范，更容易受到人们的顶礼膜拜。[24]

恺撒的政权并不冷酷残暴，尽管他有时对死了的加图以及活着的庞提乌斯·阿奎拉大发雷霆、百般嘲讽，但在蒙达战役之后，他的统治并没有变得更冷酷无情。然而不满情绪仍然很普遍。西塞罗起草了一份关于如何改革和复兴共和国的建议书，但非常谨慎地先请奥庇乌斯和巴尔布斯过目，然后才送给恺撒。奥庇乌斯和巴尔布斯提了许多修改意见，让西塞罗觉得自己无法将建议书完成了。他听到布鲁图斯乐观地认为恺撒将站到"好人"那一边的言论时，带着黑色幽默评论道，"除非恺撒自缢"，否则怎么可能和"好人"在一起呢。内战结束了，一些长期忽视的问题如今得到了解决，因此很多人的生活与之前相比有了改善。罗马如今享受到了十多年来不曾有过的和平与稳定。但战争留下的创伤仍然很深。有太多的人死去，尤其是元老院中那些显赫家族的成员，而一些活着的人则不得不努力应付他们在动荡岁月中做出的决定所带来的后果。恺撒利用宽大仁慈和政治手腕来争取中立派和已经落败的对手，但说到底他的地位还是通过武力取得的。从某种意义上讲，当时的局势很像征服高卢之后对高卢的平定。恺撒必须说服他的公民同胞们，尤其是那些贵族精英人士，忍受他的主宰比反对他更好。这是恺撒面临的最终考验。[25]

二十三 3 月 15 日

> 恺撒给他的一些朋友的印象是，他不想再活下去了，因此对他日渐衰弱的身体状况没有做任何预防措施……也有人说，他曾宣称，更重要的是让共和国延续下去，而不是让他本人维持生命；因为他已经赢得足够多的荣耀和权力；但如果他发生不测，国家将不会有和平，会陷入一场更糟糕的内战。
>
> ——苏埃托尼乌斯，2 世纪初[1]

> 我活得已经足够久，也得到了足够多的荣耀。
>
> ——恺撒，前 46 年[2]

前 44 年初，恺撒五十六岁了。多年的戎马生涯若对他的身体没有产生影响，那才叫奇怪。苏埃托尼乌斯说，恺撒的身体日渐衰弱。但没有充足的证据能够表明他的癫痫病恶化了，而且他充沛的精力似乎也没有减弱。按照罗马的标准，他早已过了盛年，但他完全可以再活上十五年或二十年，甚至更久。恺撒没想到自己会死在前 44 年 3 月，而刺杀他的那些人显然也不认为恺撒会在近期寿终正寝。除了密谋者之外，所有人都觉得独裁官的死太突然、太意外。因此，要审视恺撒和他创建的政权，就必然是在审视不完整的、仍在发展变化的东西。后来奥古斯都执掌最高权力超过四十年，他创建的制度有足够的时间逐渐演化。说到底，我们不可能知道恺撒的打算是什么，他能够取得多大的成功。他在世的时候就已经有传闻（往往是荒诞不经的传闻）讲到他的意图。他死后，内战的双方都竭尽全力地展开宣传攻势，因此平添了更多混乱，让我们更难判断恺撒的真正打算。尤其不幸的是，西塞罗在前44年头三个月的书信都没有公开发表，所以不曾为这个关键时期留下任何文字证据。

关于恺撒的长期目标，必然会存在一些疑问，但有一件事情是很清楚的，那就是他打算离开罗马和意大利至少三年。密谋者之所以选择在那个时间下手，是因为他们知道独裁官几天后就将离开罗马城，去安排新的军事行动。这一次，恺撒的对手将是异族，因此打败他们而获得的荣耀将是不可置疑的。首先，他将讨伐布雷比斯塔国王统治下的达契亚人，完成他可能早在前58年就在谋划的巴尔干战争。他很可能计划在年底之前结束这场战争。随后，他将攻击帕提亚人，为克拉苏在卡莱的惨败报仇雪恨。前不久，帕提亚人又一次入侵了叙利亚，并且支持一位叛逃到他们那边的庞培派人士，此人意图再次掀起内战。按照恺撒的设想，此次帕提亚战争的规模将极其宏大，他下令集结了16个军团和1万名骑兵。他还计划在科林斯地峡开凿运河，此运河虽然也是为了促进贸易，但主要还是为了维持通往战区的补给线。普鲁塔克告诉我们，恺撒任命了一位希腊建筑师来主持此工程。但在恺撒死前，工程应当仍然处于理论阶段，后来就被放弃了。罗马人似乎普遍认为打败帕提亚是一件好事，比如在内战前夕就有人猜测，庞培或恺撒会被派去征讨帕提亚。据说，恺撒非常谨小慎微地计划作战，在真正发动进攻之前尽可能多地了解敌人及其作战方式。我们不知道，恺撒的目标是征服帕提亚，还是仅仅重创其力量，迫使帕提亚国王接受有利于罗马的和约。有荒诞的故事称，他计划返回时绕一个大圈子，绕过里海，穿过今天的俄罗斯南部，在返回高卢的沿途征服日耳曼各部落。但这种说法与有条不紊的战争准备工作相矛盾。那样的话显然也需要三年以上时间。在东方开展战争的想法对恺撒有吸引力的另一个原因可能是为了效仿亚历山大大帝，但我们没有足够的证据来证明恺撒此时已经沉迷于这样狂妄的梦想。显然，他的帕提亚战役能不能成功还是个未知数。从恺撒过去的军事成就来看，只要他的精力、才干（更不要说他的好运气）没有完全抛弃他，他就能够打赢帕提亚战役。但帕提亚人是令人生畏的强大对手。六年后，马克·安东尼攻击帕提亚时，遭受了重创。奥古斯都选择外交手段，辅之以武力威胁，成功地在东方边疆维持了令人满意的和平。不过，他的成功（以及后来多位皇帝企图彻底战胜帕提亚却遭受失败的例子）未必说明恺撒的计划就一定会失败。[3]

在凯旋式之后的几个月里，恺撒并非始终待在罗马，但不管他在哪里，一直都很忙碌。前 45 年 12 月，他视察了坎帕尼亚沿海地区，一大群幕僚人员（包括巴尔布斯）和卫队跟随着他，所以他身边一共有约 2000 人。在普泰奥利城①外，恺撒在西塞罗别墅附近的一座别墅停留了一晚。西塞罗后来详细记述了他在 12 月 19 日晚举办的宴会。有意思的是，西塞罗觉得有必要从一位邻居那里借一些卫兵（可能是角斗士），他或许是害怕驻扎在外面的士兵会抢劫他的别墅。第二天上午，恺

---

①　今天的波佐利，意大利南部城市。

撒一直待在这位邻居的别墅里，直到：

> 第七个钟点（即下午早些时候），没有接见任何人。
> 我知道他在忙着和巴尔布斯一起查账。后来他在海边散
> 步。第八个钟点之后，他沐浴更衣。然后他听了马穆拉的
> 事情（我们不知道这具体是什么事情，不过可能是马穆
> 拉违反了禁奢令），表情始终没有任何改变。他接受了按
> 摩，擦干身子，用了晚膳。他服用了催吐剂①，所以大吃
> 大喝，毫不担忧。这次宴会很奢华，侍奉得很好，不仅如
> 此，"烹饪有方，调料精美，一切顺利"。

与此同时，他的追随者们，包括奴隶和释奴，也都受到了
招待，其中最资深的人员还受到了高水准的款待。在主宴席
上，"没人谈论国家大事，而是切磋文学。我来回答你的问
题，他很开心，心情愉快"。尽管此次宴会很成功，西塞罗还
是懊恼地宣称，恺撒不是那种你希望再次看到的客人；尽管西
塞罗显然感到，既然恺撒已经到了附近，他就没有不尽地主之
谊的道理。在恺撒生命的最后几个月里，他似乎一直都忙忙碌
碌，但在餐桌上仍然是一位轻松愉快、魅力十足的伙伴。他希
望做到平易近人，但并不总是有时间。前 44 年的某个时间，
西塞罗去恺撒在罗马的宅邸见他，等了一段时间才被领到恺撒
面前。经他后来回忆，恺撒当时说道："连马尔库斯·西塞罗
都不能按照自己的心愿随时来见我，而是需要坐下来等待。我

---

① 传说古罗马人有时为了留出胃口以品尝更多食品，常在吃饭中途为自己
催吐。

难道还能不怀疑世人多么憎恶我吗？西塞罗是那样性情随和的人，但我毫不怀疑，他一定恨我。"

恺撒有时会大发雷霆，但正如我们没有证据表明他的身体状况在迅速恶化一样，我们也没有理由相信他的个性发生了极大改变。他公务缠身，尤其是因为正在筹备远征帕提亚，所以工作量更大，他给人的印象总是匆匆忙忙。西塞罗和大多数其他元老仍然觉得恺撒这个人讨人喜欢，而且恺撒的行为一般很温和、大方。他们恨的不是恺撒这个人，而是他取得的地位，以及这对共和国意味着什么。在前 45 年底和前 44 年初，他的地位仍然尚未明确。与此同时，随着他的权力和地位发生变化，人们对他的态度也在变化。这让我们不得不回到这样的问题：恺撒的长远打算究竟是什么？[4]

国王、神或恺撒？

毫无疑问，到前 45 年底，盖乌斯·尤利乌斯·恺撒实际上已经是一位君主，也就是说，他手中握有的权力远远超过罗马共和国内部的任何个人、群体和机构。他取得这样的地位是凭借内战的胜利，但他的具体权力却是元老院和人民授予的。按照传统，独裁官的任期仅有六个月。苏拉在与恺撒类似的情况下执掌了比独裁官大得多的权力，而且没有任期限制，直到他自愿辞职退隐。恺撒认为苏拉这么做说明他在政治上是个文盲。恺撒此刻已经是任期十年之久的执政官和独裁官，这个任期大大超越了罗马宪法传统所允许的范围。前 44 年初，他又被任命为终身独裁官。另外，他还被任命为终身监察官，不过其实他已经在运用这项官职的权力了。他获得的许多头衔仅仅是象征意义的。他被尊称为"祖国之父"，不过他不是第一个

获得此称号的人；西塞罗在破获喀提林阴谋后也被称为"祖
国之父"。恺撒还被允许执行唯一一种比凯旋式的威望还要高
的仪式，即奉献"最高战利品"。一般是在单挑中杀死敌军领
袖的指挥官，才可以获得这项荣誉。没有证据表明他有时间举
行这项仪式。另一项非同寻常的荣誉是允许他在剧场内和平民
保民官们坐在一起。在其他的正式场合，他的席位在两位执政
官之间，除非他自己就是执政官之一。但现在他的象牙座椅被
换成了镶金座椅。他的生日成了公共节日，其生日所在的那个
月份被更名为"尤利乌斯月"。他也是第一个在世时肖像就被
印在钱币上的罗马人。当时只是部分钱币上有他的头像，后来
奥古斯都规定所有钱币上都必须有他的头像。所以在《福音
书》里，耶稣才会问银币上是谁的头像，因为他知道所有钱
币上都有皇帝的头像。[5]

　　恺撒获得这些荣誉，显然符合罗马人颂扬其他著名贵族成
就的传统，比如大西庇阿·阿非利加努斯和小西庇阿·阿非利
加努斯、马略、苏拉，以及最重要的庞培。但恺撒获得的每一
项荣誉都更进一步，单单他一个人获得的特权的规模和数量就
是史无前例的。竞技比赛开幕式上展示诸神雕像的游行队伍也
展示恺撒的雕像，卡比托利欧山的各神庙内和神庙周边也摆放
着更多的恺撒雕像，这都意味着他的地位已经超越了凡人。塔
普苏斯战役的捷报送到罗马之后，有人竖立起一座恺撒雕像，
他雄踞于一个球体之上，底座带有"致不可战胜之神"的铭
文。他返回罗马后下令抹去了这句铭文。但在前 45 年末和前
44 年初，恺撒得到了更多荣誉，他给人留下的超出凡人的印
象也越来越深。他宅邸的正面被增加了三角楣饰，即由石柱支
撑的尖顶装饰，就像大神庙那样。新建了一个尤利乌斯祭司

团，与主持古老牧神节①的祭司团有关联。随后又更进一步，元老院决定建造一座神庙以颂扬恺撒和他的宽宏大量，史料记载在此处不太明确。此种崇拜仪式将由一位新祭司负责，就像古老的朱庇特祭司一样。马克·安东尼被任命为第一位此种祭司。狄奥甚至说，当时开始有人将恺撒以朱庇特·尤利乌斯的名义顶礼膜拜，但没有其他证据表明人们已经把恺撒与罗马最重要的大神联系了起来。法萨卢斯战役之后，在各行省的希腊化社区的荣誉称号和法令中，已经正式将他奉为神明了。这种做法并不新鲜，在过去的一个半世纪里，也有其他罗马统帅得到了大体上相同的荣耀。东方有着将统治者神化的悠久传统，也常将来到该地区的强大罗马人神化。只是在过去不曾有人将这种做法带到罗马。[6]

恺撒死后被宣布为尤利乌斯神，而他的养子也将自命为神子。但是奥古斯都自己是在去世后才在罗马被神化，他的继承者们也遵循这一传统。这种程序事实上已经变得自动化了，以至于韦斯巴芗皇帝的临终遗言是一句带有黑色幽默的笑话："可怜的我啊，快变成神啰。"只有狂妄自大的皇帝才会在活着的时候就被宣布为神，因为后人知道这种程序，所以关于恺撒是否接受自己被神化的争议就更大了。罗马宗教很复杂，是一种多神教，拥有数量极多的男女神祇，有些神的地位远高于其他神，另外还有五花八门的半神和英雄。希腊神话和罗马神话都讲到凡人被升格为神，赫拉克勒斯可能是其中最有名的一位。恺撒的家族以维纳斯后裔自居，其他贵族也声称自己的家

---

① 牧神节是一种非常古老的节日，起源可能在罗马建城之前，时间是 2 月 13 日至 15 日，是春季驱逐恶灵、净化城市的节庆，纪念牧神和抚育罗马创始人罗慕路斯与雷穆斯的母狼。

系源自其他神祇。在现代人更为熟悉的一神教传统中，神与人泾渭分明。但在罗马人那里，神与人的区别不是那么明显。在恺撒去世仅几周之后，西塞罗提到了安东尼被任命为恺撒的祭司，所以我们可以确定，这个任命已经公布了，不过安东尼不大可能实际上任。这意味着，我们很难反驳这样的观点：恺撒在世时至少已经被宣布为半神，或许已经被宣布为神。但是，对恺撒的崇拜似乎并不非常重要，如果当时真的有时间恰当地建立这种崇拜仪式的话。我们最好这样看：恺撒顶多是罗马众神中一个比较不重要的新成员。狄奥认为此事仅仅是出于政治考虑，是点头哈腰的元老院在奉承独裁官。值得注意的是，狄奥随后还说，恺撒得到了被埋葬在罗马城内的权利。根据罗马的风俗习惯，死者应当被埋葬在罗马城的正式边界之外。此项法令据说被用金字刻在银板上，然后放置在卡比托利欧山的朱庇特神像脚下。狄奥说这显然是为了提醒独裁官，他只是个凡人。[7]

除了他的正式权力之外，恺撒还有许多独特之处。他的家族自称是阿尔巴朗格国王的后裔，阿尔巴朗格这座城市早已不存在，在罗马历史早期就被罗马人吞并了。在正式的场合中，恺撒开始穿戴据他说是阿尔巴朗格国王的服饰，尤其是红色皮革的长靴。他在节庆和正式会议上穿的凯旋将军专用的紫红色上衣和托加袍也具有君主的意味。他还戴上了一顶花环冠冕。据说由于他的头越来越秃，他特别喜欢这项荣誉。在前44年，花环冠冕似乎被换成了金冠。他的正式权力非常大，而他非正式的控制力甚至更大，有时是明目张胆的。大约在前46年底，克利奥帕特拉七世、她的弟弟兼丈夫托勒密十四世及他们的宫廷人员来到了罗马。他们住在台伯河远岸一座属于恺撒的宅邸里，在那里一直待到恺撒遇刺身亡。我们不知道是恺撒让他们来的，还是他们自己要来的。不过如果恺撒不愿意让他们来，他们就不大可能到意大利，并且待了那么久。克利奥帕特拉七世的王位是她的罗马情人给的，她或许觉得在他身边而远离埃及会更安全，希望亚历山大港和其他地方的敌对势力能够渐渐习惯于她的统治。她或许也觉得只有从恺撒本人那里，她才能得到一些政治上的好处和让步。或许恺撒在阿非利加期间与尤诺娅王后的风流韵事传到了克利奥帕特拉七世耳边，让她开始担心他对她的支持可能会动摇。从恺撒的角度看，很显然，在他筹划的帕提亚战争中，埃及及其丰盛的农产品会起到重要作用。恺撒和克利奥帕特拉七世都极少忘记政治上的考虑，她在恺撒离开埃及不到一年之后就来到罗马，并且长期在罗马居留，这有力地说明恺撒也希望她待在他身边。我们也没有理由怀疑，他们旧情复燃了。克利奥帕特拉七世在他心中仍然占据极高的地位。在恺撒兴建的新广场上，母亲维纳斯神庙是核心建筑。恺撒命人制作了女王的黄金塑像，并将其安放在维纳斯女神像的旁边。据阿庇安说，在他所处的时代，也就是一百五十多年后，女王的金像仍然在广场上矗立。恺撒和卡尔普尔尼娅仍然是夫妻。据普鲁塔克说，他们仍然同床共寝。要说她不知道他的诸多不忠行为，简直是不可想象的。她也一定知道住在河对岸的埃及女王就是他的情妇。克利奥帕特拉七世在罗马期间常常受到罗马显贵的拜访，这些人希望讨好她，从她那里得到礼物，为他们埃及门客的生意争取支持，或者希望她能在恺撒耳边为他们美言几句。西塞罗似乎很失望，抱怨说女王太傲慢，但重要的是，他也曾去求见女王。[8]

恺撒获得的诸多荣誉中至少有一项被明确规定可以传给儿

孙。但他没有儿子，或者说没有合法的儿子。他的独生女已经去世了，而她腹中的胎儿，即便是个男孩，也没活几天就夭折了。克利奥帕特拉七世分娩后，将她的儿子命名为恺撒里昂①，并显然得到了恺撒的许可。恺撒里昂的出生年份无法确定，但最可能是前46年底的某个时间。这个婴儿很可能随母亲一起来到了罗马，但在恺撒去世前撰写的史料中都不曾提及恺撒里昂。正因为此，有人说他不是独裁官的儿子，而仅仅是安东尼和克利奥帕特拉七世弄来的一个孩子，目的是削弱屋大维作为恺撒继承人的显要地位。支持这一观点的一个论据是，恺撒虽然结过三次婚而且常常和其他女人私通，但他除了尤利娅之外不曾有过其他孩子，而尤利娅也是几十年前孕育的了。一个多世纪后至少有一位高卢贵族自称是恺撒的后裔，但这可能没有事实根据。但我们要记住，恺撒与庞培娅的婚姻是以离婚告终的，并且很可能是不幸福的；而在与卡尔普尔尼娅婚姻的大部分时间里，恺撒都在海外作战。一般来讲，共和国行省总督们的夫人一般不会陪同他们去任职地，也不会去拜访他们，所以他们没有孩子也不足为奇。安东尼和克利奥帕特拉七世也不可能凭空搬出一个之前无人知晓的孩子，然后说他是恺撒的儿子，还期望大家能够相信。所以这个男孩可能在前44年3月之前就已经在罗马了。他究竟是不是恺撒的孩子，我们没办法百分百确定，因为我们没办法知道女王私生活的更多细节。大部分谈及此事的古代史料似乎都认可恺撒里昂是独裁官的孩子，但这些史料都是在很久之后才撰写的。苏埃托尼乌斯提到在恺撒死后，他的长期副手和密友盖乌斯·奥庇乌斯写了

---

① 意思是"小恺撒"。

一本书来反驳这种观点。[9]

总结来看，我们有理由推断，恺撒的确是恺撒里昂的父亲（或者至少他相信自己是恺撒里昂的父亲），但恺撒里昂是私生子，不是罗马公民，而且尚在襁褓中。独裁官在生命最后几个月拟定的遗嘱中甚至根本没有提及这个男孩。他将最重要的地位赋予了姐姐的外孙——十八岁的盖乌斯·屋大维。恺撒近些年来对屋大维产生了一些兴趣。恺撒很可能在这个少年身上看到了一些了不起的才华，后来这个少年将成为奥古斯都皇帝。屋大维的父亲也叫盖乌斯·屋大维，曾担任裁判官，但于前59年去世了。在恺撒女儿的葬礼上，年仅十二岁的屋大维发表了悼念演说。前47年，恺撒让屋大维进入了大祭司团，接替了在法萨卢斯战死的多米提乌斯·阿赫诺巴尔布斯。对年纪这么轻的人来说，这是莫大的荣誉。屋大维原本应当陪同恺撒讨伐西班牙，但由于身体欠佳，直到战斗结束才来到恺撒身边。恺撒在遗嘱中将屋大维立为主要继承人，并正式收他为养子。但如果夸大屋大维在恺撒遇刺前的重要性，就不太合适了。屋大维年纪还很小，是个"新人"的儿子，而且在政坛也人微言轻。马克·安东尼和多拉贝拉作为恺撒宠臣的地位要重要得多。前45年，安东尼在高卢见了恺撒之后，便陪同独裁官继续余下的旅程，而屋大维与迪基姆斯·布鲁图斯一起乘坐另一辆马车。马克·安东尼将成为前44年恺撒的同僚执政官，但他与多拉贝拉仇隙极深，所以独裁官的计划（离开罗马时辞去执政官职务，让给多拉贝拉）恐怕难以实现。恺撒遗嘱中收养屋大维的条款似乎并不广为人知。假如独裁官突然死于正常原因，年轻的屋大维恐怕只能继承他的财产和地产。他并没有被明确地规定为恺撒权力和荣誉的继承者，而在政治上，其他一些人似乎与独裁官走得更近。从技术上讲，安东尼和多拉贝拉事实上都太年轻，远远没有到担任执政官的法定年龄，但他们在政界的地位都已经十分稳固。[10]

格拉古兄弟曾被怀疑觊觎君主地位，传闻说有位亚洲国王给提比略送去了一顶王冠。自罗马的末代国王被驱逐、共和国建立以来，罗马贵族对君主制恨之入骨，政坛常见的攻击就是指控对手企图自立为王。独裁官的权力事实上相当于君主的权力，而且恺撒还得到了其他一些权力，所以他事实上是以君主的身份统治罗马的。他的穿着打扮也像阿尔巴朗格的国王。在希腊化世界，统治者既是君主也是神祇，所以有人认为恺撒获得那些神圣的或半神圣的荣誉，是在往以希腊化君主为模板建立正式君主制的方向走。在前 44 年最初几个月，恺撒是否应当采用国王头衔的问题进入了公众视野。1 月 26 日，他在罗马城外的阿尔班山庆祝了传统的拉丁节日，元老院特别授权他举行小凯旋式，并在一支盛大游行队伍的陪伴下骑马返回罗马。在游行中，一些群众称他为国王（Rex）。Rex 是拉丁语里的国王，但也是一个姓氏，即马尔基乌斯·雷克斯。恺撒将这当作一个笑话，回答说他"不是 Rex，而是恺撒"。几天前，两名保民官盖乌斯·厄比底乌斯·马鲁路斯和卢基乌斯·凯塞提乌斯·弗拉乌斯曾下令将广场上一座恺撒雕像头上的王冠除去。现在，这两人又下令逮捕最先称恺撒为国王的人。恺撒很恼怒，怀疑这两名保民官是在故意找茬，刻意让大家想起君主制，以便诋毁他的名誉。他向他们抗议，他们的回应是发布了公告，宣称恺撒阻挠保民官执行合法公务。恺撒召集了元老院，谴责了这两人，说他们置他于不义，强迫他要么容忍侮辱，要么违背自己的本性去做残酷的事情。有人建议将这两人处死，但恺撒不同意，而是在另一名保民官提出动议后，免去了这两人的官职。恺撒要求弗拉乌斯的父亲剥夺他的继承权，因为弗拉乌斯还有两个更有才干的兄弟。弗拉乌斯的父亲拒绝了恺撒的要求，独裁官也就作罢了。恺撒当年开始内战的时候打着捍卫保民官权力的旗号，但他又一次压倒了反对他的保民官，不过他的惩罚比苏拉的手段要温和得多。[11]

前 44 年 2 月 15 日，罗马人庆祝了牧神节，这是一种主要与生育有关的古老节日。作为仪式的一部分，牧神祭司们除了在腰间围着兽皮之外全身赤裸，跑过大街小巷，用山羊皮鞭子抽打路过的人。如果被鞭子打到，是非常幸运的，尤其对那些求子心切的妇女或希望顺利生产的孕妇来说。三十九岁的执政官安东尼是奔跑的牧神祭司的领头人，因为他是尤利乌斯祭司团之首。恺撒带着花冠，穿着凯旋将军的紫袍和阿尔班国王的长袖上衣与长靴，坐在镀金的椅子上观看。安东尼跑到他面前，献上一顶王冠，敦促他接受并登基为王。看到这景象，群众霎时间变得鸦雀无声。恺撒拒绝了安东尼的请求，群众欢呼起来。安东尼再次请求，独裁官再次拒绝，群众发出了更大的欢呼声。恺撒命令将王冠送到卡比托利欧山上的朱庇特神庙，因为罗马只有一位国王，即朱庇特。我们很难相信这场风波不是恺撒事先精心安排的，不过我们很难说安东尼在表演中有多少自主发挥。当时和后来的一些玩世不恭分子说，恺撒是想接受王冠的，如果围观群众表现得热情一些，他肯定就接受了。如果的确如此，那么恺撒的做法就太拙劣了。而且我们需要注意的是，他之前得到的那些荣誉都是先在元老院里提议。更有可能的情况是，恺撒希望大家赞颂他拒绝称王的义举，或许也想让两名保民官风波引起的流言蜚语彻底平息下去。他的想法未能实现，因为很快就有传言称，有人发现了神谕，只有一位国王才能打败帕提亚人。身为观鸟占卜师的西塞罗后来说这个故事是虚构的，根本没有这样的神谕。但很多人似乎的确相信这种说法，这也表明了当时人们的情绪。从这个故事又流传出了新的故事，声称元老院会有人提议，让恺撒成为除意大利之外所有地区的国王。恺撒已经拥有实际上的王权，即绝对的最高权力，当时没有证据表明他也想要国王的名号。事实上，即便是后来的绝大多数记述也没有说这个故事是真的，而仅仅说存在这样的传闻。他年轻时在比提尼亚目睹过希腊化的君主制，近期在远胜于比提尼亚的埃及王国也看过。但是，没有确凿的证据可以证明他希望在罗马建立类似的君主制（或许是在克利奥帕特拉七世的鼓励之下）。他在元老院的地位仅仅是他个人的，目前他还没有真正的继承人来继承王权。[12]

密谋

最终有大约六十名元老参与了刺杀恺撒的阴谋。多年来一直有类似密谋的传闻，但都没有成事。在前44年之前，恺撒曾拥有一支由西班牙辅助部队组成的卫队。但是，在元老院向他宣誓效忠并提议组建一支由元老和骑士组成的新卫队之后，他就非常公开地解散了原先的卫队。在危机时期也曾有过类似的卫队，比如前63年西塞罗曾得到武装骑士的保护，但恺撒的新卫队始终没有被组建起来。密谋者们的动机五花八门，但其背后都是这样的观点：让单独一个人拥有恺撒这样的永久性权力与自由共和国的理念相抵触；国家应当由选举产生的行政长官来领导，其任期必须是有限的，并得到元老院的指导；元老院的辩论必须是公开的，而且由最优秀的前任行政长官来主导。在恺撒统治下，很多决策都是独裁官和他的亲密谋士们私下里做出的，尽管这些决策往往是很好的，但这毕竟不是共和国运作的方式。根据传统，在危机时期可以暂时搁置正常的政府机制，但只能是在短期之内，危险消除后就得恢复常规。苏拉的崛起比恺撒更为凶残，但苏拉最终辞去了独裁官职务。恺撒显然不打算效仿苏拉，而恺撒的终身独裁官身份也强调了他权力的永久性。共和国已经变了，让贵族们对恺撒不满的不是恺撒做的事情，而是他做事的方式。恺撒的确做了很大努力，至少是去维持传统政体的表面文章。行政长官都是按照恺撒推荐的人选来选出的，不是他直接任命的。元老院正常开会和辩论，恺撒获得的绝大多数荣誉都是首先在元老院提出的。另外，法庭仍然按照传统方式运转，恺撒赢得了严格执法的名望。有一次他取消了一名前任裁判官的婚姻，此人在某女被前夫休掉仅一天之后就与她结婚。现在的陪审团成员全部是元老和骑士，因为他禁止第三个群体（司库阶层）进入陪审团。苏拉曾规定，陪审团须有三分之一人员来自司库阶层。[13]

恺撒虽然一般很有风度和礼貌，但常常缺乏耐心，容易发怒。在他的最后十四年里，他一直是一支军队的最高统帅，身边没有一个人与他平起平坐。他常常需要亲力亲为，筹划军事行动，率军征战，管理他的行省。从前 49 年开始，他还要统治越来越广大、最终覆盖整个罗马疆域的地区。另外，他发现如果他不亲自在场监督，局面往往会变得糟糕。这么多年里，他很少休息，在他的最后几个月里更是没有时间休息。恺撒仍然非常忙碌，而且他早已习惯于发号施令，极可能对笨重愚钝、效率低下的政治常规颇为不满，尤其是很多政治常规已经变得非常空洞。前 45 年底或前 44 年初，元老院开会，投票决定授予他上文已经讲到的许多荣誉。他本人不在场，因为他觉得最好维持"元老院辩论仍然完全自由"的假象。会议结束后，全体元老在执政官安东尼（如果这事发生在前45年，就是费边和特雷博尼乌斯）的率领下离开会议厅，去向恺撒报告他们的决定。他们看到他坐在华贵的椅子上处理公务，要么是在演讲台附近，要么是在他建造的广场（部分完工）的维纳斯神庙外。元老们走来向他奉上新的荣誉时，恺撒并没有起身迎接他们。这给人造成了不好的印象，因为他这样仿佛在蔑视执政官和元老阶层的尊严。从技术上讲，他作为独裁官，比执政官的地位要高，所以完全可以坐着不动，但很多元老感到自己受到了侮辱。据说他正要起身，却被巴尔布斯阻止了，因为巴尔布斯认为恺撒不应当向地位比他低的人表现出这样的礼节。另一份史料称，恺撒后来解释说，他当时感到自己的癫痫病即将发作，由于害怕当众出丑（癫痫发作常常让他头晕目眩、大便失禁），所以没有起身。但这一次他的病没有发作，我们知道他处理完公事之后就步行回家了，没有任何困难。他对元老们的回答是很温和的，他谢绝了元老们投票授予他的一些荣誉，只接受了一小部分。包括卡西乌斯在内的一些元老，之前曾在元老院发言或者投票反对授予恺撒这些新权力。但恺撒像往常一样，没有对这些人采取任何直接措施。然而在此刻或是随后的日子里，许多投票支持授予恺撒新荣誉的元老也开始怨恨他，觉得他没有给予他们足够的尊重。这件事情的意义被夸大了。有意思的是，似乎没有人注意到在牧神节庆祝活动上，当执政官安东尼请求恺撒称王的时候，恺撒也没有起身迎接他。[14]

恺撒的许多最亲密的盟友也不喜欢这样的状况：共和国事

实上被他一个人控制了。即便许多在恺撒遇刺后仍然公开宣称对他绝对忠诚的人，也心怀不满。虽然普遍存在骚乱，但引人注目的是，绝大多数元老仍然照常办事，适应新的环境。所有人都对自己的门客负有义务，而很多好处或特权最终都取决于恺撒的喜怒，所以他们都去找独裁官（或者那些被认为有能力影响他的朋友）谋求好处。元老生活的这个方面一如既往，尽管元老们在政治上几乎没有自由。刺杀恺撒的阴谋最后达到了很大的规模，但参与者仍然只约占元老院人数的 7%。密谋者大多是内战期间的恺撒派，有一些还曾身居高位。盖乌斯·特雷博尼乌斯在高卢的大部分时间里担任军团长，在内战期间指挥了对马西利亚的围城战。前 45 年，恺撒从西班牙返回后，特雷博尼乌斯得到了补任执政官职位的奖赏。迪基姆斯·尤尼乌斯·布鲁图斯是塞姆普罗尼娅的儿子，据说曾深深牵连进喀提林阴谋，他在高卢也立过功。恺撒非常喜爱他，提名他为前 42 年的执政官。恺撒遗嘱的第二级受益人也包括布鲁图斯。塞尔维乌斯·苏尔皮基乌斯·加尔巴在高卢战争期间也是军团长，曾参选前 49 年的执政官，不幸落败。这可能是因为他与恺撒的关系，所以他似乎对恺撒有些怨恨。另一个心怀不满的人是卢基乌斯·米努基乌斯·巴希卢斯，恺撒拒绝给他一个行省总督的职位，或许是因为怀疑他品行不端（这种怀疑是很正确的）。这些人多多少少都因为在内战中选择了胜利的一方而获利丰厚，许多名气较小的密谋者也是这样。但显然有些人觉得自己得到的还不够多。所有这些密谋者现在都拿定主意，他们更愿意在没有恺撒的共和国里继续从政。有的人得出这个结论已有时日。差不多一年之前，特雷博尼乌斯就试探马克·安东尼，看他愿不愿意入伙。当时安东尼和恺撒的分歧似乎还很严重。尽管如此，安东尼拒绝了特雷博尼乌斯，对恺撒保持忠诚。但安东尼也没有告发特雷博尼乌斯，或许是因为他觉得这些阴谋分子不能成事，会自生自灭。[15]

尽管许多密谋者是恺撒曾经的长期支持者，但参与密谋的两个主要领导者都是之前的庞培派。马尔库斯·尤尼乌斯·布鲁图斯在法萨卢斯向恺撒投降，而他对恺撒的影响也使恺撒接纳了卡西乌斯。前44年，布鲁图斯和卡西乌斯都成为裁判官，其中布鲁图斯已经被内定为将来的执政官。据普鲁塔克说，卡西乌斯私下里很恼火，因为恺撒将威望更高的城市裁判官①职位给了布鲁图斯，而不是他自己。据说恺撒曾表示，卡西乌斯更有资格得到这个职位，但他很喜爱塞维利娅的儿子，所以偏袒后者。其他史料告诉我们，卡西乌斯对恺撒的怨恨来源更早，据说恺撒曾没收了卡西乌斯搜罗来的准备参加斗兽比赛的一些动物。在残暴的格奈乌斯·庞培不再构成威胁之后，卡西乌斯显然已经失去了对他所称的"仁慈的旧主人"的热情。卡西乌斯娶了布鲁图斯的三个妹妹之一——尤尼娅·特尔提娅，据说她与恺撒有过私情。这个故事可能是假的，而且所有史料都没有说吃醋是卡西乌斯憎恨恺撒的原因之一。在布鲁图斯方面，尽管他不可能不知道自己母亲与恺撒确有私情，但没有证据表明这对他的行动产生了任何影响。不过他的确是最晚加入密谋的人之一。有人散发匿名的小册子，还在墙上喷涂标语，问布鲁图斯是不是在睡觉。罗马的末代国王就是被一个叫作布鲁图斯的人废黜并驱逐的，布鲁图斯家族自称是这个英雄

---

① 城市裁判官与其他裁判官的区别在于，一般裁判官往往被外派，而城市裁判官留在罗马城，负责处理司法工作。

人物的后代，不过许多罗马人怀疑这种说法是假的。布鲁图斯热爱哲学，尤其是斯多葛派哲学（强调严格的义务），他知道希腊化文学对杀死暴君的义士的赞美。家族的荣誉感也促使他采取行动，再加上他对舅舅加图越来越崇拜。布鲁图斯的妻子波尔基娅（加图的女儿）似乎是个性格强悍的女人（尽管有些神经质）。好几份史料称她刻意刺伤自己的大腿，以证明自己能够忍耐痛楚，因此有资格得到丈夫的信任并去参与密谋。如果说内疚没有对布鲁图斯产生任何影响，那就奇怪了。在布鲁图斯投降很久之后，加图仍然在奋战。舅舅在乌提卡撕扯自己伤口的时候，布鲁图斯已经在恺撒的领导下治理内高卢了。一切迹象表明，在恺撒统治下，布鲁图斯前程似锦。恺撒曾说："不管布鲁图斯想要什么，都非得到不可。"布鲁图斯的性格的确有些偏执。一旦他决定加入密谋，他一条道走到黑的决心就不可动摇了。舅舅和妻子的影响、为家族名誉奋斗的压力全都推动着他前进。但说到底，他之所以采取行动，是因为他觉得一个自由共和国里不应当有独揽大权之人。不管卡西乌斯有怎么样的私人动机，相同的信念也是最重要的。[16]

　　密谋者们宣扬自由，并且相信只有除掉了恺撒才能恢复自由。绝大多数人或许所有人，都认为自己的所作所为是为了整个共和国的福祉。他们相信恺撒死了之后，国家机构就能又一次正常运转起来，罗马能够得到元老院和自由选举产生的行政长官的领导。为了表明这就是他们的唯一目的，他们决定只杀死独裁官一人，绝不伤害其他人，包括恺撒的同僚执政官和亲密盟友安东尼。一些更务实的密谋者建议把安东尼等恺撒的亲信一同杀掉，但据说布鲁图斯说服了他们。在所有密谋者当中，布鲁图斯的名望最高，至少在罗马的精英阶层中如此。尽管这些人相信自己是在为了共和国的利益而行动，但如果他们不渴望这样的壮举所能带来的名望和荣耀，那么他们就不是罗马贵族了。我们需要注意，如果行刺成功，密谋者们——尤其是那些显赫人物，如卡西乌斯、马尔库斯·布鲁图斯、迪基姆斯·布鲁图斯、特雷博尼乌斯和加尔巴——在政坛肯定会飞黄腾达。在恢复了昔日状态的共和国里，他们极有可能成为最显赫的元老，把持国政，因为那些坚决忠于恺撒的人在他死后几乎不可能再在政界有所作为了。马尔库斯·布鲁图斯和迪基姆斯·布鲁图斯参与密谋，就等于是放弃了恺撒一定会给他们的执政官职位，但他们自信一定能够通过选举获得他们渴望的官职。自由和复兴共和国意味着少数豪门贵族主导政治的旧状态会卷土重来，人们可以像过去一样贿赂选民、剥削行省居民。布鲁图斯受到广泛的尊敬，他一生中的大部分举动似乎都配得上莎士比亚的颂词——"他们当中最高贵的罗马人"。但我们知道，有一次，克里特的一个社区愚蠢地从他那里按照四倍于合法水平的利率借了钱，他命令部下以一切手段榨取 48% 的利息。密谋者们信仰的那个共和国就是维护元老精英阶层特权的国家机器。社会上的其他人并不像密谋者设想的那样，对这个体制仍然充满信心。

刺杀

密谋者们决定尽快行动，因为他们知道恺撒计划于 3 月 18 日离开罗马，要好几年后才回来。密谋者们可能还觉得，恺撒因发落弗拉乌斯和马鲁路斯而受到的敌意，以及牧神节事件引起的争议，都对他们有利。西塞罗后来说，杀害恺撒的真凶其实是安东尼，因为他在牧神节那天引起了人们对王政的警

惕。后来有谣言和荒诞故事称，恺撒打算迁都到亚历山大港或
特洛伊。据说，保民官之一赫尔维乌斯·秦纳告诉他的朋友
们，他打算提出一个议案，允许恺撒想娶多少妻子就娶多少，
以便生一个儿子作为继承人。这个故事可能直到恺撒遇刺之后
才流传开，因为秦纳在恺撒的葬礼之后被私刑处死了，没有办
法否认。不管怎么说，就算人们不相信，生动有趣的流言还是
能够传扬四海。密谋者们知道独裁官即将离开罗马，于是决定
在 3 月 15 日动手，那一天恺撒将要参加元老院的一场会议。
密谋者们认为在这样的场合恺撒会放松警惕，也比较容易接近
他。独裁官肯定听到了一些关于阴谋的报告和传闻，但这些说
法往往很模糊，而且常常不仅涉及真正的密谋者，还涉及安东
尼和多拉贝拉等人。恺撒对这些传闻置之不理，不过据说他曾
表示，他更倾向于怀疑瘦削而生性严肃的卡西乌斯，而不是生
活放荡的安东尼和多拉贝拉。据说在另一个场合，恺撒曾宣称
布鲁图斯应当有足够的理智，不会急等着他死掉。[17]

　　恺撒是个理智的人，他判断罗马需要他，因为若是没有
他，罗马将再次陷入内战。他是独裁官，实际上拥有君主大
权，但他不是残酷的统治者，而且努力用他的权力为民造福。
共和国享有和平，而且比之前几十年的状况都更好，尽管政务
不是按照常规方法来处置的。恺撒曾宣称共和国仅仅是一个空
洞的名字而已，在他看来，政治的非常规状态并不重要。不过
或许他没有意识到，旧的理想对其他一些人仍然很重要。恺撒
或许认为其统治带来的好处应当能让人们克服怀旧情绪。尽管
他的亲密盟友们再三请求，恺撒还是一再拒绝重新组建卫队，
也不打算采取其他安全措施。他回答说，他不愿意始终在恐惧
中生活，也不愿意始终处于严密护卫之下。或许多年辛劳造成

的疲惫，以及统治共和国及其行省的无休无止的劳作，让他无暇担忧。对他来讲，政治生活的性质已经发生了变化，现在完全只需要恪尽职守地努力工作，因为所有曾经与他争霸的人（最重要的是克拉苏和庞培，也有卡图卢斯、加图，甚至还有毕布路斯和他那一代人）都已经不在了。毋庸置疑，他已经赢了，他是共和国的第一人，他的荣耀和成就超过了罗马历史上和现今的所有伟人。现在他唯一的有力竞争对手就是他自己。但恺撒始终非常重视责任，继续将自己的充沛精力全部投入到为罗马服务的工作中。筹备中的针对达契亚人和帕提亚人的战争必将为他赢得更多荣耀（并且是非常光彩的荣誉，因为敌人是外邦人）。即便是他的批评者，也大多都认识到这些战争是必不可少的，罗马应当驯服这些敌人。恺撒或许感到疲倦，或许感到自己的胜利有些空虚，或许他不畏惧死亡，但这并不是说他一心求死。如果他的新政权要成功，就不可能永久性地用恐惧来维持，而是需要让世人接受他的统治比其他可能的情况更好。他向世人表明，他不害怕自己的阶层，既不怕盟友，也不怕先前的敌人。这展现了他的自信。他知道自己的大权独揽让人讨厌，但他希望大家能够容忍他的专制。于是他寄希望于曾经帮助他赢得这么多胜利的好运气，相信自己的才干和公正的统治，相信其他人能够务实地接受他。他希望三年的征战和新的胜利能够让罗马的精英阶层习惯他的统治，或许还能提醒他们，恺撒比他的一些下属好得多。我们不知道，得胜归来后他会不会进一步加强自己的地位，开始指定一个继承人。据说他打算让屋大维在至少一年的战争期间担任他的骑兵统帅，但还有另外一个人被提名这个职位，所以他对自己的继承人肯定还没有最终决定。我们没办法确定这一点，他可能还没有制订出具体的计划。在前53年～前52年的冬季，恺撒对高卢贵族的态度做出了严重的误判。如今，他在罗马重蹈覆辙。[18]

史料中有很多预示罗马最有权势的人物即将丧命的征兆。其中最有名的故事之一是在3月14日夜间，卡尔普尔尼娅做了一个噩梦。据说，她梦见自家宅邸的三角楣饰坍塌或者梦见自己抱着恺撒的尸体。3月15日早上，她连续做了多次献祭，但征兆都不吉利。据说恺撒很吃惊，因为他的妻子一般是不迷信这些东西的，但最终卡尔普尔尼娅说服他留在家中。他派人通知元老院，他身体有恙，无法离家处理公务。他可能真的生了病。据说是安东尼把这个消息送往元老院，但他还没有出发，迪基姆斯·布鲁图斯就来了。重要的元老常在清晨接受朋友们的请安，这是很寻常的事情。迪基姆斯·布鲁图斯和恺撒在前一晚都在李必达府中用膳，饭后大家聊起了什么样的死法才是最好的。恺撒之前没怎么参加讨论，这时突然抬起头来说突如其来、出人意料的死是最好的。第二天早上，布鲁图斯说服恺撒改变了主意。据普鲁塔克记载，布鲁图斯嘲讽了占卜者的警示，并诱骗恺撒说元老院将授予他在意大利之外称王的权力。这个桥段可能是后人虚构的。毕竟恺撒三天后就要离开罗马，他现在有很多理由去参加元老院会议。不管细节怎样，独裁官最终坐上了轿子，穿过广场，来到了元老院开会的地方，那是庞培剧院建筑群内的一座神庙。几个月前，恺撒下令恢复在公共场合摆放苏拉和庞培的纪念碑，并因此赢得了赞赏。所以，在元老院辩论的时候，他前女婿的塑像应当立在一旁。他离开家之后，一名奴隶来到他家，声称为独裁官带来了至关重要的消息。此人被允许留下等待恺撒回来。[19]

恺撒抵达的时候已经将近中午。在此之前，密谋者们一直提心吊胆，害怕自己的阴谋已经暴露。除了迪基姆斯·布鲁图斯之外，密谋者们已经早早聚集起来，借口是为卡西乌斯的儿子举行成年礼，他将公开披上成年托加。然后他们来到神庙，在外面等待恺撒。他们的匕首藏在元老们用来盛放长长的尖笔①的盒子里。庞培剧场内有一队属于迪基姆斯·布鲁图斯的角斗士，全副武装，整装待发。他们有理由待在那里，因为他们即将参加近期在那里举行的一些竞技比赛。其中一人神秘兮兮地向布鲁图斯和卡西乌斯问候，他们起初以为自己已经被出卖了。独裁官抵达后，他们看到这个人走到恺撒面前，和他说了一会儿话，这让他们愈发紧张。但他们很快意识到，他是在向恺撒请愿。在途中，希腊文教师阿特米多鲁斯给恺撒送上了一份卷轴。阿特米多鲁斯在布鲁图斯家待过一段时间，可能知道密谋的情况。独裁官没有读卷轴上的文字，可能是刻意没有读，也可能是没有机会读。从各方面史料来看，没有任何迹象表明恺撒起了疑心。他看到一位曾经警告他要提防 3 月 15 日的占卜者，并快活地向他打招呼。他们的这段对话借助莎士比亚的演绎，已经家喻户晓。恺撒说：“3 月 15 日已经到了。”“是啊，恺撒，但还没结束呢。”恺撒下了轿子，密谋者们上前问候。特雷博尼乌斯（或者按照普鲁塔克的版本，是迪基姆斯·布鲁图斯）将安东尼拉到一边，和他一直说话，而恺撒和其他人走了进去。他们知道，恺撒的同僚执政官（安东尼）对恺撒忠心耿耿，而且非常健壮，并且一般会坐在独裁官旁边，能够援救他。恺撒走进大厅时，室内的元老起身迎接

---

① 这个时期罗马的笔一般是金属制成的，在蜡板上写字。

他。然后独裁官走到自己的黄金椅前，这个席位应当是在安东尼的贵人座椅①旁边，因为他是除了恺撒之外的唯一执政官。[20]

在会议正式开始之前，密谋者们将独裁官团团围住。曾经在恺撒麾下效力的卢基乌斯·提利乌斯·金博尔请求允许他的兄弟（一名热忱的庞培派分子）回国。其他人紧紧围住恺撒，恳求他批准金博尔的请求，触碰他，吻他的手。普布利乌斯·塞维利乌斯·卡斯卡·朗古斯走到恺撒座椅的后面。独裁官不肯听他们的恳求，冷静地驳斥他们的论据。突然间，金博尔抓住恺撒的托加袍，将它从他的肩上拉了下来。这是事先约定的信号。卡斯卡抽出匕首，刺向恺撒。但他过于紧张，只擦伤了独裁官的肩膀或脖子。恺撒转过身，说了一句话，大意是：混账卡斯卡，你在搞什么鬼？根据某些版本的记述，他抓住了卡斯卡的胳膊，想扭开他的匕首，但按照苏埃托尼乌斯的说法，恺撒用自己的笔做武器，刺向卡斯卡。普鲁塔克非常具体地说，卡斯卡用希腊语（而不是像恺撒那样用拉丁语）喊他的兄弟来帮忙。其他密谋者向恺撒劈砍和刺杀。有好几个人，包括布鲁图斯，在独裁官周围混乱的打斗中被其他密谋者误伤。只有两名元老努力去救恺撒，但他们无法突破人墙。独裁官一直和他们搏斗到最后，想杀出一条血路。马尔库斯·布鲁图斯刺中了他的腹股沟部。据有些人说，恺撒看到塞维利娅的儿子时，停止了挣扎，说了最后一句话："也有你啊，我的孩子。"但遗憾的是，莎士比亚版本中的"你也有份，布

---

① 贵人座椅是古罗马最高级官员坐的一种软垫凳，一般用象牙制成，或镶嵌象牙。

鲁图斯"并没有直接证据证明它的真实性。然后独裁官用自己的托加袍遮住头，倒了下去，倒在庞培雕像的底座旁。他身上有二十三处伤。[21]

这攻击太突然、太出乎意料，以至于数百名元老目瞪口呆地看着，起初都没做出任何反应。刺杀结束后，密谋者们站在那里，个个衣衫凌乱，有些人负了伤，所有人都溅了血。布鲁图斯要求西塞罗（他事先对刺杀恺撒的密谋不知情）领导大家。布鲁图斯正在说话的时候，大厅内乱作一团，所有其他元老，包括著名演说家西塞罗，全都拔腿就跑。这不是密谋者们希望看到的反应，但他们还在为自己的成功而洋洋自得。他们鱼贯而出，走到卡比托利欧山，用一根杆子挑着获释奴隶通常会戴的帽子，象征他们给国家带来了自由。安东尼暂时躲了起来，不久之后，恺撒的三名奴隶勇敢地走进大厅，抬起尸体，搬到轿子上，然后抬回了恺撒的府邸。在随后的一段时间内，罗马全城呆若木鸡，处于一种紧张的停战状态。西塞罗最终走到卡比托利欧山，向刺客们表示祝贺，但当布鲁图斯和卡西乌斯走下山，在广场的演讲台发表讲话的时候，聚集在那里的群众没有表示出任何热情。安东尼还活着，李必达也活着，而且李必达掌管着驻扎在城外的军队。在一段时间内，双方似乎想要和解。安东尼私下里会见了密谋者，然后第二天在元老院公开与他们会见。元老院通过了一项动议，确认恺撒的所有举措和任命为合法有效。太多的人，包括一些密谋者，都从中获益，因此不愿意将它们撤销。

在和解的气氛下，元老院投票决定为恺撒举行公开葬礼，将于3月18日在广场举行。安东尼命令一名传令官宣读了前不久元老院投票授予独裁官的所有荣誉，以及所有元老发出的保卫恺撒生命的誓言，然后发表了一次简短的演讲。这是强有力的罗马式演讲，莎士比亚的著名版本或许是现代人能够做出的最佳转述。安东尼还宣读了恺撒的遗嘱，其中包括将台伯河附近相当广阔的花园赠给罗马市民，以及给每一位公民300塞斯特尔提乌斯（即75迪纳厄斯）的赠礼。恺撒死前穿的紫袍被撕裂了，还沾着血迹，后来被公开展示。据一些史料记载，人们还用蜡做了一尊恺撒像，展示他的伤口。一大群人聚集在广场上。西塞罗后来轻蔑地说这些人不过是城市的乌合之众，但他这么说其实仅仅是按照常规贬低自己的对手。参加葬礼的群众包括了广泛的不同群体。一群行政长官和前任行政长官开始抬起装着遗体的棺木，因为按照计划，遗体要被抬到战神广场上他女儿的墓地旁，在那里火化。愤怒的群众阻止了他们。就像英雄克洛狄乌斯的遗体在元老院火化一样，群众要求将恺撒的遗体在城内火葬，就在广场的正中间。行政长官们和法庭使用的座椅和长凳被砸烂，用作火葬的柴火。群众的情绪到了歇斯底里的程度。被雇来穿着恺撒及其先祖的凯旋盛装和官服的演员们将衣服扯下，撕成碎片，投入火中。恺撒的老兵们将自己的武器和甲胄丢入大火，女人们将自己最精美珍贵的首饰也丢了进去。偶尔有人对恺撒发出抗议，但这种抗议总是针对具体的某件事。恺撒在其整个政治生涯中始终如一地捍卫广大群众的利益，而不是一小群精英阶层成员的利益，因此群众对他的爱戴从来没有真正动摇过。在前49年，意大利的绝大多数民众不曾拿起武器反抗恺撒。无论是那时还是如今，群众都不会像敌视恺撒的元老们那样，将他视为共和国的敌人。毕竟在不同人眼里，"共和国的敌人"的意思是不一样的。葬礼之后发生了暴乱，密谋者及其支持者的宅邸遭到了攻击。

独裁官的忠实支持者赫尔维乌斯·秦纳被暴民杀害，他们误以为他就是那个叫作科尔内利乌斯·秦纳、经常批评恺撒的人。哀悼恺撒的不仅仅是罗马公民。苏埃托尼乌斯告诉我们，在葬礼上以及葬礼之后的多个夜晚，许多外国人按照自己的文化习俗，哀悼了恺撒。尤其是居住在罗马的犹太人，为他痛哭流涕。[22]

恺撒遇刺几周之后，他的一名忠实追随者郁闷地得出这样的结论：如果"天才的恺撒都找不到出路，那么谁能找到"？此人还预测当恺撒遇刺的消息传到高卢之后，高卢立刻就会爆发叛乱。这个预测被证明是没有根据的，但他的另一个判断（内战很快将再次爆发）是完全正确的。安东尼选择以武力对抗密谋者。恺撒在遗嘱中正式收养了屋大维，于是屋大维被更名为盖乌斯·尤利乌斯·恺撒·屋大维阿努斯。这个仅仅十八岁的少年表现出了非凡的气质和自信，他将恺撒的老兵们招揽到自己麾下，崛起为任何人都不敢小觑的重要人物。起初他率军为元老院效力，去镇压安东尼。但他正确地判断在他成功之后，元老院一定会抛弃他。于是，他与安东尼和李必达联手，组成了后三头同盟。随后的战争无比凶残，一点没有恺撒的宽大仁慈，而是让人想起马略、秦纳和苏拉之间的斗争。三年内，几乎所有密谋者要么被打败，要么丧命，其中许多人是自杀的。迫害政敌的规模比苏拉时的规模更大，元老阶层和骑士阶层遭到了大清洗。后来，李必达被排挤到一边，作为一名默默无闻的流亡者度过残生。而安东尼和屋大维为了争夺霸权而厮杀起来。在落败的安东尼和克利奥帕特拉七世自杀之时，屋大维年仅三十二岁。他成了罗马世界无可争议的统治者。罗马又一次变成了君主国，但这一次没有使用令人憎恶的"国王"头衔，而且这一次的变化将是永久性的。屋大维成了奥古斯都，比他的养父更巧妙地掩饰了自己大权独揽的事实。这是他成功的部分原因。但他对敌人斩草除根的冷酷无情以及人民的疲惫不堪（他们已经忍受了十多年流血冲突）也让罗马的精英阶层认识到，最好是接受他的统治，而不是再次掀起内战。[23]

后　记

> 流血和破坏将要成为一时的风尚，恐怖的景象将要每
> 天映入人们的眼帘。
> ——莎士比亚，《尤利乌斯·恺撒》，第三幕，第一场

恺撒出生时，共和国已经问题重重，常常会突然爆发野蛮的政治暴力。在他的一生中，流血冲突越来越严重，他的遇刺身亡只是罗马史上一个特别动荡时期的事件之一。恺撒的死亡非常残酷和壮烈，而在他的故事里扮演主角的人们很少能够寿终正寝。女性角色们的命运要好得多，尽管克利奥帕特拉七世在这方面和在许多其他方面一样是个例外。恺撒还是个婴孩的时候，萨图尔尼努斯的追随者们惨遭屠杀；恺撒是个幼童时，爆发了同盟者战争；他长大成人的时候，内战肆虐。苏拉与敌手的斗争使罗马精英阶层损失惨重，这样可怕的损失自汉尼拔战争那段最黑暗日子以来还不曾有过。但这还不算完。李必达很快在意大利举兵起事，但不久就被镇压下去。塞多留则在西班牙残酷而高效地南征北战，多年后才被击败。后来，甚至在恺撒越过卢比孔河之前，就有喀提林、克洛狄乌斯、米罗等许多其他人物为了追逐自己的野心，不惜动用暴力。与此同时，与外国不断爆发战争，而斯巴达克斯起义最初惊人的成功令极度依赖奴隶劳动的罗马社会惊慌失措。但是，在罗马人内部斗争中死亡的元老和骑士要比在对外战争和镇压奴隶战争中牺牲

的多得多。安东尼和屋大维首先消灭了刺杀恺撒的密谋者，然后他们互相厮杀，流血冲突甚至变得更加严重。

恺撒生活在一个残暴而危险的时代。这是一个显而易见的事实，但人们常常忘记这一点，因为它也是一个高度文明的时代。恺撒本人的《战记》，西塞罗的大量书信、演讲和哲学文章，以及撒路斯提乌斯的史书和卡图卢斯的诗歌，是拉丁文学中的瑰宝。这些著作再加上后世的一些史料，使这些岁月成为罗马共和国历史上最为我们熟知的时期。事实上，今天我们在审视共和国较早期历史时很难避免前1世纪的视角，尤其是很难绕开西塞罗的著作和思想。关于这些岁月的大量详细信息、日常的流言蜚语或者涉及选举和辩论的详细讨论（这些内容的很大一部分来自西塞罗的著述）会让我们觉得这是一个正常而稳定的社会。这是一个极大的误区。前1世纪的罗马政治毫无稳定性可言。暴力并不随处可见，但它始终具有可能性，潜伏在表面之下。限制元老竞争的很多条件已经不能正常发挥效力。在大多数年头里，政治生活能够相对正常地运转：元老院和公民大会召开会议，法庭审案并做出裁决，行政长官们处理公务，依法举行选举。有时陪审员会受贿，或者被用其他手段改变主意，或者选民遭到操控。但总的来讲，共和国的运作方式是可以被人们接受的。暴乱、有组织冲突、谋杀和公开战争仍然是偶然发生的例外情况，间或打断上述的政治运转。共和国的体制具有很好的弹性，在每一次危机之后都能恢复到至少是表面上的正常状态。对格拉古兄弟之前的罗马人来讲，政坛的暴力冲突是不可想象的事情。在格拉古兄弟之后，这些事情就完全可能发生了。马略、秦纳和苏拉这样的人证明，可以通过武力夺取最高权力。而庞培的早期生涯表明，一位拥有军队的精明能干的指挥官能够以史无前例的方式硬挤到政治生活的最前沿。

恺撒这一代人和之前的元老有着本质上相同的野心，即追求高官厚禄、财富和荣耀，以提升自己和家族的地位。从前2世纪开始，帝国主义扩张的利润意味着罗马人永远可以搞到更多的钱。于是一掷千金地修建纪念碑、提供娱乐活动，其他沽名钓誉、收买人心的做法越来越多，令人震惊。到前1世纪，从政并取得成功的成本比以前高了许多。恺撒和其他许多人一样，为了从政而债台高筑，寄希望于将来取得成功来偿还债务。如果他在任何一个阶段失败，就会被彻底地从政界扫地出门，永无出头之日。所以他在参选祭司长的那天才会对母亲说，他要么作为胜利者回家，要么就根本不回家了。恺撒屡战屡胜，但其他人就没有那么幸运，失败了就会失去一切。有些人能够在一段时期内春风得意，但他们的竞争对手会在法庭或其他地方公开地将其打倒。前63年，西塞罗处决了前任执政官兰图鲁斯，此人已经被逐出元老院，不得不在政界从头开始。仅仅几年之后，演说家自己就被克洛狄乌斯强迫流亡，后来仅仅因为政治力量对比发生变化，才得以回国。政治生活的风险比之前大了许多，极少有人能够高枕无忧、不必担心任何攻击。失败者加入了亡命徒的队伍，令这样的队伍越来越壮大；他们为了恢复财富和前途，愿意加入任何人领导的事业。很多这样的人加入了喀提林阵营，最后丧了命。其他一些这样的人在前49年投奔恺撒，只要没有在内战中丧命，后来都发达起来。在这个残暴的时代，失败带来的不仅仅是政治和经济上的垮台，还有死亡。政治生活虽然有着许多新的危险，但是限制却少了许多。至少对一部分人而言，可以扭曲或者操纵管理官职任命的法则和常规，也可能获得前所未有的职权极大、任期极长的行省总督职位。很多人为苏拉卖命，从而获得了财富和地位，这让世人看得清清楚楚，在内战中有可能大发横财。内战中恺撒的敌人们自命为传统共和国的捍卫者，但其中大多数人也曾从苏拉的胜利中获得相当大的好处。

极高的风险和获得无限成功的可能性让恺撒这一代人既野心勃勃又担惊受怕。所有人都曾看到有人平步青云，有人一败涂地或者丢掉性命。绝大多数人不敢，也没有合适的机会，借助恐吓或公开的暴力来推动自己的政治进程。但是，任何人都不能确定自己的竞争对手一定不会使用这样的手段。元老们很容易相信关于革命或暗杀阴谋的传闻。内战爆发后，连保持中立也不能确保安全了，对政敌的流放迫害就印证了这一点。一个人爬得越高，承担的风险就越大，一旦跌下来摔得就越惨，他也就越害怕自己显露出任何虚弱的迹象，让敌人乘虚而入、残酷攻击。显而易见的是，共和国晚期的很多著名人物都是野心勃勃的。但我们很容易忘记，他们生活和争权夺利时所处的氛围是多么紧张。每一次成功都让人更难回头，唯一能够保障安全的手段就是获得更多的成功。恺撒在史册中的形象是越过卢比孔河、让罗马世界陷入混乱的人，他狂赌了一把，要么赢得一切，要么失去一切。他实际上和对手及前1世纪的其他罗马显要人物没有多少区别。此次危机和其他历次危机中的关键人物也并不总是经过理性考虑而做出选择。他们都是某种形式的赌徒，所有人都害怕失败的后果，因此都不肯信任自己的私敌。军事独裁和迫害政敌的阴影始终笼罩着罗马，其他一些粗鲁的大屠杀和处决也让人们记忆犹新。罗马精英阶层的心态也不鼓励他们去谋求妥协。贵族子弟受到的教育是追求"美德"，其中很重要的一部分就是意志坚定，哪怕面临失败也绝不认输。在对外战争中，这种精神对共和国大有益处，令皮洛士和汉尼拔困惑不已；他们想不通罗马人显然已经被打败，为什么还不认输。而在内战时期，这种精神则使得冲突各方都极端地冷酷无情。斗争开始后，双方都知道他们要么得胜，要么死路一条。在对外战争中，罗马贵族在被打败后极少自杀，因为他们的使命是重整旗鼓、重建军力，以便打赢战争。在内战中，普通士兵一般能得到宽恕，但领导人不能，所以他们纷纷自尽，不管是出于绝望还是为了挑战自己的敌人。

恺撒努力改变这种情况。前49年，他害怕落入敌人手中，敌人也害怕他率军返回罗马。双方的恐惧可能都没有根据，但它仍然是真切无比的。战争爆发后，恺撒表现得宽宏大量，饶恕被打败的敌人，有时还允许他们继续从政。这是他精心筹划的政策，意在争取骑墙观望分子，同时避免让敌人顽抗到底。恺撒与对手之间的反差是极大的，恺撒和往昔的胜利者也非常不同。他打赢战争之后，允许被赦免的庞培派重返政界，有些人还得到了很好的待遇。恺撒认为这更有可能劝服这些人以及其他人接受他的独裁统治。不管恺撒这么做的动机是什么，在类似情况下夺权成功的其他罗马人没有一个像他那样慷慨仁慈。同样，他一生中始终支持民众的事业，虽然他的目的是为了赢得支持，但他的确执行了一些为大众造福的举措。

恺撒决心攀登到最高峰。莎士比亚笔下的马克·安东尼在谈及恺撒时说："野心家是不应当这样仁慈的。"事实上，很少有比恺撒更严酷、更坚决的野心家了。有的时候，他完全铁面无情，不过他在高卢战争中比内战期间更残酷。他似乎很少有什么道德顾虑，在下令实施暴行时非常冷血和务实。但他从来不会无谓地残忍，他的胜利对他自己有好处，一般对更多的人也有好处。说到底，恺撒是个性格非常多面、充满矛盾的人，他的一生亦是如此。他是个才华横溢的人，也是他那个时代的产物。罗马共和国晚期的政治险象环生，对人的行为的约束也越来越少。共和国体制非常依赖先例和常规，但这些东西都在慢慢瓦解，而当局动辄用元老院终极议决来暂停法律的效力也损害了体制。政治游戏的规则已经发生了变化，要恢复旧体制是非常困难的，或许是不可能做到的。恺撒的雄心壮志、才干、决心和他常夸耀的好运气帮助他攀登到最高位置，但也使他再也不能中途放弃或者妥协让步。如果他出生在一个不是那样困难重重的时代，他的名誉或许就不会那么争议重重。他完全可以成为另一个西庇阿·阿非利加努斯，在对外战争中挽救罗马，赢得无可争议的胜利（不过如果那样的话，他的结局或许会和阿非利加努斯相同，即被迫退出政坛、自我流放、愤恨而灰心丧气地度过余生）。恺撒不管有怎样的错误，终究是个爱国者，是个非常精明强干的人。恺撒打了一场内战，赢得了胜利，成为独裁官，最后被密谋者刺死。不管他的所作所为是对是错，他的一生都充满了戏剧性。

"我永远是恺撒"——不同年代人眼中的恺撒

从古至今，作为军事统帅的恺撒始终受到景仰。他的《战记》在15世纪末再次受到世人瞩目，开始重新出版。在随后的几个世纪里，国家越来越有序，职业化军队也越来越复杂，军事思想家们常常从恺撒的著作中汲取灵感。对古希腊和古罗马兵法的认知在16~17世纪欧洲军事的理论和实践中起到了重要作用。一直到不久前，《战记》和其他一些古书在西方国家的军官教育中还扮演着重要角色。拿破仑常说自己受到了恺撒的启发，甚至在圣赫勒拿岛流放时还对恺撒的历次战役做了研究和批评。拿破仑对恺撒的效仿显然不限于军事方面，因为他在崛起成为法兰西共和国执政者和皇帝的过程中，始终刻意模仿恺撒那样的伟人。而法兰西共和国自一开始就从罗马共和国那里吸取了不少灵感。拿破仑帝国的很大一部分绘画和文学显然是罗马风格的，尤其是模仿了恺撒及其历代继承者。后来，拿破仑三世资助了恺撒征服高卢遗址的首次大规模考古发掘。对恺撒的仰慕与对高卢人的浪漫追思混合起来。法国儿童在学校里还被教导将铁器时代的高卢人视为"他们的祖先"。19 世纪，这种联系被大大增强，因为法国的主要竞争对手和潜在敌人是普鲁士和后来的德国，就像恺撒笔下的高卢民族与莱茵河东岸的日耳曼敌人对抗一样。

作为军事家，恺撒一直受到广泛的仰慕，也有人对他有所批评，持保留态度。但对于作为政治家的恺撒，从一开始人们的态度就是非常复杂的。屋大维作为恺撒的继承人崛起，笼络了他的老兵和支持者，为遇害的独裁官复仇。恺撒被神化之后，屋大维自称为"神圣尤利乌斯之子"。他没有效仿养父的宽大仁慈。尽管他的军事才干比不上恺撒，但他是个极其有才华的政治家。内战结束后，屋大维/奥古斯都的统治已经登峰造极，任何人都无法挑战，而他用和恺撒非常不同的方式在公众面前掩饰自己的绝对权力。那时他神圣父亲的名头已经没有多大用处了，很少出现在新政权的宣传中。虽然李维等作家拿不准应当如何看待恺撒及其作为，但他们一定没有歌颂恺撒。很多与恺撒同时代的人也不知道应该对恺撒是褒还是贬。阿西尼乌斯·波利奥的史书（已遗失）可能对恺撒并非完全没有批评。在奥古斯都及其继任者的统治下，加图——在一定程度上还有布鲁图斯和卡西乌斯——比恺撒更常得到赞颂，被理想化为共和国的高尚捍卫者。在尼禄的统治下，诗人卢坎创作了史诗《法萨利亚》，题材就是庞培和恺撒之间的斗争，其中恺撒肯定不是史诗的英雄，但他也不是毋庸置疑的反角，有时更像是一种神秘的力量，不完全是凡人。1 世纪中晚期，苏埃托尼乌斯开始创作罗马帝国最初十二位统治者的传记，从恺撒开始。在十二人当中，奥古斯都显然被颂扬为最接近理想化君主的贤君。但在某些方面，苏埃托尼乌斯描写恺撒的那部分与其他部分差别很大。因为恺撒尽管是独裁官，却既不是皇帝，也不是他的养子所谓的"元首"。苏埃托尼乌斯的确批评了恺撒，但也详细记述了他的许多成就。从很多方面看，对恺撒态度的模棱两可是从罗马人开始的，他们敬仰他的伟大征服，但对其生活和政治生涯的其他部分痛心疾首，并且继续对他的一些对手持有尊重的态度。

这种不确定性延续下去，所以在千百年间人们描绘了许多不同版本的恺撒。其中最有名的可能是莎士比亚的《尤利乌斯·恺撒》中的恺撒。该剧虽然以恺撒为题，但核心人物实际上是马尔库斯·布鲁图斯。恺撒出场时间较短，在第三幕就被杀害了。莎士比亚笔下的恺撒没有多少明显的伟大之处，他傲慢自负、自吹自擂且喜欢听阿谀奉承之言，但绝不是暴君。他的强大权力和崇高地位主要是通过其他人物的态度表现出来的，在他死前和死后都有所呈现。莎士比亚不是第一个以恺撒为题材进行创作的剧作家，也肯定不是最后一个。包括伏尔泰在内的很多人都创作了以恺撒生平的部分或全部故事为主题的戏剧或歌剧。恺撒遇刺可能是最吸引人的故事，因为它本身就极富戏剧性。其次是恺撒与克利奥帕特拉七世的私情，因为它充满了异国情调和艳情暗示。但萧伯纳的《恺撒与克利奥帕特拉》中完全没有艳情的意味。萧伯纳笔下的恺撒更温和，显然也更善良；他与女王（萧伯纳将她设定为一个十六岁的"孩子"，实际上克利奥帕特拉七世在前48年已经是成熟女性）的关系也在本质上被设定为长辈与晚辈的关系。在近期，恺撒的形象出现在了一些电影中，其中最令人难忘的或许是雷克斯·哈里森在《埃及艳后》（1963年）中的表演[1]。他饰演的恺撒更具有行动家的风风火火和威严领袖的冷静沉稳。此外，在哈里森娴熟和准确的演绎下，恺撒的机敏聪慧和演说家风范也被表现得淋漓尽致。恺撒与克利奥帕特拉七世（其饰演者伊丽莎白·泰勒看上去非常美丽，但在外貌上很可能和历史上的女王没有任何共同点）的关系或许更具有政治意义，而不是激情。电视荧幕上也有人尝试演绎恺撒，比如杰里米·西斯托（Jeremy Sisto）主演的电影《尤利乌斯·恺撒》（*Julius Caesar*，2002年）。这部电影对恺撒做了大体上正面的描绘，但要将他一生的故事压缩到两个半小时多一点的时间，实在太困难了。剧中根本没有提及克拉苏，而且历史事件的时间顺序也非常模糊，苏拉当独裁官的时候加图竟然就已经在元老院了。但是，这部电影的确尝试对恺撒做更广泛的介绍，而不仅仅是埃及和3月15日的故事。

恺撒在一生中做了许多事情，而他生活的时代又是多事之秋，并且留下了丰富的文献记载，所以无论是小说还是电影，努力涵盖他整个生涯的作品都很少。近些年里，规模最大也最详细的版本是考琳·麦卡洛（Colleen McCullough）的"罗马的主人"（*Masters of Rome*）系列。这是六部小说①，每部大约有 700~800 页。这个系列的小说非常详细、有趣，从马略和苏拉开始，一直讲到恺撒遇刺之后。作者的研究很到位，并且严格遵照史实。这个系列规模庞大，主人公们的私人生活又很有吸引力，所以史料的很多空白不可避免地需要以虚构来填充。历史学家可以说我们对某事物不了解，小说家就没有这样的权利了。康恩·伊古尔登（Conn Iggulden）的"皇帝"（*Emperor*）系列小说的篇幅没有那么长，是以恺撒为主角的冒险故事。这些小说的节奏很快，强调惊险的情节，所以作者对史实的遵照不是很严格。麦卡洛和伊古尔登对恺撒的描写都很正面，尤其是伊古尔登，但也表现了他冷酷无情的一面。艾伦·马西（Allan Massie）的《恺撒》（*Caesar*）是一部更严肃的小说，对恺撒也持批判态度。该书的主人公和叙述者是迪基姆斯·布鲁图斯，并且在很大程度上颠覆了莎士比亚版本，将马尔库斯·布鲁图斯描绘为一个自负的傻瓜，而不是高尚的英雄。恺撒是一位伟人，但他的玩世不恭和野心勃勃更为突出。史蒂文·塞勒（Steven Saylor）的《玫瑰下的罗马》（*Roma sub rosa*）系列悬疑小说中也出现了恺撒，这些小说对他的塑造也不是很正面，不像是英雄，而是摧毁了共和国的自私之徒。这些故事中的共和国的确问题重重、摇摇欲坠，但这并不能开脱恺撒加快其灭亡的罪责。

---

① 到 2007 年，"罗马的主人"系列包括七部小说，分别是：*The First Man in Rome*（《罗马第一人》，1990 年），*The Grass Crown*（《桂冠》，1991 年），*Fortune's Favorites*（《命运的宠儿》，1993 年），*Caesar's Women*（《恺撒的女人们》，1996 年），*Caesar*（《恺撒》，1997 年），*The October Horse*（《十月马》，2002 年），*Antony and Cleopatra*（《安东尼与克利奥帕特拉》，2007 年）。

对剧作家、编剧和小说家来说，历史真实只是一个方面，他们还要考虑如何把故事讲好。有些作品比其他作品更尊重史实，但历史学家不应当过于批评小说中偏离史实的问题，毕竟有时史实本身也很难确定。不同的创作者塑造了不同的恺撒。但我们需要注意，在过去两个世纪中，严肃的历史学家也曾以差别极大的方式描绘他的性格、目标和重要性。在本书中，我努力审视现有的证据，努力复原他的一生。有些东西我们还不知道，并且很可能永远也不会知道了。我的目标是在处理恺撒生平每一个时段时，都不假定随后的事件是必然发生的。他性格的某些方面，比如他在公共和私人生活中的情感、信仰，尤其是他在最后岁月中的野心，仍然迷雾重重。我们可以做一些猜测，但不可能确凿地知道。每个人都必然会塑造自己版本的恺撒，要么仰慕他，要么谴责他，往往是二者皆有。恺撒离世已经两千多年了，他的故事仍然让人心醉神迷。有一件事情是肯定的：本书绝不会是论述盖乌斯·尤利乌斯·恺撒的最终著作。

大事年表

前 753 年	传说中罗慕路斯建立罗马城
前 509 年	罗马末代国王塔奎尼乌斯·苏培布斯被驱逐
前 201 年	第二次布匿战争结束，罗马战胜迦太基
前 146 年	第三次布匿战争结束，迦太基灭亡
前 133 年	提比略·塞姆普罗尼乌斯·格拉古担任保民官，死亡
前 123 年~前 122 年	盖乌斯·塞姆普罗尼乌斯·格拉古担任保民官，死亡
约前 112 年	克拉苏出生
前 106 年	庞培出生
前 105 年	辛布里人和条顿人在阿劳西奥歼灭一支罗马大军
前 102 年~前 101 年	马略打败辛布里人和条顿人
约前 100 年	尤利乌斯·恺撒出生
前 91 年~前 88 年	同盟者战争，罗马的意大利盟邦的最后一次大起义。经过苦战，罗马打败了同盟者
前 88 年	马略从苏拉手中夺走讨伐米特里达梯六世的指挥权。苏拉进军罗马
前 86 年	马略去世
约前 85 年	恺撒的父亲去世
前 84 年	恺撒与科尔内利娅结婚
前 82 年~前 79 年	苏拉担任独裁官
前 81 年	苏拉命令恺撒与科尔内利娅离婚。恺撒拒绝服从，开始逃亡。他母亲的亲戚为他说情，

	恺撒获得了苏拉的赦免
前 80 年～前 78 年	恺撒在亚细亚服兵役，在米蒂利尼荣获橡叶冠
前 77 年	恺撒在罗马法庭从业，起诉格奈乌斯·科尔内利乌斯·多拉贝拉失败
前 76 年	恺撒起诉盖乌斯·安东尼失败
前 75 年	恺撒去罗德岛学习，途中被海盗俘虏，被赎回
前 74 年	恺撒自行前往亚细亚，征募当地士兵，打退了米特里达梯六世国王麾下一名将领发动的入侵或袭掠
前 73 年	恺撒返回罗马，进入大祭司团
前 73 年～前 70 年	斯巴达克斯领导的奴隶起义
前 72 年或前 71 年	恺撒当选为军事保民官，可能参加了镇压斯巴达克斯的行动
前 69 年	恺撒当选为财务官，在外西班牙效力。他的姑母尤利娅和妻子科尔内利娅去世，恺撒为她们举办公开葬礼
前 67 年	《加比尼乌斯法》颁布。庞培获得特别指挥权，负责清剿地中海的海盗。此役虽短暂但组织极其高效，很快得胜。恺撒支持《加比尼乌斯法》。大约在这个时期，他与庞培娅结婚
前 66 年	《马尼利乌斯法》颁布。庞培获得特别指挥权，负责战胜米特里达梯六世。恺撒支持《马尼利乌斯法》
前 65 年	恺撒与毕布路斯一同担任席位市政官，毕布路斯抱怨自己被恺撒抢了风头。恺撒举办了

	纪念自己父亲的角斗比赛
前 64 年	恺撒负责主持特别法庭之一。该法庭的任务是处理加图的调查（关于苏拉的支持者拖欠公款不还）
前 63 年	恺撒担任法官，审理对拉比里乌斯的起诉。喀提林阴谋。恺撒当选为祭司长
前 62 年	恺撒担任裁判官。他支持保民官梅特卢斯·尼波斯，在后者逃亡后短暂地离职。善良女神节的丑闻迫使他与庞培娅离婚
前 61 年 ~ 前 60 年	恺撒被委派管理外西班牙。他改革了当地的行政，并指挥了极具攻击性的惩戒行动。返回罗马后，为了参选执政官，他放弃了自己应得的凯旋式
前 59 年	恺撒担任执政官。恺撒、庞培和克拉苏组成前三头同盟。恺撒的同僚执政官毕布路斯及其支持者（包括加图）刻意阻挠他，造成许多混乱。恺撒强行让自己的立法通过，但在将来很可能面临起诉。庞培娶了恺撒的女儿尤利娅。恺撒娶了卡尔普尔尼娅
前 58 年	恺撒接管自己的行省，在比布拉克特打败迁徙中的赫尔维蒂人。然后他打败了日耳曼人的国王阿里奥维斯图斯
前 57 年	恺撒打败比利时各部落，赢得桑布尔河战役
前 55 年	恺撒首次在莱茵河上架桥，率军远征不列颠
前 54 年	第二次且规模较大的不列颠远征。尤利娅及其婴儿去世。恺撒的母亲奥雷利娅去世
前 54 年 ~ 前 53 年	高卢人针对恺撒的第一次大规模叛乱，导致科塔和萨比努斯兵败身死。恺撒第二次在莱

茵河上架桥

前 53 年	克拉苏在卡莱被苏雷纳领导下的帕提亚军队击败并杀死
前 52 年	维钦托利领导下的高卢第二次大叛乱。恺撒猛攻阿瓦利库姆，在戈高维亚战败，但围攻了阿莱西亚，迫使高卢叛军投降。克洛狄乌斯在罗马城外被谋杀。庞培被任命为唯一执政官，奉命率军进城恢复秩序
前 51 年	恺撒在高卢打了一些战役，以围攻乌克斯罗杜努姆告终
前 51 年 ~ 前 50 年	元老院受到越来越大的压力，企图结束恺撒的任期
前 49 年 ~ 前 45 年	恺撒越过卢比孔河，内战爆发。他迅速占领意大利。随后他在西班牙击败庞培军队
前 48 年	恺撒短暂地担任独裁官，随后第二次就任执政官。他渡海来到希腊，在狄拉奇乌姆受挫，但在法萨卢斯击败庞培。庞培逃往埃及，被谋杀。恺撒追到埃及，干预那里的权力斗争，扶持克利奥帕特拉七世登基
前 48 年 ~ 前 47 年	亚历山大港战争。恺撒与克利奥帕特拉七世的私情
前 47 年	恺撒在济莱速战速决，击败博斯普鲁斯国王法尔纳基斯二世
前 46 年	恺撒第三次担任执政官，但在这一年初率军远征阿非利加。恺撒在北非的鲁斯皮纳险些被拉比埃努斯打败，但最终在塔普苏斯击败了庞培派军队。加图自杀。恺撒被任命为独裁官，任期十年

前 44 年	恺撒在按计划出征讨伐达契亚人和帕提亚人的几天前被刺杀。恺撒被神化
前 44 年～前 42 年	恺撒的遇刺导致新一轮内战爆发。一方是刺杀恺撒的密谋者，另一方是恺撒的支持者（领导人是马克·安东尼，后来恺撒的甥孙和养子屋大维也加入进来）
前 42 年	布鲁图斯和卡西乌斯在两次腓立比战役中被打败
前 31 年	亚克兴角海战中，屋大维打败安东尼。屋大维成为罗马帝国实际上的唯一统治者
前 30 年	安东尼和克利奥帕特拉七世自杀

术语解释

市政官（Aedile）：市政官是负责主持罗马城日常生活某些方面（包括举办某些一年一度的节日庆典）的行政长官。市政官的地位一般在财务官与裁判官之间，市政官的数量比裁判官少，并且不是晋升体系中必需的阶段。

军团旗手（Aquilifer）：执掌一个罗马军团的军旗（aquila）的旗手。军旗其实是一尊银质或镀金的雄鹰塑像，安放在一根木杖顶端。

威望（Auctoritas）：一位罗马元老的声望和影响力。军事成就可以极大地提高一个人的威望。

辅助部队（Auxilia）：共和国晚期征募的非罗马公民的士兵，也叫支援部队。

床弩（Ballista）：一种有两根臂、利用扭力的大型弩，可以发射弩箭或石块，精度相当高。床弩尺寸不一，绝大多数用于攻城。

善良女神节（Bona Dea）：一年一度纪念"善良女神"的节日，只有妇女可以参加，并在一位当选的行政长官家中举行。前62年的善良女神节在恺撒家中举行，发生了丑闻。

铁甲骑兵（Cataphract）：身披重甲的骑兵，其坐骑往往也配备护甲。铁甲骑兵是帕提亚军队的重要组成部分。

百夫长（Centurion）：罗马军队历史上绝大部分时间里的一个重要的军官级别。最初的百夫长指挥一个80人的百人队。一个罗马军团中最资深的百夫长是首席百夫长，地位极高，任期只有一年。

百人队（centuria）：罗马军队最基本的小单位，由1名百夫长指挥，一般有80名士兵。

大队（cohors）：罗马军团的基本战术单位，包括6个百人队，每个百人队有 80 名士兵，一共有 480 人。

百人会议（Comitia Centuriata）：负责选举最高级行政长官（包括执政官和裁判官）的罗马公民大会。根据人口普查中登记的财产情况，全体公民被分为 193 个投票的百人团。富人尽管人数少，但对选举的结果有着极大的影响力。百人会议的结构据说是根据早期罗马军队的组织。

部落会议（Comitia Tributa）：全体罗马人民（包括贵族和平民）的一种大会。根据血统出身，将全体公民分为 35 个投票的部落。部落会议有立法权，由一名执政官、裁判官或席位市政官主持。部落会议还可以选举一些官职，比如财务官和席位市政官。

兄弟（Commilito，复数为 commilitones）：这是一种亲切的称呼，罗马将军在向士兵讲话时（尤其在内战时期）这样称呼他们。

平民大会（Concilium Plebis）：罗马平民的会议，负责立法或者选举某些行政长官，如平民保民官。贵族不可以参加平民大会。根据血统出身，将全体平民分为 35 个投票的部落。会议由平民保民官主持。

执政官（Consul）：每年的两名执政官是罗马共和国选举产生的最高级别的行政长官，他们负责指挥重要的作战行动。在他们任期结束之后，元老院有时会授予他们一些权力，此时他们被称为资深执政官（proconsul）。

元老院议政厅（Curia）：元老院议政厅位于罗马城广场的北侧，据传说是由一位国王建造的。苏拉修复了议政厅，但它后来在克洛狄乌斯的葬礼时被烧毁。恺撒担任独裁官时开始建造一座新的元老院议政厅。但即便在议政厅状态良好时，元老院有时也会在其他地方开会，进行一些特定的辩论。

晋升体系（Cursus honorum）：罗马人从政的进阶制度。苏拉担任独裁官时重新颁布和强化了关于竞选行政长官的候选人的年龄和其他资格要求的法律。

独裁官（Dictator）：在危机时期，可以任命一名独裁官，任期六个月，拥有最高的军事和民政大权。后来历次内战的胜利者，如苏拉和尤利乌斯·恺撒，都用这个头衔作为获得更长期化权力的基础。

骑士（Equites，单数为 Eques）：罗马的骑士是人口普查中拥有的财产达到最高标准的群体。从格拉古兄弟时期开始，骑士获得了更为正式的政治角色，比如在法庭上担任陪审员，但这种措施非常有争议。

法西斯束棒（Fasces，单数为 Fascis）：一束装饰性的木棒，长约 5 英尺，中间捆着一只斧头。法西斯束棒由执法吏扛在肩头，是一位行政长官权力与地位的最明显的象征。

朱庇特祭司（Flamen Dialis）：大神朱庇特的祭司，历史悠久，担任此种祭司的人受到很多严格的限制。朱庇特祭司及其夫人（Flaminica）应当始终遵守宗教仪式的规定，因此必须避免任何形式的污染。恺撒年轻时曾被选为朱庇特祭司，但可能从来没有正式上任过。

罗马广场（Forum Romanum）：罗马城的政治和经济中心，位于卡比托利欧山、帕拉丁山、奎利那雷山和威利亚山之间。公共集会常在广场上的演讲台（Rostra）周围或广场东端举行。平民大会和部落会议通常也在广场举行，进行立法工作。

短剑（Gladius）：拉丁文中的剑。短剑一般指的是西班牙短剑（gladius hispaniensis），一直到 3 世纪，它始终是罗马标准的武器。它用优质钢制成，可以劈砍，但主要用来刺杀。

治权（Imperium）：行政长官和资深行政长官在其任期内的军事指挥权。

军团长（Legatus，复数为 Legati）：一名受上级委派指挥军队的军官，他本身并没有治权。军团长由行政长官选拔，而不是选举产生。

军团（Legio）：这个词最初的意思是征兵。军团是罗马军队历史上的主要组成单位。在恺撒时代，一个军团的理论兵力约为 4800～5000 人。但在作战中，军团有效兵力往往比这少得多。

执法吏（Lictor）：一位行政长官的正式侍从，携带法西斯束棒，象征行政长官主持正义、施加极刑和肉刑的权力。执政官由 12 名执法吏陪同，独裁官则通常有 24 名执法吏。

骑兵统帅（Magister Equitum）：共和国独裁官的副手。根据传统，骑兵统帅负责指挥骑兵，因为独裁官被禁止骑马。

中队（manipulus）：罗马军团曾经的基本战术单位，后来被大队（cohors）取代。1 个中队包括 2 个百人队。在恺撒时代，中队在军队的行政和日常工作，或许还有训练中，似乎仍然起到一些作用。

指名者（Nomenclator）：一种受过特别训练的奴隶，他的任务是向自己的主人提示走过来的其他公民的名字，以便主人能够以亲切的方式与来者打招呼。拉选票的政治家往往会带一名指名者在自己身边。

小凯旋式（Ovatio）：一种等级较低的凯旋式。在小凯旋式中，将军骑马，而不是乘坐战车穿过城市。

标枪（Pilum，复数为 pila）：在罗马历史的大部分时间里，重型标枪都是罗马军团士兵的标准装备。标枪的枪头狭窄，用来穿透敌人的盾牌；枪杆长而细，使枪头能够打击到盾牌后的敌人。

祭司长（Pontifex Maximus）：十五名大祭司（pontiff）之首。大祭司是罗马贵族垄断的三种主要神职人员团体之一。大祭司负责管理许多国家节庆和事件的时间安排。祭司长更像是大祭司团（College of Pontiffs）的主席，而不是领导人，但这个职位的威望极高。

裁判官（Praetor）：裁判官是一年一度选举产生的行政长官，在元老院指导下治理重要性较低的行省，并指挥罗马的规模较小的战争。

长官（praefectus）：一名拥有骑士身份的军官，职责范围很广，包括指挥盟军或辅助部队。

财务官（Quaestor）：财务官是一种行政长官，其职责主要是财政方面的，可以作为执政官级别总督的副手，常担任从属性的军事指挥官。

演讲台（Rostra）：广场上供演讲的高台，政治家可以在此向集会群众发表演说。

选举围场（Saepta）：战神广场上的选举区域，不同的人民大会在此举行选举。

蝎弩（Scorpion）：罗马军队在野战和攻城战中使用的一种较轻的大型弩。蝎弩射程较大，精度很高，能够穿透任何形式的铠甲。

旗手（Signifer）：扛着百人队的军旗（signum）的旗手。

奉献"最高战利品"（Spolia opima）：一位凯旋将军能够获得的最高荣誉就是在卡比托利欧山的至善至伟朱庇特神庙奉献缴获敌人的盔甲兵器。获得此项荣誉的唯一办法是与敌军统帅单挑并将其杀死。这种荣誉很少有人获得。

苏布拉（Subura）：苏布拉是维米那勒山和埃斯奎里努斯山之间的谷地，以狭窄街道和贫民区而臭名昭著。恺撒在成为祭司长之前就住在这里。

龟阵（Testudo）：罗马军团士兵的一种著名阵型，士兵们将自己的长盾重叠起来，保护自己的前方、两侧和头顶。这种阵型一般在攻击敌人的防御工事时使用。

司库阶层（Tribuni aerarii）：人口普查中登记的低于骑士阶层的群体。对这个群体我们了解较少。

军事保民官（Tribunus militum）：每个罗马军团有 6 名军事保民官，他们要么是选举产生的，要么是被任命的。任何时间都有其中两人执掌指挥权。

平民保民官（Tribune of the plebs）：每年选举产生 10 名平民保民官，拥有政治权力而没有军事职责，可以就任何问题立法。在共和国晚期，许多有野心的将军，比如马略和庞培，都借助保民官的帮助，为自己获取重要的职位。

凯旋式（Triumph）：元老院授权的大型庆祝活动，以嘉奖得胜的将领。其形式为沿着圣道（罗马城举行庆典的主要道路）游行，展示得胜将领获得的战利品和战俘，高潮是在仪式中处决被俘的敌酋。得胜将领乘坐一辆战车，穿着与朱庇特神像类似的服装，一名奴隶将象征胜利的花冠举至头顶上方。这名奴隶应当不断小声地提醒将军，他纵然这般荣耀，也不过是凡人而已。

方旗：一种方形旗帜，挂在旗杆上，用来标示将军的位置，也是一队士兵携带的旗帜。将军的方旗通常是红色的。

参考文献

著 作

Adcock, F., *The Roman Art of War under the Republic* (1940).

Astin, A., *Cato the Censor* (1978).

Austin, N., & Rankov, B., *Exploratio: Military and Political Intelligence in the Roman World*(1995).

Badian, E., *Roman Imperialism in the Late Republic* (1968).

Badian, E., *Publicans and Sinners* (1972).

Bishop, M., & Coulston, J., *Roman Military Equipment* (1993).

Brunt, P., *Social Conflicts in the Roman Republic* (1971a).

Brunt, P., *Italian Manpower, 225 BC – AD 14* (1971b).

Calwell, C., *Small Wars* (1906).

Connolly, P., *Greece and Rome at War* (1981).

Cornell, T., *The Beginnings of Rome* (1995).

Cunliffe, B., *Greeks, Romans and Barbarians: Spheres of Interaction* (1988).

Davies, R., *Service in the Roman Army* (1989).

Delbrück, H., *History of the Art of War*, Volume 1: *Warfare in Antiquity* (trans. J. Renfroe) (1975).

Derks, T., *Gods, Temples and Ritual Practices: The Transformation of Religious Ideas and Values in Roman Gaul* (1998).

Dyson, S., *The Creation of the Roman Frontier* (1985).

Epstein, D., *Personal Enmity in Roman Politics 218–43 BC* (1978).

Erdkamp, P., *Hunger and Sword: Warfare and Food Supply in Roman Republican Wars 264–30 BC* (1998).

Evans, R., *Gaius Marius: A Political Biography* (1994).

Feugère, M. (ed.), (1997), *L' Équipment Militaire et L'Armement de la République, Journal of Roman Military Equipment Studies 8*.

Fuller, Major General J., *Julius Caesar: Man, Soldier and Tyrant* (1965).

Gabba, E., *The Roman Republic, the Army and the Allies* (trans. P. Cuff) (1976).

Gelzer, M., *Caesar* (trans. P. Needham) (1968).

Goldsworthy, A., *The Roman Army at War, 100 BC – AD 200* (1996).

Goldsworthy, A., *In the Name of Rome* (2003).

Goudineau, C., *César et la Gaule* (1995).

Grainge, G., *The Roman Invasions of Britain* (2005).

Grant, M., *Cleopatra* (1972).

Green, M., *Dictionary of Celtic Myth and Legend* (1992).

Greenhalgh, P., *Pompey: The Roman Alexander* (1980).

Grimal, P., *Love in Ancient Rome* (trans. A. Train) (1986).

Gruen, E., *The Last Generation of the Roman Republic* (1974).

Gwynn, A., *Roman Education: From Cicero to Quintilian* (1926).

Hardy, E., *The Catilinarian Conspiracy in its Context: A Re-study of the Evidence* (1924).

Harmand, J., *L'armée et le soldat à Rome de 107 à 50 avant nôtre ère* (1967a).

Harmand, J., *Une Campagne Césarienne: Alésia* (1967b).

Harris, W., *War and Imperialism in Republican Rome, 327–70 BC* (1979).

Holmes, T. Rice, *Ancient Britain and the Invasions of Julius Caesar* (1907).

Holmes, T. Rice, *Caesar's Conquest of Gaul* (1911).

Holmes, T. Rice, *The Roman Republic*, Volume 3 (1923).

Holmes, T. Rice, *The Roman Republic*, Volume 1 (1928).

Hopkins, K., *Conquerors and Slaves* (1978).

Keaveney, A., *Sulla: The Last Republican* (1982).

Keaveney, A., *Lucullus: A Life* (1992).

Keppie, L., *The Making of the Roman Army* (1984).

Labisch, A., *Frumentum Commeatusque. Die Nahrungsmittelversongung der Heere Caesars* (1975).

Le Bohec, Y., *The Imperial Roman Army* (1994).

Le Gall, J., *La Bataille D'Alésia* (2000).

Lintott, A., *Imperium Romanum: Politics and Administration* (1993).

Lintott, A., *The Constitution of the Roman Republic* (1999).

Marrou, H., *A History of Education in Antiquity* (1956).

Maxfield, V., *The Military Decorations of the Roman Army* (1981).

Meier, C., *Caesar* (trans. D. McLintock) (1996).

Millar, F., *The Crowd in Rome in the Late Republic* (1998).

Mitchell, T., *Cicero: The Ascending Years* (1979).

Mitchell, T., *Cicero: The Senior Statesman* (1991).

Morrison, J., & Coates, J., *Greek and Roman Oared Warships* (1996).

Mouritsen, H., *Plebs and Politics in the Late Roman Republic* (2001).

Parker, H., *The Roman Legions* (1957).

Porch, D., *Wars of Empire* (2000).

Price, S., *Rituals and Power: The Roman Imperial Cult in Asia Minor* (1984).

Rawson, B. (ed.), *The Family in Ancient Rome* (1986).

Rawson, B. (ed.), *Marriage, Divorce and Children in Ancient Rome* (1991).

Rawson, B., *Children and Childhood in Roman Italy* (2003).

Rice, E., *Cleopatra* (1999).

Rickman, G., *The Corn Supply of Ancient Rome* (1979).

Rosenstein, N., *Imperatores Victi* (1993).

Roth, J., *The Logistics of the Roman Army at War, 264 BC – AD 235* (1999).

Roymans, N., *Tribal Societies in Northern Gaul: an anthropological perspective, Cingula* 12 (1990).

Saddington, D., *The Development of the Roman Auxiliary Forces from Caesar to Vespasian* (1982).

Saller, R., *Personal Patronage in the Early Empire* (1982).

Seager, R., *Pompey the Great* (2002).

Sherwin-White, A., *The Roman Citizenship* (1973).

Spaul, J., *ALA 2* (1994).

Stockton, D., *Cicero* (1971).

Stockton, D., *The Gracchi* (1979).

Syme, R., *The Roman Revolution* (1939).

Taylor, L. Ross, *Party Politics in the Age of Caesar* (1949).

Taylor, L. Ross, *Roman Voting Assemblies: From the Hannibalic War to the Dictatorship of Caesar* (1966).

Todd, M., *The Northern Barbarians* (1987).

Todd, M., *The Early Germans* (1992).

Todd, M., *Roman Britain,* 3rd edn. (1999).

Treggiari, S., *Roman Marriage: Iusti Coniuges from the Time of Cicero to the Time of Ulpian* (1991).

Tyrrell, W., *A Legal and Historical Commentary to Cicero's Oratio Pro Rabirio Perduellionis* (1978).

Walbank, F., *A Historical Commentary on Polybius,* Volume 1 (1970).

Walker, S., & Higgs, P. (eds.), *Cleopatra of Egypt: From History to Myth* (2001).

Walker, S., & Ashton, S. (eds.), *Cleopatra Reassessed* (2003).

Ward, A., *Marcus Crassus and the Late Roman Republic* (1977).

Watson, G., *The Roman Soldier* (1969).

Webster, G., *The Roman Invasion of Britain,* rev. edn. (1993).

Weinstock, S., *Divus Julius* (1971).

Welch K., & Powell, A. (eds.), *Julius Caesar as Artful Reporter: The War Commentaries as Political Instruments* (1998).

Wells, C., *The German Policy of Augustus* (1972).

Wells, P., *The Barbarians Speak: How the Conquered Peoples Shaped the Roman Empire* (1999).

Yavetz, Z., *Julius Caesar and his Public Image* (1983).

文 章

Bradley, K. (1986), 'Wet-nursing at Rome: A Study in Social Relations', in B. Rawson (ed.), *The Family in Ancient Rome*, pp. 201–229.

Braund, D. (1996), 'River Frontiers in the Environmental Psychology of the Roman World', in Kennedy, D. (ed.), *The Roman Army in the East, Journal of Roman Archaeology Supplementary Series 18*, pp. 43–47.

Carson, R. (1957), 'Caesar and the Monarchy', *Greece and Rome* 4, pp. 46–53.

Collins, J. (1955), 'Caesar and the Corruption of Power', *Historia* 4, pp. 445–465.

Cuff, P. (1958), 'The Terminal Date of Caesar's Gallic Command', *Historia* 7, pp. 445–471.

Hansen, M. (1993), 'The Battle Exhortation in Ancient Historiography: Fact or Fiction', *Historia* 42, pp. 161–180.

Lintott, A. (1990), 'Electoral Bribery in the Roman Republic', *Journal of Roman Studies* 80, pp. 1–16.

Rankov, B. (1996), 'The Second Punic War at Sea' in Cornell, T., Rankov, B., & Sabin, P. (eds.), *The Second Punic War: A Reappraisal*, pp. 49–57.

Rawson, E. (1975), 'Caesar's Heritage: Hellenistic Kings and their Roman Equals', *Journal of Roman Studies* 65, pp. 148–159.

Rawson, E. (1976), 'The Ciceronian Aristocracy and its Properties', in Finley, M. (ed.), *Studies in Roman Property*, pp. 85–102.

Roymans, N. (1983), 'The North Belgic Tribes in the First Century BC' in Brandt, R., & Slofstra, J. (eds.), *Roman and Native in the Low Countries, British Archaeological Reports 184*, pp. 43–69.

Salmon, E. (1935), 'Catiline, Crassus, and Caesar', *American Journal of Philology* 56, pp. 302–316.

Salway, B. (1994), 'What's in a Name? A Survey of Roman Onomastic Practice from 700 BC – AD 700', *Journal of Roman Studies* 84, pp. 124–145.

Stockton, D. (1975), 'Quis iustius induit arma', *Historia* 24, pp. 222–259.

Syme, R. (1938), 'The Allegiance of Labienus', *Journal of Roman Studies* 28, pp. 424–440.

Taylor, L. Ross (1941), 'Caesar's Early Career', *Classical Philology* 36, pp. 113–132.

Taylor, L. Ross (1957), 'The Rise of Julius Caesar', *Greece and Rome* 4, pp. 10–18.

Taylor, L. Ross (1968), 'The Dating of Major Legislation and Elections in Caesar's First Consulship', *Historia* 17, pp. 173–193.

Tchernia, A. (1983), 'Italian Wine in Gaul at the End of the Republic', in Garnsey, P., Hopkins, K., & Whittaker, C. (eds.), *Trade in the Ancient Economy*, pp. 87–104.

Treggiari, S. (1991), 'Divorce Roman Style: How Easy and Frequent was it?' in B. Rawson (ed.), *Marriage, Divorce and Children in Ancient Rome*, pp. 131–146.

Tyrrell, W. (1972) 'Labienus' Departure from Caesar in January 49 BC', *Historia* 21, pp. 424–440.

Yakobson, A. (1992), 'Petitio et Largitio: Popular Participation in the Centuriate Assembly of the Late Republic', *Journal of Roman Studies* 82, pp. 32–52.

缩写词

Ampelius, *lib. mem* = Lucius Ampelius, *Liber memorialis.*

Appian, *BC* = Appian, *Civil Wars.*

Appian, *Bell. Hisp.* = Appian, *Spanish Wars.*

Broughton, *MRR* 2 = Broughton, T., & Patterson, M., *The Magistrates of the Roman Republic*, Volume 2 (1951).

Caesar, *BC* = Caesar, *The Civil Wars.*

Caesar, *BG* = Caesar, *The Gallic Wars.*

CAH2 IX = Crook, J., Lintott, A., & E. Rawson (eds.), *The Cambridge Ancient History* 2nd edn, Volume IX: *The Last Age of the Roman Republic, 146 – 43 BC* (1994).

Cicero, *ad Att.* = Cicero, *Letters to Atticus.*

Cicero, *ad Fam.* = Cicero, *Letters to his friends.*

Cicero, *ad Quintum Fratrem* = Cicero, *Letters to his Brother Quintus.*

Cicero, *Cat.* = Cicero, *Catilinarian Orations.*

Cicero, *de Sen.* = Cicero, *de Senectute.*

Cicero, *Verr.* = Cicero, *Verrine Orations.*

CIL = *Corpus Inscriptionum Latinarum.*

Comp. Nic. = Fragment of Nicolaus of Damascus, *History.*

devir. Ill. = the anonymous *de virisillustribus.*

Dio = Cassius Dio, *Roman History.*

Gellius, *NA* = AulusGellius, *Attic Nights.*

ILLRP = Degrassi, A. (ed.) (1963 ~ 1965), *Inscriptiones Latinae Liberae Rei Republicae.*

ILS = Dessau, H. (1892 ~ 1916), *Incriptiones Latinae Selectae.*

JRS = *Journal of Roman Studies.*

Justin = Justinus, *Epitome.*

Livy, *Pers.* = Livy, *Periochae*

Pliny the Elder, *NH* = Pliny the Elder, *Natural History.*

Pliny the Younger, *Epistulae* = Pliny the Younger, *Letters.*

Quintilian = Quintilian, *Training in Oratory.*

Sallust, *Bell. Cat.* = Sallust, *The Catilinarian War.*

Serv. = Servius.

Strabo, *Geog.* = Strabo, *Geography.*

Valerius Maximus = Valerius Maximus, *Memorable Doings and Sayings.*

Velleius Paterculus = Velleius Paterculus, *Roman History.*

注　释

引　言

1 M. Booth, *The Doctor, the Detective and Arthur Conan Doyle* (1997). p. 204.

一　恺撒的世界

1 Velleius Paterculus, *History of Rome* 2.1.1 [Loeb translation by F. Shipley (1924), pp. 47 – 49].

2 Suetonius, *Caesar* 77.

3 关于波利比乌斯对罗马共和国的描述与分析，见 Polybius, 6.11.1 – 18.8, 43.1 – 57.9, 另见 F. Walbank, *A Historical Commentary on Polybius*, 1 (1970), pp. 663 – 746. A. Lintott, *The Constitution of the Roman Republic* (1999) 对这个主题做了详细讨论。

4 对于这些战役的描述，见 A. Goldsworthy, *In the Name of Rome* (2003), pp. 126 – 136。

5 关于萨图尔尼努斯和格劳基亚，见 Appian, *BC* 1.28 – 33, Plutarch, *Marius* 28 – 30。

6 Suetonius, *Caesar* 77.

7 Valerius Maximus 3.7.8.

8 关于人口及准确计算人口的困难，见 N. Purcell, 'The City of Rome and the *Plebs Urbana* in the Late Republic', in *CAH2* IX, pp. 644 – 688, esp. 648 – 656, and also K. Hopkins, *Conquerors and Slaves* (1978), pp. 96 – 98. 关于广场作为罗马公共生活场地的重要性，见 F. Millar, *The Crowd in Rome in the Late Republic* (1998), esp. pp. 13 – 48。

9 对罗马帝国主义的最有影响的讨论包括 E. Badian, *Roman Imperialism in the Late Republic*（1968）, W. Harris, *War andImperialism in Republican Rome, 327 - 70 BC*（1979）, and Hopkins（1978）, esp. 1 - 98。

10 See E. Badian, *Publicans and Sinners*（1972）.

11 See in particular Hopkins（1978）, *passim*.

12 关于格拉古兄弟的政治生涯，见 D. Stockton, *The Gracchi*（1979）。这方面的主要史料是 Plutarch, *Tiberius Gracchus and Caius Gracchus*, and Appian, *BC* 1.8 - 27；关于盖乌斯·格拉古首级的故事，见 Plutarch, *Caius Gracchus* 17。

13 马略生平的详细介绍，见 R. Evans, *Gaius Marius*：*A Political Biography*（1994）。

二 恺撒的童年

1 Velleius Paterculus 2. 41. 1.

2 Suetonius, *Caesar* 1. 3.

3 关于罗马姓名的意义，见 B. Salway, 'What's in a Name? A Survey of Roman Onomastic Practice from 700 BC - AD 700', *JRS* 84（1994）, pp. 124 - 145, esp. 124 - 131。

4 关于这个名字起源的故事，见 *Historia Augusta*, *Aelius Verus* 2；关于恺撒的家族，见 M. Gelzer, *Caesar*（1968）, p. 19, C. Meier, *Caesar*（1996）, pp. 51 - 55, and E. Gruen, *The Last Generation of the Roman Republic*（1974）, pp. 75 - 76。

5 Suetonius *Caesar* 6. 1；关于埃涅阿斯纪及其儿子的故事的不确定性，见 Livy 1. 3。

6 Plutarch, *Tiberius Gracchus* 1.

7 *Historia Augusta*, *Aelius Verus* 2.

8 B. Rawson, *Children and Childhood in Roman Italy*（2003）, esp. pp. 99 - 113；关于古代对剖腹产的知识，见 p. 99 with references. See alsothe

collection of papers in B. Rawson（ed.），*Marriage，Divorce and Children inAncient Rome*（1991）。

9 Plutarch，*Cato the Elder* 20.3. 对这个主题更详细的讨论见 K. Bradley，'Wet-nursing at Rome：A Study in Social Relations'，in B. Rawson，*The Family in Ancient Rome*（1986），pp. 201 – 229。

10 Tacitus，*Dialogues* 28.6［Loeb translation by Sir W. Peterson，revised M. Winterbottom（1970），p. 307］.

11 Plutarch，*Coriolanus* 33 – 36，Livy 2.40.

12 See H. Marrou，*A History of Education in Antiquity*（1956），pp. 229 – 291，A. Gwynn，*Roman Education：From Cicero to Guintilian*（1926），esp. 1 – 32；Cicero，*de Re Publica* 4.3.

13 Cicero，*Orator* 120.

14 关于门客制度，见 R. Saller，*Personal Patronage inthe Early Empire*（1982）；关于男童伴随父亲处理事务，见 Gellius，*NA* 1.23.4，Pliny，*Epistulae* 8.14.4 – 5；关于孩子七岁起受到父亲的影响，见 Quintilian 2.2.4；相关评论见 Marrou（1956），pp. 231 – 233。

15 关于恺撒的早期作品，见 Rawson（2003），pp. 153 – 157；Suetonius，*Grammaticis et rhetoribus* 7 for Gnipho；Suetonius *Caesar* 56.7。

16 Cicero，*Brutus* 305，Suetonius，*Caesar* 55.2.

17 Plutarch，*Caesar* 17，Suetonius，*Caesar* 57，61.

18 Plutarch，*Marius* 30，32.

19 关于盟友的问题，见 E. Gabba，*The Roman Republic，the Army andthe Allies*（trans. P. Cuff）（1976），P. Brunt，*Social Conflicts in the Roman Republic*（1971），pp. 101 – 104，A. Sherwin-White，*The Roman Citizenship*（1973），pp. 119 – 149.

20 对这场战争记录最完整的古代史料是 Appian，*BC* 1.34 – 53，另见 Velleius Paterculus 2.13.117.3；现代学者的解读见 E. Gabba，'Rome and Italy：The Social War'，in *CAH2*（1994），pp. 104 – 128。

21 Appian, *BC* 1. 4046, Plutarch, *Marius* 33, *Sulla* 6.

22 关于苏拉的完整生平，见 A. Keaveney, *Sulla*：*The Last Republican* (1982), 1 – 63。

23 Plutarch, *Marius* 34 – 35, *Sulla* 7 – 8, Appian *BC* 1. 55 – 57, and Keaveney (1982), pp. 56 – 77.

24 Plutarch, *Sulla* 9 – 10, *Marius* 35 – 40, Appian, *BC* 1. 57 – 59.

25 Appian, *BC* 1. 63 – 75；Plutarch, *Marius* 41 – 46, *Sulla* 22, *Pompey* 3, Velleius [Paterculus 2. 20. 1 – 23. 3, and also R. Seager, *Pompey* (2002), pp. 25 – 29.]

三 第一位独裁者

1 Plutarch, *Sulla* 31 [translation by R. Waterfield in *Plutarch*：*Roman Lives* (1999), p. 210].

2 关于自由神节的重要性，见 Ovid, *Fasti* 3. 771 – 788；关于向青春女神尤文塔斯的献祭，见 Dionysius of Halicarnassus 4. 15. 5；关于与穿上成年托加有关联的仪式，见 B. Rawson, *Children and Childhood in Roman Italy* (2003), pp. 142 – 144。

3 Suetonius, *Caesar* 1. 1；关于恺撒父亲的突然去世，见 Pliny, *Natural History* 7. 181；关于恺撒穿上成年托加，见 H. Marrou, *A History of Education in Antiquity* (1956), p. 233, A. Gwynn, *Roman Education*：*From Cicero to Quintilian* (1926), 16, and B. Rawson, 'The Roman Family', in B. Rawson (ed.), *The Family in Ancient Rome* (1986), pp. 1 – 57, 41。

4 关于朱庇特祭司受到的限制，见 Gellius, *NA* 10. 15。

5 Velleius Paterculus, 2. 22. 2, Appian, *BC* 1. 74. 关于梅卢拉和恺撒被提名为祭司，见 L. Ross Taylor, 'Caesar's Early Career', in *Classical Philology* 36 (1941), pp. 113 – 132, esp. pp. 114 – 116。

6 关于麦饼婚，见 see S. Treggiari, *Roman Marriage*：*Iusti Coniuges from the Time of Cicero to the Time of Ulpian* (1991), 21 – 24；关于麦饼婚的名称

及与双粒小麦的关系，见 *Gaius* 1.112，Pliny，*NH* 18.10，Festus 78L；关于仪式，见 Servius，*Ad G.* 1.31。

7 Velleius Paterculus 2.22.2 称恺撒被指定为朱庇特祭司，而 Suetonius 明确地说恺撒只是被提名（*destinatus*），Suetonius，*Caesar* 1.1. 见 M. Gelzer，*Caesar*（1968），pp. 19 – 21，以及 Taylor（1941），pp. 115 – 116. Tacitus，*Annals* 3.58 and Dio 54.36.1 都明确表示梅卢拉是最后一任朱庇特祭司。

8 关于这些年的讨论，见 *CAH2* IX（1994），pp. 173 – 187；关于西塞罗及其恩师们在这些年里的行为，见 T. Mitchell，*Cicero：The Ascending Years*（1979），pp. 81 – 92。

9 Appian，*BC* 1.76 – 77.

10 关于他的外貌、未当选裁判官和墓志铭，见 Plutarch，*Sulla* 2；另见 A. Keaveney，*Sulla：The Last Republican*（1982）。关于苏拉只有一个睾丸的故事，见 Arrius Menander Bk. *On Military Affairs.* Keaveney（1982），p.11 称这个说法可能源于他的士兵们唱的一首下流歌曲。

11 关于苏拉的好运气，见 Keaveney（1982），pp. 40 – 41。

12 Appian，*BC* 1.78 – 80，Plutarch，*Pompey* 5.

13 关于内战，见 Keaveney（1982），pp. 129 – 147。

14 Plutarch，*Sulla* 27 – 32，Appian，*BC* 1.81 – 96.

15 Plutarch，*Sulla* 31.

16 关于苏拉对政敌的迫害，见 Keaveney（1982），pp. 148 – 168，Appian，*BC* 1.95，Velleius（Paterculus 2.28.3 – 4，以及 Plutarch，*Sulla* 31 包含关于阿尔班的地产的轶事）。

17 Keaveney（1982），pp. 160 – 203. 关于奥菲拉被处决，见 Plutarch，*Sulla* 33。

18 Taylor（1941），p. 116.

19 See Suetonius，*Caesar* 1.1 – 3，Plutarch，*Caesar* 1，and also L. Ross Taylor，'The Rise of Julius Caesar'，*Greece and Rome* 4（1957），pp. 10 –

18, esp. 11 – 12, and Taylor (1941), p. 116.

20 Suetonius, *Caesar* 74.

21 Suetonius, *Caesar* 1.

22 Plutarch, *Sulla* 1. 104, Suetonius, *Caesar* 77.

23 Keaveney (1982), pp. 204 – 213.

四　年轻的恺撒

1 Cicero, *Brutus* 290 ［Loeb translation by G. Hendrickson (1939), p. 253］.

2 关于 Suetonius 对恺撒的描述，见 *Caesar* 45. 1；Plutarch 的评论见 *Caesar* 17；恺撒的奇装异服和苏拉对其的评论见 Suetonius, *Caesar* 45. 3。

3 Suetonius, *Caesar* 45. 2.

4 西塞罗的宅邸，见 Velleius Paterculus 2. 14, and E. Rawson, 'The Ciceronian Aristocracy and its properties', in M. I. Finley (ed.), *Studies in Roman Property* (1976), pp. 85 – 102, esp. 86；关于苏布拉的犹太会堂，见 *Corpus Inscriptionum Judaicarum* 2. 380。

5 Velleius Paterculus 2. 14. 3.

6 Suetonius, *Caesar* 46 – 47.

7 Suetonius, *Caesar* 2.

8 See L. Ross Taylor, 'The rise of Julius Caesar', *Greece and Rome* 4 (1957), pp. 10 – 18, and M. Gelzer, *Caesar* (1968), p. 22. 关于橡叶冠，见 Gellius, *NA*5. 6. 13 – 14, Pliny, *NH* 16. 12 – 13, and discussion in V. Maxfield, *The Military Decorations of the Roman Army* (1981), pp. 70 – 74, 119 – 120。

9 Suetonius, *Caesar* 2 and 49. 1 – 4, 52. 3.

10 Plutarch, *Marius* 13 – 14, Polybius 6. 37；关于作为监察官的加图，见 Plutarch, *Cato the Elder* 17。

11 Suetonius, *Caesar* 22 and 49. 1 – 4.

12 关于恺撒的公开誓言，见 Dio 43. 20. 4；Catullus 54, cf. Suetonius,

Caesar 73。

13 关于加图，见 Plutarch，*Cato the Elder* 24；Plutarch，*Crassus* 5；关于日耳曼人，见 Caesar，*BG* 6. 21. 关于罗马人的态度，见 P. Grimal，*Love in Ancient Rome*（trans. A. Train）（1986）。

14 Suetonius，*Caesar* 3.

15 Catullus 10；Cicero，*Verr.* 1. 40.

16 Cicero，*Brutus* 317.

17 See Suetonius，*Caesar* 4. 1，55，Velleius Paterculus 2. 93. 3，and Gelzer（1968），pp. 22 – 3；关于一般的行省行政工作，见 A. Lintott's *Imperium Romanum*：*Politics and Administration*（1993）；关于恺撒演讲时音调高，见 Suetonius，*Caesar* 55. 2。

18 Plutarch，*Caesar* 4.

19 Cicero，*Brutus* 316.

20 关于海盗问题，见 Appian，*Mithridatic Wars* 91 – 93，Plutarch，*Pompey* 24 – 5；关于恺撒被俘，见 Suetonius，*Caesar* 4. 2，Plutarch，*Caesar* 2。

21 Plutarch，*Caesar* 2［Loeb translation by B. Perrin（1919），p. 445，slightly amended］.

22 关于海盗被割喉，见 Suetonius，*Caesar* 74。

23 Suetonius，*Caesar* 4. 2.

24 L. Ross Taylor，'Caesar's Early Career'，*Classical Philology* 36（1941），pp. 113 – 132，esp. p. 117 – 118.

25 关于返回罗马的旅程，见 Velleius Paterculus 2. 93. 2；关于审判，见 E. Gruen，*The Last Generation of the Roman Republic*（1974），p. 528；关于西塞罗的评论，见 Suetonius，*Caesar* 49. 3。

26 Taylor（1941），pp. 120 – 122；关于斯巴达克斯起义，见 Plutarch，*Crassus* 8 – 11，Appian，*BC* 1. 116 – 121。

27 关于克拉苏和苏拉，见 Plutarch，*Crassus* 6。

28 Suetonius，*Caesar* 5.

五 候选人

1 Plutarch，*Caesar* 5.

2 关于尤利娅的出生，见 M. Gelzer，*Caesar*（1968），p. 21，C. Meier，
　Caesar（1996），p. 105，and P. Grimal，*Love in Ancient Rome*（1986），
　p. 222。

3 Grimal（1986），pp. 112 – 115.

4 关于普雷基娅和卢库鲁斯的故事，见 Plutarch，*Lucullus* 6. 2 – 4；关于
　基泰古斯的影响，见 Cicero，*Brutus* 178；关于庞培、格米尼乌斯和弗
　洛拉的故事，见 Plutarch，*Pompey* 2。

5 关于西塞莉丝，见 Cicero，*ad Fam.* 9. 26；Cicero *ad Att.* 10. 10；Servius，
　on E10；*devir. Ill.* 82. 2. 西塞罗公开表示不满，见 *Philippics* 2. 58，69，77。

6 Suetonius，*Caesar* 47，50. 1 – 52.

7 Suetonius，*Caesar* 50. 2，Plutarch，*Caesar* 46，62，*Brutus* 5，Cicero，*ad
　Att.* 15. 11；see also R. Syme，*The Roman Revolution*（1939），pp. 23 – 24，
　116；关于卢库鲁斯与塞维利娅的妹妹（也叫塞维利娅）离婚，见
　Plutarch，*Lucullus* 38。

8 Grimal（1986），pp. 226 – 237，S. Treggiari，*Roman Marriage*（1991），
　esp. pp. 105 – 106，232 – 238，253 – 261，264，270 – 275，and 299 –
　319.

9 Sallust，*Bell Cat.* 25.

10 Plutarch，*Pompey* 55〔translation by R. Waterfield in *Plutarch*：*Roman
　Lives*（1999），p. 273〕.

11 关于塞多留的生平，见 A. Goldsworthy，*In the Name of Rome*（2003），
　pp. 137 – 151。

12 关于苏拉的立法，见 A. Keaveney，*Sulla*：*The Last Republican*（1982），
　pp. 169 – 189。

13 关于"年轻的刽子手"，见 Valerius Maximus 6. 2. 8；关于处死布鲁图

斯的父亲，见 Plutarch, *Brutus* 4；关于庞培的早期生涯，见 R. Seager, *Pompey the Great*（2002），pp. 20 – 39。

14 关于军事失败对政治前途的影响，见 N. Rosenstein, *Imperatores Victi*（1993），*passim.*

15 关于庞培和监察官们，见 Plutarch, *Pompey* 22；关于克拉苏的宴会，见 Plutarch, *Crassus* 2.2，12.3；*Comp. Nic.* Crassus 1.4；A. Ward, *Marcus Crassusand the Late Roman Republic*（1977），pp. 101 – 102。

16 Suetonius, *Caesar* 5, Gellius, *NA* 13.3.5；关于他在前 70 年的事件中起到更大作用的理论，见 Ward（1977），pp. 105 – 111。

17 关于选举，见 L. Ross Taylor, *Party Politics in the Age of Caesar*（1949），esp. pp. 50 – 75, and *Roman Voting Assemblies：From the Hannibalic War to the Dictatorship of Caesar*（1966），esp. pp. 78 – 106, A. Lintott, 'Electoral Bribery in the Roman Republic', *JRS* 80（1990），pp. 1 – 16, F. Millar, *The Crowd in Rome in the Late Republic*（1998），H. Mouritsen, *Plebs and Politics in the Late Roman Republic*（2001），esp. pp. 63 – 89, A. Yakobson, 'Petitioet Largitio：Popular Participation in the Centuriate Assembly of the Late Republic', *JRS* 82（1992），pp. 32 – 52；关于墓碑铭文，见 *ILS* 8205 – 8207。

18 See Taylor（1966），pp. 78 – 83, A. Lintott, *The Constitution of the Roman Republic*（1999），pp. 43 – 49.

19 关于恺撒担任裁判官，Lintott（1999），pp. 133 – 137；关于橡叶冠获得者被接纳进入元老院的说法，见 L. Ross Taylor, 'The Rise of Caesar', *Greece and Rome* 4（1957），pp. 10 – 18, esp. 12 – 13。

20 Polybius, 6.54.1 – 2.

21 Suetonius, *Caesar* 6.1, Plutarch, *Caesar* 5；关于西塞罗在公开场合和私下里对马略的态度，见 T. Mitchell, *Cicero：The Ascending Years*（1979），pp. 45 – 51。

22 *Spanish War* 42, Suetonius, *Caesar* 7.1 – 2, Velleius Paterculus 2.43.4,

and comments in Gelzer (1968), p. 32; 关于恺撒看到亚历山大像的反应和他令人不安的梦，见 Plutarch, *Caesar* 11, Suetonius, *Caesar* 7.1 - 2, and Dio 37.52.2; 关于西塞罗结束裁判官任期归来，见 *pro Planco* 64 - 66。

23 Suetonius, *Caesar* 8.

24 Suetonius, *Caesar* 6.2, Plutarch, *Caesar* 5; 关于婚礼仪式，见 S. Treggiari, *Roman Marriage* (1991), pp. 161 - 180.

25 Dio 36.20.1 - 36, Plutarch, *Pompey* 25 - 26; 关于《加比尼乌斯法》颁布的详细情况，见 P. Greenhalgh, *Pompey*: *The Roman Alexander* (1980), pp. 72 - 90。

26 关于恺撒对《加比尼乌斯法》的支持，见 Plutarch, *Pompey* 25, and also T. Rice Holmes, *The Roman Republic*, 1 (1928), pp. 170 - 173; 关于清剿海盗的战役，见 Appian, *Mithridatic Wars* 91 - 93, Plutarch, *Pompey* 26 - 28。

27 关于卢库鲁斯生平，见 A. Keaveney, *Lucullus*: *A Life* (1992), esp. 75 - 128 for his campaigns in the east; 关于他被解职，见 Plutarch, *Pompey* 30 - 31, *Lucullus* 36。

28 关于恺撒的支持，见 Dio 36.43.2 - 3; *pro Lege Manilia*, 西塞罗支持《马尼利乌斯法》的演讲稿保存至今。

29 Plutarch, *Caesar* 5 - 6, Suetonius, *Caesar* 10 - 11, Velleius Paterculus 2.43.4; 关于市政官，见 Lintott (1999), pp. 129 - 133; 关于恺撒担任市政官，见 Gelzer (1968), pp. 37 - 39, L. Ross Taylor, 'Caesar's Early Career', *Classical Philology* 36 (1941), pp. 113 - 132, esp. 125 - 131, and (1957), pp. 14 - 15。

30 Suetonius, *Caesar* 10.1.

31 Dio 37.8.1 - 2, Pliny, *NH* 33.53.

32 Plutarch, *Caesar* 5.

33 Plutarch, *Caesar* 6, Suetonius, *Caesar* 11, Velleius Paterculus 2.43.3 -

4，and see also R. Evans，*Gaius Marius*：*A Political Biography*（1994），p. 4，认为纪念碑不大可能是原品，而是复制品。

六 密谋

1 Sallust，*Bell. Cat.* 12. 1 – 2.

2 Dio 36. 44. 3 – 5，Cicero，*pro Sulla* 14 – 17，Sallust，*Bell. Cat.* 18.

3 See Suetonius，*Caesar* 9，Sallust，*Bell. Cat.* 17 – 19. 关于"第一次喀提林阴谋"，见 E. Salmon，'Catiline，Crassus，and Caesar'，*American Journal of Philology* 56（1935），pp. 302 – 316，esp. 302 – 306；E. Hardy，*The Catilinarian Conspiracy in its Context*：*A Re – study of the Evidence*（1924），pp. 12 – 20；T. Rice Holmes，*The Roman Republic*，1（1928），pp. 234 – 235；D. Stockton，*Cicero*（1971），pp. 77 – 78；and M. Gelzer，*Caesar*（1968），pp. 38 – 39。

4 关于克拉苏与庞培间的斗争，见 A. Ward，*Marcus Crassus and the Late Roman Republic*（1977），pp. 128 – 168；Rice Holmes（1928），pp. 221 – 283，esp. 242 – 249. 关于庞培归来的帝国主义观点，见 Velleius Paterculus 2. 40. 2 – 3，Plutarch，*Pompey* 43，Dio 37. 20. 5 – 6。

5 See Plutarch，*Crassus* 2 – 3，and Ward（1977），pp. 46 – 57；关于李锡尼娅事件，见 Plutarch，*Crassus* 1，with sceptical comments in Ward（1977），74 – 75。

6 Cicero，*Brutus* 233.

7 Plutarch，*Crassus* 3，Cicero，*de Officiis* 1. 25，Sallust，*Bell. Cat.* 48. 5 – 7. 关于"角上挂着稻草"和可能的双关语，见 Ward（1977），pp. 78。

8 Plutarch，*Crassus* 13，Suetonius，*Caesar* 11，Dio 37. 9. 3 – 4；Ward（1977），pp. 128 – 135，Gelzer（1968），pp. 39 – 41.

9 Plutarch，*Cato the Younger* 16 – 18，Suetonius，*Caesar* 11，Dio 37. 10. 1 – 3.

10 Suetonius，*Caesar* 74. 关于喀提林，见 Asconius 84C；关于奥菲拉，见

Plutarch，*Sulla* 33。

11 Sallust，*Bell. Cat.* 5，14 – 17，Plutarch，*Cicero* 10，Ward（1977），p. 136，145，Rice Holmes（1928），p. 241，Stockton（1971），p. 79 – 81，97，100.

12 关于老加图，见 Plutarch，*Cato the Elder*，and A. Astin，*Cato the Censor*（1978）；关于小加图，见 Plutarch，*Cato the Younger*，esp. 1，5 – 7，9，24 – 25。

13 见 Stockton（1971），esp. 71 – 81，E. Rawson，*Cicero*（1975），T. Mitchell，*Cicero*：*The Ascending Years*（1979），esp. p. 93 ff. 提及庞培·斯特拉波的幕僚中有卢基乌斯·塞尔吉乌斯（一般认为是喀提林）的铭文是 *ILS* 8888/*ILLRP* 515。

14 对这些年的绝佳介绍材料是 T. Wiseman，'The Senate and the Populares，69 – 60 BC'，in *CAH2* IX（1994），pp. 327 – 367；关于《卢路斯土地法》，见 Gelzer（1968），pp. 42 – 45，Stockton（1971），pp. 84 – 91，Rice Holmes（1928），pp. 242 – 249，Ward（1977），pp. 152 – 162。

15 关于皮索，见 Sallust，*Bell. Cat.* 49. 2，Cicero，*pro Flacco* 98；关于朱巴，见 Suetonius，*Caesar* 71。

16 关于庞培得到的荣耀，见 Dio 37. 21. 4。关于拉比埃努斯的出身，见 R. Syme，'The Allegiance of Labienus'，*JRS* 28（1938），pp. 424 – 440。

17 关于大逆审判，见 Dio 37. 26. 1 – 28. 4，Suetonius，*Caesar* 12，Cicero，*Pro Rabirio perduellionis*，with W. Tyrrell，*A Legal and Historical Commentary to Cicero's Oratio Pro Rabirio perduellionis*（1978）；佚名作者的 *de viribus illustribus* 声称拉比里乌斯展示了萨图尔尼努斯的首级。

18 See L. Ross Taylor，*Roman Voting Assemblies*：*From the Hannibalic War to the Dictatorship of Caesar*（1966），p. 16.

19 关于祭司长的选举，见 Suetonius，*Caesar* 13，Plutarch，*Caesar* 7，Dio 37. 37. 1 – 3，Velleius Paterculus 2. 43. 3。

20 关于雷吉亚及其历史，见 T. Cornell, *The Beginnings of Rome* (1995)，pp. 239 – 241。

21 Sallust, *Bell. Cat.* 23 – 24, Cicero, *pro Murena* 51 – 58, Dio 37. 29. 1 – 30. 1, Plutarch, *Cato the Younger* 21. 2 – 6.

22 Sallust, *Bell. Cat.* 22. 1 – 4, 26. 1 – 31. 3.

23 Sallust, *Bell. Cat.* 31. 4 – 48. 2, Rice Holmes (1928), pp. 259 – 272, Stockton (1971), pp. 84 – 109.

七　丑闻

1 Cicero, *In Catilinam* 3. 1 – 2 [Loeb translation by C. MacDonald (1977), p. 101].

2 关于和喀提林一起拉票的引文，见 Cicero, *ad Att.* 1. 2。

3 Cicero, *In Catilinam* 2. 22 [Loeb translation by C. MacDonald (1977), p. 91].

4 Plutarch, *Caesar* 4. 4 [Loeb translation by B. Perrin (1919), p. 451].

5 Sallust, *Bell. Cat.* 48. 5.

6 Sallust, *Bell. Cat.* 48. 9; Plutarch, *Crassus* 13.

7 Cicero, *pro Murena*, and Plutarch, *Cato the Younger* 21. 3 – 6.

8 Sallust, *Bell. Cat.* 49. 1 – 4, Plutarch, *Crassus* 13, and Cicero 20. See also D. Stockton, *Cicero* (1971), pp. 18 – 19.

9 Sallust, *Bell. Cat.* 44 – 47, Plutarch, *Cicero* 19, Dio 37. 34. 1 – 4, Appian, *BC* 2. 4 – 5.

10 关于一般的辩论，见 Sallust, *Bell. Cat.* 50. 3 – 53. 1；关于喀提林在元老院最后一次露面，见 Cicero, *Cat.* 1. 16。

11 关于阿庇乌斯·克劳狄·凯库斯，见 Cicero, *de Sen.* 16, *Brutus* 61。

12 Sallust, *Bell. Cat.* 51. 1 – 3.

13 Sallust, *Bell. Cat.* 51. 33.

14 Sallust, *Bell. Cat.* 51. 20.

15 关于恺撒的演讲，见 Sallust, *Bell. Cat.* 51。

16 对恺撒观点的讨论，见 Gelzer（1968），pp. 50 – 52, and C. Meier, *Caesar*（1996），pp. 170 – 172。

17 See Plutarch, *Cicero* 20 – 21, *Caesar* 7 – 8, Suetonius, *Caesar* 14, and Appian, *BC* 2. 5.

18 Cicero, *Cat.* 4. 3 ［Loeb translation by C. MacDonald（1977），p. 137］.

19 关于恺撒，见 Cicero, *Cat.* 4. 9 – 10；关于克拉苏，见 4. 10；关于荣誉感，见 4. 12.

20 Sallust, *Bell. Cat.* 52. 12.

21 Sallust, *Bell. Cat.* 52. 17 – 18, 24 – 25.

22 Plutarch, *Brutus* 5 and *Cato the Younger* 24. 1 – 2；关于西塞罗对布鲁图斯对辩论说法的反应，见 Cicero, *ad Att.* 12. 21. 1。

23 Sallust, *Bell. Cat.* 55. 1 – 6, Plutarch, *Cicero* 22 and *Caesar* 8, Dio 37. 36. 1 – 4, Ampelius, *lib. mem.* 31；撒路斯提乌斯说恺撒受到威胁的时间更早一些，见 *Bell. Cat.* 49. 4。

24 Cicero, *ad Fam.* 5. 2. 7 – 8.

25 Suetonius, *Caesar* 15, Dio 37. 44. 1 – 3.

26 Dio 37. 43. 1 – 4, Plutarch, *Cato the Younger* 26. 1 – 29. 2.

27 Suetonius, *Caesar* 16.

28 关于喀提林之死，见 Sallust, *Bell. Cat.* 60. 7, 61. 4；关于告密者，见 Suetonius, *Caesar* 17。

29 Plutarch, *Caesar* 9 – 10.

30 Cicero, *ad Att.* 1. 12. 3, 1. 13. 3, Suetonius, *Caesar* 74. 2, Plutarch, *Caesar* 10. 关于离婚的一般情况，见 S. Treggiari, *Roman Marriage*（1991），pp. 435 – 482 以及 'Divorce Roman Style: How Easy and Frequent Was It?' in B. Rawson（ed.），*Marriage, Divorce and Children in Ancient Rome*（1991），pp. 131 – 146。

31 See Cicero, *ad Att.* 1. 13. 3, and Catulus in Cicero, *ad Att.* 1. 16, Dio

37. 50. 3 – 4.

32 Plutarch, *Caesar* 11, Suetonius, *Caesar* 18, Cicero, *Pro Balbo* 28.

33 See Suetonius, *Caesar* 18, Appian, *Bell. Hisp.* 102, Plutarch, *Caesar* 12, Dio 37. 52. 1 – 53. 4. 关于西班牙形势和恺撒的军事行动，见 S. Dyson, *The Creation of the Roman Frontier* (1985), pp. 235 – 236。

34 *Spanish War* 42. 2 – 3, Cicero, *pro Balbo* 19, 23, 28, 63 and 43；关于人祭的暗示，见 Strabo, *Geog.* 3. 5. 3 and Rice Holmes, *The Roman Republic*, 1 (1928), pp. 302 – 8。

35 Plutarch, *Caesar* 11.

八　执政官

1 Sallust, *Bell. Cat.* 54. 4.

2 Cicero, *ad Att.* 2. 5.

3 Pliny, *NH* 7. 97, Plutarch, *Pompey* 45, Dio 37. 21. 1 – 4, Appian, *Mithridatic Wars*, 116 – 117.

4 关于东方的战争，见 P. Greenhalgh, *Pompey：The Roman Alexander* (1980), 以及 A. Goldsworthy, *In the Name of Rome* (2003), ch. 7, esp. pp. 164 – 179。

5 Plutarch, *Pompey* 42 – 46, *Cato the Younger* 30, Velleius Paterculus 2. 40. 3; R. Seager, *Pompey the Great* (2002), pp. 75 – 76；关于克拉苏，见 Plutarch, *Pompey* 43, and A. Ward, *Marcus Crassus and the Late Roman Republic* (1977), pp. 193 – 199.

6 Cicero, *ad Att.* 1. 13；关于克拉苏，另见 *ad Att.* 1. 14。

7 Cicero, *ad Att.* 1. 13, 12; Seager (2002), pp. 77 – 79.

8 Cicero, *ad Att.* 1. 12, Plutarch, *Pompey* 42, *Cato the Younger* 30. 1 – 5, Suetonius, *Caesar* 50. 1；关于前 62 年安抚梅特卢斯·凯列尔的努力，见 Cicero, *ad Fam.* 5. 1, 2。

9 Dio 37. 49. 1 – 4, Plutarch, *Pompey* 44, *Cato the Younger* 30. 5, Cicero,

ad Att. 1. 18，19.

10 Cicero，*ad Att.* 2. 1.

11 Horace，*Odes* 2. 1. 1；对这些年的深刻洞察，见 P. Wiseman， 'The Senate and the *Populares*，69 – 60 BC'，in *CAH*2 IX（1994），pp. 327 – 367，esp. pp. 358 – 367。

12 关于 12 月 17 日恺撒与卢凯依乌斯讨论结盟的会谈，见 Cicero，*ad Att.* 2. 1，1. 17. 见 M. Gelzer，*Caesar*（1968），p. 60，fn. 1，将 Suetonius 的话按照字面意思解释为恺撒通过书信休了庞培娅。

13 Appian，*BC* 2. 8，Plutarch，*Cato the Younger* 31. 2 – 3，Dio 37. 54. 1 – 2.

14 Suetonius，*Caesar* 19. 2；关于此举的目的是让执政官们做预备的理论， 见 Seager（2002），p. 84；关于私人仇隙和敌意，见 D. Epstein， *Personal Enmity in Roman Politics 218 – 43 BC*（1978）。

15 See L. Ross Taylor，*Roman Voting Assemblies：From the Hannibalic War to the Dictatorship of Caesar*（1966），esp. pp. 84 – 106.

16 See Taylor（1966），pp. 54 – 55，H. Mouritsen，*Plebs and Party Politics in the Late Roman Republic*（2001），pp. 27 – 32；关于此时期罗马的人 口，见 N. Purcell， 'The City of Rome and the *plebs urbana*in the Late Republic'，in *CAH*2 IX（1994），pp. 644 – 688。

17 Suetonius，*Caesar* 19. 1；Cicero，*ad Att.* 1. 1；关于意大利人投票的重 要性，见 L. Ross Taylor，*Party Politics in the Age of Caesar*（1949）， pp. 57 – 59。

18 Cicero，*ad Att.* 2. 3.

19 Suetonius，*Caesar* 19.

20 Suetonius，*Caesar* 19. 2，Dio 37. 56 – 58，Appian，*BC* 2. 9；see also Seager（2002），pp. 82 – 85，Ward（1977），pp. 210 – 216，Gelzer （1968），pp. 67 – 69，C. Meier，*Caesar*（1996），pp. 182 – 189.

21 Plutarch，*Caesar* 13，*Pompey* 47；关于誓言，见 Livy，*Pers.* 103，

Appian, *BC* 2.9, and Pliny, *Epistulae* 10.96；关于两个政敌拉拢同一个选民，见 Cicero, *ad Att.* 2.1。

22 Suetonius, *Caesar* 20.1, cf. Plutarch, *Cato the Younger* 23.3.

23 Dio 38.1.1 – 7, Suetonius, *Caesar* 20.1；关于这一年事件的时间顺序，见 L. Ross Taylor, 'The Dating of Major Legislation and Elections in Caesar's First Consulship', *Historia* 17（1968）, pp.173 – 193；另见 Gelzer（1968）, pp.71 – 74, Meier（1996）, pp.207 – 213, Seager（2002）, pp.86 – 87；关于五位"内部"委员，见 Cicero, *ad Att.* 2.7。

24 Dio 38.2.1 – 3.3 Suetonius, *Caesar* 20.4 的说法略有不同，将加图被逮捕的时间定为该年晚些时候。Plutarch, *Cato the Younger* 33.1 – 2 也认为此事件的时间较晚；关于佩特列乌斯的军事经验，见 Sallust, *Bell. Cat.* 59.6。

25 Dio 38.4.1 – 3.

26 Dio 38.4.4 – 5.5, Plutarch, *Pompey* 47；关于投票的日期，见 Taylor（1968）, pp.179 – 181。

27 Dio 38.6.1 – 3, Plutarch, *Cato the Younger* 32.2；关于毕布路斯的意图，见 Taylor（1969）, p.179。

28 Dio 38.6.4 – 7.2, Appian, *BC* 2.11, Plutarch, *Cato the Younger* 32.2 – 6, Suetonius, *Caesar* 20.1.

29 Suetonius, *Caesar* 20.2, Dio 38.8.2; see also Taylor（1968）, pp.177 – 179.

30 Suetonius, *Caesar* 20.3 – 4, 54.3, Dio 38.7.4 – 6, Cicero, *In Vatinium* 29, 38; see Gelzer（1968）, pp.75 – 6, Seager（2002）, p.88；关于瓦提尼乌斯的性格，见他给西塞罗的信，*ad Fam.* 5.9, 10 and 10A；关于恺撒管束行省总督的法律，见 T. Rice Holmes, *The Roman Republic*, 1（1928）, p.319, and Cicero, *pro Sestio* 64, 135, *In Pisonem* 16, 37, *In Vatinium* 12, 29, *ad Att.* 5.10.2。

31 Suetonius, *Caesar* 21, 50.1 – 2, 他喜爱珍珠，见 Plutarch, *Pompey* 47 – 48, *Caesar* 14, Dio 38.9.1。

32 Dio 38. 7. 3，Suetonius，*Caesar* 20. 3，Cicero，*ad Att.* 2. 15，16，17 and 18.

33 Dio 38. 12. 1 – 3，Cicero，*de Domo* 41，*ad Att.* 8. 3，*de provincii sconsularibus* 42，Suetonius，*Caesar* 20. 4，Plutarch，*Caesar* 14；see also Gelzer（1968），pp. 76 – 78.

34 Cicero，*ad Att.* 2. 9.

35 Cicero，*ad Att.* 2. 16 and 17；on C. Cato see *ad Quintum Fratrem* 1. 2. 5.

36 Cicero，*ad Att.* 2. 19.

37 Cicero，*ad Att.* 2. 21，22 and 23.

38 Cicero，*ad Att.* 2. 24.

39 Cicero，*ad Att.* 2. 24，*In Vatinium* 24 – 26，*pro Sestio* 132，Dio 38. 9. 2 – 10. 1，Suetonius，*Caesar* 20. 5，Appian，*BC* 2. 12 – 13，Plutarch，*Lucullus* 42. 7 – 8；关于恺撒是这些事件的主要幕后推手，见 Rice Holmes（1928），pp. 323 – 324 and Gelzer（1968），pp. 90 – 92，Meier（1996），p. 221；关于克洛狄乌斯，见 Seager（2002），pp. 98 – 99；关于庞培的参与情况，见 Ward（1977），pp. 236 – 241，Gruen，*The Last Generation of the Roman Republic*（1974），pp. 95 – 96；关于更复杂的解释以及当时可能有阴谋的理论，见 D. Stockton，*Cicero*（1971），pp. 183 – 186。

40 Suetonius，*Caesar* 23，73，*Scholia Bobiensia* on Cicero，*pro Sestio* 40 and *In Vatinium* 15.

41 Suetonius，*Caesar* 22. 2（Loeb translation）；关于西塞罗害怕内战，见 *ad Att.* 2. 20，21 and 22。

九　高卢

1 Pliny，*NH* 7. 92.

2 希尔提乌斯的前言，*BG* 8。

3 Pliny，*NH* 7. 92，Appian，*BC* 2. 150.

4 关于狄奥法内斯，见 Cicero，*pro Archia* 24；关于恺撒的早期作品，见 Suetonius，*Caesar* 56. 5 – 7；关于《战记》的一般问题，见 K. Welch &

A. Powell （eds.）, *Julius Caesar as Artful Reporter：The War Commentaries as Political Instruments* （1998）。

5 Cicero, *Brutus* 262.

6 "演说家应当避免……"，见 Gellius, *NA* 1.10.4；另见 L. Hall, ' Ratio and Romanitas in the Bellum Gallicum ' , in Welch & Powell （1998）, pp. 11 – 43, esp. p. 23。

7 关于《战记》的成书时间，见 M. Gelzer, *Caesar* （1968）, pp. 170 – 172, C. Meier, *Caesar* （1996）, pp. 254 – 264；主张《战记》逐年成书的论据，见 Welch & Powell （1998）, P. Wiseman, ' The Publication of the *De Bello Gallico* ' , pp. 1 – 9, T. Rice Holmes, *Caesar's Conquest of Gaul* （1911）, pp. 202 – 209；另见 also Hirtius, *BG* 8 preface and Suetonius, *Caesar* 56. 3 – 4。

8 Cicero, *de Finibus* 5. 52；see also Wiseman （1998）, esp. pp. 4 – 7.

9 Suetonius, *Caesar* 56. 4.

10 Cicero, *de provinciis consularibus* 3. 5, *ad Quintum Fratrem* 2. 14 – 16, 3. 1 – 9.

11 关于拉比埃努斯，见 R. Syme, ' The Allegiance of Labienus ' , *JRS* 28 （1938）, pp. 113 – 128, esp. p. 120 以及 W. Tyrrell, ' Labienus ' Departure from Caesar in January 49 BC ' , *Historia* 21 （1972）, pp. 424 – 440。

12 关于科塔的著作，见 Cicero, *ad Att.* 13. 44. 3, cf. Athenaeus 273b and Hall （1998）, pp. 11 – 43, esp. p. 25；关于恺撒的军团长们的身份，见 Broughton, *MRR* 2, pp. 197 – 199。

13 Caesar, *BG* 1. 39；Cicero, *ad Att.* 2. 18. 3, 19. 5, *de provincii sconsularibus* 41；E. Gruen, *The Last Generation of the Roman Republic* （1974）, pp. 112 – 116.

14 For Caesar's legions see H. Parker, *The Roman Legions* （1957）, pp. 47 – 71, esp. 55 – 56. 关于这一时期的军队，见 F. Adcock, *The Roman Art of War under the Republic* （1940）, P. Brunt, *Italian Manpower, 225 BC –*

AD 14 (1971)，P. Connolly，*Greece and Rome at War* (1981)，M. Feugere (ed.)，*L'équipment Militaireet L'Armement de la République. JRMES* 8 (1997)，E. Gabba，*The Roman Republic，the Army and the Allies* (1976)，L. Keppie，*The Making of the Roman Army* (1984)，Y. Le Bohec，*The Imperial Roman Army* (1994)，J. Harmand，*L'armée et le soldat à Rome de 107 à 50 avant nôtre ère* (1967)。

15 对这个问题的介绍及更多资料，见 A. Goldsworthy. *The Roman Army at War，100 BC – AD 200* (1996)，pp. 31 – 32。

16 关于装备，见 Goldsworthy (1996)，pp. 83 – 84，209 – 219，M. Bishop & J. Coulston，*Roman Military Equipment* (1993)，Connolly (1981)，and Feugere (1997)。

17 参考 D. Saddington，*The Development of the Roman Auxiliary Forces from Caesar to Vespasian* (1982)；关于辅助骑兵和步兵的数量，见 Caesar，*BC* 1. 39。

18 讨论详见 C. Goudineau，*César et la Gaule* (1995)，pp. 130 – 148。

19 Caesar，*BG* 1. 1，6. 11 – 20；对高卢社会的介绍，见 N. Roymans，*Tribal Societies in Northern Gaul：An Anthropological Perspective，Cingula* (1990)，esp. pp. 17 – 47，and B. Cunliffe，*Greeks，Romans and Barbarians：Spheres of Interaction* (1988)，esp. pp. 38 – 58，80 – 105。

20 See M. Todd，*The Northern Barbarians* (1987)，pp. 11 – 13，*The Early Germans* (1992)，pp. 8 – 13，C. M. Wells，*The German Policy of Augustus* (1972)，pp. 14 – 31，and most recently the useful survey in P. Wells，*The Barbarians Speak：How the Conquered Peoples Shaped the Roman Empire* (1999).

21 关于多米提乌斯·阿赫诺巴尔布斯，见 Suetonius，*Nero* 2；关于用双耳瓶换一个奴隶，见 Diodorus Siculus 5. 26. 3 – 4；关于高卢人和罗马人的关系和外高卢历史，见 S. Dyson，*The Creation of the Roman Frontier* (1985)，pp. 126 – 173；关于葡萄酒贸易，见 Cunliffe (1988)，

59 – 105，esp. p. 74，和 Roymans（1990），pp. 147 – 167 and A. Tchernia，'Italian Wine in Gaul at the End of the Republic'，in P. Garnsey，K. Hopkins & C. Whittaker（eds.），*Trade in the Ancient Economy*（1983），pp. 87 – 104。

22 Wells（1999），pp. 49 – 78，Cunliffe（1988），pp. 48 – 49，86 – 87，96 – 97，132 – 134，Dyson（1985），pp. 137 – 139，154，and C. Goudineau（1995），pp. 141 – 143.

23 关于罗马的人祭，见 Pliny，*NH* 30. 12 – 13；关于猎头，见 Polybius 3. 67，Livy 10. 26，23. 24，Diodorus Siculus 5. 29. 2 – 5，M. Green，关于日耳曼的人祭，见 Todd（1992），pp. 112 – 115。

24 Strabo，*Geog.* 4. 4. 5 ［Loeb translation by H. Jones（1923），p. 247］.

25 Caesar，*BG* 6. 15，cf. Strabo，*Geog.* 4. 4. 2；on Ribemont-sur-Ancre see T. Derks，*Gods，Temples and Ritual Practices：The Transformation of Religious Ideas and Values in Roman Gaul*（1998），p. 48，234 – 5.

26 Caesar，*BG* 1. 18，31 – 33；see also Dyson（1985），pp. 169 – 170，Cunliffe（1988），p. 94，118.

27 关于高卢军队的更详细介绍，见 Goldsworthy（1996），pp. 53 – 60。

28 Dyson（1985），pp. 168 – 171；Caesar，*BG* 1. 36，40，44，Cicero，*ad Att.* 1. 19，20.

十　移民与雇佣兵：最初的军事行动，前58年

1 Cicero，*ad Att.* 1. 19.

2 Caesar，*BG* 1. 6 – 7，Plutarch，*Caesar* 17.

3 Caesar，*BG* 1. 2.

4 Caesar，*BG* 1. 2 – 3，18，cf. C. Goudineau，*César et la Gaule*（1995），136 – 137.

5 Caesar，*BG* 1. 4，Pliny，*NH* 2. 170 记录了罗马大使与一位苏维汇国王的会面，这位国王可能就是阿里奥维斯图斯；另见 S. Dyson，*The Creation*

of the Roman Frontier (1985), pp. 169 – 170. 172, B. Cunliffe, *Greeks*, *Romans and Barbarians*: *Spheres of Interaction* (1988), pp. 114 – 117。

6 For a discussion see T. Rice Holmes, *Caesar's Conquest of Gaul* (1911) pp. 218 – 224, and H. Delbruck, *History of the Art of War*, Volume 1: *Warfare in Antiquity* (1975), pp. 459 – 478.

7 Caesar, *BG* 6. 11；关于罗马人希望盟友部落在行省边疆，见 Dyson (1985), pp. 170 – 173。

8 Caesar, *BG* 1. 5 – 6；关于聚焦于巴尔干，见 Goudineau (1995), pp. 130 – 148；关于赫尔维蒂部落的人数和队伍的规模，见 Holmes (1911), pp. 239 – 240, Delbruck (1975), pp. 460 – 463。

9 Caesar, *BG* 1. 7 – 8, cf Appian, *Mithridatic Wars* 99, Plutarch, *Crassus* 10.

10 Caesar, *BG* 1. 8.

11 Caesar, *BG* 1. 10.

12 Caesar, *BG* 1. 10 – 11, Cicero, *de provinciis consularibus* 28, Suetonius, *Caesar* 24；L. Keppie, *The Making of the Roman Army* (1984), p. 98.

13 Caesar, *BG* 1. 11, 16；关于罗马军队的后勤，包括奴隶和随军人员的数量，见 P. Erdkamp, *Hunger and Sword*: *Warfare and Food Supply in Roman Republican Wars 264 – 30 BC* (1998), J. Roth, *The Logistics of the Roman Army at War*, *264 BC – AD 235* (1999), A. Labisch, *Frumentum Commeatusque. Die Nahrungsmittelversongung der Heere Caesars* (1975), and A. Goldsworthy, *The Roman Army at War*, *100 BC – AD 200* (1996), pp. 287 – 296。

14 Caesar, *BG* 1. 12.

15 Caesar, *BG* 1. 13.

16 Caesar, *BG* 1. 13 – 14.

17 Caesar, *BG* 1. 15 – 16.

18 Caesar, *BG* 1. 16 – 20, cf. Goudineau (1995), p. 138.

19 夜战的威胁和困难，见 Arrian, *Alexander* 3. 10. 1 – 4.

20 Caesar, *BG* 1. 21 – 22；关于此次战役，见 Goldsworthy（1996），pp. 128 – 130。

21 Caesar, *BG* 1. 23.

22 Sallust, *Bell. Cat.* 59，Plutarch, *Crassus* 11. 6；关于指挥官在战前和战斗期间的作用，见 Goldsworthy（1996），pp. 131 – 163；关于战斗前的演讲，见 M. Hansen，'The Battle Exhortation in Ancient Historiography：Fact or Fiction'，*Historia* 42（1993），pp. 161 – 180。

23 关于战役，见 Caesar, *BG* 1. 24 – 26；关于这一时期战役的性质，见 Goldsworthy（1996），pp. 171 – 247。

24 Caesar, *BG* 26 – 29.

25 Caesar, *BG* 1. 30 – 33.

26 Caesar, *BG* 1. 34 – 37.

27 Caesar, *BG* 1. 39.

28 Dio 38. 35. 2.

29 Caesar, *BG* 1. 40.

30 Caesar, *BG* 1. 39 – 41.

31 关于他作为第一个接见帕提亚使节的罗马行政长官而获得的名望，见 Caesar, *BG* 1. 41，cf. Plutarch, *Sulla* 5。

32 Caesar, *BG* 1. 42 – 46.

33 Caesar, *BG* 1. 46 – 47.

34 Caesar, *BG* 1. 48，cf. Tacitus, *Germania* 6；关于日耳曼军队，见 Goldsworthy（1996），pp. 42 – 53。

35 Caesar, *BG* 1. 49.

36 关于日耳曼妇女对其丈夫的鼓舞，见 Tacitus, *Germania* 7 – 8。

37 Caesar, *BG* 1. 51 – 54；关于放日耳曼人逃跑，见 Frontinus, *Strategemata* 2. 6. 3。

38 Caesar, *BG* 1. 54.

十一 "高卢各民族中最勇敢者"：比利时人，前 57 年

1 Caesar, *BG* 2. 15.

2 Strabo, *Geog.* 4. 4. 2（Loeb translation by H. Jones（1923），p. 237）.

3 百夫长因作战英勇被提升，见 Caesar, *BG* 6. 40；Suetonius, *Caesar* 65. 1；百夫长的指挥风格和高伤亡率，见 A. Goldsworthy, *The Roman Army at War, 100 BC – AD 200*（1996），pp. 257 – 8，cf. Caesar, *BG* 7. 51, *BC* 3. 99；关于互相竞争、英勇作战，以获得晋升或奖赏，见 *BG* 5. 44, 7. 47, 50, *BC* 3. 91。

4 关于突然的行军和纪律松懈，见 Suetonius, *Caesar* 65, 67；关于马略指挥风格的讨论，见 A. Goldsworthy, *In the Name of Rome*（2003），pp. 113 – 136（or 2004 edn, pp. 127 – 153）。

5 Plutarch, *Caesar* 17［Loeb translation by B. Perrin（1919），p. 483］.

6 关于"战友"和镶嵌金银的兵器见 Suetonius, *Caesar* 67. 2；个人英勇，见 Polybius 6. 39 and Goldsworthy（1996），pp. 264 – 282。

7 关于庞培·特洛古斯，见 Justin, 43. 5. 12；关于恺撒骑着马口述，见 Plutarch, *Caesar* 17；关于在内高卢过冬时接见请愿者，见 Plutarch, *Caesar* 20。

8 关于瓦列里乌斯·梅托，见 Plutarch, *Caesar* 17；关于宴会安排，见 Suetonius, *Caesar* 48；Catullus, 29。

9 Catullus, 57［Loeb translation by F. Cornish（1988），pp. 67 – 69］.

10 Suetonius, *Caesar* 73.

11 Suetonius, *Caesar* 51；Tacitus, *Histories* 4. 55；关于其他攻击马穆拉的歌谣，见 Catullus, 41, 43。

12 Caesar, *BG* 2. 1；庞培军事行动的概括，见 Goldsworthy（2003），pp. 169 – 179（or 2004 edn, pp. 190 – 201）。

13 See N. Roymans, *Tribal Societies in Northern Gaul: An Anthropological*

Perspective，*Cingula 12*（1990），pp. 11 – 15，cf. Tacitus，*Germania* 28，Caesar，BG 2. 4，15，5. 12；关于反抗辛布里部落，见 *BG 2. 4*，关于阿杜亚都契部落是其后裔，见 2. 29。

14 Caesar，*BG 2. 2 – 5*；关于数字，见 T. Rice Holmes，*Caesar's Conquest of Gaul*（1911），p. 71，and L. Rawlings，'Caesar's Portrayal of Gauls as Warriors'，in K. Welch & A. Powell，*Julius Caesar as Artful Reporter：The War Commentaries as Political Instruments*（1998），pp. 171 – 192，esp. 175，and fn. 13. 对恺撒给出数字的极其严厉的批评，见 H. Delbruck，*History of the Art of War*，Volume 1：*Warfare in Antiquity*（1975），pp. 488 – 494. Delbruck 相信，蛮族的战斗力比文明的罗马人强得多，因此始终缩减蛮族的兵力，而夸大恺撒军队的兵力。

15 Caesar，*BG 2. 5 – 7*.

16 关于苏拉用壕沟保护自己的侧翼，见 Frontinus，*Strategemata 2. 3. 17*。

17 Caesar，*BG 2. 8 – 11*.

18 Caesar，*BG 2. 11 – 13*.

19 Caesar，*BG 2. 13 – 15*.

20 关于此次战役中内尔维部落的兵力，见 Caesar，*BG 2. 16 – 18*，cf. 28。

21 关于此地点可能的意义，见 Rawlings（1998），pp. 176 – 177；关于莫伯日的推测，见 Rice Holmes（1911），p. 76。

22 Caesar，*BG 2. 19*；cf. Rice Holmes（1911），拿破仑的评论见 p. 77；关于行军营地，见 Goldsworthy（1996），pp. 111 – 113。

23 Caesar，*BG 2. 20*；关于战前的耽搁，见 Goldsworthy（1996），pp. 143 – 145。

24 Caesar，*BG 2. 20 – 24*.

25 Caesar，*BG 2. 25*.

26 See Goldsworthy（1996），pp. 154 – 163，esp. 160 – 161，and（2003），pp. 155，176，195（or 2004 edn，pp. 175，198，219）；关于战斗的性质，见 Goldsworthy（1996），pp. 191 – 227。

27 Caesar, *BG* 2. 27 – 28.

28 Caesar, *BG* 2. 29 – 32.

29 Caesar, *BG* 2. 33；关于恺撒不愿意让士兵在夜间进入城镇，见 *BC* 1. 21, 2. 12, *African War* 3；关于仪式的献祭，见 *BG* 6. 17, Suetonius, *Caesar* 54. 2。

30 Caesar, *BG* 2. 35, Dio 39. 25. 1 – 2, cf. M. Gelzer, *Caesar*（1968）, pp. 116 – 118.

十二　政治与战争：卢卡会议

1 Cicero, *ad Quintum Fratrem* 2. 3. 3 – 4.

2 Cicero, *de provinciis consularibus* 25.

3 第一次布匿战争期间克劳狄和克劳狄娅的故事，见 Livy, *Pers.* 19, Cicero, *de natura deorum* 2. 7, Florus 1. 19. 29, Suetonius, *Tiberius* 2. 3, Gellius, *NA* 10. 6。

4 Plutarch, *Lucullus* 34, 38, Cicero, *pro Milone* 73；关于这个家族的地位，见 E. Gruen, *The Last Generation of the Roman Republic*（1974）, pp. 97 – 100；关于莱斯比娅的身份，见 Apuleius, *Apologia* 10。

5 Dio 38. 12 – 13, see also M. Gelzer, *Caesar*（1968）, pp. 96 – 99, G. Rickman, *The Corn Supply of Ancient Rome*（1979）, pp. 104 – 119.

6 Plutarch, *Cicero* 30 – 32, *Cato the Younger* 34 – 40, see also D. Stockton, *Cicero*（1971）, pp. 167 – 193, R. Seager, *Pompey the Great*（2002）, pp. 101 – 103.

7 Plutarch, *Cicero* 33 – 34, Seager（2002）, 103 – 109.

8 Cicero, *pro Sestio* 71, *de provinciis consularibus* 43, *In Pisonem* 80, *ad Fam.* 1. 9. 9 关于庞培和在埃及的指挥权，见 Cicero, *ad Fam.* 1. 1 – 9；另见 Seager（2002）, pp. 107 – 109, Gelzer（1968）, pp. 117 – 119。

9 Cicero, *ad Quintum Fratrem* 2. 3. 2.

10 关于阿赫诺巴尔布斯，见 Cicero, *ad Att.* 4. 8b；关于坎帕尼亚的土地，见 Cicero, *ad Quintum Fratrem* 2.1.1, 6.1, *ad Fam.* 1.9.8。

11 Suetonius, *Caesar* 24.1.

12 Appian, *BC* 2.17, Plutarch, *Pompey* 50, *Caesar* 21, *Crassus* 14; see also Gelzer（1968）, pp.120 – 124, Seager（2002）, pp.110 – 119, C. Meier *Caesar*（1996）, pp.270 – 273, A. Ward, *Marcus Crassus and the Late Roman Republic*（1977）, pp.262 – 288.

13 Cicero, *ad Fam.* 1.9.8 – 10, *ad Quintum Fratrem* 2.7.2；关于克洛狄娅被控与其兄长乱伦，见 *pro Caelio* 32。

14 Cicero, *de provinciis consularibus* 32 – 33.

15 Plutarch, *Crassus* 15, *Pompey* 51 – 52, *Cato the Younger* 41 – 42, Dio 39.27.1 – 32.3；Seager（2002）, pp.120 – 122.

16 "高卢全境获得和平"见 Caesar, *BG* 3.7, 加尔巴在阿尔卑斯山，见 3.1 – 6, 克拉苏见 2.34, 3.7。

17 Caesar, *BG* 3.8 – 11.

18 Caesar, *BG* 3.11 – 16; cf. Gelzer（2002）, p.126, and Meier（1996）, pp.274 – 275 指出恺撒的军官们不是使节。

19 萨比努斯见 Caesar, *BG* 3.17 – 19；克拉苏见 3.20 – 26, 恺撒与莫里尼部落见 3.27 – 28。

十三　"越过波涛"：远征不列颠与日耳曼，前 55 年～前 54 年

1 Cicero, *ad Att.* 4.18.

2 Tacitus, *Agricola* 13.

3 Caesar, *BG* 4.20, Suetonius, *Caesar* 47, Plutarch, *Caesar* 23.

4 Caesar, *BG* 4.1 – 4, Plutarch, *Caesar* 22；对此事件的详细讨论，见 A. Powell, 'Julius Caesar and the Presentation of Massacre', in K. Welch & A. Powell（eds.）, *Julius Caesar as Artful Reporter：The War Commentaries as Political Instruments*（1998）, pp.111 – 137。

5 见 Powell（1998），esp. pp. 124 – 129；关于罗马人对进入边疆地区的异族的抵抗，见 S. Dyson，*The Creation of the Roman Frontier*（1985），esp. pp. 172 – 173。

6 Caesar，*BG* 4. 5 – 7；前 52 年他提及不愿意将自己的人身安全寄托给部族领袖，见 *BG* 7. 6。

7 Caesar，*BG* 4. 7 – 9.

8 Caesar，*BG* 4. 11 – 12；日耳曼人对马鞍的鄙夷见 cf. 4. 2；日耳曼马匹的矮小，见 7. 65，Tacitus，*Germania* 6。

9 Caesar，*BG* 4. 13 – 14.

10 Caesar，*BG* 4. 14 – 15.

11 Caesar，*BG* 4. 14 – 16.

12 Plutarch，*Cato the Younger* 51. 1 – 2（Loeb translation）.

13 Suetonius，*Caesar* 24. 3，and M. Gelzer，*Caesar*（1968），pp. 130 – 132，C. Meier，*Caesar*（1996），pp. 282 – 284.

14 Plutarch，*Cato the Younger* 51. 2（Loeb Translation）.

15 加图的攻击，见 Powell（1998），pp. 123，127 – 128，Gelzer（1968），pp. 131 – 132。

16 Caesar，*BG* 4. 16 – 18，cf. T. Rice Holmes，*Caesar's Conquest of Gaul*（1911），p. 100.

17 Caesar，*BG* 4. 18 – 19.

18 Caesar，*BG* 4. 20，22. 关于恺撒远征的详细叙述，及其在后来罗马征服不列颠的更广泛背景下的意义，见 G. Webster，*The Roman Invasion of Britain*，rev. edn（1993），pp. 43 – 40，and M. Todd，*Roman Britain*，3rd edn.（1999），pp. 4 – 22. 最详细的论著是 T. Rice Holmes，*Ancient Britain and the Invasions of Julius Caesar*（1907）. 另见近期的优秀著作 G. Grainge，*The Roman Invasions of Britain*（2005），esp. pp. 83 – 109. 在本书框架内无法纳入关于恺撒远征诸多细节的激烈辩论。

19 Caesar，*BG* 4. 20 – 21；see the comments in N. Austin & B. Rankov，

Exploratio：*Military and Political Intelligence in the Roman World*（1995），p. 13，他对恺撒未能获取更多情报持批评态度，cite Polybius 3. 48 in support. 关于不列颠的港口及其与欧洲大陆的贸易，见 B. Cunliffe，*Greeks*，*Romans and Barbarians*（1988），pp. 145 – 149；关于海岸线，见 Grainge（2005），pp. 17 – 42，105 – 107。

20 Caesar，*BG* 4. 23 – 24；关于选择多佛作为登陆地点的可能性，见 Grainge（2005），pp. 101 – 105。

21 Caesar，*BG* 4. 25.

22 Caesar，*BG* 4. 25 – 26.

23 Caesar，*BG* 4. 27 – 30；"建立了和平"，见 4. 28；see also Grainge（2005），pp. 107 – 109。

24 Caesar，*BG* 4. 33.

25 Caesar，*BG* 4. 32 – 35.

26 Caesar，*BG* 4. 36 – 38.

27 Caesar，*BG* 4 . 38，Dio 39. 53. 1 – 2.

28 Caesar，*BG* 5. 1 – 7.

29 Caesar，*BG* 5. 5，8.

30 Caesar，*BG* 5. 9.

31 Caesar，*BG* 5. 10 – 11；see also Grainge（2005），p. 105 – 106.

32 Caesar，*BG* 5. 11，15 – 16.

33 Caesar，*BG* 5. 17 – 22.

34 Caesar，*BG* 5. 22 – 23. 公元 16 年，一支航海的罗马军队的部分兵力因风暴偏离航线，在不列颠登陆。士兵们带回了关于不列颠居民的狂野故事，见 Tacitus，*Annals* 2. 24。

35 Cicero，*ad Att.* 4. 17；西塞罗从弟弟昆图斯那里得知不列颠战役的情况，感到很兴奋，见 *ad Quintum Fratrem* 2. 16. 4。

十四　叛乱、灾祸与复仇

1 Caesar，*BG* 5. 33.

2 Plutarch, *Pompey* 53, Suetonius, *Caesar* 26.1, Vellius Paterculus 2.47.2, Dio 39.64.

3 Plutarch, *Caesar* 23；关于特雷博尼乌斯的法律，见 Vellius Paterculus 2.46.2, Plutarch, *Crassus* 15, Dio 39.33.2；关于庞培在这时期的立场，见 R. Seager, *Pompey the Great* (2002), pp. 120 – 132, esp. 123 – 124。

4 Plutarch, *Crassus* 15 – 16, Dio 39.39.5 – 7, Cicero, *ad Att.* 4.13.2, and A. Ward, *Marcus Crassus and the Late Roman Republic* (1977), pp. 243 – 253, 262 – 288.

5 Cicero, *ad Quintum Fratrem* 2.15a.3；关于不列颠战役期间恺撒给西塞罗的信，见 Cicero, *ad Quintum Fratrem* 3.1.17 and 25, *ad Att.* 4.18.5；关于昆图斯担任恺撒的军团长，见 M. Gelzer, *Caesar* (1968), pp. 138 – 139。

6 关于给恺撒的推荐信，见 Cicero, *ad Fam.* 7.5, 给特雷巴提乌斯的信，见 *ad Fam.* 7.6 – 19, Cicero, *ad Quintum Fratrem* 2.15a.3 for quote; see also Gelzer (1968), pp. 138 – 139。

7 Caesar, *BG* 5.24 – 25; Cicero, *ad Att.* 4.19.

8 Caesar, *BG* 5.26.

9 Caesar, *BG* 5.26 – 37.

10 For a discussion see A. Powell, 'Julius Caesar and the Presentation of Massacre', in K. Welch & A. Powell (eds.), *Julius Caesar as Artful Reporter: The War Commentaries as Political Instruments* (1998), pp. 111 – 137, esp. 116 – 121, & Gelzer (1968), p. 143；此役被认为是恺撒的一次失败，见 Suetonius, *Caesar* 25.2, Plutarch, *Caesar* 24, Appian, *BC* 2.150；在罗马战略的框架内考量此次战役，见 A. Goldsworthy, *The Roman Army at War, 100 BC – AD 200* (1996), pp. 79 – 84, 90 – 95。

11 Caesar, *BG* 5.38 – 45, 52；关于十六天内上演四部悲剧，见 Cicero, *ad Quintum Fratrem* 3.5/6.8。

12 Caesar, *BG* 5.46 – 47；关于特雷巴提乌斯在场，见 Cicero, *ad Fam.* 7.16, 11, 12。

13 Caesar, *BG* 5. 47 – 48, Suetonius, *Caesar* 67. 2.

14 Caesar, *BG* 5. 48 – 49, Suetonius, *Caesar* 66.

15 Caesar, *BG* 5. 49 – 51.

16 Cicero, *ad Fam.* 7. 10. 2.

17 Caesar, *BG* 5. 53.

18 Caesar, *BG* 5. 52 – 58.

19 Caesar, *BG* 6. 1 – 2；关于劫掠，见 J. Roth, *The Logistics of the Roman Army at War*, *264 BC – AD 235* (1999), pp. 305 – 309；关于军团兵力，见 see L. Keppie, *The Making of the Roman Army* (1984), p. 87。

20 Caesar, *BG* 6. 3 – 4.

21 Caesar, *BG* 6. 5 – 8.

22 Caesar, *BG* 6. 9 – 10, 29.

23 关于河流重要性的宽泛讨论，见 D. Braund, 'River Frontiers in the Environmental Psychology of the Roman World', in D. Kennedy (ed.), *The Roman Army in the East*, *JRA Supplementary Series 18* (1996), pp. 43 – 47。

24 Caesar, *BG* 6. 29 – 34, 卡图沃尔库斯之死见 6. 31。

25 Caesar, *BG* 6. 43.

26 Caesar, *BG* 6. 35 – 44；关于恺撒的军事行动对该地区的影响，见 N. Roymans, *Tribal Societies in Northern Gaul：An Anthropological Perspective*, *Cingula 12* (1990), pp. 136 – 144 and 'The North Belgic Tribes in the First Century BC' in R. Brandt & J. Slofstra (eds.), *Roman and Native in the Low Countries*, *BAR 184* (1983), pp. 43 – 69。

27 关于发表时间，见 Wiseman, 'The Publication of the *De Bello Gallico*', in Welch & Powell (1998), pp. 1 – 9, esp. 5 – 6；on the elk see Caesar, *BG* 6. 27。

28 卡莱战役的主要资料见 *Crassus* 17 – 33 和 Dio 40. 12 – 30。

十五　恰逢其时，恰遇其人：维钦托利与前52年的大叛乱

1 Caesar, *BG* 7. 1.

2 关于正规军和非正规军之间的"殖民地"战争的经典研究，见 C. Calwell, *Small Wars* (1906); D. Porch, *Wars of Empire* (2000) 也是关于这个主题的容易读到的论著。

3 关于科密乌斯的当选，见 Caesar, *BG* 7. 76。

4 关于对阿科之死的反应，见 Caesar, *BG*, 7. 1 - 2; 扈从的重要性，见 *BG*1. 18, 6. 15; 德鲁伊在卡尔尼特部落领地上一年一度的集会，见 *BG* 6. 13; 恺撒对高卢人的态度，见 J. Barlow, 'Noble Gauls and their other,' and L. Rawlings, 'Caesar's Portrayal of the Gauls as Warriors,' both in K. Welch & A. Powell (eds.), *Julius Caesar as Artful Reporter*: *the War Commentaries as Political Instruments* (1998), pp. 139 – 170, and 171 – 192 respectively。

5 关于这几个月里罗马的局势，见 M. Gelzer, *Caesar* (1968), pp. 145 – 152, C. Meier, *Caesar* (1996), pp. 297 – 301, and R. Seager, *Pompey the Great* (2002), pp. 126 – 135; Cicero in Ravenna, *ad Att.* 7. 1. 4; 关于军团长扮演的角色，见 K. Welch, 'Caesar and his Officers in the Gallic War Commentaries', in Welch & Powell (1998), pp. 85 – 103。

6 Caesar, *BG* 7. 4; 关于维钦托利和恺撒之间的友好关系，见 Dio 40. 41. 1, 3。

7 Caesar, *BG* 7. 5; 关于叛乱，见 A. Goldsworthy, *The Roman Army at War*, *100 BC – AD 200* (1996), pp. 79 – 95, esp. 90 – 95。

8 Caesar, *BG* 7. 6 – 7; 关于400名日耳曼骑兵，见 7. 13。

9 Caesar, *BG* 7. 7 – 9; 关于乔装打扮为高卢人，见 Suetonius, *Caesar* 58. 1。

10 Caesar, *BG* 7. 10; 关于主动权，见 Goldsworthy (1996), pp. 90 – 92,

94 – 95, 99 – 100, 114 – 115, 和 Calwell（1906）, pp. 71 – 83。

11 Caesar, *BG* 7. 11 – 13.

12 Caesar, *BG* 7. 14.

13 Caesar, *BG* 7. 14 – 15.

14 Caesar, *BG* 7. 16 – 17；关于罗马士兵吃的食物类型，见 R. Davies, 'The Roman Military Diet', in R. Davies, *Service in the Roman Army* （1989）, pp. 187 – 206。

15 Caesar, *BG* 7. 18 – 21；关于部落军队的补给问题，见 Goldsworthy （1996）, pp. 56 – 60。

16 Caesar, *BG* 7. 22 – 25；cf. Rawlings（1998）, pp. 171 – 192.

17 Caesar, *BG* 7. 28.

18 Caesar, *BG* 7. 26 – 28；Polybius 10. 15. 4 – 6, cf. W. Harris, *War and Imperialism in Republican Rome 327 – 70 BC* （1979）, pp. 51 – 53.

19 Caesar, *BG* 7. 32 – 34.

20 Caesar, *BG* 7. 28 – 31, 35.

21 Caesar, *BG* 7. 36.

22 Caesar, *BG* 7. 37 – 41.

23 Caesar, *BG* 7. 42 – 44.

24 Caesar, *BG* 7. 45.

25 Caesar, *BG* 7. 47.

26 Caesar, *BG* 7. 50.

27 关于戈高维亚的叙述，见 Caesar, *BG* 7. 44 – 54, and see also the comments on the style of this passage in A. Powell, 'Julius Caesar and the Presentation of Massacre', in Welch & Powell, （1998）, pp. 111 – 137, esp. 122 – 123；关于"狠踢敌人的肚子"，见 Plutarch, *Lucullus* 9. 1。

28 Caesar, *BG* 7. 55 – 56, 63 – 67；关于拉比埃努斯的行动，见 7. 57 – 62。

29 Caesar, *BG* 7. 68 – 69；关于此次战役，见 J. Harmand, *Une Campagne Césarienne：Alésia* （1967）, J. Le Gall, *La Bataille D'Alésia* （2000）,

and H. Delbruck，*History of the Art of War*，Volume 1：*Warfare in Antiquity*（1975），pp. 495 – 507，p. 501 提到了拿破仑的评论。

30 Caesar，*BG* 7. 69，72 – 73，and comments in Le Gall（2000），pp. 64 – 77.

31 Caesar，*BG* 7. 70 – 71，75 – 78；关于援军兵力，见 Le Gall（2000），pp. 82 – 84。

32 Caesar，*BG* 7. 79 – 81.

33 Caesar，*BG* 7. 88.

34 关于最后一场战斗，见 Caesar，*BG* 7. 82 – 88。

35 Caesar，*BG* 7. 89，Plutarch，*Caesar* 27. 5，Dio 40. 41. 1 – 3.

36 Caesar，*BG* 7. 89 – 90.

十六 "高卢全境已被征服"

1 Cicero. ad *Fam.* 8. 1. 4

2 Suetonius，*Caesar* 56. 5，Cicero，*Brutus* 252 – 255，ad *Quintum Fratrem* 2. 16. 5，3. 9. 6 – 7.

3 关于庞培剧场的开幕，见 Dio 39. 38. 1 – 6，Pliny，*NH* 7. 34，8. 21 – 22，Plutarch，*Pompey* 52 – 53. 1；关于庞培受到的批评，见 Cicero，*de Officiis* 2. 60，关于其他人，见 Tacitus，*Annals* 14. 20；大象的数量有 17、18 和 20 等不同说法。

4 Cicero，*ad Att.* 4. 17. 7，Suetonius，*Caesar* 26. 2，Pliny，*NH* 36. 103；关于卡普阿角斗学校中的角斗士，见 Caesar，*BC* 1. 14，关于竞技比赛的重要性，见 Z. Yavetz，*Julius Caesar and His Public Image*（1983），pp. 165 – 168。

5 See Dio 40. 48. 1 – 52. 4，Plutarch，*Pompey* 54 – 55，and also R. Seager，*Pompey the Great*（2002），pp. 130 – 135，M. Gelzer，*Caesar*（1968），pp. 148 – 152.

6 Plutarch，*Cicero* 35，Dio 40. 54. 1 – 4，E. Gruen，*The Last Generation of the Roman Republic*（1974），pp. 338 – 342.

7 Seager (2002), pp. 137 – 139, Gruen (1974), pp. 150 – 159.

8 Plutarch, *Pompey* 55. 1 – 2, *Cato the Younger* 49 – 50, Dio 40. 56. 3 –
58. 4, Suetonius, *Caesar* 28. 3; Seager (2002), pp. 131 – 132, Gruen
(1974), pp. 154, 454.

9 Caesar, *BC* 1. 32, Suetonius, *Caesar* 26. 1, Appian, *BC* 2. 25, Dio 40. 51. 2,
and Gelzer (1968), pp. 146 – 148, Seager (2002), pp. 137 – 139.

10 Caesar, *BG* 8. 1 – 5.

11 关于针对贝洛瓦契部落的战役，见 Caesar, *BG* 8. 6 – 23; Commius,
8. 23, 47 – 48; Ambiorix, 8. 25。

12 Caesar, *BG* 8. 49.

13 关于乌克斯罗杜努姆，见 Caesar, *BG* 8. 26 – 44, 对处决战俘的评论，
见 A. Powell, 'Julius Caesar and the Presentation of Massacre', in
K. Welch & A. Powell (eds.), *Julius Caesar as Artful Reporter*：*The War
Commentaries as Political Instruments* (1998), pp. 111 – 137, esp. 129 –
132; Carnutes, 8. 38; 关于前 46 年贝洛瓦契部落的叛乱，见 Livy
Pers. 114。

14 关于伤亡数字，见 Plutarch, *Caesar* 15, Pliny, *NH* 7. 92, Velleius
Paterculus 2. 47. 1, and see comments in C. Goudineau, *César et la Gaule*
(1995), pp. 308 – 311。

15 对作为军事家的恺撒的评论，见 A. Goldsworthy, 'Instinctive Genius：
The depiction of Caesar the General', in K. Welch & A. Powell (1998),
pp. 193 – 219。

十七　通往卢比孔河之路

1 Suetonius, *Caesar* 31. 2.

2 Cicero, *ad Att.* 7. 3.

3 关于争取十位保民官通过此法律的努力，见 Cicero, *ad Fam.* 6. 6. 5,
and *ad Att.* 7. 3. 4, 8. 3. 3。

4 关于恺撒所谓的野心，见 Suetonius, *Caesar* 9, Plutarch, *Caesar* 4, 6, 28, Cicero, *Philippics* 5.49。

5 关于加图和庞培，见 Plutarch, *Cato the Younger* 48.1 – 2, *Pompey* 54; 加图和米罗，见 Asconius on Cicero, *pro Milonem* 95, pp. 53 – 54, Velleius Paterculus 2.47.4, Cicero, *ad Fam.* 15.4.12。

6 Suetonius, *Caesar* 28.2 – 3, Appian, *BC* 2.25, Dio 40.59.1 – 4; 关于此军团的辩论，见 Cicero, *ad Fam.* 8.4.4; 关于 9 月 29 日的辩论，见 8.8.4 – 9; 关于一般的讨论，见 M. Gelzer, *Caesar* (1968), pp. 175 – 178, R. Seager, *Pompey the Great* (2002), pp. 140 – 143, J. Leach, *Pompey* (1978), pp. 150 – 172, esp. 161。

7 关于行政长官被鞭笞，见 Suetonius, *Caesar* 28.3, Appian, *BC* 2.26, Plutarch, *Caesar* 29, Cicero, *ad Att.* 5.11.2; see Caelius' quote from Cicero, *ad Fam.* 8.8.9。

8 关于恺撒任期结束日期的讨论，见 Seager (2002), pp. 191 – 193, T. Mitchell, *Cicero: The Senior Statesman* (1991), pp. 237 – 239, P. Cuff, 'The Terminal Date of Caesar's Gallic Command', *Historia* 7 (1958), pp. 445 – 471, D. Stockton, '*Quis iustius induit arma*', *Historia* 24 (1975), pp. 222 – 259, and in general E. Gruen, *The Last Generation of the Roman Republic* (1974), pp. 460 – 497。

9 Suetonius, *Caesar* 30.3; 对庞培态度的讨论，见 Seager (2002), pp. 138 – 147。

10 关于收买库里奥和保卢斯，见 Suetonius, *Caesar* 29.1, Plutarch, *Caesar* 29, *Pompey* 58, Dio 40.60.2 – 3, Appian, *BC* 2.26, Valerius Maximus 9.1.6, Velleius Paterculus 2.48.4; 关于旋转剧场，见 Pliny, *NH* 36.177; 关于凯利乌斯相信库里奥计划反对恺撒，见 Cicero, *ad Fam.* 8.8.10, moderated at 8.10.4。

11 Quotation from Cicero, *ad Fam.* 8.11.3; 关于更早一次的辩论，见 Velleius Paterculus 2.48.2 – 3, Plutarch, *Pompey* 57, *Caesar* 30, *Cato*

the Younger 51, and Dio 40.62.3; for discussion see Seager（2002），p. 144, and Gelzer（1968），pp. 178 – 181。

12 Quotation from Cicero, *ad Fam.* 8.14.4; more generally see Cicero, *ad Fam.* 8.13.2, 8.14, Appian, *BC* 2.27 – 30, Plutarch, *Caesar* 29, Dio 40.60, 1 – 66.5.

13 Appian, *BC* 2.28, with a slightly different version in Plutarch, *Pompey* 58, cf. Dio 60.64.1 – 4；关于西塞罗的态度，见 Mitchell（1991），pp. 243 – 248。

14 Cicero, *ad Att.* 7.3.4 – 5, 7.4.3, 7.5.5, 7.6.2, 7.7.5 – 6, *ad Fam.* 8.14.3；Mitchell（1991）pp. 232 – 248.

15 关于恺撒的态度，见 Suetonius, *Caesar* 30.2 – 5；关于加比尼乌斯，见 Seager（2002），pp. 128 – 130。

16 Lucan, *Pharsalia*1.25 – 26, and in general 1.98 – 157；关于阿庇乌斯·克劳狄担任监察官，见 Dio 40.57.2 – 3, 63.2 – 64.1。

17 Plutarch, *Antony* 2 – 5.

18 关于希尔提乌斯，见 Cicero, *ad Att.* 7.4；Plutarch, *Pompey* 59, Caesar, *BG* 8.52.3, Dio 40.64.3 – 4, Appian, *BC* 2.31。

19 Caesar, *BC* 1.1 – 5, Plutarch, *Pompey* 59, *Caesar* 31, Suetonius, *Caesar* 29.2, Appian, *BC* 2.32；关于西塞罗参与谈判，见 *ad Fam.* 16.11.2, *ad Att.* 8.11d。

20 Caesar, *BC* 1.5, Dio 41.1.1 – 3.4, Appian, *BC* 2.32 – 33, Cicero, *ad Att.* 7.8, *ad Fam.* 16.11.3；关于安东尼呕吐出话语，见 *ad Fam.* 12.2。

21 Suetonius, *Caesar* 31 – 32, Plutarch, *Caesar* 32, Appian, *BC* 2.35.

十八 闪电战：意大利和西班牙，前49年秋冬

1 Cicero, *ad Att.* 7.11.

2 Cicero, *ad Att.* 9.7C.

3 Caesar, *BC* 1.7 – 8, Appian, *BC* 2.33, Suetonius, *Caesar* 33, Dio 41.4.1；关于庞培推荐的百夫长，见 Suetonius, *Caesar* 75.1；关于士兵的军饷，见 Suetonius, *Caesar* 26.3, 对军饷的讨论见 G. Watson, *The Roman Soldier* (1969)，pp. 89 – 92。

4 关于马凯鲁斯，见 R. Syme, *Roman Revolution* (1939)，p. 62；关于布鲁图斯，仅 Plutarch, *Brutus* 4。

5 See Caesar, *BG* 8.52, Cicero, *ad Att.* 7.7.6, 7.12.5, 7.13.1, *ad Fam.* 16.12.4, Dio 41.4.2 – 4, and R. Syme, 'The Allegiance of Labienus,' *JRS* 28 (1938)，pp. 113 – 125, & W. Tyrell, 'Labienus' Departure from Caesar in January 49 BC', *Historia* 21 (1972)，pp. 424 – 440.

6 Cicero, *ad Fam.* 8.14.3.

7 Caesar, *BC* 1.6, Cicero, *ad Fam.* 16.12.3.

8 Cicero, *ad Att.* 7.14.

9 Caesar, *BC* 1.8 – 11, Dio 41.5.1 – 10.2, Appian, *BC* 2.36 – 37, Plutarch, *Caesar* 33 – 34, *Pompey* 60 – 61, *Cato the Younger* 52.

10 Caesar, *BC* 1.12 – 15.

11 Caesar, *BC* 1.16 – 23 and quote from 1.23, cf. Dio 41.2 – 11.3；关于多米提乌斯和庞培的书信，见 Cicero, *ad Att.* 8.11A，12B，12C，12D。

12 Plutarch, *Pompey* 57, 60.

13 Caesar, *BC* 1.24 – 29, Dio 41.12.1 – 3, Appian, *BC* 2.38 – 40；关于内战的开始，见 M. Gelzer, *Caesar* (1968)，pp. 192 – 204, C. Meier, *Caesar* (1996)，pp. 364 – 387, and R. Seager, *Pompey the Great* (2002)，pp. 152 – 161。

14 Caesar, *BC* 1.29 – 31, Cicero, *ad Att.* 7.11.3, 9.1.3, 11.3, Appian, *BC* 2.37；Suetonius, *Caesar* 34.2 for the quote.

15 T. Mitchell, *Cicero: The Senior Statesman* (1991)，pp. 243 – 266.

16 Cicero, *ad Fam.* 2.15, 8.11.2, *ad Att.* 7.1.7, 2.5 – 7, 3.5, cf. Mitchell (1991)，pp. 235 – 236.

17 Cicero, *ad Att.* 9. 6a; see also *ad Att.* 8. 13, 9. 13. 4, 15. 3, 16. 1 – 2, 9. 1. 2, 5. 4, 8. 1.

18 西塞罗 3 月 19 日的信，见 Cicero, *ad Att.* 9. 11a；恺撒 3 月 26 日的信，见 9. 16；两人的会面，见 9. 18。

19 Caesar, *BC* 1. 32 – 33, Dio 41. 15. 1 – 16. 4.

20 Caesar, *BC* 1. 32 – 33, Dio 41. 17. 1 – 3, Appian, *BC* 2. 41, Plutarch, *Caesar* 35, Pliny, *NH* 33. 56, Orosius 6. 15. 5.

21 See, for example, Cicero, *ad Att.* 10. 4. 8, *ad Fam.* 8. 16. 2 – 5.

22 Sallust, *Bell. Cat.* 59. 6, Pliny, *NH* 22. 11；Caesar, *BC* 1. 38 – 39.

23 Caesar, *BC* 1. 37, 39, Dio 41. 19. 1 – 4, Velleius Paterculus 2. 50. 3, Cicero, *ad Att.* 10. 8b.

24 For the quotation see Caesar, *BC* 1. 39; more generally see 1. 37 – 40.

25 Caesar, *BC* 1. 41 – 42.

26 Caesar, *BC* 1. 44 – 48.

27 Caesar, *BC* 1. 47 – 55, 59 – 61.

28 Caesar, *BC* 1. 61 – 65.

29 Caesar, *BC* 1. 66 – 76.

30 Caesar, *BC* 1. 77 – 87, 关于围攻马西利亚，见 see 1. 56 – 58, 2. 1 – 16, 22, Varro 2. 17 – 21。

十九　马其顿，前 49 年 11 月 ~ 前 48 年 8 月

1 Cicero, *ad Fam.* 9. 9.

2 Caesar, *BC* 3. 68.

3 Suetonius, *Caesar* 56. 4, 72, Cicero, *ad Att.* 9. 18；关于双方的党羽，见 R. Syme, *The Roman Revolution* (1939), pp. 50 – 51, 61 – 77；关于"需要一场内战"，见 Suetonius, *Caesar* 27. 2；关于在西西里和阿非利加的战役，见 Plutarch, *Cato the Younger* 53. 1 – 3, Caesar, *BC* 2. 23 – 44。

4 Appian, *BC* 2. 47, Dio 41. 26. 1 – 35. 5, Suetonius, *Caesar* 69.

5 Caesar, *BC* 3.3 – 4, Plutarch, *Pompey* 63 – 64, Appian, *BC* 2.40, 49 – 52.

6 Cicero, *ad Att.* 8.11.2, 9.7, 9.10.2, 10.4, 西塞罗的态度，见 T. Michell, *Cicero: The Senior Statesman* (1991), pp. 252 – 266。

7 Cicero, *ad Att.* 9.9.3, for Servilius see *CAH2* IX, p. 431, Dio 41.36.1 – 38.3, Caesar, *BC* 3.1 – 2, Plutarch, *Caesar* 37, Appian, *BC* 2.48.

8 Caesar, *BC* 3.2 – 8, Dio 41.39.1 – 40.2, 44.1 – 4, Appian, *BC* 2.49 – 54, Plutarch, *Caesar* 37.

9 Caesar, *BC* 8 – 13, Appian, *BC* 2.55 – 56.

10 Caesar, *BC* 3.14；关于毕布路斯儿子的死，见 *BC* 3.110 and Valerius Maximus 4.1.15；关于西塞罗对庞培派的态度，见 Cicero, *ad Fam.* 7.3.2 – 3。

11 引文见 Caesar, *BC* 3.15 – 17, 17；关于此种古代宗教崇拜的特点，见 B. Rankov, 'The Second Punic War at Sea' in T. Cornell, B. Rankov, & P. Sabin, *The Second Punic War: A Reappraisal* (London, 1996), pp. 49 – 57, as well as more generally J. Morrison & J. Coates, *Greek and Roman Oared Warships* (1996)。

12 关于此次会议，见 Caesar, 关于毕布路斯之死和庞培的评论，见 *BC* 3.19, 3.18；关于渡海前往布隆迪西乌姆的企图，见 Appian, *BC* 2.50 – 59, Plutarch, *Caesar* 65, Dio 41.46.1 – 4.

13 Caesar, *BC* 3.39 – 44, Dio 41.47.1 – 50.4, Appian, *BC* 2.58 – 60.

14 Caesar, *BC* 3.45 – 49, Plutarch, *Caesar* 39, Appian, *BC* 2.61.

15 Caesar, *BC* 3.50 – 53；关于斯凯瓦，见 Suetonius, *Caesar* 68.3 – 4, Appian, *BC* 2.60, Dio 提到，前 61 年在西班牙有一个叫斯凯维乌斯的人为恺撒效力，Dio 38.53.3, 关于斯凯瓦部队，见 *CIL*10.6011 and comments in J. Spaul, *ALA 2* (1994), pp. 20 – 21；关于苏拉的警告，见 A. Goldsworthy, 'Instinctive Genius: The depiction of Caesar the General', in K. Welch & A. Powell (eds.), *Julius Caesar as Artful*

Reporter: The War Commentaries as Political Instruments（1998），pp. 193 – 219，esp. p. 205。

16 Caesar，*BC* 3. 54 – 58.

17 Caesar，*BC* 3. 59 – 61.

18 Caesar，*BC* 3. 61 – 65.

19 Caesar，*BC* 3. 66 – 70，quote from 69，Plutarch，*Caesar* 39，Appian，*BC* 2. 62.

20 Caesar，*BC* 3. 71 – 75，Appian，*BC* 2. 63 – 64，Dio 41. 51. 1.

21 Caesar *BC* 3. 77 – 81，Plutarch *Caesar* 41，Appian，*BC* 2. 63，Dio 41. 51. 4 – 5.

22 Caesar，*BC* 3. 72，82 – 83，Cicero，*ad Fam.* 7. 3. 2；Plutarch，*Cato the Younger* 55，*Pompey* 40 – 41，Appian，*BC* 2. 65 – 67，Dio 41. 52. 1；关于庞培的战略和态度，见 R. Seager，*Pompey the Great*（2002），pp. 157 – 163，166 – 167。

23 Caesar，*BC* 3. 84 – 85，quotation from 85；Appian，*BC* 2. 68 – 69，Plutarch，*Pompey* 68，*Caesar* 42，Dio 41. 52. 2 – 57. 4.

24 Caesar，*BC* 3. 86 – 88，Appian，*BC* 2. 70 – 71，76，Frontinus，*Strategemata* 2. 3. 22；关于这一时期的阵型，见 A. Goldsworthy，*The Roman Army at War 100 BC – AD 200*（1996），pp. 176 – 183。

25 Caesar，*BC* 3. 89.

26 Caesar，*BC* 3. 90 – 91，Dio 41. 58. 1 – 3，Appian，*BC* 2. 77 – 78，Plutarch，*Pompey* 71，*Caesar* 44.

27 关于此次战役和损失，见 Caesar，*BC* 3. 92 – 99，Appian，*BC* 2. 78 – 82，Plutarch，*Caesar* 42 – 47，and also Dio 41. 58. 1 – 63. 6 不过他的叙述比较模糊；Suetonius，*Caesar* 30. 4。

28 Caesar，*BC* 3. 102 – 104，Dio 42. 1. 1 – 5. 7，Plutarch，*Pompey* 72 – 80，Appian，*BC* 2. 83 – 86，Velleius Paterculus 2. 53. 3；and Seager（2002），pp. 167 – 168.

二十 克利奥帕特拉七世、埃及与东方，前 48 年 秋～前 47 年夏

1 Suetonius, *Caesar* 52. 1.

2 Dio 42. 34. 3 – 5〔Loeb translation by E. Cary（1916），p. 169〕.

3 Caesar, *BC* 3. 106, Plutarch, *Caesar* 48, *Pompey* 80, Dio 42. 6. 1 – 8. 3, Appian, *BC* 2. 86, 88; see also M. Gelzer, *Caesar*（1968），pp. 246 – 247, and C. Meier, *Caesar*（1996），p. 406.

4 Caesar, *BC* 3. 106, *Alexandrian War* 17, 29, and 69.

5 关于埃及的财富及其给罗马人留下的印象，见 Diodorus Siculus 28 b. 3；关于这一时期的埃及，见 S. Walker & P. Higgs（eds.），*Cleopatra of Egypt：From History to Myth*（2001），especially the papers by A. Meadows, 'The Sins of the Fathers：The Inheritance of Cleopatra, Last Queen of Egypt', pp. 14 – 31, and J. Ray, 'Alexandria', pp. 32 – 37, and also S. Walker & S. Ashton, *Cleopatra Reassessed*（2003），esp. G. Grimm, 'Alexandria in the Time of Cleopatra', pp. 45 – 49。

6 See chapter 6；关于克利奥帕特拉七世可能去过意大利，见 G. Gouldaux, 'Cleopatra's Subtle Religious Strategy', in Walker & Higgs（2001），pp. 128 – 141, esp. 131 – 132。

7 关于托勒密王朝末期历史，见 *CAH*2 IX, pp. 310 – 326, esp. 323；关于尼罗河的枯水期，见 Pliny, *NH* 5. 58；关于格奈乌斯·庞培的故事，见 Plutarch, *Antony* 25。

8 In general see M. Grant, *Cleopatra*（1972），and for a useful survey E. Rice, *Cleopatra*（1999）；关于她的语言天赋，见 Plutarch, *Mark Antony* 27；关于她支持埃及本土宗教崇拜，见 Goudchaux（2001），pp. 128 – 141, and Walker & Ashton（2003），esp. J. Ray, 'Cleopatra in the Temples of Upper Egypt：The Evidence of Dendera and Armant', pp. 9 – 11, and S. Ashton, 'Cleopatra：Goddess, Ruler or Regent', pp. 25 – 30,

D. Thompson，'Cleopatra VII：The Queen of Egypt,' pp. 31 – 34。

9 关于她的外貌，见 Plutarch，*Mark Antony* 27，Dio 42. 34. 3 – 5，and also Grant（1972），pp. 65 – 67，Rice（1999），pp. 95 – 102，Walker & Higgs（2001），esp. S. Walker，'Cleopatra's Images：Reflections of Reality'，pp. 142 – 147，G. Goudchaux，'Was Cleopatra Beautiful? The Conflicting Answers of Numismatics'，pp. 210 – 214，and also in Walker & Ashton（2003），esp. S. Walker，'Cleopatra VII at the Louvre'，pp. 71 – 74，and F. Johansen，'Portraits of Cleopatra – Do They Exist?'，pp. 75 – 77。

10 See Ray（2001），Grimm（2003），pp. 45 – 49，and G. Goudchaux，'Cleopatra the Seafarer Queen：Strabo and India'，in Walker & Ashton（2003），pp. 109 – 112.

11 Caesar，*BC* 3. 106 – 112，*Alexandrian War* 1 – 3，Plutarch，*Caesar* 48，Appian，*BC* 2. 89.

12 *Alexandrian War* 4，Plutarch，*Caesar* 48 – 49，Dio 42. 34. 1 – 38. 2，39. 1 – 2，Suetonius，*Caesar* 53. 1.

13 *Alexandrian War* 5 – 22，Plutarch，*Caesar* 49，Dio 42. 40. 1 – 6，Suetonius，*Caesar* 64，Appian，*BC* 2. 90.

14 *Alexandrian War* 23 – 32，Dio 42. 41. 1 – 43. 4，Josephus，*Jewish Antiquities* 14. 8. 12，*Jewish War* 1. 187 – 192.

15 *Alexandrian War* 33，Dio 42. 35. 4 – 6，44. 1 – 45. 1，Suetonius，*Caesar* 52. 1，Appian，*BC* 90；关于学者们对此次巡航旅行的有趣观点，见 Gelzer（1968），pp. 255 – 259 and also Meier（1995），pp. 408 – 410，412。

16 关于恺撒的脱发，见 Suetonius，*Caesar* 45. 2。

17 Suetonius，*Caesar* 76. 3，*Alexandrian War* 33，Plutarch，*Caesar* 49.

18 *Alexandrian War* 34 – 41.

19 *Alexandrian War* 65 – 78，Dio 42. 45. 1 – 48. 4，Josephus，*Jewish War* 1. 190 – 195，*Jewish Antiquities* 14. 8. 3 – 5，Plutarch，*Caesar* 50，Suetonius，*Caesar* 35. 2，37. 2.

二十一　阿非利加，前 47 年 9 月 ~ 前 46 年 6 月

1 Cicero，*ad Att.* 11. 17a. 3.

2 Plutarch，*Cato the Younger* 66. 2 ［Loeb translation by B. Perrin（1919），p. 397］.

3 Dio 42. 17. 1 – 19. 4，22. 1 – 25. 3，Caesar，*BC* 3. 20 – 22，Velleius Paterculus 2. 68. 1 – 3，Livy *Pers.* 111；关于凯利乌斯和米罗失败的叛乱，见 see T. Rice Holmes，*The Roman Republic*，3（1923），pp. 223 – 225，M. Gelzer，*Caesar*（1968），pp. 227 – 228。

4 Dio 42. 21. 1 – 2，26. 1 – 28. 4，Plutarch，*Antony* 8 – 10，Cicero，*Philippics* 2. 56 – 63，and in general see Holmes（1923），pp. 226 – 229，Gelzer（1968），pp. 253 – 254；关于饮酒的书，见 Pliny，*NH* 14. 148；关于狮子，见 Pliny，*NH* 8. 21，Plutarch，*Antony* 9。

5 Appian，*BC* 2. 92，Dio 42. 29. 1 – 32. 3，Plutarch，*Antony* 9，*Alexandrian War* 65，*African War* 54，Cicero，*ad Att.* 11. 10. 2，*Philippics* 6. 11，11. 14；关于庞培派进攻意大利的传言，见 Cicero，*ad Att.* 11. 18. 1，Plutarch，*Cato the Younger* 58。

6 Dio 42. 19. 2 – 20. 5，Plutarch，*Brutus* 6，and *Cicero* 39；and T. Mitchell，*Cicero：The Senior Statesman*（1991），pp. 264 – 265.

7 Appian，*BC* 2. 92 – 94，Dio 42. 52. 1 – 55. 3，Suetonius，*Caesar* 70，Plutarch，*Caesar* 51，Frontinus，*Strategemata* 1. 9. 4. 在 Dio 的记述中，部队被允许进城，对抗是在城内发生的，而不是在城外的营地。

8 Dio 42. 49. 150. 5，Suetonius，*Caesar* 38. 2，51. 2，Plutarch，*Antony* 10，Cicero，*Philippics* 2. 65，71 – 73；and Gelzer（1968），p. 262，Holmes（1923），pp. 234 – 235.

9 Quote from *African War* 1；关于军团的数量，见 *African War* 60；关于恺撒跌倒的故事，见 Suetonius，*Caesar* 59，Dio 42. 58. 3；关于恺撒无视不吉利的征兆，见 Cicero，*de Divinatione* 2. 52，他以此为证据，说明这

种预测的虚假。

10 *African War* 1 – 3，10 – 11，19，27，Appian，*BC* 2. 96.

11 *African War* 4 – 15.

12 *African War* 16.

13 *African War* 16 – 19，Dio 43. 2. 1 – 3，Appian，*BC* 2. 95，他认为庞培军队是故意撤退的，and Holmes（1923），pp. 242 – 245，J. Fuller，*Julius Caesar：Man，Soldier and Tyrant*（1965），pp. 267 – 270；给旗手鼓劲，见 Suetonius，*Caesar* 62，Plutarch，*Caesar* 52。

14 *African War* 20 – 21，24 – 26，28，33 – 35，44 – 46；关于用海藻喂马，见 *African War* 24；on Scipio Salvito see Dio 42. 58. 1，Plutarch，*Caesar* 52，Suetonius，*Caesar* 59。

15 *African War* 24 – 43，quotation from 31.

16 *African War* 48 – 55，Suetonius，*Caesar* 66.

17 *African War* 56 – 67.

18 *African War* 68 – 80.

19 *African War* 82 – 83.

20 Plutarch，*Caesar* 53.

21 *African War* 81 – 86，91，94 – 6，Appian，*BC* 2. 100.

22 *African War* 87 – 90，97 – 98，Dio 43. 10. 1 – 13. 4，Appian，*BC* 2. 98 – 99，Plutarch，*Cato the Younger* 56. 4，59. 1 – 73. 1；on Queen Eunoe see Suetonius，*Caesar* 52. 1.

二十二 独裁官，前 46 年 ~ 前 44 年

1 Cicero，*ad Fam.* 12. 18.

2 Velleius Paterculus，2. 61. 1.

3 关于恺撒的凯旋式，见 Dio 43. 19. 1 – 21. 4，Appian，*BC* 2. 101 – 102，Plutarch，*Caesar* 55，Suetonius，*Caesar* 37，Pliny，*NH* 7. 92，Cicero，*Philippics* 14. 23；see also comments in M. Gelzer，*Caesar*

（1968），pp. 284 – 286，T. Rice Holmes，*The Roman Republic*，3（1923），pp. 279 – 281，and S. Weinstock，*Divus Julius*（1971），pp. 76 – 77。S. Weinstock 认为车轴断裂的故事是关于恺撒坐车旅行前迷信咒语（Pliny，*NH* 28. 21）的误传。

4 Suetonius，*Caesar* 49. 4.

5 Suetonius，*Caesar* 51，Dio 43. 20. 2 – 4.

6 关于庆祝活动和竞技，见 Dio 43. 22. 1 – 24. 4，Appian，*BC* 2. 102，Suetonius，*Caesar* 38. 1，39. 2，Plutarch，*Caesar* 55，Pliny，*NH* 8. 21 – 22，181，Cicero，*ad Fam.* 12. 18. 2，Macrobius，*Saturnalia* 2. 7. 2 – 9，and also Gelzer（1968），pp. 285 – 287，Holmes（1923），pp. 280 – 282。

7 关于在竞技比赛中的行为，见 Suetonius，*Augustus* 45. 1；Z. Yazetz，*Julius Caesar and His Public Image*（1983）包含了对恺撒立法的最有价值的讨论之一。

8 Caesar，*BC* 3. 57；关于对恺撒的不同诠释，见 Yazetz（1983），pp. 10 – 57。

9 Dio 43. 50. 3 – 4，Suetonius，*Caesar* 42. 1，81，*Tiberius* 4. 1，Plutarch，*Caesar* 57 – 58，Strabo，*Geog.* 8. 6. 23，17. 3. 15，Appian，*Punic History* 136，Cicero，*ad Fam.* 9. 17. 2，13. 4，13. 5，13. 8；also Yazetz（1983），pp. 137 – 149，E. Rawson，*CAH2IX*，pp. 445 – 480，and Holmes（1923），pp. 320 – 324.

10 Suetonius，*Caesar* 41. 2，76. 2，80. 3，Dio 43. 46. 2 – 4，Plutarch，*Caesar* 58，Pliny，*NH* 7. 181，Cicero，*ad Fam.* 7. 30. 1 – 2，Gelzer（1968），p. 309，310 – 311，and Holmes（1923），pp. 328 – 330.

11 Cicero，*ad Fam.* 6. 18. 1，*Philippics* 11. 5. 12，13. 13. 27，Dio 43. 47. 3，Suetonius，*Caesar* 76. 2 – 3，80. 2；关于恺撒的元老们的出身的详细讨论，见 R. Syme，*The Roman Revolution*（1939），pp. 78 – 96。

12 关于撒路斯提乌斯，见 Dio 43. 9. 2，47. 4，Sallust，*Bell. Cat.* 3. 4，cf. Dio 43. 1. 3；关于拒绝授予一名追随者行省总督职位，见 Dio 43. 47. 5；关于此人的残忍，见 Appian，*BC* 3. 89。

13 Cicero, *pro Marcello* 3；cf. Titus Amplius Balbus, the 'trumpet of the Civil War' allowed back in November, Cicero, *ad Fam.* 6. 12. 3.

14 Suetonius, *Caesar* 42. 1, 44. 2.

15 Suetonius, *Caesar* 44. 2, Pliny, *NH* 18. 211, Plutarch, *Caesar* 59, Macrobius, *Saturnalia* 1. 14. 2 – 3, Holmes（1923）, pp. 285 – 287, Gelzer（1969）, p. 289, and Yazetz（1983）, pp. 111 – 114.

16 关于禁奢令, 见 Suetonius, *Caesar* 42. 1, 43. 1 – 2, Cicero, *ad Att.* 12. 35. 36. 1, 13. 6, 7, *ad Fam.* 7. 26, Dio 43. 25. 2, and Yazetz（1983）, pp. 154 – 156；关于行会和社团, 见 Suetonius, *Caesar* 42. 3, Josephus, *Jewish Antiquities* 14. 215 – 216, and Yazetz（1983）, pp. 85 – 95。

17 Provincial law, Dio 43. 25. 3, and Cicero, *Philippics* 1. 8. 9 for approval；herders, Suetonius, *Caesar* 42. 1；关于自由市, 见 Yazetz（1983）, pp. 117 – 121。

18 Quotation from Cicero, *ad Fam.* 15. 19. 4；关于昆图斯·卡西乌斯·在西班牙, 见 *Alexandrian War* 48 – 64, *Spanish War* 42, Appian, *BC* 2. 43, 103, Dio 43. 29. 1 – 31. 2, and Holmes（1923）, pp. 293 – 295；旅行和作诗, 见 Suetonius 56. 5, Strabo, *Geog.* 3. 4. 9, and Holmes（1923）, p. 296。

19 *Spanish War* 2 – 27；关于对战事的详细记述, 见 see Holmes（1923）, pp. 297 – 306。

20 *Spanish War* 28 – 42, Appian, *BC* 2. 103 – 105, Plutarch, *Caesar* 56, Dio 43. 36. 1 – 41. 2, and Holmes（1923）, pp. 306 – 308.

21 关于荣耀, 见 Dio 43. 42. 3, 44. 1 – 3；关于安东尼与恺撒的会面, 见 Plutarch, *Antony* 11；关于西塞罗的女儿, 见 Cicero, *ad Att.* 13. 20. 1, and T. Mitchell, *Cicero：The Senior Statesman*（1991）, p. 282；关于庞提乌斯·阿奎拉, 见 Suetonius, *Caesar* 78. 2, see also R. Holmes, p. 318。

22 Dio 43. 14. 7, 44. 1 – 46. 2, Cicero, *ad Att.* 12. 47. 3, 45. 3, *ad Fam.* 6. 8. 1, 6. 18. 1, Suetonius, *Caesar* 76. 1, and see Holmes

（1923），pp. 315 – 316，Gelzer（1968），pp. 307 – 308，Mitchell（1991），pp. 282ff.

23 Cicero, *ad Att.* 13. 40. 1.

24 Cicero, *ad Att.* 12. 21. 1，13. 40. 1，46，51. 1，*Orator* 10，35，Plutarch, *Cato the Younger* 11. 1 – 4，25. 1 – 5，73. 4，*Cicero* 39. 2，*Caesar* 3. 2，Suetonius, *Caesar* 56. 5，and Gelzer（1968），p. 301 – 304，Holmes（1923），p. 311，and D. Stockton, *Cicero*（1971），p. 138.

25 Cicero, *ad Att.* 12. 40. 2，51. 2，13. 2. 1，27. 1，28. 2 – 3，40. 1.

二十三　3 月 15 日

1 Suetonius, *Caesar* 86. 1 – 2.

2 Cicero, *pro Marcello* 8，25.

3 Dio 43. 51. 1 – 2，44. 1. 1，Appian, *BC* 2. 110，3. 77，Plutarch, *Caesar* 58，Velleius Paterculus 2. 59. 4，Suetonius, *Caesar* 44. 3，T. Rice Holmes, *The Roman Republic*，3（1923），pp. 326 – 327.

4 关于这次拜访，见 Cicero, *ad Att.* 13. 52；关于到恺撒在罗马的宅邸拜访，见 14. 1；关于恺撒的个性发生了深刻变化（据说是由于受到克利奥帕特拉七世的影响）的观点，见 J. Collins, ' Caesar and the Corruption of Power '，*Historia* 4（1955），pp. 445 – 465。

5 Dio 43. 44. 1 – 45. 2，44. 3. 1 – 6. 4，Suetonius, *Caesar* 76. 1；see also R. Carson, ' Caesar and the Monarchy '，*Greece and Rome* 4（1957），pp. 46 – 53，E. Rawson, ' Caesar's heritage: Hellenistic kings and their Roman equals '，*Journal of Roman Studies* 65（1975），pp. 148 – 159，S. Weinstock, *Divus Julius*（1971），esp. pp. 200 – 206；关于《新约》中耶稣就征税问题的回答，即著名的 "恺撒的物当归恺撒" 见 Matthew 22. 17 – 21，Mark 12. 14 – 17。

6 Dio 43. 14. 6 – 7，44. 6. 1，5 – 6，Appian, *BC* 2. 106，Weinstock（1971），pp. 241 – 243，276 – 286，305 – 310.

7 Dio 44. 5. 3 – 7. 1，Cicero，*Philippics* 2. 43. 1；关于韦斯巴芗的临终遗言，见 Suetonius，*Vespasian* 23；关于后来对皇帝的崇拜，见 S. Price，*Rituals and Power：The Roman Imperial Cult in Asia Minor*（1984）。

8 Suetonius，*Caesar* 44. 2，Dio 43. 2，44. 6. 1 – 3，Cicero，*de Divinatione*1. 119，2. 37；see also Weinstock（1971），pp. 271 – 3；关于克利奥帕特拉七世的到访，见 Dio 43. 27. 3，Appian，*BC* 2. 102；Suetonius，*Caesar* 52. 1 声称是恺撒传唤她到罗马的，但错误地认为她在恺撒在世时就离开了；西塞罗的拜访，见 *ad Att.* 15. 2；see also M. Grant，*Cleopatra*（1972），pp. 83 – 94，and E. Rice，*Cleopatra*（1999），pp. 41 – 44。

9 Suetonius，*Caesar* 52. 2，Plutarch，*Caesar* 49；但 Plutarch，*Antony* 52 说男孩是在恺撒死后才出生的；for discussions see Grant（1972），pp. 83 – 85。

10 Suetonius，*Caesar* 83. 1 – 2，*Augustus* 8. 1 – 2，Appian，*BC* 2. 143，Pliny，*NH* 35. 21，Plutarch，*Antony* 11.

11 Plutarch，*Caesar* 61，*Antony* 12，Suetonius，*Caesar* 79. 1 – 2，Appian，*BC* 2. 108，Dio 44. 9. 2 – 10. 3，Cicero，*Philippics* 13. 31，Velleius Paterculus 2. 68. 4 – 5，Valerius Maximus 5. 7. 2.

12 Dio 44. 11. 1 – 3，Appian，*BC* 2. 109，Plutarch，*Caesar* 61，Antony 12，Cicero，*Philippics* 2. 84 – 87，*de Divinatione* 1. 52，119，Suetonius，*Caesar* 79. 2；see also Weinstock（1971），pp. 318 – 341.

13 卫队，见 Dio 44. 7. 4，Suetonius，*Caesar* 84. 2，86. 1 – 2，Appian，*BC* 2. 107；关于司法和陪审团，见 Suetonius，*Caesar* 41. 2，53. 1。

14 Dio 44. 8. 1 – 4，Plutarch，*Caesar* 60，Suetonius，*Caesar* 78. 1；see also the comments in Weinstock（1971），p. 276，M. Gelzer，*Caesar*（1968），p. 317，Rice Holmes（1923），pp. 333 – 334.

15 See R. Syme，*The Roman Revolution*（1939），p. 64，95，for Galba，and also Suetonius，*Galba* 3；关于恺撒遗嘱中提及迪基姆斯·布鲁图斯，见 Suetonius，*Caesar* 83. 2，and also Dio 44. 14. 3 – 4；关于巴希卢斯，见 Dio 43. 47. 3，Appian，*BC* 3. 98；关于特雷博尼乌斯和安东尼，见

Plutarch, *Antony* 13。

16 Plutarch，*Brutus* 6 – 13，*Caesar* 62，Appian，*BC* 2.111 – 114，Dio 44.11. 4 – 14.4，Suetonius，*Caesar* 80.1，3 – 4，Velleius Paterculus 2.58.1 – 4；see also Syme（1939），p.44 – 45，56 – 60.

17 Suetonius，*Caesar* 52.2 – 3，Appian，*BC* 2.113，Plutarch，*Caesar* 62， *Brutus* 8，*Antony* 11.

18 Dio 43.51.7.

19 Plutarch，*Caesar* 63 – 65，Suetonius，*Caesar* 81.14，Dio 44.18.1 – 4， Appian，*BC* 2.115 – 116，Velleius Paterculus 2.57.2 – 3.

20 Plutarch，*Brutus* 14 – 15，*Caesar* 63，Suetonius，*Caesar* 80.4，Cicero， *de Divinatione*2.9.23，Dio 44.16.1 – 19.1.

21 Plutarch，*Caesar* 66，*Brutus* 17，Dio 44.19.1 – 5，Appian，*BC* 2.117， Suetonius，*Caesar* 82.1 – 3；Dio 和 Suetonius 都认为，恺撒对布鲁图斯的最后一句话是"也有你啊，我的儿子"（*kai sou teknon*）；Suetonius 认为，恺撒对卡斯卡的回答是："什么，这么凶残!"（Ista quidem vis est）。

22 Plutarch，*Caesar* 67 – 68，*Brutus* 18 – 21，*Antony* 14，Dio 44.20.1 – 53.7，Appian，*BC* 2.118 – 148，Suetonius，*Caesar* 82.4 – 85.

23 关于从盖乌斯·马提乌斯的引文，见 Cicero，*ad Att.* 14.1；关于预言高卢将发生叛乱，见 14.4 。

后 记

1. 对英国读者来说，Kenneth Williams 在电影 *Carry on Cleo*（1964 年）中对恺撒的塑造和不朽名句"耻辱啊耻辱，他们统统给我了"，或许同样难忘，尽管不符合史实。同样，对很多人来说，他们对恺撒的了解其实来自 Goscinny 和 Uderzo 的 *Asterix* 连环画。尽管在这些故事里，罗马人是主要的恶棍，而恺撒有些过于拘谨和傲慢，但总的来讲仍然是正面形象。

译名对照表

Acco 阿科

Achillas 阿基拉斯

Adriatic Sea 亚得里亚海

Advocates 辩护律师

Aediles 市政官

Aedui tribe 埃杜依部落

Aeneas 埃涅阿斯

Afghan War, First（1838～1842年）第一次阿富汗战争（1838～1842 年）

Afranius, Lucius 卢基乌斯·阿弗拉尼乌斯（前 60 年执政官）

Africa 阿非利加（罗马行省）

Agammemnon 阿伽门农

Agedincum 阿格丁库姆

Aggar 阿嘎尔

Ahenobarbus, Gnaeus Domitius 格奈乌斯·多米提乌斯·阿赫诺巴尔布斯（前 122 年执政官）

Ahenobarbus, Lucius Domitius 卢基乌斯·多米提乌斯·阿赫诺巴尔布斯（前 54 年执政官）

Aisne, River 埃纳河

Alba Longa 阿尔巴朗格

Alban Hills 阿尔班山

Albanians 阿尔巴尼亚人

Alesia 阿莱西亚

Alexander the Great 亚历山大大帝

Alexandria 亚历山大港

Pharos island 法罗斯岛

Allier, River 阿列河

Allobroges 阿洛布罗基人

Ambarri tribe 安巴里部落

Ambiorix 阿姆比奥雷克斯

Amiens（Samarobriva）亚眠（萨马罗布里瓦）

Amorica（Brittany）阿莫利卡（布列塔尼）

Ancona 安科纳

Antioch 安条克

Antipater（Father of Herod the Great）安提帕特（大希律王的父亲）

Antium 安提乌姆

Antonius, Gaius 盖乌斯·安东尼（前 63 年执政官）

Antonius, Lucius 卢基乌斯·盖乌斯·安东尼（前 41 年执政官）

Antonius, Marcus（Mark Antony's father）马克·安东尼（马克·安东尼的父亲）

Antonius, Marcus（Mark Antony's grandfather, cos. 99）马克·安东尼（马克·安东尼的祖父，前 99 年执政官）

Antony, Mark 马克·安东尼（前 44 年执政官）

Aous, River 奥斯河

Apollo（god）阿波罗（神）

Apollodorus of Rhodes 罗德岛的阿波罗多洛斯

Apollonia 阿波罗尼亚

Appian 阿庇安

Appian Way 阿庇乌斯大道

Apsus, River 阿普苏斯河

Apulia 阿普利亚

Aquae Sextiae 阿克瓦埃·赛克斯提埃

Aquila, Lucius Pontius 卢基乌斯·庞提乌斯·阿奎拉

Aquileia 阿奎莱亚

Aquitania 阿基坦

Aquitanians 阿基坦人

Arabia 阿拉伯半岛

Arausio, battle of（105 BC）阿劳西奥战役（前 105 年）

Ardennes 阿登山区

Arelate（Arles）阿莱拉特（阿尔勒）

Ariminum（Rimini）阿里米努姆（里米尼）

Ariovistus, King 阿里奥维斯图斯国王

Armenia 亚美尼亚

Armenia, Tigranes, King of 亚美尼亚国王提格兰

Alps 阿尔卑斯山脉

Arretium（Arrezo）阿雷提乌姆（阿雷佐）

Arsinoe（sister of Cleopatra）阿尔西诺伊四世（克利奥帕特拉七世的妹妹）

Artemidorus 阿特米多鲁斯

Arverni tribe 阿维尔尼部落

Ascalon 亚实基伦

Asculum 阿斯库路姆

Asia 亚细亚（罗马行省）

Asia Minor 小亚细亚

Aswan dam 阿斯旺大坝

Ategua 阿特瓜

Athens 雅典

Athens, Assembly of 雅典公民大会

Atia（mother of Octavian）阿提娅（屋大维的母亲）

Atrebates tribe 阿特雷巴特部落

Atrius, Quintus 昆图斯·阿特里乌斯

Atticus, Titus Pomponius 提图斯·庞波尼乌斯·阿提库斯

Atuatuca 阿图阿图卡

Atuatuci tribe 阿杜亚都契部落

Auctoritas 威望

Aude, River 奥德河

Augustus, Emperor (Caesar's adopted son) 奥古斯都, 皇帝 (恺撒的养子)

Aurelia (Caesar's mother) 奥雷利娅 (恺撒的母亲)

Aurelia Orestilla 奥雷利娅·奥利斯提拉

Aurelius, Gaius 盖乌斯·奥雷利乌斯

Autronius Paetus, Publius 普布利乌斯·奥特洛尼乌斯·派图斯 (当选为前 65 年执政官)

Auxinum 奥克希努姆

Avaricum (Bourges) 阿瓦利库姆 (布尔日)

Avienus 阿维艾努斯

Baculus, Sextus Julius 塞克斯图斯·尤利乌斯·巴库鲁斯

Balbus, Lucius Cornelius 卢基乌斯·科尔内利乌斯·巴尔布斯

Balearic Islands 巴利阿里群岛

Bardyaei 巴蒂埃卫队 (释奴团体)

Basilus, Lucius Minucius 卢基乌斯·米努基乌斯·巴希卢斯

Belgae 比利时人

Belgium 比利时

Bellienus, Lucius Annius 卢基乌斯·安尼乌斯·贝利艾努斯

Bellovaci tribe 贝洛瓦契部落

Berenice IV (older sister of Cleopatra) 贝勒尼基四世 (克利奥帕特拉七世的姐姐)

Besancon (Vesontio) 贝桑松 (韦松蒂奥)

Bestia, Lucius Calpurnius 卢基乌斯·卡尔普尔尼乌斯·贝斯提亚

Bibracte (Mont Beuvray) 比布拉克特 (比弗雷山)

Bibrax (Vieux-Laon?) 比布拉克斯 (老拉昂?)

Bibulus, Marcus Calpurnius 马尔库斯·卡尔普尔尼乌斯·毕布路斯 (前 59 年执政官)

Bigbury Wood 比格伯里树林

Bithynia 比提尼亚

Bituriges tribe 比图里吉部落

Blücher, Marshal Gebhard von 格布哈德·冯·布吕歇尔元帅

Bocchus II of Mauretania 毛里塔尼

亚国王博库斯二世

Boduognatus 博铎纳图斯

Bogudes, King 包古达

Boii tribe 波伊部落

Boulogne 布洛涅

Bourges（Avaricum）布尔日（阿瓦利库姆）

Brindisi（Brundisium）布林迪西（布隆迪西乌姆）

Britain 不列颠

Britons 布立呑人

Brittany（Amorica）布列塔尼（阿莫利卡）

Brutus Albinus, Decimus Junius 迪基姆斯·尤尼乌斯·阿尔比努斯·布鲁图斯

Brutus, Marcus Junius 马尔库斯·尤尼乌斯·布鲁图斯

Bugeaud, Marshal Thomas-Robert 托马-罗贝尔·比若元帅

Burebista, King of Dacia 达契亚国王布雷比斯塔

Buthrotum 布特罗图姆

Cabillonum 卡比隆努姆

Cadiz（Gades）加的斯

Caelius Rufus, Marcus 马尔库斯·凯利乌斯·鲁弗斯

Caepio, Quintus Servilius 昆图斯·塞维利乌斯·凯皮欧

Caesar, Julius 尤利乌斯·恺撒

Caesar, Gaius 盖乌斯·恺撒

Caesarion 恺撒里昂

Calenus, Quintus Fufius 昆图斯·弗费乌斯·卡雷努斯（前47年执政官）

Caleti tribe 卡雷提部落

Calpurnia（Caesar's wife）卡尔普尔尼娅（恺撒的妻子）

Calvinus, Gnaeus Domitius 格奈乌斯·多米提乌斯·卡尔维努斯（前47年、前40年执政官）

Campania 坎帕尼亚

Caninius Rebilus, Gaius 盖乌斯·卡尼尼乌斯·莱比鲁斯

Cannae, battle of（216 BC）坎尼战役（前216年）

Canterbury 坎特伯雷

Canuleius, Marcus 马尔库斯·卡努雷乌斯

Cappadocia 卡帕多细亚

Capua 卡普阿

Carbo, Gnaeus Papirius 格奈乌斯·帕皮里乌斯·卡尔波（前120年执政官）

Carbo, Gnaeus Papirius 格奈乌斯·帕皮里乌斯·卡尔波（前85年、

前 84 年、前 82 年执政官）

Carnutes tribe 卡尔尼特部落

Carrhae, battle of（53 BC）卡莱战
役（前 53 年）

Carthage 迦太基

Casca Longus, Publius Servilius 普
布利乌斯·塞维利乌斯·卡斯
卡·朗古斯

Caspian Sea 里海

Cassius Longinus, Gaius 盖乌斯·
卡西乌斯·朗基努斯

Cassius Longinus, Lucius 卢基乌
斯·卡西乌斯·朗基努斯（前
107 年执政官）

Cassius Longinus, Quintus 昆图斯·
卡西乌斯·朗基努斯

Cassivellaunus 卡西维拉努斯

Casticus 卡斯提库斯

Catiline, Lucius Sergius 卢基乌
斯·塞尔吉乌斯·喀提林

Cato, Gaius 盖乌斯·加图

Cato, Marcus Porcius（"the Elder"）
马尔库斯·波尔基乌斯·加图
（老加图）

Cato, Marcus Porcius（"the Younger"）
马尔库斯·波尔基乌斯·加图
（小加图）

Catullus, Gaius Valerius 盖乌斯·

瓦列里乌斯·卡图卢斯（诗人）

Catulus, Quintus Lutatius 昆图斯·
卢塔提乌斯·卡图卢斯（前 78
年执政官）

Catuvolcus 卡图沃尔库斯

Cavarinus, King of the Senones 希
诺奈人国王卡瓦里努斯

Celtiberian tribe 凯尔特伊比利亚
部落

Celtic／Gallic tribes 凯尔特／高卢诸
部落

Cenabum（Orleans）凯纳布姆（奥
尔良）

Censors 监察官

Centuria praerogativa 优先百人团

Centuries 百人团／百人队

Centurions 百夫长

Cethegus, Gaius Cornelius 盖乌斯·
科尔内利乌斯·基泰古斯

Cethegus, Publius Cornelius 普布利
乌斯·科尔内利乌斯·基泰古斯

Cevennes, Pass of the 塞文山脉
隘口

Churchill, Winston 温斯顿·丘
吉尔

Cicero, Marcus Tullius（cos. 63,
orator）马尔库斯·图利乌斯·西
塞罗（前 63 年执政官，演说家）

Cicero, Quintus Tullius 昆图斯·图利乌斯·西塞罗

Cilicia 奇里乞亚

Cimber, Lucius Tillius 卢基乌斯·提利乌斯·金博尔

Cimbri tribe 辛布里部落

Cingetorix 秦格托利克斯

Cingulum 秦古鲁姆

Cinna, Lucius Cornelius 卢基乌斯·科尔内利乌斯·秦纳

Cinna, Gaius Helvius 盖乌斯·赫尔维乌斯·秦纳

Cinna, Lucius Cornelius 卢基乌斯·科尔内利乌斯·秦纳（前 87 年 ~ 前 84 年执政官）

Cirta, Numidia 锡尔塔（努米底亚城镇）

Claudian family 克劳狄家族

Claudius Pulcher, Gaius 盖乌斯·克劳狄·普尔喀

Claudius Caecus, Appius (cos. 307, 296) 阿庇乌斯·克劳狄·凯库斯（前 307 年、前 296 年执政官）

Claudius Pulcher, Appius 阿庇乌斯·克劳狄·普尔喀（前 54 年执政官）

Claudius Pulcher, Publius 普布利乌斯·克劳狄·普尔喀（前

249 年执政官）

Cleopatra VI 克利奥帕特拉六世

Cleopatra VII 克利奥帕特拉七世

Clermont 克莱蒙

Clodia (sister of Clodius) 克洛狄娅（克洛狄乌斯的妹妹）

Clodius Pulcher, Publius 普布利乌斯·克洛狄乌斯·普尔喀

Colchis, Lesser 小科尔基斯

Collegia 行会或社团

Comitia Centuriata 百人会议

Comitia Tributa 部落会议

Commius, King of the Atrebates 阿特雷巴特人国王科密乌斯

Concilium Plebis 平民大会

Concordia (deity) 和谐女神

Condrusi tribe 康德鲁西部落

Considius, Quintus (senator) 昆图斯·孔西迪乌斯（元老）

Considius, Publius 普布利乌斯·孔西迪乌斯

Consuls 执政官

Convictolitavis 孔维克多李塔维斯

Corcyra 克基拉

Córdoba 科尔多瓦

Corfinium 科尔菲涅乌姆

Corinth 科林斯

Corinth canal 科林斯运河

Coriolanus 科利奥兰纳斯

Cornelia（mother of the Gracchi）科尔内利娅（格拉古兄弟的母亲）

Cornelia（Caesar's wife）科尔内利娅（恺撒的妻子）

Cornelia（Pompey's wife）科尔内利娅（庞培的妻子）

Correus 科雷乌斯

Corsica 科西嘉

Cossutia 科苏提娅

Cotta，Gaius Aurelius 盖乌斯·奥雷利乌斯·科塔（前75年执政官）

Cotta，Lucius Aurelius 卢基乌斯·奥雷利乌斯·科塔（前65年执政官）

Cotta，Lucius Aurunculeius 卢基乌斯·奥隆库勒乌斯·科塔

Cotta，Marcus Aurelius 马尔库斯·奥雷利乌斯·科塔（前74年执政官）

Crassus，Marcus Licinius the Younger 小马尔库斯·李锡尼·克拉苏

Crassus，Marcus Licinius 马尔库斯·李锡尼·克拉苏（前70年、前55年执政官）

Crassus，Publius Licinius 普布利乌斯·李锡尼·克拉苏

Crastinus，Gaius 盖乌斯·克拉斯提努斯

Crete 克里特

Curio，Gaius Scribonius（the Younger）小盖乌斯·斯克利博尼乌斯·库里奥

Curio，Gaius Scribonius（the Elder）老盖乌斯·斯克利博尼乌斯·库里奥（前76年执政官）

Curius，Quintus 昆图斯·库里乌斯

Cybele（goddess）库柏勒（女神）

Cyprus 塞浦路斯

Cyrenaica 昔兰尼加

Cytheris（Volumnia）西塞莉丝（沃鲁姆尼娅）

Dacia 达契亚

Dardanus，Peace of《达耳达诺斯和约》

Deal，Kent 迪尔（肯特郡）

Demosthenes 德摩斯梯尼

Dignitas（dignity）尊严

Dio 狄奥

Diviciacus 狄维契阿库斯

Divico 狄维克

Dolabella，Gnaeus Cornelius 格奈乌斯·科尔内利乌斯·多拉贝拉（前81年执政官）

Dolabella, Publius Cornelius 格奈乌斯·科尔内利乌斯·多拉贝拉（前44年执政官）

Dordogne 多尔多涅

Dover, Kent 多佛（肯特郡）

Drusus, Marcus Livius 马尔库斯·李维乌斯·德鲁苏斯

Dumnorix 杜诺列克斯

Durazzo（Dyrrachium）杜拉佐（狄拉奇乌姆）

Durocortorum（Reims）杜罗科托鲁姆（兰斯）

Ebro, River 埃布罗河

Eburones tribe 厄勃隆尼斯部落

Egus 艾古斯

Egypt 埃及

Elphinstone, Major general William 威廉·埃尔芬斯通少将

Enipeus, River 埃尼培乌斯河

Entremont 昂特勒蒙

Epirus 伊庇鲁斯

Equites 骑士

Etruria 伊特鲁里亚

Eunoe, Queen 尤诺娅王后

Fabia tribe 法比亚部落

Fabii clan 费边氏族

Fabius, Gaius 盖乌斯·费边（恺撒的军团长）

Fabius, Lucius（centurion）卢基乌斯·费边（百夫长）

Fabius Maximus, Quintus 昆图斯·费边·马克西穆斯（前45年执政官）

Fanum（Fano）法努姆（法诺）

Bona Dea 善良女神

Festival of Liberalia 自由神节

Festival of Lupercalia 牧神节

Fimbria, Gaius Flavius 盖乌斯·弗拉维乌斯·费穆布里亚

Flaccus, Lucius Valerius 卢基乌斯·瓦列里乌斯·弗拉库斯（前100年执政官）

Flaccus, Lucius Valerius 卢基乌斯·瓦列里乌斯·弗拉库斯（前86年执政官）

Flavius, Lucius 卢基乌斯·弗拉维乌斯

Flavus, Lucius Caesetius 卢基乌斯·凯塞提乌斯·弗拉乌斯

Flora 弗洛拉

Fortuna 幸运女神

Fregellae people 弗雷格莱人

Fulvia 富尔维娅（昆图斯·库里乌斯的情妇）

Fulvia 富尔维娅（先后是克洛狄乌斯、库里奥和马克·安东尼

的妻子）

Gabinius，Aulus 奥卢斯·加比尼乌斯（前 58 年执政官）

Gaetulians 盖图里人

Galba，King of the Suessiones 苏埃西翁人国王加尔巴

Galba，Servius Sulpicius 塞尔维乌斯·苏尔皮基乌斯·加尔巴（恺撒的军团长）

Gallia Comata 自由高卢

Ganymede 该尼墨得斯

Garonne，River 加龙河

Gaul 高卢

Geminius 格米尼乌斯

Geneva 日内瓦

Gergovia 戈高维亚

Glaucia，Gaius Servilius 盖乌斯·塞维利乌斯·格劳基亚

Gnipho，Marcus Antonius 马克·安东尼·格尼弗

Gomphi 戈姆菲

Gorgobina 高戈比纳

Gracchi 格拉古兄弟

Gracchus，Gaius Sempronius 盖乌斯·塞姆普罗尼乌斯·格拉古

Gracchus，Tiberius Sempronius 提比略·塞姆普罗尼乌斯·格拉古

Gregory XIII，Pope 格列高利十三

世，教皇

Habra 哈布拉

Hadrumentum 哈德鲁门图姆

Hannibal 汉尼拔

Harrison，Rex 雷克斯·哈里森

Hat，apex 阿佩克斯帽（朱庇特祭司的帽子）

Helvetii tribe 赫尔维蒂部落

Helvii tribe 赫尔维部落

Hengistbury Head 亨吉斯特伯里角

Herculaneum 赫库兰尼姆

Hercules 赫拉克勒斯

Hiempsal，King of Numidia 努米底亚国王希耶姆普萨尔二世

Hirtius，Aulus 奥卢斯·希尔提乌斯（前 43 年执政官）

Hortensius Hortalus，Quintus 昆图斯·霍尔腾西乌斯·霍尔塔鲁斯（前 69 年执政官）

Hostilius，Tullus 图卢斯·霍斯提里乌斯（罗马的第三代国王）

Hyrcanus II 赫卡努斯二世（犹太大祭司）

Iberian Peninsula 伊比利亚半岛

Iberians（Black Sea people）伊比利亚人（黑海沿岸民族）

Iggulden，Conn 康恩·伊古尔登

Iguvium 伊古维乌姆

Ilerda (Lerida) 伊莱尔达（莱里达）

Illyricum 伊利里库姆

Indutiomarus 因杜提奥马鲁斯

Isauricus, Publius Servilius Vatia 普布利乌斯·塞维利乌斯·瓦提亚·伊苏利库斯（前 79 年执政官）

Isauricus, Publius Servilius Vatia (cos. 48，41) 普布利乌斯·塞维利乌斯·瓦提亚·伊苏利库斯（前 48 年、前 41 年执政官）

Iulus, Son of Aeneas 尤卢斯，埃涅阿斯之子

Iuncus, Marcus 马尔库斯·荣库斯

Iuventus (deity of youth) 尤文塔斯（青春女神）

Jerusalem 耶路撒冷

Juba, King of Numidia 朱巴一世，努米底亚国王

Judaea 犹太（罗马行省）

Jugurtha, King of Numidia 朱古达，努米底亚国王

Julia (aunt) 尤利娅（恺撒的姑姑）

Julia (daughter) 尤利娅（恺撒的女儿）

Julia (sisters) 尤利娅（恺撒的姐妹）

Julii 尤利乌斯氏族

Julius Caesar (ancestor) 尤利乌斯·恺撒（先祖）

Julius Caesar, Gaius 盖乌斯·尤利乌斯·恺撒

Julius Caesar, Lucius 卢基乌斯·尤利乌斯·恺撒（前 157 年执政官）

Julius Caesar, Lucius 卢基乌斯·尤利乌斯·恺撒（前 90 年执政官）

Julius Caesar, Lucius 卢基乌斯·尤利乌斯·恺撒（前 64 年执政官）

Julius Caesar, Lucius (Lucius Caesar the Younger) 小卢基乌斯·尤利乌斯·恺撒

Julius Caesar, Sextus (cos. 91) 塞克斯图斯·尤利乌斯·恺撒（前 91 年执政官）

Julius Caesar Strabo, Gaius 盖乌斯·尤利乌斯·恺撒·斯特拉波

Julius Caesar, Gaius (Caesar's father) 盖乌斯·尤利乌斯·恺撒（恺撒的父亲）

Julius Caesar, Gaius (Caesar's grandfather) 盖乌斯·尤利乌斯·恺撒（恺撒的祖父）

Junia Tertia (daughter of Servilia,

sister of Brutus）尤尼娅·特尔提娅（塞维利娅的女儿，布鲁图斯的妹妹）

Jupiter（god）朱庇特（神）

Jupiter Optimus Maximus 至善至伟朱庇特（神）

Jura Mountains 汝拉山脉

Kabul 喀布尔

Laberius，Decimus 迪基姆斯·拉贝里乌斯

Labienus，Titus 提图斯·拉比埃努斯

Lee，General Robert E. 罗伯特·E. 李将军

legates 军团长

Lentuli，the 兰图鲁斯氏族

Lentulus Marcellinus，Gnaeus Cornelius 格奈乌斯·科尔内利乌斯·兰图鲁斯·马尔凯利努斯（前56年执政官）

Lentulus Crus，Lucius Cornelius 卢基乌斯·科尔内利乌斯·兰图鲁斯·克鲁斯

Lentulus Spinther，Publius Cornelius 普布利乌斯·科尔内利乌斯·兰图鲁斯·斯宾特尔（前57年执政官）

Lentulus Sura，Publius Cornelius 普布利乌斯·科尔内利乌斯·兰图鲁斯·素拉（前71年执政官）

Lepidus，Marcus Aemilius 马尔库斯·埃米利乌斯·李必达（前78年执政官）

Lepidus，Marcus Aemilius 马尔库斯·埃米利乌斯·李必达（前46年、前42年执政官）

Lepidus Livianus，Mamercus Aemilius 马梅尔库斯·埃米利乌斯·李必达·李维阿努斯（前77年执政官）

Leptis 莱普提斯

Libo，Lucius Scribonius 卢基乌斯·斯克利博尼乌斯·利博（前34年执政官）

Licinia（wife of cato the Elder）李锡尼娅（老加图的妻子）

Licinia（Vestal Virgin）李锡尼娅（维斯塔贞女）

Ligarius，Quintus 昆图斯·里加卢斯

Lilybaeum 利利俾

Lingones tribe 林贡斯部落

Liscus 李斯库斯

Lissus 利苏斯

Litaviccus 李塔维库斯

Livy 李维

Loire，River 卢瓦尔河

Luca 卢卡

Lucan（Marcus Annaeus Lucanus）卢坎（马尔库斯·安奈乌斯·卢坎努斯）

Pharsalia《法萨利亚》

Lucceius, Lucius 卢基乌斯·卢凯依乌斯

Lucterius 卢克特里乌斯

Lucullus, Lucius Licinius 卢基乌斯·李锡尼·卢库鲁斯（前74年执政官）

Lucullus, Marcus Licinius 马尔库斯·李锡尼·卢库鲁斯（前73年执政官）

Luscius, Lucius 卢基乌斯·鲁斯吉乌斯

Lusitania 卢西塔尼亚

Lutetia（Paris）卢泰提亚（巴黎）

Macedonia 马其顿

Macnaghton, Sir William 威廉·麦克诺顿爵士

Magistrates 行政长官

Mamurra 马穆拉

Mancinus, Gaius Hostilius 盖乌斯·霍斯提里乌斯·曼基努斯（前137年执政官）

Mandubii tribe 曼杜比伊部落

Mandubracius 曼杜布拉库斯

Manilius, Gaius 盖乌斯·马尼利乌斯

Manlii, the 曼利乌斯氏族

Manlius, Gaius 盖乌斯·曼利乌斯

Marcelli 马凯鲁斯氏族

Marcellus, Gaius Claudius 盖乌斯·克劳狄·马凯鲁斯（前50年执政官）

Marcellus, Gaius Claudius 盖乌斯·克劳狄·马凯鲁斯（前49年执政官）

Marcellus, Marcus Claudius 马尔库斯·克劳狄·马凯鲁斯（前51年执政官）

Marcia（Caesar's grandmother）马尔基娅（恺撒的祖母）

Marcii Reges 马尔基乌斯·雷克斯氏族

Marcius, Ancus（fourth king of Rome）安库斯·马尔基乌斯（罗马第四代国王）

Marius, Gaius 盖乌斯·马略（前107年、前104年～前100年、前86年执政官）

Marius, Gaius, the Younger 小盖乌斯·马略（前82年执政官）

Marseilles 马赛

Marsi tribe 马尔西部落

Marullus, Gaius Epidius 盖乌斯·

厄比底乌斯·马鲁路斯

Massie，Alan 艾伦·马西

Massilia 马西利亚

Master of Horse（*Magister Equitum*）骑兵统帅

Maubeuge 莫伯日

Mauretanians 毛里塔尼亚人

McCollough，Colleen 考琳·麦卡洛

Mediolanum（Milan）梅迪奥拉努姆（米兰）

Memmius，Gaius 盖乌斯·迈密乌斯

Menapii tribe 门奈比部落

Merchants（*negotiatores*）商人

Merula，Lucius Cornelius 卢基乌斯·科尔内利乌斯·梅卢拉（前 87 年执政官）

Metelli 梅特卢斯氏族

Metellus，Lucius Caecilius 卢基乌斯·凯基里乌斯·梅特卢斯

Metellus Celer，Quintus Caecilius 昆图斯·凯基里乌斯·梅特卢斯·凯列尔（前 60 年执政官）

Metellus Nepos，Quintus Caecilius（cos. 57）昆图斯·凯基里乌斯·梅特卢斯·尼波斯（前 57 年执政官）

Metellus Pius，Quintus Caecilius 昆图斯·凯基里乌斯·梅特卢

斯·皮乌斯（前 80 年执政官）

Meto，Valerius 瓦列里乌斯·梅托

Metrobius 梅特罗比乌斯

Mettius，Gaius 盖乌斯·梅提乌斯

Meuse，River 默兹河

Miletus 米利都

Milo，Titus Annius 提图斯·安尼乌斯·米罗

Mithridates VI，King of Pontus 米特里达梯六世，本都国王

Mithridates of Pergamum 帕加马的米特里达梯

Molo，Apollonius 阿波罗尼奥斯·莫罗

Mont Auxois 奥索瓦山

Morini tribe 莫里尼部落

Mount Amanus 阿玛努斯山

Mucia（Pompey's wife）穆齐娅（庞培的妻子）

Munda，battle of（45 BC）蒙达战役（前 45 年）

Murena，Lucius Licinius 卢基乌斯·李锡尼·穆里纳（前 62 年执政官）

Mytilene 米蒂利尼

Napoleon Bonaparte 拿破仑·波拿巴

Napoleon III 拿破仑三世

Narbo（Narbonne）纳尔博（纳博讷）

Nero, Emperor 尼禄，皇帝

Nero, Tiberius Claudius 提比略·克劳狄·尼禄

Nervii tribe 内尔维部落

Nicomedes, King of Bithynia 尼科美德四世，比提尼亚国王

Nile, Rive 尼罗河

Noricum 诺里库姆

Normandy 诺曼底

Noviodunum 新堡

Novum Comum 诺乌姆·科姆

Numantia/Numantines 努曼西亚/努曼西亚人

Numidia, Kingdom 努米底亚王国

Nysa 妮萨

Octavia (Caesar's great niece) 屋大维娅（恺撒的甥孙女）

Octavian (Gaius Julius Caesar Octavianus, Caesar's adopted son) 屋大维（盖乌斯·尤利乌斯·恺撒·屋大维阿努斯，恺撒的养子）

Octavius, Gnaeus 格奈乌斯·屋大维（前 87 年执政官）

Octogesa 奥克托格萨

Ofella, Quintus Lucretius 昆图斯·卢克雷提乌斯·奥菲拉

Opimius 欧皮米乌斯

Oppius, Gaius 盖乌斯·奥庇乌斯

Orange, southern France 奥朗日，法国南部

Orgetorix 奥尔吉托利科斯

Oricum 奥利库姆

Ostia 奥斯提亚

Osuna (Urso) 奥苏纳（乌尔索）

Paeleste 派赖斯特

Palestine 巴勒斯坦

Parisii tribe 巴黎西部落

Parthia 帕提亚

Pas de Calais 加来海峡省

Pas de l'Ecluse 莱克吕斯隘口

Paterculus, Velleius 维莱伊乌斯·帕特尔库鲁斯

Patton, General George 乔治·巴顿将军

Paullus, Lucius Aemilius Lepidus 卢基乌斯·埃米利乌斯·李必达·保卢斯（前 50 年执政官）

Pedius, Quintus 昆图斯·佩蒂乌斯（前 43 年执政官）

Pelusium 佩卢西乌姆

Pergamum 帕加马

Persians 波斯人

Petra (hill) 佩特拉山

Petreius, Marcus 马尔库斯·佩特列乌斯

Petronius, Marcus (centurion) 马尔库斯·佩特罗尼乌斯 (百夫长)

Phagites, Cornelius 科尔内利乌斯·法基特斯

Pharmacussa 法玛库萨

Pharnaces, King of Bosporus 法尔纳基斯二世，博斯普鲁斯国王

Pharsalus 法萨卢斯

Piacenza (Placentia) 皮亚琴察 (普拉坎提亚)

Picenum 皮基努姆

pietas (piety) 虔敬

pila 标枪

Pisaurum 皮索鲁姆

Piso (Aquitanian aristocrat) 皮索 (阿基坦贵族)

Piso, Gaius Calpurnius 盖乌斯·卡尔普尔尼乌斯·皮索 (前 67 年执政官)

Piso, Calpurnius Lucius 卢基乌斯·卡尔普尔尼乌斯·皮索 (前 58 年执政官，恺撒的岳父)

Piso, Gnaeus Calpurnius 格奈乌斯·卡尔普尔尼乌斯·皮索

Piso, Marcus Pupius (cos. 61) 马尔库斯·普皮乌斯·皮索 (前 61 年执政官)

Plato: *Phaedo* 柏拉图《斐多篇》

Plautius (Plotius) 普劳提乌斯 (普洛提乌斯)

Pliny the Elder (Gaius Plinius Secundus) 老普林尼 (盖乌斯·普林尼·塞孔都斯)

Plutarch 普鲁塔克

Po, River 波河

Pollio, Gaius Asinius 盖乌斯·阿西尼乌斯·波利奥 (前 40 年执政官)

Polybius 波利比乌斯

Pompeia (Caesar's wife) 庞培娅 (恺撒的妻子)

Pompeius Strabo, Gnaeus 格奈乌斯·庞培·斯特拉波 (前 89 年执政官，庞培的父亲)

Pompeius, Gnaeus 格奈乌斯·庞培 (庞培的儿子)

Pompeius, Quintus 昆图斯·庞培 (前 88 年执政官)

Pompeius, Sextus 塞克斯图斯·庞培 (庞培的儿子)

Pompeius Trogus 庞培·特洛古斯

Pompey (Pompeius), Gnaeus, 'the Great' (*Magnus*) "伟大的"格奈乌斯·庞培

Pomptine marshes 庞朴丁沼泽

Pomptinus 彭普提努斯

Pontifex Maximus（seniorpriest）祭司长

Pontiffs 大祭司

Pontus 本都

Popular Assemblies（*Concilium Plebis* or *Comitia Tributa*）平民大会或部落会议

Porcia（daughter of Cato, married to Bibulus and then Brutus）波尔基娅（加图的女儿，先后嫁给毕布路斯和布鲁图斯）

Poseidonius 波希多尼

Pothinus 波提纽斯

Praecia（courtesan）普雷基娅

Praeneste 普雷尼斯特

praetors 裁判官

Procillus, Gaius Valerius 盖乌斯·瓦列里乌斯·普罗基鲁斯

Ptolemaic 托勒密王朝

Ptolemy I 托勒密一世

Ptolemy II 托勒密二世

Ptolemy IX 托勒密九世

Ptolemy X 托勒密十世

Ptolemy XI 托勒密十一世

Ptolemy XII（'Auletes'）托勒密十二世（"奥勒忒斯"）

Ptolemy XIII 托勒密十三世

Ptolemy XIV 托勒密十四世

Punic War, First（264 – 241 BC）第一次布匿战争（前264年~前241）

Punic War, Second（218 – 201 BC）第二次布匿战争（前218年~前201）

Punic War, Third（149 – 146 BC）第三次布匿战争（前149年~前146）

Puteoli 普泰奥利

Pyrenees 比利牛斯山脉

Pyrrhus, King of Epirus 皮洛士，伊庇鲁斯国王

Quirinus 奎里努斯

Rabirius, Gaius 盖乌斯·拉比里乌斯

Ravenna 拉文纳

Remi tribe 雷米部落

Remus 雷穆斯

res publica 共和国

Rex, Quintus Marcius 昆图斯·马尔基乌斯·雷克斯

Rhine, River 莱茵河

Rhodes 罗德岛

Rhone, River 罗讷河

Ribemont-sur-Ancre 昂克尔河畔里布蒙

Rimini（Ariminum）里米尼（阿里

米努姆）

Rocquepertuse 罗克佩尔蒂斯

Romney Marshes，Kent 罗姆尼沼泽，肯特郡

Romulus 罗慕路斯

Roscius（famous actor）罗斯基乌斯（著名演员）

Roscius，Lucius（Caesar's legate）卢基乌斯·罗斯基乌斯（恺撒的军团长）

Roucillus 路基鲁斯

Rubicon，River 卢比孔河

Rufio 鲁菲奥

Rullus，Publius Servilius 普布利乌斯·塞维利乌斯·卢路斯

Ruspina 鲁斯皮纳

Sabine women 萨宾女人

Sabinus，Quintus Titurius（Caesar's legate）昆图斯·提图里乌斯·萨比努斯（恺撒的军团长）

St Bernard Pass，Great 大圣伯纳德山口

St Helena 圣赫勒拿岛

Sallust（Gaius Sallustius Crispus）撒路斯提乌斯（盖乌斯·撒路斯提乌斯·克里斯普斯）

Samarobriva（Amiens）萨马罗布里瓦（亚眠）

Sambre，battle of the 桑布尔河之战

Santones tribe 桑托内部落

Saône，River 索恩河

Sardinia 撒丁岛

Sarsura 萨尔苏拉

Saturninus，Lucius Appuleius 卢基乌斯·阿普列尤斯·萨图尔尼努斯

Saylor，Steven：*Roma sub rosa* 史蒂文·塞勒《玫瑰下的罗马》

Scaeva 斯凯瓦

Scaevola，Quintus Mucius 昆图斯·穆齐乌斯·斯喀埃沃拉（前 95 年执政官）

Scaurus，Marcus Aemilius 马尔库斯·埃米利乌斯·斯考卢斯（前 115 年执政官）

Scheldt，River 斯海尔德河

Scipio Africanus，Publius Cornelius 普布利乌斯·科尔内利乌斯·西庇阿·阿非利加努斯（前 205、前 194 年执政官）

Scipio Aemilianus Africanus，Publius Cornelius 普布利乌斯·科尔内利乌斯·西庇阿·埃米利阿努斯·阿非利加努斯（前 147 年、前 134 年执政官）

Scipio Nasica，Publius Cornelius 普

布利乌斯·科尔内利乌斯·西庇阿·纳西卡（前138年执政官）

Scipio Nasica, Quintus 昆图斯·西庇阿·纳西卡

Scipio Salvito (or Salutio) 西庇阿·萨尔维托（或萨路提奥）

Segre (Sicoris), River 塞格雷河（西科里斯河）

Seleucid Empire 塞琉古帝国

Semiramis 塞弥拉弥斯

Sempronia (sister of the Gracchi) 塞姆普罗尼娅（格拉古兄弟的妹妹）

Sempronia (mother of Decimus Brutus) 塞姆普罗尼娅（迪基姆斯·布鲁图斯的母亲）

Senones tribe 希诺奈部落

Sens 桑斯

Sequani tribe 塞广尼部落

Sertorius, Quintus 昆图斯·塞多留

Servilia (Caesar's mistress, Brutus' mother) 塞维利娅（恺撒的情妇，布鲁图斯的母亲）

Sestius, Publius 普布利乌斯·塞思提乌斯

Seubi tribe 苏维汇部落

Severus, Quintus Varius 昆图斯·瓦里乌斯·塞维鲁

Shakespeare, William 威廉·莎士比亚

Shaw, George Bernard 萧伯纳

Sicily 西西里

Silanus, Decimus Junius 迪基姆斯·尤尼乌斯·西拉努斯（前62年执政官）

Silvia, Rhea 雷娅·西尔维亚

Sisto, Jeremy 杰里米·西斯托

Sittius, Publius 普布利乌斯·西提乌斯

Social War (91–88 BC) 同盟者战争（前91年~前88年）

Soisson 苏瓦松

Sosigenes 索西琴尼

Spain 西班牙

Spain, Further (Hispanis Ulterior) 外西班牙

Spartacus 斯巴达克斯

Stour, River (Kent) 斯陶尔河（肯特郡）

Sucro, Spain 苏克罗

Suessiones 苏埃西翁人

Suetonius 苏埃托尼乌斯

Sugambri tribe 苏刚布里部落

Sulla, Faustus 福斯图斯·苏拉

Sulla, Lucius Cornelius 卢基乌斯·科尔内利乌斯·苏拉（前88

年、前 80 年执政官）

Sulla，Publius Cornelius 普布利乌斯·科尔内利乌斯·苏拉

Sulmo 苏尔莫

Sulpicius Rufus，Publius 普布利乌斯·苏尔皮基乌斯·鲁弗斯

Sulpicius Rufus，Sergius 塞尔吉乌斯·苏尔皮基乌斯·鲁弗斯（前 51 年执政官）

Switzerland 瑞士

Syria 叙利亚

Tacitus，Publius Cornelius（historian）普布利乌斯·科尔内利乌斯·塔西佗（历史学家）

Tarpeian Rock 塔尔皮娅悬崖

Tarquinius 塔奎尼乌斯

Tarsus 大数

Taylor，Elizabeth 伊丽莎白·泰勒

Teanum 忒阿努姆

Tencteri tribe 滕科特利部落

"tent-companions"（contubernales）帐篷伙伴

Tertulla 特尔图拉（克拉苏的妻子）

Teutones tribe 条顿部落

Thames，River 泰晤士河

Thanet，Isle of（Kent）萨尼特岛（肯特郡）

Thapsus，battle of（46 BC）塔普苏斯战役（前 46 年）

Theophanes of Mytilene 米蒂利尼的狄奥法内斯

Thermus，Marcus Minucius 马尔库斯·米努基乌斯·泰尔姆斯

Thermus，Quintus Minucius 昆图斯·米努基乌斯·泰尔姆斯

Thessaly 色萨利

Thrace 色雷斯

Tiber，River 台伯河

Tigranes，King of Armenia 提格兰，亚美尼亚国王

Tigurini tribe 提古里尼部落

toga candidus 纯白托加袍

toga praetexta 镶边托加

toga virilis 成年托加

Tolosates tribe 托洛萨特部落

Torquatus，Lucius Manlius 卢基乌斯·曼利乌斯·托夸图斯（前 65 年执政官）

Transylvania 特兰西瓦尼亚

Trebatius Testa，Gaius 盖乌斯·特雷巴提乌斯·泰斯塔

Trebonius，Gaius（cos. 45）盖乌斯·特雷博尼乌斯（前 45 年执政官）

Treveri tribe 特雷维里部落

tribunes 保民官

Trinovantes tribe 特里诺文特部落

Tulingi, the 图林吉部落

Tullia（daughter of Cicero）图利娅
（西塞罗的女儿）

Ubii tribe 乌比部落

Ulia 乌利亚

Urso（Osuna）乌尔索（奥苏纳）

Usipetes tribe 乌西皮特部落

Utica 乌提卡

Uxellodunum 乌克斯罗杜努姆

Uzitta 乌齐塔

Valerius Maximus 瓦列里乌斯·马
克西穆斯

Varro, Marcus Terentius 马尔库
斯·特伦提乌斯·瓦罗

Vatinius, Publius（cos. 47）普布利
乌斯·瓦提尼乌斯（前47年执
政官）

Vellaunodunum 维劳诺杜努姆

Veneti tribe 维尼蒂部落

Venus（goddess）维纳斯（女神）

Vercassivellaunus 维卡西维尔劳努斯

Vercingetorix 维钦托利

Vergobret（Aedui magistrate）大酋
长（埃杜依部落的行政长官）

Vesontio（Besancon）韦松蒂奥
（贝桑松）

Vespasian, Emperor 韦斯巴芗，皇帝

Vestal Virgins 维斯塔贞女

Vettius, Lucius 卢基乌斯·威提乌斯

Vetus, Antistius 安梯斯提乌斯·
维图斯

Via Domitia 多米提乌斯大道

Vienne 维埃纳

Vieux-Laon（Bibrax?）老拉昂（比
布拉克斯?）

Virgil 维吉尔

Viromandui tribe 维洛曼杜伊部落

Voltaire 伏尔泰

Volusenus, Gaius 盖乌斯·沃卢森
努斯

Walmer（Kent）沃尔默（肯特郡）

Wantsum Channel（Kent）瓦恩特
萨姆海峡（肯特郡）

Waterloo, battle of（1815）滑铁卢
战役（1815年）

Wellington, Duke of（Arthur
Wellesley）威灵顿公爵（阿
瑟·韦尔斯利）

Zela 济莱

图书在版编目（CIP）数据

　　恺撒：巨人的一生／（英）戈兹沃西
（Goldsworthy，A.）著；陆大鹏译. ––北京：社会科学
文献出版社，2016.7（2024.1 重印）
　　书名原文：Caesar：The Life of a Colossus
　　ISBN 978 – 7 – 5097 – 7522 – 6

　　Ⅰ.①恺… Ⅱ.①戈… ②陆… Ⅲ.①恺撒，G. J.（
前 100～前 44）– 传记 Ⅳ.①K835.467 = 2

　　中国版本图书馆 CIP 数据核字（2015）第 107685 号

恺撒：巨人的一生

著　　者／〔英〕阿德里安·戈兹沃西
译　　者／陆大鹏

出 版 人／冀祥德
项目统筹／董风云　段其刚
责任编辑／张金勇　周方茹
责任印制／王京美

出　　版／社会科学文献出版社·甲骨文工作室（分社）（010）59366527
　　　　　地址：北京市北三环中路甲 29 号院华龙大厦　邮编：100029
　　　　　网址：www. ssap. com. cn
发　　行／社会科学文献出版社（010）59367028
印　　装／北京盛通印刷股份有限公司

规　　格／开　本：889mm × 1194mm　1/32
　　　　　印　张：25.125　插　页：0.5　字　数：551 千字
版　　次／2016 年 7 月第 1 版　2024 年 1 月第 9 次印刷
书　　号／ISBN 978 – 7 – 5097 – 7522 – 6
著作权合同
登 记 号／图字 01 – 2014 – 1777 号
定　　价／89.00 元

读者服务电话：4008918866